AF831627

Die Ausgestaltung von Mitarbeiterbefragungen bei unternehmensinternen Ermittlungen und die Selbstbelastungsfreiheit

Schriften zum Strafrecht und Strafprozeßrecht

Herausgegeben von Manfred Maiwald
und Carsten Momsen

Band 124

PL ACADEMIC RESEARCH

Marcelle Janina Gatter

Die Ausgestaltung von Mitarbeiterbefragungen bei unternehmensinternen Ermittlungen und die Selbstbelastungsfreiheit

Eine rechtstheoretische und rechtsdogmatische Untersuchung unter besonderer Berücksichtigung der Belehrungen

PL ACADEMIC RESEARCH

Bibliografische Information der Deutschen Nationalbibliothek
Die Deutsche Nationalbibliothek verzeichnet diese Publikation in der Deutschen Nationalbibliografie; detaillierte bibliografische Daten sind im Internet über http://dnb.d-nb.de abrufbar.

Zugl.: Konstanz, Univ., Diss., 2016

Dissertation der Universität Konstanz
Tag der mündlichen Prüfung: 09.02.2016
Erstgutachter/Betreuer: Prof. Dr. Hans Theile
Zweitgutachter: Prof. Dr. Rudolf Rengier

D 352
ISSN 0938-6181
ISBN 978-3-631-67854-1 (Print)
E-ISBN 978-3-653-06971-6 (E-Book)
DOI 10.3726/978-3-653-06971-6

© Peter Lang GmbH
Internationaler Verlag der Wissenschaften
Frankfurt am Main 2016
Alle Rechte vorbehalten.
PL Academic Research ist ein Imprint der Peter Lang GmbH.

Peter Lang – Frankfurt am Main · Bern · Bruxelles · New York · Oxford · Warszawa · Wien

Das Werk einschließlich aller seiner Teile ist urheberrechtlich geschützt. Jede Verwertung außerhalb der engen Grenzen des Urheberrechtsgesetzes ist ohne Zustimmung des Verlages unzulässig und strafbar. Das gilt insbesondere für Vervielfältigungen, Übersetzungen, Mikroverfilmungen und die Einspeicherung und Verarbeitung in elektronischen Systemen.

Diese Publikation wurde begutachtet.

www.peterlang.com

Ursula, Klaus, Waltraud, Josef, Gisela und Ernst

Vorwort

Mein herzlicher Dank gilt Herrn *Prof. Dr. Hans Theile*, der nicht nur die Wahl dieses spannenden Promotionsthemas maßgeblich beeinflusste, sondern mir auch während der gesamten Promotionszeit stets mit seinem fachmännischen Rat zur Seite stand und damit nicht unwesentlich zum Gelingen dieser Arbeit beigetragen hat. Dies und seine humorvolle Art werden mich die Zeit an seinem Lehrstuhl stets in angenehmer Erinnerung behalten lassen. Ebenfalls herzlich danken möchte ich *Prof. Dr. Rudolf Rengier* für die zügige Erstellung des Zweitgutachtens.

Neben Herrn *Prof. Theile* gebührt mein besonderer Dank meinem Promotionskollegen *Tobias C. Wiesenack* dafür, dass beide mir die Transkriptionen ihrer im Rahmen des Forschungsprojekts zum Sanktionsdurchgriff im Unternehmensverbund geführten Interviews zur Verfügung stellten. Darüber hinaus gilt mein Dank all meinen übrigen Kollegen für die stets angenehme Arbeitsatmoshäre. Hervorgehoben seien auch *Isabelle Voß* und *Marion Stadelhofer*, die in den schwierigeren Zeiten der Promotion stets ein offenes Ohr für meine aktuellen Sorgen hatte, sowie *Ole Mundt*, der mir den systemtheoretischen Zugang erleichterte.

Ebenfalls bedanken möchte ich mich bei meinen Freunden, die mich durch Staatsexamen und Promotionszeit begleitet haben. Hier gilt mein besonderer Dank meinen Nachbarn *Susi* und *Moritz Kleidermann* sowie *Kerstin Seyfang* und *Patrick Baumeister*. Auch *Julia Hugendubel* sei für das zeitaufwändige Korrekturlesen und viele konstruktiv kritische Anmerkungen herzlichst gedankt.

Zu guter Letzt gilt mein größter Dank meiner Familie. Er gilt insbesondere meiner Schwester *Shirin* und meinen Eltern, die nicht nur mein Studium ermöglichten, sondern mir auch im Übrigen stets eine wertvolle Stütze waren. Gleiches gilt für meine Schwiegereltern. Ihnen und meinem Vater sei ebenfalls für die tagelangen Korrekturarbeiten gedankt. Hervorgehoben seien auch meine Großeltern *Gisela und Ernst Gatter*, denen ich die Veröffentlichung verdanke. Meinem Ehemann *Johannes Scheuermann* danke ich für seine beständige Motivationsarbeit, seine Geduld an all den Abenden und Wochenenden, die ich vor dem PC oder den Büchern verbrachte, und seine vielseitige Unterstützung.

Inhaltsverzeichnis

Literaturverzeichnis

Achenbach, Hans/*Ransiek*, Andreas/*Rönnau*, Thomas (Hrsg.): Handbuch Wirtschaftsstrafrecht, 4. Auflage, Heidelberg 2015 (zitiert: *Bearbeiter*, in: Achenbach/Ransiek/Rönnau (Hrsg.), Handbuch Wirtschaftsstrafrecht, 4. Aufl., Teil Rn.)

Achenbach, Hans: Anmerkung zu BGH, Beschluss vom 16.03.1989 – 1 StR 608/88, StV 1989, 515 ff.

Ackemann, Ulrike: Rechtmäßigkeit und Verwertbarkeit heimlicher Stimmvergleiche im Strafverfahren, Berlin 1997 (zitiert: *Ackemann*, Verwertbarkeit, S.)

Alexander, Thorsten: Die strafrechtliche Verantwortlichkeit für die Wahrung der Verkehrssicherungspflichten in Unternehmen, Herbolzheim 2005 (zitiert: *Alexander*, Verantwortlichkeit, S.)

Alsberg, Max/*Nüse*, Karl-Heinz/Meyer, Karlheinz: Der Beweisantrag im Strafprozeß, 5. Aufl., Köln/Berlin/Bonn/München 1983 (zitiert: Alsberg/Nüse/Meyer, Der Beweisantrag im Strafprozess, 5. Aufl., S.)

Amelung, Knut: Informationsbeherrschungsrechte im Strafprozeß, Dogmatische Grundlagen individualrechtlicher Beweisverbote, Berlin 1990, (zitiert: *Amelung*, Informationsbeherrschungsrechte, S.)

Amelung, Knut: Grenzen der Beschlagnahme notarieller Unterlagen, DNotZ 1984, 195 ff.

Androulakis, Ioannis N.: Die Globalisierung der Korruptionsbekämpfung, Eine Untersuchung zur Entstehung, zum Inhalt und zu den Auswirkungen des internationalen Korruptionsstrafrechts unter Berücksichtigung der sozialökonomischen Hintergründe, Baden-Baden 2007 (zitiert: *Androulakis*, Korruptionsbekämpfung, S.)

Annuß, Georg/*Pelz*, Christian: Amnestieprogramme – Fluch oder Segen, BB-Special 4/2010, 14 ff.

Anwaltskommentar BGB: siehe unter *Dauner-Lieb*, Barbara/*Langen*, Werner (Hrsg.)

Anwaltkommentar StPO: siehe unter *Krekeler*, Wilhelm/*Löffelmann*, Markus/*Sommer*, Ulrich (Hrsg.)

Arndt, Adolf: Umwelt und Recht, NJW 1966, 869 ff.

Arnim, Dorothee von: Die Verwertbarkeit widerrechtlich erlangter Beweismittel in Fällen der Verletzung der Selbstbelastungsfreiheit („nemo tenetur se ipsum accusare“) nach deutschem Recht und nach der Europäischen Menschenrechtskonvention, in: Gornig, Gilbert H./Schöbener, Burkhard/Bausback, Winfried/Irmscher, Tobias H., Iustitia et Pax, Gedächtnisschrift für Dieter Blumenwitz, Berlin 2008, S. 265 ff. (zitiert: *v. Arnim*, in: Gornig/Schöbener/Bausback/Irmscher (Hrsg.), Gedächtnisschrift für Dieter Blumenwitz, S. 265,)

Arntzen, Friedrich: Vernehmungspsychologie, Psychologie der Zeugenvernehmung, 3. Auflage, München 2008 (zitiert: *Arntzen,* Vernehmungspsychologie, 3. Aufl., S.)

Arzt, Gunther: Siemens: Vom teuersten zum lukrativsten Kriminalfall der deutschen Geschichte, in: Jahn, Matthias/Kudlich, Hans/Streng, Franz (Hrsg.), Strafrechtspraxis und Reform, Festschrift für Heinz Stöckel zum 70. Geburtstag, Berlin 2010, S. 15 ff. (zitiert: *Arzt,* in: Jahn/Kudlich/Streng (Hrsg.), Festschrift für Heinz Stöckel, S.)

Ascheid, Reiner/*Preis,* Ulrich/*Schmidt,* Ingrid (Hrsg.): Kündigungsrecht, 4. Auflage, München 2012 (zitiert: *Bearbeiter,* in: Ascheid/Preis/Schmidt (Hrsg.), Kündigungsrecht, 4. Aufl., § Rn.)

Association of Corporate Councel: Internal Investigations, Washington D.C. 2007, abrufbar unter http://www.acc.com/chapters/canada/upload/Internal-Investigations.pdf (zuletzt geprüft am 23.04.2016)

Bader, Markus: Das Verwendungsverbot des § 97 I 3 InsO, NZI 2009, 416 ff.

Treber, Jürgen, KR, Gemeinschaftskommentar zum Kündigungsschutzgesetz und zu sonstigen kündigungsschutzrechtlichen Vorschriften, 11. Auflage, Köln 2016 (zitiert: *Bearbeiter,* in: Treber, KR, 11. Aufl., § Rn.)

Bährle, Volker: Die Aussagefreit des Angeklagten und die Verwertung von Vorverfahrensaussagen in der Hauptverhandlung, Diss jur. Ruprecht-Karls-Universität Heidelberg 1993 (zitiert: *Bährle,* Aussagefreiheit, S.)

Bärlein, Michael/*Pananis,* Panos/*Rehmsmeier, Jörg*: Spannungsverhältnis zwischen der Aussagefreiheit im Strafverfahren und den Mitwirkungspflichten im Verwaltungsverfahren, NJW 2002, 1825 ff.

Baier, Helmut: Anmerkung zu BGH, Urteil vom 10.02.2000 – 4 StR 616/99, JA 2000, 833 ff.

Ballo, Emanuel H. F.: Beschlagnahmeschutz im Rahmen von Internal Investigations – Zur Reichweite und Grenze des § 160a StPO, NZWiSt 2013, 46 ff.

Bamberger, Heinz Georg/*Roth,* Herbert (Hrsg.): Beck'scher Online-Kommentar BGB, München (zitiert: *Bearbeiter,* in: Bamberger/Roth (Hrsg.), Beck'scher Online-Kommentar BGB, Stand, § Rn.)

Barton, Stephan: Einführung in die Strafverteidigung, 2. Auflage, München 2013 (zitiert: *Barton,* Einführung in die Strafverteidigung, 2. Aufl., § Rn.)

Balser, Markus/*Ott,* Klaus: Mehr als eine Milliarde Euro für dunkle Geschäfte, sueddeutsche.de vom 13.08.2007, abrufbar unter http://www.sueddeutsche.de/wirtschaft/2.220/siemens-skandal-mehr-als-eine-milliarde-euro-fuer-dunkle-geschaefte-1.773317 (zuletzt geprüft am 23.04.2016)

Bauer, Gerhard: Die Aussage des über das Schweigerecht nicht belehrten Beschuldigten, Diss jur. Göttingen 1972 (zitiert: *G. Bauer,* Aussage des nicht belehrten Beschuldigten, S.)

Bauer, Wolfram: Anmerkung zu LG Hamburg vom 15.10.2010 – 608 Qs 18/10, StV 2012, 277 ff.

Baumann, Jürgen: Sperrkraft der mit unzulässigen Mitteln herbeigeführten Aussage, GA 1959, 33 ff.

Baumann, Martin: Eigene Ermittlungen des Verteidigers, Baden-Baden 1999 (zitiert: *M. Baumann*, Ermittlungen des Verteidigers, S.)

Baumbach, Adolf/*Hueck*, Alfred: GmbHG, 20. Auflage, München 2013 (zitiert: *Bearbeiter*, in: Baumbach/Hueck, GmbHG, 20. Aufl., § Rn.)

Baumgärtel, Gottfried: Ausprägung der prozessualen Grundprinzipien der Waffengleichheit und der fairen Prozeßführung im zivilprozessualen Beweisrecht, in: Ballon, Oskar J./Hagen, Johann J. (Hrsg.), Verfahrensgarantien im nationalen und internationalen Prozeßrecht, Festschrift Franz Matscher zum 65. Geburtstag, Wien 1993, S. 29 ff. (zitiert: *Baumgärtel*, in: Ballon/Hagen (Hrsg.), Festschrift Franz Matscher, S. 29,)

Bay, Karl-Christian (Hrsg.): Handbuch Internal Investigations, Berlin 2013 (zitiert: *Bearbeiter*, in: Bay (Hrsg.), Handbuch Internal Investigations, Kap. Rn.)

Becker-Schaffner, Reinhard: Umfang und Grenzen der arbeitgeberseitigen Hinweis- und Belehrungspflichten, BB 1993, 1281 ff.

Beck'scher Bilanz-Kommentar, Handels- und Steuerbilanz: siehe *Grottel*, Bernd/ *Schmidt*, Stefan/*Schubert*, Wolfgang J./ *Winkeljohann*, Norbert (Hrsg.)

Beck'scher Online-Kommentar Gewerberecht: siehe *Pielow*, Johann Christian (Hrsg.)

Beck'scher Online-Kommentar GG: siehe *Epping*, Volker/*Hillgruber*, Christian (Hrsg.)

Beck'scher Online-Kommentar zum StGB: siehe *v. Heintschel-Heinegg*, Bernd (Hrsg.)

Beck'scher Online-Kommentar zur Strafprozessordnung: siehe *Graf*, Jürgen Peter (Hrsg.)

Beck'scher Online-Kommentar ZPO: siehe *Vorwerk*, Volkert/ *Wolf*, Christian (Hrsg.)

Behrends, Okko H./*Müller-Tronnier*, Dirk/*Zeidler*, Finn H. O.: Aufsichtsrechtliche Anforderungen an unternehmensinterne Untersuchungen, ZfgK 2013, 776 ff.

Behrens, Alexander: Internal Investigations: Hintergründe und Perspektiven anwaltlicher „Ermittlungen" in deutschen Unternehmen, RIW 2009, 22 ff.

Beise, Marc: Gütesiegel für Siemens, süddeutsche.de vom 17.05.2010, abrufbar unter http://www.sueddeutsche.de/wirtschaft/korruptionsskandal-guetesiegel-fuer-siemens-1.363563 (zuletzt geprüft am 23.04.2016)

Bender, Rolf/*Nack*, Armin/ *Treuer*, Wolf-Dieter: Tatsachenfeststellung vor Gericht, 4. Auflage, München 2014 (zitiert: Bender/Nack/Treuer, Tatsachenfeststellung vor Gericht, 4. Aufl., Rn.)

Benz, Markus: Selbstbelastungen in außerstrafrechtlichen Zwangslagen, Aachen 2005 (zitiert: *Benz*, Selbstbelastungen, S.)

Berndt, Markus: Anmerkung zu BGH, Urt. vom 17.07.2009 – 5 StR 394/08, StV 2009, 689 ff.

Bernsmann, Klaus: Anmerkung zu BGH, Beschluss vom 13.05.1996 – GSSt 1/96, StV 1997, 116 ff.

Bertheau, Camilla: § 160a StPO neuer Fassung – doch offene Fragen bleiben, StV 2012, 303 ff.

Berthold, Volker: Der Zwang zur Selbstbezichtigung aus § 370 Abs. 1 AO und der Grundsatz des nemo tenetur, Frankfurt am Main 1993 (*Berthold,* Selbstbezichtigung, S.)

Besson, Phillipp A.: Das Steuergeheimnis und das Nemo-tenetur-Prinzip im (steuer-)strafrechtlichen Ermittlungsverfahren, Frankfurt am Main 1997 (zitiert: *Besson,* Steuergeheimnis, S.)

Beukelmann, Stephan: Beschlagnahme von Mitteilungen zwischen Anwälten und Mandanten, NJW-Spezial 2012, 504

Beulke, Werner: Beschlagnahmefreiheit von Verteidigungsunterlagen, in: Prittwitz, Cornelius/Baurmann, Michael/Günther, Klaus/Kuhlen, Lothar/Merkel, Reinhard/Nestler, Cornelius/Schulz, Lorenz (Hrsg.), Festschrift für Klaus Lüderssen zum 70. Geburtstag am 2. Mai 2002, Baden-Baden 2002, S. 693 ff. (zitiert: *Beulke,* in: Prittwitz/Baurmann/Günther u. a. (Hrsg.), Festschrift für Klaus Lüderssen, S. 693,)

Beulke, Werner: Der Verteidiger im Strafverfahren, Frankfurt am Main 1980 (zitiert: *Beulke,* Verteidiger, S.)

Beulke, Werner: Die Vernehmung des Beschuldigten – Einige Anmerkungen aus der Sicht der Praxis, StV 1990, 180 ff.

Beulke, Werner: Hypothetische Kausalverläufe im Strafverfahren bei rechtswidrigem Vorgehen von Ermittlungsorganen, ZStW 103 (1991), 657 ff.

Beulke, Werner: Strafprozessrecht, 12. Auflage, Heidelberg/München/Landsberg/Frechen/Hamburg 2012 (zitiert: *Beulke,* Strafprozessrecht, 12. Aufl., Rn.)

Bienert, Anja: Private Ermittlungen und ihre Bedeutung auf dem Gebiet der Beweisverwertungsverbote, Aachen 1997 (zitiert: *Bienert,* Private Ermittlungen, S.)

Bierbrauer, Günter: Legitimität und Verfahrensgerechtigkeit in ethnopluralen Gesellschaften, in: Oswald, Margit E./Steinvorth, Ulrich (Hrsg.), Die offene Gesellschaft und ihre Fremden, Bern/Göttingen/Toronto/Seattle 1998, S. 175 ff. (zitiert: *Bierbrauer,* in: Oswald/Steinvorth (Hrsg.), Die offene Gesellschaft und ihre Fremden, S. 175,)

Bierekoven, Christiane: Korruptionsbekämpfung vs. Datenschutz nach der BDSG-Novelle, CR 2010, 203 ff.

Bittmann, Folker/*Molkenbur,* Josef: Private Ermittlungen, arbeitsrechtliche Aussagepflicht und strafprozessuales Schweigerecht, wistra 2009, 373 ff.

Bock, Dennis: Strafrechtliche Aspekte der Compliance-Diskussion - § 130 OWiG als zentrale Norm der Criminal Compliance, ZIS 2009, 68 ff.

Bockemühl, Jan: Private Ermittlungen im Strafprozeß, Ein Beitrag zu der Lehre von den Beweisverboten, Baden-Baden 1996 (zitiert: *Bockemühl,* Private Ermittlungen, S.)

Böhm, Wolf-Tassilo: Non-Compliance und Arbeitsrecht, Interne Ermittlungen, Sanktionen und Regressansprüche nach Rechts- und Regelverstößen von Arbeitnehmern, Baden-Baden 2011 (zitiert: *Böhm,* Non-Compliance, S.)

Böhm, Wolf-Tassilo: Strafrechtliche Verwertbarkeit der Auskünfte von Arbeitnehmern bei unternehmensinternen Untersuchungen, - Ein Beitrag zur aktuellen Compliance-Debatte -, WM 2009, 1923 ff.

Bömelburg, Regina: Der Selbstbelastungszwang im Insolvenzverfahren, Eine Untersuchung zur Reichweite des Verwendungsverbotes gemäß § 97 Absatz 1 Satz 3 Insolvenzordnung, Diss. jur. Köln 2004, abrufbar unter http://kups.ub.uni-koeln.de/1065/, zuletzt geprüft am 23.04.2016 (zitiert: *Bömelburg,* Selbstbelastungszwang, Diss. jur. Köln 2004, abrufbar unter http://kups.ub.uni-koeln.de/1065/, S. (zuletzt geprüft))

Böse, Martin: Die verfassungsrechtlichen Grundlagen des Satzes »Nemo tenetur se ipsum accusare«, GA 2002, 98 ff.

Böttger, Marcus (Hrsg.): Wirtschaftsstrafrecht in der Praxis, 2. Auflage, Bonn 2015 (zitiert: *Bearbeiter,* in: Böttger (Hrsg.), Wirtschaftsstrafrecht in der Praxis, 2. Aufl., Kap. Rn.)

Boos, Karl-Heinz/*Fischer,* Reinfrid/*Schulte-Mattler,* Hermann (Hrsg.): Kreditwesengesetz, Kommentar zu KWG und Ausführungsvorschriften, 4. Auflage, München 2012 (zitiert: *Bearbeiter,* in: Boos/Fischer/Schulte-Mattler (Hrsg.), KWG, 4. Aufl., § Rn.)

Bosch, Nikolaus: Aspekte des nemo-tenetur-Prinzips aus verfassungsrechtlicher und strafprozessualer Sicht, Ein Beitrag zur funktionsorientierten Auslegung des Grundsatzes „nemo tenetur seipsum accusare", Berlin 1998 (zitiert: *Bosch,* nemo-tenetur-Prinzip, S.)

Bosch, Nikolaus: Die verdeckte Befragung des Beschuldigten – Strafrechtspflege ohne Grenzen?, – BGH – Beschluss vom 13.05.1996 – GSSt 1/96 (LG Hamburg) = NJW 1996, 2940 ff. –, Jura 1998, 236 ff.

Bosch, Nikolaus: Organisationsverschulden in Unternehmen, Baden-Baden 2002 (zitiert: *Bosch,* Organisationsverschulden, S.)

Bosch, Nikolaus: Reichweite des nemo-tenetur-Grundsatzes bei verdeckten Ermittlungen, JA 2007, 903 ff.

Bottke, Wilfried: Anfertigung und Verwertung heimlicher Wort- und Stimmaufzeichnungen auf Tonträger außerhalb des Fernmeldeverkehrs – BGH v. 9.6.86 – 3 StR 551/85, Jura 1987, 356 ff.

Bottke, Wilfried: Fairness in Strafverfahren gegen Bekannt, in: Schünemann, Bernd/Achenbach, Hans/Bottke, Wilfried u. a. (Hrsg.), Festschrift für Claus Roxin zum

70. Geburtstag am 15. Mai 2001, Berlin 2001, S. 1243 ff. (zitiert: *Bottke*, in: Schünemann/Achenbach/Bottke u. a. (Hrsg.), Festschrift für Claus Roxin, S. 1243,)

Bottke, Wilfried: Haftung aus Nichtverhütung von Straftaten Untergebener in Wirtschaftsunternehmen de lege lata, Berlin 1994 (zitiert: *Bottke*, Haftung aus Nichtverhütung von Straftaten Untergebener, S.)

Bottke, Wilfried: Konkretisierungen strafprozessualer Fairneß, in: Eser, Albin/Goydke, Jürgen/Maatz, Kurt Rüdiger u. a., Strafverfahrensrecht in Theorie und Praxis, Festschrift für Lutz Meyer-Goßner zum 65. Geburtstag, München 2001, S. 73 ff. (zitiert: *Bottke*, in: Eser/Goydke/Maatz u. a., Festschrift für Lutz Meyer-Goßner, S. 73,)

Bottke, Wilfried: Rechtsprobleme bei der Auflage eines Fahrtenbuches, DAR 1980, 238 ff.

Braum, Stefan: Strafrechtliche Grenzen der Privatisierung, in: Organisationsbüro der Strafverteidigervereinigungen (Hrsg.), 22. Strafverteidigertag vom 20.–22. März 1998 in Erfurt, Köln 1999, S. 161 ff. (zitiert: *Braum*, in: Organisationsbüro der Strafverteidigervereinigungen (Hrsg.), 22. Strafverteidigertag, S. 161,)

Breßler, Steffen/*Kuhnke*, Michael/*Schulz*, Stephan/*Stein*, Roland: Inhalte und Grenzen von Amnestien bei Internal Investigations, NZG 2009, 721 ff.

Bringewat, P.: Der „Verdächtige" als schweigeberechtigte Auskunftsperson? – Zur Vorauswirkung strafprozessualer Grundsätze -, JZ 1981, 289 ff.

Brown, H. Lowell: The Corporate Director´s Compliance Oversight Responsibility in the Post *Caremark* Era, Delaware Journal of Corporate Law 26 (2001), 1 ff.

Brown, H. Lowell: The Extraterritorial Reach of the U.S. Government`s Campaign Against International Bribery, Hastings International & Comparative Law Review 22 (1999), 407 ff.

Brückner, Andreas: Die Aufarbeitung von Compliance-Verstößen – Praktische Erfahrungen und Fallstricke, BB-Special 4/2010, 21 ff.

Brunhöber, Beatrice: Privatisierung des Ermittlungsverfahrens im Strafprozess, GA 2010, 571 ff.

Bruns, Hans-Jürgen: Der „Verdächtige" als schweigeberechtigte Auskunftsperson und als selbstständiger Prozessbeteiligter neben dem Beschuldigten und Zeugen?, in: Hamm, Rainer/Matzke, Walter (Hrsg.), Festschrift für Erich Schmidt-Leichner, München 1977, S. 1 ff. (zitiert: *Bruns*, in: Hamm/Matzke (Hrsg.), Festschrift für Erich Schmidt-Leichner, S. 1,)

Bülte, Jens: Die Beschränkung der strafrechtlichen Geschäftsherrenhaftung auf die Verhinderung betriebsbezogener Straftaten, Zugleich eine Besprechung von BGH, Urt. v. 20.10.2011 – 4 StR 71/11, NZWiSt 2012, 176 ff.

Bürgers, Tobias/*Körber*, Torsten (Hrsg.): Heidelberger Kommentar zum Aktiengesetz, 3. Auflage, Heidelberg/München/Landsberg/Berlin 2014 (zitiert: *Bearbeiter*, in:

Bürgers/Körber (Hrsg.), Heidelberger Kommentar zum Aktiengesetz, 3. Aufl., § Rn.)

Bürkle, Jürgen: Grenzen der strafrechtlichen Garantenstellung des Compliance-Officers, CCZ 2010, 4 ff.

Bundesrechtsanwaltskammer (Hrsg.): BRAK-Stellungsnahme-Nr.35/2010, Thesen der Bundesrechtsanwaltskammer zum Unternehmensanwalt im Strafrecht, November 2010, abrufbar im Internet: <http://www.brak.de/zur-rechtspolitik/stellungnahmen-pdf/stellungnahmen-deutschland/2010/november/stellungnahme-der-brak-2010-35.pdf> (zuletzt geprüft am 23.04.2016)

Busch, Mathias: Die Verdachtskündigung im Arbeitsrecht, MDR 1995, 217 ff.

Busch, Ulrich: Korruption im Wirtschaftsleben: Erscheinungsformen, Umfang und Bekämpfungsstrategien*, StV 2009, 291 ff.*

Calliess, Christian: Die grundrechtliche Schutzpflicht im mehrpoligen Verfassungsrechtsverhältnis, JZ 2006, 321 ff.

Campos Nave, José/*Vogel,* Henrik: Die erforderliche Veränderung von Corporate Compliance-Organisationen im Hinblick auf gestiegene Verantwortlichkeiten des Compliance Officers, BB 2009, 2546 ff.

Canaris, Claus-Wilhelm: Das allgemeine Leistungsstörungsrecht im Schuldrechtsmodernisierungsgesetz, ZRP 2001, 329 ff.

Canaris, Claus-Wilhelm: Die Reform des Rechts der Leistungsstörungen, JZ 2001, 499 ff.

Casper, Jonathan D./*Tyler,* Tom/*Fisher,* Bonnie: Procedural Justice in felony cases, law and society review 22 (1988), S. 483 ff.

Castringius, Arnold: Schweigen und Leugnen des Beschuldigten im Strafprozess, Diss jur. Universität Hamburg 1965 (zitiert: *Castringius,* Schweigen und Leugnen, S.)

Ciolek-Crepold, Katja: Durchsuchung und Beschlagnahme in Wirtschaftsstrafsachen, München 2000 (zitiert: *Ciolek-Crepold,* Durchsuchung und Beschlagnahme, Rn.)

Däubler, Wolfgang/*Klebe,* Thomas/ *Wedde,* Peter/ *Weichert,* Thilo (Hrsg.): Bundesdatenschutzgesetz, 5. Auflage, Frankfurt am Main 2016 (zitiert: *Bearbeiter,* in: Däubler/Klebe/Wedde/Weichert (Hrsg.), BDSG, 5. Aufl., § Rn.)

Dalakouras, Theoharis: Beweisverbote bezüglich der Achtung der Intimsphäre unter besonderer Berücksichtigung der Grundrechtsproblematik sowie des griechischen Rechts, Berlin 1988 (zitiert: *Dalakouras,* Beweisverbote, S.)

Dann, Matthias: Compliance-Untersuchungen im Unternehmen: Herausforderung für den Syndicus, Zum Zusammenspiel von Rechtsabteilung und externen Anwälten bei internen Ermittlungen, AnwBl 2009, 84 ff.

Dann, Matthias: Anmerkung zum Urteil des LAG Hamm vom 03.03.2009 – 14 Sa 1689/08, CCZ 2010 239 f.

Dann, Matthias/*Schmidt*, Kerstin: Im Würgegriff der SEC? – Mitarbeiterbefragungen und die Selbstbelastungsfreiheit, NJW 2009, 1851 ff.

Dann, Matthias/*Zülch*, Cord: Unternehmensinterne Ermittlungen, Strafrechtliche Aspekte eines umstrittenen Instruments, ZRFC 2011, 267 ff.

Dannecker, Gerhard: Beweiserhebung, Verfahrensgarantien und Verteidigungsrechte im europäischen Kartellordnungswidrigkeitenverfahren als Vorbild für ein europäisches Sanktionsverfahren, ZStW 111 (1999), 256 ff.

Dauner-Lieb, Barbara/*Langen*, Werner (Hrsg.): BGB, 2. Auflage, Band 2: Schuldrecht, Teilband 1: §§ 241 bis 610 BGB, Baden-Baden 2012 (zitiert: *Bearbeiter*, in: Dauner-Lieb/Langen (Hrsg.), BGB, 2. Aufl., Band 2, Teilband 1, § Rn.)

Degener, Wilhelm: § 136a StPO und die Aussagefreiheit des Beschuldigten, GA 1992, 443 ff.

Degenhart, Christoph: Das allgemeine Persönlichkeitsrecht, Art. 2 I i.V. mit Art. 1 I GG, JuS 1992, 361 ff.

Dencker, Friedrich: Über Heimlichkeit, Offenheit und Täuschung bei der Beweisgewinnung im Strafverfahren – Anmerkungen aus Anlaß zweier Entscheidungen des BGH –, StV 1994, 667 ff.

Dencker, Friedrich: Verwertungsverbote im Strafprozess, Köln/Berlin/Bonn/München 1977 (zitiert: *Dencker*, Verwertungsverbote, S.)

Derksen, Roland: Anmerkung zu BGH, Beschluss vom 13.05.1996 – GSSt 1/96, JR 1997, 167 ff.

Deutsch, Marcus/*Diller*, Martin: Die geplante Neuregelung des Arbeitnehmerdatenschutzes in § 32 BDSG, DB 2009, 1462 ff.

Dietlein, Johannes: Die Lehre von den grundrechtlichen Schutzpflichten, 2. Auflage, Berlin 2005 (zitiert: *Dietlein*, Schutzpflichten, 2. Aufl., S.)

Dietrich, Gero: § 142 n.F. StGB und das Verbot zwangsweiser Selbstbelastung, Baden-Baden 1998 (zitiert: *Dietrich*, Selbstbelastung, S.)

Diller, Martin: Der Arbeitnehmer als Informant, Handlanger und Zeuge im Prozess des Arbeitgebers gegen Dritte, DB 2004, 313 ff.

Dingeldey, Thomas: Das Prinzip der Aussagefreiheit im Strafprozeßrecht, JA 1984, 407 ff.

Dingeldey, Thomas: Der Schutz der strafprozessualen Aussagefreiheit durch Verwertungsverbote bei außerstrafrechtlichen Aussage- und Mitwirkungspflichten, NStZ 1984, 529 ff.

Dörr, Dieter: Faires Verfahren, Gewährleistung im Grundgesetz der Bundesrepublik Deutschland, Kehl am Rhein/Straßburg 1984 (zitiert: *Dörr*, Faires Verfahren, S.)

Dornbusch, Gregor/*Fischermeier*, Ernst/*Löwisch*, Manfred (Hrsg.): AR, Kommentar zum Arbeitsrecht, 7. Auflage, Köln 2015 (zitiert: *Bearbeiter*, in: Dornbusch/Fischermeier/Löwisch (Hrsg.), AR, Kommentar zum Arbeitsrecht, 7. Aufl., § Rn.)

Dreier, Ralf: Zu Luhmanns systemtheoretischer Neuformulierung des Gerechtigkeitsproblems, Rechtstheorie 5 (1974), 189 ff.

Dubois, Marcel: Zur Frage der strafprozessualen Verwertbarkeit von Beweismitteln, die Private rechtswidrig erlangt haben, Diss. jur. Bonn 2012 (zitiert: *Dubois,* Verwertbarkeit, S.)

Dürig, Günter: Grundrechte und Zivilrechtsprechung, in: Maunz, Theodor (Hrsg.), Grundrechte und Zivilrechtsprechung, Festschrift zum 75. Geburtstag von Hans Nawiasky, München 1956, S. 157 ff. (zitiert: *Dürig,* in: Maunz (Hrsg.), Festschrift für Hans Nawiasky, S. 157,)

Duggin, Sarah Helene: Internal Corporate Investigations: Legal Ethics, Professionalism and the Employee Interview, Columbia Business Law Review 2003, 859 ff.

Duttge, Gunnar: Anmerkung zu BGH, Urteil vom 26.07.2007 – 3 StR 104/07, JZ 2008, 261 ff.

Duttge, Gunnar: Möglichkeiten eines Konsensualprozesses nach deutschem Strafprozeßrecht, ZStW 115 (2003), 539 ff.

Duttge, Gunnar: Strafprozessualer Einsatz von V-Personen und Vorbehalt des Gesetzes, JZ 1996, 556 ff.

Dzida, Boris: Die Einladung zur Anhörung vor Ausspruch einer Verdachtskündigung, NZA 2013, 412 ff.

Ebeling, Stephan: Die Kündigung wegen Verdachts, Baden-Baden 2006 (zitiert: *Ebeling,* Kündigung wegen Verdachts, S.)

Eckhardt, Sebastian: Private Ermittlungsbeiträge im Rahmen der staatlichen Strafverfolgung, Frankfurt am Main 2009 (zitiert: *Eckhardt,* Private Ermittlungsbeiträge, S.)

Eichler, Hermann: Die Rechtslehre vom Vertrauen, Tübingen 1950 (zitiert: *Eichler,* Vertrauen, S.)

Eder, Klaus: Prozedurale Legitimität: moderne Rechtsentwicklung jenseits von formaler Rationalisierung Zeitschrift für Rechtssoziologie 7 (1986), 1 ff.

Eidam, Lutz: Die strafprozessuale Selbstbelastungsfreiheit am Beginn des 21. Jahrhunderts, Frankfurt am Main 2007 (zitiert: *Eidam,* Selbstbelastungsfreiheit, S.)

Eisenberg, Ulrich: Beweisrecht der StPO, 9. Auflage, München 2015 (zitiert: *Eisenberg,* StPO, 9. Aufl., Rn.)

Eisenberg, Ulrich: Kriminologie, 6. Auflage, München 2005 (zitiert: Eisenberg, Kriminologie, 6. Aufl., S.)

Eisenhardt, Urte: Das nemo tenetur-Prinzip: Grenze körperlicher Untersuchungen beim Beschuldigten, Am Beispiel des § 81a StPO, Frankfurt am Main 2007 (zitiert: *Eisenhardt,* nemo tenetur-Prinzip, S.)

Ellbogen, Klaus: Grenzen verdeckter Ermittlungen und das nemo-tenetur-Prinzip, Kriminalistik 2006, 544 ff.

Engelhart, Marc: Sanktionierung von Unternehmen und Compliance, Eine rechtsvergleichende Analyse des Straf- und Ordnungswidrigkeitenrechts in Deutschland und den USA, 2. Auflage, Berlin 2012 (zitiert: *Engelhart*, Sanktionierung, 2. Aufl., S.)

Engländer, Armin: Anmerkung zu BGH, Urteil vom 29.04.2009 – 1 StR 701/08, JZ 2009, 1179

Engländer, Armin: Das nemo-tenetur-Prinzip als Schranke verdeckter Ermittlungen, Eine Besprechung von BGH 3 StR 104/07, ZIS 2008, 163 ff.

Epping, Volker/*Hillgruber*, Christian (Hrsg.): Beck'scher Online-Kommentar GG, München (zitiert: *Bearbeiter*, in: Epping/Hillgruber (Hrsg.), Beck'scher Online-Kommentar GG, Stand, Art. Rn.)

Erb, Volker/*Esser*, Robert/*Franke*, Ulrich/*Graalmann-Scheerer*, Kirsten/*Hilger*, Hans/*Ignor*, Alexander (Hrsg.): Löwe-Rosenberg, Die Strafprozessordnung und das Gerichtsverfassungsgesetz, Großkommentar, 26. Auflage, Band 1, Berlin 2006 (zitiert: *Bearbeiter*, in: Erb/Esser/Franke u. a. (Hrsg.), Löwe-Rosenberg, StPO, 26. Aufl., Band 1, § Rn.)

Erb, Volker/*Esser*, Robert/*Franke*, Ulrich/*Graalmann-Scheerer*, Kirsten/*Hilger*, Hans/*Ignor*, Alexander (Hrsg.): Löwe-Rosenberg, Die Strafprozessordnung und das Gerichtsverfassungsgesetz, Großkommentar, 26. Auflage, Band 3, Berlin 2014 (zitiert: *Bearbeiter*, in: Erb/Esser/Franke u. a. (Hrsg.), Löwe-Rosenberg, StPO, 26. Aufl., Band 3, § Rn.)

Erb, Volker/*Esser*, Robert/*Franke*, Ulrich/*Graalmann-Scheerer*, Kirsten/*Hilger*, Hans/*Ignor*, Alexander (Hrsg.): Löwe-Rosenberg, Die Strafprozessordnung und das Gerichtsverfassungsgesetz, Großkommentar, 26. Auflage, Band 4, Berlin 2007 (zitiert: *Bearbeiter*, in: Erb/Esser/Franke u. a. (Hrsg.), Löwe-Rosenberg, StPO, 26. Aufl., Band 4, § Rn.)

Erb, Volker/*Esser*, Robert/*Franke*, Ulrich/*Graalmann-Scheerer*, Kirsten/*Hilger*, Hans/*Ignor*, Alexander (Hrsg.): Löwe-Rosenberg, Die Strafprozessordnung und das Gerichtsverfassungsgesetz, Großkommentar, 26. Auflage, Band 5, Berlin 2008 (zitiert: *Bearbeiter*, in: Erb/Esser/Franke u. a. (Hrsg.), Löwe-Rosenberg, StPO, 26. Aufl., Band 5, § Rn.)

Erb, Volker/*Esser*, Robert/*Franke*, Ulrich/*Graalmann-Scheerer*, Kirsten/*Hilger*, Hans/*Ignor*, Alexander (Hrsg.): Löwe-Rosenberg, Die Strafprozessordnung und das Gerichtsverfassungsgesetz, Großkommentar, 26. Auflage, Band 11, Berlin/Boston 2012 (zitiert: *Bearbeiter*, in: Erb/Esser/Franke u. a. (Hrsg.), Löwe-Rosenberg, StPO, 26. Aufl., Band 11, § Rn.)

Erfurth, René: Der „neue" Arbeitnehmerdatenschutz im BDSG, NJOZ 2009, 2914 ff.

Eser, Albin: Aussagefreiheit und Beistand des Verteidigers im Ermittlungsverfahren, ZStW 79 (1967), 213 ff.

Eser, Albin: Funktionswandel strafrechtlicher Prozessmaximen: Auf dem Weg zur „Reprivatisierung" des Strafverfahrens?, ZStW 104 (1992), 361 ff.

Eser, Albin: Der Schutz vor Selbstbezichtigung im deutschen Strafprozeßrecht, in: Jescheck, Hans-Heinrich (Hrsg.), Deutsche strafrechtliche Landesreferate zum 9. Internationalen Kongreß für Rechtsvergleichung, Teheran 1974, Beiheft zur ZStW 86 (1974), 136 ff. (zitiert: *Eser,* ZStW 86 (1974), Beiheft, 136,)

Esser, Josef: Vorverständnis und Methodenwahl in der Rechtsfindung, Rationalitätsgrundlagen richterlicher Entscheidungspraxis, Frankfurt am Main 1970 (zitiert: *Esser,* Vorverständnis, S.)

Esser, Robert: Grenzen für verdeckte Ermittlungen gegen inhaftierte Beschuldigte aus dem europäischen nemo-tenetur-Grundsatz, JR 2004, 98 ff.

Eylert, Mario/*Friedrichs,* Anne: Die Anhörung des Arbeitnehmers zur Verdachtskündigung, DB 2007, 2203 ff.

Fezer, Gerhard: Anmerkung zu BGH, Urteil vom 28.04.1987 – 5 StR 666/86, JZ 1987, 937 ff.

Fezer, Gerhard: Anmerkung zu BGH, Vorlagebeschluss vom 20.12.1995 – 5 StR 680/94, NStZ 1996, 289 f.

Fincke, Martin: Zum Begriff des Beschuldigten und den Verdachtsgraden, ZStW 95 (1983), 918 ff.

Finger, Thorsten: Prozessuale Beweisverbote – Eine Darstellung ausgewählter Fallgruppen, JA 2006, 529 ff.

Fischer, Bianca: Divergierende Selbstbelastungspflichten nach geltendem Recht, Versuch einer Harmonisierung, Berlin 1979 (zitiert: *B. Fischer,* Selbstbelastungspflichten, S.)

Fischer, Thomas: Strafgesetzbuch und Nebengesetze, 63. Auflage, München 2016 (zitiert: *T. Fischer,* StGB, 63. Aufl., § Rn.)

Fischer, Ulrich: Die Anhörung des Arbeitnehmers vor der Verdachtskündigung, BB 2003, 522 ff.

Fitting, Karl: Betriebsverfassungsgesetz, Handkommentar, 28. Auflage, München 2016 (zitiert: Fitting, Betriebsverfassungsgesetz, 28. Aufl., § Rn.)

Fleischer, Holger: Aktienrechtliche Legalitätspflicht und „nützliche" Pflichtverletzungen von Vorstandsmitgliedern, ZIP 2005, 141 ff.

Fleischer, Holger: Corporate Compliance im aktienrechtlichen Unternehmensverbund, CCZ 2008, 1 ff.

Fleischer, Holger: Handbuch des Vorstandsrechts, München 2006 (zitiert: *Fleischer,* Vorstandsrecht, § Rn.)

Fleischer, Holger: Vorstandsverantwortlichkeit und Fehlverhalten von Unternehmensangehörigen – Von der Einzelüberwachung zur Errichtung einer Compliance-Organisation, AG 2003, 291 ff.

Fleischer, Holger: Zum Grundsatz der Gesamtverantwortung im Aktienrecht, NZG 2003, 449 ff.

Flick, Uwe: Triangulation in der qualitativen Forschung, in: Flick, Uwe/Kardoff, Ernst von/Steinke, Ines (Hrsg.), Qualitative Forschung, Ein Handbuch, 10. Auflage, Reinbek bei Hamburg 2013, S. 309 ff. (zitiert: *Flick,* in: Flick/v. Kardoff/Steinke (Hrsg.), Qualitative Forschung, 10. Aufl., S. 309,)

Fölsing, Philipp: Aktuelle Urteile, „Beschlagnahme interner Untersuchungsergebnisse", ZRFC 2013, 82 ff.

Grottel, Bernd/*Schmidt,* Stefan/*Schubert,* Wolfgang J./*Winkeljohann,* Norbert (Hrsg.): Beck'scher Bilanz-Kommentar, Handels- und Steuerbilanz, 10. Auflage, München 2016 (zitiert: *Bearbeiter,* in: Grottel/Schmidt/Schubert ua. (Hrsg.), Beck'scher Bilanz-Kommentar, 10. Aufl., § Rn.)

Frank, Peter H.: Die Verwertbarkeit rechtswidriger Tonbandaufnahmen Privater, Überlegungen zu einem einheitlichen Schutz des Rechts am gesprochenen Wort im Straf- und Strafverfahrensrecht, Baden-Baden 1996 (zitiert: *Frank,* Verwertbarkeit, S.)

Freitag, Michael/*Katzensteiner,* Thomas: Angst & Schrecken, manager-magazin.de vom 20.04.2011, abrufbar unter http://www.manager-magazin.de/magazin/artikel/a-746295-5.html (zuletzt geprüft am 23.04.2016)

Friedrich, C. J.: Die Legitimität in politischer Perspektive, Politische Vierteljahresschrift 1 (1960), 119 ff.

Fritz, Hans-Joachim: Anmerkung zu LG Hamburg, Beschluss vom 15.10.2010 – 608 Qs 18/10, CCZ 2011, 156 ff.

Fritz, Hans-Joachim/*Nolden,* Dagmar, Unterrichtungspflichten und Einsichtsrechte des Arbeitnehmers im Rahmen von unternehmensinternen Untersuchungen, CCZ 2010, 170 ff.

Fruck, Angela: Aufsichtspflichtverletzungen gemäß § 130 OWiG durch Korruption und Compliance als interne Korruptionsbekämpfung, Köln 2010 (zitiert: *Fruck,* Aufsichtspflichtverletzung, S.)

Gach, Bernt/*Rützel,* Stefan: Verschwiegenheitspflicht und Behördenanzeigen von Arbeitnehmern, BB 1997, 1959 ff.

Gaede, Karsten: Anmerkung zu EGMR, Urteil vom 05.11.2002 – 48539/99, *Allan/Vereinigtes Königreich,* StV 2003, 260 ff.

Gaede, Karsten: Beweisverbote zur Wahrung des fairen Strafverfahrens in der Rechtsprechung des EGMR insbesondere bei verdeckten Ermittlungen – Meinungstand und Perspektiven nach dem neuen *leading case Bykov vs. Russland* unter Berücksichtigung des § 136a StPO, JR 2009, 493 ff.

Gaede, Karsten: Das Verbot der Umgehung der EMRK durch den Einsatz von Privatpersonen bei der Strafverfolgung, StV 2004, 46 ff.

Galen, Margarete Gräfin von: Anmerkung zu LG Hamburg, Beschluss vom 15.10.2010 – 608 Qs 18/10, NJW 2011, 945

Gatzweiler, Norbert: Zur Frage der Wirksamkeit und Durchsetzbarkeit strafprozessualer Beweisverwertungsverbote – dargestellt an Beispielen aus dem Insolvenz- und Steuerrecht, in: Arbeitsgemeinschaft Strafrecht des Deutschen Anwaltvereins (Hrsg.), Strafverteidigung im Rechtsstaat, 25 Jahre Arbeitsgemeinschaft Strafrecht des Deutschen Anwaltvereins, Baden-Baden 2009, S. 480 ff. (zitiert: *Gatzweiler,* in: Arbeitsgemeinschaft Strafrecht des Deutschen Anwaltvereins (Hrsg.), Strafverteidigung im Rechtsstaat, S. 480,)

Gaul, Björn/*Schmidt-Lauber,* Stefan: Die ordnungsgemäße Anhörung vor Verdachtskündigung, Wirksamkeitsvoraussetzungen von der Einladung bis zur Protokollierung, ArbRB 2012, 18 ff.

Gehrmann, Wolfgang: Prozess der Selbstreinigung, zeit.de vom 13.03.2008, abrufbar unter http://www.zeit.de/2008/12/Selbstreinigung-Siemens (zuletzt geprüft am 23.04.2016)

Geismann, Georg: Ethik und Herrschaftsordnung, Ein Beitrag zum Problem der Legitimation, Tübingen 1974 (zitiert: *Geismann,* Ethik und Herrschaftsordnung, S.)

Geppert, Klaus: Beschlagnahme von Schadensakten privater (Kraftfahrzeug-)Haftpflichtversicherer im (Verkehrs-)Strafprozeß, DAR 1981, 301 ff.

Geppert, Klaus: Zum Anwendungsbereich des Grundsatzes „nemo tenetur se ipsum accusare“, JK 90, StPO § 136 1/4

Geppert, Klaus: Zum „fair-trial-Prinzip“ nach Art. 6 Abs. 1 Satz 1 der Europäischen Menschenrechtskonvention, Jura 1992, 597 ff.

Gerling, Andreas: Informatorische Befragung und Auskunftsverweigerungsrecht, Bochum 1987 (zitiert: *Gerling,* Informatorische Befragung, S.)

Gerst, Hans-Joachim: Unternehmensinteresse und Beschuldigtenrechte bei Internal Investigations – Problemskizze und praktische Lösungswege -, CCZ 2012, 1 ff.

Gibson, James L.: Institutional Legitimacy, Procedural Justice, and Compliance with Suprime Court Decisions: a Question of Causality, Law & Society Review 25 (1991), S. 631 ff.

Gimbernat Ordeig, Enrique: Unechte Unterlassung und Risikoerhöhung im Unternehmensstrafrecht, in: Schünemann, Bernd/Achenbach, Hans/Bottke, Wilfried/Haffke, Bernhard/Rudolphi, Hans-Joachim, Festschrift für Claus Roxin zum 70. Geburtstag, Berlin/New York 2001, S. 651 ff. (zitiert: *Gimbernat Ordeig,* in: Schünemann/Achenbach/Bottke u. a. (Hrsg.), Festschrift für Claus Roxin, S. 651,)

Gläser, Jochen/*Laudel,* Grit: Experteninterviews und qualitative Inhaltsanalyse als Instrumente rekonstruierender Untersuchungen, 4. Auflage, Wiesbaden 2010 (zitiert: *Gläser/Laudel,* Experteninterviews, S.)

Godenzi, Gunhild: Private Beweisbeschaffung im Strafprozess, Eine Studie zu strafprozessualen Beweisverboten im schweizerischen und deutschen Recht, Zürich/Basel/Genf 2008 (zitiert: *Godenzi,* Private Beweisbeschaffung, S.)

Godenzi, Gunhild: Das strafprozessuale Verbot staatlicher Beweismittelhehlerei: Königsweg oder Luftschloss?, GA 2008, 500 ff.

Goeckenjan, Ingke: Neues aus dem Irrgarten von Zeugnisverweigerungsrecht und Beschlagnahmefreiheit, in: Joecks, Wolfgang/Ostendorf, Heribert/Rönnau. Thomas/Rotsch, Thomas/Schmitz, Roland (Hrsg.), Recht – Wirtschaft – Strafe, Festschrift für Erich Samson zum 70. Geburtstag, Heidelberg/München/Landsberg/Frechen/Hamburg 2010, S. 641 ff. (zitiert: *Goeckenjan,* in: Joecks/Ostendorf/Rönnau u. a. (Hrsg.), Festschrift für Erich Samson, S. 641,)

Göhler, Erich: Zur strafrechtlichen Verantwortlichkeit des Betriebsinhabers für die in seinem Betrieb begangenen Zuwiderhandlungen, in: Jescheck, Hans-Heinrich/Lüttger, Hans (Hrsg.), Festschrift für Eduard Dreher zum 70. Geburtstag, Berlin/New York 1977, S. 611 ff. (zitiert: *Göhler,* in: Jescheck/Lüttger (Hrsg.), Festschrift für Eduard Dreher, S. 611,)

Göpfert, Burkard/*Merten,* Frank/*Siegrist,* Carolin: Mitarbeiter als „Wissensträger“, Ein Beitrag zur aktuellen Compliance-Diskussion, NJW 2008, 1703 ff.

Göppinger, Hans, hrsg. von Bock, Michael: Kriminologie, 6. Auflage, München 2008 (zitiert: *Bearbeiter,* in: Göppinger, Kriminologie, 6. Aufl., § Rn.)

Inderst, Cornelia/*Bannenberg,* Britta/*Poppe,* Sina (Hrsg.): Compliance, Aufbau – Management – Risikobereiche, 2. Auflage, Heidelberg/München/Landsberg/Frechen/Hamburg 2013 (zitiert: *Bearbeiter,* in: Inderst/Bannenberg/Poppe (Hrsg.), Compliance, 2. Aufl., Kap. Rn.)

Gössel, Karl Heinz: Strafverfahrensrecht, Stuttgart/Berlin/Köln/Mainz 1977 (zitiert: *Gössel,* Strafverfahrensrecht, S.)

Goette, Wulf/*Habersack,* Mathias (Hrsg.): Münchener Kommentar zum AktG, Band 2, 4. Auflage, München 2014 (zitiert: *Bearbeiter,* in: Goette/Habersack (Hrsg.), Münchener Kommentar zum AktG, Band 2, 4. Aufl., § Rn.)

Götting, Susanne: Beweisverwertungsverbote in Fällen gesetzlich nicht geregelter Ermittlungstätigkeit durch V-Leute, Scheineinkäufer und Privatleute, Frankfurt am Main 2001, (zitiert: *Götting,* Beweisverwertungsverbote, S.)

Gola, Peter: Mitarbeiterbefragungen – datenschutzrechtliche Vorgaben und Grenzen, ZD 2013, 379 ff.

Gola, Peter/*Schomerus,* Rudolf: BDSG, Bundesdatenschutzgesetz, 12. Auflage, München 2015 (zitiert: *Bearbeiter,* in: Gola/Schomerus, BDSG, 12. Aufl., § Rn.)

Gotthardt, Michael: Arbeitsrecht nach der Schuldrechtsreform, 2. Auflage, München 2003 (zitiert: *Gotthardt,* Arbeitsrecht, 2. Aufl., S.)

Graf, Jürgen Peter (Hrsg.): Beck‘scher Online-Kommentar zur Strafprozessordnung, München (zitiert: *Bearbeiter,* in Graf (Hrsg.), Beck‘scher Online-Kommentar StPO, Stand, § Rn.)

Greco, Luís/*Caracas,* Christian: Internal Investigations und Selbstbelastungsfreiheit, NStZ 2015, 7 ff.

Greeve, Gina: Privatisierung behördlicher Ermittlungen?, StraFo 2013, 89 ff.

Greeve, Gina: Strafrechtliche Beratung und Compliance, -Rechtsstaatlich bedenkliche Prävention und Kriminalitätsbekämpfung durch Private – exemplarisch dargestellt anhand arbeitsrechtlicher Haftungsrisiken, in: Arbeitsgemeinschaft Strafrecht des Deutschen Anwaltvereins (Hrsg.), Strafverteidigung im Rechtsstaat, 25 Jahre Arbeitsgemeinschaft Strafrecht des Deutschen Anwaltvereins, Baden-Baden 2009, S. 512 ff. (zitiert: *Greeve,* in: Arbeitsgemeinschaft Strafrecht des deutschen Anwaltvereins (Hrsg.), Strafverteidigung im Rechtsstaat, S. 512,)

Greiner, Stefan: Ideelle Unzumutbarkeit, Dogmatik und Praxis der Leistungsverweigerung bei Rechtsgüter- und Pflichtenkollisionen im Zivilrecht, Berlin 2004 (*Greiner,* Ideelle Unzumutbarkeit, S.)

Greuel, Luise: Zeugenvernehmung, in: Volbert, Renate/Steller, Max (Hrsg.), Handbuch der Rechtspsychologie, Göttingen/Bern/Wien u.a. 2008, S. 221 ff. (zitiert: *Greuel,* in: Volbert/Steller, Handbuch der Rechtspsychologie, S. 221,)

Grimm, Detlef/*Freh,* Stefan: Mitarbeiterbefragungen und Mitwirkung des Betriebsrats, KSzW 2012, 88 ff.

Groß-Spreitzer, Gabriele: Die Grenzen der Telefonüberwachung nach §§ 100a, 100b StPO unter Berücksichtigung der Aussageverweigerungsrechte im Strafprozess, Diss. jur. Heidelberg 1987 (zitiert: *Groß-Spreitzer,* Telefonüberwachung, S.)

Große Vorholt, André: Wirtschaftsstrafrecht, 2. Auflage, Köln 2007 (zitiert: *Große Vorholt,* Wirtschaftsstrafrecht, 2. Aufl., Rn.)

Groth, Kristina: Unbewusste Äußerungen und das Verbot des Selbstbelastungszwangs, Frankfurt am Main 2003 (zitiert: *Groth,* Unbewusste Äußerungen, S.)

Grünwald, Gerald: Anmerkung zu OLG Karlsruhe, Beschluss vom 30.04.1968 – 1 StR 625/67, JZ 1968, 752 ff.

Grünwald, Gerald: Anmerkung zu BGH, Urteil vom 28.04.1987 – 5 StR 666/86, StV 1987, 470 ff.

Grünwald, Gerald: Beweisverbote und Verwertungsverbote im Strafverfahren, JZ 1966, 489 ff.

Grünwald, Gerald: Das Beweisrecht der Strafprozeßordnung, Baden-Baden 1993 (zitiert: *Grünwald,* Beweisrecht, S.)

Grünwald, Gerald: Probleme der Gegenüberstellung zum Zwecke der Wiedererkennung, JZ 1981, 423 ff.

Günther, Hans-Ludwig: Anmerkung zu BGH, Urteil vom 21.04.1986 - 2 StR 661/85, StV 1988, 421 ff.

Günther, Hans-Ludwig: Die Schweigebefugnis des Tatverdächtigen im Straf- und Bußgeldverfahren aus verfassungsrechtlicher Sicht, GA 1978, 193 ff.

Haas, Hermann Heinrich: V-Leute im Ermittlungs- und Hauptverfahren, Neue prozessuale Aspekte, Pfaffenweiler 1986 (zitiert: *Haas,* V-Leute, S.)

Habscheid, Walther J.: Das Persönlichkeitsrecht als Schranke der Wahrheitsfindung im Prozeßrecht, in: Conrad, H./Jahrreiß, H./Mikat, P./Mosler, H. u. a. (Hrsg.), Gedächtnisschrift Hans Peters, Berlin/Heidelberg/New York 1967, S. 840 ff. (zitiert: *Habscheid*, in: Conrad/Jahrreiß/Mikat u. a. (Hrsg.), Gedächtnisschrift Hans Peters, S. 840,)

Haefcke, Maren: Beschlagnahmefähigkeit der Interviewprotokolle einer Internal Investigation, CCZ 2014, 39 ff.

Haffke, Bernhard: Schweigepflicht, Verfahrensrevision und Beweisverbot, GA 1973, 65 ff.

Hahn, Werner: Offenbarungspflichten im Umweltschutzrecht, Köln/Berlin/Bonn/München 1984 (zitiert: *Hahn*, Offenbarungspflichten, S.)

Halfpap, Patrick: Kapitalmarktaufsicht in Europa und den USA, Frankfurt a.M. 2008 (zitiert: *Halfpap*, Kapitalmarktaufsicht, S.)

Hamm, Rainer: Die Entdeckung des »fair trial« im deutschen Strafprozeß – ein Fortschritt mit ambivalenten Ursachen, in: Eser, Albin/Kullmann, Hans Josef/Meyer-Goßner, Lutz u. a. (Hrsg.), Straf- und Strafverfahrensrecht, Recht und Verkehr, Recht und Medizin, Festschrift für Hannskarl Salger zum Abschied aus dem Amt als Vizepräsident des Bundesgerichtshofes, Köln/Berlin/Bonn/München 1995, S. 273 ff. (zitiert: *Hamm*, in: Eser/Kullmann/Meyer-Goßner u. a. (Hrsg.), Festschrift für Hannskarl Salger, S. 273,)

Hannich, Rolf (Hrsg.): Karlsruher Kommentar zur Strafprozessordnung mit GVG, EGGVG und EMRK, 7. Auflage, München 2013 (zitiert: *Bearbeiter*, in: Hannich (Hrsg.), Karlsruher Kommentar zur StPO, 7. Aufl., § Rn.)

Hart-Hönig, Kai: Verteidigung von Unternehmen und Compliance im globalisierten Strafrecht, Rechtsstaatlich problematische Verschärfung von Haftungsrisiken – exemplarisch skizziert anhand der Verfolgung von Korruption und Kartellrechtsverstößen unter europäischem uns US-amerikanischem Einfluss, in: Arbeitsgemeinschaft Strafrecht des Deutschen Anwaltvereins (Hrsg.), Strafverteidigung im Rechtsstaat, 25 Jahre Arbeitsgemeinschaft Strafrecht des Deutschen Anwaltvereins, Baden-Baden 2009, S. 530 ff. (zitiert: *Hart-Hönig*, in: Arbeitsgemeinschaft Strafrecht des Deutschen Anwaltvereins (Hrsg.), Strafverteidigung im Rechtsstaat, S. 530,)

Hassemer, Winfried: Grundlinien eines rechtsstaatlichen Strafverfahrens, KritV 1990, 260 ff.

Hassemer, Winfried: Unverfügbares im Strafprozess, in: Kaufmann, Arthur/Mestmäcker, Ernst-Joachim/Zacher, Hans F. (Hrsg.), Rechtsstaat und Menschenwürde, Festschrift für Werner Maihofer zum 70. Geburtstag, Frankfurt am Main 1988, S. 183 ff. (zitiert: *Hassemer*, in: Kaufmann/Mestmäcker/Zacher (Hrsg.), Festschrift für Werner Maihofer, S. 183,)

Hassemer, Winfried/*Matussek*, Karin: Das Opfer als Verfolger, Ermittlungen des Verletzten im Strafverfahren, Frankfurt am Main 1996 (zitiert: *Hassemer/Matussek*, Das Opfer als Verfolger, S.)

Hauck, Pierre: Lauschangriff in der U-Haft – Anmerkungen zu BGH, Urteil vom 29.4.2009 (1 StR 701/08) und Versuch einer dogmatischen Klärung –, NStZ 2010, 17 ff.

Hauschka, Christoph E./*Moosmayer*, Klaus/*Lösler*, Thomas (Hrsg.): Corporate Compliance, Handbuch der Haftungsvermeidung im Unternehmen, 3. Auflage, München 2016 (zitiert: *Hauschka/Moosmayer/Lösler*, in: dies. (Hrsg.), Corporate Compliance, 3. Aufl., § Rn.)

Heckel, Peter: Das Informationsrecht der Verwaltung im Spannungsfeld mit der Informationsbeschaffung im straf- und bußgeldrechtlichen Ermittlungsverfahren, Diss. jur. Erlangen-Nürnberg 1981 (zitiert: *Heckel*, Informationsrecht, S.)

Hefendehl, Roland: Beweisermittlungs- und Beweisverwertungsverbote bei Auskunfts- und Mitwirkungspflichten – das sog. Verwendungsverbot nach § 97 Abs. 1 S. 3 InsO, wistra 2003, 1 ff.

Hehn, Paul A. von: Internal Investigations als Chance für bessere Compliance, Thema wird in der Compliance-Diskussion zu stiefmütterlich behandelt, Börsen-Zeitung Nr. 221 vom 16.11.2007, 15

Hehn, Paul A. von/*Hartung*, Wilhelm: Unabhängige interne Untersuchungen in Unternehmen als Instrument guter Corporate Governance – auch in Europa?, Der Betrieb 2006, 1909 ff.

Heidelberger Kommentar zum Aktiengesetz: siehe unter *Bürgers*, Tobias/*Körber*, Torsten (Hrsg.)

Heilmann, Aribert: Verdachtskündigung und Wiedereinstellung nach Rehabilitierung, Heidelberg 1964 (zitiert: *Heilmann*, Wiedereinstellung, S.)

Heine, Günter: Die strafrechtliche Verantwortlichkeit von Unternehmen, Von individuellem Fehlverhalten zu kollektiven Fehlentwicklungen, insbesondere bei Großrisiken, Baden-Baden 1995 (zitiert: *Heine*, Strafrechtliche Verantwortlichkeit von Unternehmen, S.)

Heinrich, Bernd: Rechtsstaatliche Mindestgarantien im Strafverfahren, Jura 2003, 167 ff.

Heintschel-Heinegg, Bernd von (Hrsg.): Beck'scher Online-Kommentar StGB, München (*Bearbeiter*, in: v. Heintschel-Heinegg (Hrsg.), Beck'scher Online-Kommentar zum StGB, Stand, § Rn.)

Helgerth, Roland: Der „Verdächtige" als schweigeberechtigte Auskunftsperson und selbstständiger Prozeßbeteiligter neben dem Beschuldigten und dem Zeugen, Diss jur. Friedrich-Alexander-Universität Erlangen-Nürnberg 1976 (zitiert: *Helgerth*, Der „Verdächtige", S.)

Hellmann, Uwe: Strafprozessrecht, 2. Auflage, Berlin/Heidelberg 2006 (zitiert: *Hellmann,* Strafprozessrecht, 2. Aufl., Rn.)

Henckel, Wolfram: Vom Gerechtigkeitswert verfahrensrechtlicher Normen, Göttingen 1966 (zitiert: *Henckel,* Vom Gerechtigkeitswert verfahrensrechtlicher Normen, S.)

Hengstenberg, Achim: Die Frühwirkung der Verwertungsverbote, Eine Untersuchung der Bedeutung der Beweisverwertungsverbote für die strafprozessualen Verdachtsbeurteilungen, Hamburg 2007 (zitiert: *Hengstenberg,* Frühwirkung, S.)

Henkel, Heinrich: Strafverfahrensrecht, Ein Lehrbuch, 2. Auflage, Stuttgart/Berlin/Köln/Mainz 1968 (zitiert: *Henkel,* Strafverfahrensrecht, 2. Aufl., S.)

Henssler, Martin: Arbeitsrecht und Schuldrechtsreform, RdA 2002, 129 ff.

Henssler, Martin: Das Leistungsverweigerungsrecht des Arbeitnehmers bei Pflichten- und Rechtsgüterkollisionen, AcP 190 (1990), 538 ff.

Henssler, Martin/*Willemsen,* Heinz Josef/*Kalb,* Heinz-Jürgen (Hrsg.): Arbeitsrecht Kommentar, 6. Auflage, Köln 2014 (zitiert: *Bearbeiter,* in: Henssler/Willemsen/Kalb (Hrsg.), Arbeitsrecht Kommentar, 6. Aufl., § Rn.)

Herdegen, Gerhard: Bemerkungen zur Lehre von den Beweisverboten, in: Arbeitsgemeinschaft Strafrecht des deutschen Anwaltvereins (Hrsg.), Wahrheitsfindung und ihre Schranken, Essen 1989, S. 103 ff. (zitiert: *Herdegen,* in: Arbeitsgemeinschaft Strafrecht des deutschen Anwaltvereins (Hrsg.), Wahrheitsfindung und ihre Schranken, S. 103,)

Hermann, Joachim: Neuere Entwicklungen in der amerikanischen Strafrechtspflege, JZ 1985, 602 ff.

Hermanns, Ferdinand: Der Syndikus-Anwalt und der Schutz des Anwaltsgeheimnisses in Deutschland, AnwBl 1980, 326 f.

Heubel, Horst: Der „fair trial" – ein Grundsatz des Strafverfahrens?, Zugleich ein Beitrag zum Problem der „verfassungskonformen" Rechtsfortbildung im Strafprozeß, Berlin 1981 (zitiert: *Heubel,* Der „fair trial", S.)

Hies, Johannes: Das fair-trial-Prinzip und seine Bindungswirkung für den Rechtsanwalt als Strafverteidiger, Berlin 2009 (zitiert: *Hies,* fair-trial-Prinzip, S.)

Hilland, Bernhard: Das Beweisgewinnungsverbot des § 136a StPO, Eine Betrachtung zum 25-jährigen Bestehen der Vorschrift unter besonderer Berücksichtigung aktueller Probleme im Hinblick auf Fragen des rechtfertigenden Notstands, Tübingen 1981 (zitiert: *Hilland,* Beweisgewinnungsverbot, S.)

Hoefs, Christian: Die Verdachtskündigung, Berlin 2001 (zitiert: *Hoefs,* Verdachtskündigung, S.)

Hölters, Wolfgang (Hrsg.): Aktiengesetz, Kommentar, 2. Auflage, München 2014 (zitiert: Bearbeiter, in: Hölters (Hrsg.), Aktiengesetz, 2. Aufl., § Rn.)

Hofmann, Hasso: Legitimität und Rechtsgeltung, Verfassungstheoretische Bemerkungen zu einem Problem der Staatslehre und der Rechtsphilosophie, Berlin 1977 (zitiert: *Hofmann*, Legitimität und Rechtsgeltung, S.)

Hohnel, Andreas: Selbstbelastungsfreiheit in der Insolvenz, NZI 2005, 152 ff.

Hopt, Klaus J./*Wiedemann*, Herbert (Hrsg.): Aktiengesetz, Großkommentar, Band 3, 4. Auflage, Berlin 2008 (zitiert: *Bearbeiter*, in: Hopt/Wiedemann (Hrsg.), Großkommentar AktG, Band 3, 4. Aufl., § Rn.)

Horster, Detlef: Niklas Luhmann, 2. Auflage, München 2005 (zitiert: *Horster*, Luhmann, 2. Aufl., S.)

Hoyer, Andreas: Die strafrechtliche Verantwortlichkeit innerhalb von Weisungsverhältnissen, Sonderregeln für Amts- und Wehrdelikte und ihre Übertragbarkeit auf privatrechtliche Organisationen, München 1998 (zitiert: *Hoyer*, Verantwortlichkeit innerhalb von Weisungsverhältnissen, S.)

Hromadka, Wolfgang/*Maschmann*, Frank: Arbeitsrecht Band 1: Individualarbeitsrecht, 6. Auflage, Heidelberg/Dordrecht/London/New York 2015 (zitiert: *Hromadka/Maschmann*, Arbeitsrecht, Band 1, 6. Aufl., § Rn.)

Hsü, Yü-hsiu: Garantenstellung des Betriebsinhabers zur Verhinderung strafbarer Handlungen seiner Angestellten, Pfaffenweiler 1986 (zitiert: *Hsü*, Garantenstellung, S.)

Hubbell, Jim: Discovery of Internal Investigations, Stanford Law Review 32 (1980), 1163 ff.

Huber, Thomas: Die Systemtheorie des Rechts, die Rechtstheorie Niklas Luhmanns, Baden-Baden 2007 (zitiert: *Huber*, Systemtheorie, S.)

Hueck, Alfred/*Nipperdey*, Hans Carl: Lehrbuch des Arbeitsrecht, Band 1, 7. Auflage, Berlin/Frankfurt am Main 1963 (zitiert: *Hueck/Nipperdey*, Lehrbuch des Arbeitsrechts, Band 1, 7. Aufl., 1963, S.)

Hüffer, Uwe: Aktiengesetz, 11. Auflage, München 2014 (zitiert: *Koch*, in: Hüffer, Aktiengesetz, 11. Aufl., § Rn.)

Hunold, Wolf: Arbeitsverweigerung aus Glaubens- oder Gewissensgründen, – Kollision von Grundrechten des Arbeitnehmers und des Arbeitgebers –, DB 2011, 1580 ff.

Ihrig, Hans-Christoph: Reformbedarf beim Haftungstatbestand des § 93 AktG, WM 2004, 2098 ff.

Isele, Hellmut Georg: Arbeitnehmer als „Geschäftsbesorger“, AuR 1964, 161 ff.

Isensee, Josef/*Kirchhof*, Paul (Hrsg.): Handbuch des Staatsrechts der Bundesrepublik Deutschland, Band VIII, Grundrechte: Wirtschaft, Verfahren, Gleichheit, 3. Auflage, Heidelberg/München/Landsberg/Frechen/Hamburg 2010 (zitiert: *Bearbeiter*, in: Isensee/Kirchhof (Hrsg.), Handbuch des Staatsrechts, Band VIII, 3. Aufl. § Rn.)

Isensee, Josef/*Kirchhof*, Paul (Hrsg.): Handbuch des Staatsrechts der Bundesrepublik Deutschland, Band IX, Allgemeine Grundrechtslehren, 3. Auflage, Heidelberg/

München/Landsberg/Frechen/Hamburg 2011 (zitiert: *Bearbeiter*, in: Isensee/Kirchhof (Hrsg.), Handbuch des Staatsrechts, Band IX, 3. Aufl., § Rn.)

Itzen, Uta: Richtungswechsel, Bestandaufnahme, Prävention: Das Gerüst einer erfolgreichen Compliance-Strategie, BB-Special 5/2008, 12 ff.

Jäger, Christian: Beweisverwertung und Beweisverwertungsverbote im Strafprozess, München 2003 (zitiert: *Jäger*, Beweisverwertung, S.)

Jahn, Joachim: Firmen müssen Sheriff spielen, FAZ.net vom 28.12.2011, abrufbar unter http://www.faz.net/aktuell/wirtschaft/recht-steuern/privatisierung-der-strafverfolgung-firmen-muessen-sheriff-spielen-11582893.html (zuletzt geprüft am 23.04.2016).

Jahn, Joachim: Verdächtige Eintracht zwischen Anwälten und Strafverfolgern, FAZ vom 01.07.2009, S. 20 f.

Jahn, Joachim: Compliance, Ligitation-PR und die Medien, CCZ 2011, 139 ff.

Jahn, Matthias: Anmerkung zu BGH, Urteil vom 05.11.1997 - 5 StR 504/97, StV 1998, 653 ff.

Jahn, Matthias: Ausforschung einer Beschuldigten durch Wahrsagerin in der Untersuchungshaft – BGHSt 44, 129, JuS 2000, 441 ff.

Jahn, Matthias: Der Unternehmensanwalt und die Compliance – Rechtsstellung und Aufgaben eines neuen Strafverteidigertyps, in: Rotsch, Thomas (Hrsg.), Criminal Compliance vor den Aufgaben der Zukunft, Baden-Baden 2013, S. 111 ff. (zitiert: *M. Jahn*, in: Rotsch (Hrsg.), Criminal Compliance, S. 111,)

Jahn, Matthias: Beweiserhebungs- und Beweisverwertungsverbote im Spannungsfeld zwischen den Garantien des Rechtsstaates und der effektiven Bekämpfung von Kriminalität und Terrorismus, Gutachten C für den deutschen Juristentag 2008, in: Ständige Deputation des deutschen Juristentages (Hrsg.), Verhandlungen des siebenundsechzigsten deutschen Juristentages, Erfurt 2008, Band I, Gutachten, Teil C, München 2008 (zitiert: *M. Jahn*, in: Ständige Deputation des deutschen Juristentages (Hrsg.), Verhandlungen des 67. deutschen Juristentages, Band I, S.)

Jahn, Matthias: Die Konsensmaxime in der Hauptverhandlung, ZStW 118 (2006), 427 ff.

Jahn, Matthias: Die verfassungskonforme Auslegung des § 97 Abs. 1 Nr. 3 StPO, ZIS 2011, 453 ff.

Jahn, Matthias: Ermittlungen in Sachen Siemens/SEC, Legitimer Baustein des globalisierten Wirtschaftsstrafverfahrens oder rechtswidriges Parallelverfahren zur Strafprozessordnung? – Eine Problemskizze, StV 2009, 41 ff.

Jahn, Matthias: Strafprozessrecht als geronnenes Verfassungsrecht – Hauptprobleme und Streitfragen des § 136a StPO, JuS 2005, 1057 ff.

Jahn, Matthias: Zurück in die Zukunft – Die Diskurstheorie des Rechts als Paradigma des neuen konsensualen Strafverfahrens, GA 2004, 272 ff.

Jahn, Matthias/*Dallmeyer*, Jens: Zum heutigen Stand der beweisrechtlichen Berücksichtigung hypothetischer Ermittlungsverläufe im deutschen Strafverfahrensrecht, NStZ 2005, 297 ff.

Jahn, Matthias/*Kirsch*, Stefan: Anmerkung zu LG Hamburg, Beschluss vom 15.10.2010 – 608 Qs 18/10, StV 2011, 151 ff.

Jahn, Matthias/*Kirsch*, Stefan: Anmerkung zu LG Mannheim, Beschluss vom 03.07.2012 – 24 Qs 1, 2/12, NStZ 2012, 718 ff.

Jahn, Matthias/*Kirsch*, Stefan: Anmerkung zu LG Bonn, Beschluss vom 21.06.2012 – 27 Qs 2/12, NZWiSt 2013, 28 ff.

Jarass, Hans D./*Pieroth*, Bodo: Grundgesetz für die Bundesrepublik Deutschland, Kommentar, 13. Auflage, München 2014 (zitiert: *Bearbeiter*, in: Jarass/Pieroth, GG, 13. Aufl., Art. Rn.)

Jauernig, Othmar: Bürgerliches Gesetzbuch mit Allgemeinem Gleichbehandlungsgesetz, 15. Auflage, München 2014 (zitiert: *Bearbeiter*, in: Jauernig, BGB, 15. Aufl., § Rn.)

Jerouschek, Günter: Jenseits von Gut und Böse: Das Geständnis und seine Bedeutung im Strafrecht, ZStW 102 (1990), 793 ff.

Joachim, Hans G.: Zur Problematik der Verdachtskündigung, AuR 1964, 33 ff.

Joecks, Wolfgang/*Miebach*, Klaus (Hrsg.): Münchener Kommentar zum StGB, Band 3, 2. Auflage, München 2012 (zitiert: *Bearbeiter*, in. Joecks/Miebach (Hrsg.), Münchener Kommentar zum StGB, Band 3, 2. Aufl. § Rn.)

Joecks, Wolfgang/Miebach, Klaus (Hrsg.): Münchener Kommentar zum StGB, Band 4, 2. Auflage, München 2012 (zitiert: *Bearbeiter*, in. Joecks/Miebach (Hrsg.), Münchener Kommentar zum StGB, Band 4, 2. Aufl., § Rn.)

Joerden, Jan C.: Verbotene Vernehmungsmethoden – Grundfragen des § 136a StPO, JuS 1993, 927 ff.

Jung, Heike: Faires Verfahren und menschenrechtswidrige Beweiserhebung, Zugleich Besprechung von EGMR, Urteil vom 21.1.2009, GA 2009, 651 ff.

Jung, Heike: Zum sozialpsychologischen Gehalt des Formalisierungskonzepts, in: Herzog/Neumann (Hrsg.), Festschrift für Winfried Hassemer, Heidelberg 2010, S. 73 ff. (zitiert: *Jung*, in: Herzog/Neumann (Hrsg.), Festschrift für Winfried Hassemer, S. 73,)

Jungfer, Gerhard: Eigene Ermittlungstätigkeit des Strafverteidigers – Strafprozessuale und standesrechtliche Möglichkeiten und Grenzen, StV 1981, 100 ff.

Kadelbach, Stefan: Anmerkung zu OLG Düsseldorf, Beschluss vom 15.11.1991 – VI 14/89, StV 1992, 506 ff.

Kahlo, Michael: Soll es dem Staat im Strafprozeß rechtlich erlaubt sein, Verdachtsklärung durch Täuschungshandlungen zu unternehmen?, in: Zaczyk, Rainer/Köhler, Michael/Kahlo, Michael (Hrsg.), Festschrift für E. A. Wolff zum 70. Geburtstag am 1.10.1998, Berlin/Heidelberg/New York u. a. 1998, S. 153 ff. (zitiert: *Kahlo*, in: Zaczyk/Köhler/Kahlo (Hrsg.), Festschrift für E. A. Wolff, S. 153,)

Käßer, Wolfgang: Wahrheitserforschung im Strafprozeß, Berlin 1974 (zitiert: *Käßer,* Wahrheitserforschung im Strafprozess, S.)

Kahlenberg, Harald/*Schwinn,* Hannes: Amnestieprogramme bei Compliance-Untersuchungen im Unternehmen, CCZ 2012, 81 ff.

Kamanabrou, Sudabeh: Der Entgeltanspruch bei gewissensbedingter Arbeitsverweigerung, in: Dieterich, Thomas/Le Friant, Martine/Nogler, Luca/Kezuka, Katsutoshi/Pfarr, Heide (Hrsg.), Individuelle und kollektive Freiheit im Arbeitsrecht, Gedächtnisschrift für Ulrich Zachert, Baden-Baden 2010, S. 400 ff. (zitiert: *Kamanabrou,* in: Dieterich/Le Friant/Nogler u. a. (Hrsg.), Gedächtnisschrift für Ulrich Zachert, S. 400,)

Karliczek, Kari-Maria: Strukturelle Bedingungen von Wirtschaftskriminalität, Eine empirische Untersuchung am Beispiel der Privatisierungen ausgewählter Betriebe der ehemaligen DDR, Münster 2007 (zitiert *Karliczek,* Wirtschaftskriminalität, S.)

Karliczek, Kari-Maria: Vom Nutzen qualitativer Forschung in der Kriminologie, in: Karliczek, Kari-Maria (Hrsg.), Kriminologische Erkundungen, Wissenschaftliches Symposium aus Anlass des 65. Geburtstages von Klaus Sessar, Münster 2004, S. 210, (zitiert: *Karliczek,* in: Karliczek (Hrsg.), Kriminologische Erkundungen, S. 210,)

Karlsruher Kommentar zum Gesetz über Ordnungswidrigkeiten: siehe *Senge,* Lothar (Hrsg.)

Kaufmann, Arthur: Prozedurale Theorien der Gerechtigkeit, München 1989 (zitiert: *Kaufmann,* Gerechtigkeit, S.)

Keller, Rainer: Privatisierung von Polizeifunktionen und strafprozessuale Beweisverwertungsverbote, in: Samson, Erich/Dencker, Friedrich/Frisch, Peter/Frister, Helmut/Reiß, Wolfram (Hrsg.), Festschrift für Gerald Grünwald zum 70. Geburtstag, Baden-Baden 1999, S. 267 ff. (zitiert: *Keller,* in: Samson/Dencker/Frisch u. a. (Hrsg.), Festschrift für Gerald Grünwald, S. 267,)

Keller, Rainer: Rechtliche Grenzen der Provokation von Straftaten, Berlin 1989 (zitiert: *Keller,* Rechtliche Grenzen, S.)

Kelnhofer, Evelyn: Hypothetische Ermittlungsverläufe im System der Beweisverbote, Berlin 1994 (zitiert: *Kelnhofer,* Hypothetische Ermittlungsverläufe, S.)

Kiefer, Marcus: Kritische Analyse der Kapitalmarktregulierung der U:S: Securities and Exchange Commission, Wiesbaden 2003 (zitiert: *Kiefer,* Kapitalmarktregulierung, S.)

Kindhäuser, Urs: Strafgesetzbuch, 6. Auflage, Baden-Baden 2015 (zitiert: *Kindhäuser,* StGB, 6. Aufl., § Rn.)

Kindhäuser, Urs: Strafprozessrecht, 4. Auflage, Baden-Baden 2016 (zitiert: *Kindhäuser,* Strafprozessrecht, 4. Aufl., § Rn.)

Kininger, Ewald: Theorie und Soziologie des zivilgerichtlichen Verfahrens, Berlin 1980 (zitiert: *Kininger,* Theorie und Soziologie, S.)

Klasen, Evelyn/*Schaefer,* Sandra: Whistleblower, Zeuge und „Beschuldigter" – Informationsweitergabe im Spannungsfeld grundrechtlicher Positionen, BB 2012, 641 ff.

Klein, Hans H.: Die grundrechtliche Schutzpflicht, DVBl. 1994, 489 ff.

Kleinknecht, Theodor, in: Ständige Deputation des deutschen Juristentages (Hrsg.), Verhandlungen des sechsundvierzigsten deutschen Juristentages, Band 2, München/Berlin 1967, S. F 112 f. (zitiert: *Kleinknecht,* in: Ständige Deputation des deutschen Juristentages (Hrsg.), Verhandlungen des 46. deutschen Juristentages, Band 2, S. F. 112,)

Kleinknecht, Theodor: Die Beweisverbote im Strafprozess, NJW 1966, 1537 ff.

Kleinknecht, Th./*Müller,* H./*Reitberger,* L.: KMR, Kommentar zur Strafprozessordnung, Band 2, Köln (zitiert: *Bearbeiter,* in: Kleinknecht/Müller/Reitberger, StPO, Band 2, Stand, § Rn.)

Klengel, Jürgen Detlev W./*Mückenberger,* Ole: Internal Investigations – typische Rechts- und Praxisprobleme unternehmensinterner Ermittlungen, CCZ 2009, 81 ff.

Klescewski, Diethelm: Anmerkung zu BGH, Urteil vom 29.04.2009 – 1 StR 701/08, StV 2010, 462 ff.

Klug, Ulrich, in: Ständige Deputation des deutschen Juristentages (Hrsg.), Verhandlungen des sechsundvierzigsten deutschen Juristentages, Band 2, München 1967, S. F 30 ff. (zitiert: *Klug,* in: Ständige Deputation des deutschen Juristentages (Hrsg.), Verhandlungen des 46. deutschen Juristentages, Band 2, S. F 30,)

Knauer, Christoph: Interne Ermittlungen, ZWH 2012, 41 ff., 81 ff.

Knauer, Christoph/*Buhlmann,* Erik: Unternehmensinterne (Vor-) Ermittlungen – was bleibt von nemo-tenetur und fair-trial?, Grenzen der strafprozessualen Verwertbarkeit unternehmensinterner Ermittlungen, AnwBl 2010, 387 ff.

Knauer, Christoph/*Gaul,* Michael: Internal investigations und fair trial – Überlegungen zu einer Anwendung des Fairnessgedankens –, NStZ 2013, 192 ff.

Knierim, Thomas C.: Anmerkung zu BGH, Urteil vom 26.07.2007 – 3 StR 104/07, FD-StrafR 2007, 240363

Knierim, Thomas C.: Anmerkung zu LG Hamburg, Beschluss vom 15.10.2010 – 608 Qs 18/10, FD-StrafR 2011, 314177

Knierim, Thomas C.: Das Verhältnis von strafrechtlichen und internen Ermittlungen, StV 2009, 324 ff.

Knierim, Thomas C.: Detektivspiele –Vom Sinn und Unsinn privater Ermittlungen, in: Hassemer, Winfried/Kempf, Eberhard/Moccia, Sergio (Hrsg.), In dubio pro libertate, Festschrift für Klaus Volk zum 65. Geburtstag, München 2009, S. 247 ff. (zitiert: *Knierim*, in: Hassemer/Kempf/Moccia (Hrsg.), Festschrift für Klaus Volk, S. 247,)

Knierim, Thomas C./*Rübenstahl*, Markus/*Tsambikakis*, Michael (Hrsg.): Internal Investigations, Ermittlungen im Unternehmen, Heidelberg/München/Landsberg/ Frechen/Hamburg 2013 (zitiert: *Bearbeiter*, in: Knierim/Rübenstahl/Tsambikakis (Hrsg.), Internal Investigations, Kap. Rn.)

Knoll, Dieter: Die Fernwirkungen von Beweisverwertungsverboten, Augsburg 1992 (zitiert: *Knoll*, Fernwirkungen, S.)

Koch, Arndt: Verwendung von Beschäftigtendaten bei Verdacht einer Straftat, ITRB 2010, 164 ff.

Köhler, Michael: Strafrecht, Allgemeiner Teil, Berlin/Heidelberg 1997 (zitiert: *Köhler*, Strafrecht AT, S.)

Köhler, Michael: Prozeßrechtsverhältnis und Ermittlungseingriffe, ZStW 107 (1995), 10 ff.

Kölbel, Ralf: Selbstbelastungsfreiheiten, Der nemo-tenetur-Satz im materiellen Strafrecht, Berlin 2006 (zitiert: *Kölbel*, Selbstbelastungsfreiheiten, S.)

König, Josef: Zur Verwertbarkeit verdeckt erlangter Kenntnisse, Kriminalistik 1997, 179 ff.

Kohlhaas, Max: Strafprozessuale Beweisverbote im Straßenverkehrsrecht, DAR 1971, 62 ff.

Kohlmann, Günter: Strafprozessuale Verwertungsverbote als Schranken für steuerliche und steuerstrafrechtliche Ermittlungen der Fahndungsbehörden, in: Lang, Joachim (Hrsg.), Festschrift für Klaus Tipke zum 70. Geburtstag, Köln 1995, S. 487 ff. (zitiert: *Kohlmann*, in: Lang (Hrsg.), Festschrift für Klaus Tipke, S. 487,)

Kohlmann, Günter: Waffengleichheit im Strafprozess?, in: Baumann, Jürgen/Tiedemann, Klaus (Hrsg.), Einheit und Vielfalt des Strafrechts, Festschrift für Karl Peters zum 70. Geburtstag, Tübingen 1974, S. 311 ff. (zitiert: *Kohlmann*, in: Baumann/Tiedemann (Hrsg.), Festschrift für Karl Peters, S. 311,)

Koriath, Heinz: Über Beweisverbote im Strafprozess, Frankfurt am Main 1994 (zitiert: *Koriath*, Beweisverbote, S.)

Kort, Michael: Inhalt und Grenzen der arbeitsrechtlichen Personenfürsorgepflicht, NZA 1996, 854 ff.

Kort, Michael: Zum Verhältnis von Datenschutz und Compliance im geplanten Beschäftigtendatenschutzgesetz, DB 2011, 651 ff.

Kottek, Petr: Die Kooperation von deutschen Unternehmen mit der US-amerikanischen Börsenaufsicht SEC, Grenzen der strafprozessualen Verwertbarkeit unternehmensinterner Ermittlungen, Frankfurt am Main 2012 (zitiert: *Kottek*, Kooperation, S.)

Kottek, Petr: Die Kooperation von deutschen Unternehmen mit der US-amerikanischen Börsenaufsicht SEC, Grenzen der strafprozessualen Verwertbarkeit unternehmensinterner Ermittlungen, DAJV Newsletter 3/1013, 101 ff.

Kramer, Bernhard: Unerlaubte Vernehmungsmethoden in der Untersuchungshaft – BGH v. 28.4.1987 – 5 StR 666/86, Jura 1988, 520 ff.

Krause, Rüdiger: Arbeitsrecht, 3. Auflage, Baden-Baden 2015 (zitiert: *Krause*, Arbeitsrecht, 3. Aufl., Rn.)

Krause, Rüdiger: Kündigung wegen Arbeitsverweigerung aus Glaubensgründen, JA 2012, 706 ff.

Krauß, Detlef: Das Prinzip der materiellen Wahrheit im Strafprozeß, in: Grünwald, Gerald/Miehe, Olaf/Rudolphi, Hans-Joachim/Schreiber, Hans-Ludwig (Hrsg.), Festschrift für Friedrich Schaffstein zum 70. Geburtstag am 28. Juli 1975, Göttingen 1975, S. 411 ff. (zitiert: *D. Krauß*, in: Grünwald/Miehe/Rudolphi u. a. (Hrsg.), Festschrift für Friedrich Schaffstein, S. 411,)

Krauß, Katharina: Die aktuelle Rechtsprechung zum Anwalts- und Verteidigungsprivileg im deutschen Kartellbußgeldverfahren, WuW 2013, 24 ff.

Krekeler, Wilhelm: Zufallsfunde bei Berufsgeheimnisträgern und ihre Verwertbarkeit, NStZ 1987, 199 ff.

Krekeler, Wilhelm/*Löffelmann*, Markus/*Sommer*, Ulrich (Hrsg.): Anwaltkommentar StPO, 2. Auflage, Bonn 2010 (zitiert: *Bearbeiter*, in: Krekeler/Löffelmann/Sommer (Hrsg.), Anwaltkommentar StPO, 2. Aufl., § Rn.)

Kremer, Thomas: Kooperation des Unternehmens mit der Staatsanwaltschaft im Compliance Bereich, in: Burgard, Ulrich/Hadding, Walther/Mülbert, Peter O./Nietsch, Michael/Welter, Reinhard (Hrsg.), Festschrift für Uwe H. Schneider zum 70. Geburtstag, Köln 2011, S. 701 ff. (zitiert: *Kremer*, in: Burgard/Hadding/Mülbert u. a. (Hrsg.), Festschrift für Uwe H. Schneider, S. 701,)

Kretschmer, Joachim: Schutz vor staatlich veranlasstem Zwang und inszenierter Täuschung, HRRS 2010, 343 ff.

Krey, Volker: Rechtsprobleme des strafprozessualen Einsatzes Verdeckter Ermittler, einschließlich des „Lauschangriffs" zu seiner Sicherung und als Instrument der Verbrechensaufklärung, Wiesbaden 1993 (zitiert: *Krey*, Rechtsprobleme, Rn.)

Krey, Volker: Zur Problematik privater Ermittlungen des durch eine Straftat Verletzten, Zulässigkeit und Schranken privater Straftataufklärung durch den Verletzten, seinen Rechtsanwalt und durch Detektive zum Zwecke der Strafverfolgung, Berlin 1994 (zitiert: *Krey*, Private Ermittlungen, S.)

Krey, Volker: Zur Problematik strafprozessualer verdeckter Ermittlungen ohne Einsatz technischer Mittel im Kampf gegen die Organisierte Kriminalität, in:

Kühne, Hans-Heiner (Hrsg.), Festschrift für Koichi Miyazawa, Baden-Baden 1995, S. 595 ff. (zitiert: *Krey*, in: Kühne (Hrsg.), Festschrift für Koichi Miyazawa, S. 595,)

Krüger, Wolfgang/*Rauscher*, Thomas (Hrsg.): Münchener Kommentar zur ZPO, Band 2, 4. Auflage, München 2012 (zitiert: *Bearbeiter*, in: Krüger/Rauscher (Hrsg.), Münchener Kommentar zur ZPO, Band 2, 4. Aufl., § Rn.)

Kruse, Björn: Compliance und Rechtsstaat, Zur Freiheit von Selbstbelastung bei Internal Investigations, Frankfurt am Main 2014 (zitiert: *Kruse*, Compliance, S.)

Kudlich, Hans: Die Lehre von der objektiven Zurechnung als Vorbild für die Argumentationslastverteilung bei der Entstehung unselbstständiger Beweisverwertungsverbote, in: Zöller, Mark A./Hilger, Hans/Küper, Wilfried/Roxin, Claus (Hrsg.), Gesamte Strafrechtswissenschaft in internationaler Dimension, Festschrift für Jürgen Wolter zum 70. Geburtstag am 7. September 2013, Berlin 2013, S. 995 ff. (zitiert: *Kudlich*, in: Zöller/Hilger/Küper u. a. (Hrsg.), Festschrift für Jürgen Wolter, S. 995,)

Kudlich, Hans: Reden ist Silber, Schweigen ist Gold – Zur „Mit-Hör-Fallen"-Entscheidung des Großen Strafsenats – BGH(GS), NStZ 1996, 502, JuS 1997, 696 ff.

Kühl, Kristian: Freie Beweiswürdigung des Schweigens des Angeklagten und der Untersuchungsverweigerung eines angehörigen Zeugen – BGHSt 32, 140, JuS 1986, 115 ff.

Kühl, Kristian, Anmerkung zu BGH, Urteil vom 09.05.1985 - 1 StR 63/85, StV 1986, 187 ff.

Kühne, Hans-Heiner: Strafprozessrecht, 9. Auflage, Heidelberg 2015 (zitiert: *Kühne*, Strafprozessrecht, 9. Aufl., § Rn.)

Kühne, Hans-Heiner: Strafprozessuale Beweisverbote und Art. 1 I Grundgesetz, Zugleich ein Beitrag zur Auslegung des Rechtsbegriffs Menschenwürde, Köln/Berlin/Bonn/München 1970 (zitiert: *Kühne*, Strafprozessuale Beweisverbote, S.)

Küpper, Georg: Tagebücher, Tonbänder, Telefonate, JZ 1990, 416 ff.

Küttner, Wolfdieter: Personalbuch 2016, hrsg. von Röller, Jürgen, 23. Auflage, München 2016 (zitiert: *Bearbeiter*, in: Küttner, Personalbuch, 23. Aufl., Stand:, Stichwort: Rn.)

Kuhlen, Lothar: Die Reaktion von Unternehmen auf Straftaten von Mitarbeitern: eine strafbare Nötigung?, in: Prittwitz, Cornelius/Baurmann, Michael/Kuhlen, Lothar/Merkel, Reinhard/Nestler, Cornelius/Schulz, Lorenz (Hrsg.), Festschrift für Klaus Lüderssen zum 70. Geburtstag am 2. Mai 2002, Baden-Baden 2002, S. 649 ff. (*Kuhlen*, in: Prittwitz/Baurmann/Günther u. a. (Hrsg.), Festschrift für Klaus Lüderssen, S. 649,)

Kuhlen, Lothar: Strafrechtliche Haftung von Führungskräften, in: Maschmann (Hrsg.), Strafrechtliche Haftung von Führungskräften, Baden-Baden 2009, S. 11 ff. (zitiert: *Kuhlen*, in: Maschmann (Hrsg.), Corporate Compliance und Arbeitsrecht, S. 11 ff.)

Kuhn, Bernd: Die Garantenstellung des Vorgesetzten – Zugleich eine Besprechung von BGH wistra 2012, 64 –, wistra 2012, 297 ff.

Kunert, Karl Heinz: Wie weit schützt die Strafprozeßordnung die Grundrechte des Beschuldigten, MDR 1967, 539 ff.

Kunig, Philip: Das Rechtsstaatsprinzip, Überlegungen zu seiner Bedeutung für das Verfassungsrecht der Bundesrepublik Deutschland, Tübingen 1986 (zitiert: *Kunig,* Rechtsstaatsprinzip, S.)

Kustor/Freshfields Bruckhaus Deringer LLP (Hrsg.): Unternehmensinterne Untersuchungen, Handbuch für Internal Investigations, Wien 2010 (zitiert: Kustor/Freshfields Bruckhaus Deringer LLP (Hrsg.), Unternehmensinterne Untersuchungen, S.)

Lackner, Karl/*Kühl,* Kristian: Strafgesetzbuch, Kommentar, 28. Auflage, München 2014 (zitiert: Lackner/*Kühl,* StGB, 28. Aufl., § Rn.)

Lämmerzahl, Torsten: Die Beteiligung Privater an der Erledigung öffentlicher Aufgaben, Eine Untersuchung ihrer verfassungs- und verwaltungsrechtlichen Möglichkeiten und Grenzen, Berlin 2007 (zitiert: *Lämmerzahl,* Beteiligung Privater, S.)

Lagodny, Otto: Verdeckte Ermittler und V-Leute im Spiegel von § 136a StPO als angewandtem Verfassungsrecht, StV 1996, 167 ff.

Lammer, Dirk: Verdeckte Ermittlungen im Strafprozess, Zugleich eine Studie zum Menschenwürdegehalt der Grundrechte, Berlin 1992 (zitiert: *Lammer,* Verdeckte Ermittlungen, S.)

Landscheidt, Christoph: Zur Problematik der Garantenpflichten aus verantwortlicher Stellung in bestimmten Räumlichkeiten, Berlin 1985 (zitiert: *Landscheidt,* Garantenpflichten, S.)

Lange, Niels/*Vogel,* Thius: Verdachtskündigung: Teilnahmerecht des Rechtsanwalts an der Anhörung, DB 2010, 1066 ff.

Langkeit, Jochen: Garantenpflicht der Mitglieder des Holding-Vorstandes auf Unterbindung von Straftaten der Geschäftsführer von Tochtergesellschaften?, in: Dannecker, Gerhard/Langer, Winrich/Ranft, Otfried/Schmitz, Roland/Brammsen, Joerg (Hrsg.), Festschrift für Harro Otto zum 70. Geburtstag am 1. April 2007, S. 649 ff. (zitiert: *Langkeit,* in: Dannecker/Langer/Ranft u. a. (Hrsg.), Festschrift für Harro Otto, S. 649,)

Larenz, Karl/*Canaris,* Claus-Wilhelm: Methodenlehre der Rechtswissenschaft, 3. Auflage, Berlin/Heidelberg 1995 (zitiert: *Larenz/Canaris,* Methodenlehre, 3. Aufl., S.)

Laufhütte, Heinrich Wilhelm/*Rissing-van Saan,* Ruth/*Tiedemann,* Klaus (Hrsg.): Leipziger Kommentar zum StGB, Band 1, 12. Auflage, Berlin 2007 (zitiert: *Bearbeiter,* in Laufhütte/Rissing-van Saan/Tiedemann (Hrsg.), Leipziger Kommentar zum StGB, Band 1, 12. Aufl., § Rn.)

Laufhütte, Heinrich Wilhelm/*Rissing-van Saan,* Ruth/*Tiedemann,* Klaus (Hrsg.): Leipziger Kommentar, Strafgesetzbuch, 12. Auflage, Band 7, Teilband 2, Berlin/

Boston 2015 (zitiert: *Bearbeiter*, in: Laufhütte/Rissing-van Saan/Tiedemann (Hrsg.), Leipziger Kommentar zum StGB, Band 7/2, 12. Aufl., § Rn.)

Leipold, Klaus: Der Strafverteidiger als Unternehmensanwalt, NJW-Spezial 2011, 56 ff.

Leipziger Kommentar zum StGB: siehe unter *Laufhütte*, Heinrich Wilhelm/*Rissing-van Saan*, Ruth/*Tiedemann*, Klaus (Hrsg.)

Leupold, Andreas/*Glossner*, Silke (Hrsg.): Münchener Anwaltshandbuch IT-Recht, 3. Auflage, München 2013 (zitiert: *Bearbeiter*, in: Leupold/Glossner (Hrsg.), Münchener Anwaltshandbuch IT-Recht, 3. Aufl., Teil Rn.)

Lesch, Heiko Hartmut: Beweisverwertung bei Hörfalle, JA 1996, 632 ff.

Lesch, Heiko Hartmut: Inquisition und rechtliches Gehör in der Beschuldigtenvernehmung, ZStW 111 (1999), 624 ff.

Lesch, Heiko Hartmut: »Hörfalle« und kein Ende – Zur Verwertbarkeit von selbstbelastenden Angaben des Beschuldigten in der Untersuchungshaft, GA 2000, 355 ff.

Leyendecker, Hans: sueddeutsche.de vom 09.04.10, abrufbar unter http://www.sueddeutsche.de/wirtschaft/ferrostaal-korruptionsaffaere-teurer-rat-aus-den-usa-1.20400 (zuletzt geprüft am 23.04.2016)

Leyendecker, Hans/*Ott,* Klaus: Die Rückkehr des Skandals, süddeutsche.de vom 13.01.2011, abrufbar unter http://www.sueddeutsche.de/wirtschaft/siemens-korruptionsaffaere-die-rueckkehr-des-skandals-1.1045787 (zuletzt geprüft am 23.04.2016)

Lind, E. Allen: Verfahrensgerechtigkeit und Akzeptanz rechtlicher Autorität, in: Bierbrauer, Günther/Gottwald, Walther/Birnbreier-Stahlberger, Beatrix (Hrsg.), Verfahrensgerechtigkeit, Rechtspsychologische Forschungsbeiträge für die Justizpraxis, Köln 1995, S. 3 ff. (zitiert: *Lind*, in: Bierbrauer/Gottwald/Birnbreier-Stahlberger (Hrsg.), Verfahrensgerechtigkeit, S. 3,)

Lind, E. Allan/*Tyler,* Tom R.: The Social Psychology of Procedural Justice, New York/London 1988 (zitiert: *Lind/Tylor,* The Social Psychology of Procedural Justice, S.)

de Lind van Wijngaarden, Martina/*Egler,* Phillipp: Der Beschlagnahmeschutz von Dokumenten aus unternehmensinternen Untersuchungen, NJW 2013, 3549 ff.

Lindner, Bernd: Täuschungen in der Vernehmung des Beschuldigten – Ein Beitrag zur Auslegung des § 136a StPO –, Tübingen 1988 (zitiert: *Lindner,* Täuschungen, S.)

Löwe-Rosenberg, Die Strafprozessordnung und das Gerichtsverfassungsgesetz, Großkommentar: siehe *Erb,* Volker/*Esser,* Robert/*Franke,* Ulrich/*Graalmann-Scheerer,* Kirsten/*Hilger,* Hans/*Ignor,* Alexander (Hrsg.)

Lomas, Paul/*Kramer,* Daniel J. (Hrsg.): Corporate Internal Investigations, An International Guide, 2. Auflage, Oxford 2013 (zitiert: *Lomas/Kramer* (Hrsg.), Corporate Internal Investigations, 2. Aufl., Rn.)

Lorenz, Frank Lucien: „Operative Informationserhebung" im Strafverfahren, „Unverfügbares" und Grundrechtsschutz durch „institutionelle Kontrolle", JZ 1992, 1000 ff.

Lotze, Sascha: US-amerikanisches Kapitalmarktrecht und Internet, Frankfurt am Main 2002 (zitiert: *Lotze*, US-amerikanisches Kapitalmarktrecht, S.)

Lüders, Christian: Herausforderungen qualitativer Forschung, in: Flick, Uwe/Kardoff, Ernst von/Steinke, Ines (Hrsg.), Qualitative Forschung, Ein Handbuch, 10. Auflage, Reinbek bei Hamburg 2013, S. 632 ff. (zitiert: *C. Lüders*, in: Flick/v. Kardoff/ Steinke (Hrsg.), Qualitative Forschung, S. 632,)

Lüders, Holger: Glaubenskonflikte von Arbeitnehmern schließen zwar verhaltens-, nicht aber personenbedingte Kündigung aus, GWR 2011, 457

Lüke, Gerhard: Der Informationsanspruch im Zivilrecht, JuS 1986, 2 ff.

Lützeler, Martin/*Müller-Sartori,* Patrick: Die Befragung des Arbeitnehmers – Auskunftspflicht oder Zeugnisverweigerungsrecht?, CCZ 2011, 19 ff.

Luhmann, Niklas: Das Recht der Gesellschaft, 1. Auflage, Frankfurt am Main 1995 (zitiert: *Luhmann*, Recht der Gesellschaft, S.)

Luhmann, Niklas: Die Einheit des Rechtssystems, Rechtstheorie 14 (1983), 129 ff.

Luhmann, Niklas: Die Gesellschaft der Gesellschaft, Erster Teilband, Frankfurt am Main 1998 (zitiert: *Luhmann*, Gesellschaft der Gesellschaft, Band 1, S.)

Luhmann, Niklas: Die soziologische Beobachtung des Rechts, Frankfurt am Main 1986 (zitiert: *Luhmann*, Die soziologische Beobachtung des Rechts, S.)

Luhmann, Niklas: Die Wissenschaft der Gesellschaft, Frankfurt am Main 1990 (zitiert: *Luhmann*, Die Wissenschaft der Gesellschaft, S.)

Luhmann, Niklas: Grundrechte als Institution, Ein Beitrag zur politischen Soziologie, 5. Auflage, Berlin 2009 (zitiert: *Luhmann*, Grundrechte als Institution, 5. Aufl., S.)

Luhmann, Niklas: Legitimation durch Verfahren, 4. Auflage, Frankfurt am Main 1997 (zitiert: Legitimation durch Verfahren, 4. Aufl., S.)

Luhmann, Niklas: Organisation und Entscheidung, 3. Auflage, Wiesbaden 2011 (zitiert: *Luhmann*, Organisation und Entscheidung, 3. Aufl., S.)

Luhmann, Niklas: Rechtssoziologie, 4. Auflage, Wiesbaden 2008 (zitiert: *Luhmann*, Rechtssoziologie, 4. Aufl., S.)

Luhmann, Niklas: Soziale Systeme, Grundriss einer allgemeinen Theorie, Frankfurt am Main 1987 (zitiert: *Luhmann*, Soziale Systeme, S.)

Luhmann, Niklas: Vertrauen, Ein Mechanismus der Reduktion sozialer Komplexität, 4. Auflage, Stuttgart 2000 (zitiert: *Luhmann*, Vertrauen, 4. Aufl., S.)

Machura, Stefan: Niklas Luhmanns „Legitimation durch Verfahren" im Spiegel der Kritik, Zeitschrift für Rechtssoziologie 14 (1993), 97 ff.

Mahlstedt, Tobias: Die verdeckte Befragung des Beschuldigten im Auftrag der Polizei, Informelle Informationserhebung und Selbstbelastungsfreiheit, Berlin 2011 (zitiert: *Mahlstedt,* Verdeckte Befragung, S. 159,)

Mahnhold, Thilo: Compliance und Arbeitsrecht, Frankfurt am Main 2004 (zitiert: *Mahnhold,* Compliance, S.)

Maiwald, Manfred: Zufallsfunde bei zulässiger strafprozessualer Telefonüberwachung – BGH, NJW 1976, 1462, JuS 1978, 379 ff.

Mangoldt, Hermann von/*Klein,* Friedrich: Das Bonner Grundgesetz, Band 1, Kommentar, hrsg. von Starck, Christian, 6. Auflage, München 2010 (zitiert: *Bearbeiter,* in: v. Mangoldt/Klein, Das Bonner Grundgesetz, Kommentar, Band 1, 6. Aufl., Art. Rn.)

Mann, Marius: Der Schutz unternehmensinterner Anwaltskorrespondenz im transatlantischen Rechtsvergleich, ZVglRWiss 110 (2011), 302 ff.

Manssen, Gerrit: Staatsrecht II, Grundrechte, 12. Auflage, München 2015 (zitiert: *Manssen,* Staatsrecht II, 12. Aufl., § Rn.)

Marczak, Elke: Das Fairneßgebot im Prozeß unter besonderer Berücksichtigung des Strafprozesses, Diss. jur. Köln 2000 (zitiert: *Marczak,* Fairneßgebot, S.)

Mark, Jonas: Internal Investigations und das Attorney-Client-Privilege (Anwaltsprivileg) in Deutschland, ZWH 2012, 311 ff.

Maschke, Günter: Aufsichtspflichtverletzungen in Betrieben und Unternehmen, Die Sanktionierung von Verstößen gegen die Aufsichtspflicht in Betrieben und Unternehmen nach § 130 des Ordnungswidrigkeitengesetzes unter besonderer Berücksichtigung des Zusammenhangs zwischen Tathandlung und Zuwiderhandlung, Baden-Baden 1997 (zitiert: *Maschke,* Aufsichtspflichtverletzungen in Betrieben und Unternehmen, S.)

Maschmann, Frank: Corporate Compliance, Neue Herausforderungen für das Arbeitsrecht, AuA 2009, 72 ff.

Maschmann, Frank: Compliance versus Datenschutz, NZA-Beil. 2012, 50 ff.

Maschmann, Frank: Mitarbeiterkontrolle und private Ermittlungen, in: ders. (Hrsg.), Corporate Compliance und Arbeitsrecht, Mannheimer Arbeitsrechtstag 2009, Baden-Baden 2009, S. 149 ff. (zitiert: *Maschmann,* in: ders. (Hrsg.), Corporate Compliance und Arbeitsrecht, S. 149)

Mathews, Arthur F.: Internal Corporate Investigations, Ohio State Law Journal 45 (1984), 657 ff.

Maties, Martin: Änderung des BDSG, RdA 2009, 261 f.

Matt, Holger: Nemo tenetur se ipsum accusare – Europäische Perspektiven, GA 2006, 323 ff.

Maunz, Theodor/*Dürig,* Günter: Grundgesetz Kommentar, Band 1, hrsg. von Herzog, Roman/Scholz, Rupert/Herdegen, Matthias/Klein, Hans H (zitiert: *Bearbeiter,* in: Maunz/Dürig, GG, Band 1, Stand, Art. Rn.)

Maunz, Theodor/*Schmidt-Bleibtreu*, Bruno/*Klein*, Franz/*Bethge*, Herbert u. a.: Bundesverfassungsgerichtsgesetz, Kommentar, Band 1 (zitiert: *Bearbeiter*, in: Maunz/ Schmidt-Bleintreu/Klein/Bethge u. a., BVerfGG, Band 1, München, Stand, § Rn.)

Maurer, Hartmut: Staatsrecht I, Grundlagen, Organe, Staatsfunktionen, 6. Aufl., München 2010 (zitiert: *Maurer*, Staatsrecht, 6. Aufl., § Rn.)

Mayring, Philipp: Qualitative Inhaltsanalyse, Grundlagen und Techniken, 12. Auflage, Weinheim/Basel 2015 (zitiert: *Mayring*, Inhaltsanalyse, 12. Aufl., S.)

Mehle, Bastian/*Mehle*, Volkmar: Beschlagnahmefreiheit von Verteidigungsunterlagen – insbesondere in Kartellbußgeldverfahren, NJW 2011, 1639 ff.

Mende, Boris: Grenzen privater Ermittlungen durch den Verletzten einer Straftat, Berlin 2001 (zitiert: *Mende*, Grenzen privater Ermittlungen, S.)

Meng, Werner: Extraterritoriale Jurisdiktion im öffentlichen Wirtschaftsrecht, Berlin/Heidelberg/New York u. a. 1994 (zitiert: *Meng*, Extraterritoriale Jurisdiktion, S.)

Mengel, Anja: Compliance und Arbeitsrecht, Implementierung, Durchsetzung – Organisation, München 2009 (zitiert: *Mengel*, Compliance und Arbeitsrecht, Kap. Rn.)

Mengel, Anja/*Ullrich*, Thilo: Arbeitsrechtliche Aspekte unternehmensinterner Investigations, NZA 2006, 240 ff.

Meurer, Dieter: Informelle Ausforschung, in: Schünemann, Bernd/Achenbach, Hans/ Bottke, Wilfried/Haffke, Bernhard/Rudolphi, Hans-Joachim (Hrsg.), Festschrift für Claus Roxin zum 70. Geburtstag am 15. Mai 2001, Berlin/New York 2001, S. 1281 ff. (zitiert: *Meurer*, in: Schünemann/Achenbach/Bottke u. a. (Hrsg.), Festschrift für Claus Roxin, S. 1281,)

Meyer, K.: Anmerkung zu HansOLG Hamburg, Urteil vom 17.07.1985 – 1 Ss 96/85, JR 1986, 170 ff.

Meyer, Jürgen: Anmerkung zu BGH, Urteil vom 17.03.1983 – 4 StR 640/82, NStZ 1983, 467 f.

Meyer-Goßner, Lutz/ *Schmitt*, Bertram: Strafprozessordnung, Gerichtsverfassungsgesetz, Nebengesetze und ergänzende Bestimmungen, 58. Auflage, München 2015 (zitiert: *Bearbeiter*, in: Meyer-Goßner/Schmitt, StPO, 58. Aufl., § Rn.)

Meyer-Mews, Hans: Anmerkung zu BGH, Urteil vom 26.7.2007 – 3 StR 104/07, NJW 2007, 3142 f.

Michalke, Regina: Anmerkung zu LG Mannheim, Beschluss vom 03.07.2012 – 24 Qs 1/12, ZWH 2012, 432

Michalski, Lutz (Hrsg.): Kommentar zum Gesetz bestreffend die Gesellschaften mit beschränkter Haftung (GmbH-Gesetz), Band 2, 2. Auflage, München 2010 (zitiert: *Bearbeiter*, in: Michalski (Hrsg.), GmbHG, Band 2, 2. Aufl., § Rn.)

Michels, Kevin H.: Internal Corporate Investigations and the Truth, Seton Hall Law Review 40 (2010), 83 ff.

Milde, Oliver: Anmerkung zu LG Mannheim, Beschluss vom 03.07.2012 – 24 Qs 1/12, CCZ 2013, 78 ff.

Minoggio, Ingo: Das Schweigerecht der juristischen Person als Nebenbeteiligte im Strafverfahren, wistra 2003, 121 ff.

Minoggio, Ingo: Firmenverteidigung im Straf- oder Ordnungswidrigkeitenverfahren, Inhalte und Aufgaben, ZRFG 2008, 215 ff.

Minoggio, Ingo: Firmenverteidigung, 2. Auflage, Münster 2010 (zitiert: *Minoggio,* Firmenverteidigung, 2. Aufl., Rn.)

Mitsch, Wolfgang: Tod auf Mallorca – Verwertungsverbot wegen unzulässiger verdeckter Ermittlungsmethoden, Jura 2008, 211 ff.

Möller, Hauke: Verfassungsrechtliche Überlegungen zum »nemo tenetur«-Grundsatz und zur strafmildernden Berücksichtigung von Geständnissen, JR 2005, 314 ff.

Mössle, Klaus P.: Extraterritoriale Beweisbeschaffung im internationalen Wirtschaftsrecht, Eine vergleichende Untersuchung unter besonderer Berücksichtigung des US-amerikanischen und deutschen Rechts, Baden-Baden 1990 (zitiert: *Mössle,* Extraterritoriale Beweisbeschaffung, S.)

Mohrbach, Charlotte: Methoden der Ermittlungsvernehmung und des aussagepsychologischen Explorationsgesprächs, in: Deckers, Rüdiger/Köhnken, Günter (Hrsg.), Die Erhebung von Zeugenaussagen im Strafprozess, Juristische, aussagepsychologische und psychiatrische Aspekte, Berlin 2007, S. 157 ff. (zitiert: *Mohrbach,* in: Deckers/Köhnken (Hrsg.), Die Erhebung von Zeugenaussagen im Strafprozess, S. 157,)

Moll, Wilhelm (Hrsg.): Münchener Anwalts Handbuch Arbeitsrecht, 3. Auflage, München 2012 (zitiert: *Bearbeiter,* in: Moll (Hrsg.), Münchener Anwalts Handbuch Arbeitsrecht, 3. Aufl., § Rn.)

Momsen, Carsten: Criminal Compliance und Internal Investigations – Haftungsrisiken aus materieller und prozessualer Sicht, in: Rotsch, Thomas (Hrsg.), Criminal Compliance vor den Aufgaben der Zukunft, Baden-Baden 2013, S. 47 ff. (zitiert: *Momsen,* in: Rotsch (Hrsg.), Criminal Compliance, S. 47,)

Momsen, Carsten: Internal Investigations zwischen arbeitsrechtlicher Mitwirkungspflicht und strafprozessualer Selbstbelastungsfreiheit, ZIS 2011, 508 ff.

Momsen, Carsten: Interne Ermittlungen aus strafrechtswissenschaftlicher Sicht, in: Rotsch, Thomas (Hrsg.), Criminal Compliance, Baden-Baden 2015, § 34 B.I. (zitiert: *Momsen,* in: Rotsch (Hrsg.), Criminal Compliance Handbuch, § 34 B.I. Rn.)

Momsen, Carsten/*Grützner,* Thomas: Verfahrensregeln für interne Ermittlungen, – Kritische Würdigung der Thesen der BRAK zum Unternehmensanwalt im Strafrecht -, DB 2011, 1792 ff.

Momsen, Carsten/*Grützner,* Thomas (Hrsg.): Wirtschaftsstrafrecht, Handbuch für die Unternehmens- und Anwaltspraxis, München 2013 (zitiert: *Bearbeiter,* in: Momsen/Grützner (Hrsg.), Wirtschaftsstrafrecht, Kap. Rn.)

Moosmayer, Klaus: Compliance, Praxisleitfaden für Unternehmen, 2. Auflage, München 2012 (zitiert: *Moosmayer,* Compliance, 2. Aufl., S.)

Moosmayer, Klaus: Der EuGH und die Syndikusanwälte, NJW 2010, 3548 ff.

Moosmayer, Klaus/*Hartwig,* Niels (Hrsg.): Interne Untersuchungen, Praxisleitfaden für Unternehmen, München 2012 (zitiert: *Bearbeiter,* in: Moosmayer/Hartwig (Hrsg.), Interne Untersuchungen, S.)

Moraht, Mona: Private Straftatermittlungen, Eine Studie unter besonderer Berücksichtigung der Problematik privater Straftataufklärung durch organisierte Sicherheitsdienste, Diss. jur. Hamburg 1999 (zitiert: *Moraht,* Private Straftatermittlungen, S.)

Müller, Egon: Anmerkung zu BGH, Urteil vom 12.01.1996 – 5 StR 756/94, StV 1996, 358 ff.

Müller, Kai/*Trurnit,* Christoph: Eilzuständigkeiten der Staatsanwaltschaft und des Polizeivollzugsdienstes in der StPO, StraFo 2008, 144 ff.

Müller-Bonanni, Thomas: Arbeitsrecht und Compliance – Hinweise für die Praxis, Einhaltung von arbeitsrechtlichen Regeln und Arbeitsrecht in der Compliance, AnwBl 2010, 651 ff.

Müller-Boysen, Ulrike: Die Rechtsstellung des Betroffenen vor dem parlamentarischen Untersuchungsausschuss, Ein Beitrag zu den Mitwirkungsrechten und zum Schweigerecht des Betroffenen, München 1980 (*Müller-Boysen,* Rechtsstellung des Betroffenen, S.)

Müller-Dietz, Heinz: Die Stellung des Beschuldigten im Strafprozeß, ZStW 93 (1981), 1177 ff.

Müller-Glöge, Rudi/*Preis,* Ulrich/*Schmidt,* Ingrid (Hrsg.): Erfurter Kommentar zum Arbeitsrecht, 16. Auflage, München 2016 (zitiert: *Bearbeiter,* in: Müller-Glöge/Preis/Schmidt (Hrsg.), Erfurter Kommentar zum Arbeitsrecht, 15. Aufl., § Rn.)

Müller-Luckmann, Elisabeth: Die Psychologie der Befragung, in: Wassermann, Rudolf (Hrsg.), Menschen vor Gericht: Eduard Reifferscheid zum 80. Geburtstag am 16. Mai 1979, Neuwied/Darmstadt 1979, S. 69 ff. (zitiert: *Müller-Luckmann,* in: Wassermann (Hrsg.), Menschen vor Gericht, S. 69,)

Münch, Ingo von/ *Kunig,* Philip: Grundgesetz, Kommentar, hrsg. von Kunig, Philip, Band 1, 6. Auflage, München 2012 (zitiert: *Bearbeiter,* in: v. Münch/Kunig, Grundgesetz, Band 1, 6. Aufl., Art. Rn.)

Müncheberg, Eckart: Unzulässige Täuschung durch Organe der Strafverfolgungsbehörden – Ein Beitrag zur Auslegung des § 136 a StPO –, Diss. jur. Münster 1966 (zitiert: *Müncheberg,* Unzulässige Täuschung, S.)

Münchener Anwaltshandbuch IT-Recht: siehe *Leupold,* Andreas/*Glossner,* Silke (Hrsg.)

Münchener Anwaltshandbuch, Strafverteidigung: siehe *Widmaier,* Gunter/*Müller,* Eckhart/*Schlothauer,* Reinhold

Münchener Handbuch zum Arbeitsrecht: siehe *Richardi*, Reinhard/*Wlotzke*, Otfried/*Wißmann*, Hellmut/*Oetker*, Hartmut (Hrsg.)

Münchener Kommentar zum AktG: siehe *Goette*, Wulf/*Habersack*, Mathias (Hrsg.)

Münchener Kommentar zum Bürgerlichen Gesetzbuch: siehe *Säcker*, Franz Jürgen/*Rixecker*, Roland (Hrsg.)

Münchener Kommentar zum StGB: siehe *Joecks*, Wolfgang/*Miebach*, Klaus (Hrsg.)

Münchener Kommentar zur ZPO: siehe *Krüger*, Wolfgang/*Rauscher*, Thomas (Hrsg.)

Münkel, Sophia: Mitarbeiteroffenbarungen im Strafprozess, Eine Untersuchung über die strafprozessuale Verwertbarkeit von Erkenntnissen aus unternehmensinternen Privatermittlungen in Form von Mitarbeiterbefragungen, Hamburg 2014 (zitiert: *Münkel*, Mitarbeiteroffenbarungen, S.)

Müssig, Bernd: Beweisverbote im Legitimationszusammenhang von Strafrechtstheorie und Strafverfahren, GA 1999, 119 ff.

Nagler, Christoph: Vernehmungspsychologie: Warum Personen sich bei der Vernehmung nicht an das erinnern können, was sie wissen, StV 1983, 211 ff.

Neuhaus, Ralf: Compliance-Systeme und Vorfeldermittlungen, in: Kempf, Eberhard/Lüderssen, Klaus/Volk, Klaus (Hrsg.), Die Finanzkrise, das Wirtschaftsstrafrecht und die Moral, Berlin/New York 2010, S. 348 ff. (zitiert *Neuhaus*, in: Kempf/Lüderssen/Volk (Hrsg.), Die Finanzkrise, das Wirtschaftsstrafrecht und die Moral, S. 348,)

Neuhaus, Ralf: Wider den rein formalen Vernehmungsbegriff, Zugleich Anmerkung zu BGHSt 39, 335 und BGHSt 40, 211, Kriminalistik 1995, 787 ff.

Neuhaus, Ralf: Zur Fernwirkung von Beweisverwertungsverboten, NJW 1990, 1221 f.

Neumann, Ulfrid: Materiale und prozedurale Gerechtigkeit im Strafverfahren, ZStW 101 (1989), 52 ff.

Neumann, Ulfrid: Mitwirkungs- und Duldungspflichten des Beschuldigten bei körperlichen Eingriffen im Strafverfahren, Zugleich ein Beitrag zu den verfassungsrechtlichen Grenzen körperlicher Eingriffe (§ 81a StPO), in: Zaczyk, Rainer/Köhler, Michael/Kahlo, Michael (Hrsg.), Festschrift für E. A: Wolff zum 70. Geburtstag am 1.10.1998, Berlin/Heidelberg/New York ua. 1998, S. 373 ff. (zitiert: *Neumann*, in: Zaczyk/Köhler/Kahlo (Hrsg.), Festschrift für E. A. Wolff, S. 373,)

Nickl, Rolf: Das Schweigen des Beschuldigten und seine Bedeutung für die Beweiswürdigung, Dissertation jur., Ludwig-Maximilians-Universität München 1978 (zitiert: *Nickl*, Schweigen des Beschuldigten, S.)

Niese, Werner: Narkoanalyse als doppelfunktionale Prozeßhandlung, ZStW 63 (1951), 199 ff.

N.N.: Finanzskandal holt DaimlerCrysler ein, Spiegel Online vom 04.09.2006, abrufbar unter http://www.spiegel.de/wirtschaft/korruption-und-steuerhinterziehung-finanzskandal-holt-daimlerchrysler-ein-a-434963.html (zuletzt geprüft am 23.04.2016)

N.N.: Interne Untersuchung: Siemens-Ermittler finden Belege für Korruption in fast allen Bereichen, spiegel.de vom 29.04.2008, abrufbar unter http://www.spiegel.de/wirtschaft/interne-untersuchung-siemens-ermittler-finden-belege-fuer-korruption-in-fast-allen-bereichen-a-550548.html (zuletzt geprüft am 23.04.2016)

N.N.: US-Justiz in Daimler-Zentrale, taz.de vom 29.08.05, abrufbar unter http://www.taz.de/1/archiv/archiv-start/?ressort=wu&dig=2005%2F08%2F29%2Fa0129&cHash=23f8a2c1fb (zuletzt geprüft am 23.04.2016)

N.N.: US-Regierung klagt Daimler der Korruption an, welt.de vom 23.03.10, abrufbar unter http://www.welt.de/wirtschaft/article6903317/US-Regierung-klagt-Daimler-der-Korruption-an.html (zuletzt geprüft am 23.04.2016)

Nohlen, Dieter/*Grotz*, Florian (Hrsg.): Kleines Lexikon der Politik, 6. Auflage, München 2015 (zitiert: Nohlen/Grotz (Hrsg.), Kleines Lexikon der Politik, 6. Aufl., S.)

Nomos-Kommentar zum BGB: siehe *Dauner-Lieb*, Barbara/*Langen*, Werner (Hrsg.)

Nothhelfer, Martin: Die Freiheit von Selbstbezichtigungszwang, Verfassungsrechtliche Grundlagen und einfachgesetzliche Ausformungen, Heidelberg 1989 (zitiert: *Nothhelfer*, Selbstbezichtigungszwang, S.)

Nowak, Manfred: UNO-Pakt über bürgerliche und politische Rechte und Fakultativprotokoll, CCPR-Kommentar, Kehl a.R./Straßburg/Arlington 1989 (zitiert: *Nowak*, CCPR Kommentar, Art. Rn.)

Nüse, Karl-Heinz: Zu den Beweisverboten im Strafprozeß, JR 1966, 281 ff.

Odenthal, Roger: Korruption und Mitarbeiterkriminalität, Wirtschaftskriminalität vorbeugen, erkennen und aufdecken, 2. Auflage, Wiesbaden 2009 (zitiert: *Odenthal*, Korruption und Mitarbeiterkriminalität, 2. Aufl., S.)

Odenthal, Hans-Jörg: Zulässigkeit und Beweiswert einer heimlichen Stimmenidentifizierung, NStZ 1995, 579 f.

Ostendorf, Heribert: Strafvereitelung durch Strafverteidigung, Zur Diskussion um Gründe und Leitbild berufsmäßiger Strafverteidigung, NJW 1978, 1345 ff.

Ostendorf, Heribert: „Verdeckte" Polizeiarbeit, Kriminalpolitische Thesen zu V-Mann und UCA, Kriminalistik 1985, 409

Ott, Dominique: Der Grundsatz «nemo tenetur se ipsum accusare» unter besonderer Berücksichtigung der strassenverkehrsrechtlichen Pflichten, Zürich/Basel/Genf 2012 (zitiert: Ott, Nemo tenetur, S.)

Otten, Stefan: Die Sanktionierung von Unternehmen, Eine rechtsvergleichende Untersuchung zum Recht der USA und Deutschlands unter Berücksichtigung des Kartellrechts, Tönning/Lübeck/Marburg 2005 (zitiert: *Otten*, Die Sanktionierung von Unternehmen, S.)

Otto, Harro: Die Haftung für kriminelle Handlungen in Unternehmen, Jura 1998, 409 ff.

Otto, Harro: Die strafrechtliche Verantwortung für die Verletzung von Sicherungspflichten in Unternehmen, in: Hoyer/Müller/Pawlik/Wolter (Hrsg.), Festschrift für Friedrich-Christian Schroeder, Heidelberg/München/Landsberg/Berlin 2006, S. 339 ff. (zitiert: *Otto*, in: Hoyer/Müller/Pawlik u. a. (Hrsg.), Festschrift für Friedrich-Christian Schroeder, S. 339,)

Otto, Harro: Grenzen und Tragweite der Beweisverbote im Strafverfahren, GA 1970, 289 ff.

Paeffgen, Hans-Ullrich: Vorüberlegungen zu einer Dogmatik des Untersuchungshaft-Rechts, Köln/Berlin/Bonn/München 1986 (zitiert: *Paeffgen*, Vorüberlegungen, S.)

Park, Tido: Durchsuchung und Beschlagnahme, Rechtsgrundlagen, Voraussetzungen und Grenzen, 3. Auflage, München 2015 (zitiert: *Park*, Durchsuchung und Beschlagnahme, 3. Aufl., Rn.)

Partsch, Christoph: The Foreign Corrupt Practices Act (FCPA) der USA, Das amerikanische Bestechungsverbot und seine Auswirkungen auf Deutschland, Berlin 2007 (zitiert: *Partsch*, FCPA, S.)

Passarge, Malte: Risiken und Chancen mangelhafter Compliance in der Unternehmensinsolvenz, NZI 2009, 86 ff.

Paul, Tobias: Unselbstständige Beweisverwertungsverbote in der Rechtsprechung, NStZ 2013, 489 ff.

Pawlik, Michael: Verdeckte Ermittlungen und das Schweigerecht des Beschuldigten, Zu den Anwendungsgrenzen der §§ 136 Abs. 1 Satz 2 und 136a StPO, GA 1998, 378 ff.

Pelz, Christian: Beweisverwertungsverbote und hypothetische Ermittlungsverläufe, München 1993 (zitiert: *Pelz*, Beweisverwertungsverbote, S.)

Peters, Karl: Beweisverbote im deutschen Strafverfahren, in: Ständige Deputation des deutschen Juristentages (Hrsg.), Verhandlungen des sechsundvierzigsten deutschen Juristentages, Band 1, Teil 3, S. A 93 ff. (zitiert: *Peters*, in: Ständige Deputation des deutschen Juristentages (Hrsg.), Verhandlungen des 46. deutschen Juristentages, Band 1, Teil 3, S. A. 93,)

Peters, Karl: Literaturbericht, Gerichtswesen und Kriminalistik Teil II, ZStW 91 (1979), 96 ff.

Petry, Horst: Beweisverbote im Strafprozess, Darmstadt 1971 (zitiert: *Petry*, Beweisverbote im Strafprozess, S.)

Pfeiffer, Gerd: Strafprozessordnung, 5. Auflage, München 2005 (zitiert: *Pfeiffer*, StPO, 5. Aufl., § Rn.)

Pfordte, Thilo: »Outsourcing of Investigations?« Anwaltskanzleien als Ermittlungsgehilfen der Staatsanwaltschaft, in: Arbeitsgemeinschaft Strafrecht des Deutschen Anwaltvereins (Hrsg.), Strafverteidigung im Rechtsstaat, 25 Jahre Arbeitsgemeinschaft Strafrecht des Deutschen Anwaltvereins, Baden-Baden 2009, S. 740 ff. (zitiert: *Pfordte*, in: Arbeitsgemeinschaft Strafrecht des Deutschen Anwaltvereins (Hrsg.), Strafverteidigung im Rechtsstaat, S. 740,)

Pielow, Johann Christian (Hrsg.): Beck'scher Online-Kommentar Gewerbeordnung, München (zitiert: *Bearbeiter*, in: Pielow (Hrsg.), Beck'scher Online-Kommentar GewO, Stand, § Rn.)

Pietzcker, Jost: Drittwirkung – Schutzpflicht – Eingriff, in: Maurer, Hartmut (Hrsg.), Das akzeptierte Grundgesetz, Festschrift für Günter Dürig zum 70. Geburtstag, München 1990, S. 345 ff. (zitiert: *Pietzcker*, in: Maurer (Hrsg.), Festschrift für Günter Dürig, S. 345,)

Popp, Martin: Anmerkung zu BGH, Beschluss vom 13.05.1996 – GSSt 1/96, NStZ 1998, 95 f.

Preis, Ulrich: Arbeitsrecht, Individualarbeitsrecht, Lehrbuch für Studium und Praxis, 4. Auflage, Köln 2012 (zitiert: *Preis*, Arbeitsrecht, 4. Aufl., S.)

Prieß, Hans-Joachim: Selbstreinigung: Vergaberechtliche „Medizin" als Compliance-Maßnahme, CCZ 2008, 67 ff.

Püschel, Christof: Das Verwendungsverbot des § 97 Abs. 1 S. 3 InsO und seine Folgen für die Verteidigung in Insolvenzstrafverfahren, in: Arbeitsgemeinschaft Strafrecht des Deutschen Anwaltvereins (Hrsg.), Strafverteidigung im Rechtsstaat, 25 Jahre Arbeitsgemeinschaft Strafrecht des Deutschen Anwaltvereins, Baden-Baden 2009, S. 759 ff. (zitiert: *Püschel*, in: Arbeitsgemeinschaft Strafrecht des Deutschen Anwaltvereins (Hrsg.), Strafverteidigung im Rechtsstaat, S. 759,)

Puppe, Ingeborg: List im Verhör des Beschuldigten, GA 1978, 289 ff.

Quentmeier, Kirsten: Geständnis, Schweigerecht und Schweigen des Beschuldigten, JA 1996, 215 ff.

Queck, Nadine: Die Geltung des nemo-tenetur-Grundsatzes zugunsten von Unternehmen, Berlin 2005 (zitiert: *Queck*, Unternehmen, S.)

Ranft, Otfried: Bemerkungen zu den Beweisverboten im Strafprozess, in: Seebode, Manfred (Hrsg.), Festschrift für Günter Spendel zum 70. Geburtstag am 11. Juli 1992, Berlin/New York 1992, S. 719 ff. (zitiert: *Ranft*, in: Seebode (Hrsg.), Festschrift für Günter Spendel, S. 719,)

Ransiek, Andreas: Belehrung über Aussagefreiheit und Recht der Verteidigerkonsultation: Folgerungen für die Beschuldigtenvernehmung, StV 1994, 343 ff.

Ransiek, Andreas: Die Rechte des Beschuldigten in der Polizeivernehmung, Heidelberg 1990 (zitiert: *Ransiek*, Rechte des Beschuldigten, S.)

Ransiek, Andreas: Zur deliktischen Eigenhaftung des GmbH-Geschäftsführers aus strafrechtlicher Sicht, ZGR 1992, 203 ff.

Ransiek, Andreas: Zur strafrechtlichen Verantwortung des Compliance Officers, AG 2010, 147 ff.

Raum, Rolf: Die Verwertung unternehmensinterner Ermittlungen, StraFo 2012, 395 ff.

Reeb, Philipp: Internal Investigations, Neue Tendenzen privater Ermittlungen, Freiburg im Breisgau 2011 (*Reeb*, Internal Investigations, S.)

Reed, Jean D.: Corporate Self-Investigations Under the Foreign Corrupt Practises Act, The University of Chicago Law Review 47 (1980), 803 ff.

Reichert, Jochem: Reaktionspflichten und Reaktionsmöglichkeiten der Organe auf (möglicherweise) strafrechtsrelevantes Verhalten innerhalb des Unternehmens, ZIS 2011, 113 ff.

Reichert, Jochem/*Ott*, Nicolas: Non Compliance in der AG – Vorstandspflichten im Zusammenhang mit der Vermeidung, Aufklärung und Sanktionierung von Rechtsverstößen, ZIP 2009, 2173 ff.

Reichert-Hammer, Hansjörg: Zur Fernwirkung von Beweisverwertungsverboten (§ 136a StPO) – BGHSt 34, 362, JuS 1989, 446 ff.

Reichold, Hermann: Geschäftsbesorgung im Arbeitsverhältnis, NZA 1994, 75 ff.

Reinecke, Jan: Die Fernwirkung von Beweisverwertungsverboten, München 1990 (zitiert: *Reinecke*, Fernwirkung, S.)

Reiß, Wolfram: Besteuerungsverfahren und Strafverfahren, Zugleich ein Beitrag zur Bedeutung des Grundsatzes von nemo tenetur se ipsum prodere im Besteuerungsverfahren, Köln 1987 (zitiert: *Reiß*, Besteuerungsverfahren, S.)

Reiß, Wolfram: Gesetzliche Auskunftsverweigerungsrechte bei Gefahr der Strafverfolgung in öffentlichrechtlichen Verfahren, NJW 1982, 2540 f.

Rengier, Rudolf: Anmerkung zu OLG Celle, Urteil vom 16.02.1982 – 1 Ss 605/81, JR 1982, 477 ff.

Rengier, Rudolf: Strafrecht, Allgemeiner Teil, 7. Auflage, München 2015 (zitiert: *Rengier*, Strafrecht AT, 7. Aufl., § Rn.)

Renzikowski, Joachim: Anmerkung zu BGH, Urteil vom 26.07.2007 – 3 StR 104/07, JR 2008, 164 ff.

Renzikowski, Joachim: Die förmliche Vernehmung des Beschuldigten und ihre Umgehung, JZ 1997, 710 ff.

Renzikowski, Joachim: «Fair Trial» im Strafprozeß, in: Dölling, Dieter (Hrsg.), Jus humanum, Grundlagen des Rechts und Strafrecht, Festschrift für Ernst-Joachim Lampe zum 70. Geburtstag, Berlin 2003, S. 791 ff. (zitiert: *Renzikowski*, in: Dölling (Hrsg.), Festschrift für Ernst-Joachim Lampe, S. 791,)

Richardi, Reinhard/*Wlotzke*, Otfried/*Wißmann*, Hellmut/*Oetker*, Hartmut (Hrsg.): Münchener Handbuch zum Arbeitsrecht, Band 1: Individualarbeitsrecht, 3. Auflage, München 2009 (zitiert: *Bearbeiter*, in: Richardi/Wlotzke/Wißmann u. a. (Hrsg.), Münchener Handbuch zum Arbeitsrecht, Band 1, 3. Aufl., § Rn.)

Richardi, Reinhard: Kündigung wegen Arbeitsverweigerung aus Glaubensgründen – Besprechungsaufsatz zu BAG-Urteil vom 24.2.2011 – 2 AZR 636/09, DB0458114 –, SAE 2012, 7 ff.

Richter, Christian: Grenzen anwaltlicher Interessenvertretung im Ermittlungsverfahren, NJW 1981, 1820 ff.

Richter, Hans: Auskunfts- und Mitteilungspflichten nach §§ 20, 97 Abs. 1 ff. InsO, wistra 2000, 1 ff.

Rieble, Volker: Schuldrechtliche Zeugenpflicht von Mitarbeitern, ZIP 2003, 1273 ff.

Rieble, Volker: Regeldurchsetzung im Unternehmen, (Compliance) als Systemfrage an der Schnittstelle zwischen Zivil- und Arbeitsrecht, Ritsumeikan Law Review 26 (2009), 191 ff.

Rieble, Volker/*Junker,* Abbo/*Giesen,* Richard (Hrsg.): Arbeitsstrafrecht im Umbruch, 5. Ludwigsburger Rechtsgespräch, München 2009 (zitiert: *Bearbeiter,* in: Rieble/Junker/Giesen (Hrsg.), Arbeitsstrafrecht im Umbruch, § Rn.)

Riegel, Reinhard: Das Dirnhofer-Urteil des Bundesgerichtshofs und seine Konsequenzen für die Zusammenarbeit der Sicherheits- und Strafverfolgungsbehörden, JZ 1980, 757 ff.

Rieß, Peter: Anmerkung zu BGH, Beschluss vom 13.05.1996 – GSSt 1/96, NStZ 1996, 505 f.

Rieß, Peter: Prolegomena zu einer Gesamtreform des Strafverfahrensrechts, in: Hassenpflug, Helwig (Hrsg.), Festschrift für Karl Schäfer zum 80. Geburtstag am 11. Dezember 1979, Berlin/New York 1980, S. 155 ff. (*Rieß,* in: Hassenpflug (Hrsg.), Festschrift für Karl Schäfer, S. 155,)

Riesenhuber, Karl: Die Einwilligung des Arbeitnehmers im Datenschutzrecht, RdA 2011, 257 ff.

Rimbeck, Michael: Rechtsfolgen fehlerhafter Ad-Hoc Mitteilungen im deutschen und US-amerikanischen Recht, München 2005 (zitiert: *Rimbeck,* Ad hoc Mitteilungen, S.)

Rinck, Hans-Justus: Verfassungsrechtliche Grenzen der Beeidigungsbefugnis parlamentarischer Untersuchungsausschüsse, DVBl. 1964, 706 ff.

Roeder, Hermann: Die Beweisverbote im österreichischen und deutschen Strafverfahren, ÖJZ 1974, 343 ff.

Rödiger, Katja: Strafverfolgung von Unternehmen, Internal Investigations und strafrechtliche Verwertbarkeit von «Mitarbeitergeständnissen», Untersuchung am Beispiel der Siemens-Korruptionsaffäre, Frankfurt am Main 2012 (zitiert: *Rödiger,* Strafverfolgung von Unternehmen, S.)

Röhl, Klaus F.: Verfahrensgerechtigkeit (Procedural Justice), Einführung in den Themenbereich und Überblick, Zeitschrift für Rechtssoziologie 14 (1993), 1 ff.

Röhl, Klaus F./*Röhl,* Hans Christian: Allgemeine Rechtslehre, Ein Lehrbuch, 3. Auflage, Köln/München 2008 (zitiert: *Röhl/Röhl,* Allgemeine Rechtslehre, 3. Aufl., S.)

Rönnau, Thomas/*Schneider,* Frederic: Der Compliance-Beauftragte als strafrechtlicher Garant, ZIP 2010, 53 ff.

Rogall, Klaus: „Abwägungen" im Recht der Beweisverbote, in: Ebert, Udo/Roxin, Claus/Rieß, Peter/Wahle, Eberhard (Hrsg.), Festschrift für Ernst-Walter Hanack zum 70. Geburtstag am 30. August 1999, Berlin/New York 1999, S. 293 ff. (zitiert:

Rogall, in: Ebert/Roxin/Rieß u. a. (Hrsg.), Festschrift für Ernst-Walter Hanack, S. 293,)

Rogall, Klaus: Anmerkung zu BGH, Beschluss vom 12.1.2005 – 5 StR 191/04, NStZ 2006, 41 ff.

Rogall, Klaus: Anmerkung zu BGH, Urteil vom 26.07.2007 – 3 StR 104/07, NStZ 2008, 110 ff.

Rogall, Klaus: Anmerkung zu OLG Karlsruhe, Beschluss vom 06.09.1988 – 1 Ss 68/88, NStZ 1989, 288

Rogall, Klaus: Beweiserhebungs- und Beweisverwertungsverbote im Spannungsfeld zwischen den Garantien des Rechtsstaates und der effektiven Bekämpfung von Kriminalität und Terrorismus, JZ 2008, 818 ff.

Rogall, Klaus: Der Beschuldigte als Beweismittel gegen sich selbst, Ein Beitrag zur Geltung des Satzes „Nemo tenetur seipsum prodere" im Strafprozeß, Berlin 1977 (zitiert: *Rogall*, Der Beschuldigte, S.)

Rogall, Klaus: Dogmatische und kriminalpolitische Probleme der Aufsichtspflichtverletzung in Betrieben und Unternehmen (§ 130 OWiG), ZStW 98 (1986), 573 ff.

Rogall, Klaus: Gegenwärtiger Stand und Entwicklungstendenzen der Lehre von den strafprozessualen Beweisverboten, ZStW 91 (1979), 1 ff.

Rogall, Klaus: Hypothetische Ermittlungsverläufe im Strafprozeß, Ein Beitrag zur Lehre der Beweiserhebungs- und Verwertungsverbote, NStZ 1988, 385 ff.

Rogall, Klaus: Strafprozessuale Grundlagen und legislative Probleme des Einsatzes Verdeckter Ermittler im Strafverfahren, JZ 1987, 847 ff.

Rogall, Klaus: Über die Folgen der rechtswidrigen Beschaffung des Zeugenbeweises im Strafprozeß, JZ 1996, 944 ff.

Rogall, Klaus: Zur Zulässigkeit einer heimlichen akustischen Überwachung von Ehegattengesprächen in der Untersuchungshaft, Zugleich Besprechung von BGHSt 53, 294 = HRRS 2009 Nr. 745, HRRS 2010, 289 ff.

Roschmann, Christian: Das Schweigerecht des Beschuldigten im Strafprozess; seine rechtlichen und faktischen Grenzen, Diss. jur. Bremen 1983 (zitiert: *Roschmann*, Schweigerecht, S.)

Rosen, Rüdiger von (Hrsg.): Internal Investigations bei Compliance-Verstößen: Praxisleitfaden für die Unternehmensleitung, Frankfurt am Main 2010 (zitiert: v. Rosen (Hrsg.), Internal Investigations, S.)

Rosen, Rüdiger von: Rechtskollision durch grenzüberschreitende Sonderermittlungen, BB 2009, 230 ff.

Rotsch, Thomas: Criminal Compliance, ZIS 2010, 614 ff.

Rottleuthner, Hubert: Zur Soziologie richterlichen Handelns (II), KJ 1971, 60 ff.

Roxin, Claus: Anmerkung zu BGH, Urteil vom 15.02.1989 – 2 StR 402/88, NStZ 1989, 376 ff.

Roxin, Claus: Anmerkung zum Urteil des BGH vom 21.07.1998 – 5 StR 302–97, NStZ 1999, 149 ff.

Roxin, Claus: Strafrecht, Allgemeiner Teil, Band 2, München 2003 (zitiert: *C. Roxin,* Strafrecht AT II, § Rn.)

Roxin, Claus: Anmerkung zum Beschluss des BGH vom 31.03.2011 – 3 StR 400/10, StV 2012, 131 ff.

Roxin, Claus: Anmerkung zum Urteil des BGH vom 20.10.2011 – 4 StR 71/11, JR 2012, 305 ff.

Roxin, Claus: Nemo tenetur: die Rechtsprechung am Scheideweg, NStZ 1995, 465 ff.

Roxin, Claus: Zum Hörfallen-Beschluss des Großen Senats für Strafsachen, NStZ 1997, 18 ff.

Roxin, Claus: Zur verdeckten Befragung des Beschuldigten, in: Schneider, Hartmut (Hrsg.), NStZ-Sonderheft zum Eintritt in den Ruhestand für Dr. Klaus Miebach, München/Frankfurt am Main 2009, S. 41 ff. (zitiert: *C. Roxin*, NStZ-Sonderheft 2009, 41,)

Roxin, Claus/*Schünemann,* Bernd: Strafverfahrensrecht, 28. Auflage, München 2014 (zitiert: *Roxin/Schünemann*, Strafverfahrensrecht, 28. Aufl., § Rn.)

Roxin, Imme: Probleme und Strategien der Compliance-Begleitung in Unternehmen, StV 2012, 116 ff.

Rudkowski, Lena: Die Aufklärung von Compliance-Verstößen durch „Interviews", NZA 2011, 612 ff.

Rudkowski, Lena: Compliance oder Datenschutz? – Die arbeitsrechtlichen Grenzen bei der Ermittlung von Compliance-Verstößen, in: Aichberger-Beig, Daphne/Aspöck, Florian/Leupold, Petra u. a. (Hrsg), Jahrbuch Junger Zivilrechtswissenschaftler 2010, Vertrauen und Kontrolle im Privatrecht, Stuttgart 2011, S. 189 ff. (zitiert: *Rudkowski*, in: Aichberger-Beig/Aspöck/Leupold u. a. (Hrsg.), Vertrauen und Kontrolle im Privatrecht, Stuttgart 2011, S. 189,)

Rübenstahl, Markus: Internal Investigations (Unternehmensinterne Ermittlungen) – status quo, Teil 1: Interviews in Internal Investigations und deren prozessuale Verwertbarkeit, WiJ 2012, 17 ff.

Rübenstahl, Markus/*Debus,* Stefanie: Strafbarkeit verdachtsunabhängiger E-Mail- und EDV-Kontrollen bei Internal Investigations?, NZWiSt 2012, 129 ff.

Rückel, Christoph: Die Notwendigkeit eigener Ermittlungen des Strafverteidigers, in: Wasserburg, Klaus/Haddenhorst, Wilhelm (Hrsg.), Wahrheit und Gerechtigkeit im Strafverfahren, Festgabe für Karl Peters aus Anlass seines 80. Geburtstages, Heidelberg 1984, S. 265 ff. (zitiert: *Rückel,* in: Wasserburg/Haddenhorst (Hrsg.), Festgabe für Karl Peters, S. 265,)

Rüping, Hinrich: Anmerkung zu BVerfG, Beschluss vom 17.05.1983 – 2 BvR 731/80, JZ 1983, 663 ff.

Rüping, Hinrich: Zur Mitwirkungspflicht des Beschuldigten und Angeklagten, JR 1974, 135 ff.

Rütters, Stefan/*Schneider*, Anne: Die Beschlagnahme anwaltlicher Unterlagen im Unternehmensgewahrsam, GA 2014, 160 ff.

Ruhmannseder, Felix: Unternehmensinterne Ermittlungen – rechtliche Fallstricke in Deutschland und Österreich, in: Schulz, Lorenz/Reinhart, Michael/Sahan, Oliver, Festschrift für Imme Roxin, Heidelberg/München/Landsberg/Frechen/Hamburg 2012, S. 501 ff. (zitiert: *Ruhmannseder*, in: Schulz/Reinhart/Sahan (Hrsg.), Festschrift für Imme Roxin, S. 501,)

Rzepka, Dorothea: Zur Fairness im deutschen Strafverfahren, Frankfurt am Main 2000 (zitiert: *Rzepka*, Fairness, S.)

Sachs, Michael (Hrsg.): Grundgesetz, Kommentar, 7. Auflage, München 2014 (zitiert: *Bearbeiter* in Sachs (Hrsg.), Grundgesetz, 7. Aufl., Art. Rn.)

Säcker, Franz Jürgen/*Rixecker*, Roland (Hrsg.): Münchener Kommentar zum Bürgerlichen Gesetzbuch, Band 1, 7. Auflage, München 2015 (zitiert: *Bearbeiter*, in: Säcker/Rixecker (Hrsg.), Münchener Kommentar zum BGB, Band 1, 7. Aufl., § Rn.)

Säcker, Franz Jürgen/*Rixecker*, Roland (Hrsg.): Münchener Kommentar zum Bürgerlichen Gesetzbuch, Band 2, 7. Auflage, München 2015 (zitiert: *Bearbeiter*, in: Säcker/Rixecker (Hrsg.), Münchener Kommentar zum BGB, Band 2, 7. Aufl., § Rn.)

Säcker, Franz Jürgen/*Rixecker*, Roland (Hrsg.): Münchener Kommentar zum Bürgerlichen Gesetzbuch, Band 4, 6. Auflage, München 2012 (zitiert: *Bearbeiter*, in: Säcker/Rixecker (Hrsg.), Münchener Kommentar zum BGB, Band 4, 6. Aufl., § Rn.)

Sahan, Oliver: Unternehmensinterne Untersuchungen aus rechtsanwaltlicher Perspektive, in: Kuhlen, Lothar/Kudlich, Hans/Ortiz de Urbina, Íñigo (Hrsg.), Compliance und Strafrecht, Heidelberg/München/Landsberg/Frechen/Hamburg 2013, S. 171 ff. (zitiert: *Sahan*, in: Kuhlen/Kudlich/Ortiz de Urbina (Hrsg.), Compliance und Strafrecht, S. 171,)

Sahan, Oliver: Die Beschlagnahmefreiheit von Rechtsanwaltskorrespondenz, Auswirkungen der gesetzlichen Neuregelung auf Compliance-Beratung und Strafverteidigung, in: Rotsch, Thomas (Hrsg.), Criminal Compliance vor dem Aufgaben der Zukunft, Baden-Baden 2013, S. 133 ff. (zitiert: *Sahan*, in: Rotsch (Hrsg.), Criminal Compliance, S. 133,)

Salditt, Franz: Bruchstellen eines Menschenrechts: Schweigen gefährdet, in: Michalke, Regina/Köberer, Wolfgang/Pauly, Jürgen/Kirsch, Stefan (Hrsg.), Festschrift für Rainer Hamm zum 65. Geburtstag am 24. Februar 2008, Berlin 2008, S. 595 ff. (zitiert: *Salditt*, in: Michalke/Köberer/Pauly u. a. (Hrsg.), Festschrift für Rainer Hamm, S. 595,)

Salditt, Franz: 25 Jahre Miranda, Rückblick auf ein höchstrichterliches Experiment, GA 1992, 51 ff.

Salger, Carsten A.: Das Schweigerecht des Beschuldigten, Vergleich zwischen deutschem und US-amerikanischem Strafverfahrensrecht, Köln/Berlin/Bonn/München 1998 (zitiert: *Salger,* Schweigerecht, S.)

Samson, Erich: Im Irrgarten von Zeugnisverweigerungsrecht und Beschlagnahmefreiheit, StV 2000, 55 f.

Sarhan, Amr, Unternehmensinterne Privatermittlungen im Spannungsfeld zur strafprozessualen Aussagefreiheit, wistra 2015, 449 ff.

Sarstedt, Werner, in: Ständige Deputation des deutschen Juristentages (Hrsg.), Verhandlungen des sechsundvierzigsten deutschen Juristentages, Band 2, München/Berlin 1967, S. F 8 ff. (zitiert: *Sarstedt,* in: Ständige Deputation des deutschen Juristentages (Hrsg.), Verhandlungen des 46. deutschen Juristentages, Band 2, S. F 8,)

Sautter, Bruno: Die Pflicht zur Duldung von Körperuntersuchungen nach § 372a ZPO, Zugleich ein Beitrag zur Verfassungsgemäßheit des § 81a StPO, AcP 161 (1962), 215 ff.

Schaar, Peter: Datenschutzrechtliche Einwilligung im Internet, MMR 2001, 644 ff.

Schaefer, Hans Christoph: Das Fairnessgebot für den Staatsanwalt, in: Hanack, Ernst-Walter/Mehle, Volkmar/Hilger, Hans/Widmaier, Gunter (Hrsg.), Festschrift für Peter Riess zum 70. Geburtstag am 4. Juni 2002, Berlin 2002, S. 491 ff. (zitiert: *H. Schaefer,* in: Hanack/Mehle/Hilger u. a. (Hrsg.), Festschrift für Peter Riess, S. 491,)

Schäfer, Karl: Einige Bemerkungen zu dem Satz „nemo tenetur se ipsum accusare“, in: Hanack, Ernst-Walter/Rieß, Peter/Wendisch, Günter (Hrsg.), Festschrift für Hanns Dünnebier zum 75. Geburtstag am 12.06.1982, Berlin/New York 1982, S. 11 ff. (zitiert: *Schäfer,* in: Hanack/Rieß/Wendisch (Hrsg.), Festschrift für Hanns Dünnebier, S. 11,)

Schaefer, Torsten: Der Nemo-Tenetur-Grundsatz im Steuerstrafverfahren, Marburg 2007 (zitiert: *T. Schaefer,* Nemo-tenetur, S.)

Schaefer, Torsten: Selbstbelastungsschutz außerhalb des Strafverfahrens, NJW-Spezial 2010, 120 f.

Schaefer, Hans/*Baumann,* Diethelm: Compliance-Organisation und Sanktionen bei Verstößen, NJW 2011, 3601 ff.

Schall, Hero: Grund und Grenzen der strafrechtlichen Geschäftsherrenhaftung, in: Rogall, Klaus/Puppe, Ingeborg/Stein, Ulrich/Wolter, Jürgen (Hrsg), Festschrift für Hans-Joachim Rudolphi zum 70. Geburtstag, Neuwied 2004, S. 267 ff. (zitiert: *Schall,* in: Rogall/Puppe/Stein u. a. (Hrsg), Festschrift für Hans-Joachim Rudolphi, S. 267,)

Schaper, Jürgen: Studien zur Theorie und Soziologie des gerichtlichen Verfahrens, Ein Beitrag zur Diskussion um Grundlagen und Grundbegriffe von Prozess und Prozessrecht, Berlin 1985 (zitiert: *Schaper,* Theorie und Soziologie des gerichtlichen Verfahrens, S.)

Scharnberg, Josephine: Illegale Internal Investigations, Strafrechtliche Grenzen unternehmensinterner Ermittlungen, Frankfurt am Main 2015 (zitiert: *Scharnberg,* Internal Investigations, S.)

Schaub, Günter: Arbeitsrechts-Handbuch, Systematische Darstellung und Nachschlagewerk für die Praxis, 16. Auflage, München 2015 (zitiert: *Bearbeiter,* in: Schaub, Arbeitsrechts-Handbuch, 16. Aufl., § Rn.)

Schellhammer, Kurt: Blutentnahme durch Medizinalassistenten, NJW 1972, 319 f.

Schild, Wolfgang: Der Strafrichter in der Hauptverhandlung, Heidelberg/Hamburg 1983 (zitiert: *Schild,* Strafrichter, S.)

Schimmelpfennig, Hans-Christoph/*Wenning,* Holger: Arbeitgeber als Telekommunikationsdienste-Anbieter?, DB 2006, 2290 ff.

Schittenhelm, Ulrike: Anmerkung zu BGH, Urteil vom 10.02.2000 – 4 StR 616/99, NStZ 2001, 50 f.

Schlauri, Regula: Das Verbot des Selbstbelastungszwangs im Strafverfahren: Konkretisierung eines Grundrechts durch Rechtsvergleichung, Zürich 2003 (zitiert: *Schlauri,* Selbstbelastungszwang, S.)

Schlodder, Antje: Der Arbeitsvertrag im neuen Schuldrecht, Auswirkungen des Schuldrechtsmodernisierungsgesetzes auf das Arbeitsrecht, Heidelberg 2004 (zitiert: *Schlodder,* Arbeitsvertrag im neuen Schuldrecht, S.)

Schlösser, Jan: Die Anerkennung der Geschäftsherrenhaftung durch den BGH, NZWiSt 2012, 281 ff.

Schlüchter, Ellen: Das Strafverfahren, 2.Auflage, Köln/Berlin/Bonn/München 1982 (zitiert: *Schlüchter,* Das Strafverfahren, 2. Aufl., Rn.)

Schlüchter, Ellen: Anmerkung zu BGH, Urteil vom 24.08.1983 – 3 StR 136/83, JR 1984, 517 ff.

Schlüchter, Ellen/*Radbruch,* Jochen: Anmerkung zu BGH, Urteil vom 21.07.1994 – 1 StR 83/94, NStZ 1995, 354 f.

Schmid, Niklaus: Strafverfahren und Strafrecht in den Vereinigten Staaten, Eine Einführung, 2. Auflage, Heidelberg 1993 (zitiert: *Schmid,* Strafverfahren, 2. Aufl., S.)

Schmidt, Eberhard: Ärztliche Mitwirkung bei Untersuchungen und Eingriffen nach StPO §§ 81a und 81c, MDR 1970, 461 ff.

Schmidt, Eberhard: Anmerkung zu OLG Bremen, Beschluss vom 10.09.1954 – Ws 215/54, JZ 1955, 681 f.

Schmidt, Eberhard: Sinn und Tragweite des Hinweises auf die Aussagefreiheit des Beschuldigten, NJW 1968, 1209 ff.

Schmidt, Eike: Der Zweck des Zivilprozesses und seine Ökonomie, Frankfurt am Main 1973 (zitiert: *E. Schmidt,* Zweck des Zivilprozesses, S.)

Schmidt, Holger: Der Compliance-Officer im Ermittlungsverfahren, Partner oder Gegenspieler der Ermittlungsbehörden bei der Bekämpfung von Korruption und Wirtschaftskriminalität in Deutschland?, ZRFC 2013, 72 ff.

Schmidt, Wolfgang: Mitbeschuldigten- und Zeugenrolle im Strafverfahren, Diss. jur. Göttingen 1982, (zitiert: *W. Schmidt,* Mitbeschuldigten- und Zeugenrolle, S.)

Schmitt, Petra: Die Berücksichtigung der Zeugnisverweigerungsrechte nach §§ 52, 53 StPO bei den auf Beweisgewinnung gerichteten Zwangsmaßnahmen, Berlin 1993 (zitiert: *Schmitt,* Zeugnisverweigerungsrechte, S.)

Schneider, Hartmut: Grund und Grenzen des strafrechtlichen Selbstbegünstigungsprinzips auf der Basis eines generalpräventiv-funktionalen Schuldmodells, Berlin 1991 (zitiert: *H. Schneider,* Grund und Grenzen, S.)

Schneider, Hartmut: Überlegungen zur strafprozessualen Zulässigkeit heimlich durchgeführter Stimmenvergleiche, GA 1997, 371 ff.

Schneider, Hartmut: Überlegungen zur Zulässigkeit des Aushorchens von Inhaftierten durch V-Leute unter Einsatz technischer Hilfsmittel, JR 1996, 401 ff.

Schneider, Hartmut: Verdeckte Ermittlungen in Haftanstalten, NStZ 2001, 8 ff.

Schneider, Uwe H.: Compliance als Aufgabe der Unternehmensleitung, ZIP 2003, 645 ff.

Schneider, Uwe H.: Investigative Maßnahmen und Informationsweitergabe im konzernfreien Unternehmen und im Konzern, NZG 2010, 1201 ff.

Schöbener, Burkhard/*Knauff,* Matthias: Allgemeine Staatslehre, 2. Auflage, München 2013 (zitiert: *Schöbener/Knauff,* Allgemeine Staatslehre, 2. Aufl., § Rn.)

Schönke, Adolf/*Schröder,* Horst: Strafgesetzbuch, Kommentar, 29. Auflage, München 2014 (zitiert: *Bearbeiter,* in: Schönke/Schröder, StGB, 29. Aufl., § Rn.)

Scholl, Bernd: Die Unzumutbarkeit der Arbeitsleistung nach § 275 Abs. 3 BGB, Jura 2006, 283 ff.

Scholl, Bernd: Leistungsverweigerung des Arbeitnehmers aus Glaubens- und Gewissensgründen, Zugleich Besprechung von BAG, Urteil vom 24.02.2011 – 2 AZR 636/09, BB 2012, 53 ff.

Scholler, Heinrich J.: Die Freiheit des Gewissens, Berlin 1958 (zitiert: *Scholler,* Freiheit, S.)

Schorn, Hubert: Der Schutz der Menschenwürde im Strafverfahren, Neuwied am Rhein/Berlin-Spandau 1963 (zitiert: *Schorn,* Menschenwürde, S.)

Schramm, Hans-Holger: Die Verpflichtung des Abwassereinleiters zur Weitergabe von Eigenmesswerten und der nemo-tenetur-Satz, Frankfurt am Main 1990 (zitiert: *Schramm,* Weitergabe von Eigenmesswerten, S.)

Schreiber, Hans-Ludwig: Verfahrensrecht und Verfahrenswirklichkeit, ZStW 88 (1976), 117 ff.

Schröder, Svenja: Beweisverwertungsverbote und die Hypothese rechtmäßiger Beweiserlangung im Strafprozeß, Berlin 1992 (zitiert: *Schröder,* Beweisverwertungsverbote, S.)

Schröder, Christian/*Kroke,* Susann: Erosion der strafprozessualen Stellung des Wirtschaftsprüfers durch das Berufsaufsichtsrecht?, wistra 2010, 466 ff.

Schroth, Ulrich: Beweisverwertungsverbote im Strafverfahren – Überblick, Strukturen und Thesen zu einem umstrittenen Thema, JuS 1998, 969 ff.

Schünemann, Bernd: Der Richter im Strafverfahren als manipulierter Dritter? Zur empirischen Bestätigung von Perseveranz- und Schulterschlußeffekt, in: Bierbrauer, Günter/Gottwald, Walther/Birnbreier-Stahlberger, Beatrix (Hrsg.), Verfahrensgerechtigkeit, Rechtspsychologische Forschungsbeiträge für die Justizpraxis, Köln 1995, S. 215 ff. (zitiert: *Schünemann,* in: Bierbrauer/Gottwald/Birnbreier-Stahlberger (Hrsg.), Verfahrensgerechtigkeit, S. 215,)

Schünemann, Bernd: Der Richter im Strafverfahren als manipulierter Dritter? Zur empirischen Bestätigung von Perseveranz- und Schulterschlußeffekt, StV 2000, 159 ff.

Schünemann, Bernd: Grund und Grenzen der unechten Unterlassungsdelikte, Zugleich ein Beitrag zur strafrechtlichen Methodenlehre, Göttingen 1971 (zitiert: *Schünemann,* Grund und Grenzen, S.)

Schünemann, Bernd: Risse im Fundament, Flammen im Gebälk: Die Strafprozessordnung nach 130 Jahren, in: Schünemann, Bernd (Hrsg.) Risse im Fundament, Flammen im Gebälk: Zum Zustand des kontinentaleuropäischen Strafverfahrens, Berlin 2010, S. 71 ff. (zitiert: *Schünemann,* in: ders. (Hrsg.) Risse im Fundament, S. 71,)

Schünemann, Bernd: Strafrechtsdogmatische und kriminalpolitische Grundfragen der Unternehmenskriminalität, wistra 1982, 41 ff.

Schünemann, Bernd: Unternehmenskriminalität und Strafrecht, Köln/Berlin/Bonn/München 1979 (zitiert: *Schünemann,* Unternehmenskriminalität, S.)

Schürrle, Thomas/*Olbers,* Anne Mary: Praktische Rechtsfragen bei eigenen Untersuchungen im Unternehmen, CCZ 2010, 178 ff.

Schulte, Martin/*Görts,* Cornelius: Die SEC-Untersuchung nach dem Foreign Corrupt Practises Act, RIW 2006, 561 ff.

Schulze, Reiner u. a.: Bürgerliches Gesetzbuch, Handkommentar, 8. Auflage, Baden-Baden 2014 (zitiert: *Bearbeiter,* in: Schulze u. a., BGB, 8. Aufl., § Rn.)

Schumann, Heribert: Verfahrenshindernis bei Einsatz von V-Leuten als agents provocateurs?, JZ 1986, 66 ff.

Schuster, Frank Peter: Anmerkung zu LG Hamburg, Beschluss vom 15.10.2010 – 608 Qs 18/10, NZWiSt 2012, 28 ff.

Schuster, Frank Peter: Anmerkung zu LG Mannheim, Beschluss vom 3.7.2012 - 24 Qs 1/12, NZWiSt 2012, 431 ff.

Schwarze, Roland: Unmöglichkeit, Unvermögen und ähnliche Leistungshindernisse im neuen Leistungsstörungsrecht, Jura 2002, 73 ff.

Schwerdtner, Peter: Gemeinschaft, Treue, Fürsorge – oder: die Himmelfahrt des Wortes, ZRP 1970, 62 ff.

Seebode, Manfred: Anmerkung zu BGH, Urteil vom 28.04.1987 – 5 StR 666/86, JR 1988, 427 ff.

Seebode, Manfred: Folterverbot und Beweisverbot, in: Dannecker, Gerhard/Langer, Winrich/Ranft, Otfried/Schmitz, Roland/Brammsen, Joerg (Hrsg.), Festschrift für Harro Otto zum 70. Geburtstag am 1. April 2007, München 2007, S. 999 ff. (zitiert: *Seebode,* in: Dannecker/Langer/Ranft u. a. (Hrsg.), Festschrift für Harro Otto, S. 999,)

Seebode, Manfred: Schweigen des Beschuldigten zur Person, MDR 1970, 185 ff.

Seiler, Robert: Beweismethodenverbote im österreichischen Strafprozess, in: Baumann, Jürgen/Tiedemann, Klaus (Hrsg.), Einheit und Vielfalt des Strafrechts, Festschrift für Karl Peters zum 70. Geburtstag, Tübingen 1974, S. 447 ff. (zitiert: *Seiler,* in: Baumann/Tiedemann (Hrsg.), Festschrift für Karl Peters, S. 447,)

Seitz, Helmut: Anmerkung zu BGH, Beschluss vom 22.03.1995 – 5 StR 680/94, NStZ 1995, 519 f.

Senderowitz, Stephen J./*Ugarte,* Ricardo E./*Cortez,* Marlén: Die Durchsetzung US-amerikanischer Wertpapiergesetze auf internationaler Ebene – Ausweitung auf deutsche Unternehmen, wistra 2008, 281 ff.

Sendler, Horst: Die Verwertung rechtswidrig erlangter Beweismittel im Strafprozess mit Berücksichtigung des anglo-amerikanischen und des französischen Rechts, Diss. jur. 1956 (zitiert: *Sendler,* Verwertung, S.)

Senge, Lothar (Hrsg.): Karlsruher Kommentar zum Gesetz über Ordnungswidrigkeiten, 4. Auflage, München 2014 (zitiert: *Bearbeiter,* in: Senge (Hrsg.), Karlsruher Kommentar zum Gesetz über Ordnungswidrigkeiten, 4. Aufl., § Rn.)

Sidhu, Karl/*Saucken,* Alexander von/*Ruhmannseder,* Felix: Der Unternehmensanwalt im Strafrecht und die Lösung von Interessenkonflikten, NJW 2011, 881 ff.

Sieg, Rainer: Arbeitnehmer im Banne von Compliance-Programmen – zwischen Zivilcourage und Denunziantentum, in: Bauer, Jobst-Hubertus/Kort, Michael/Möllers, Thomas M. J./Sandmann, Bernd (Hrsg.), Festschrift für Herbert Buchner zum 70. Geburtstag, München 2009, S. 859 ff. (zitiert: *Sieg,* in: Bauer/Kort/Möllers u. a. (Hrsg.), Festschrift für Herbert Buchner, S. 859)

Siegrist, Uwe: Ermittlungen in Steuer- und Wirtschaftstrafsachen – Quo Vadis?, wistra 2010, 427 ff.

Siemens AG: Presseerklärung vom 15.12.2008, Erklärung der Siemens AG: Zusammenfassung der Erkenntnisse anlässlich des heutigen Abschlusses der Verfahren in München und in den USA, abrufbar unter http://www.siemens.com/press/de/events/2008-12-pk.php (zuletzt geprüft am 23.04.2016)

Simitis, Spiros (Hrsg.): Bundesdatenschutzgesetz, 8. Auflage, Baden-Baden 2014 (zitiert: *Bearbeiter*, in: Simitis (Hrsg.), Bundesdatenschutzgesetz, 8. Aufl., § Rn.)

Sinn, Arndt: Besondere Ermittlungsmaßnahmen und die damit verbundenen Beweisprobleme, Jura 2003, 812 ff.

Smid, Stefan: Zur Einführung: Niklas Luhmanns systemtheoretische Konzeption des Rechts, JuS 1986, 513 ff.

Smith, David J.: The Foundations of Legitimacy, in: Tyler, Tom R. (Hrsg.), Legitimacy and Criminal Justice, International Perspectives, New York 2007, S. 30 ff. (zitiert: *Smith*, in: Tyler (Hrsg.), Legitimacy and Criminal Justice, S. 30,)

Sowada, Christoph: Beweisverwertungsverbote im Spannungsfeld zwischen nemo-tenetur-Grundsatz und fair-trial-Prinzip, in: Geisler, Claudius/Kraatz, Erik/Kretschmer, Joachim/Schneider, Hartmut/Sowada, Christoph (Hrsg.), Festschrift für Klaus Geppert zum 70. Geburtstag am 10. März 2011, Berlin/New York 2011, S. 689 ff. (zitiert: *Sowada*, in: Geisler/Kraatz/Kretschmer u. a. (Hrsg.), Festschrift für Klaus Geppert, S. 689,)

Spehl, Stephan: Rezension von Wolf-Tassilo Böhm, Non-Compliance und Arbeitsrecht, Interne Ermittlungen, Sanktionen und Regressansprüche nach Rechts- und Regelverstößen von Arbeitnehmern, CCZ 6/2011, VIII

Spehl, Stephan/*Gruetzner*, Thomas (Hrsg.): Corporate Internal Investigations, - Overview of 13 jurisdictions -, München 2013 (zitiert: *Bearbeiter*, in: Spehl/Gruetzner (Hrsg.), Corporate Internal Investigations, § Rn.)

Spehl, Stephan/*Momsen,* Carsten/*Grützner,* Thomas: Unternehmensinterne Ermittlungen – Ein internationaler Überblick, Teil I: Einleitung unternehmensinterner Ermittlungen, CCZ 2013, 260 ff.

Spehl, Stephan/*Momsen,* Carsten/ *Grützner,* Thomas: Unternehmensinterne Ermittlungen – Ein internationaler Überblick, Teil II: „Zulässigkeit und rechtliche Anforderungen verschiedener Ermittlungsmaßnahmen in ausgewählten Länder“, CCZ 2014, 2 ff.

Spindler, Gerald/*Stilz,* Eberhard (Hrsg.): Aktiengesetz, Band 1, 3. Aufl., München 2015 (zitiert: *Bearbeiter*, in: Spindler/Stilz (Hrsg.), Kommentar zum Aktiengesetz, Band 1, 3. Aufl., § Rn.)

Spring, Patrick: Die strafrechtliche Geschäftsherrenhaftung, Unterlassungshaftung betrieblich Vorgesetzter für Straftaten Untergebener, Hamburg 2009 (zitiert: *Spring*, Strafrechtliche Geschäftsherrenhaftung, S.)

Stahlmann, Günther: Zur Theorie des Zivilprozeßrechts, Von der Legitimation durch Erkenntnis zur Legitimation durch Verfahren, Königstein 1979 (zitiert: *Stahlmann*, Theorie des Zivilprozeßrechts, S.)

Staudinger, Julius von: Kommentar zum Bürgerlichen Gesetzbuch mit Einführungsgesetz und Nebengesetzen, Buch 2, Recht der Schuldverhältnisse, §§ 657–704, Berlin 2006 (zitiert: *Bearbeiter*, in: Staudinger, BGB, Buch 2, § Rn.)

Steinke, Ines: Gütekriterien qualitativer Forschung, in: Flick, Uwe/Kardoff, Ernst von/Steinke, Ines (Hrsg.), Qualitative Forschung, Ein Handbuch, 10. Auflage, Reinbek bei Hamburg 2013, S. 319 ff. (zitiert: *Steinke,* in: Flick/v. Kardoff/Steinke (Hrsg.), Qualitative Forschung, 10. Aufl., S. 319,)

Steiner, Dirk: Das Fairnessprinzip im Strafprozess, Frankfurt am Main 1995 (zitiert: *Steiner,* Fairnessprinzip, S.)

Sternberg-Lieben, Detlev: Anmerkung zu BGH, Urteil vom 21.07.1994 – 1 StR 83/94, JZ 1995, 844 ff.

Sternberg-Lieben, Detlev: Die „Hörfalle" – Eine Falle für die rechtsstaatliche Strafverfolgung? – Gedanken zu BGH – Urt. v. 8.10.1993 – 2 StR 400/93 = BGHSt. 39, 335 – , Jura 1995, 299 ff.

Sternberger, Dolf: Grund und Abgrund der Macht, Über Legitimität von Regierungen, Frankfurt am Main 1986 (zitiert: *Sternberger,* Grund und Abgrund der Macht, S.)

Stevenson, Drury D./*Wagoner,* Nicholas: FCPA Sanctions: Too Big to Debar, Fordham Law Review 80 (2011), 775 ff.

Störmer, Rainer: Dogmatische Grundlagen der Verwertungsverbote – Eine Untersuchung über die Strukturen strafprozessualer Verwertungsverbote unter dem Einfluß der Verfassung und der Grundsätze des öffentlichen Rechts –, Marburg 1992 (zitiert: *Störmer,* Verwertungsverbote, S.)

Störmer, Rainer: Strafprozessuale Verwertungsverbote in verschiedenen Konstellationen, Jura 1994, 621 ff.

Stratenwerth, Günter/*Kuhlen,* Lothar: Strafrecht, Allgemeiner Teil, 6. Auflage, München 2011 (zitiert: *Stratenwerth/Kuhlen,* Strafrecht, AT, 6. Aufl., § Rn.)

Streck, Michael: Der Beschluß des Bundesverfassungsgerichts zum strafrechtlichen Verwertungsverbot bei Aussagen des Gemeinschuldners und seine Auswirkungen im Steuerstrafrecht, StV 1981, 362 ff.

Strobel, Michael: Die Rechtsfigur der Verdachtskündigung unter besonderer Berücksichtigung der Rechtslage nach späterer Entkräftung des Verdachts, Hamburg 1966 (zitiert: *Strobel,* Verdachtskündigung, S.)

Stümpfler, Hermann: Das Schweigen im Strafverfahren oder Bußgeldverfahren, DAR 1973, 1 ff.

Stürmer, Ulrich: Die neuere Entwicklung der extraterritorialen Anwendung amerikanischer Securities Regulations, RIW 1983, 641 ff.

Stürner, Rolf: Strafrechtliche Selbstbelastung und verfahrensförmige Wahrheitsermittlung, NJW 1981, 1757 ff.

Südhoff, Stephan: Der Folgenbeseitigungsanspruch als Grundlage verwaltungsverfahrensrechtlicher Verwertungsverbote, Frankfurt am Main 1995 (zitiert: *Südhoff,* Folgenbeseitigungsanspruch, S.)

Süße, Sascha: Compliance im Ernstfall, HAV-Info 12/2011, 8 f.

Sydow, Fritz: Kritik der Lehre von den „Beweisverboten“, Würzburg 1976 (zitiert: *Sydow*, Kritik, S.)

Szesny, André-M.: Anmerkung zu LG Hamburg, Beschluss vom 15.10.2010 – 608 Qs 18/10, GWR 2011, 169

Szesny, André-M.: Berufspraxis: Syndici - Im Blickpunkt: Internal Investigations - Zulässigkeit und Grenzen unternehmensinterner Ermittlungen, BB 45/2011, VI f.

Taeger, Jürgen/*Gabel*, Detlev (Hrsg.): Kommentar zum BDSG und zu den Datenschutzvorschriften des TKG und TMG, 2. Auflage, Frankfurt am Main 2013 (zitiert: *Bearbeiter*, in: Taeger/Gabel (Hrsg.), BDSG, 2. Aufl., § Rn.)

Taschke, Jürgen: „Interne Untersuchungen“ in internationalen Konzernen – rechtliche und tatsächliche Probleme, in: Rotsch, Thomas (Hrsg.), Criminal Compliance vor den Aufgaben der Zukunft, Baden-Baden 2013, S. 65 ff. (zitiert: *Taschke*, in: Rotsch (Hrsg.), Criminal Compliance, S. 65,)

Taschke, Jürgen: Zum Beschlagnahmeschutz der Handakten des Unternehmensanwalts, in: Michalke, Regina/Köberer, Wolfgang/Pauly, Jürgen/Kirsch, Stefan (Hrsg.), Festschrift für Rainer Hamm zum 65. Geburtstag am 24. Februar 2008, Berlin 2008, S. 751 ff. (zitiert: *Taschke*, in: Michalke/Köberer/Pauly u. a. (Hrsg.), Festschrift für Rainer Hamm, S. 751,)

Taschke, Jürgen: Zur Entwicklung der Verfolgung von Wirtschaftsstrafsachen in der Bundesrepublik Deutschland, Teil 3: Auf dem Weg zur Privatisierung der Strafverfolgung, NZWiSt 2012, 89 ff.

Taupitz, Jochen: Die zivilrechtliche Pflicht zur unaufgeforderten Offenbarung eigenen Fehlverhaltens, Tübingen 1989 (zitiert: *Taupitz*, Zivilrechtliche Pflicht zur Offenbarung eigenen Fehlverhaltens, S.)

Tettinger, Peter J.: Fairneß als Rechtsbegriff im deutschen Recht, Der Staat 36 (1997), 575 ff.

Tettinger, Peter J.: Fairneß und Waffengleichheit, Rechtsstaatliche Direktiven für Prozeß und Verwaltungsverfahren, München 1984 (zitiert: *Tettinger*, Fairneß, S.)

Theile, Hans: Die Herausbildung normativer Orientierungsmuster für Internal Investigations – am Beispiel selbstbelastender Aussagen, ZIS 2013, 378 ff. = *ders.*, in: Esser, Robert/Günther, Hans-Ludwig/Jäger, Christian/Mylonopoulos, Christos/Öztürk, Bahri (Hrsg.), Festschrift für Hans-Heiner Kühne zum 70. Geburtstag, Heidelberg/München/Landsberg/Frechen/Hamburg 2013, S. 489 ff.

Theile, Hans: Interne Ermittlungen aus kriminologischer Sicht, in: Rotsch, Thomas (Hrsg.), Criminal Compliance, Baden-Baden 2015, § 34 B.II. (zitiert: *Theile*, in: Rotsch (Hrsg.), Criminal Compliance, § 34 B.II. Rn.)

Theile, Hans: »Internal Investigations« und Selbstbelastung, - Zum Verantwortungstransfer bei Akkumulation privater und staatlicher Ermittlungen -, StV 2011, 381 ff.

Theile, Hans: Strafbarkeitsrisiken der Unternehmensführung aufgrund rechtswidriger Mitarbeiterpraktiken – Kann die Nichteinrichtung einer Compliance-Organisation eine strafbare Untreue nach § 266 StGB begründen? –, wistra 2010, 457 ff.

Theile, Hans: Unternehmensrichtlinien – Ein Beitrag zur Prävention von Wirtschaftskriminalität?, ZIS 2008, 406 ff.

Theile, Hans: Wirtschaftskriminalität und Strafverfahren, Tübingen 2009 (zitiert: *Theile,* Wirtschaftskriminalität und Strafverfahren, S.)

Theile, Hans/*Gatter,* Marcelle Janina/*Wiesenack,* Tobias C.: Domestizierung von Internal Investigations?, ZStW 126 (2014), 803 ff.

Theile, Hans/*Nippgen,* Alexander (Hrsg.): Die Arbeitsweise der Wirtschaftsstrafkammern, Konstanz 2015 (zitiert: *Bearbeiter,* in: Theile/Nippgen (Hrsg.), Die Arbeitsweise der Wirtschaftsstrafkammern, S.)

Thibaut, John/*Walker,* Laurens: Procedural Justice, a psychological analysis, Hillsdale (New Jersey) 1975 (zitiert: *Thibaut/Walker,* Procedural Justice, S.)

Thiemann, Werner: Aufsichtspflichtverletzung in Betrieben und Unternehmen, Bochum 1976 (zitiert: *Thiemann,* Aufsichtspflichtverletzung, S.)

Thum, Kai: Beschlagnahmefreiheit von Verteidigungsunterlagen, HRRS 2012, 535 ff.

Torka, Ronald: Nachtatverhalten und Nemo tenetur, Eine Untersuchung über die Grenzen „zulässiger Verteidigung" und die Relevanz des Nemo-tenetur-Prinzips bei der Strafzumessung selbstbegünstigenden Nachtatverhaltens gem. § 46 Abs. 2 StGB (zitiert: *Torka,* Nachtatverhalten, S.)

Traut, Johannes: Screening von Beschäftigtendaten ohne und mit Anlass, RDV 2014, 119 ff.

Treiber, Hubert: Verfahren als Herrschaftsmechanismus: Zu Niklas Luhmanns „Legitimation durch Verfahren", Neuwied 1969, Kriminalsoziologische Bibliografie 8/1975, 19 ff. (zitiert: *Treiber,* Kriminalsoziologische Bibliografie 8/1975, 19,)

Tscherwinka, Ralf: Interne Ermittlungen zwischen Selbstbelastung des Arbeitnehmers und Fürsorgepflicht des Arbeitgebers, in: Schulz, Lorenz/Reinhart, Michael/Sahan, Oliver (Hrsg.), Festschrift für Imme Roxin, Heidelberg/München/Landsberg/Frechen/Hamburg 2012, S. 521 ff. (zitiert: *Tscherwinka,* in: Schulz/Reinhart/Sahan (Hrsg.), Festschrift für Imme Roxin, S. 521,)

Tyler, Tom R.: Psychological Perspectives on Legitimacy and Legitimation, Annual Review of Psychology 57 (2006), 375 ff.

Tyler, Tom R./*Rasinski,* Kenneth: Procedural Justice, Institutional Legitimacy, and the Acceptance of Unpopular U.S. Supreme Court Decisions: a Reply to Gibson, Law & Society Review 25 (1991), 621 ff.

Uhlenbruck, Wilhelm: Die Grenzen von Amtsermittlung und Offenbarungspflicht im Konkursverfahren, JR 1971, 445 ff.

Velten, Petra: Befugnisse der Ermittlungsbehörden zu Information und Geheimhaltung, Berlin 1995 (zitiert: *Velten,* Befugnisse der Ermittlungsbehörden, S.)

Ventzke, Klaus-Ulrich: Strafverfolgung als Konsequenz der Asylantragsbegründung?, StV 1990, 279 ff.

Verrel, Torsten: Die Selbstbelastungsfreiheit im Strafverfahren, Ein Beitrag zur Konturierung eines überdehnten Verfahrensgrundsatzes, München 2001 (zitiert: *Verrel*, Selbstbelastungsfreiheit, S.)

Verrel, Torsten: Nemo tenetur – Rekonstruktion eines Verfahrensgrundsatzes – 2. Teil, NStZ 1997, 415 ff.

Vesting, Thomas: Kein Anfang und kein Ende, Die Systemtheorie des Rechts als Herausforderung für Rechtswissenschaft und Rechtsdogmatik, Jura 2001, 299 ff.

Vogel, Joachim: Wertpapierhandelsstrafrecht – Vorschein eines neuen Strafrechtsmodells?, in: Pawlik, Michael/Zaczyk, Rainer (Hrsg.), Festschrift für Günther Jakobs, zum 70. Geburtstag am 26. Juli 2007, Köln/Berlin/München 2007, S. 731 ff. (zitiert: *Vogel*, in: Pawlik/Zaczyk (Hrsg.), Festschrift für Günther Jakobs, S. 731,)

Vogel, Florian/*Glas*, Vera: Datenschutzrechtliche Probleme unternehmensinterner Ermittlungen, DB 2009, 1747 ff.

Vogt, Bianca: Die Verbandsgeldbuße gegen eine herrschende Konzerngesellschaft, Baden-Baden 2009 (zitiert: *Vogt*, Verbandsgeldbuße, S.)

Vogt, Volker: Compliance und Investigations – Zehn Fragen aus Sicht der arbeitsrechtlichen Praxis, NJOZ 2009, 4206 ff.

Volk, Klaus: Diverse Wahrheiten, in: Eser, Albin/Kullmann, Hans Josef/Meyer-Gossner, Lutz/Odersky, Walter/Voss, Rainer, Straf- und Strafverfahrensrecht, Recht und Verkehr, Recht und Medizin, Festschrift für Hannskarl Salger zum Abschied aus dem Amt als Vizepräsident des Bundesgerichtshofes, Köln/Berlin/Bonn/München 1995, S. 411 ff. (zitiert: *Volk*, in: Eser/Kullmann/Meyer-Gossner u. a., Festschrift für Hannskarl Salger, S. 411,)

Volk, Klaus: Grundkurs StPO, 8. Auflage, München 2013 (zitiert: *Volk*, Grundkurs StPO, 8. Aufl., § Rn.)

Volk, Klaus: Münchener Anwaltshandbuch, Verteidigung in Wirtschafts- und Steuerstrafsachen, 2. Auflage, München 2014 (zitiert: *Bearbeiter*, in: Volk (Hrsg.), Verteidigung in Wirtschafts- und Steuerstrafsachen, 2. Aufl., § Rn.)

Volk, Klaus: Prozessvoraussetzungen im Strafrecht, Zum Verhältnis von materiellem Recht und Prozeßrecht, Ebelsbach am Main 1978 (zitiert: *Volk*, Prozessvoraussetzungen im Strafrecht, S.)

Volk, Klaus: Strafrecht und Wirtschaftskriminalität – Kriminalpolitische Probleme und dogmatische Schwierigkeiten –, JZ 1982, 85 ff.

Volk, Klaus: Wahrheit und materielles Recht im Strafprozess, Konstanz 1980 (zitiert: *Volk*, Wahrheit und materielles Recht, S.)

Vorwerk, Volkert/ *Wolf*, Christian (Hrsg.): Beck'scher Online-Kommentar ZPO, München (*Bearbeiter*, in: Vorwerk/Wolf (Hrsg.), Beck'scher Online-Kommentar zur ZPO, Stand, § Rn.)

de Vries, Hinrich: Arbeitnehmer als Mittäter und Mitwisser im klassischen Wirtschaftsstrafrecht, in: Rieble, Volker/Junker, Abbo/Giesen, Richard (Hrsg.), Arbeitsstrafrecht im Umbruch, 5. Ludwigsburger Rechtsgespräch, München 2009, § 4 (zitiert: *de Vries*, in: Rieble/Junker/Giesen (Hrsg.), Arbeitsstrafrecht im Umbruch, § 4 Rn.)

de Vries, Hinrich: Privatisierung der Ermittlungen, Ermittlungen durch Private, Verliert der Staat das Aufklärungsmonopol?, Kriminalistik 2011, 83 ff.

Wagner, H.: Anmerkung zu BGH, Urteil vom 28.04.1987 – 5 StR 666/86, NStZ 1989, 34 f.

Wagner, Jens: „Internal Investigations" und ihre Verankerung im Recht der AG, CCZ 2009, 8 ff.

Walter, Stefan: Die Pflichten des Geschäftsherrn im Strafrecht, Frankfurt am Main/Berlin/Bern/Bruxelles/New York/Oxford/Wien 2000 (zitiert: *Walter*, Pflichten des Geschäftsherrn im Strafrecht, S.)

Walisch, Wilfried B.: Organisatorische Prävention gegen strafrechtliche Haftung deutscher Unternehmen und ihrer Leitungen nach US-Recht, Berlin 2004 (zitiert: *Walisch*, Organisatorische Prävention, S.)

Wastl, Ulrich: Zwischenruf Privatisierung staatsanwaltschaftlicher Ermittlungen, ZRP 2011, 57 ff.

Wastl, Ulrich/*Litzka*, Philippe/*Pusch*, Martin: SEC-Ermittlungen in Deutschland – eine Umgehung rechtsstaatlicher Mindeststandards!, - Erste exemplarische Überlegungen zu Hintergründen und rechtlicher Konsequenzen so genannter „Privatermittlungen" unter besonderer Berücksichtigung des Komplexes „Siemens" -, NStZ 2009, 68 ff.

Wege, Donat: Religion im Arbeitsverhältnis, Freiheitsgarantien und Diskriminierungsschutz in Kooperation, Berlin 2007 (zitiert: *Wege*, Religion im Arbeitsverhältnis, S.)

Wehnert, Anne: Die US-amerikanischen Richtlinien zur Strafverfolgung von Unternehmen – Ein importiertes Schrecknis auf dem Rückmarsch, NJW 2009, 1190 ff.

Wehnert, Anne: Die Verwertung unternehmensinterner Ermittlungen, StraFo 2012, 253 ff.

Wehnert, Anne: Interne Ermittlungen und Legalitätsprinzip – Relativierung des staatlichen Ermittlungsmonopols?, in: Kempf, Eberhard/Lüderssen, Klaus/Volk, Klaus (Hrsg.), Ökonomie versus Recht im Finanzmarkt?, Berlin/Boston 2011, S. 137 ff. (zitiert: *Wehnert*, in: Kempf/Lüderssen/Volk (Hrsg.), Ökonomie versus Recht im Finanzmarkt?, S. 137,)

Wehnert, Anne: SEC: Kapitulation vor der (un)heimlichen Übermacht?, in: Jung, Heike/Luxenburger, Bernd/Wahle, Eberhard (Hrsg.), Festschrift für Egon Müller, Baden-Baden 2008, S. 729 ff. (zitiert: *Wehnert*, in: Jung/Luxenburger/Wahle (Hrsg.), Festschrift für Egon Müller, S. 729,)

Wehnert, Anne: Strafverteidigung vor neuen Herausforderungen, in: Beulke, Werner/Müller, Eckhart (Hrsg.), Festschrift zu Ehren des Strafrechtsausschusses der Bundesrechtsanwaltskammer, Neuwied 2006, S. 175 ff. (zitiert: *Wehnert,* in: Beulke/Müller (Hrsg.), Festschrift zu Ehren des Strafrechtsausschusses der Bundesrechtsanwaltskammer, S. 175,)

Weigend, Thomas: Anmerkung zu LG Frankfurt am Main, Beschluss vom 09.04.2003 – 5/22 Ks 3490 Js 230118/02, StV 2003, 436 ff.

Weigend, Thomas: Deliktsopfer und Strafverfahren, Berlin 1989 (zitiert: *Weigend,* Deliktsopfer, S.)

Weigend, Thomas: Zur Reform von § 142 StGB, in: Jescheck, Hans-Heinrich/Vogler, Theo (Hrsg.), Festschrift für Herbert Tröndle zum 70. Geburtstag am 24.08.1989, Berlin/New York 1989, S. 753 ff. (zitiert: *Weigend,* in: Jescheck/Vogler (Hrsg.), Festschrift für Herbert Tröndle, S. 753,)

Weiler, Edgar: Befragung von Beschuldigten oder aussageverweigerungsberechtigten Zeugen im Ermittlungsverfahren durch V-Leute, GA 1996, 101 ff.

Weiß, Matthias M.: Compliance der Compliance – Strafbarkeitsrisiken bei Internal Investigations, CCZ 2014, 136 ff.

Welp, Jürgen: Die strafprozessuale Überwachung des Post- und Fernmeldeverkehrs, Heidelberg 1974 (zitiert: *Welp,* Strafprozessuale Überwachung, S.)

Werres, Thomas: Leistungsabfall, Siemens: Die Korruptionsaffäre nimmt kein Ende, die Konjunktur dreht nach unten – nun wird es für den Technikkonzern auch geschäftlich eng, managermagazin 7/2008, 40 ff.

Wessels, Johannes: Schweigen und Leugnen im Strafverfahren, JuS 1966, 169 ff.

Wessels, Johannes/*Hettinger,* Michael: Strafrecht Besonderer Teil 1, 39. Auflage, Heidelberg 2015 (zitiert: Wessels/Hettinger, Strafrecht BT I, 39. Aufl., Rn.)

Wessing, Jürgen: Der Einfluss von Compliance, Revision und firmeninternen Ermittlungen auf die Strafverteidigung, in: Arbeitsgemeinschaft Strafrecht des Deutschen Anwaltvereins (Hrsg.), Strafverteidigung im Rechtsstaat, 25 Jahre Arbeitsgemeinschaft Strafrecht des Deutschen Anwaltvereins, Baden-Baden 2009, S. 907 ff. (zitiert: *Wessing,* in: Arbeitsgemeinschaft Strafrecht des Deutschen Anwaltvereins (Hrsg.), Strafverteidigung im Rechtsstaat, S. 907,)

Wessing, Jürgen: Der Unternehmensverteidiger, in: Hiebl, Stefan/Kassebohm, Nils/Lilie, Hans (Hrsg.), Festschrift für Volkmar Mehle zum 65. Geburtstag am 11.11.2009, Baden-Baden 2009, S. 665 ff. (zitiert: *Wessing,* in: Hiebl/Kassebohm/Lilie (Hrsg.), Festschrift für Volkmar Mehle, S. 665,)

Wessing, Jürgen: Die Rechtstellung des Unternehmensanwalts im Strafrecht, ZWH 2012, 6 ff.

Weßlau, Edda: Das Konsensprinzip im Strafverfahren – Leitidee für eine Gesamtreform?, Baden-Baden 2002 (zitiert: *Weßlau,* Konsensprinzip im Strafverfahren, S.)

Weßlau, Edda: Vorfeldermittlungen, Probleme der Legalisierung „vorbeugender Verbrechensbekämpfung" aus strafprozeßrechtlicher Sicht, Berlin 1989 (zitiert: *Weßlau,* Vorfeldermittlungen, S.)

Weßlau, Edda: Zwang, Täuschung und Heimlichkeit im Strafverfahren, Über die Mitwirkungsfreiheit des Beschuldigten und deren Grenzen, ZStW 110 (1998), 1 ff.

Wettner, Florian/*Mann,* Marius: Informationsrechte und Informationspflichten bei Internen Ermittlungen, DStR 2014, 655 ff.

Wewerka, Frederike: Internal Investigations, Private Ermittlungen im Spannungsfeld von strafprozessualen Grundsätzen und Anforderungen eines globalisierten Wirtschaftsstrafverfahrens, Frankfurt am Main 2012 (zitiert: *Wewerka,* Internal Investigations, S.)

Widmaier, Gunter/*Müller,* Eckhart/*Schlothauer,* Reinhold: Münchener Anwaltshandbuch Strafverteidigung, 2. Auflage, München 2014 (zitiert: *Bearbeiter,* in: Widmaier/Müller/Schlothauer, Münchener Anwaltshandbuch, Strafverteidigung, 2. Aufl., § Rn.)

Wieland, Josef/*Steinmeyer,* Roland/*Grüninger,* Stephan (Hrsg.): Handbuch Compliance-Management, Konzeptionelle Grundlagen, praktische Erfolgsfaktoren, globale Herausforderungen, 2. Auflage, Berlin 2014 (zitiert: *Bearbeiter,* in: Wieland/Steinmeyer/Grüninger (Hrsg.), Handbuch Compliance-Management, 2. Aufl., S.)

Wiese, Günther: Der Persönlichkeitsschutz des Arbeitnehmers gegenüber dem Arbeitgeber, ZfA 1971, 273 ff.

Wiesenack, Tobias C.: Leitungsmacht (im Erscheinen)

Wiesenack, Tobias C./*Klein,* Nico: Rechtspraktische Entwicklungen bei der Strukturierung und Organisation von Unternehmensverbünden, in: Eisele, Jörg/Koch, Jens/Theile, Hans (Hrsg.), Der Sanktionsdurchgriff im Unternehmensverbund, Tübingen 2014, S. 5 ff. (zitiert: *Wiesenack/Klein,* in: Eisele/Koch/Theile (Hrsg.), Der Sanktionsdurchgriff im Unternehmensverbund, S. 5,)

Willke, Helmut: Systemtheorie II: Interventionstheorie, 4. Auflage, Stuttgart 2005 (zitiert: *Willke,* Systemtheorie II, 4. Aufl., S.)

Wimmer, Renate: Die Verwertung unternehmensinterner Untersuchungen – Aufgabe oder Durchsetzung des Legalitätsprinzips?, in: Schulz, Lorenz/Reinhart, Michael/Sahan, Oliver (Hrsg.), Festschrift für Imme Roxin, Heidelberg/München/Landsberg/Frechen/Hamburg 2012, S. 537 ff (zitiert: *Wimmer,* in: Schulz/Reinhart/Sahan (Hrsg.), Festschrift für Imme Roxin, S. 537,)

Winckelmann, Johannes: Die Verfassungsrechtliche Unterscheidung von Legitimität und Legalität , ZgS 112 (1956), 164 ff.

Winterhoff, Christian: Kanzleidurchsuchungen im Lichte von Grund- und Menschenrechten, AnwBl 2011, 789 ff.

Winzburg, Jan Boris: Durch und durch korrupt, auf stern.de vom 29.04.2008, abrufbar unter http://www.stern.de/wirtschaft/news/unternehmen/kommentar-zur-siemens-affaere-durch-und-durch-korrupt-618894.html (zuletzt geprüft am 23.04.2016).

Wirtz, Markus M.: Die Aufsichtspflichten des Vorstandes nach OWIG und KonTraG, WuW 2001, 342 ff.

Wisskirchen, Gerlind/*Glaser*, Julia: Unternehmensinterne Untersuchungen, - Eine praktische Anleitung -, DB 2011, 1447 ff.

Wisskirchen, Gerlind/*Glaser*, Julia: Unternehmensinterne Untersuchungen, in: Wieland, Josef/Schack, Axel (Hrsg.), Soziale Marktwirtschaft: Verantwortungsvoll gestalten, Frankfurt am Main 2011, S. 209 ff. (zitiert: *Wisskirchen/Glaser*, in: Wieland/Schack (Hrsg.), Soziale Marktwirtschaft: Verantwortungsvoll gestalten, S. 209,)

Wölfl, Bernd: Die Verwertbarkeit heimlicher privater Ton- und Bildaufnahmen im Strafverfahren, Frankfurt am Main 1997 (zitiert: *Wölfl*, Verwertbarkeit, S.)

Wohlers, Wolfgang: Die Hypothese rechtmäßiger Beweiserlangung – ein Instrument zur Relativierung unselbstständiger Verwertungsverbote?, in: Weßlau, Edda/Wohlers, Wolfgang (Hrsg.), Festschrift für Gerhard Fezer zum 70. Geburtstag am 29. Oktober 2008, Berlin 2008, S. 311 ff. (zitiert: *Wohlers*, in: Weßlau/Wohlers (Hrsg.), Festschrift für Gerhard Fezer, S. 311,)

Wolff, Heinrich Amadeus: Selbstbelastung und Verfahrenstrennung, Das Verbot des Zwangs zur aktiven Mitwirkung am eigenen Strafverfahren und seine Ausstrahlungswirkung auf die gesetzlichen Mitwirkungspflichten des Verwaltungsrechts, Berlin 1997 (zitiert: *Wolff*, Selbstbelastung, S.)

Wolfslast, Gabriele: Beweisführung durch heimliche Tonbandaufzeichnung – Besprechung des BGH-Urteils vom 9.4.1986 – 3 StR 551/85, NStZ 1987, 103 ff.

Wolter, Jürgen: Anmerkung zu BGH, Urteil vom 24.08.1983 – 3 StR 136/83, NStZ 1984, 26 ff.

Wolter, Jürgen: Beweisverbote und Umgehungsverbote zwischen Wahrheitserforschung und Ausforschung, in: Roxin, Claus/Widmaier, Gunter (Hrsg.), 50 Jahre Bundesgerichtshof, Festgabe aus der Wissenschaft, Band IV, Strafrecht, Strafprozessrecht, München 2000, S. 963 ff. (zitiert: *Wolter*, in: Roxin/Widmaier (Hrsg.), 50 Jahre Bundesgerichtshof, Band IV, S. 963,)

Wolter, Jürgen: Datenschutz und Strafprozeß, Zum Verhältnis von Polizeirecht und Strafprozeßrecht, ZStW 107 (1995), 793 ff.

Wolter, Jürgen: Heimliche und automatisierte Informationseingriffe wider Datengrundrechtsschutz – Gesamtanpassung vor Gesamtreform von Strafprozeß- und Polzeirecht – Teil 1 –, GA 1988, 49 ff.

Wolter, Jürgen: Menschenwürde und Freiheit im Strafprozeß, in: Geppert, Klaus/Dehnicke, Diether (Hrsg.), Gedächtnisschrift für Karlheinz Meyer, Berlin 1990,

S. 493 ff. (zitiert: *Wolter*, in: Geppert/Dehnicke (Hrsg.), Gedächtnisschrift für Karlheinz Meyer, S. 493,)

Wolter, Jürgen: Staatlich gesteuerte Selbstbelastungsprovokation mit Umgehung des Schweigerechts, Zur objektiven Zurechnung im Strafprozessrecht, ZIS 2012, 238 ff.

Wolter, Jürgen: Strafverfahrensrecht und Strafprozeßreform, GA 1985, 49 ff.

Wolter, Jürgen (Hrsg.): Systematischer Kommentar zum Strafgesetzbuch, 8. Auflage, Köln (zitiert: *Bearbeiter*, in: Wolter (Hrsg.), Systematischer Kommentar zum Strafgesetzbuch, 8. Aufl., Stand, § Rn.)

Wolter, Jürgen (Hrsg.): Systematischer Kommentar zur Strafprozessordnung, Mit GVG und EMRK, Band 2, 4. Auflage, Köln 2010 (zitiert: *Bearbeiter*, in: Wolter (Hrsg.), Systematischer Kommentar zur Strafprozessordnung, Band 2, 4. Aufl., § Rn.)

Wolter, Jürgen (Hrsg.): Systematischer Kommentar zur Strafprozessordnung, Mit GVG und EMRK, Band 10, 4. Auflage, Köln 2012 (zitiert: *Bearbeiter*, in: Wolter (Hrsg.), Systematischer Kommentar zur Strafprozessordnung, Band 10, 4. Aufl., § Rn.)

Wolter, Jürgen: Verwertungsverbote bei zulässiger Telefonüberwachung, in: Dornseifer, Gerhard/Horn, Eckhard/Schilling, Georg/Schöne, Wolfgang/Struensee, Eberhard/Zielinski, Diethart (Hrsg.), Gedächtnisschrift für Armin Kaufmann, Köln/Berlin/Bonn/München 1989, S. 761 ff. (zitiert: *Wolter*, in: Dornseifer/Horn/Schilling u. a. (Hrsg.), Gedächtnisschrift für Armin Kaufmann, S. 761,)

Woodson, Tom D.: Befragungen in Unternehmen, Können unternehmensinterne Ermittler gegen § 136a StPO „Verbotene Vernehmungsmethoden" verstoßen?, ZRFC 2010, 269 ff.

Wuttke, Inken: Straftäter im Betrieb, München 2010 (zitiert: *Wuttke* Straftäter im Betrieb, S.)

Wybitul, Tim: Das neue Bundesdatenschutzgesetz: Verschärfte Regelungen für Compliance und interne Ermittlungen, BB 2009, 1582 ff.

Wybitul, Tim: Interne Ermittlungen auf Aufforderung von US-Behörden – Ein Erfahrungsbericht, - Was deutsche Unternehmen bei Untersuchungen von US-Ermittlern beachten sollten - , BB 2009, 606 ff.

Wybitul, Tim/*Pötters,* Stephan: BAG definiert Beschäftigtendatenschutz neu, BB 2014, 437 ff.

Zapfe, Henrik: Compliance und Strafverfahren, Das Spannungsverhältnis zwischen Unternehmensinteressen und Beschuldigtenrechten, Frankfurt am Main 2013 (zitiert: *Zapfe*, Compliance, S.)

Zentes, Uta/*Wybitul,* Tim: Interne Sicherungsmaßnahmen und datenschutzrechtliche Grenzen bei Kreditinstituten sowie bei anderen Instituten des Finanzwesens,

Neue Anforderungen zur Verhinderung von Geldwäsche, Terrorismusfinanzierung und sonstigen strafbaren Handlungen, CCZ 2011, 90 ff.

Zimmer, Mark: Mehr Schutz für Mitarbeiter bei internen Ermittlungen, BB 2011, 1075

Zimmer, Mark: Rolle der Mitarbeiter bei unternehmensinternen Ermittlungen, ZRFC 2011, 259 ff.

Zimmermann, Gernot: Anmerkung zu LG Mannheim, Beschluss vom 03.07.2012 – Qs 1/12, FD-StrafR 2012, 335226

Zippelius, Reinhold: Legitimation durch Verfahren, in: Paulus, Gotthard/Diederichsen, Uwe/Canaris, Claus Wilhelm (Hrsg.), Festschrift für Karl Larenz zum 70. Geburtstag, München 1973, S. 293 ff.(*Zippelius*, in: Paulus/Diederichsen/Canaris (Hrsg.), Festschrift für Karl Larenz, S. 293,)

Zöllner, Wolfgang/*Noack*, Ulrich (Hrsg.): Kölner Kommentar zum Aktiengesetz, Band 2/1, 3. Auflage, Köln 2010 (zitiert: *Bearbeiter*, in: Zöllner/Noack (Hrsg.), Kölner Kommentar zum Aktiengesetz, Band 2/1, 3. Aufl., § Rn.)

Zuck, Rüdiger: Faires Verfahren und der Nemo tenetur-Grundsatz bei der Besuchsüberwachung in der Untersuchungshaftanstalt – zugleich Anmerkung zu BGH, Urt. v. 29.4.2009 – 1 StR 701/08 in diesem Heft Seite 38 ff. –, JR 2010, 17 ff.

Abkürzungsverzeichnis

a.A.	anderer Ansicht
a.a.O.	am angegebenen Ort
Abs.	Absatz
Abschn.	Abschnitt
AcP	Archiv für die civilistische Praxis
a.F.	alter Fassung
AG	die Aktiengesellschaft
AktG	Aktiengesetz
Anm.	Anmerkung
AnwBl	Anwaltsblatt
AO	Abgabenordnung
AP	Arbeitsrechtliche Praxis
AT	Allgemeiner Teil
ArbG	Arbeitsgericht
ArbRB	Der Arbeitsrechtsberater
Art.	Artikel
AuA	Arbeit und Arbeitsrecht
Aufl.	Auflage
BAG	Bundesarbeitsgericht
BAGE	Entscheidungen des Bundesarbeitsgerichts
BB	Betriebs-Berater
BDG	Bundesdisziplinargesetz
BDSG	Bundesdatenschutzgesetz
BeckRS	Beck online Rechtsprechung
BetrAVG	Gesetz zur Verbesserung der betrieblichen Altersversorgung
BetrVG	Betriebsverfassungsgesetz
BGB	Bürgerliches Gesetzbuch
BGBl	Bundesgesetzblatt
BGH	Bundesgerichtshof
BGHSt	Entscheidungen des Bundesgerichtshofs in Strafsachen
BGHZ	Entscheidungen des Bundesgerichtshofs in Zivilsachen
BRAK	Bundesrechtsanwaltskammer
bspw.	beispielsweise
BT	Besonderer Teil
BT-Drucks.	Bundestagsdrucksachen
BVerfG	Bundesverfassungsgericht
BVerfGE	Entscheidungen des Bundesverfassungsgerichts
bzgl.	bezüglich
bzw.	beziehungsweise

CCZ	Corporate Compliance Zeitschrift
DAJV	Deutsch-Amerikanische Juristen-Vereinigung
DAR	Deutsches Autorecht
DB	Der Betrieb
dens.	denselben
ders.	derselbe
dies.	dieselbe
DFG	Deutsche Forschungsgemeinschaft
diesbzgl.	diesbezüglich
DOJ	Department of Justice (der USA)
DStR	Deutsches Steuerrecht
DVBl	Deutsches Verwaltungsblatt
EDV	elektronische Datenverarbeitung
EGMR	Europäischer Gerichtshof für Menschenrechte
EMRK	Europäische Menschenrechtskonvention
EStG	Einkommensteuergesetz
f., ff.	folgende
FCPA	Foreign Corrupt Practices Act
FAZ	Frankfurter Allgemeine Zeitung
Fn.	Fußnote
Frankfurt a.M.	Frankfurt am Main
GA	Goltdammer's Archiv für Strafrecht
GewO	Gewerbeordnung
GG	Grundgesetz
GmbH	Gesellschaft mit beschränkter Haftung
GmbHG	Gesetz betreffend die Gesellschaften mit beschränkter Haftung
GmbHR	Die GmbH-Rundschau
grds.	grundsätzlich
GWR	Gesellschafts- und Wirtschaftsrecht
h.A.	herrschende Ansicht
HAV	Hamburgischer Anwaltsverein e.V.
HFR	Höchstrichterliche Finanzrechtsprechung
HGB	Handelsgesetzbuch
HRRS	HRR-Strafrecht, Onlinezeitschrift
Hrsg.	Herausgeber
insb.	insbesondere
InsO	Insolvenzordnung
IPBPR	Internationaler Pakt über bürgerliche und politische Rechte
i.S.d.	im Sinne des
ITRB	Der IT-Rechts-Berater
i.V.m.	in Verbindung mit
JA	Juristische Arbeitsblätter
JK	Jura-Kartei

JR	Juristische Rundschau
Jura	Juristische Ausbildung
JuS	Juristische Schulung
JZ	JuristenZeitung
Kap.	Kapitel
KG	Kammergericht
KJ	Kritische Justiz
krit.	kritisch
KritV	Die Kritische Vierteljahresschrift für Gesetzgebung und Rechtswissenschaft
KSchG	Kündigungsschutzgesetz
KSzW	Kölner Schrift zum Wirtschaftsrecht
KWG	Gesetz über das Kreditwesen
LAG	Landesarbeitsgericht
lat.	lateinisch
Lfg.	Lieferung
LG	Landgericht

MaComp: Mindestanforderungen an die Compliance-Funktion und die weiteren Verhaltens-, Organisations- und Transparenzpflichten nach §§ 31 ff. WpHG für Wertpapierdienstleistungsunternehmen

m. abl. Anm.	mit ablehnender Anmerkung
m. krit. Anm.	mit kritischer Anmerkung
m. zust. Anm.	mit zustimmender Anmerkung
MDR	Monatsschrift für Deutsches Recht
Mio.	Millionen
MMR	MultiMedia und Recht
m.w.	mit weiteren
m.w.N.	mit weiteren Nachweisen
n.F.	neuer Fassung
NJOZ	neue juristische Online-Zeitschrift
NJW	Neue Juristische Wochenschrift
NJW-RR	NJW-Rechtsprechungs-Report
NN	nomen nescio
No.	Number
Nr.	Nummer
NStZ	Neue Zeitschrift für Strafrecht
NStZ-RR	NStZ-Rechtsprechungs-Report
NZA	Neue Zeitschrift für Arbeitsrecht
NZA-Beil.	Beilage der NZA
NZBau	Neue Zeitschrift für Baurecht und Vergaberecht
NZG	Neue Zeitschrift für Gesellschaftsrecht
NZI	Neue Zeitschrift für Insolvenz- und Sanierungsrecht

NZWiSt	Neue Zeitschrift für Wirtschafts-, Steuer- und Unternehmensstrafrecht
ÖJZ	Österreichische Juristen-Zeitung
OLG	Oberlandesgericht
OWiG	Gesetz über Ordnungswidrigkeiten
RdA	Recht der Arbeit, Zeitschrift für die Wissenschaft und Praxis des gesamten Arbeitsrechts
RDV	Zeitschrift für Datenschutz-, Informations- und Kommunikationsrecht
RGSt	Entscheidungen des Reichsgerichts in Strafsachen
RGZ	Entscheidungen des Reichsgerichts in Zivilsachen
RIW	Recht der internationalen Wirtschaft
Rn.	Randnummer
Rspr HessVerwG	Rechtsprechung der hessischen Verwaltungsgerichte
S.	Seite
SAE	Sammlung Arbeitsrechtlicher Entscheidungen
SEC	Securities and Exchange Commission
StGB	Strafgesetzbuch
StPO	Strafprozessordnung
StraFo	StrafverteidigerForum
StV	Strafverteidiger
u. a.	und andere
US	Vereinigte Staaten von Amerika
USA	Vereinigte Staaten von Amerika
v.	vom
vgl.	vergleiche
Vorb.	Vorbemerkungen
VRS	Verkehrsrechts-Sammlung
WiJ	Journal der Wirtschaftsstrafrechtlichen Vereinigung e.V.
wistra	Zeitschrift für Wirtschafts- und Steuerstrafrecht
WiStra	Wirtschaftsstrafrecht
WM	Zeitschrift für Wirtschafts- und Bankrecht
WpHG	Wertpapierhandelsgesetz
WuW	Wirtschaft und Wettbewerb
ZD	Zeitschrift für Datenschutz
ZfA	Zeitschrift für Arbeitsrecht
ZfgK	Zeitschrift für das gesamte Kreditwesen
ZGR	Zeitschrift für Unternehmens- und Gesellschaftsrecht
ZgS	Zeitschrift für die Gesamte Staatswissenschaft
ZIP	Zeitschrift für Wirtschaftsrecht
ZIS	Zeitschrift für Internationale Strafrechtsdogmatik
ZPO	Zivilprozessordnung
ZRFC	Fachzeitschrift Risk, Fraud & Compliance

ZRFG	Zeitschrift Risk, Fraud & Governance, nun ZRFC
ZRP	Zeitschrift für Rechtspolitik
ZRSoz	Zeitschrift für Rechtssoziologie
ZVglRWiss	Zeitschrift für Vergleichende Rechtswissenschaft
ZWH	Zeitschrift für Wirtschaftsstrafrecht und Haftung im Unternehmen
ZStW	Zeitschrift für die gesamte Strafrechtswissenschaft

1. Kapitel: Einleitung

Beschuldigtenrechte gelten als „Seismograph der Staatsverfassung“[1] und werden doch auf immer neue Weise herausgefordert. Einen Prozess, der im Verborgenen geführt wird, bei dem die „Anklageschrift“ wie alle Schriften des „Gerichts“ weder dem Angeklagten noch seinem Verteidiger zugänglich sind, in dem die einzelnen „Anklagepunkte“ allenfalls im Prozessverlauf in ihrer Begründung „deutlicher hervortreten oder zumindest erraten werden können“,[2] in dem die Angeklagten womöglich unschuldig, aber sicher unwissend, verurteilt werden,[3] möchte man gerne bei Kafka,[4] im Ausland oder in der Steinzeit verorten, aber kaum in der deutschen Gegenwart, und doch ist er ansatzweise Teil der Realität und keine reine Dystopie.[5] „Firmen müssen Sheriff spielen“ pointierte die FAZ im fraglichen Zusammenhang 2011.[6] Die hiermit umschriebene Praxis der Privatisierung der Strafverfolgung[7] in Form privater Aufklärungsverfahren durch Unternehmen[8] erinnert leider daran, wie schnell und bereitwillig Verfahrensrechte im Interesse an einer effizienteren und vor allem kostengünstigeren Strafverfolgung eingeschränkt werden. In dem angesprochenen Prozess besteht in der Regel kein Anwesenheitsrecht des Verteidigers beim „Verhör“[9] – soweit dieser zu diesem Zeitpunkt überhaupt bereits in das Verfahren einbezogen ist – und auch kein Aussageverweigerungsrecht des Beschuldigten. „Unter diesen Verhältnissen ist natürlich die Verteidigung in einer ungünstigen und schwierigen Lage“ und man könnte fast die Vermutung hegen, dies sei auch beabsichtigt.[10]

Die Problematik um unternehmensinterne Ermittlungen kann sich nur schwerlich über mangelnde Aufmerksamkeit beklagen. Nicht zuletzt hat sie in den letzten Jahren über spektakuläre Fälle immer wieder ihren Weg in die Tagespresse

---

1 So *Müller-Dietz*, ZStW (93) 1981, 1177, 1182 in Anlehnung an *Roxin/Schünemann*, Strafverfahrensrecht, 28. Aufl., § 2 Rn. 1.

2 *Kafka*, Der Process, S. 104.

3 Vgl. *Kafka*, Der Process, S. 51.

4 Vgl. *Kafka*, Der Process, S. 104 f., vgl. auch S. 51.

5 Vgl. auch *J. Jahn*, FAZ vom 01.07.2009, S. 20, 21. Vgl. allgemein zum Strafverfahren auch *Müller-Dietz*, ZStW 93 (1981), 1177, 1184.

6 *J. Jahn*, FAZ.net vom 28.12.2011, abrufbar unter http://www.faz.net/aktuell/wirtschaft/recht-steuern/privatisierung-der-strafverfolgung-firmen-muessen-sheriff-spielen-11582893.html (zuletzt geprüft am 23.04.2016).

7 Vgl. hierzu *Knauer/Gaul*, NStZ 2013, 192; *Minoggio*, Firmenverteidigung, 2. Aufl., Rn. 133; *Nestler*, in: Knierim/Rübenstahl/Tsambikakis (Hrsg.), Internal Investigations, 1. Kap. Rn. 16 ff.; *Taschke*, NZWiSt 2012, 89; *Wewerka*, Internal Investigations, S. 1.

8 Vgl. auch *Münkel*, Mitarbeiteroffenbarungen, S. 26.

9 *Kafka*, Der Process, S. 105.

10 Vgl. *Kafka*, Der Process, S. 104.

gefunden.[11] Ebenso wie bei der Compliance-Diskussion handelt es sich bei der zunehmenden Bedeutung dieser Form von Privatermittlungen um eine Entwicklung, die über an der US-Börse gelistete Unternehmen aus den USA nach Deutschland herübergeschwappt ist.[12] Natürlich sind verschiedenartige Formen von Sachverhaltsausforschungen innerhalb von Unternehmen an sich nichts Neues.[13] Bereits in der Vergangenheit war es üblich, Fehlverhalten in Unternehmen anlassbezogen aufzuklären, auch wenn die eigentliche strafprozessuale Aufklärung von Unternehmenskriminalität in der Vergangenheit allein eine staatliche Maßnahme war, welche

11 Siehe *Nestler*, in: Knierim/Rübenstahl/Tsambikakis (Hrsg.), Internal Investigations, 1. Kap. Rn. 1 (Fn. 2). Vgl. auch *Kremer*, in: Burgard/Hadding/Mülbert u. a. (Hrsg.), Festschrift für Uwe H. Schneider, S. 701. Zu den internen Untersuchungen bei Siemens siehe insbesondere *J. Jahn*, FAZ vom 01.07.2009, S. 20 f.; aber auch den Bericht hierzu auf spiegel.de vom 29.04.2008, abrufbar unter http://www.spiegel.de/wirtschaft/interne-untersuchung-siemens-ermittler-finden-belege-fuer-korruption-in-fast-allen-bereichen-a-550548.html (zuletzt geprüft am 23.04.2016); *Balser/Ott*, auf sueddeutsche.de vom 13.08.2007, abrufbar unter http://www.sueddeutsche.de/wirtschaft/2.220/siemens-skandal-mehr-als-eine-milliarde-euro-fuer-dunkle-geschaefte-1.773317 (zuletzt geprüft am 23.04.2016); *Gehrmann*, auf zeit.de vom 13.03.2008, abrufbar unter http://www.zeit.de/2008/12/Selbstreinigung-Siemens (zuletzt geprüft am 23.04.2016); den Kommentar von *Winzburg* auf stern.de vom 29.04.2008, abrufbar unter http://www.stern.de/wirtschaft/news/unternehmen/kommentar-zur-siemens-affaere-durch-und-durch-korrupt-618894.html (zuletzt geprüft am 23.04.2016). Zu den internen Untersuchungen bei der Daimler AG siehe den Bericht auf welt.de vom 23.03.10, abrufbar unter http://www.welt.de/wirtschaft/article6903317/US-Regierung-klagt-Daimler-der-Korruption-an.html (zuletzt geprüft am 23.04.2016); sowie auf spiegel.de vom 04.09.06, abrufbar unter http://www.spiegel.de/wirtschaft/korruption-und-steuerhinterziehung-finanzskandal-holt-daimlerchrysler-ein-a-434963-druck.html (zuletzt geprüft am 23.04.2016) und auf taz.de vom 29.08.05, abrufbar unter http://www.taz.de/1/archiv/archiv-start/?ressort=wu&dig=2005%2F08%2F29%2Fa0129&cHash=23f8a2c1fb (zuletzt geprüft am 23.04.2016). Siehe auch zu Ferrostal den Beitrag von *Leyendecker* auf sueddeutsche.de vom 09.04.10, abrufbar unter http://www.sueddeutsche.de/wirtschaft/ferrostaal-korruptionsaffaere-teurer-rat-aus-den-usa-1.20400 (zuletzt geprüft am 23.04.2016).

12 Siehe hierzu *Nestler*, in: Knierim/Rübenstahl/Tsambikakis (Hrsg.), Internal Investigations, 1. Kap. Rn. 5 ff.; 11; *Scharnberg*, Internal Investigations, S. 1; *J. Wagner*, CCZ 2009, 8 ff. Vgl. auch *Ballo*, NZWiSt 2013, 46, 47; *Behrens*, RIW 2009, 22 ff.; *Knauer/Buhlmann*, AnwBl 2010, 387, 388; *Süße*, HAV-Info 12/2011, 8. Näher hierzu unter 3. Kapitel C.

13 Vgl. *Behrends/Müller-Tronnier/Zeidler*, ZfgK 2013, 776; *Behrens*, RIW 2009, 22; *Dann/Zülch*, ZRFC 2011, 267; *v. Hehn/Hartung*, in: Wieland/Steinmeyer/Grüninger (Hrsg.), Handbuch Compliance-Management, 2. Aufl., S. 442; *Knierim*, StV 2009, 324; *Nestler*, in: Knierim/Rübenstahl/Tsambikakis (Hrsg.), Internal Investigations, 1. Kap. Rn. 4; *J. Wagner*, CCZ 2009, 8.

die Unternehmen zumeist passiv über sich ergehen ließen.[14] Daneben finden seit jeher häufig Stichprobenkontrollen der Internen Revision und Regeluntersuchungen statt.[15] Neu ist allerdings die Bedeutung eines Teils dieser Ermittlungen, der in den letzten Jahren unter dem Begriff der „Internal Investigations“ für Aufsehen gesorgt hat. Hierbei handelt es sich um eine – zumindest in dieser Ausprägung, Professionalisierung und Verbreitung – neuartige Form von Privatermittlungen.[16] Diese Ermittlungen gehen in der Intensität und Tiefe der Untersuchung über das bislang bekannte Ausmaß, insbesondere auch aufgrund der angestrebten Außenwirkung,[17] weit hinaus.[18] Obwohl diese Art von Untersuchung jeweils erst durch einen konkreten Verdacht einer Regelverletzung ausgelöst wird, muss sie nicht auf die Aufklärung dieses einen Verdachts beschränkt bleiben. Häufig wird durch das Bekanntwerden des Anlassfalles zugleich auch die systematische Suche nach weiteren ähnlichen Regelverstößen angestoßen.[19] Im Verlauf dieser tief greifenden Untersuchung treten dabei in der Regel weitere mögliche Regelverstöße zu Tage, die auch in die jeweilige Untersuchung mit einbezogen werden.[20] Gerade diese weitgefasste Untersuchungsrichtung unterscheidet das Phänomen der Internal Investigations von den bislang üblichen Untersuchungen in Unternehmen.[21]

Insbesondere aufgrund der Intensität und der Systematik dieser neuartigen Form von Ermittlungen stößt ihr Import auf immense Schwierigkeiten, denn diese Form von Wahrheitsermittlung steht in einem besonderen Spannungsverhältnis zu dem Persönlichkeitsrecht der von der Untersuchung betroffenen Mitarbeiter. Zusätzlich verkompliziert wird diese Problematik dadurch, dass die Erkenntnisse des Unternehmens häufig zur Kenntnis der Strafverfolgungsbehörden gelangen, die Unternehmen aber nicht an die Vorgaben der Strafprozessordnung gebunden sind. Eine eigenständige gesetzliche Regelung unternehmensinterner Untersuchungen ist nicht vorhanden.[22] Die für die Untersuchung relevanten Regelungen sind über

---

14 *Kremer*, in: Burgard/Hadding/Mülbert u. a. (Hrsg.), Festschrift für Uwe H. Schneider, S. 701, 703.

15 Vgl. *Wewerka*, Internal Investigations, S. 18. Vgl. auch *Scharnberg*, Internal Investigations, S. 28.

16 Vgl. *Behrens*, RIW 2009, 22; *Dann/Zülch*, ZRFC 2011, 267; *Momsen*, in: Rotsch (Hrsg.), Criminal Compliance, S. 47, 49; *Nestler*, in: Knierim/Rübenstahl/Tsambikakis (Hrsg.), Internal Investigations, 1. Kap. Rn. 4; *Rödiger*, Strafverfolgung von Unternehmen, S. 214, 224; *Theile*, StV 2011, 381; *J. Wagner*, CCZ 2009, 8; *Wewerka*, Internal Investigations, S. 1.

17 *Behrends/Müller-Tronnier/Zeidler*, ZfgK 2013, 776.

18 *J. Wagner*, CCZ 2009, 8.

19 Vgl. *Wewerka*, Internal Investigations, S. 6. Dies gilt insbesondere im Falle eines US-Bezugs, siehe *Taschke*, in: Rotsch (Hrsg.), Criminal Compliance, S. 65, 69 f.

20 Vgl. *Brückner*, BB-Special 4/2010, 21, 24; *Strecker/Reutter*, in: Knierim/Rübenstahl/Tsambikakis (Hrsg.), Internal Investigations, 6. Kap. Rn. 5.

21 Vgl. *Taschke*, NZWiSt 2012, 89, 91; *Theile*, StV 2011, 381.

22 *Knierim*, StV 2009, 324, 325; *Münkel*, Mitarbeiteroffenbarungen, S. 35; *Scharnberg*, Internal Investigations, S. 55; *Theile*, StV 2011, 381.

verschiedene Rechtsgebiete verstreut. Sie finden sich insbesondere im Arbeitsrecht, im Datenschutzrecht und auch im materiellen Strafrecht.[23] Auf Grund dessen gestaltet sich die Einpassung in die deutsche Rechtsordnung alles andere als einfach. Die Rechtslage ist sowohl im Hinblick auf die Zulässigkeit der einzelnen Sachverhaltserforschungsmaßnahmen als auch auf die Verwertbarkeit der hierdurch gewonnen Erkenntnisse ungeklärt.[24] Dies führt für alle Beteiligten zu erheblichen Unsicherheiten und mündet in den aus der Praxis häufig zu vernehmenden Ruf nach einer gesetzlichen Lösung des Problems.[25] Insbesondere, ob und unter welchen Umständen eingriffsintensive Ermittlungsmaßnahmen wie Mitarbeiterbefragungen, der Abgleich und die Auswertung elektronischer Dokumente aber auch der Telekommunikationsdaten zulässig sein soll, ist aufs Heftigste umstritten.[26] Gerade aber die „Verhörmethoden", die im Rahmen unternehmensinterner Ermittlungen gegenüber den (verdächtigen) Mitarbeitern angewandt wurden, insbesondere im Fall der Siemenskorruptionsaffäre, sind auf starken und auch öffentlichen Widerspruch gestoßen.[27] In diesem Zusammenhang wurde sogar von dem „Guantanamo des deutschen Arbeitsrechts"[28] gesprochen. Über die für eine Einpassung typischen Fragen der Vereinbarkeit mit der bestehenden Rechtsordnung hinaus, stellt sich zudem das Problem der Verträglichkeit dieser Form von Privatermittlungen mit dem Strafverfolgungsmonopol des Staates.[29] Die Literatur, die in letzten Jahren zu diesem Problemkreis erschienen ist, ist aus diesen Gründen kaum noch zu überblicken.[30]

---

23 Siehe *Rübenstahl*, WiJ 2012, 17, 18, 29; *Ruhmannseder*, in: Schulz/Reinhart/Sahan (Hrsg.), Festschrift für Imme Roxin, S. 501, 503; *Scharnberg*, Internal Investigations, S. 55 f.; *Schürrle/Olbers*, CCZ 2010, 178, 179 ff.

24 *Minoggio*, in: Böttger (Hrsg.), Wirtschaftsstrafrecht in der Praxis, 2. Aufl., 18. Kap. Rn. 83. Vgl. hierzu auch *v. Rosen*, BB 2009, 230 ff.; *Scharnberg*, Internal Investigations, S. 2.

25 *v. Galen*, NJW 2011, 945; *Greeve/Tsambikakis*, in Knierim/Rübenstahl/Tsambikakis (Hrsg.), Handbuch Internal Investigations, 17 Kap. Rn. 39; *Knauer*, ZWH 2012, 81, 86; *Minoggio*, in: Böttger (Hrsg.), Wirtschaftsstrafrecht in der Praxis, 2. Aufl., 18. Kap. Rn. 133.

26 Vgl. hierzu beispielhaft *Rübenstahl/Debus*, NZWiSt 2012, 129 ff.; *Scharnberg*, Internal Investigations, S. 90 ff., 123 ff.; *Wisskirchen/Glaser*, DB 2011, 1447, 1450.

27 Siehe hierzu *M. Jahn*, StV 2009, 41.

28 *Amelung* bei *Werres*, managermagazin 7/2008, 40, 45.

29 Siehe hierzu *Wastl*, ZRP 2011, 57 f.; *Wehnert*, StraFo 2012, 253, 256; *dies.*, in: Kempf/Lüderssen/Volk (Hrsg.), Ökonomie versus Recht im Finanzmarkt?, S. 137 ff. Vgl. aber auch *Wimmer*, in: Schulz/Reinhart/Sahan (Hrsg.), Festschrift für Imme Roxin, S. 537, 550 f.

30 Siehe nur die bereits zu diesem Thema erschienenen Monographien von *Kottek*, Kooperation; *Kruse*, Compliance; *Münkel*, Mitarbeiteroffenbarungen; *Reeb*, Internal Investigations; *Rödiger*, Strafverfolgung von Unternehmen; *Scharnberg*, Internal Investigations, S. 232 ff., 359 ff.; *Wewerka*, Internal Investigations; *Zapfe*, Compliance und die Handbücher von Bay (Hrsg.), Handbuch Internal Investigations; Knierim/Rübenstahl/Tsambikakis (Hrsg.), Internal Investigations; Moosmayer/Hartwig (Hrsg.), Interne Untersuchungen; Spehl/Gruetzner (Hrsg.), Corporate Internal Investigations; v. Rosen (Hrsg.), Internal Investigations.

2. Kapitel: Inhalt, Gang und Zielsetzung der Untersuchung

A. Die Problemstellung

Besondere Beachtung hat in der Diskussion über „Internal Investigations" ein Aspekt gefunden, der sich in Bezug auf Mitarbeiterbefragungen stellt und sowohl unter strafprozessualen als auch arbeitsrechtlichen Aspekten interessant erscheint. Die Befragung von Mitarbeitern bildet eine zentrale Ermittlungsmethode im Rahmen der unternehmensinternen Untersuchungen. Dabei werden regelmäßig Mitarbeiter befragt, die im Verdacht stehen, an den in Frage stehenden regelwidrigen Abläufen beteiligt zu sein und dabei womöglich Ordnungswidrigkeiten oder sogar Straftaten begangen zu haben. Soweit der Verdacht eines strafbaren Verhaltens besteht, erscheint ein solches Vorgehen vor dem Hintergrund des Nemo-tenetur-Prinzips[31] als problematisch, denn mögliche selbstbelastende Äußerungen des Mitarbeiters können auf diesem Wege auch in die Hände der Strafverfolgungsbehörden gelangen. Zum einen können die Unternehmen freiwillig die Auskünfte in der Absicht offenlegen, hierfür einen Bonus der staatlichen Strafverfolger oder der Verwaltungsbehörden zu erlangen. Unternehmen können in Deutschland zwar nicht strafrechtlich, aber ordnungswidrigkeitenrechtlich verfolgt werden.[32] Zum anderen droht über die Beschlagnahme der durch die Unternehmensvertreter geführten Gesprächsprotokolle die zwangsweise Einführung in ein Strafverfahren auch gegen den Willen der Unternehmen. Dabei besteht auch für in Deutschland tätige Unternehmensangehörige die Gefahr einer Strafverfolgung in den USA, soweit das Unternehmen dort an der Börse gelistet ist. Gleiches gilt unter bestimmten Voraussetzungen auch, wenn das Unternehmen in den USA tätig wurde. Der Mitarbeiter sieht sich im Rahmen dieser Interviews einem starken Druck zu selbstbelastenden Äußerungen ausgesetzt.[33] Zum einen ist diese Drucksituation wirtschaftlich bedingt. Der Mitarbeiter muss seine Kündigung sowie immense, möglicherweise sogar existenzgefährdende Schadensersatzforderungen des Unternehmens fürchten.[34] Zum anderen besteht gegenüber dem Unternehmen eine Auskunftspflicht, die nach herrschender, wenn auch umstrittener Ansicht, soweit sich die Auskünfte auf den unmittelbaren Arbeitsbereich beziehen, auch dann greift, wenn sich der Mitarbeiter durch die Auskunft selbst der Begehung einer Straftat oder Ordnungswidrigkeit bezichtigen

31 Von „*Nemo tenetur* se ipsum accusare" (lat.) – niemand ist verpflichtet, sich selbst anzuklagen.

32 Vgl. § 30 OWiG.

33 Siehe auch *de Vries*, Kriminalistik 2011, 83, 88.

34 Vgl. *Böhm*, WM 2009, 1923, 1928.

muss.[35] Aus diesem Grund wird teilweise ein Verwertungsverbot für solche Auskünfte in anschließenden staatlichen Strafverfahren gefordert.[36]

Gerade in dieser rechtlich höchst unklaren Situation bildet sich nun aber immer mehr eine Art von Verfahrensordnung für die Durchführung unternehmensinterner Untersuchungen heraus.[37] Hiermit ist keine sich anbahnende rechtliche Regelung gemeint, sondern, dass diese Ermittlungen vermehrt Gemeinsamkeiten aufweisen. Zunehmend setzen sich bestimmte Standards für die Vorgehensweise innerhalb dieser Ermittlungen durch. Warum dies geschieht, ist eine spannende Frage, noch interessanter ist allerdings die hiermit verknüpfte Frage, nach welchem Muster dieser Prozess verläuft.

B. Die Zielsetzung der Untersuchung

Mögliche Ursachen dieser Entwicklung nachzuzeichnen, ist neben der Diskussion der richtigen Lösung des Konflikts um die Selbstbelastungsproblematik Ziel dieser Arbeit. Dabei konzentriert sich diese Ausarbeitung allerdings auf einen Teilaspekt des Verfahrensablaufs. Zu den Bestandteilen der aufkommenden „Verfahrensordnung" gehört, dass in zunehmendem Maße vor den Interviews mit den Unternehmensmitarbeitern „Belehrungen" stattfinden. Worüber und wie belehrt wird, ist hierbei im Einzelnen uneinheitlich, wie noch zu zeigen sein wird.[38] Aber die Tatsache, dass diese Belehrungen vermehrt stattfinden, ist ebenso unabweisbar wie die Tatsache, dass diese Belehrungen auch durch Interviewer erfolgen, die häufig meinen, hierzu eigentlich überhaupt nicht rechtlich verpflichtet zu sein.

Im Folgenden soll deswegen untersucht werden, von welchen Mechanismen diese Institutionalisierung von Belehrungen geleitet sein könnte. Auf rechtstheoretischer Ebene könnten sie als Versuch gedeutet werden, die Akzeptanz der Untersuchungserkenntnisse durch die staatlichen Strafverfolgungsbehörden zu erhöhen. Rechtsintern kann hierin eine weitere Lösungsmöglichkeit des Konflikts um die Selbstbelastungsfreiheit der Mitarbeiter im Rahmen der Interviews gesehen werden. Auf beiden Ebenen soll diese Entwicklung deswegen untersucht werden. Daneben soll insgesamt der Frage nachgegangen werden, wie die Selbstbelastungsproblematik nach der aktuellen Rechtslage zu behandeln ist und welche Möglichkeiten dem Gesetzgeber zur Verfügung stehen, diesem Aspekt Rechnung zu tragen, soweit hierfür ein Bedarf besteht. Dabei stehen für die Lösung dieser Problematik im Wesentlichen drei Ansätze zur Verfügung: Der erste besteht in der Annahme eines Auskunftsverweigerungsrechts; der zweite in der Annahme eines strafrechtlichen

35 Siehe hierzu 4. Kapitel B. I.

36 Diese Problematik war bereits Gegenstand mehrerer Dissertationen, siehe *Kottek*, Kooperation; *Kruse*, Compliance; *Reeb*, Internal Investigations; *Rödiger*, Strafverfolgung von Unternehmen; *Wewerka*, Internal Investigations; *Scharnberg*, Internal Investigations, S. 239 ff.; *Zapfe*, Compliance.

37 Vgl. auch *Theile*, in: Rotsch (Hrsg.), Criminal Compliance, § 34 B.II. Rn. 56.

38 Siehe hierzu unter 5. Kapitel F.

Beweisverwertungsverbots; der dritte liegt in einer Art verfahrensbezogenen Lösung, wie sie teilweise bereits praktiziert wird.

C. Der Gang der Untersuchung

Für diese Untersuchung muss zuerst in das Feld der unternehmensinternen Ermittlungen, insbesondere der Interviews und der damit zusammenhängenden rechtlichen Problematik eingeführt werden. Im Anschluss daran wird auf den tatsächlichen Ablauf der Interviews und der Belehrungen in der Praxis eingegangen. Hierbei wird auf empirische Erkenntnisse zurückgegriffen, welche Hans Theile und Tobias C. Wiesenack im Rahmen eines an der Universität Konstanz angesiedelten und von der DFG geförderten Forschungsprojekts zum „Sanktionsdurchgriff im Unternehmensverbund“[39] erlangten.[40] Darauffolgend wird analysiert, wie diese hier aufgezeigte Verbreitung von Belehrungen rechtstheoretisch erklärbar sein kann. Wie aufzuzeigen sein wird, können die Belehrungen einen wesentlichen Beitrag zur Legitimation des Ergebnisses der unternehmensinternen Untersuchung leisten – ein Mechanismus der ihre zunehmende Institutionalisierung erklären könnte. Im Anschluss daran wird die der Selbstbelastungsproblematik zugrunde liegende Rechtslage genau untersucht. Es wird insbesondere geprüft, inwieweit diese Rechtslage bereits dem Spannungsverhältnis zwischen der Verdachtsaufklärung und den Mitarbeiterinteressen gerecht zu werden vermag. Wie aufzuzeigen sein wird, lässt sich diese Problematik nach dem gegenwärtigen Recht nicht vollumfänglich lösen. Zu guter Letzt soll deswegen untersucht werden, wie eine notwendige gesetzliche Regelung auszusehen hätte und welche konkreten Folgerungen dabei aus dem rechtstheoretischen Erklärungsmodell für eine potenzielle rechtliche Regelung gezogen werden können.

D. Die Herkunft der rechtstatsächlichen Erkenntnisse

Die Rechtswirklichkeit unternehmensinterner Ermittlungen ist im Vergleich zum Umfang der kriminalpolitischen und dogmatischen Debatte noch relativ ungeklärt. Erste Einblicke vermitteln jetzt die erwähnten empirischen Befunde eines interdisziplinären Forschungsprojekts zum „Sanktionsdurchgriff im Unternehmensverbund“, das von der DFG finanziert und an der Universität Konstanz durchgeführt

---

39 Siehe hierzu http://www.uni-konstanz.de/sanktionsdurchgriff/index.html (zuletzt geprüft am 23.04.2016).

40 Siehe hierzu *Wiesenack*, Leitungsmacht (im Erscheinen).

wurde.[41] Im Rahmen des an der Grounded Theory ausgerichteten Projektes[42] wurden 12 Experteninterviews[43] geführt, davon zwei als Doppelinterviews. Die Interviews dauerten jeweils zwischen 60 und 140 Minuten.[44] Als „Experten" wurden solche Personen angesehen und befragt, die über komplex integriertes, beruflich vermitteltes Sonderwissen im relevanten Forschungsfeld verfügten.[45] Die Daten wurden von Hans Theile und Tobias C. Wiesenack erhoben und von Tobias C. Wiesenack umfassend ausgewertet. Als Interviewpartner konnten Vertreter renommierter Anwaltskanzleien, Unternehmensvertreter, darunter Vorstände und Leiter konzernweiter Rechtsabteilungen, sowie Mitarbeiter von Aufsichts- und Verfolgungsbehörden gewonnen werden. Die Gespräche wurden durch einen Leitfaden grob strukturiert und problemorientiert, aber letztlich dynamisch geführt.[46] Der Fragenkatalog wurde im Laufe des Projektes erweitert und konnte auf diesem Wege an die im Projektverlauf gewonnenen Erkenntnisse angepasst werden.[47]

Die Analyse der Daten erfolgte anhand der „zusammenfassenden qualitativen Inhaltsanalyse".[48] Von den digital aufgezeichneten Interviews wurden jeweils Wortlauttranskriptionen angefertigt. Die Aussagen wurden anschließend anonymisiert,

---

41 Siehe zum Folgenden bereits *Theile/Gatter/Wiesenack*, ZStW 126 (2014), 803, 809 f. Weiterführend in Kürze *Wiesenack*, Leitungsmacht (im Erscheinen). Siehe zum ganzen Projekt Eisele/Koch/Theile (Hrsg.), Der Sanktionsdurchgriff im Unternehmensverbund. Dort stellen auch *Wiesenack/Klein* (a.a.O.), S. 5 ff. einen ersten Teil der Befunde vor.

42 Siehe hierzu *Wiesenack/Klein*, in: Eisele/Koch/Theile (Hrsg.), Der Sanktionsdurchgriff im Unternehmensverbund, S. 5, 10.

43 Vgl. allgemein zu der Methode der Experteninterviews *Gläser/Laudel*, Experteninterviews.

44 *Wiesenack/Klein*, in: Eisele/Koch/Theile (Hrsg.), Der Sanktionsdurchgriff im Unternehmensverbund, S. 5, 12.

45 Siehe *Wiesenack/Klein*, in: Eisele/Koch/Theile (Hrsg.), Der Sanktionsdurchgriff im Unternehmensverbund, S. 5, 10.

46 Siehe *Wiesenack/Klein*, in: Eisele/Koch/Theile (Hrsg.), Der Sanktionsdurchgriff im Unternehmensverbund, S. 5, 11. Vgl. zu diesem Vorgehen auch *Theile*, Wirtschaftskriminalität und Strafverfahren, S. 115 f.

47 Vgl. hierzu *Wiesenack/Klein*, in: Eisele/Koch/Theile (Hrsg.), Der Sanktionsdurchgriff im Unternehmensverbund, S. 5, 10. Vgl. in diesem Zusammenhang auch *Karliczek*, in: Karliczek (Hrsg.), Kriminologische Erkundungen, S. 210, 212; *dies.*, Wirtschaftskriminalität, S. 38 f.

48 Siehe bereits *Theile/Gatter/Wiesenack*, ZStW 126 (2014), 803, 809 f. Siehe zur Methode *Mayring*, Inhaltsanalyse, 12. Aufl. Weiterführend in Kürze *Wiesenack*, Leitungsmacht (im Erscheinen). Zum empirischen Vorgehen insgesamt *Wiesenack/Klein*, in: Eisele/Koch/Theile (Hrsg.), Der Sanktionsdurchgriff im Unternehmensverbund, S. 5, 9 ff.

analysiert und in nach Themenkomplexen gegliederte Zusammenfassungen überführt.[49] Auf diese Weise wurde sukzessive eine höhere Abstraktionsebene erreicht.[50]

Der qualitative Ansatz wurde insbesondere deswegen gewählt, weil ein quantitativer Ansatz aufgrund des geringen Standes an gesichertem Wissen in den untersuchten Bereichen wenig erfolgsversprechend erschien.[51] Insoweit bildet der untersuchte Themenbereich im Rahmen des Wirtschaftsstrafrechts keine Ausnahme, sondern fügt sich weitgehend in das Gesamtbild eines auf tatsächlicher Ebene gering durchdrungenen Forschungsgebietes ein.[52] Auch sprach die hohe Komplexität der untersuchten Materie für einen qualitativen Untersuchungsansatz.[53] So weist gerade der Bereich der unternehmensinternen Untersuchungen als Schnittstelle zwischen Arbeitsrecht und Strafprozess sowie von ausländischem, insbesondere US-amerikanischem, und deutschem Recht eine komplizierte Gemengelage gerade im Hinblick auf die tatsächliche Ausgestaltung auf.

Aufgrund des qualitativen Forschungsansatzes lässt sich die Untersuchung nicht vergleichbar der quantitativen Forschung an deren Gütekriterien ausrichten.[54] Die Repräsentativität kann allenfalls im Hinblick auf die Auswahl der Interviewpersonen gemessen werden.[55] Die Reliabilität als Replizierbarkeit der Ergebnisse unter gleichen Bedingungen ist dagegen dadurch gesichert, dass mehrere Personen an der Auswertung der Befunde beteiligt waren.[56] Auch die Validität ist anhand der hinreichenden Transparenz der Datenerhebung und Auswertung und der Triangulation der erhobenen Daten überprüfbar.[57] Triangulation bedeutet, dass ein

---

49 Siehe *Wiesenack/Klein*, in: Eisele/Koch/Theile (Hrsg.), Der Sanktionsdurchgriff im Unternehmensverbund, S. 5, 11.

50 Siehe *Wiesenack/Klein*, in: Eisele/Koch/Theile (Hrsg.), Der Sanktionsdurchgriff im Unternehmensverbund, S. 5, 11. Vgl. auch *Theile*, Wirtschaftskriminalität und Strafverfahren, S. 116.

51 Siehe hierzu *Wiesenack/Klein*, in: Eisele/Koch/Theile (Hrsg.), Der Sanktionsdurchgriff im Unternehmensverbund, S. 5, 9. Vgl. auch *Karliczek*, in: Karliczek (Hrsg.), Kriminologische Erkundungen, S. 210, 211.

52 Siehe hierzu *Wiesenack/Klein*, in: Eisele/Koch/Theile (Hrsg.), Der Sanktionsdurchgriff im Unternehmensverbund, S. 5, 9. Vgl. auch *Karliczek*, Wirtschaftskriminalität, S. 37; *Theile*, Wirtschaftskriminalität und Strafverfahren, S. 109.

53 Vgl. auch *C. Lüders*, in: Flick/v. Kardoff/Steinke (Hrsg.), Qualitative Forschung, 10. Aufl., S. 632, 639; *Theile*, Wirtschaftskriminalität und Strafverfahren, S. 111 f.

54 Vgl. *Karliczek*, in: Karliczek (Hrsg.), Kriminologische Erkundungen, S. 210, 222 f.; *Steinke*, in: Flick/v. Kardoff/Steinke (Hrsg.), Qualitative Forschung, 10. Aufl., S. 319, 322; *Theile*, Wirtschaftskriminalität und Strafverfahren, S. 117. Vgl. auch *Mayring*, Inhaltsanalyse, 12. Aufl., S. 123 ff.

55 *Theile*, Wirtschaftskriminalität und Strafverfahren, S. 117. Vgl. auch *Strübing*, Grounded Theory, S. 81 ff.

56 Vgl. *Theile/Nippgen/Spiess*, in: Theile/Nippgen (Hrsg.), Die Arbeitsweise der Wirtschaftsstrafkammern, S. 17.

57 *Karliczek*, in: Karliczek (Hrsg.), Kriminologische Erkundungen, S. 210, 211; *dies.*, Wirtschaftskriminalität, S. 52 f.; *Theile*, Wirtschaftskriminalität und Strafverfahren,

Forschungsgegenstand von mindestens zwei Seiten betrachtet wird.[58] Im Rahmen der Untersuchung fand sowohl eine Daten- als auch eine Investigatorentriangulation statt. Die Datentriangulation erfolgte durch die Befragung unterschiedlicher Beteiligter an den unternehmensinternen Untersuchungen.[59] Von einer Investigatorentriangulation kann gesprochen werden, weil die Interviews durch mehrere Personen geführt und analysiert wurden und die Gefahr einseitiger Deutung auf diese Weise zumindest reduziert wurde.[60]

Die transparente Datenerhebung wurde durch die fortlaufende Dokumentation der Transkriptionen und Zusammenfassungen gewährleistet.[61] Die Aussagen der Interviewpersonen werden im Folgenden weitestgehend im Wortlaut wiedergegeben. Die fetten Ziffern nach den Zitaten verweisen auf die Auskunftsperson. Bei den anschließenden Ziffern handelt es sich um die Zeilenangaben der jeweiligen Passagen in den Wortlautprotokollen der Interviews. Die Wiedergabe der Erkenntnisse beschränkt sich hier lediglich auf einen Teil der gesamten empirischen Forschung. Eine umfassende Darstellung und Auswertung der empirischen Befunde finden sich in Kürze bei Wiesenack, Leitungsmacht (im Erscheinen).

S. 117. Vgl. auch *Steinke*, in: Flick/v. Kardoff/Steinke (Hrsg.), Qualitative Forschung, 10. Aufl., S. 319, 324 f.; *Strübing*, Grounded Theory, S. 83.

58 *Flick*, in: Flick/v. Kardoff/Steinke (Hrsg.), Qualitative Forschung, 10. Aufl., S. 309; *Theile*, Wirtschaftskriminalität und Strafverfahren, S. 117.

59 Siehe hierzu *Wiesenack/Klein*, in: Eisele/Koch/Theile (Hrsg.), Der Sanktionsdurchgriff im Unternehmensverbund, S. 5, 10 f., 13. Vgl. *Theile*, Wirtschaftskriminalität und Strafverfahren, S. 118.

60 *Wiesenack/Klein*, in: Eisele/Koch/Theile (Hrsg.), Der Sanktionsdurchgriff im Unternehmensverbund, S. 5, 13. Vgl. *Flick*, in: Flick/v. Kardoff/Steinke (Hrsg.), Qualitative Forschung, 10. Aufl., S. 309, 310, 312; *Karliczek*, in: Karliczek (Hrsg.), Kriminologische Erkundungen, S. 210, 221; *Theile*, Wirtschaftskriminalität und Strafverfahren, S. 118.

61 Siehe auch *Wiesenack/Klein*, in: Eisele/Koch/Theile (Hrsg.), Der Sanktionsdurchgriff im Unternehmensverbund, S. 5, 13.

3. Kapitel: Unternehmensinterne Ermittlungen als Untersuchungsgegenstand

Bei unternehmensinternen Ermittlungen handelt es sich um einen vielgestaltigen und komplexen Themenbereich. Bevor auf die der Arbeit zugrunde liegende Problematik genauer eingegangen wird, soll deswegen zuerst dieses Phänomen greifbarer gemacht werden.

A. Begriffsklärung

Bereits die genaue Bedeutung des Begriffs der „Internal Investigations" und sein Verhältnis zu dem Begriff der „unternehmensinternen Untersuchung" zu beschreiben, bereitet Schwierigkeiten. Dies liegt unter anderem an den unterschiedlichen Begrifflichkeiten, der „unternehmensinternen Untersuchung", „Erhebung", oder auch „Ermittlung" sowie der „Internal Investigation", die häufig synonym gebraucht werden, im Einzelfall jedoch eine verschiedenartige Bedeutung haben können.

Zwischen dem Begriff der „Internal Investigations" und dem weiteren Begriff der „unternehmensinternen Ermittlungen" besteht nur eine Teilidentität.[62] Diese Begriffe überschneiden sich insoweit, als es sich jeweils um anlassbezogene Untersuchungen handelt, die innerhalb des eigenen Unternehmens durchgeführt werden und die der Aufklärung bestimmter in der Vergangenheit liegender Sachverhalte dienen.[63] Der Begriff der Internal Investigations wird jedoch zumeist nur für einen Teil der diese Voraussetzungen erfüllenden Untersuchungen verwandt. Eine allgemein anerkannte Definition für den Begriff der „Internal Investigations" existiert auch im Ursprungsland der USA nicht.[64] Wie im US-amerikanischen Sprachgebrauch ist auch für den deutschen Rechtsraum aber eine Beschränkung auf solche unternehmensinternen Untersuchungen vorherrschend, die bei Verdacht eines Verstoßes gegen bestehende Gesetze oder sonstige Regeln durchgeführt werden, häufig durch externe Berater, meist Rechtsanwälte, die zum Teil durch Wirtschaftsprüfer unterstützt werden, und typischerweise im Zusammenhang mit (drohenden) staatlichen Verfahren wegen der Regelverstöße stehen.[65]

---

62 Vgl. *Rödiger*, Strafverfolgung von Unternehmen, S. 23.

63 Vgl. *Rödiger*, Strafverfolgung von Unternehmen, S. 23.

64 Vgl. *Behrens*, RIW 2009, 22 (Fn. 2); *Nestler*, in: Knierim/Rübenstahl/Tsambikakis (Hrsg.), Internal Investigations, 1. Kap. Rn. 19 ff.; *Sahan*, in: Kuhlen/Kudlich/Ortiz de Urbina (Hrsg.), Compliance und Strafrecht, S. 171; *Wewerka*, Internal Investigations, S. 5.

65 *Behrens*, RIW 2009, 22 mit Verweis auf *Duggin*, Columbia Business Law Review 2003, 859, 864; *Kottek*, Kooperation, S. 14 f.; *Momsen*, ZIS 2011, 508, 511; *Rödiger*, Strafverfolgung von Unternehmen, S. 23 f.; *Scharnberg*, Internal Investigations, S. 27; *Wewerka*, Internal Investigations, S. 5 f.

Im Einzelnen ist die Terminologie jedoch uneinheitlich.[66] Teilweise wird der Begriff nur auf solche Untersuchungen verwandt, die der Aufdeckung von Rechtsverletzungen dienen sollen.[67] Teilweise wird dagegen jedwedes „compliance-relevante" Fehlverhalten erfasst.[68] Wieder andere Stimmen beschränken den Begriff auf aufzudeckendes Fehlverhalten von Führungskräften.[69] Manche Autoren verengen die Bezeichnung auf durch unternehmensexterne Berater durchgeführte Untersuchungen.[70] Andere beziehen dagegen auch solche Ermittlungen ein, die nicht durch Externe, sondern durch Unternehmensmitarbeiter, beispielsweise die Innenrevision oder auch durch eine Compliance-Abteilung durchgeführt werden.[71] Zumeist handelt es sich jedenfalls um Untersuchungen zur Aufklärung von Sachverhalten, die eine Haftung des Unternehmens oder seiner Organe auslösen können.[72]

Aufgrund der durch diese unterschiedlichen Auffassungen bedingten Unschärfe des Begriffs der „Internal Investigations" wird hier vorrangig von „unternehmensinternen Ermittlungen" beziehungsweise „Erhebungen" gesprochen.

Bei dem Oberbegriff der „unternehmensinternen Untersuchungen" handelt es sich um ein extrem vielgestaltiges Phänomen, denn hierunter kann man jede durch das Unternehmen veranlasste anlassbezogene Überprüfung von Verdachtsmomenten auf Regel- oder Normverstöße von Mitarbeitern fassen, unabhängig davon, ob dies durch Externe oder Unternehmensmitarbeiter erfolgt.[73] Insofern kann es sich um eine einzelne Nachforschungsmaßnahme gegen einen einzelnen Mitarbeiter eines Unternehmens handeln, daneben aber auch um eine großangelegte Untersuchung, wie sie unter dem Begriff der „Internal Investigations" bekannt wurde und beispielsweise bei Siemens, Daimler oder Ferrostaal stattfand, mit systematischen, umgreifenden Untersuchungen durch Hundertschaften von Anwälten.[74] Diese Vielgestaltigkeit in der Ausgestaltung und der Zwecksetzung der Untersuchung

---

66 Vgl. hierzu *Nestler*, in: Knierim/Rübenstahl/Tsambikakis (Hrsg.), Internal Investigations, 1. Kap. Rn. 19 ff.

67 *Behrens*, RIW 2009, 22; *Gerst*, CCZ 2012, 1.

68 Vgl. *Brückner*, BB-Special 4/2010, 21, 23; *Grimm/Freh*, KSzW 2012, 88; *V. Vogt*, NJOZ 2009, 4206.

69 *Mengel/Ullrich*, NZA 2006, 240. Ähnlich auch *Sahan*, in: Kuhlen/Kudlich/Ortiz de Urbina (Hrsg.), Compliance und Strafrecht, S. 171, 172, nach dem es „in erster Linie" um die Aufklärung von Sachverhalten gehen soll, „die eine Haftung des Unternehmens selbst oder seiner Organe auslösen können".

70 So *Knauer*, ZWH 2012, 41, 42.

71 *Brückner*, BB-Special 4/2010, 21, 23 f.; *Reeb*, Internal Investigations, S. 4.

72 *Sahan*, in: Kuhlen/Kudlich/Ortiz de Urbina (Hrsg.), Compliance und Strafrecht, S. 171, 171 f.

73 *Grützner*, in: Momsen/Grützner (Hrsg.), Wirtschaftsstrafrecht, 4. Kap. Rn. 7. Vgl. auch *Rotsch*, in: Achenbach/Ransiek/Rönnau (Hrsg.), Handbuch Wirtschaftsstrafrecht, 4. Aufl., 1. Teil 4. Kap. Rn. 58.

74 Siehe *Grützner*, in: Momsen/Grützner (Hrsg.), Wirtschaftsstrafrecht, 4. Kap. Rn. 8. Siehe auch *Theile/Gatter/Wiesenack*, ZStW 126 (2014), 803.

macht es sehr schwierig bis unmöglich, allgemeine Aussagen für das Bündel aller „unternehmensinternen Untersuchungen" zu treffen.

Je nach Dimension und Hintergrund der Untersuchung stellen sich sehr unterschiedliche Probleme. So drängt sich die Frage nach der Notwendigkeit des Schutzes der Selbstbelastungsfreiheit des Mitarbeiters desto mehr auf, je naheliegender die Möglichkeit eines gegen ihn gerichteten staatlichen Strafverfahrens ist. Weil es aufgrund dieser pluriformen Ausgestaltung sehr schwer fällt, allgemeine Aussagen für unternehmensinterne Ermittlungen zu treffen, wird die Untersuchung im Folgenden auf solche unternehmensinternen Ermittlungen beschränkt, die anlassbezogen Sachverhalte mit ordnungswidrigkeiten- oder strafrechtlicher Relevanz aufklären sollen und die auf diesem Wege einen zumindest ansatzweisen Bezug zu staatlichen Strafverfahren oder ordnungswidrigkeitenrechtlichen Verfahren aufweisen. Dabei muss allerdings beachtet werden, dass dieser Bezug in der Praxis häufig nicht von Anfang an erkennbar sein muss. Es müssen auch die Fälle zu bedacht werden, in denen nicht von Beginn der Untersuchung an deutlich ist, dass aus dem Betrieb heraus Straftaten oder Ordnungswidrigkeiten begangen wurden.

B. Die Ausgestaltung unternehmensinterner Ermittlungen

Über den Ablauf einer unternehmensinternen Ermittlung lassen sich kaum allgemeingültige Aussagen treffen. Dies ist dem Umstand geschuldet, dass die Methoden, derer sich eine interne Untersuchung bedient, nicht durch einen Katalog an möglichen Maßnahmen beschränkt sind. Da weder in den USA noch in Deutschland eine umfassende Rechtspflicht zu unternehmensinternen Ermittlungen besteht, existieren keine Vorgaben, wie diese inhaltlich auszugestalten sind.[75] Durch Zweckmäßigkeitsgedanken und die Anforderungen des U.S. Department of Justice (DOJ) an die Ausgestaltung der Ermittlungen hat sich in den USA allerdings faktisch eine Art von Verfahrensordnung herauskristallisiert, wobei aber immer noch ein breites Variationsspektrum existiert.[76] Im Gegensatz zu früher behalten die neueren Richtlinien für die Strafverfolgung von Unternehmen die Entscheidung bezüglich der genauen Ausgestaltung der Ermittlungen zwar ausdrücklich den Unternehmen vor.[77] Da allerdings weiterhin eine vollumfängliche, aufrichtige und zeitnahe Aufklärung der Verstöße von den Unternehmen erwartet wird, dürfte sich an der bislang etablierten Praxis in den USA nicht allzu viel ändern.[78]

---

75 *Rödiger*, Strafverfolgung von Unternehmen, S. 167.

76 *Rödiger*, Strafverfolgung von Unternehmen, S. 168 f.

77 Siehe die „Principles of Federal Prosecution of Business Organisations" im "United States Attorneys' Manual", 9–28.720, abrufbar unter http://www.justice.gov/sites/default/files/opa/legacy/2008/08/28/corp-charging-guidelines.pdf (zuletzt geprüft am 23.04.2016).

78 Vgl. *Rödiger*, Strafverfolgung von Unternehmen, S. 168 f.

In Deutschland hat sich bislang kein einheitliches Vorgehen herausgebildet. Allerdings zeigen sich in beschränktem Rahmen Gemeinsamkeiten.[79] So kommt in der Regel dem Datenabgleich und daneben Befragungen von Unternehmensmitarbeitern, teilweise auch Externen, insbesondere Kunden und Zulieferern, erhebliche Bedeutung für die Untersuchung zu.[80] Diese Befragungen werden zumeist bereits zu einem frühen Zeitpunkt der Untersuchung durchgeführt, um nähere Einblicke in die Betriebsabläufe zu gewinnen. Sie spielen aber daneben in einem späteren Ermittlungsstadium eine wichtige Rolle, wenn es darum geht, die bereits gewonnenen Erkenntnisse abzusichern oder weiter zu präzisieren.[81] In diesem späteren Stadium werden die Befragungen häufig in einer formalisierten Form abgehalten, in der sie zumeist als „Interviews“ bezeichnet werden. Im Rahmen dieser „Interviews“ sehen sich die befragten Mitarbeiter im Regelfall einer inquisitorischen Befragung durch mehrere Unternehmensvertreter, teilweise auch durch externe Anwälte, ausgesetzt. Derartige Befragungen stellen in der Regel die wichtigste Erkenntnisquelle der Untersuchung dar.[82]

Verallgemeinernde Aussagen über den genauen zeitlichen Ablauf einer internen Ermittlung lassen sich kaum treffen. Zeitlich wird die Datenanalyse den eigentlichen Interviews allerdings zumeist aus ermittlungstaktischen Gründen vorweggenommen.[83] Darüber hinaus finden sich in einigen Handbüchern Ablaufbeschreibungen des gesamten Untersuchungsprozesses.[84] Dabei wird häufig einer Art von Anfangsverdacht durchaus eine Relevanz für den Beginn einer Untersuchung beigemessen.[85]

---

79 Siehe hierzu auch *Theile/Gatter/Wiesenack*, ZStW 126 (2014), 803, 804 f., 817 ff. Vgl. *Zapfe*, Compliance, S. 73 f.

80 Siehe hierzu *Grützner*, in: Momsen/Grützner (Hrsg.), Wirtschaftsstrafrecht, 4. Kap. Rn. 156; *v. Hehn/Hardtung*, in: Wieland/Steinmeyer/Grüninger (Hrsg.), Handbuch Compliance-Management, 2. Aufl., S. 471 ff.; *Theile/Gatter/Wiesenack*, ZStW 126 (2014), 803, 826 ff.

81 Siehe hierzu *Knierim*, in: Knierim/Rübenstahl/Tsambikakis (Hrsg.), Internal Investigations, 7. Kap. Rn. 2.

82 *v. Hehn/Hardtung*, in: Wieland/Steinmeyer/Grüninger (Hrsg.), Handbuch Compliance-Management, 2. Aufl., S. 478. Vgl. auch *Park*, in: Volk (Hrsg.), Verteidigung in Wirtschafts- und Steuerstrafsachen, 2. Aufl., § 11 Rn. 81.

83 *Knierim*, in: Knierim/Rübenstahl/Tsambikakis (Hrsg.), Internal Investigations, 7. Kap. Rn. 2; *Park*, in: Volk (Hrsg.), Verteidigung in Wirtschafts- und Steuerstrafsachen, 2. Aufl., § 11 Rn. 46. Vgl. auch *Grützner*, in: Momsen/Grützner (Hrsg.), Wirtschaftsstrafrecht, 4. Kap. Rn. 157; *Münkel*, Mitarbeiteroffenbarungen, S. 19; *Scharnberg*, Internal Investigations, S. 49.

84 So bei *Grützner*, in: Momsen/Grützner (Hrsg.), Wirtschaftsstrafrecht, 4. Kap. Rn. 78 ff.

85 Die Bedeutung einer Art von Anfangsverdacht hängt womöglich damit zusammen, dass § 32 Abs. 1 S. 2 BDSG die Datenerhebung, Nutzung und Verarbeitung von Beschäftigtendaten nur in dem Falle erlaubt, dass zu dokumentierende tatsächliche Anhaltspunkte vorliegen, dass der Betroffene im Beschäftigungsverhältnis eine Straftat begangen hat (siehe hierzu *Grützner*, in: Momsen/Grützner, Wirtschaftsstrafrecht, 4. Kap. Rn. 210 ff.).

So verweist *Grützner* darauf, dass um ein Umschlagen der Ermittlungen in eine „rechtswidrige Bespitzelung von Mitarbeitern" zu verhindern, interne Ermittlungen nur begonnen werden sollten, wenn mehr als nur „gerüchteweise Kenntnisse über mögliche regelwidrige Verhaltensweisen im Unternehmen" vorlägen und verbindet diese Schwelle mit dem Verdachtsgrad des strafprozessualen „Anfangsverdachtes".[86] Auch die Interviewpartner des rechtstatsächlichen Forschungsprojektes nahmen öfters auf einen so bezeichneten „Anfangsverdacht" Bezug.[87] Zu einem späteren Zeitpunkt ist das Vorgehen des Unternehmens dagegen in der Regel nicht mehr (auch) an dem Verdachtsgrad, sondern an dem spezifischen Unternehmensinteresse ausgerichtet.[88]

C. Der Import der Internal Investigations

Wie erwähnt liegt die Wurzel der „Internal Investigations" in den USA, wo sich diese bereits seit einigen Jahrzehnten etabliert haben.[89] So soll im Jahr 2008 die Hälfte aller US-amerikanischen Kapitalgesellschaften wenigstens eine Internal Investigation durchgeführt haben.[90] Ihr Aufkommen verdanken sie der US-amerikanische Börsen- und Kapitalmarktaufsicht,[91] der Securities and Exchange Commission (SEC). Im Sanktionssystem der USA ist die SEC für die nicht-strafrechtliche Ahndung von Verstößen der Unternehmen zuständig, die ihrer Aufsicht unterstehen.[92] Darunter fällt die außerstrafrechtliche Verfolgung von Verstößen gegen den Foreign Corrupt Practices Act (FCPA), der ein Verbot der Bestechung nicht US-amerikanischer Amtsträger politischer Parteien, von Offiziellen solcher Parteien oder Bewerbern um ein politisches Amt im Ausland und auch Buchführungsvorschriften für an der US-Börse gelistete Unternehmen sowie für Unternehmen, die gemäß des Security Exchange Acts gegenüber der SEC meldepflichtig sind, enthält.[93]

---

86 *Grützner*, in: Momsen/Grützner (Hrsg.), Wirtschaftsstrafrecht, 4. Kap. Rn. 52. Vgl. auch *Momsen*, in: Rotsch (Hrsg.), Criminal Compliance Handbuch, § 34 B.I. Rn. 15 f.

87 Siehe hierzu *Theile/Gatter/Wiesenack*, ZStW 126 (2014), 803, 823.

88 Vgl. hierzu *Grützner*, in: Momsen/Grützner (Hrsg.), Wirtschaftsstrafrecht, 4. Kap. Rn. 99; *Theile/Gatter/Wiesenack*, ZStW 126 (2014), 803, 824.

89 *J. Wagner*, CCZ 2009, 8, 9.

90 *Michels*, Seton Hall Law Review 40 (2010), 83, 84; *Reeb*, Internal Investigations, S. 23.

91 *Mössle*, Extraterritoriale Beweisbeschaffung, S. 49; *Partsch*, FCPA, S. 69; *Rödiger*, Strafverfolgung von Unternehmen, S. 196; *Senderowitz/Ugarte/Cortez*, wistra 2008, 281, 282.

92 *Behrens*, RIW 2009, 22, 23; *Rödiger*, Strafverfolgung von Unternehmen, S. 197; *Wehnert*, in: Jung/Luxenburger/Wahle (Hrsg.), Festschrift für Egon Müller, S. 729, 733.

93 Vgl. *Partsch*, FCPA, S. 5, 7 f., 17 f.; *Stevenson/Wagoner*, Fordham Law Review 80 (2011), 775, 790 ff. Siehe auch *Rödiger*, Strafverfolgung von Unternehmen, S. 196; *Schulte/Görts*, RIW 2006, 561, 562 ff.

I. Herkunft der Internal Investigations

Bereits in den 60er Jahren des vergangenen Jahrhunderts begann die SEC damit, in Einzelfällen den betroffenen Unternehmen die Aufklärung von aus ihnen heraus begangenen Rechtsverstößen, welche in den Zuständigkeitsbereich der SEC fielen, aufzuerlegen.[94] Hierbei ging die Initiative auch häufig von den Unternehmen aus, die auf diesem Wege das Ziel verfolgten, einschneidendere Aufsichtsmaßnahmen zu verhindern.[95] Diese Vorgehensweise erwies sich aus Sicht der SEC als derart erfolgreich, dass sie sich bereits in den 70er Jahren zu einer Standardauflage entwickelt hatte.[96] Darüber hinaus gewannen die Internal Investigations zeitgleich auch auf freiwilliger Basis weiter an Bedeutung. Zum einen erkannten die Unternehmen in der frühzeitigen eigeninitiierten Durchführung interner Ermittlungen die Möglichkeit, einer Anordnung durch die SEC zuvorzukommen und auf diesem Wege einen größeren Ermessensspielraum bezüglich der Art und Weise der genauen Durchführung zu erlangen.[97] Zum anderen wurde für die SEC das erhebliche Ausmaß offensichtlich, in dem US-amerikanische Unternehmen zu dieser Zeit in illegale Geschäfte verstrickt waren.[98] Der hierdurch drohenden Überlastung eigener Aufklärungsressourcen versuchte sie durch „Voluntary Programs" entgegenzuwirken, welche im Gegenzug für eine interne Aufklärung erhebliche Strafmilderungen bis zu Straffreiheit versprachen.[99] Im Leon-Meredith-Report aus dem Jahr 2001 hob die SEC dann zum ersten Mal offiziell die Bedeutung von Internal Investigations für ihre Ermessensentscheidung über die Einleitung eines förmlichen Verfahrens und das Ob

94 *Behrens*, RIW 2009, 22, 24; *Knauer*, ZWH 2012, 41, 42; *Kottek*, Kooperation, S. 15; *Mathews*, Ohio State Law Journal 45 (1984), 655, 656.

95 *Behrens*, RIW 2009, 22, 24. Vgl. *Mathews*, Ohio State Law Journal 45 (1984), 655, 657.

96 *Behrens*, RIW 2009, 22, 24; *Knauer*, ZWH 2012, 41, 42; *Kottek*, Kooperation, S. 15; *Mathews*, Ohio State Law Journal 45 (1984), 655, 662, 665; *Nestler*, in: Knierim/Rübenstahl/Tsambikakis (Hrsg.), Internal Investigations, 1. Kap. Rn. 6; *Wewerka*, Internal Investigations, S. 45 f.

97 *Behrens*, RIW 2009, 22, 24 f.; *Knauer*, ZWH 2012, 41, 42; *Wewerka*, Internal Investigations, S. 45. Vgl. *Mathews*, Ohio State Law Journal 45 (1984), 655, 670, 671. Vgl. auch *Hubbell*, Stanford Law Review 32 (1980), 1163, 1167 f.

98 *Behrens*, RIW 2009, 22, 25; *Duggin*, Columbia Business Law Review 2003, 859, 872. Vgl. *Hubbell*, Stanford Law Review 32 (1980), 1163, 1166; *Mathews*, Ohio State Law Journal 45 (1984), 655, 664 f., 666 ff.; *Partsch*, FCPA, S. 2.

99 *Androulakis*, Korruptionsbekämpfung, S. 123; *Behrens*, RIW 2009, 22, 25; *Duggin*, Columbia Business Law Review 2003, 859, 872 ff.; *J. Wagner*, CCZ 2009, 8, 9; *Wewerka*, Internal Investigations, S. 45. Siehe hierzu auch *Mathews*, Ohio State Law Journal 45 (1984), 655, 667 f. Vgl. auch *Brown*, Delaware Journal of Corporate Law, 26 (2001), 1, 35; *Brückner*, BB-Special 4/2010, 21; *Hubbell*, Stanford Law Review 32 (1980), 1163, 1167; *Kottek*, Kooperation, S. 15 f.; *Stevenson/Wagoner*, Fordham Law Review 80 (2011), 775, 787 f.; *Wewerka*, Internal Investigations, S. 37 f.

und die Schwere der Sanktionierung öffentlich hervor, wobei sie der Art und Weise der Durchführung der Internal Investigations erhebliche Bedeutung zusprach.[100]

Weil die Internal Investigations eigene Ermittlungen der SEC abkürzen oder sogar ersetzen sollen, nimmt die SEC auf die Ausgestaltung der Ermittlungen erheblichen Einfluss. So sollen die Ermittlungen nicht durch Unternehmensangehörige durchgeführt werden, sondern durch externe „Vertrauens-"Anwaltskanzleien der SEC.[101] Diese sollen gegenüber der SEC möglichst komplett von ihrem Schweigerecht entbunden werden und dieser direkt Bericht erstatten.[102] Generell soll jede Regelverletzung rechtzeitig und früh offengelegt und mit den Behörden zusammengearbeitet werden.[103] Auf diesem Wege sollen letztendlich nicht nur das Unternehmen, sondern auch die individuell verantwortlichen Mitarbeiter überführt werden.[104]

II. Die Bedeutung von Internal Investigations im US-amerikanischen Recht

Um zu erklären, wie die Internal Investigations durch diese Praxis der SEC eine derartige Bedeutung erlangen konnten, obwohl Unternehmen nach dem amerikanischen Recht hierzu aus keinerlei Statut direkt rechtlich verpflichtet sind,[105] wird an dieser Stelle näher auf das System der USA zur Sanktionierung von Wirtschaftskriminalität eingegangen. Die hoheitliche Reaktion auf Rechtsverstöße durch Unternehmen kann sowohl in der strafrechtlichen aber auch außerstrafrechtlichen Sanktionierung in Form von Zivil- und Verwaltungsstrafen bestehen.

100 Bei diesem Report handelt es sich um ein sogenanntes „release" (Release Nr. 44969 vom 23.10.2001, abrufbar unter https://www.sec.gov/litigation/investreport/34-44969.htm, (zuletzt geprüft am 23.04.2016)), also um eine nicht-rechtsverbindliche Veröffentlichung, welche die Marktteilnehmer über die zukünftig zu erwartende Verwaltungspraxis der SEC informieren soll, siehe *Behrens*, RIW 2009, 22, 25. Siehe hierzu auch *Behrends/Müller-Tronnier/Zeidler*, ZfgK 2013, 776 f.; *Knauer*, ZWH 2012, 41, 43; *Kottek*, Kooperation, S. 16; *Nestler*, in: Knierim/Rübenstahl/Tsambikakis (Hrsg.), Internal Investigations, 1. Kap. Rn. 7; *Wewerka*, Internal Investigations, S. 46. Zu den „releases" allgemein siehe *Halfpap*, Kapitalmarktaufsicht, S. 131.

101 Vgl. *Kottek*, Kooperation, S. 16 f., 18.

102 Siehe *Kottek*, Kooperation, S. 16 f., 18. Eine komplette Entbindung kann allerdings auch von der SEC nicht mehr verlangt werden (vgl. *Kottek*, Kooperation, S. 64 ff.; *Wehnert*, NJW 2009, 1190 ff.).

103 So der Leon-Meredith Report, abrufbar unter https://www.sec.gov/litigation/investreport/34-44969.html (zuletzt geprüft am 23.04.2016).

104 Siehe hierzu *Rödiger*, Strafverfolgung von Unternehmen, S. 223 f.

105 *Mathews*, Ohio State Law Journal 45 (1984), 657. So auch *Behrens*, RIW 2009, 22, 26; *Dann*/Schmidt, NJW 2009, 1851; *Wewerka*, Internal Investigations, S. 37. Vgl. hierzu genauer unter 3. Kapitel C. II. 3.

1. *Die Bedeutung von Internal Investigations im Rahmen der SEC-Verfahren*

Während für die Durchsetzung der echten Kriminalstrafe das DOJ zuständig ist, kann die für die Kapitalmarktaufsicht zuständige SEC außerstrafrechtliche Sanktionen verhängen.

Zur Durchsetzung dieser Sanktionen kann sie grundsätzlich zwei verschiedene Wege beschreiten, wobei sich die Art der jeweils zu erreichenden Sanktionen und deren Voraussetzungen teilweise unterscheiden. Zum einen kann die SEC bestimmte Sanktionen vor einem Zivilgericht beantragen.[106] Zum anderen kann sie gegen bei ihr registrierte Kapitalmarktakteure selbstständig bestimmte Sanktionen erlassen.[107]

Die Entscheidung, welchen dieser beiden Wege die SEC einschlägt, hängt von verschiedenen Faktoren ab, wie der Art und Schwere des Normverstoßes aber auch strategischen Überlegungen sowie der beabsichtigten Sanktion.[108] In beiden Fällen beginnt das Verfahren vor der SEC zumeist mit einem informellen Verfahren.[109] In diesem forscht die SEC erst einmal ohne Anwendung von Zwangsmaßnahmen den zugrunde liegenden Sachverhalt aus.[110] Erhärtet sich hierbei der Verdachtsgrad oder verweigert das Unternehmen die Kooperation, wird die Commission – das Leitungsorgan der SEC[111] – ein förmliches Verfahren, die „investigation", einleiten.[112] Diese Entscheidung für die Einleitung des förmlichen Verfahrens liegt im Ermessen

---

106 Zu den auf diesem Wege möglichen Sanktionen siehe *Behrens*, RIW 2009, 22, 24; *Halfpap*, Kapitalmarktaufsicht, S. 138 ff.; *Kiefer*, Kapitalmarktregulierung, S. 89 f., 94 ff.; *Rödiger*, Strafverfolgung von Unternehmen, S. 201; *Senderowitz/Ugarte/Cortez*, wistra 2008, 281, 282 f.; *Wewerka*, Internal Investigations, S. 80 f. Hierzu ausführlich *Rimbeck*, Ad hoc Mitteilungen, S. 29 ff.

107 *Behrens*, RIW 2009, 22, 24; *Halfpap*, Kapitalmarktaufsicht, S. 142 ff.; *Kiefer*, Kapitalmarktregulierung, S. 89, 92 ff.; *Rimbeck*, Ad hoc Mitteilungen, S. 46 ff.; *Rödiger*, Strafverfolgung von Unternehmen, S. 145, 201; *Wewerka*, Internal Investigations, S. 82.

108 Siehe *Kiefer*, Kapitalmarktregulierung, S. 85.

109 Zu den möglichen Auslösern einer Untersuchung der SEC siehe *Kiefer*, Kapitalmarktregulierung, S. 82.

110 Wobei gegenüber bestimmten, bei der SEC registrierten Personen auch bereits zu diesem Zeitpunkt Zwangsmaßnahmen angewandt werden dürfen, siehe hierzu *Behrens*, RIW 2009, 22, 24; *Halfpap*, Kapitalmarktaufsicht, S. 133, nach denen sich etwa 90 % aller Verfahren vor der SEC in diesem Verfahrensabschnitt erledigen sollen. Siehe auch *Kiefer*, Kapitalmarktregulierung, S. 82 f.; *Mössle*, Extraterritoriale Beweisbeschaffung, S. 50 f.; *Rödiger*, Strafverfolgung von Unternehmen, S. 198 f.; *Senderowitz/Ugarte/Cortez*, wistra 2008, 281, 282; *Wehnert*, in: Jung/Luxenburger/Wahle (Hrsg.), Festschrift für Egon Müller, S. 729, 735; *Wewerka*, Internal Investigations, S. 78.

111 Siehe *Behrens*, RIW 2009, 22, 23; *Halfpap*, Kapitalmarktaufsicht, S. 120.

112 *Behrens*, RIW 2009, 22, 24; *Rödiger*, Strafverfolgung von Unternehmen, S. 199 f.; *Wewerka*, Internal Investigations, S. 79. Siehe auch *Kiefer*, Kapitalmarktregulierung,

der SEC.[113] Die frühe und eigeninitiierte Durchführung einer internen Ermittlung ist heutzutage das bedeutendste Kriterium, welches die SEC zur Abstandnahme von einem förmlichen Ermittlungsverfahren bewegen kann.[114] Bezüglich der Ausgestaltung einer solchen internen Ermittlung, welche die Verfolgung durch die SEC verhindern oder einschränken kann, werden den Unternehmen durch die SEC allerdings genaue Vorgaben gemacht.[115]

Entscheidet sich die SEC, ein förmliches Verfahren einzuleiten, erteilt die Commission mit dem Beschluss über die Eröffnung dieses Verfahrens („formal order") der innerhalb der SEC zuständigen „Enforcement Division" die Befugnis zur Anwendung bestimmter, auf die Beschaffung von Information gerichteter Zwangsmittel („subpoena power").[116] Gelangt die Enforcement Division nach Abschluss ihrer Untersuchungen zu dem Ergebnis, dass es tatsächlich zu Rechtsverletzungen gekommen ist, rät sie der Commission zur Einleitung eines sogenannten Enforcement-Verfahrens, in welchem diese über die Durchsetzung von Sanktionen sowie die Veranlassung eines strafrechtlichen Verfahrens durch das DOJ entscheidet.[117] Die Entscheidung, ob wegen des Vorwurfs ein Enforcement-Verfahren eingeleitet wird und wie die Reaktion ausfallen soll, liegt im Ermessen der Behörde.[118] Die Art der Reaktion hängt in erheblichem Maße vom Verhalten des betroffenen Unternehmens ab.[119] Zu den Faktoren, welche die SEC bei der Entscheidung über das Ob von Sanktionen und deren Höhe berücksichtigt, gehört unter anderem, ob das Unternehmen zu eigener Aufklärung sowie anschließender Anzeige der Verstöße bei der SEC und zur Kooperation mit dieser bereit ist, so dass sich die hierfür oft

---

S. 34. Tatsächlich soll die Kommission hierbei der Empfehlung in den allermeisten Fällen Folge leisten, siehe *Halfpap*, Kapitalmarktaufsicht, S. 133.

113 *Kottek*, Kooperation, S. 11; *Wewerka*, Internal Investigations, S. 37.

114 *Kottek*, Kooperation, S. 16. Vgl. *Senderowitz/Ugarte/Cortez*, wistra 2008, 281, 283; *Wewerka*, Internal Investigations, S. 37.

115 Vgl. *Knauer/Buhlmann*, AnwBl 2010, 387; *v. Rosen*, BB 2009, 230.

116 *Behrens*, RIW 2009, 22, 24; *Kiefer*, Kapitalmarktregulierung, S. 83; *Rödiger*, Strafverfolgung von Unternehmen, S. 200. Tatsächlich soll die Kommission hierbei der Empfehlung in den allermeisten Fällen Folge leisten, siehe *Halfpap*, Kapitalmarktaufsicht, S. 136 f.

117 Tatsächlich soll die Kommission hierbei der Empfehlung in den meisten Fällen Folge leisten, siehe *Halfpap*, Kapitalmarktaufsicht, S. 138. Siehe auch *Kiefer*, Kapitalmarktregulierung, S 84 f.; *Kottek*, Kooperation, S. 12; *Rödiger*, Strafverfolgung von Unternehmen, S. 200; *Senderowitz/Ugarte/Cortez*, wistra 2008, 281, 282; *Wehnert*, in: Jung/Luxenburger/Wahle (Hrsg.), Festschrift für Egon Müller, S. 729, 734 f.; *Wewerka*, Internal Investigations, S. 79, 80.

118 *Behrens*, RIW 2009, 22, 25. Vgl. auch *Senderowitz/Ugarte/Cortez*, wistra 2008, 281, 282.

119 Vgl. *Wewerka*, Internal Investigations, S. 80.

die Voraussetzung bildende Internal Investigation als für das Unternehmen äußerst positiv darstellen kann.[120]

Dass es sich bei den Geldbußen, welche Unternehmen durch solche Enforcement-Verfahren drohen, um immense Summen handelt, erkennt man daran, dass im Rahmen dieser Verfahren allein im Jahr 2006 von Unternehmen insgesamt 3,3 Mrd. US-Dollar als Zivilstrafe und Gewinnabschöpfung geleistet wurden.[121] Im Jahr 2012 sollen sich die Einnahmen der SEC aus Geldbußen und Gewinnabschöpfung auf 3,1 Mrd. US-Dollar belaufen haben,[122] während im Jahr 2011 (nur) 2,8 Mrd. US-Dollar an Geldstrafen und Gewinnabschöpfung eingenommen wurden.[123]

Entscheidet sich die Commission für die Durchführung eines Enforcement-Verfahrens, wählt sie häufig, anstatt den Weg über den Prozess vor den Zivilgerichten oder das verwaltungsrechtliche Verfahren vor den administrative law judges (sog. „administrative proceedings") zu gehen, eine informelle Art der Erledigung, zumeist über einen „consent decree", wobei es sich um eine Art Vergleich handelt.[124] Bestandteil dieses Vergleichs ist in der Regel eine Unterlassungserklärung sowie eine Geldbuße desjenigen, gegen den das Verfahren gerichtet ist.[125] Gegenüber einer förmlich verhängten Geldbuße fällt diese allerdings weit milder aus.[126] Zudem bietet der Vergleich dem Unternehmen den Vorteil, dass er keinerlei Bindungswirkung für etwaige Folgeprozesse in Form von Schadensersatzklagen von Mitbewerbern oder auch Aktionären entfaltet.[127] Auch gestaltet sich eine informelle Art der Verfahrenserledigung in der Praxis weit weniger öffentlichkeitswirksam.[128] Voraussetzung

---

120 *J. Wagner*, CCZ 2009, 8, 9. Siehe auch *Senderowitz/Ugarte/Cortez*, wistra 2008, 281, 283; *Theile*, StV 2011, 381; *Wehnert*, in: Jung/Luxenburger/Wahle (Hrsg.), Festschrift für Egon Müller, S. 729, 734. Ausführlich zu den Ermessensrichtlinien der SEC *Rödiger*, Strafverfolgung von Unternehmen, S. 204 f.

121 Siehe den Jahresbericht der SEC aus dem Jahr 2006, U.S. Securities and exchange commission, 2006 Performance and Accountability Report, S. 8, abrufbar unter https://www.sec.gov/about/secpar2006.shtml (zuletzt geprüft am 23.04.2016); *Behrens*, RIW 2009, 22, 24.

122 Siehe den Jahresbericht der SEC aus dem Jahr 2012, U.S. Securities and exchange commission, fiscal year 2012 agency financial report, S. 13, abrufbar unter http://www.sec.gov/about/secafr2012.shtml (zuletzt geprüft am 23.04.2016).

123 So der Jahresbericht der SEC aus dem Jahr 2011, U.S. Securities and exchange commission, fiscal year 2012 agency financial report, S. 13, abrufbar unter http://www.sec.gov/about/secpar2011.shtml (zuletzt geprüft am 23.04.2016).

124 Siehe *Behrens*, RIW 2009, 22, 24; *Halfpap*, Kapitalmarktaufsicht, S. 138; *Kiefer*, Kapitalmarktregulierung, S. 91; *Rödiger*, Strafverfolgung von Unternehmen, S. 202 f.

125 *Behrens*, RIW 2009, 22, 24; *Halfpap*, Kapitalmarktaufsicht, S. 138; *Wewerka*, Internal Investigations, S. 82 f.

126 Vgl. *Mathews*, Ohio State Law Journal 45 (1984), 655, 675.

127 Insbesondere ist hiermit kein Schuldeingeständnis verbunden, siehe *Wewerka*, Internal Investigations, S. 83.

128 *Kiefer*, Kapitalmarktregulierung, S. 91.

für den Vergleich ist häufig die Durchführung einer Internal Investigation.[129] Die Durchführung einer internen Ermittlung ist in ihrer Bedeutung allerdings nicht auf die Beeinflussung der SEC-Verfahren beschränkt.

2. *Die Bedeutung von Internal Investigations im Rahmen der Strafverfahren*

Neben der Möglichkeit einer nicht-strafrechtlichen Sanktionierung existiert in den Vereinigten Staaten auch eine echte Unternehmensstrafe, für deren Durchsetzung allerdings nicht die SEC sondern das DOJ zuständig ist.[130] Von dieser Unternehmensstrafe wird seit Einführung der Sentencing Guidelines für Unternehmen im Jahre 1991 in der Praxis lebhaft Gebrauch gemacht.[131] Ihre Höhe kann in den USA leicht in die Millionen gehen.[132] Gefürchtet werden allerdings nicht nur die Höhe der möglichen Geldstrafe, sondern auch die mit einer Ermittlung oder Verurteilung verbundenen möglichen Nebenwirkungen, wie die eines Ausschlusses von öffentlichen Aufträgen sowie des Vertrauensverlustes von Kunden und Kapitalanlegern.[133] Die Gefahr einer Verurteilung wird für die der amerikanischen Kapitalmarktaufsicht unterliegenden Unternehmen noch dadurch erhöht, dass die SEC die Strafverfolgungsbehörden über Verdachtsfälle informiert und bei der Verfolgung häufig auch mit diesen zusammenarbeitet.[134] Auch im Rahmen der Strafverfolgung kommt internen Ermittlungen eine erhebliche Bedeutung zu. Diese können nicht nur die Höhe der Sanktion, sondern auch die Entscheidung über das Ob einer strafrechtlichen Verfolgung beeinflussen.

---

129 Vgl. *Mathews*, Ohio State Law Journal 45 (1984), 655, 663, 670; *Senderowitz/Ugarte/Cortez*, wistra 2008, 281, 283.

130 Siehe *Behrens*, RIW 2009, 22, 25; *Halfpap*, Kapitalmarktaufsicht, S. 147; *Kottek*, Kooperation, S. 12. Siehe auch *Nestler*, in: Knierim/Rübenstahl/Tsambikakis (Hrsg.), Internal Investigations, 1. Kap. Rn. 8 ff. Zur Strafbarkeit von Unternehmen umfangreich *Engelhart*, Sanktionierung, 2. Aufl., S. 70 ff.; *Rödiger*, Strafverfolgung von Unternehmen, S. 119 ff.

131 *Rödiger*, Strafverfolgung von Unternehmen, S. 120. Vgl. auch *Engelhart*, Sanktionierung, 2. Aufl., S. 76, 78.

132 Vgl. *Behrens*, RIW 2009, 22, 25; *Rödiger*, Strafverfolgung von Unternehmen, S. 155, 157 f.

133 Siehe hierzu *Rödiger*, Strafverfolgung von Unternehmen, S. 157. Siehe auch *Stevenson/Wagoner*, Fordham Law Review 80 (2011), 775, 795 f.

134 Siehe *Behrens*, RIW 2009, 22, 25; *Böhm*, WM 2009, 1923 (Fn. 3); *Kiefer*, Kapitalmarktregulierung, S. 90; *Kottek*, Kooperation, S. 3, 12; *Partsch*, FCPA, S. 67, 70; *Reeb*, Internal Investigations, S. 22; *Rimbeck*, Ad hoc Mitteilungen, S. 24 f.; *Rödiger*, Strafverfolgung von Unternehmen, S. 199; *Theile*, StV 2011, 381; *Wewerka*, Internal Investigations, S. 83 f. Ausführlich zu den verschiedenen formellen und informellen Informationsflüssen *Halfpap*, Kapitalmarktaufsicht, S. 147.

a) *Die Bedeutung von Internal Investigations im Rahmen der Entscheidung über die Anklageerhebung*

Auch den für die Entscheidung über die Beantragung eines Vorverfahrens vor einem District Court zuständigen US Attorneys – hierbei handelt es sich um eine Abteilung des Justizministeriums – steht im Rahmen ihrer Entscheidung über die Anklageerhebung ein weiter Ermessenspielraum zu.[135] Dies ermöglicht es den Ermittlungsbehörden, statt der Klageerhebung eine einverständliche Verfahrensbeendigung auf dem Vergleichswege anzustreben.[136] Daneben kann ein Vergleich des Unternehmens mit der SEC das öffentliche Interesse an der Klageerhebung entfallen lassen.[137]

Zur Vereinheitlichung der Entscheidungen über die Klageerhebung wurden vom Justizministerium Richtlinien erlassen, welche neben anderen Faktoren die Kooperation des Unternehmens mit den Strafverfolgungsbehörden und insbesondere auch die Durchführung von Internal Investigations berücksichtigen.[138] Hierbei kommt der Art und Weise der Durchführung erhebliche Relevanz zu.[139] Denn unter Kooperation werden die zügige und freiwillige Aufklärung der Rechtsverstöße und die Offenlegung der gewonnenen Erkenntnisse, einschließlich der Beweise und der verantwortlichen Angestellten, gegenüber der Staatsanwaltschaft verstanden.[140]

---

135 Genannt „prosecutorial discretion", *Behrens*, RIW 2009, 22, 25; *Otten*, Die Sanktionierung von Unternehmen, S. 150; *Reeb*, Internal Investigations, S. 22; *Rödiger*, Strafverfolgung von Unternehmen, S. 107 ff., 158 ff.; *Schmid*, Strafverfahren, 2. Aufl., S. 39, 40 f. Siehe auch *Nestler*, in: Knierim/Rübenstahl/Tsambikakis (Hrsg.), Internal Investigations, 1. Kap. Rn. 10; *J. Wagner*, CCZ 2009, 8, 9.

136 *Rödiger*, Strafverfolgung von Unternehmen, S. 159, 179 ff. Vgl. *Wehnert*, in: Jung/Luxenburger/Wahle (Hrsg.), Festschrift für Egon Müller, S. 729, 733.

137 Siehe *Wehnert*, in: Jung/Luxenburger/Wahle (Hrsg.), Festschrift für Egon Müller, S. 729, 736.

138 Siehe hierzu *Behrens*, RIW 2009, 22, 25 f.; *Reeb*, Internal Investigations, S. 22; *Rödiger*, Strafverfolgung von Unternehmen, S. 163 ff.; *J. Wagner*, CCZ 2009, 8, 9. Zu Beginn stand das Holder Memorandum. Es folgten das Thompson Memorandum von 2003, das McCallum Memorandum aus 2005 und das McNulty-Memorandum aus dem Jahr 2006, welche das Thompson-Memorandum ersetzten, sowie die Filip-Richtlinien aus 2008, welche anders wie seine Vorgänger in das US-Attorneys´ Manual eingefügt wurden (*Behrens*, RIW 2009, 22, 26 (Fn. 26); *Reeb*, Internal Investigations, S. 22 (Fn. 73); *Rödiger*, Strafverfolgung von Unternehmen, S. 162; *Wehnert*, NJW 2009, 1190 ff.). Vgl. auch *Kottek*, Kooperation, S. 16 f.; *Wehnert*, in: Jung/Luxenburger/Wahle (Hrsg.), Festschrift für Egon Müller, S. 729, 736. Die aktuellen Richtlinien finden sich seither als „Principles of Federal Prosecution of Business Organizations" im United States Attorneys' Manual, Abschnitt 9–28.000. Sie sind abrufbar unter http://www.justice.gov/usao/eousa/foia_reading_room/usam/title9/28mcrm.htm (zuletzt geprüft am 23.04.2016).

139 *Behrens*, RIW 2009, 22, 26.

140 United States Attorneys' Manual 9–28.720 und 9–28.700, abrufbar unter http://www.justice.gov/usao/eousa/foia_reading_room/usam/title9/28mcrm.htm (zuletzt geprüft am 23.04.2016); siehe auch *Rödiger*, Die Strafverfolgung von Unternehmen, S. 166.

Wesentliches Ziel der unternehmensinternen Ermittlungen soll die Überführung der individuell verantwortlichen Mitarbeiter sein.[141] Die mangelnde Kooperation im Rahmen der Entscheidung über die Eröffnung eines Strafverfahrens zu berücksichtigen, ist für die US-amerikanischen Strafverfolgungsbehörden möglich, weil die Selbstbelastungsfreiheit in Strafsachen[142] nach Ansicht des U.S. Supreme Court nur für Individualpersonen und nicht für Unternehmen gilt.[143]

Die Anforderungen, welche an die Kooperation des Unternehmens gestellt wurden, waren unter dem Thompson Memorandum aus 2003 extrem hoch angesetzt. Zudem wurde die Zusammenarbeit aggressiv eingefordert.[144] So wurde den Unternehmen abverlangt, Druck auf ihre Mitarbeiter auszuüben, sich den Ermittlungsbehörden ohne anwaltliche Beratung vollumfänglich zu offenbaren, und diese im Falle der Geltendmachung ihres Schweigerechts zu entlassen.[145] Die Unternehmen mussten, um den vollen Kooperationskredit zu erlangen, ihre gesamten Informationen unter Verzicht auf das Anwalts- und Beratungsgeheimnis offenlegen.[146] Auch wurde den Unternehmen untersagt, Verteidigungskosten für ihre Mitarbeiter zu übernehmen.[147]

Diese Anforderungen wurden zwar aufgrund einer Entscheidung eines US-District Courts und einer bestätigenden Entscheidung des Berufungsgerichts[148] durch das MC Nulty-Memorandum aus 2006[149] sowie insbesondere die Filip-Richtlinien

---

141 *Rödiger*, Strafverfolgung von Unternehmen, S. 172.

142 Das „privilege against self-incrimination" ergibt sich aus dem fünften Verfassungszusatz, siehe hierzu *Engelhart*, Sanktionierung, 2. Aufl., S. 249 f.; *Rödiger*, Strafverfolgung von Unternehmen, S. 165.

143 Sog. „Collective entity doctrine", siehe *Rödiger*, Die Strafverfolgung von Unternehmen, S. 165 f. Siehe auch *Engelhart*, Sanktionierung, 2. Aufl., S. 249; *Senderowitz/ Ugarte/Cortez*, wistra 2008, 281, 284.

144 *Rödiger*, Strafverfolgung von Unternehmen, S. 166.

145 Siehe hierzu *Rödiger*, Die Strafverfolgung von Unternehmen, S. 170; *Wehnert*, NJW 2009, 1190, 1191.

146 *Bittmann/Molkenbur*, wistra 2009, 373; *Engelhart*, Sanktionierung, 2. Aufl., S. 238 f.; *Theile*, StV 2011, 381.

147 Siehe *Rödiger*, Die Strafverfolgung von Unternehmen, S. 170; *Theile*, StV 2011, 381; *Wehnert*, in: Beulke/Müller (Hrsg.), Festschrift zu Ehren des Strafrechtsausschusses der Bundesrechtsanwaltskammer, S. 175, 179 f.; *dies.*, NJW 2009, 1190, 1191.

148 Die Richter sahen in einem zu weitreichenden und aggressiven Kooperationsbegehren, in welchem die Behörden dem betroffenen Unternehmen untersagt hatten, die Verteidigungskosten ihrer Mitarbeiter zu übernehmen, einen Verstoß gegen das Recht auf Rechtsbeistand zur Verteidigung aus Amendment VI der US-amerikanischen Verfassung, *U.S. v. Stein* vom 16.07.2007 und die hierzu ergangene Entscheidung des Berufungsgerichts (des Court of Appeals for the Second Circuit) vom 28.08.2008. Siehe hierzu *Rödiger*, Strafverfolgung von Unternehmen, S. 166 f.

149 Abrufbar unter http://www.justice.gov/oip/foia-processed-documents.html (zuletzt geprüft am 23.04.2016).

aus 2008[150] gegenüber dem Thompson Memorandum erheblich abgeschwächt.[151] So darf die US-Staatsanwaltschaft die Offenlegung privilegierter Kommunikation zwischen Unternehmen und den Anwaltskanzleien nicht mehr verlangen, sondern nur noch die der zugrunde liegenden Fakten.[152] Auch darf die Zahlung von Rechtsanwaltshonoraren beschuldigter Mitarbeiter durch das Unternehmen ebenso wie eine Sockelverteidigung nicht mehr als mangelnde Kooperationsbereitschaft gewertet werden.[153] Da den Unternehmen allerdings immer noch die Vorteile einer effektiven Zusammenarbeit annonciert werden, ist unklar, ob dieser Umschwung an der Ausgestaltung der internen Ermittlungen und der Kooperation der Unternehmen langfristig etwas ändern wird.[154]

b) Die Bedeutung von Internal Investigations im Rahmen der Sanktionierung

Ebenfalls können interne Ermittlungen die Höhe einer strafrechtlichen Sanktion beeinflussen. Wird im Falle einer Anklage von der Grand Jury das Hauptverfahren eröffnet und wird das Unternehmen im Hauptverfahren für schuldig befunden, wird schließlich im Strafzumessungsverfahren über die Sanktion entschieden. Anders als in Deutschland wird hierbei den Richtern mit den „Sentencing Guidelines“ eine Anleitung für die Ausfüllung des hierbei bestehenden Entscheidungsspielraums an die Hand gegeben, um eine einheitliche Strafzumessung zu gewährleisten.[155] Hiernach richtet sich das genaue Strafmaß für Unternehmen nach einem Grundwert („Base Fine“), dem Maß des Tatunrechts, und zusätzlich nach dem Verschuldensgrad als

---

150 Abrufbar unter http://www.justice.gov/opa/documents/corp-charging-guidelines.pdf (zuletzt geprüft am 23.04.2016).

151 Vgl. *Engelhart*, Sanktionierung, 2. Aufl., S. 238 ff.; *Kottek*, Kooperation, S. 65 ff.; *Rödiger*, Strafverfolgung von Unternehmen, S. 161 f., 166 f.; *Theile*, StV 2011, 381; *Wehnert*, NJW 2009, 1190, 1192; *Wewerka*, Internal Investigations, S. 76 f. Vgl. aber auch *Wehnert*, in: Jung/Luxenburger/Wahle (Hrsg.), Festschrift für Egon Müller, S. 729, 737.

152 Siehe hierzu *Bittmann/Molkenbur*, wistra 2009, 373, 374; *Kottek*, Kooperation, S. 65 ff.; *Rödiger*, Strafverfolgung von Unternehmen, S. 173 ff.; *Wehnert*, NJW 2009, 1190, 1192 f.; *Wewerka*, Internal Investigations, S. 77 f., die jeweils auf die Problematik verweisen, Fakten und geschützte Informationen klar zu trennen.

153 *Bittmann/Molkenbur*, wistra 2009, 373, 374; *Kottek*, Kooperation, S. 66 f.; *Rödiger*, Strafverfolgung von Unternehmen, S. 173; *Wehnert*, NJW 2009, 1190, 1192; *Wewerka*, Internal Investigations, S. 76 f.

154 Vgl. *Rödiger*, Strafverfolgung von Unternehmen, S. 166 f., 176 f.; vgl. auch *Schulte/Görts*, RIW 2006, 561, 567.

155 Es existieren sowohl „Sentencing Guidelines” für Privatpersonen als auch für Unternehmen („Sentencing guidelines for Organizations“), siehe *Behrens*, RIW 2009, 22, 25; *Brown*, Delaware Journal of Corporate Law 26 (2001), 1, 78 f. Siehe auch *Reeb*, Internal Investigations, S. 22; *J. Wagner*, CCZ 2009, 8, 9.

Multiplikator, dem sogenannten „culpability score".[156] Der culpability score berücksichtigt einerseits, ob das Unternehmen zum Zeitpunkt des Verstoßes ein effizientes Compliance-Programm zu seiner Verhinderung eingerichtet, und andererseits, ob das Unternehmen nach dem Verstoß für diesen Verantwortung übernommen hat.[157] Hierfür sind „self-reporting" und „cooperation" des Unternehmens von Bedeutung.[158] Auch an diesem Punkt spielt das Ob und Wie von Internal Investigations eine erhebliche Rolle.[159]

3. Rechtspflicht zu unternehmensinternen Ermittlungen nach US-amerikanischem Recht

Eine unmittelbare rechtliche Verpflichtung zu Internal Investigations ergibt sich allerdings aus dem US-amerikanischen Recht nicht.[160] In Einzelfällen kann sich allerdings aus dem US-amerikanischen Recht eine mittelbare Verpflichtung zur Durchführung einer Internal Investigation ergeben.[161] Nach Section 10A des Securities Exchange Acts (15 USC § 78j–1) unterliegt der Abschlussprüfer eines Emittenten von Wertpapieren der Verpflichtung, gegenüber dem „audit committee"[162]

---

156 *Behrens*, RIW 2009, 22, 26; *Brown*, Delaware Journal of Corporate Law 26 (2001), 1, 79 ff.; *J. Wagner*, CCZ 2009, 8, 9.

157 *Behrens*, RIW 2009, 22, 26; *Rödiger*, Strafverfolgung von Unternehmen, S. 129.

158 So die „Sentencing Guidelines" der „United States Sentencing Commission" aus dem Jahr 2014, Chapter 8, § 8 C 2.5, abrufbar unter http://www.ussc.gov/guidelines-manual/2014/2014-individual-chapters-and-guidelines-html (zuletzt geprüft am 23.04.2016). Siehe auch *Behrens*, RIW 2009, 22, 26; *Brown*, Delaware Journal of Corporate Law 26 (2001), 1, 86; *Hart-Hönig*, in: Arbeitsgemeinschaft Strafrecht des Deutschen Anwaltvereins (Hrsg.), Strafverteidigung im Rechtsstaat, S. 530, 536; *Reeb*, Internal Investigations, S. 23; *Rödiger*, Strafverfolgung von Unternehmen, S. 129; *Spehl/Momsen/Grützner*, CCZ 2013, 260, 264.

159 Siehe *Behrens*, RIW 2009, 22, 26; *Knauer*, ZWH 2012, 41, 42; *Nestler*, in: Knierim/Rübenstahl/Tsambikakis (Hrsg.), Internal Investigations, 1. Kap. Rn. 9; *Reeb*, Internal Investigations, S. 23; *Theile*, StV 2011, 381; *J. Wagner*, CCZ 2009, 8, 9; *Wewerka*, Internal Investigations, S. 37. Vgl. die „Sentencing Guidelines" der „United States Sentencing Commission" aus dem Jahr 2014, § 8 C 2.5, abrufbar unter http://www.ussc.gov/guidelines-manual/2014/2014-individual-chapters-and-guidelines-html (zuletzt geprüft am 23.04.2016).

160 Abgesehen von der Pflicht zur Herausgabe bestimmter Dokumente, die in den „subpoenas" benannt werden, siehe *Dann/Schmidt*, NJW 2009, 1851. Siehe auch *Behrens*, RIW 2009, 22, 23; *Knauer*, ZWH 2012, 41, 43; *ders./Buhlmann*, AnwBl 2010, 387, 390; *Mathews*, Ohio State Law Journal 45 (1984), 657; *Rödiger*, Strafverfolgung von Unternehmen, S. 165, 167, 188, 210, 222; *Sahan*, in: Kuhlen/Kudlich/Ortiz de Urbina (Hrsg.), Compliance und Strafrecht, S. 171, 173 f.; *Wewerka*, Internal Investigations, S. 37, 43 ff.

161 *Wewerka*, Internal Investigations, S. 43 f.

162 Fehlt ein solches dem „board of directors".

und unter Umständen sogar direkt der SEC[163] Bericht auch darüber zu erstatten, ob es im Berichtsjahr zu Rechtsverletzungen durch Mitarbeiter des Unternehmens gekommen ist, welche Auswirkungen dies zur Folge hatte und ob die Gesellschaft auf Informationen zu möglichen Verstößen angemessen reagiert hat.[164] In der Praxis soll es verbreitet sein, dass eine Gesellschaft eine Internal Investigation veranlasst, um an die für diese Berichterstattung benötigten Informationen zu gelangen.[165]

Zudem kann sich allerdings auch aus der allgemeinen Sorgfaltspflicht, welche den „Directors", den Organen einer US-amerikanischen Gesellschaft obliegt („duty of care") im Einzelfall eine Verpflichtung ergeben, einem Verdachtsfall durch eine Internal Investigation nachzugehen.[166] Insofern kann eine Internal Investigation erforderlich sein, um eine Haftung der Unternehmensleitung gegenüber dem Unternehmen zu vermeiden.[167] Auch greift die Business Judgment Rule[168] stets nur dann ein, wenn sich der „director" vor der relevanten, möglicherweise seine Haftung begründenden Entscheidung eine angemessene Informationsgrundlage verschafft hat, für deren Vorliegen im Einzelfall auch eine vorherige Internal Investigation erforderlich sein kann.[169]

4. *Zwischenfazit*

Die Sanktionen, die Unternehmen nach dem US-amerikanischen Recht drohen, können wie dargestellt eine extreme Höhe erreichen und stellen deswegen eine existenzielle Bedrohung für Unternehmen dar.[170] Demgegenüber können durch Kooperation extreme Strafnachlässe erzielt werden. Die für die Durchführung von Internal Investigations gewährten Vergünstigungen entfalten auf diese Weise im Zusammenspiel mit der Höhe der drohenden Sanktionen eine erhebliche Anreizwirkung für US-Unternehmen.[171] Aufgrund der hohen Risiken, die für Unternehmen

163 15 USC § 78j-1(b)(3).

164 *J. Wagner*, CCZ 2009, 8, 9 f.; *Wewerka*, Internal Investigations, S. 43 f.

165 *J. Wagner*, CCZ 2009, 8, 10; *Wewerka*, Internal Investigations, S. 44.

166 *J. Wagner*, CCZ 2009, 8, 10; *Wewerka*, Internal Investigations, S. 44. So auch die *Association of Corporate Counsel*, Internal Investigations, S. 8, abrufbar unter http://www.acc.com/chapters/canada/upload/Internal-Investigations.pdf (zuletzt geprüft am 23.04.2016).

167 *Spehl/Momsen/Grützner*, CCZ 2013, 260, 264.

168 Diese schränkt die Haftung der Unternehmensleitung ein.

169 Siehe *J. Wagner*, CCZ 2009, 8, 10. Vgl. auch *Kent/Thomas*, in: Spehl/Gruetzner (Hrsg.), Corporate Internal Investigations, § 13 Rn. 8.

170 Vgl. *Bittmann/Molkenbur*, wistra 2009, 373; *Dann/Schmidt*, NJW 2009, 1851; *Wehnert*, in: Jung/Luxenburger/Wahle (Hrsg.), Festschrift für Egon Müller, S. 729, 732.

171 So *Behrens*, RIW 2009, 22, 26; *Bittmann/Molkenbur*, wistra 2009, 373; *Reeb*, Internal Investigations, S. 23; *Rödiger*, Strafverfolgung von Unternehmen, S. 188; *Spehl/Momsen/Grützner*, CCZ 2013, 260, 264; *Wewerka*, Internal Investigations, S. 37, 44, 84 f. Zu den gravierenden Folgen einer Verurteilung in den USA siehe auch *Rödiger*, Strafverfolgung von Unternehmen, S. 157 f.

deswegen mit der Verweigerung einer Internal Investigation verbunden sind, wird insoweit sogar von einer faktischen Zwangslage gesprochen.[172]

III. Die Auswirkungen der US-amerikanischen Verfahren auf deutsche Unternehmen

Diese durch die Kombination einer sehr hohen Höchststrafe und weitem Ermessen der Strafverfolgungsbehörden hervorgerufene Anreizwirkung ist allerdings nicht auf US-amerikanische Unternehmen beschränkt. Dies ist durch mehrere Faktoren bedingt.

Zum einen können auch ausländische Unternehmen der strengen Kapitalmarktaufsicht der SEC unterliegen. Dies betrifft einerseits Unternehmen, die sich im Rahmen eines „dual listing" neben einer Notierung in ihrem Herkunftsland auch an einer US-amerikanischen Börse listen ließen.[173] Aber auch jedes andere Unternehmen, dessen Wertpapiere in den USA gehandelt werden sollen, hat grundsätzlich die Pflicht, sich zuvor bei der SEC registrieren zu lassen.[174] Mit dieser Registrierungspflicht (beziehungsweise der Börsennotierung) geht nicht nur die Überwachung durch die SEC einher, sondern auch die Anwendbarkeit des US-amerikanischen Bilanzrechts und des Insiderstrafrechts.[175] Ebenfalls finden auf solche Unternehmen die (zahlreichen) Betrugs- und Bestechungsvorschriften des Securities Act aus dem Jahre 1933 und des Securities Exchange Acts aus dem Jahre 1934[176] sowie der FCPA Anwendung.[177] Zur erleichterten Durchsetzung der US-amerikanischen Wertpapiergesetze im Ausland werden von der SEC multilaterale Abkommen über

---

172 So *Ballo*, NZWiSt 2013, 46, 47; *Behrens*, RIW 2009, 22, 26; *Knauer*, ZWH 2012, 41, 43; *ders./Buhlmann*, AnwBl 2010, 387, 390; *Rödiger*, Strafverfolgung von Unternehmen, S. 188 ff., 211, 213, 222; *Scharnberg*, Internal Investigations, S. 29; *Wewerka*, Internal Investigations, S. 37 f., 44. Vgl. auch *Dann/Schmidt*, NJW 2009, 1851; *Hart-Hönig*, in: Arbeitsgemeinschaft Strafrecht des Deutschen Anwaltvereins (Hrsg.), Strafverteidigung im Rechtsstaat, S. 530, 540.

173 Siehe *Partsch*, FCPA, S. 6; *Senderowitz/Ugarte/Cortez*, wistra 2008, 281; *Theile*, StV 2011, 381; *Wewerka*, Internal Investigations, S. 36, 86. Vgl. auch *Halfpap*, Kapitalmarktaufsicht, S. 124; *v. Rosen*, BB 2009, 230.

174 Siehe zu den Ausnahmen *Halfpap*, Kapitalmarktaufsicht, S. 123. Siehe auch *Kiefer*, Kapitalmarktregulierung, S. 68, 70; *Lotze*, US-amerikanisches Kapitalmarktrecht, S. 80 ff.; *Wewerka*, Internal Investigations, S. 86 f.

175 Siehe hierzu *Behrens*, RIW 2009, 22, 27; *Rödiger*, Strafverfolgung von Unternehmen, S. 137, 149 f., 197; *Wewerka*, Internal Investigations, S. 86 ff.

176 Siehe hierzu und allgemein zu diesen Gesetzen *Wewerka*, Internal Investigations, S. 53 f., 88. Siehe hierzu auch *Behrens*, RIW 2009, 22, 26 f.; *Theile*, StV 2011, 381.

177 Dieser ist Bestandteil des Securities Exchange Act aus dem Jahre 1934, siehe hierzu *Rödiger*, Strafverfolgung von Unternehmen, S. 139 f., 197. Siehe auch *Behrens*, RIW 2009, 22, 27; *Brown*, Hastings International & Comparative Law Review 22 (1999), 407, 439 ff.; *Dann/Schmidt*, NJW 2009, 1851; *Knauer*, ZWH 2012, 41, 43; *ders./Buhlmann*, AnwBl 2010, 387; *Taschke*, NZWiSt 2012, 89, 91; *Theile*, StV 2011, 381.

den Austausch von Informationen mit den Aufsichtsbehörden anderer Staaten abgeschlossen, sogenannte „Memoranda of Understanding".[178] Solche Abkommen existieren auch mit Deutschland.[179]

Zum anderen ergibt sich diese Anreizwirkung für nicht US-amerikanische Unternehmen aus der weitreichenden Anwendbarkeit des materiellen Straf- und Kapitalmarktrechts. Nicht ungewöhnlich ist dabei, dass Korruptionsstraftaten, die sich direkt gegen US-amerikanische Rechtsgüter richten (beispielsweise die Bestechung eines amerikanischen Amtsträgers) auch dann von den Straftatbeständen der USA erfasst werden, wenn sie durch ausländische Unternehmen begangen werden.[180] Auch darüber hinaus finden sich allerdings umfangreiche Anknüpfungspunkte. Einen bildet der bereits oben erwähnte FCPA aus dem Jahr 1977.[181] Dieser war die Reaktion auf die Korruptionsskandale der 1970er Jahre, insbesondere die Watergate-Affäre[182] und stellte – zum damaligen Zeitpunkt ein Novum – die Bestechung ausländischer Amtsträger unter Strafe.[183] Der FCPA statuiert zum einen weit reichende Antikorruptionsnormen,[184] zum anderen umfangreiche strafbewehrte Buchführungsvorschriften, welche durch erhöhte Transparenz der internationalen Korruption entgegenwirken sollen.[185] Ermittlungen wegen eines Verstoßes gegen

178 *Rödiger*, Strafverfolgung von Unternehmen, S. 197; *Senderowitz/Ugarte/Cortez*, wistra 2008, 281, 283.

179 *Rödiger*, Strafverfolgung von Unternehmen, S. 197; *Senderowitz/Ugarte/Cortez*, wistra 2008, 281, 283.

180 Vgl. *Rödiger*, Strafverfolgung von Unternehmen, S. 137 f.

181 Siehe hierzu *Androulakis*, Korruptionsbekämpfung, S. 149 ff.; *Rödiger*, Strafverfolgung von Unternehmen, S. 139 ff.; *Walisch*, Organisatorische Prävention, S. 30 ff.; *Wewerka*, Internal Investigations, S. 55 ff.

182 *Brown*, Delaware Journal of Corporate Law 26 (2001), 1, 34 ff.; *Partsch*, FCPA, S. 2; *Stevenson/Wagoner*, Fordham Law Review 80 (2011), 775, 787; *Walisch*, Organisatorische Prävention, S. 30 f.; *Wewerka*, Internal Investigations, S. 55. Vgl. auch *Rödiger*, Strafverfolgung von Unternehmen, S. 139.

183 *Wewerka*, Internal Investigations, S. 55. Siehe auch *Rödiger*, Strafverfolgung von Unternehmen, S. 139.

184 Hierbei wird allerdings nur die Bestechungshandlung selbst unter Strafe gestellt, die Annahme des Vorteils durch den ausländischen Amtsträger bleibt straffrei. Ebenfalls nicht erfasst wird die Bestechung im geschäftlichen Verkehr, siehe *Rödiger*, Strafverfolgung von Unternehmen, S. 140; *Wewerka*, Internal Investigations, S. 58. Einen Überblick über die Bestechungstatbestände des FCPA findet sich bei *Partsch*, FCPA, S. 7 ff.; *Rödiger*, Strafverfolgung von Unternehmen, S. 141 ff. und *Wewerka*, Internal Investigations, S. 58 ff.

185 *Behrens*, RIW 2009, 22, 27 (Fn. 33); *Partsch*, FCPA, S. 17; *Rödiger*, Strafverfolgung von Unternehmen, S. 146; *Wewerka*, Internal Investigations, S. 55. Vgl. *Schulte/Görts*, RIW 2006, 561, 562. Vgl. auch *Reed*, University of Chicago Law Review 47 (1980), 803, 811 f. Einen Überblick über die Buchführungsvorschriften bietet *Rödiger*, Strafverfolgung von Unternehmen, S. 146 und *Wewerka*, Internal Investigations, S. 61 ff. Zu der existenzgefährdenden Höhe der angedrohten Strafen siehe

den FCPA bergen neben der Gefahr existenzbedrohender Sanktionen[186] auch das Risiko eines Ausschlusses von öffentlichen Aufträgen und Verträgen mit dem Fiskus sowie des Verlustes von Ausfuhrgenehmigungen.[187]

Im Laufe der Jahre wurden die Bestechungsvorschriften, insbesondere um Wettbewerbsnachteile für amerikanische Unternehmen zu verhindern, in ihrem persönlichen Anwendungsbereich erheblich auf ausländische natürliche und juristische Personen ausgeweitet.[188] So können sowohl die SEC als auch das DOJ im Fall von anti-fraud Maßnahmen auch gegen ausländische Unternehmen vorgehen, wenn ein hinreichender Bezug zur Wirtschaftsordnung der USA besteht.[189] Die Anforderungen an diesen Bezug zu den USA sind dabei denkbar gering. So reicht seit 1988 für die Anwendbarkeit des FCPA auf ausländische juristische und natürliche Personen aus, dass „wesentliche" Handlungen zur Förderung einer verbotenen Zahlung oder eines verbotenen Angebots auf dem Hoheitsgebiet der USA vorgenommen werden.[190] Hierbei soll auch eine Zahlung über US-amerikanische Banken oder unter Zuhilfenahme einer amerikanischen Firma, eine Postsendung in oder aus den USA oder ein Treffen in den USA ausreichend sein, um diesen territorialen Bezug herzustellen.[191] Alternativ ist für eine extraterritoriale Anwendbarkeit ausreichend, wenn die Tat wesentliche Auswirkungen auf den amerikanischen Kapitalmarkt entfaltet hat („significant effect").[192]

Als weitere Voraussetzung einer (Straf-)Verfolgung in den USA muss zwar die internationale Zuständigkeit eines US-amerikanischen Gerichts bestehen.[193] Für die

Dann/Schmidt, NJW 2009, 1851; *Knauer*, ZWH 2012, 41, 43; *ders./Buhlmann*, AnwBl 2010, 387; *Rödiger*, Strafverfolgung von Unternehmen, S. 144, 147, 215; *Wewerka*, Internal Investigations, S. 63.

186 Vgl *Knauer/Buhlmann*, AnwBl 2010, 387; *Kruse*, Compliance, S. 49.

187 *Partsch*, FCPA, S. 23 f.; *Rödiger*, Strafverfolgung von Unternehmen, S. 145, 157; *Schulte/Görts*, RIW 2006, 561, 566; *Wewerka*, Internal Investigations, S. 64. Zu dem möglichen Ausschluss von öffentlichen Aufträgen, siehe *Stevenson/Wagoner*, Fordham Law Review 80 (2011), 775, 795 f.

188 *Hart-Hönig*, in: Arbeitsgemeinschaft Strafrecht des Deutschen Anwaltvereins (Hrsg.), Strafverteidigung im Rechtsstaat, S. 530, 531 f.; *Partsch*, FCPA, S. 3, 25 ff.; *Rödiger*, Strafverfolgung von Unternehmen, S. 139.

189 *Dann/Schmidt*, NJW 2009, 1851; *Wewerka*, Internal Investigations, S. 86. Vgl. *Androulakis*, Korruptionsbekämpfung, S. 154; *Rödiger*, Strafverfolgung von Unternehmen, S. 212.

190 Siehe *Lotze*, US-amerikanisches Kapitalmarktrecht, S. 105; *Partsch*, FCPA, S. 6, 7, 26; *Schulte/Görts*, RIW 2006, 561, 564; *Taschke*, NZWiSt 2012, 89, 91.

191 *Partsch*, FCPA, S. 7; *Rödiger*, Strafverfolgung von Unternehmen, S. 142; *Wewerka*, Internal Investigations, S. 57. Siehe auch *Taschke*, NZWiSt 2012, 89, 91.

192 *Wewerka*, Internal Investigations, S. 88. Siehe hierzu auch *Brown*, Hastings International & Comparative Law Review 22 (1999), 407, 444 ff.; *Kiefer*, Kapitalmarktregulierung, S. 88; *Lotze*, US-amerikanisches Kapitalmarktrecht, S. 105 f.; *Meng*, Extraterritoriale Jurisdiktion, S. 334 ff.; *Stürmer*, RIW 1983, 641, 643.

193 *Partsch*, FCPA, S. 29.

„personal jurisdiction" reichen allerdings „minimum contacts" in die USA aus,[194] wofür im Strafrecht insbesondere auch darauf abgestellt wird, ob das indiskriminierte Verhalten ausreichend mit dem Hoheitsgebiet der USA verbunden ist („sufficient nexus").[195] Im Kapitalmarktrecht wird die sachliche internationale Zuständigkeit und zugleich die Anwendung des US-amerikanischen Rechts („subject matter jurisdiction") davon abhängig gemacht, ob der Gesetzesverstoß durch eine Handlung verursacht wurde, die auf dem Hoheitsgebiet der USA stattfand („significant conduct doctrine") oder diese wesentliche Auswirkungen auf dem Markt der USA entfaltet („significant effect doctrine")[196]. Liegen die übrigen Voraussetzungen der jeweiligen Normen vor, ist in diesen Fällen auch der Anwendungsbereich des Securities Act sowie auch des Securities Exchange Acts auf ausländische Unternehmen oder natürliche Personen eröffnet.[197]

Von dieser Zuständigkeit für die Verfolgung ausländischer Staatsbürger und Unternehmen wird tatsächlich, auch bei geringem Bezug zu den USA, in erheblichem Umfang Gebrauch gemacht.[198] Rödiger weist darauf hin, dass sich im Jahr 2010 elf der insgesamt 19 FCPA-Verfahren gegen Großunternehmen gegen nicht US-amerikanische Unternehmen richteten und diese auch zu den höchsten Strafzahlungen wegen Verstößen gegen den FCPA verpflichtet wurden.[199]

Auch deutsche Unternehmen gerieten in den letzten Jahren vermehrt in das Visier der US-amerikanischen Strafverfolgungsbehörden.[200] Bekannt geworden ist dabei insbesondere die Siemenskorruptionsaffäre. Siemens unterlag als seit 2001 an der US Börse notiertes Unternehmen der Aufsicht durch die SEC.[201] Auch Daimler soll wegen eines Verstoßes gegen den FCPA eine Vergleichszahlung an die SEC in

194 Siehe *Lotze*, US-amerikanisches Kapitalmarktrecht, S. 113 ff.; *Mahnhold*, Compliance, S. 106 ff.; *Partsch*, FCPA, S. 29 f.; *Wewerka*, Internal Investigations, S. 90 f.

195 *Partsch*, FCPA, S. 31.

196 *Lotze*, US-amerikanisches Kapitalmarktrecht, S. 108 f.; *Mahnhold*, Compliance, S. 101 ff.; *Wewerka*, Internal Investigations, S. 90. Siehe auch *Meng*, Extraterritoriale Jurisdiktion, S. 334 ff.

197 Vgl. *Lotze*, US-amerikanisches Kapitalmarktrecht, S. 108 f.; *Mahnhold*, Compliance, S. 100 ff.

198 Siehe *Partsch*, FCPA, S. 28. Vgl. auch *Wybitul*, BB 2009, 606. Dabei soll die SEC gerade gegen ausländische Unternehmen in gegenüber inländischen Unternehmen erhöhter Intensität ermitteln, siehe *Minoggio*, in: Böttger (Hrsg.), Wirtschaftsstrafrecht, 2. Aufl., 18. Kap. Rn. 12. Zu den gesteigerten Bemühungen von SEC und DOJ zur Verfolgung von FCPA-Verstößen siehe *Hart-Hönig*, in: Arbeitsgemeinschaft Strafrecht des Deutschen Anwaltvereins (Hrsg.), Strafverteidigung im Rechtsstaat, S. 530, 534; *Rödiger*, Strafverfolgung von Unternehmen, S. 139, 141; *Stevenson/Wagoner*, Fordham Law Review 80 (2011), 775, 784 ff.; *Wewerka*, Internal Investigations, S. 64.

199 *Rödiger*, Strafverfolgung von Unternehmen, S. 21, 197, 202, 212 f.

200 Vgl. *v. Rosen*, BB 2009, 230.

201 *Rödiger*, Strafverfolgung von Unternehmen, S. 21; *Süße*, HAV-Info 12/2011, 8.

Höhe von 640 Mio. US-Dollar geleistet haben.[202] Auch hier ging es um vermutete Bestechungszahlungen.[203]

Da sich die Situation für deutsche Unternehmen, die in das Visier der US-amerikanischen Ermittlungsbehörden gelangen, kaum verschieden zu der Lage der US-amerikanischen Unternehmen gestaltet, überrascht es wenig, dass deutsche Unternehmen in dieser Situation ebenfalls von dem Instrument der Internal Investigations in erheblichem Umfang Gebrauch machen.[204] Siemens hat im Rahmen der Untersuchungen nicht nur den deutschen Ermittlungsbehörden, sondern insbesondere auch SEC und DOJ seine „volle Kooperation" zugesichert und mit Debevoise & Plimpton eine Vertrauenskanzlei der SEC mit einer umfassenden Internal Investigation beauftragt.[205] Dabei soll Siemens vollumfänglich auf die Anforderungen der amerikanischen Ermittlungsbehörden eingegangen sein, um Strafen in existenzgefährdender Höhe zu verhindern.[206] Auf diesem Wege erreichte Siemens, dass sowohl SEC als auch DOJ zeitgleich zu dem deutschen Bußgeldverfahren ihre Untersuchungen gegen eine Vergleichsvereinbarung einstellten.[207] Im Rahmen dieser Vergleichsvereinbarung mit den DOJ gestand Siemens Bestechungszahlungen in Höhe von 805,5 Mio. US-Dollar ein.[208] Siemens verpflichtete sich gegenüber dem DOJ neben der Einrichtung eines effektiven Compliance-Systems zugleich zu einer Geldstrafe in Höhe von 450 Mio. US-Dollar.[209] Zudem stimmte Siemens in dem von der SEC wegen Bestechungszahlungen eingeleiteten Verfahren einer gerichtlichen Entscheidung zu, die das Unternehmen zur Zahlung eines Gewinnabschöpfungsbetrages in Höhe von 350 Mio. US-Dollar verpflichtete.[210] Auf diesem Wege konnte

---

202 *Partsch*, FCPA, S. 4; *Schulte/Görts*, RIW 2006, 561. Vgl. auch *Wewerka*, Internal Investigations, S. 64.

203 *Partsch*, FCPA, S. 4.

204 Siehe hierzu *Rödiger*, Strafverfolgung von Unternehmen, S. 214 f.

205 *Rödiger*, Strafverfolgung von Unternehmen, S. 22, 215. Vgl. hierzu auch *v. Rosen*, BB 2009, 230.

206 Vgl. *Beise*, süddeutsche.de vom 17.05.2010, abrufbar unter http://www.sueddeutsche.de/wirtschaft/korruptionsskandal-guetesiegel-fuer-siemens-1.363563 (zuletzt geprüft am 23.04.2016); *Rödiger*, Strafverfolgung von Unternehmen, S. 15, 218.

207 *Rödiger*, Strafverfolgung von Unternehmen, S. 22, 203. Vgl. hierzu auch *Wewerka*, Internal Investigations, S. 64.

208 *Rödiger*, Strafverfolgung von Unternehmen, S. 22, 217.

209 So die Vergleichsvereinbarung zwischen Siemens und dem DOJ vom 15.12.2008, S. 5, 9, abrufbar unter http://www.justice.gov/criminal/fraud/fcpa/cases/siemens/12-15-08siemensakt-plea.pdf (zuletzt geprüft am 23.04.2016); siehe hierzu *Rödiger*, Strafverfolgung von Unternehmen, S. 22, 217 f. Vgl. auch *Arzt*, in: Jahn/Kudlich/Streng (Hrsg.), Festschrift für Heinz Stöckel, S. 15, 23.

210 Dabei wurden Bestechungszahlungen in Höhe von 1,4 Mrd. US-Dollar angenommen, siehe das „Litigation Release" Nr. 20829 der SEC vom 15.12.2008, abrufbar unter http://www.sec.gov/litigation/litreleases/2008/lr20829.htm (zuletzt geprüft am 23.04.2016); siehe auch *Rödiger*, Strafverfolgung von Unternehmen, S. 22, 203, 218. Auch wurde von weiteren Verstößen gegen den Securities Exchange Act

auch ein Ausschluss von Verträgen durch die US-Regierung verhindert werden.[211] Die interne Untersuchung soll allerdings Kosten in Höhe von nahezu 700 Mio. Euro verursacht haben.[212] Zudem ist der Umgang, der von den internen Ermittlern gegenüber den Siemensmitarbeitern an den Tag gelegt worden sein soll, auf heftige Kritik gestoßen.[213] Dabei soll es in der Untersuchung nach Angaben von Siemens zuvörderst nicht um die Aufklärung individuellen Fehlverhaltens gegangen sein, sondern um die Aufdeckung der Strukturdefizite, die dieses Fehlverhalten erst ermöglicht haben.[214] Davon unberührt sahen sich im Anschluss an die internen Untersuchungen viele Mitarbeiter individuellen Verfahren von SEC, DOJ und deutschen Strafverfolgungsbehörden ausgesetzt.[215] Im Rahmen der jeweiligen Ermittlungsverfahren im Siemens-Korruptionsskandal soll zwischen SEC, DOJ und der deutschen Staatsanwaltschaft eine umfangreiche Zusammenarbeit stattgefunden haben.[216]

Auch Daimler Chrysler hatte für die Aufklärung von Bestechungsvorwürfen – es ging um gegen den FCPA verstoßende Bestechungszahlungen in Lateinamerika – Internal Investigations durchgeführt und die Ermittlungsergebnisse der SEC zukommen lassen.[217] Beauftragt mit der Durchführung der Internal Investigation wurde die US-amerikanische Kanzlei Skadden.[218] Ziel auch dieser Internal Investigation war, die Sanktionierung durch die SEC abzumildern und strafrechtliche Ermittlungen des DOJ verhindern.[219]

Insofern überrascht es nicht, dass das Phänomen der Internal Investigations auch im deutschen Rechtsraum in den Unternehmen Einzug gehalten hat. So wurden unter anderem auch bei Ferrostaal unternehmensinterne Untersuchungen

ausgegangen, siehe *ebenda* S. 218. Vgl. auch *Arzt*, in: Jahn/Kudlich/Streng (Hrsg.), Festschrift für Heinz Stöckel, S. 15, 23.

211 Siehe *Rödiger*, Strafverfolgung von Unternehmen, S. 203, 218.

212 *Wastl/Litzka/Pusch*, NStZ 2009, 68, 69 (Fn. 12). Vgl. auch *Momsen*, ZIS 2011, 508, 510; *Werres*, managermagazin 7/2008, 40, 46.

213 *Amelung* soll von dem „Guantanamo des deutschen Arbeitsrechts" gesprochen haben, siehe *Werres*, managermagazin 7/2008, 40, 45.

214 Siehe die Presseerklärung von Siemens vom 15.12.2008, S. 3, abrufbar unter http://www.siemens.com/press/de/events/2008-12-pk.php (zuletzt geprüft am 23.04.2016); siehe auch *Rödiger*, Strafverfolgung von Unternehmen, S. 216.

215 *Rödiger*, Strafverfolgung von Unternehmen, S. 219. Siehe auch *Leyendecker/Ott*, süddeutsche.de vom 13.01.2011, abrufbar unter http://www.sueddeutsche.de/wirtschaft/siemens-korruptionsaffaere-die-rueckkehr-des-skandals-1.1045787 (zuletzt geprüft am 23.04.2016).

216 *Rödiger*, Strafverfolgung von Unternehmen, S. 216 f.

217 *Schulte/Görts*, RIW 2006, 561; *Werres*, managermagazin 7/2008, 40, 47.

218 Siehe *N.N.*, spiegel.de vom 04.09.2006, abrufbar unter http://www.spiegel.de/wirtschaft/korruption-und-steuerhinterziehung-finanzskandal-holt-daimlerchrysler-ein-a-434963.html (zuletzt geprüft am 23.04.2016).

219 *Schulte/Görts*, RIW 2006, 561.

durchgeführt.[220] Das Phänomen „Internal Investigations" ist im deutschen Rechtsraum in seiner Bedeutung dabei lange nicht mehr auf Fälle mit US-Bezug begrenzt.[221]

D. Unternehmensinterne Ermittlungen als Bestandteil von Compliance

Die zunehmende Verbreitung von unternehmensinternen Untersuchungen, die an die Internal Investigations nach US-amerikanischem Vorbild in Umfang und Ablauf stark angelehnt sind, ist insbesondere vor dem Hintergrund der Compliance-Bemühungen von Unternehmen zu begreifen. „Compliance" ist in diesem Zusammenhang im Sinne von Normkonformität, insbesondere aber von Rechtskonformität der Unternehmen zu verstehen.[222] Gemeint ist eine Entwicklung, in der die Verhinderung von Normverstößen in und aus Unternehmen heraus zunehmend den betroffenen Unternehmen selbst auferlegt wird. Hiermit verbunden ist eine Zuständigkeitsverschiebung im Bereich der Verhinderung von Wirtschaftskriminalität.[223]

Die Unternehmen sollen die Regeleinhaltung im Unternehmen sowie die Risikofrüherkennung und -minimierung (innerhalb des Zumutbaren) sicherstellen und damit zukünftiges Fehlverhalten unterbinden oder zumindest erschweren.[224] Dies kann durch die Einrichtung interner verantwortlicher Stellen für die Eigenüberwachung und Schulung der Mitarbeiter, die Überarbeitung der Berichtswege, oder auch durch sonstige zur Verhinderung von Fehlverhalten geeignete Maßnahmen wie beispielsweise der Erweiterung des Vieraugenprinzip und generell durch Schaffung von zunehmendem Problembewusstsein der Mitarbeiter inklusive der

220 *Wastl*, ZRP 2011, 57. Zu den internen Ermittlungen bei Ferrostaal, siehe *Freitag/Katzensteiner*, manager-magazin.de vom 20.04.2011, abrufbar unter http://www.manager-magazin.de/magazin/artikel/a-746295-5.html (zuletzt geprüft am 23.04.2016).

221 Siehe *Süße*, HAV-Info 12/2011, 8.

222 *Reeb*, Internal Investigations, S. 1; *Wewerka*, Internal Investigations, S. 9. Insbesondere soll hiervon auch die Einhaltung unternehmensinterner Regelwerke erfasst sein, *Greeve*, in: Arbeitsgemeinschaft Strafrecht des deutschen Anwaltvereins (Hrsg.), Strafverteidigung im Rechtsstaat, S. 512, 513. Vgl. auch *Scharnberg*, Internal Investigations, S. 7; *Zapfe*, Compliance, S. 12.

223 Vgl. *Reeb*, Internal Investigations, S. 1; *Theile*, StV 2011, 381.

224 Vgl. *Bürkle*, CCZ 2010, 4, 5 f.; *Hauschka/Moosmayer/Lösler*, in: dies. (Hrsg.), Corporate Compliance, 3. Aufl., § 1 Rn. 4; *v. Hehn/Hardtung*, DB 2006, 1909; *Kuhlen*, in: Maschmann (Hrsg.), Corporate Compliance und Arbeitsrecht, S. 11, 12; *Momsen*, ZIS 2011, 508 f.; *Nestler*, in: Knierim/Rübenstahl/Tsambikakis (Hrsg.), Internal Investigations, 1. Kap. Rn. 32 f.; *Passarge*, NZI 2009, 86; *U. H. Schneider*, ZIP 2003, 645, 646; *Theile*, StV 2011, 381; *J. Wagner*, CCZ 2009, 8, 10; *Wewerka*, Internal Investigations, S. 9.

Führungsebene geschehen.[225] Während Compliance mit der Verhinderung zukünftiger Normverletzungen primär eine präventive Zielrichtung innewohnt, haben unternehmensinterne Untersuchungen zuallererst eine repressive Zwecksetzung, die in der Aufdeckung begangener Normverletzungen liegt.[226] Insoweit ist von internen Ermittlungen teilweise als der „Kehrseite"[227] von Compliance die Rede. Hierbei handelt es sich aber um eine Bezeichnung, die eine wesentliche Dimension der internen Ermittlungen ausklammert. Denn die Aufdeckung und das Abstellen von bestehenden und vergangenen Normverletzungen ist ein wesentliches Element für die Gewährleistung zukünftigen normkonformen Verhaltens[228] durch die Aufdeckung bislang existierender Schwachstellen des Compliance-Systems.[229] Ohne die Ahndung oder zumindest die Missbilligung vergangener Normverstöße wird zudem kaum eine Änderung der Unternehmenskultur und kein Problembewusstsein der Mitarbeiter zu erreichen sein, in deren Köpfen die bisherigen, rechtswidrigen Praktiken zumeist stark verankert sind. Sonstige Compliance-Anstrengungen können dann leicht als Scheinmaßnahmen verstanden werden.[230] Insofern sind unternehmensinterne Ermittlungen vor diesem Hintergrund als durch ein zunehmendes „Selbstreinigungsgebot von Unternehmen"[231] hervorgerufenes Phänomen und damit als Bestandteil von Compliance zu sehen.[232]

---

225 Vgl. *Momsen*, ZIS 2011, 508 f.; *Nestler*, in: Knierim/Rübenstahl/Tsambikakis (Hrsg.), Internal Investigations, 1. Kap. Rn. 32 f.; *Passarge*, NZI 2009, 86 f.; *Theile*, StV 2011, 381; *J. Wagner*, CCZ 2009, 8, 10; *Wewerka*, Internal Investigations, S. 9.

226 *Behrens*, RIW 2009, 22. Vgl. auch *Momsen*, ZIS 2011, 508, 511; *Nestler*, in: Knierim/Rübenstahl/Tsambikakis (Hrsg.), Internal Investigations, 1. Kap. Rn. 31, 34 f.

227 *Knauer*, ZWH 2012, 41, 42.

228 Vgl. *Brückner*, BB-Special 4/2010, 21; *Grützner*, in: Momsen/Grützner (Hrsg.), Wirtschaftsstrafrecht, 4. Kap. Rn. 3; *Moosmayer*, Compliance, 2. Aufl., S. 96; *Park*, in: Volk (Hrsg.), Münchener Anwalts-Handbuch, Verteidigung in Wirtschafts- und Steuerstrafsachen, 2. Aufl., § 11 Rn. 5; *Poppe*, in: Inderst/Bannenberg/Poppe (Hrsg.), Compliance, 2. Aufl., 7. Kap. Rn. 13; *J. Wagner*, CCZ 2009, 8, 10.

229 Siehe *v. Hehn*, Börsen-Zeitung Nr. 221 vom 16.11.2007, S. 15; *Moosmayer*, Compliance, 2. Aufl., S. 96; *Sahan*, in: Kuhlen/Kudlich/Ortiz de Urbina (Hrsg.), Compliance und Strafrecht, S. 171, 177. Vgl. *Brückner*, BB-Special 4/2010, 21, 26.

230 Vgl. *Brückner*, BB-Special 4/2010, 21, 26; *Dann*, AnwBl 2009, 84; *C. Engelhardt*, in: Bay (Hrsg.), Handbuch Internal Investigations, 11. Kap. Rn. 1; *v. Hehn*, Börsen-Zeitung Nr. 221 vom 16.11.2007, S. 15; *v. Hehn/Hardtung*, DB 2006, 1909, 1911; *Reichert/Ott*, ZIP 2009, 2173, 2176; *Sahan*, in: Kuhlen/Kudlich/Ortiz de Urbina (Hrsg.), Compliance und Strafrecht, S. 171, 177.

231 Vgl. *Knauer*, ZWH 2012, 41, 46; *ders./Buhlmann*, AnwBl 2010, 387, 388; *Momsen*, ZIS 2011, 508, 510; *Scharnberg*, Internal Investigations, S. 30.

232 So im Ergebnis auch *Dann*, AnwBl 2009, 84; *C. Engelhardt*, in: Bay (Hrsg.), Handbuch Internal Investigations, 11. Kap. Rn. 1; *v. Hehn*, Börsen-Zeitung Nr. 221 vom 16.11.2007, S. 15; *ders./Hardtung*, DB 2006, 1909, 1910; *Momsen*, ZIS 2011, 508, 509 ff.; *U. H. Schneider*, NZG 2010, 1201; *V. Vogt*, NJOZ 2009, 4206; *J. Wagner*, CCZ 2009, 8, 10 f. der darauf verweist, dass Internal Investigations der Überwachungsfunktion

Gerade aufgrund dieses Compliance-Bezugs sind unternehmensinterne Ermittlungen, die an das Vorbild der US-amerikanischem Internal Investigations angelehnt sind, so weitgehend. Da diese Untersuchungen häufig in dem Zusammenhang mit der Einrichtung eines effektiven Compliance-Systems zur Verhinderung künftiger Regelverletzungen zu sehen sind, gehen die „Internal Investigations“ stets über die Untersuchung des aufgedeckten Einzelfalles hinaus und zielen darauf ab, auch bislang unentdeckte Compliance-Verstöße aufzudecken.[233]

E. Die Beweggründe für unternehmensinterne Ermittlungen und deren Zwecksetzungen

I. Rechtspflicht zu unternehmensinternen Ermittlungen?

Eine allgemeine ausdrückliche gesetzliche Verpflichtung von Unternehmen zur Untersuchung von Hinweisen, die auf Rechtsverletzungen von Mitarbeitern hindeuten könnten, existiert auch in Deutschland nicht.[234] Im Einzelfall kann sich allerdings aus manchen Regelungen mittelbar eine Verpflichtung der Unternehmen zu unternehmensinternen Untersuchungen ergeben.

1. Verpflichtung des Leitungsorgans im Innenverhältnis zur Gesellschaft

Handelt es sich bei dem Unternehmen um eine juristische Person, kann eine Verpflichtung des Leitungsorgans zu internen Untersuchungen aus dem Innenverhältnis zwischen ihm und der Gesellschaft entspringen.

a) Verpflichtung aus der Leitungsverantwortung (§§ 76, 93 Abs. 1 AktG bzw. § 43 Abs. 1 GmbHG)

Als Anknüpfungspunkt einer Verpflichtung zur Durchführung einer unternehmensinternen Untersuchung wird für Vorstände von Aktiengesellschaften teilweise deren Leitungsverantwortung (§ 76 AktG) i.V.m. § 93 AktG ausgemacht.[235] Nach § 76 AktG obliegt dem Vorstand einer Aktiengesellschaft die

---

der Compliance zuzurechnen sind. Vgl. auch *Breßler/Kuhnke/Schulz/Stein*, NZG 2009, 721; *Brückner*, BB-Special 4/2010, 21, 22. *Gerst*, CCZ 2012, 1, unterscheidet zwischen der Compliance im „engeren Sinne“ und der Compliance im „weiteren Sinne“, die auch interne Ermittlungen erfassen soll.

233 Vgl. *Taschke*, NZWiSt 2012, 89, 91; *Theile*, StV 2011, 381.

234 *Spehl/Momsen/Grützner*, CCZ 2013, 260.

235 So *Knauer*, ZWH 2012, 41, 46 f.; *Poppe*, in: Inderst/Bannenberg/Poppe (Hrsg.), Compliance, 2. Aufl., 7. Kap. Rn. 23; aus § 93 herleitend *Kremer*, in: Burgard/Hadding/Mülbert u. a. (Hrsg.), Festschrift für Uwe H. Schneider, S. 701, 705 f. Gegen die Herleitung einer diesbezüglichen Pflicht aus § 93 I AktG *Park*, in: Volk (Hrsg.), Münchener Anwalts-Handbuch, Verteidigung in Wirtschafts- und Steuerstrafsachen, 2. Aufl., § 11 Rn. 10 (Fn. 31).

Leitungsverantwortung für die Gesellschaft.[236] Von dieser umfasst ist auch die Pflicht zur Unternehmensüberwachung,[237] welche ihrerseits die Verpflichtung, die Einhaltung der Gesetze und der unternehmensinternen Richtlinien sicherzustellen, beinhaltet.[238] Vorstandsmitglieder sind hiernach nach allgemeiner Ansicht dazu gehalten, geeignete und zumutbare Vorkehrungen zur Überwachung sowohl der nachgeordneten Unternehmensangehörigen als auch der Vorstandskollegen zu treffen.[239] Bestandteil dieser Verpflichtung ist im Einzelfall auch, Hinweisen auf Gesetzesverstöße unverzüglich nachzugehen und den Sachverhalt umfassend zu ermitteln.[240] Für die Geschäftsführer einer GmbH ergibt sich diese Verpflichtung aus § 43 Abs. 1 GmbHG.[241]

---

236 Siehe hierzu *Potinecke/Block*, in: Knierim/Rübenstahl/Tsambikakis (Hrsg.), Internal Investigations, 2. Kap. Rn. 6 f.; *Spindler*, in: Goette/Habersack (Hrsg.), Münchener Kommentar zum Aktiengesetz, Band 2, 4. Aufl., § 76 Rn. 15 ff.

237 Siehe *Knauer*, ZWH 2012, 41, 46; *J. Wagner*, CCZ 2009, 8, 12.

238 Dies ist neben der Pflicht, selbst die Gesetze einzuhalten, auch Bestandteil der sogenannten Legalitätspflicht, siehe *Fleischer*, ZIP 2005, 141, 148 f.; *Momsen*, in: Rotsch (Hrsg.), Criminal Compliance, S. 47, 50; *Potinecke/Block*, in: Knierim/Rübenstahl/Tsambikakis (Hrsg.), Internal Investigations, 2. Kap. Rn. 7 mit vergleichendem Verweis auf den Deutschen Corporate Governance Kodex, 4.1.3, abrufbar unter http://www.dcgk.de//files/dcgk/usercontent/de/download/kodex/D_CorGov_Endfassung_2014.pdf (zuletzt geprüft am 23.04.2016); *Reeb*, Internal Investigations, S. 25; *Rieder/Falge*, in: Inderst/Bannenberg/Poppe (Hrsg.), Compliance, 2. Aufl., 2. Kap. Rn. 3 ff.; für die GmbH siehe *Haas/Ziemons*, in: Michalski (Hrsg.), GmbHG, Band 2, 2. Aufl., § 43 Rn. 44. So auch *Fleischer*, in: Spindler/Stilz (Hrsg.), Kommentar zum Aktiengesetz, Band 1, 3. Aufl., § 93 Rn. 12. Vgl. auch *Hopt*, in: ders./Wiedemann (Hrsg.), Aktiengesetz, Großkommentar, Band 3, 4. Aufl., § 93 Rn. 98; *Ihrig*, WM 2004, 2098, 2104. Insofern besteht eine Compliance-Verantwortung des Vorstandes, siehe hierzu *Weber*, in Hölters (Hrsg.), AktG, 2. Aufl., § 76 Rn. 28 f.

239 *Fleischer*, Vorstandsrecht, § 8 Rn. 1; *Reichert*, ZIS 2011, 113, 114. Vgl. *Hopt*, in: ders./Wiedemann (Hrsg.), Aktiengesetz, Großkommentar, Band 3, 4. Aufl., § 93 Rn. 107; *Knauer*, ZWH 2012, 41, 46; ausführlich *Fleischer*, AG 2003, 291 ff.; *ders.*, NZG 2003, 449, 450 ff. Zu der Rechtslage in der GmbH, vgl. *Zöllner/Noack*, in: Baumbach/Hueck, GmbHG, 20. Aufl., § 43 Rn. 17.

240 Wobei im Rahmen der genauen Herleitung und Ausgestaltung der Schwerpunkt mal mehr auf § 93 Abs. 1, mal mehr auf § 76 AktG gelegt wird, siehe *Fleischer*, AG 2003, 291, 294; *ders.*, CCZ 2008, 1, 2; *ders.*, in ders. (Hrsg.), Vorstandsrecht, § 8 Rn. 35; *Potinecke/Block*, in: Knierim/Rübenstahl/Tsambikakis (Hrsg.), Internal Investigations, 2. Kap. Rn. 8; *Reeb*, Internal Investigations, S. 25; *J. Wagner*, CCZ 2009, 8, 12. Vgl. auch *Hopt*, in: ders./Wiedemann (Hrsg.), Aktiengesetz, Großkommentar, Band 3, 4. Aufl., § 93 Rn. 107; *Salvenmoser/Schreier*, in: Achenbach/Ransiek/Rönnau (Hrsg.), Handbuch Wirtschaftsstrafrecht, 4. Aufl., 15. Teil Rn. 36; *Taschke*, in: Rotsch (Hrsg.), Criminal Compliance, S. 65, 67 f.; *Zapfe*, Compliance, S. 63, 65 ff.

241 *Park*, in: Volk (Hrsg.), Münchener Anwalts-Handbuch, Verteidigung in Wirtschafts- und Steuerstrafsachen, 2 Aufl., § 11 Rn. 17; *Potinecke/Block*, in: Knierim/

b) *Unternehmensinterne Ermittlungen als Bestandteil einer Compliance-Verpflichtung des Leitungsorgans*

Die mögliche Verpflichtung zu internen Ermittlungen ist auch im Zusammenhang mit einer diskutierten Compliance-Verpflichtung des Vorstandes zu sehen. Diese wird nach einer Ansicht ebenfalls aus § 76 AktG gefolgert,[242] nach anderer Ansicht aus § 93 Abs. 1 AktG.[243] Daneben wird diese aber auch aus dem Außenverhältnis der Gesellschaft, genauer den ordnungswidrigkeitenrechtlichen Organisationspflichten, insbesondere aus § 130 OWiG[244] oder aus einer Gesamtschau der verschiedenen spezialgesetzlichen Regelungen hergeleitet.[245] Auch aus dieser Compliance-Verpflichtung soll sich eine Aufklärungspflicht im Sinne der Nachverfolgung von substantiierten Hinweisen auf Fehlverhalten ergeben.[246] Wie bereits oben angesprochen, sind auch interne Ermittlungen wegen ihrer immanent präventiven Zielrichtung als Compliance-Maßnahmen zu sehen,[247] sodass sie im Einzelfall hiervon umfasst sein können. Allerdings wird im Rahmen der Entscheidung über die konkrete Ausgestaltung der erforderlichen Compliance-Maßnahmen dem Vorstand ein weiter Ermessenspielraum eingeräumt.[248] Unternehmensinterne Nachforschungen sollen allerdings insbesondere bei begründetem Verdacht rechtswidrigen Verhaltens Bestandteil der Compliance-Pflichten sein.[249]

Rübenstahl/Tsambikakis (Hrsg.), Internal Investigations, 2. Kap. Rn. 67. Vgl. auch BGH, GmbHR 1985, 143, 144.

242 So *J. Koch*, in: Hüffer, Aktiengesetz, 11. Aufl., § 76 Rn. 12 (neben § 93 AktG); *Spindler*, in: Goette/Habersack (Hrsg.), Münchener Kommentar zum AktG, Band 2, 4. Aufl., § 76 Rn. 16. So auch in Verbindung mit § 91 Abs. 2 AktG und § 130 OWiG, *Hart-Hönig*, in: Arbeitsgemeinschaft Strafrecht des Deutschen Anwaltvereins (Hrsg.), Strafverteidigung im Rechtsstaat, S. 530, 538.

243 *Fleischer*, AG 2003, 291, 299; *Reichert*, ZIS 2011, 113, 115. Daneben wird eine solche Verpflichtung teilweise auch aus der Abgabe einer Entsprechungserklärung nach § 161 AktG oder § 91 Abs. 2 AktG hergeleitet, so *Maschmann*, AuA 2009, 72.

244 *Grützner*, in: Momsen/Grützner (Hrsg.), Wirtschaftsstrafrecht, 4. Kap. Rn. 47 ff.; *Moosmayer*, Compliance, 2. Aufl., S. 5; *Rieder/Falge*, in: Inderst/Bannenberg/Poppe (Hrsg.), Compliance, 2. Aufl., 2. Kap. Rn. 20 ff. Insbesondere auf die §§ 30, 130, 9 OWiG abstellend auch *Hartwig*, in: Moosmayer/Hartwig (Hrsg.), Interne Untersuchungen, S. 8.

245 So *U. H. Schneider*, ZIP 2003, 645, 648 f. Vgl. hierzu ablehnend *Potinecke/Block*, in: Knierim/Rübenstahl/Tsambikakis (Hrsg.), Internal Investigations, 2. Kap. Rn. 23.

246 Siehe *Grützner*, in: Momsen/Grützner (Hrsg.), Wirtschaftsstrafrecht, 4. Kap. Rn. 48 ff.; *Moosmayer*, Compliance, 2. Aufl., S. 5; *Reichert*, ZIS 2011, 113, 117; *ders./Ott*, ZIP 2009, 2173, 2174.

247 Vgl. 3. Kapitel D.

248 Siehe *Fleischer*, AG 2003, 291, 299 f.; *U. H. Schneider*, NZG 2010, 1201, 1202.

249 *Reichert*, ZIS 2011, 113, 117; *U. H. Schneider*, NZG 2010, 1201, 1202.

c) Verpflichtung aus § 91 Abs. 2 AktG

Für Aktiengesellschaften könnte sich ein Anknüpfungspunkt für eine Verpflichtung zur Durchführung interner Ermittlungen auch in § 91 Abs. 2 AktG finden, dessen analoge Anwendbarkeit auf andere Gesellschaftsformen, insbesondere die GmbH, diskutiert wird.[250] § 91 Abs. 2 AktG verpflichtet den Vorstand dazu, geeignete Maßnahmen zu treffen, damit den Fortbestand der Gesellschaft gefährdende Entwicklungen früh erkannt werden, insbesondere auch ein Überwachungssystem einzurichten. Bezogen auf „den Fortbestand der Gesellschaft gefährdende Entwicklungen" soll § 91 Abs. 2 AktG auch die Verpflichtung, diese (frühzeitig) aufzuklären, beinhalten.[251]

Von der Pflicht zur Ergreifung geeigneter Maßnahmen zur Risikofrüherkennung kann demnach nach verbreiteter Auffassung im Einzelfall auch die Durchführung einer unternehmensinternen Ermittlung umfasst sein.[252] Bei der Auswahl der erforderlichen Maßnahmen genießt der Vorstand aber jedenfalls einen unternehmerischen Ermessenspielraum, da es sich um eine Ausprägung der dem Vorstand obliegenden Leitungs- und Sorgfaltspflicht nach § 93 Abs. 1 AktG handelt.[253] Erforderlich kann deswegen nur sein, dass sich der Vorstand über die Risiken für das Unternehmen

---

250 Siehe hierzu *Spindler*, in Goette/Habersack (Hrsg.), Münchener Kommentar zum AktG, Band 2, 4. Aufl., § 91 Rn. 80 m.w.N.; *Wirtz*, WuW 2001, 342, 356.

251 *Behrens*, RIW 2009, 22, 29; *Nestler*, in: Knierim/Rübenstahl/Tsambikakis (Hrsg.), Internal Investigations, 1. Kap. Rn. 12. Vgl. auch *Salvenmoser/Schreier*, in: Achenbach/Ransiek/Rönnau (Hrsg.), Handbuch Wirtschaftsstrafrecht, 4. Aufl., 15. Teil Rn. 36.

252 Vgl. *Jahn/Kirsch*, StV 2011, 151, 152; *v. Hehn/Hartung*, in: Wieland/Steinmeyer/Grüninger (Hrsg.), Handbuch Compliance-Management, 2. Aufl., S. 451; *Scharnberg*, Internal Investigations, S. 47. Dagegen allerdings *Potinecke/Block*, in: Knierim/Rübenstahl/Tsambikakis (Hrsg.), Internal Investigations, 2. Kap. Rn. 14; *J. Wagner*, CCZ 2009, 8, 12. A.A. auch *Theile*, wistra 2010, 457, 459 ff. Vgl. auch *Park*, in: Volk (Hrsg.), Münchener Anwalts-Handbuch, Verteidigung in Wirtschafts- und Steuerstrafsachen, 2. Aufl., § 11 Rn. 10 (Fn. 31). Auch wenn man § 91 Abs. 2 auf Maßnahmen mit rein präventiver Zielrichtung beschränkt sähe, könnte eine Verpflichtung zu internen Ermittlungen aus § 91 Abs. 2 von vornherein ausgeschlossen sein (so *Knauer*, ZWH 2012, 41, 46. Vgl. *Potinecke/Block*, in: Knierim/Rübenstahl/Tsambikakis (Hrsg.), Internal Investigations, 2. Kap. Rn. 14). Jedoch lässt sich bei der Aufdeckung von Regelverstößen und damit auch internen Ermittlungen kaum jemals die repressive von der präventiven Zielrichtung wirklich trennen. Auch internen Ermittlungen wohnt eine „präventive" Komponente inne, indem die Aufdeckung der Regelverstöße zur Ahndung von Verstößen und Aufdeckung von Schwächen des Compliance-Systems führen soll und durch Stärkung des Normbewusstseins sowie durch Abschreckung als Mittel zur Erschwerung zukünftiger Tatbegehungen dient (siehe 3. Kapitel D.).

253 Vgl. *Spindler*, in Goette/Habersack (Hrsg.), Münchener Kommentar zum AktG, Band 2, 4. Aufl., § 91 Rn. 17. Vgl. auch *Bürgers/Israel*, in: Bürgers/Körber (Hrsg.), Heidelberger Kommentar zum Aktiengesetz, 3. Aufl., § 91 Rn. 12; *Fleischer*, in

gründlich informiert und alle möglichen organisatorischen Maßnahmen sorgsam abwägt sowie auch die Maßnahmen laufend der Risikoentwicklung des Unternehmens anpasst.[254] Eine Pflicht zu unternehmensinternen Ermittlungen ergibt sich hieraus deswegen allenfalls dann, wenn die Verstöße auf andere Art und Weise nicht aufgeklärt werden können.[255]

2. *Verpflichtung aus den verwaltungsrechtlichen Überwachungs- und Anzeigepflichten*

Eine Verpflichtung zu internen Ermittlungen kann sich im Einzelfall auch aus spezialgesetzlichen Regelungen wie § 25a KWG oder auch § 33 WpHG ergeben.[256] Insbesondere stellt § 25a Abs. 1 S. 3 KWG spezifische Anforderungen an die Einrichtung eines Risikomanagementsystems.[257] Die durch die MaComp[258] konkretisierten Mindestanforderungen an das Compliance-System erfordern sowohl eine stichprobenartige Überwachung als auch eine besondere Nachforschung bei konkreten Anlässen.[259] Im Einzelfall kann sich dies zu einer Verpflichtung zu internen Ermittlungen konkretisieren.[260] Allerdings steht den Verantwortlichen auch hier bezüglich der Frage, wie sie diesen Pflichten im Einzelfall nachkommen, im Regelfall ein Ermessenspielraum zu.[261]

Spindler/Stilz (Hrsg.), Kommentar zum Aktiengesetz, Band 1, 3. Aufl., § 93 Rn. 13, 33; *J. Koch*, in: Hüffer, Aktiengesetz, 11. Aufl., § 91 Rn. 7.

254 Siehe *Spindler*, in Goette/Habersack (Hrsg.), Münchener Kommentar zum AktG, Band 2, 4. Aufl., § 91 Rn. 17.

255 Gegen die Herleitung einer Compliance-Verpflichtung aus § 91 Abs. 2 AktG *Theile*, wistra 2010, 457, 459 ff. Das „Wie" der Unternehmensleitung sei Vorständen und Geschäftsführung freigestellt, weil sich diesbezüglich keine gesetzlichen Konkretisierungen finden lassen.

256 Hieraus ergeben sich jeweils besondere Compliance-Pflichten (siehe hierzu *Schaefer/Baumann*, NJW 2011, 3601, 3602). Vgl. *Jahn/Krisch*, StV 2011, 151, 152; *Knierim*, StV 2009, 324, 327. Einen Überblick über weitere spezialgesetzliche Regelungen findet sich bei *J. Wagner*, CCZ 2009, 8, 11. Siehe auch *Zapfe*, Compliance, S. 62.

257 Siehe hierzu *Braun/Wolfgarten*, in: Boos/Fischer/Schulte-Mattler, KWG, 4. Aufl., § 25a Rn. 21 ff.

258 Mindestanforderungen an die Compliance-Funktion und die weiteren Verhaltens-, Organisations- und Transparenzpflichten nach §§ 31 ff. WpHG für Wertpapierdienstleistungsunternehmen, Rundschreiben der BaFin.

259 So *U. H. Schneider*, NZG 2010, 1201, 1202. Siehe auch die MaComp in der Fassung vom 07.08.2014, AT 6 und BT 1.2, abrufbar unter http://www.bafin.de/SharedDocs/Veroeffentlichungen/DE/Rundschreiben/rs_1004_wa_macomp.html?nn=2818068#doc2676654bodyText29 (zuletzt geprüft am 23.04.2016).

260 Vgl. *Jahn/Kirsch*, StV 2011, 151, 152; *J. Wagner*, CCZ 2009, 8, 11. A.A. wohl *Reeb*, Internal Investigations, S. 25 f.

261 Vgl. *Behrens*, RIW 2009, 22, 29; *Reeb*, Internal Investigations, S. 25 f.; *U. H. Schneider*, NZG 2010, 1201, 1202.

Eine weitere in diesem Zusammenhang zu beachtende Norm stellt § 44 Abs. 1 KWG dar, der weitgehende Auskunftsansprüche, bis hin zu ganzen „Fragekatalogen", für die Regulierungsbehörde beinhaltet.[262] Hierdurch kann diese die Unternehmen faktisch zu eigenen Aufklärungsmaßnahmen zwingen.[263]

Eine eindeutige rechtliche Verpflichtung für Kreditinstitute zu eigenen Aufklärungsmaßnahmen enthält seit wenigen Jahren § 25h Abs. 3 (ehemals § 25c Abs. 3) KWG. Danach sind solche Sachverhalte aufzuklären, die aufgrund des öffentlich und im Kreditinstitut verfügbaren Erfahrungswissens über die Methoden der Geldwäsche, der Terrorismusfinanzierung und sonstigen strafbaren Handlungen im Sinne des § 25h Abs. 1 S. 1 KWG als zweifelhaft oder ungewöhnlich anzusehen sind. Auch wird diesbezüglich eine Dokumentationspflicht aufgestellt. Weitere inhaltliche Vorgaben bezüglich der Ausgestaltung einer internen Untersuchung sind § 25h KWG für dessen Anwendungsbereich nicht zu entnehmen.[264]

3. *Verpflichtung aus dem ordnungswidrigkeitenrechtlichen Normengefüge*

Eine Verpflichtung zu internen Untersuchungen bei Verdachtsmomenten wird zudem aus dem ordnungswidrigkeitenrechtlichen Normengefüge, insbesondere aus § 130 OWiG abgeleitet. So wird eine Untersuchungspflicht teilweise darauf gestützt, dass diese als Teil eines zur Erfüllung der Aufsichtspflicht erforderlichen Compliance-Systems bei Verdacht auf Verstöße gegen Straf- oder Ordnungswidrigkeitenrecht stets eine interne Untersuchung erfordere, weil nur durch die umfassende Aufklärung des Sachverhalts sichergestellt werden könnte, dass noch andauernde Rechtsverletzungen abgestellt und Wiederholungen verhindert würden.[265]

Aus § 130 OWiG ergibt sich allerdings keine unbeschränkte Aufklärungspflicht. Auch hiernach sind Unternehmen nur zu solchen Aufklärungsmaßnahmen

---

262 Siehe *Behrens*, RIW 2009, 22, 29. Vgl. auch *Braun*, in: Boos/Fischer/Schulte-Mattler (Hrsg.), KWG, 4. Aufl., § 44 Rn. 30.

263 Siehe *Behrens*, RIW 2009, 22, 29. Vgl. auch *Scharnberg*, Internal Investigations, S. 36.

264 Siehe hierzu *Behrends/Müller-Tronnier/Zeidler*, ZfgK 2013, 776, 777 f.; *Knauer*, ZWH 2012, 41, 45; *Salvenmoser/Schreier*, in: Achenbach/Ransiek/Rönnau (Hrsg.), Handbuch Wirtschaftsstrafrecht, 4. Aufl., 15. Teil Rn. 37; *Scharnberg*, Internal Investigations, S. 46; *Zentes/Wybitul*, CCZ 2011, 90, 92.

265 So *Hartwig*, in: Moosmayer/Hartwig (Hrsg.), Interne Untersuchungen, S. 8; *Reichert/Ott*, ZIP 2009, 2173, 2176. Vgl. auch BGH, wistra 1987, 148; *Dann*, AnwBl 2009, 84; *Große Vorholt*, Wirtschaftsstrafrecht, 2. Aufl., Rn. 218; *Poppe*, in: Inderst/Bannenberg/Poppe (Hrsg.), Compliance, 2. Aufl., 7. Kap. Rn. 26; *Zapfe*, Compliance, S. 64, 65. Siehe auch *Eggers*, in: Park (Hrsg.), Kapitalmarktstrafrecht, 3. Aufl., Teil 4 5. Kap. Rn. 4; *Sahan*, in: Kuhlen/Kudlich/Ortiz de Urbina (Hrsg.), Compliance und Strafrecht, S. 171, 174; *Salvenmoser/Schreier*, in: Achenbach/Ransiek/Rönnau (Hrsg.), Handbuch Wirtschaftsstrafrecht, 4. Aufl., 15. Teil Rn. 36. A.A. *Theile*, wistra 2010, 457, 459, wonach sich der Pflichtenmaßstab nicht aus § 130 OWiG destillieren lässt.

verpflichtet, die zumutbar und praktisch durchführbar sind.[266] Dabei sind im Rahmen der Entscheidung für oder gegen eine Untersuchung sowie über deren notwendigen Umfang insbesondere die Erfolgsaussichten der Ermittlungsmaßnahmen, die Würde der Mitarbeiter, das Betriebsklima, die Arbeitsfähigkeit des Unternehmens und die entsprechenden Kosten zu berücksichtigen.[267] Bezüglich der Art der Sachverhaltsaufklärung bestehen, soweit man eine Verpflichtung zu internen Ermittlungen auf § 130 OWiG stützt, keine Vorgaben.[268]

4. *Die Berichtigungspflicht des Abschlussprüfers*

Auch der Abschlussprüfer kann indirekt zu Sachverhaltsausforschungen verpflichtet sein. Nach § 317 Abs. 1 S. 3 HGB hat dieser seine Prüfung daran auszurichten, dass Unrichtigkeiten und Verstöße gegen die gesetzlichen Vorschriften und die sie ergänzenden Bestimmungen des Gesellschaftsvertrags oder der Satzung, die sich auf die Darstellung des sich aus § 264 Abs. 2 HGB ergebenden Bildes der Vermögens-, Finanz- und Ertragslage des Unternehmens wesentlich auswirken, bei gewissenhafter Berufsausübung erkannt werden. Hiermit korrespondiert nach § 321 Abs. 1 S. 2 HGB eine Berichtspflicht bezüglich (schwerwiegender) Verstöße im Prüfungsbericht. Diese umfasst auch Verstöße, die keinen Einfluss auf den Jahresabschluss haben.[269] Gegenüber den gesetzlichen Vertretern der Gesellschaft besteht nach § 320 Abs. 2 S. 2 HGB ein Auskunftsanspruch bezüglich der Umstände, die für die sorgfältige Prüfung notwendig sind.[270] Hieraus kann im Einzelfall eine (mittelbare) Verpflichtung zu internen Ermittlungen resultieren, soweit diese zur Korrektur nötig sind.[271]

5. *Strafrechtliche Geschäftsherrenhaftung*

Im Einzelfall könnte sich eine Untersuchungspflicht auch aus der strafrechtlichen Geschäftsherrenhaftung ergeben.[272] Diese Garantenpflicht des Geschäftsinhabers zur Verhinderung vorsätzlicher Straftaten, die aus dem Unternehmen heraus begangen werden, wird von der herrschenden Ansicht anerkannt.[273] Von der Gegenansicht

---

266 OLG Düsseldorf, wistra 1999, 115, 116; WuW 2007, 265, 268; *Dann*, AnwBl 2009, 84, 85; *Große Vorholt*, Wirtschaftsstrafrecht, 2. Aufl., Rn. 210.

267 *Dann*, AnwBl 2009, 84, 85. Siehe auch *Rogall*, in: Senge (Hrsg.), Karlsruher Kommentar zum Gesetz über Ordnungswidrigkeiten, 4. Aufl., § 130 Rn. 51.

268 *Hartwig*, in: Moosmayer/Hartwig (Hrsg.), Interne Untersuchungen, S. 9. Vgl. auch *Scharnberg*, Internal Investigations, S. 48; *U. H. Schneider*, NZG 2010, 1201, 1202.

269 *Salvenmoser/Schreier*, in: Achenbach/Ransiek/Rönnau (Hrsg.), Handbuch Wirtschaftsstrafrecht, 4. Aufl., 15. Teil Rn. 36.

270 Zum Inhalt dieses Auskunftsrechts, siehe *Schmidt/Heinz*, in: Grottel/Schmidt/Schubert u. a. (Hrsg.), Beck'scher Bilanz-Kommentar, 10. Aufl., § 320 HGB Rn. 6 ff.

271 *Knauer*, ZWH 2012, 41, 46.

272 *Zapfe*, Compliance, S. 64 f.

273 Bejahend RGSt 58, 130, 133; BGHSt 57, 42, 45 f.; OLG Karlsruhe, GA 1971, 281, 283; *Bottke*, Haftung aus Nichtverhütung von Straftaten Untergebener, S. 25 ff.,

wird vorrangig die Eigenverantwortlichkeit der Mitarbeiter vorgebracht.[274] Aber auch wenn man diese Unterlassungshaftung prinzipiell bejaht, ist umstritten, wie weit der Rahmen der zu verhindernden Straftaten genau zu ziehen ist.[275] Abgesehen hiervon unterliegt die Geschäftsherrenhaftung zwei weiteren Einschränkungen. Zum einen ist die Geschäftsherrenhaftung bei Vorsatzdelikten stets auf

---

73; *T. Fischer,* StGB, 63. Aufl., § 13 Rn. 67 ff.; *Göhler,* in: Jescheck/Lüttger (Hrsg.), Festschrift für Eduard Dreher, S. 611, 620; *Hoyer,* Verantwortlichkeit innerhalb von Weisungsverhältnissen, S. 32; *Köhler,* Strafrecht AT, S. 223 f.; *Kuhlen,* in Maschmann (Hrsg.), Corporate Compliance und Arbeitsrecht, S. 11, 17; *Kuhn,* wistra 2012, 297 f.; Lackner/*Kühl,* StGB, 28. Aufl., § 13 Rn. 14; *Landscheidt,* Garantenpflichten, S. 112 ff., insb. S. 115; *Otto,* in: Hoyer/Müller/Pawlik u. a. (Hrsg.), Festschrift für Friedrich-Christian Schroeder, S. 339, 341; *Ransiek,* AG 2010, 147, 149 ff.; *Rengier,* in: Senge (Hrsg.), Karlsruher Kommentar zum Gesetz über Ordnungswidrigkeiten, 4. Aufl., § 8 Rn. 47 f.*; ders.*, Strafrecht AT, 7. Aufl., § 50 Rn. 68; *Rönnau/Schneider,* ZIP 2010, 53, 54 f.; *Rogall,* ZStW 98 (1986), 573, 616 ff.; *C. Roxin,* Strafrecht AT II, § 32 Rn. 137; *ders.* JR 2012, 305 ff.; *Schall,* in: Rogall/Puppe/Stein u. a. (Hrsg), Festschrift für Hans-Joachim Rudolphi, S. 267 ff.; *Schünemann,* Grund und Grenzen, S. 328 f.; *ders.*, Unternehmenskriminalität, S. 101 ff; *ders.,* wistra 1982, 41, 45; *Stratenwerth/Kuhlen,* Strafrecht, AT, 6. Aufl., § 13 Rn. 46 ff.; Aufsichtspflichtverletzung, S. 12 ff.; *B. Vogt,* Verbandsgeldbuße, S. 127 ff. Ablehnend *Bosch,* Organisationsverschulden, S. 191; *Campos Nave/Vogel,* BB 2009, 2546, 2549; *Hsü,* Garantenstellung, S. 253 f.; *Rudolphi/Stein,* in: Wolter (Hrsg.), Systematischer Kommentar zum Strafgesetzbuch, 8. Aufl., 139. Lfg, Stand: Juli 2013, § 13 Rn. 35a; *Walter,* Pflichten des Geschäftsherrn im Strafrecht, S. 140 ff. Grundsätzlich ablehnend *Bosch,* Organisationsverschulden, S. 191 f.; *Heine,* Strafrechtliche Verantwortlichkeit von Unternehmen, S. 116 ff., 120; *Langkeit,* in: Dannecker/Langer/Ranft u. a. (Hrsg.), Festschrift für Harro Otto, S. 649, 651 ff.; *Otto,* Jura 1998, 409, 411; *Weigend,* in Laufhütte/Rissing-van Saan/Tiedemann (Hrsg.), Leipziger Kommentar zum StGB, Band 1, 12. Aufl., § 13 Rn. 56 (jeweils einschränkend auf durch die Eigenart des besonderen Betriebs hervorgerufene Risiken). Einschränkend auch *Gimbernat Ordeig,* in: Schünemann/Achenbach/Bottke u. a. (Hrsg.), Festschrift für Claus Roxin, S. 651, 661 ff.; *Spring,* Strafrechtliche Geschäftsherrenhaftung, S. 237. Siehe hierzu auch *Schlösser,* NZWiSt 2012, 281 ff.

274 *Alexander,* Verantwortlichkeit, S. 22; *Berndt,* StV 2009, 689, 691; *Ransiek,* ZGR 1992, 203, 220; *Rudolphi/Stein,* in: Wolter (Hrsg.), Systematischer Kommentar zum Strafgesetzbuch, 8. Aufl., 139. Lfg., Stand: Juli 2013, § 13 Rn. 35a; *Walter,* Pflichten des Geschäftsherrn im Strafrecht, S. 131 ff., 141; *Weigend,* in: Laufhütte/Rissing-van Saan/Tiedemann (Hrsg.), Leipziger Kommentar zum StGB, Band 1, 12. Aufl., § 13 Rn. 56.

275 Vgl. hierzu *Otto,* in: Hoyer/Müller/Pawlik u. a. (Hrsg.), Festschrift für Friedrich-Christian Schroeder, S. 339, 342 f.; *Schall,* in: Rogall/Puppe/Stein u. a. (Hrsg), Festschrift für Hans-Joachim Rudolphi, S. 267, 280 ff.; *C. Roxin,* JR 2012, 305, 306 f. Vgl. auch BGHSt 57, 42, 45 f.; *Bottke,* Haftung aus Nichtverhütung von Straftaten Untergebener, S. 68 f.; *Bülte,* NZWiSt 2012, 176, 177 ff.; *Kuhn,* wistra 2012, 298; *Rengier,* in: Senge (Hrsg.), Karlsruher Kommentar zum Gesetz über Ordnungswidrigkeiten, 4. Aufl., § 8 Rn. 48; *C. Roxin,* Strafrecht AT II, § 32 Rn. 141; *Schünemann,* wistra 1982, 41, 45.

die vorsätzliche Nichtverhinderung einer konkreten Tat beschränkt.[276] Deswegen kann diese Haftung nur eingreifen, wenn die Sachverhaltserforschung zur Verhinderung einer konkreten zukünftigen Tat, oder zum Abstellen einer gegenwärtigen Tat notwendig ist, bezüglich deren Begehung dem Geschäftsherrn zumindest die billige Inkaufnahme vorwerfbar ist. Sobald die zukünftige Tat derart bekannt ist, dürfte nur ein geringer Anwendungsbereich verbleiben, in dem eine weitere Aufklärung zum Abstellen oder zur Verhinderung des konkreten Delikts notwendig wäre. Zum anderen muss auch noch feststehen, dass diese konkrete Straftat durch das Eingreifen mit an Sicherheit grenzender Wahrscheinlichkeit verhindert worden wäre.[277] Insofern dürfte der Geschäftsherrenhaftung in diesem Zusammenhang kaum Relevanz zukommen.

6. Zusammenfassung

Im deutschen Rechtsraum existiert nach der vorangegangenen Analyse keine allgemeine Verpflichtung zur Durchführung von unternehmensinternen Untersuchungen. Allerdings kann sich das Fehlen der Sachverhaltsaufklärung durch eine interne Ermittlung im Einzelfall haftungsbegründend auswirken, insbesondere indem es zivilrechtlich eine Haftung wegen Verletzung der §§ 76, 93 Abs. 1 AktG, aber auch indem es eine ordnungswidrigkeitenrechtliche Haftung wegen der Verletzung einer Aufsichtspflicht auslösen kann. Zumindest bezüglich der inhaltlichen Ausgestaltung der Ermittlungen, dem Wie der Sachverhaltsaufklärung, besteht jedoch stets ein Ermessenspielraum der Unternehmensleitung. In der Regel handelt es sich aber nur um eine faktische Zwangslage der Unternehmen.

II. Die Anlässe für unternehmensinterne Untersuchungen

Unternehmensinterne Untersuchungen müssen nicht stets in einem engen Zusammenhang mit einem drohenden staatlichen Strafverfahren stehen.[278] In vielen Fällen ist die Entscheidung zur Durchführung einer internen Ermittlung zwar durchaus von der Furcht vor einem zukünftigen staatlichen straf- oder ordnungswidrigkeitenrechtlichen Verfahren beeinflusst. Teilweise werden unternehmensinterne Ermittlungen gerade aufgrund eines bereits eingeleiteten staatlichen Verfahrens durchgeführt.[279] Allerdings sind die Ursachen für interne Ermittlungen in der Praxis sehr vielgestaltig, sodass der Bezug zu staatlichen Verfahren bei vielen internen Ermittlungen erst später hergestellt wird oder auch überhaupt nicht bestehen kann, beispielsweise, wenn es sich allein um die Verletzung einer internen Regel ohne

276 Vgl. *Rengier*, Strafrecht AT, 7. Aufl., § 49 Rn. 35; *Sternberg-Lieben*, in: Schönke/Schröder, StGB, 29. Aufl., § 13 Rn. 60.

277 Vgl. *T. Fischer*, StGB, 63. Aufl., § 13 Rn. 4; *Fruck*, Aufsichtspflichtverletzung, S. 11; *Stree/Bosch*, in: Schönke/Schröder, StGB, 29. Aufl., § 13 Rn. 61.

278 Vgl. *v. Hehn/Hardtung*, DB 2006, 1909, 1913.

279 Vgl. *I. Roxin*, StV 2012, 116, 117.

straf- oder ordnungswidrigkeitenrechtliche Relevanz handelt. Unternehmensinterne Untersuchungen werden nicht allein dann durchgeführt, wenn im Raum steht, dass aus dem Unternehmen heraus Straftaten oder Ordnungswidrigkeiten zu Lasten Dritter begangen wurden, wegen derer das Unternehmen oder dessen Organe haften könnten. Der Anlass kann ebenfalls in der Aufdeckung von Straftaten oder auch sonstiger (Zivil-)Rechtsverletzungen zu Lasten des Unternehmens selbst liegen, die abgestellt oder in der Zukunft verhindert werden sollen oder wegen derer dem Unternehmens Schadensersatzansprüche entstanden sein könnten.[280] Dabei ist das Unternehmen zumeist wesentlich an der Beseitigung möglicher Missstände in der Compliance-Organisation interessiert, welche die Regelverletzungen erleichtert oder erst ermöglicht haben, um auf diesem Wege weitere Regelverstöße und damit eine Haftung des Unternehmens in der Zukunft zu vermeiden.[281] In der Regel kommt auch der Vermeidung oder Minimierung einer möglichen Geldbuße Bedeutung zu.[282] Dies gilt umso mehr für Fälle, in denen eine Sanktionierung durch US-Behörden

---

280 Vgl. *Sahan*, in: Kuhlen/Kudlich/Ortiz de Urbina (Hrsg.), Compliance und Strafrecht, S. 171, 172. Vgl. auch *Breßler/Kuhnke/Schulz/Stein*, NZG 2009, 721; *Fritz/Nolden*, CCZ 2010, 170, 174; *M. Jahn*, in: Rotsch (Hrsg.), Criminal Compliance, S. 111, 127; *de Lind van Wijngaarden/Egler*, NJW 2013, 3549; *Minoggio*, in: Böttger (Hrsg.), Wirtschaftsstrafrecht in der Praxis, 2. Aufl., 18. Kap. Rn. 3; *Pfordte*, in: Arbeitsgemeinschaft Strafrecht des Deutschen Anwaltvereins (Hrsg.), Strafverteidigung im Rechtsstaat, S. 740, 743; *Rütters/Schneider*, GA 2014, 160, 169; *Salvenmoser/Schreier*, in: Achenbach/Ransiek/Rönnau (Hrsg.), Handbuch Wirtschaftsstrafrecht, 4. Aufl., 15. Teil Rn. 15; *Schuster*, NZWiSt 2012, 28, 29; *Sidhu/v. Saucken/Ruhmannseder*, NJW 2011, 881, 882; *Taschke*, in: Michalke/Köberer/Pauly u. a. (Hrsg.), Festschrift für Rainer Hamm, S. 751, 753; *Wehnert*, StraFo 2012, 253, 254.

281 *Dann*, AnwBl 2009, 84, 85; *Grützner*, in: Momsen/Grützner (Hrsg.), Wirtschaftsstrafrecht, 4. Kap. Rn. 11, 15; *Momsen/Grützner*, DB 2011, 1792, 1793; *Park*, in: Volk (Hrsg.), Verteidigung in Wirtschafts- und Steuerstrafsachen, 2. Aufl., § 11 Rn. 5; *Pfordte*, in: Arbeitsgemeinschaft Strafrecht des Deutschen Anwaltvereins (Hrsg.), Strafverteidigung im Rechtsstaat, S. 740, 742; *Salvenmoser/Schreier*, in: Achenbach/Ransiek/Rönnau (Hrsg.), Handbuch Wirtschaftsstrafrecht, 4. Aufl., 15. Teil Rn. 16; *Sidhu/v. Saucken/Ruhmannseder*, NJW 2011, 881, 882; *Süße*, HAV-Info 12/2011, 8. Vgl. auch *v. Hehn/Hartung*, in: Wieland/Steinmeyer/Grüninger (Hrsg.), Handbuch Compliance-Management, 2. Aufl., S. 443 f.; *Sahan*, in: Kuhlen/Kudlich/Ortiz de Urbina (Hrsg.), Compliance und Strafrecht, S. 171, 175.

282 *M. Jahn*, in: Rotsch (Hrsg.), Criminal Compliance, S. 111, 127; *de Lind van Wijngaarden/Egler*, NJW 2013, 3549; *Momsen*, ZIS 2011, 508, 511; *I. Roxin*, StV 2012, 116, 118; *Sarhan*, wistra 2015, 449; *Scharnberg*, Internal Investigations, S. 42 f.; *Sidhu/v. Saucken/Ruhmannseder*, NJW 2011, 881, 882; *Spehl/Momsen/Grützner*, CCZ 2013, 260; *Süße*, HAV-Info 12/2011, 8; *Taschke*, in: Michalke/Köberer/Pauly u. a. (Hrsg.), Festschrift für Rainer Hamm, S. 751, 757; *Wehnert*, StraFo 2012, 253, 254. Vgl. auch *Knauer*, ZWH 2012, 41, 44 f.; *Kremer*, in: Burgard/Hadding/Mülbert u. a. (Hrsg.), Festschrift für Uwe H. Schneider, S. 701, 703; *Schuster*, NZWiSt 2012, 28, 29; *Vogel/Glas*, DB 2009, 1747; *Wettner/Mann*, DStR 2014, 655.

möglich erscheint.[283] Daneben können dem Unternehmen der straf- oder ordnungswidrigkeitenrechtliche Verfall oder sonstige Maßnahmen der Vermögensabschöpfung[284] sowie der Ausschluss aus öffentlichen Vergabeverfahren drohen.[285] Durch die „Selbstreinigung", wozu die Aufklärung von Sachverhalten gehört, die eine Unzuverlässigkeit begründen könnten, kann das Unternehmen seine für die Teilnahme an öffentlichen Ausschreibungen erforderliche Zuverlässigkeit wiederherstellen.[286] Daneben geht es aber zumeist darum, die Entscheidung über arbeitsrechtliche Maßnahmen gegen die an den Rechtsverstößen (möglicherweise) beteiligten Mitarbeiter vorzubereiten.[287] Insofern kann die Aufklärung notwendiges Mittel zur Demonstration einer „Zero Tolerance"- Politik sein.[288] Zudem kann es dem Unternehmen um die Vorbereitung einer Strafanzeige nach § 158 StPO gehen.[289] Häufig ist eine interne Untersuchung auch durch die Richtigstellung möglicherweise fehlerhafter steuerlicher Angaben des Unternehmens motiviert, steht beispielweise in Zusammenhang mit einer drohenden steuerlichen Betriebsprüfung.[290] In anderen Fällen kann die

283 So *Gerst*, CCZ 2012, 1. Siehe hierzu unter 3. Kapitel C. II. Vgl. hierzu *Dann/Schmidt*, NJW 2009, 1851; *Knauer*, ZWH 2012, 41, 43; *Momsen*, ZIS 2011, 508, 510; *J. Wagner*, CCZ 2009, 8, 9; *Wettner/Mann*, DStR 2014, 655.

284 *M. Jahn*, in: Rotsch (Hrsg.), Criminal Compliance, S. 111, 127; *de Lind van Wijngaarden/Egler*, NJW 2013, 3549; *I. Roxin*, StV 2012, 116, 117; *Sidhu/v. Saucken/Ruhmannseder*, NJW 2011, 881, 882; *Schuster*, NZWiSt 2012, 28, 29; *Spehl/Momsen/Grützner*, CCZ 2013, 260; *Taschke*, in: Michalke/Köberer/Pauly u. a. (Hrsg.), Festschrift für Rainer Hamm, S. 751, 755, 757; *Wehnert*, StraFo 2012, 253, 254. Vgl. hierzu auch *Minoggio*, ZRFG 2008, 215 f.

285 *Knauer/Buhlmann*, AnwBl 2010, 387, 388; *Momsen*, ZIS 2011, 508, 511; *Pfordte*, in: Arbeitsgemeinschaft Strafrecht des Deutschen Anwaltvereins (Hrsg.), Strafverteidigung im Rechtsstaat, S. 740, 741; *Spehl/Momsen/Grützner*, CCZ 2013, 260. Siehe hierzu auch *Breßler/Kuhnke/Schulz/Stein*, NZG 2009, 721, 726.

286 *Annuß/Pelz*, BB-Special 4/2010, 14, 18; *Breßler/Kuhnke/Schulz/Stein*, NZG 2009, 721, 726; *Dann*, AnwBl 2009, 84 f.; *Prieß*, CCZ 2008, 67; *Scharnberg*, Internal Investigations, S. 40 f.; *Zapfe*, Compliance, S. 60 f. Siehe auch OLG Düsseldorf, NZBau 2003, 578, 579 f.; OLG Brandenburg, NZBau 2008, 277, 279 f.; *Kahlenberg/Schwinn*, CCZ 2012, 81, 82; *Münkel*, Mitarbeiteroffenbarungen, S. 15 f.

287 *Breßler/Kuhnke/Schulz/Stein*, NZG 2009, 721; *M. Jahn*, in: Rotsch (Hrsg.), Criminal Compliance, S. 111, 127; *de Lind van Wijngaarden/Egler*, NJW 2013, 3549; *Salvenmoser/Schreier*, in: Achenbach/Ransiek/Rönnau (Hrsg.), Handbuch Wirtschaftsstrafrecht, 4. Aufl., 15. Teil Rn. 15; *Schuster*, NZWiSt 2012, 28, 29. Vgl. auch *Fritz/Nolden*, CCZ 2010, 170, 174.

288 *Grützner*, in: Momsen/Grützner (Hrsg.), Wirtschaftsstrafrecht, 4. Kap. Rn. 13 f.; *Minoggio*, in: Böttger (Hrsg.), Wirtschaftsstrafrecht in der Praxis, 2. Aufl., 18. Kap. Rn. 3; *Salvenmoser/Schreier*, in: Achenbach/Ransiek/Rönnau (Hrsg.), Handbuch Wirtschaftsstrafrecht, 4. Aufl., 15. Teil Rn. 16.

289 *Rütters/Schneider*, GA 2014, 160, 169; *Salvenmoser/Schreier*, in: Achenbach/Ransiek/Rönnau (Hrsg.), Handbuch Wirtschaftsstrafrecht, 4. Aufl., 15. Teil Rn. 15; *Wehnert*, StraFo 2012, 253, 254.

290 Vgl. *I. Roxin*, StV 2012, 116, 117.

interne Untersuchung den Zweck verfolgen – bei Anzeichen von Kartellverstößen – die kartellrechtliche Kronzeugenregelung für das Unternehmen zu nutzen.[291] Zusätzlich können Fragen der Öffentlichkeitsarbeit relevant sein.[292] Durch die freiwillige und vollständige Aufklärung von Verstößen kann das Unternehmen zudem einem durch die Vorfälle erlittenen Vertrauensschaden in der Öffentlichkeit und bei Geschäftspartnern oder Kunden entgegenwirken.[293] Häufig möchte das Unternehmen eingriffsintensive Ermittlungsmaßnahmen von Strafverfolgungsbehörden abwenden,[294] dies zum einen um das Tagesgeschäft möglichst wenig zu behindern, zum anderen wegen der insbesondere mit Hausdurchsuchungen verbundenen negativen Öffentlichkeitswirkung.[295] Zudem kann durch eine interne Untersuchung der Kreis der verdächtigen Vorgänge und Mitarbeiter reduziert und ein staatliches Ermittlungsverfahren dadurch in seinem Umfang eingeschränkt werden.[296]

---

291 Siehe hierzu *Breßler/Kuhnke/Schulz/Stein*, NZG 2009, 721; *Itzen*, BB-Special 5/2008, 12, 15; *Kahlenberg/Schwinn*, CCZ 2012, 81; *Münkel*, Mitarbeiteroffenbarungen, S. 39 f.; *Zapfe*, Compliance, S. 59 f. Die Bekanntmachung Nr. 9/2006 über den Erlass und die Reduktion von Geldbußen in Kartellsachen –Bonusregelung –vom 7. März 2006 des Bundeskartellamtes ist unter http://www.bundeskartellamt.de/SharedDocs/Publikation/DE/Bekanntmachungen/Bekanntmachung%20-%20Bonusregelung.pdf?__blob=publicationFile&v=7 abrufbar (zuletzt geprüft am 23.04.2016). Die Mitteilung der Kommission über den Erlass und die Ermäßigung von Geldbußen in Kartellsachen (2006/C 298/11) ist unter http://eur-lex.europa.eu/legal-content/DE/TXT/PDF/?uri=CELEX:52006XC1208%2804%29&from=EN abrufbar (zuletzt geprüft am 23.04.2016).

292 So *M. Jahn*, in: Rotsch (Hrsg.), Criminal Compliance, S. 111, 127. Siehe auch *Behrens*, RIW 2009, 22, 32; *Grützner*, in: Momsen/Grützner (Hrsg.), Wirtschaftsstrafrecht, 4. Kap. Rn. 11; *Knauer/Buhlmann*, AnwBl 2010, 387, 388; *Momsen*, ZIS 2011, 508, 510, 511; *Sahan*, in: Kuhlen/Kudlich/Ortiz de Urbina (Hrsg.), Compliance und Strafrecht, S. 171, 174 f.; *Süße*, HAV-Info 12/2011, 8. Siehe zu der Bedeutung der Öffentlichkeitsarbeit auch *J. Jahn*, CCZ 2011, 139, 141 f.; *Knauer/Gaul*, NStZ 2013, 192.

293 *Knauer*, ZWH 2012, 41, 42; *Minoggio*, in: Böttger (Hrsg.), Wirtschaftsstrafrecht in der Praxis, 2. Aufl., 18. Kap. Rn. 3; *Salvenmoser/Schreier*, in: Achenbach/Ransiek/Rönnau (Hrsg.), Handbuch Wirtschaftsstrafrecht, 4. Aufl., 15. Teil Rn. 16; *Scharnberg*, Internal Investigations, S. 30; *Schuster*, NZWiSt 2012, 28, 29. Siehe auch *Göpfert/Merten/Siegrist*, NJW 2008, 1703, 1709.

294 Siehe *Süße*, HAV-Info 12/2011, 8; *Taschke*, NZWiSt 2012, 89, 92. So auch bezogen auf Ermittlungen US-amerikanischer Behörden *J. Wagner*, CCZ 2009, 8, 9.

295 *Sidhu/v. Saucken/Ruhmannseder*, NJW 2011, 881, 882. Siehe auch *Kremer*, in: Burgard/Hadding/Mülbert u. a. (Hrsg.), Festschrift für Uwe H. Schneider, S. 701, 703; *Sahan*, in: Kuhlen/Kudlich/Ortiz de Urbina (Hrsg.), Compliance und Strafrecht, S. 171, 178; *ders./Berndt*, BB 2010, 647, 651; *Scharnberg*, Internal Investigations, S. 44; *H. Schmidt*, ZRFC 2013, 72, 73; *J. Wagner*, CCZ 2009, 8, 9.

296 *Sahan*, in: Kuhlen/Kudlich/Ortiz de Urbina (Hrsg.), Compliance und Strafrecht, S. 171, 175.

Die Gewichtung dieser möglichen Zwecksetzungen hängt dabei jeweils vom konkreten Einzelfall der Ermittlungen ab.[297]

Ein bedeutender Beweggrund für die Durchführung einer unternehmensinternen Ermittlung, der bislang allerdings kaum Beachtung gefunden hat,[298] ist zudem darin zu finden, dass das Unternehmen auf dem Wege der unternehmensinternen Ermittlung eine Möglichkeit erhält, auf die Generierung des Wahrheitsbildes im Strafverfahren Einfluss zu nehmen. Auch wenn die Strafverfolgungsbehörden das in unternehmensinternen Ermittlungen gewonnene Wahrheitsbild hinterfragen und nachprüfen, wird jedenfalls ihr Vorverständnis von der Darstellung des Unternehmens beeinflusst. Insofern wurde bereits auf die Parallele zu Inertia- und Perseveranzeffekten aufgrund des durch Anklageschriften vermittelten Eindrucks verwiesen.[299] Bei unternehmensinternen Ermittlungen geht es deswegen stets auch darum, dem Unternehmen die Deutungshoheit über (möglicherweise) straf- und auch ordnungswidrigkeitenrechtlich relevante Sachverhalte zu verschaffen.[300]

III. Kooperation der Unternehmen mit staatlichen Ermittlungsbehörden

Im Folgenden wird der Kooperation zwischen Unternehmen und Strafverfolgungsbehörden nachgegangen. Hierbei wird auf die Erkenntnisse aus dem rechtstatsächlichen Forschungsprojekt zurückgegriffen.[301] Die Interviewausschnitte werden dabei weitgehend im Wortlaut wiedergegeben. Eine umfassende Darstellung und Auseinandersetzung mit den gesamten Interviewdaten findet sich in Kürze bei Wiesenack.[302]

1. Gründe für eine Kooperation zwischen Unternehmen und Strafverfolgungsbehörden

Aus der vorangegangen Darstellung der verschiedenen Zielrichtungen einer unternehmensinternen Ermittlung ist bereits ersichtlich geworden, dass die Erreichung einiger, aber nicht aller genannten Ziele von einer Kooperation des Unternehmens mit den staatlichen (Straf-) Ermittlungsbehörden abhängt.[303] Dies gilt

---

297 Deswegen scheint eine allgemeine Definition des Unternehmensinteresses auch nicht möglich, siehe *M. Jahn*, in: Rotsch (Hrsg.), Criminal Compliance, S. 111, 127; *Sidhu/v. Saucken/Ruhmannseder*, NJW 2011, 881, 882.

298 Siehe hierzu aber bereits *Theile*, StV 2011, 381, 382 f.; *ders./Gatter/Wiesenack*, ZStW 126 (2014), 803, 821, 839.

299 *Theile/Gatter/Wiesenack*, ZStW 126 (2014), 803, 839 m.w.N.

300 So zuvor *Theile/Gatter/Wiesenack*, ZStW 126 (2014), 803, 821.

301 Siehe 2. Kapitel D.

302 Leitungsmacht (im Erscheinen).

303 Vgl. *Gropp-Stadler/Wolfgramm*, in: Moosmayer/Hartwig (Hrsg.), Interne Untersuchungen, S. 19; *Park*, in: Volk (Hrsg.), Verteidigung in Wirtschafts- und Steuerstrafsachen, 2. Aufl., § 11 Rn. 7.

insbesondere für die Einflussnahme auf die Deutung des Geschehens durch die Strafverfolgungsbehörden,[304] aber auch für die beabsichtigte Vermeidung eingriffsintensiver Untersuchungsmaßnahmen durch die staatlichen Ermittlungsbehörden.[305] Gerade Letzterem kommt nach den Aussagen aus der Praxis eine besondere Bedeutung für die Entscheidung des Unternehmens zur Kooperation mit den staatlichen Strafverfolgungsbehörden zu. So führte ein Anwalt aus:

> *[...] „das ist das, was Sie natürlich auf jeden Fall vermeiden wollen, wenn Sie eine interne Ermittlung im Rahmen eines Strafverfahrens machen, dass es nach Beginn der internen Ermittlung noch Zwangsmaßnahmen gibt, die das Unternehmen insbesondere imagemäßig negativ betreffen. Also es geht ja gerade darum, durch die interne Ermittlung das Beweismaterial verfügbar zu machen und zur Verfügung zu stellen, was da ist, damit das nicht mehr passiert und damit sich das möglichst geräuschlos gestaltet, was das Strafverfahren betrifft" (**1–3** 1569–1576).*[306]

Ähnlich äußerte sich auch ein Unternehmensvertreter:

> *„[...] die Ermittlungsverfahren dauern so lange und brauchen eine so hohe Mitwirkung des Unternehmens, die müssen Leute abstellen, denen die Hand führen. Das geht nicht anders, sonst nehmen die alles mit. Und dann können die Wochen und Monate lang nicht oder nur extrem behindert dann arbeiten. Die Unternehmen haben einen solchen Nachteil schon durch die Ermittlungen, dass die bereit sind, das zu akzeptieren. Deswegen sagen die sofort Kooperation, Kooperation. Wir legen euch das selbst hin. Wir haben das schneller. Im Zweifel haben wir es selbst schneller als der Staatsanwalt" (**2–1** 1654–1662).*

Die Bedeutung dieses Beweggrundes bestätigt auch die Aussage eines weiteren Anwalts:

> *„Also, wenn die Staatsanwaltschaft mit im Boot sitzt, dann ist insbesondere Sinn interner Aufklärung ja, die Staatsanwaltschaft aus dem Haus zu halten, Kooperationsbereitschaft zu signalisieren und zu sagen: 'Wir kümmern uns jetzt darum'" (**1–5** 1207–1210).*

Die Kooperation mit der Staatsanwaltschaft lässt diese im Einzelfall durchaus von konkreten Untersuchungsmaßnahmen Abstand nehmen. Hierzu schilderte derselbe Anwalt:

---

304 Vgl. *Theile/Gatter/Wiesenack*, ZStW 126 (2014), 803, 821, 839. Siehe hierzu auch 4. Kapitel E. II.

305 Siehe hierzu *Gropp-Stadler/Wolfgramm*, in: Moosmayer/Hartwig (Hrsg.), Interne Untersuchungen, S. 20; *Sahan*, in: Kuhlen/Kudlich/Ortiz de Urbina (Hrsg.), Compliance und Strafrecht, S. 171, 177 f.; *ders./Berndt*, BB 2010, 647, 650 f.; *H. Schmidt*, ZRFC 2013, 72, 74; *Taschke*, NZWiSt 2012, 89, 92.

306 Zu den rechtstatsächlichen Erkenntnissen zur Wechselwirkung zwischen unternehmensinternen Ermittlungen und staatlichem Strafverfahren siehe auch bereits *Theile/Gatter/Wiesenack*, ZStW 126 (2014), 803, 812 ff.

*„Ein [...] Fall ist, in dem ist ein Ermittlungsverfahren eingeleitet worden und es wurden Zeugen befragt. Und die Zeugen wurden gebeten, bestimmte Einzelheiten aus der Zeugenbefragung Dritten nicht mitzuteilen – also, Zeugen aus dem Unternehmen wurden befragt, Mitarbeiter vom Unternehmen wurden befragt – ohne, dass das Unternehmen das wusste. Die Zeugen wurden gebeten, bestimmte Einzelheiten aus der Zeugenvernehmung nicht dem Unternehmen mitzuteilen, aber der Umstand, dass Vernehmungen stattgefunden haben, dagegen hatte die Polizei nichts [...]. Die Mitarbeiter sind dann zum Justiziar des Unternehmens gegangen und haben gesagt: 'Hier, ich bin vernommen worden wegen der und der Geschichte, aber mehr darf ich dazu jetzt nicht sagen.' Das hat dazu geführt, dass wir auf die Kripo und die Staatsanwaltschaft zugegangen sind, weil wir wussten, da lief schon ein Verfahren, gesagt haben: 'So, wie Sie wahrscheinlich erwartet haben, Herr Meier, Schmidt, Müller, war bei uns, hat uns das mitgeteilt. Wie ist denn da der Sachverhalt jetzt von der Polizei?' Wurde von der Polizei gesagt: 'So und so sieht's aus, das und das ermitteln wir. Mehr kann ich dazu im Moment aus ermittlungstechnischen Gründen nicht sagen.' Aber für uns war klar, die nächste Stufe der Beweiserhebung muss bei uns stattfinden. Alles andere wäre unverhältnismäßig, bei anderen nach Beweisen zu suchen. Wir sind diejenigen, um die es letztendlich geht. Als allerdings Unternehmen, das nicht durch die potentiellen Straftaten bereichert werden sollte, sondern es ging um eine Straftat aus dem Unternehmen heraus, eines Mitarbeiters. Und wir gesagt, sofort zur Akte geschrieben haben, in dem Fall – weil es gab schon eine Akte – geschrieben haben [...] und sofort gesagt: 'Es besteht Kooperationsbereitschaft. Es werden jetzt Beweissicherungsmaßnahmen vorgenommen, so dass die Staatsanwaltschaft keinen Grund hat, zu durchsuchen. So dass eine Durchsuchung unverhältnismäßig wäre'. Und das hat auch geklappt, die Staatsanwaltschaft ist nicht gekommen zum Durchsuchen. Sondern, das ist jetzt tatsächlich so, dass gemeinsam mit dem Justiziar, dem Datenschutzbeauftragten und uns oder mir die gesicherten Beweismittel durchsichtet werden im Wege der Unterlagendurchsicht § 110 StPO die relevanten Beweismittel rausgesucht werden, die Polizei die mitnimmt, versiegelt, in Bezug auf diese Beweismittel ein Beschlagnahmebeschluss beantragt wird durch die Staatsanwaltschaft. Weil wir gesagt haben 'Wir kooperieren, Durchsicht ist o.k. Wir wollen nur keine Durchsuchung haben.' [...] Die Beweismittel sind gesichert, sie werden beschlagnahmt. Die Staatsanwaltschaft weiß, sie hat sie jetzt, sie hat es durchsucht und wir haben im Wege der internen Ermittlungen eben diese Beweismittel beschafft. Ziel dieser internen Ermittlung war, nicht unbedingt auf Teufel komm raus einen Mitarbeiter zu finden, der eine Straftat begangen hat. In dem Fall ist auch noch nicht klar, ob das eine Straftat war, klar ist, welcher Sachverhalt Gegenstand ist, für diesen Sachverhalt besteht ein Anfangsverdacht. Die hätten Grund gehabt, zu durchsuchen. Das wollten wir abwenden." (**1–5** 1329–1378).*

Ein weiterer Grund für die Kooperation der Unternehmen ist die bußgeldmindernde Wirkung.[307] In diesem Zusammenhang erläuterte ein im Rahmen des rechtstatsächlichen Forschungsprojekts befragter Anwalt:

---

307 Siehe *Annuß/Pelz*, BB-Special 4/2010, 14, 19; *Behrens*, RIW 2009, 22, 31; *Engelhart*, Sanktionierung, 2. Aufl., S. 435; *Kruse*, Compliance, S. 82; *Sahan*, in: Kuhlen/

*Wenn die Staatsanwaltschaft mit den entsprechenden Maßnahmen Durchsuchungen und Ermittlungsverfahren einleite, sage das Unternehmen: „'Hier, jetzt, vielleicht können wir uns darauf einigen, dass jetzt nach der ersten Welle, ihr habt jetzt mal so ein bisschen Sachen sicher gestellt und so, ihr habt verhindert, dass die Verjährung weiter läuft für bestimmte Leute, lasst es uns doch intern aufklären. Wir kennen uns besser aus. Wir werden auch euch sehr viel Geldaufwand sparen. Das machen wir alles selbst', und in der Hoffnung natürlich, dass am Ende das sich letzten Endes mildernd auswirkt." (**1–3** 1510–1519).*

Dass die Kooperation mit staatlichen Ermittlungsbehörden auch in Bezug auf die Ahndung als Vorteil gereichen kann, bestätigte ein weiterer Anwalt:

*„In allen Fällen, an denen ich beteiligt war, kam das zur Sprache und wurde immer berücksichtigt, auch in den Abschlussverfügungen, wie die Attitüde des Unternehmens zum Strafverfahren und zu bisherigen Verstößen war" (**1–5** 1462–1464).*

Daneben spielt die Vermeidung negativer Presseberichterstattung gerade bei der Entscheidung der Unternehmen zur Kooperation eine wesentliche Rolle. So erklärte ein mit internen Ermittlungen vertrauter Unternehmensangehöriger:

„Wenn Sie in einem Unternehmen sind, was durchaus auch anfällig ist, wenn Öffentlichkeit entsteht, dann werden Sie sicherlich früher diesen Schritt [Anm. der Verfasserin: die Staatsanwaltschaft einschalten] gehen. Wenn Sie das nicht so sehr fürchten, dann sind Sie da vielleicht ein bisschen zurückhaltender unterwegs. (2–2 1157–1160). Fälle [...] seien häufig so eskaliert, weil man nicht in gebotener Form mit der Staatsanwaltschaft zusammengearbeitet habe" (2–2 1170–1174).

Eine Rechtspflicht der Unternehmen, die Information aus internen Ermittlungen an die Polizei oder Staatsanwaltschaft weiterzuleiten, besteht allerdings grundsätzlich nicht.[308]

Kudlich/Ortiz de Urbina (Hrsg.), Compliance und Strafrecht, S. 171, 177 f.; *ders./Berndt*, BB 2010, 647, 650 f.; *Scharnberg*, Internal Investigations, S. 43 f.; *Schröder*, in: Knierim/Rübenstahl/Tsambikakis (Hrsg.), Internal Investigations, 15. Kap. Rn. 303; *Wettner/Mann*, DStR 2014, 655. Vgl. auch v. Rosen (Hrsg.), Internal Investigations, S. 73. Siehe aber auch *H. Schmidt*, ZRFC 2013, 72, 74.

308 Siehe *Gropp-Stadler/Wolfgramm*, in: Moosmayer/Hartwig (Hrsg.), Interne Untersuchungen, S. 18 f.; *Grützner*, in: Momsen/Grützner (Hrsg.), Wirtschaftsstrafrecht, 4. Kap. Rn. 73; *Kremer*, in: Burgard/Hadding/Mülbert u. a. (Hrsg.), Festschrift für Uwe H. Schneider, S. 701, 712 f., insbesondere auch zu spezialgesetzlichen Mitteilungspflichten; *Minoggio*, ZRFG 2008, 215, 217 f.; *Momsen*, in: Rotsch (Hrsg.), Criminal Compliance, S. 47, 61; *Wettner/Mann*, DStR 2014, 655. Womöglich kann sich allerdings die Schadensabwendungspflicht der Unternehmensorgane zu einer diesbezüglichen Verpflichtung gegenüber dem Unternehmen verdichten, siehe hierzu *Kremer*, in: Burgard/Hadding/Mülbert u. a. (Hrsg.), Festschrift für Uwe H. Schneider, S. 701, 705, 713 f.

2. *Das Ausmaß der Kooperation zwischen Unternehmen und Strafverfolgungsbehörden*

Aus den aufgezeigten Gründen weisen einige der internen Untersuchungen einen engen Zusammenhang mit staatlichen Strafverfahren auf, indem die Erkenntnisse der internen Untersuchungen in die Hände der Strafverfolgungsbehörden gelangen.[309] So erläuterte ein im Rahmen des rechtstatsächlichen Forschungsprojekts befragter Unternehmensvertreter:

> *„Und da kann man heutzutage durchaus sagen, da können Sie letztlich auch irgendwelche Seminare oder so besuchen, da wird Ihnen das auch regelmäßig gesagt. Das kann ich als richtig bestätigen, dass es dann eher geboten ist, zur Staatsanwaltschaft zu gehen, als vertrauensbildende Maßnahme" (**2–2** 1152–1155).*

Häufig scheint diese Kooperation von vornherein beabsichtigt zu sein.[310] In einigen Fällen wird die Einleitung einer internen Untersuchung bereits mit der Staatsanwaltschaft abgesprochen. So erzählte einer der im Rahmen des rechtstatsächlichen Projekts befragten Anwälte zu dem Ablauf eines konkreten Falles:

> *Im Zuge [...] sei in der Presse berichtet worden, dass gewisse Unternehmen wegen irgendwelcher Delikte durchsucht worden seien. Damals habe es noch ein Unternehmen gegeben, welches nicht in der Presse aufgetaucht, aber im gleichen Geschäftsfeld tätig gewesen sei. Es sei bekannt gewesen, dass dieses Unternehmen ähnliche Probleme wie die durchsuchten Unternehmen gehabt habe. Man habe dieses Unternehmen vertreten und sei, ohne genauer ermittelt zu haben, ob Verstöße vorgelegen haben, nach Rücksprache mit dem Unternehmen sofort zur Staatsanwaltschaft gegangen und habe gesagt: „Passt auf, in der Presse steht, dass wir Probleme haben. In der Presse steht auch, dass ihr gerade gegen die, die und die ermittelt. Wir sind im gleichen Geschäftsfeld, wir sind den gleichen Marktbedingungen unterworfen. Wir haben ähnliche Probleme gehabt. Wir gehen davon aus, dass wir von der Staatsanwaltschaft beobachtet werden und dass es möglicherweise Überlegungen gibt, Schritte gegen uns einzuleiten. Wir werden jetzt anfangen, das unternehmensintern zu untersuchen. Das geben wir euch jetzt hier zur Kenntnis. Was sagt ihr dazu?" Der Staatsanwalt habe dann gesagt: „Ja, das ist richtig, wir beobachten das. Wir haben aber im Moment noch keinen Anfangsverdacht, auch nicht gegen Unbekannt. Da machen wir das so, dann verhalten wir uns jetzt still und warten mal eure Ergebnisse ab" (**1–5** 1310–1329).*

---

309 Siehe hierzu *Knierim*, StV 2009, 324, 329; *Park*, in: Volk (Hrsg.), Verteidigung in Wirtschafts- und Steuerstrafsachen, 2. Aufl., § 11 Rn. 4, 7; *I. Roxin*, StV 2012, 116, 117 f.; *Süße*, HAV-Info 12/2011, 8. Zu grenzüberschreitenden internen Ermittlungen siehe *v. Rosen*, BB 2009, 230, 231; *Wehnert*, StraFo 2012, 253, 254; *Wessing*, in: Arbeitsgemeinschaft Strafrecht des Deutschen Anwaltvereins (Hrsg.), Strafverteidigung im Rechtsstaat, S. 907. Vgl. auch *Ruhmannseder*, in: Schulz/Reinhart/Sahan (Hrsg.), Festschrift für Imme Roxin, S. 501.

310 *Park*, in: Volk (Hrsg.), Verteidigung in Wirtschafts- und Steuerstrafsachen, 2. Aufl., § 11 Rn. 4. So wohl auch *Wehnert*, in: Kempf/Lüderssen/Volk (Hrsg.), Ökonomie versus Recht im Finanzmarkt?, S. 137, 138.

Auch für den umgekehrten Fall, dass das Unternehmen die Erkenntnisse gerne für sich behalten würde, besteht die Möglichkeit, dass die Interviewprotokolle beschlagnahmt werden und die Erkenntnisse aus der internen Ermittlung auf diesem Wege in die Hände der Strafverfolgungsorgane gelangen.[311]

Dabei besteht auf Seiten der Strafverfolgungsbehörden ein je nach Einzelfall stärkeres oder schwächeres (bis gar kein) Interesse an den Erkenntnissen der Privatinvestigatoren.[312] Zumindest manche Staatsanwaltschaften stehen unternehmensinternen Ermittlungen äußerst skeptisch gegenüber. So äußerte sich jedenfalls ein im Rahmen des rechtstatsächlichen Forschungsprojekts befragter Staatsanwalt:

> *„Also, wir lehnen das ab. Wir sagen, wenn wir ermitteln, das kann ja sein, dass wir von anderer Seite eben informiert sind und dann in laufende Ermittlungen des Unternehmens stoßen. [...] Das ist eher der Fall [...] und das Unternehmen sagt: 'Wir sind doch schon dran!' In all den Fällen sagen wir: 'Lasst die Finger davon, hört auf! Ihr macht uns das Material kaputt, also wenn ihr Vernehmungen macht. Und wir haben auch ein Problem dabei, wenn ihr Beweisgegenstände sammelt. Das könnte eben auch Strafvereitelung sein!' und wir gehen streng dagegen vor, das sagen wir denen: ‚Lasst die Finger davon! Rückt das raus, was ihr habt!'" **(3–3 867–871/873–880).***

Jedoch sollen nach anderen Stimmen die Strafverfolgungsbehörden gegenüber der Durchführung unternehmensinterner Untersuchungen und den in diesem Rahmen erlangten Erkenntnissen zunehmend positiv eingestellt sein.[313] Nach der bereits erwähnten Studie von *Schmidt* nehmen die Ermittlungsbehörden in 90 % der Ermittlungsverfahren wegen struktureller Korruption die Unterstützung von Unternehmen in Anspruch.[314] Hierbei werden allerdings unter den Begriff der Unterstützungsmaßnahmen nicht nur interne Ermittlungen gefasst, sondern auch Maßnahmen der Vorbereitung und Durchführung von Durchsuchungsmaßnahmen.[315] Nach Schmidt hat in den überwiegenden Fällen die Ermittlungsunterstützung durch das Unternehmen erst nach Aufforderung durch die Behörden stattgefunden, während in einem Drittel der Fälle die Initiative von den Unternehmen ausgegangen sein soll.[316]

---

311 Hierzu unter 4. Kapitel D. Siehe hierzu auch *Gropp-Stadler/Wolfgramm*, in: Moosmayer/Hartwig (Hrsg.), Interne Untersuchungen, S. 20 f.; *Grützner*, in: Momsen/Grützner (Hrsg.), Wirtschaftsstrafrecht, 4. Kap. Rn. 70.

312 *Gropp-Stadler/Wolfgramm*, in: Moosmayer/Hartwig (Hrsg.), Interne Untersuchungen, S. 20, 34 f.; *Kremer*, in: Burgard/Hadding/Mülbert u. a. (Hrsg.), Festschrift für Uwe H. Schneider, S. 701, 705; *Minoggio*, in: Böttger (Hrsg.), Wirtschaftsstrafrecht in der Praxis, 2. Aufl., 18. Kap. Rn. 74 f.; *Pfordte*, in: Arbeitsgemeinschaft Strafrecht des Deutschen Anwaltvereins (Hrsg.), Strafverteidigung im Rechtsstaat, S. 740, 741.

313 *Behrends/Müller-Tronnier/Zeidler*, ZfgK 2013, 776, 778; *Taschke*, NZWiSt 2012, 89, 92.

314 *H. Schmidt*, ZRFC 2013, 72, 74.

315 Siehe *H. Schmidt*, ZRFC 2013, 72, 74 f.

316 *H. Schmidt*, ZRFC 2013, 72, 74 f.

Durch die internen Untersuchungen können sich die staatlichen Strafverfolgungsbehörden in erheblichem Umfang eigene personal- und kostenintensive Ermittlungstätigkeit ersparen.[317] Zudem stoßen staatliche Behörden im Falle grenzüberschreitender Ermittlungen auf erhebliche Schwierigkeiten, während private Ermittler nicht an den langwierigen Weg der Rechtshilfeersuchen gebunden sind.[318] Den Behörden wird in solchen Fällen nicht selten einen Bericht über die Ergebnisse der internen Untersuchung übermittelt, der neben den Sachverhaltsfeststellungen des Unternehmens häufig bereits eine komplette rechtliche Würdigung durch die Unternehmensanwälte enthält.[319] Die Staatsanwaltschaft kann ihre eigene Ermittlungstätigkeit dann im Extremfall auf die Überprüfung der Angaben des Unternehmens beschränken.[320] Daneben kommt die Vernehmung der unternehmensinternen Ermittler als Zeugen in Betracht.[321]

Die Kooperation mit den Behörden wird von den Unternehmen vor allem dann gesucht, wenn diese bereits auf anderem Wege von den Verdachtsfällen erfahren haben und bereits ermitteln.[322] Dementsprechend äußerte sich ein befragter Anwalt:

> *„Also, falls Sie tatsächlich ein richtiges ernsthaftes Strafverfahren [...] haben, dann wird die Abwägung regelmäßig zumindest in Richtung einer beschränkten Kooperation gehen" (**1–3** 1546–1548).*

Im umgekehrten Falle, wenn noch kein Ermittlungsverfahren eingeleitet wurde, treten die Unternehmen zumeist noch nicht mit einem Kooperationsangebot an die staatlichen Ermittlungsbehörden heran und klären diese auch nicht frühzeitig

---

317 *Kremer*, in: Burgard/Hadding/Mülbert u. a. (Hrsg.), Festschrift für Uwe H. Schneider, S. 701, 703 f.; *Pfordte*, in: Arbeitsgemeinschaft Strafrecht des Deutschen Anwaltvereins (Hrsg.), Strafverteidigung im Rechtsstaat, S. 740, 741; *I. Roxin*, StV 2012, 116, 117; *Wehnert*, StraFo 2012, 253, 254. Vgl. auch *Arzt*, in: Jahn/Kudlich/Streng (Hrsg.), Festschrift für Heinz Stöckel, S. 15, 26. Dies mag gerade in Anbetracht mangelnder staatlicher Ressourcen attraktiv erscheinen, siehe *v. Hehn*, Börsenzeitung Nr. 221 vom 16.11.2007, 15; *Kruse*, Compliance, S. 83 f., 183.

318 *I. Roxin*, StV 2012, 116, 117.

319 Siehe *Kremer*, in: Burgard/Hadding/Mülbert u. a. (Hrsg.), Festschrift für Uwe H. Schneider, S. 701, 704. Vgl. auch *Park*, in: Volk (Hrsg.), Münchener Anwaltshandbuch Verteidigung in Wirtschafts- und Steuerstrafsachen, 2. Aufl., § 11 Rn. 49 ff.; *Schuster*, NZWiSt 2012, 28, 29.

320 Vgl. *Kremer*, in: Burgard/Hadding/Mülbert u. a. (Hrsg.), Festschrift für Uwe H. Schneider, S. 701, 704.

321 Siehe *Annuß/Pelz*, BB-Special 4/2010, 14, 18; *Knierim*, StV 2009, 324, 329; *Theile*, StV 2011, 384.

322 *Behrends/Müller-Tronnier/Zeidler*, ZfgK 2013, 776, 778. Vgl. auch die Empfehlung von *Grützner*, in: Momsen/Grützner (Hrsg.), Wirtschaftsstrafrecht, 4. Kap. Rn. 67; *Potinecke/Block*, in: Knierim/Rübenstahl/Tsambikakis (Hrsg.), Internal Investigations, 2. Kap. Rn. 185. Zu der Bedeutung der Kooperation mit US-amerikanischen Ermittlungsbehörden siehe 3. Kapitel C., siehe hierzu auch. *Grützner*, in: Momsen/Grützner (Hrsg.), Wirtschaftsstrafrecht, 4. Kap. Rn. 68.

über das Stattfinden interner Ermittlungen auf.[323] So äußerte sich auch ein Unternehmensvertreter:

> *„Also bei diesen ganzen Diebstahlsgeschichten, die immer mal wieder vorkommen, dass einer ins Magazin geht und nimmt sich was für den Privatbedarf mit, ist das Prinzip, wir schalten die Staatsanwaltschaft ein, [...] bislang noch nicht vorgekommen oder mir nicht bekannt geworden (**2–3** 1388–1392)". Er glaube jedoch, dass man bei Bestechungsverdacht keine Anzeige aus Eigeninitiative machen würde und zur Staatsanwaltschaft gehe: „Hier, wir müssen da was anzeigen!" (**2–3** 1396; 1402–1403). Jedenfalls sei das sicher nicht verbindlich geregelt (**2–3** 1403–1404). Auf alle Fälle würde man aber mit der Staatsanwaltschaft kooperieren (**2–3** 1410).*

Dies gilt insbesondere dann, wenn auf Unternehmensseite noch vollkommen unklar ist, ob das in Verdacht stehende Fehlverhalten wirklich stattgefunden hat.[324]

Insgesamt stellt sich die Entscheidung über eine Kooperation allerdings in den meisten Fällen als eine Entscheidung des konkreten Einzelfalls dar.[325] Mögliche negative Folgen einer Kooperation, wie die Gefahr, dass die erforderlichen Beweise durch das Unternehmen erst beschafft werden oder, dass sogar erst der Anfangsverdacht gegen das Unternehmen geschaffen wird, sind abzuwägen.[326] Dergestalt äußerte sich auch einer der im Rahmen des rechtstatsächlichen Projekts befragten Anwälte:

> *Es hinge „vom Einzelfall ab und da wiederum von so Faktoren wie, reden wir über beendete Sachverhalte, haben wir vielleicht eine Chance, in eine Verjährung zu flüchten. Dann wollen wir da jetzt nicht mehr die Pferde scheu machen, wollen jetzt auch nicht die Staatsanwaltschaft informieren. Oder ist es was, das immer noch läuft? Dann ist es ganz schwierig, da eine weiche Landung hinzubekommen. Dann kommt man häufig nicht drum herum, das anzuzeigen, gerade auch bei Korruptionsthemen. Schön ist halt, wenn man die Möglichkeit der Kronzeugenregelung hat. Dann kommt man da relativ glimpflich raus" (**1–1** 1438–1147).*

Ebenso lautete die Auskunft eines Unternehmensvertreters:

---

323 *Grützner*, in: Momsen/Grützner (Hrsg.), Wirtschaftsstrafrecht, 4. Kap. Rn. 73. Vgl. auch *Kruse*, Compliance, S. 80.

324 *Behrends/Müller-Tronnier/Zeidler*, ZfgK 2013, 776, 778. Vgl. auch *Reichert*, ZIP 2011, 113, 121. Die Kooperation hängt insoweit allein vom Unternehmensinteresse ab, siehe *Knauer*, ZWH 2012, 41, 48. Siehe dazu und zu den diesbezüglichen Motiven auch *Minoggio*, ZRFG 2008, 215, 218. Zu den im Rahmen dieser Entscheidung zu berücksichtigenden Abwägungsfaktoren, siehe *Grützner*, in: Momsen/Grützner (Hrsg.), Wirtschaftsstrafrecht, 4. Kap. Rn. 73 f., 142 ff.; *Momsen*, in: Rotsch (Hrsg.), Criminal Compliance, S. 47, 61 f.

325 Vgl. *Potinecke/Block*, in: Knierim/Rübenstahl/Tsambikakis (Hrsg.), Internal Investigations, 2. Kap. Rn. 186; *Wettner/Mann*, DStR 2014, 655.

326 *Wettner/Mann*, DStR 2014, 655, 661.

*Ab wann mit den zuständigen Ermittlungsbehörden zusammengearbeitet werde, ließe sich so allgemein nicht sagen. Selbstverständlich dann, wenn rechtliche Pflichten dazu bestünden. Oder wenn Sanktionen öffentlicher Stellen in Rede ständen oder möglich seien und man denen präventiv begegnen wolle. Ob man bei lediglich internen Fragestellungen, sprich von Betrug, Untreue, Unterschlagung, „gleich mit dem Strafrecht zuschlage", sei immer eine Frage der Abwägung. Das sei eine Frage des Arbeitsrechts und der personalpolitischen Maßnahme und des Einzelfalls (**2–4** 1108–1114).*

Der Zeitpunkt, an dem die Unternehmen den Kontakt zu den Ermittlungsbehörden suchen, ist für die Unternehmen grundsätzlich eine Sache des Einzelfalls. Allerdings scheint eine frühzeitige Information und Absprache mit den Ermittlungsbehörden doch eher der Ausnahmefall zu sein. Zumeist warten die Unternehmen nach den vorliegenden Erkenntnissen die Ergebnisse der eigenen Untersuchungen ab, bevor sie sich wegen eines Verdachts an die staatlichen Ermittlungsbehörden wenden. So erläuterte ein Anwalt, die Staatsanwaltschaft werde dann eingeschaltet, wenn

*man einen bestätigten Anfangsverdacht hat, und hinzutreten müsse die Gefahr, dass die Strafanzeige von einem anderen kommen könnte. Kein Unternehmen würde allein, weil es einen Verstoß festgestellt habe, der auch eine strafrechtliche Relevanz habe, von sich aus zur Staatsanwaltschaft gehen. Das sei eher die Sorge, die einen da hin treibe, mein Geschäftspartner, ein Dritter könnte dort hingehen (**1–2** 898–903). Bislang sei es so gewesen, dass man zu der Staatsanwaltschaft gehe, wenn die internen Ermittlungen abgeschlossen seien und man die Sorge habe, „ein Dritter könnte sein". Je nach Anstoß könne es auch mal die Furcht davor sein, dass der Spiegel berichte oder ein anderes Presseorgan, das eine Gegenrecherche gemacht habe und feststelle, da sei etwas dran (**1–2** 940–945).*

Hiermit überein stimmt auch die Auskunft eines Unternehmensvertreters:

*Zuerst würde der Vorgang intern aufgeklärt oder vergeben (**2–1** 1133–1145) und wenn man die Fakten hat, also da gibt es im Übrigen auch Prozessbeschreibungen für so etwas, wenn man die Fakten dann wirklich eruiert hat, dann wäre die Entscheidung zu treffen, ob man die Staatsanwaltschaft einschaltet oder nicht. Wenn jetzt „mal" die Staatsanwaltschaft nicht von selbst „schon irgendwie" auf der Tagesordnung sei. (**2–1** 1145–1150).*

Zu einem früheren Zeitpunkt wenden sich die Unternehmen vor allem dann an die Staatsanwaltschaft, wenn Sie rechtliche Bedenken haben, eine bestimmte Untersuchungsmaßnahme selbsttätig durchzuführen. So erläuterte der Interviewpartner:

*Es gebe auch Fälle, in denen man noch in der Aufklärung zur Staatsanwaltschaft gehe und sage: „Eigentlich würden wir jetzt gerne diesen und jenen Schritt unternehmen. Wir haben aber rechtlich Bedenken, das selbst zu machen, bitte macht das für uns." Und anrege: „Beantragt doch mal z.B. Telefon*überwachung oder was auch immer*" (**1–2** 930–934).*

Das Fehlen eigener, weiterer Ermittlungsmöglichkeiten stellt insoweit einen weiteren Beweggrund für ein Unternehmen dar, die Kooperation mit der Staatsanwaltschaft zu suchen.[327] Die Unternehmen können auf dem Wege der Akteneinsicht unter bestimmten Voraussetzungen als Verletzter oder Drittbetroffener Einblick in die Erkenntnisse der Strafverfolgungsbehörden gewinnen.[328] Daneben sollen – im Falle, dass auch das Unternehmen kooperiert – Erkenntnisse häufig auch über den „kurzen Dienstweg" ausgetauscht werden.[329] Das Interesse der Staatsanwaltschaft an den privaten Ermittlungsergebnissen soll dabei nach Pfordte „unabhängig von der Vorgehensweise bei den Befragungen und Aufklärungsarbeiten" bestehen.[330]

Tatsächlich fordern einige Strafverfolgungsbehörden die Durchführung interner Ermittlungen durch das betroffene Unternehmen mehr oder weniger ausdrücklich ein.[331] So erklärte auch ein Unternehmensvertreter:

> *Er glaube mittlerweile werde auch von der Staatsanwaltschaft selbst empfohlen, als vertrauensbildende Maßnahme, letztlich auf die Behörde zuzugehen (**2–2** 1160–1162).*

Der Umfang, in dem Staatsanwaltschaften die Unterstützung der Unternehmen einfordern, scheint dabei sehr unterschiedlich zu sein. Ein Anwalt äußerte sich dergestalt:

> *„Also, wenn die Staatsanwaltschaft im Thema drin ist, und erst mal die verfahrenssichernden Maßnahmen durchgeführt hat, dann wird sie vielfach sagen, wenn sie einen Ansprechpartner im Unternehmen hat oder gerade eine auch extern besetzte interne Ermittlung im Unternehmen, dann wird sie Arbeitsaufträge ausgeben. Ja, ja, das ist ganz typisch. In der Tat werden dann wesentliche Teile der Ermittlungsarbeiten, die ansonsten staatliche Instanzen selbst vornehmen würden, werden de facto delegiert" (**1–3** 1533–1539)*

Dass die Staatsanwaltschaft allerdings aufgrund der unternehmensinternen Ermittlungen komplett auf eigene Ermittlungen verzichtet, kommt nach der Auskunft desselben Anwalts eher nicht vor:

> *„Also, dass man einfach nur sagt: 'Hier, du, da mach mal', weiß ich nicht. Also, typischerweise ist es eher so, ein Unternehmen ist selbst zuerst am Drücker und informiert dann irgendwann später die Staatsanwaltschaft, wenn es nicht mehr vermeidbar ist und wenn es sinnvoll ist aus Unternehmensgesichtspunkten oder die Staatsanwaltschaft leitet auch mit den entsprechenden Maßnahmen Durchsuchungen und Ermittlungsverfahren ein. Das Unternehmen sagt dann: 'Hier, jetzt, vielleicht können wir uns darauf einigen,*

327 *Wettner/Mann*, DStR 2014, 655, 656, 661.

328 Siehe hierzu *Wettner/Mann*, DStR 2014, 655, 660.

329 *Wettner/Mann*, DStR 2014, 655, 661.

330 So *Pfordte*, in: Arbeitsgemeinschaft Strafrecht des Deutschen Anwaltvereins (Hrsg.), Strafverteidigung im Rechtsstaat, S. 740, 741.

331 *Minoggio*, ZRFG 2008, 215, 219; *ders.*, in: Böttger (Hrsg.), Wirtschaftsstrafrecht in der Praxis, 2. Aufl., 18. Kap. Rn. 71; *Szesny*, BB 45/2011, VI; *Wehnert*, StraFo 2012, 253, 255. Vgl. auch *Knierim*, in: Hassemer/Kempf/Moccia (Hrsg.), Festschrift für Klaus Volk, S. 247, 256; *Wybitul*, BB 2009, 606, 607 (zu Ermittlungen auf Veranlassung durch US-Behörden).

*dass jetzt nach der ersten Welle, ihr habt jetzt mal so ein bisschen Sachen sicher gestellt und so, ihr habt verhindert, dass die Verjährung weiter läuft für bestimmte Leute, lasst es uns doch intern aufklären. Wir kennen uns besser aus. Wir werden auch euch sehr viel Geldaufwand sparen. Das machen wir alles selbst', und in der Hoffnung natürlich, dass am Ende das sich letzten Endes mildernd auswirkt. Also diese Konstellation, mal informell den Hinweis: 'bitte klärt doch mal auf', das kenne ich so nicht. Aber kann es schon geben, also ich kann das nicht ausschließen" (**1–3** 1506–1521).*

Von anderen Stimmen wird allerdings berichtet, dass sogar Fälle vorkommen, in denen Staatsanwaltschaften Unternehmen Ermittlungshandlungen vergleichbar mit Beliehenen übertragen.[332] Dies erzählte auch ein im Rahmen des Projekts befragter Anwalt:

*Er selbst kenne einen Fall, da habe die Staatsanwaltschaft zum Unternehmen gesagt – und das müsse man sich mal auf der Zunge zergehen lassen: „Ihr beauftragt jetzt entweder eine Kanzlei, die so was professionell macht und arbeitet das rückhaltlos alles selbst und auf eigene Kosten auf oder aber ihr müsst damit rechnen, dass es halt zu sehr, sehr ernsthaft hohen Geldbußen für das Unternehmen führen wird" (**1–1** 1416–1423). Dies sei dann eine Art Outsourcing seitens der Staatsanwaltschaft (**1–1** 1423–1424).*

Von ähnlichen Erfahrungen berichtete auch ein Unternehmensvertreter:

*„Unsere gute Kooperation [...] mit der Staatsanwaltschaft hier, führt heutzutage dazu, dass wir jedes Rechtshilfeersuchen, was uns betrifft, eins zu eins zur Eigenabarbeitung kriegen. Ich habe heute gerade eines wieder quasi zusammen mit einem Kollegen bearbeitet. Scotland Yard, Rechtshilfeersuchen, landet bei der Staatsanwaltschaft [...] und die haben auch nichts Besseres zu tun, statt selbst vorbei zu kommen, schicken sie es uns zu und bitten uns darum eben den Vorgang intern aufzuklären, zu untersuchen, die Zeugen Statements beizubringen usw. Wir schicken es dann, wir schreiben sogar schon in Englisch und schicken es dann wieder zurück. Das haben wir jetzt heute gerade hinter uns gebracht. So was hatten wir aus [...] schon, aus [...], ja, so was macht es ziemlich einfach für die Staatsanwaltschaften." (**2–5** 1390–1402).*

Allerdings berichten andere Stimmen, dass die Staatsanwaltschaften zunehmend eine kritischere Haltung gegenüber der Annahme von Ermittlungsunterstützung einnehmen.[333] Kritisch werde insbesondere die Entwicklung gesehen, dass Unternehmen versuchten, die Rolle der Ermittlungsbehörden auf eine reine Entscheidungsinstanz zu reduzieren und mit vorgelegten unternehmensinternen Ergebnissen die Behörden von weiteren, eigenen Untersuchungsmaßnahmen

---

332 *Wehnert*, in: Kempf/Lüderssen/Volk (Hrsg.), Ökonomie versus Recht im Finanzmarkt?, S. 137, 140; *dies.*, StraFo 2012, 253, 255. Vgl. auch *M. Jahn*, in: Rotsch (Hrsg.), Criminal Compliance, S. 111, 130.

333 Kritisch auch die oben bereits zitierte Auskunft des Interviewpartners (**3–3** 867–871/873–880).

abzuhalten beziehungsweise diese konkret zu beeinflussen.[334] Insoweit wären die Ermittlungsbehörden extrem darauf erpicht, zu gewährleisten, dass die Ermittlungshoheit der Behörden nicht durch Absprache der Ermittlungstaktik oder eine nur scheibchenweise Informationsweitergabe gefährdet würde.[335] So heißt es dann auch bei *Schmidt*, bezüglich der Durchsuchungsaktionen sei eine Absprache nur im besonderen Ausnahmefall denkbar, wenn das Unternehmen sich zu einer umfassenden Selbstanzeige entschlossen habe und detaillierte Sachbeweise vorlägen. Eine weitgehend „unkritische und inzwischen häufig praktizierte" Vorgehensweise sei es allerdings, Vernehmungspläne sowie die Terminierung und Organisation der Vernehmungen mit den Unternehmen abzustimmen.[336] Erhöhte Sensibilität der Ermittlungsbehörden soll allerdings auch dahingehend bestehen, dass durch die interne Untersuchung die Beweismittel nicht negativ beeinflusst werden.[337] Insofern wird auch dazu geraten die interne Untersuchung, insbesondere „Vernehmungen" von Mitarbeitern, frühzeitig mit den staatlichen Behörden abzustimmen.[338] In der Praxis ist dieses Vorgehen bereits verbreitet.[339]

So erläuterte ein Anwalt:

> *Wenn die Staatsanwaltschaft mit im Boot sitze werde abgesprochen: „Ihr bekommt dann die Ergebnisse oder wir sprechen darüber, wie auch immer". Das heiße, die Kommunikation mit der Staatsanwaltschaft und das Ergebnis bestimmen im Wesentlichen oft, wie im Unternehmen vorgegangen werde (**1–5** 1210–1213).*

Oftmals soll die Staatsanwaltschaft aber ein Erstvernehmungsrecht für sich beanspruchen.[340]

3. Gefahren der Kooperation für das Strafverfahren

Die bereits angeklungene[341] Problematik dieser Zusammenarbeit und zugleich deren wesentlicher Nutzen für die Unternehmen liegt aufgrund dieser Verflechtung von staatlichen und privaten Ermittlungen viel weniger in einer umfassenden Privatisierung der Ermittlungstätigkeit, als in der Mitwirkung der Unternehmen an der

---

334 *H. Schmidt*, ZRFC 2013, 72, 75. Vgl. auch *Knauer*, ZWH 2012, 81, 83.

335 *H. Schmidt*, ZRFC 2013, 72, 75.

336 *H. Schmidt*, ZRFC 2013, 72, 75.

337 *U. Busch*, StV 2009, 291,300 f.; *Schürrle/Olbers*, CCZ 2010, 178, 182.

338 Siehe *Behrends/Müller-Tronnier/Zeidler*, ZfgK 2013, 776, 778; *Kremer*, in: Burgard/Hadding/Mülbert u. a. (Hrsg.), Festschrift für Uwe H. Schneider, S. 701, 706; *Potinecke/Block*, in: Knierim/Rübenstahl/Tsambikakis (Hrsg.), Internal Investigations, 2. Kap. Rn. 166. Vgl. *Schürrle/Olbers*, CCZ 2010, 178, 182. Vgl. auch *U. Busch*, StV 2009, 291, 300 f.

339 Vgl. auch *U. Busch*, StV 2009, 291, 298.

340 *Wehnert*, in: Kempf/Lüderssen/Volk (Hrsg.), Ökonomie versus Recht im Finanzmarkt?, S. 137, 140.

341 3. Kapitel E III 1, 2.

staatlichen Informationsgewinnung.[342] Durch eine derartige Kooperation, insbesondere wenn wesentliche Ermittlungsschritte auf das Unternehmen ausgelagert werden, [343] gewinnt dieses, je nach dem Ausmaß der Ermittlungsverlagerung, eine Einwirkungsmöglichkeit auf die Deutung des untersuchten tatsächlichen Geschehens.[344] Damit ist kein absichtliches Verschweigen oder Verfälschen von eindeutigen Ermittlungsergebnissen angesprochen.[345] Internen Ermittlungen kommt regelmäßig keine reine „Feigenblattfunktion" zu.[346] Eine unternehmensinterne Untersuchung ist in der Praxis gewöhnlich an der Ermittlung der Wahrheit orientiert. Dies bedeutet jedoch nicht, dass die Untersuchungen komplett mit einem, an der Ermittlung der materiellen Wahrheit orientierten, staatlichen Ermittlungsverfahren vergleichbar sind.[347] Während ein staatliches Ermittlungsverfahren stets der Aufklärung eines bestimmten Anfangsverdachtes dient und deswegen in seinem Umfang auf die Aufklärung dieses Verdachts und den hierfür relevanten Lebenssachverhalt beschränkt ist, ist eine derartige Einschränkung unternehmensinternen Untersuchungen fremd. Was Gegenstand einer internen Untersuchung wird, wo intensiv weitergeforscht und was ausgeklammert wird, bestimmt primär das Unternehmensinteresse. Diese Bindung der Untersuchung an das Unternehmensinteresse bestimmt deswegen, was als ausermittelter Lebenssachverhalt am Ende der Untersuchung steht. Eine Annäherung der Untersuchung an die Wahrheitsermittlung in einem staatlichen Strafverfahren kann im Einzelfall durchaus im Interesse des Unternehmens liegen, insbesondere wenn eine irgendwie geartete Kooperation mit staatlichen Ermittlungsbehörden im Raum steht. Dies ist allerdings nicht von vornherein erforderlich. Problematisch gestaltet sich dabei, dass das Unternehmen über die Zusammenfassung der wesentlichen Erkenntnisse, allein über die Einordnung von Erkenntnissen als wesentlich, aber auch die in Untersuchungsberichten regelmäßig enthaltene rechtliche Würdigung, eine hervorstechende Rolle im Informationsfluss einnimmt. Hierdurch gewinnt das Unternehmen gegenüber anderen Verfahrensbeteiligten, insbesondere den verdächtigen Mitarbeitern, besonderes Gehör.[348] Vor allem geht es um die vorgelagerte Definition der Grenzen des Untersuchungsgegenstandes und der Ermittlungstiefe. Die hier von dem Unternehmen eingeschlagene Richtung

342 Vgl. *Theile/Gatter/Wiesenack*, ZStW 126 (2014), 803, 814, 816 f. Vgl. auch *Greeve*, StraFo 2013, 89 f.; *Hassemer/Matussek*, Das Opfer als Verfolger, S. 25 ff., 49 ff., 80 f.; *Wehnert*, StraFo 2012, 253, 254.

343 Teilweise ist davon die Rede, dass die Staatsanwaltschaft von den Unternehmen „fertig geschnürte Pakete" an Ermittlungsergebnissen erhalten würde, siehe *Schuster*, NZWiSt 2012, 28, 29. Vgl. auch *Wehnert*, StraFo 2012, 253, 254; *dies.*, in: Kempf/Lüderssen/Volk (Hrsg.), Ökonomie versus Recht im Finanzmarkt?, S. 137, 140.

344 Siehe hierzu *Theile*, in: Rotsch (Hrsg.), Criminal Compliance, § 34 B.II. Rn. 65; *Theile/Gatter/Wiesenack*, ZStW 126 (2014), 803, 818 f., 821, 839.

345 *Theile/Gatter/Wiesenack*, ZStW 126 (2014), 803, 818.

346 So aber *W. Bauer*, StV 2012, 277, 280.

347 Siehe hierzu auch *Theile/Gatter/Wiesenack*, ZStW 126 (2014), 803, 818 f.

348 Vgl. *Knierim*, StV 2009, 324, 325.

wirkt sich über den Informationsfluss automatisch auf das staatliche Verfahren aus. Das Unternehmen steuert somit dessen Verlauf mehr oder weniger mit.[349] Indem der Umfang des aufzuklärenden Geschehens von dem Unternehmensinteresse vorgegeben ist, besteht die Tendenz, dass automatisch das Untersuchungsergebnis für das Unternehmen günstiger ausfällt.[350] Insbesondere besteht durch die Mitwirkung des Unternehmens an der Deutung des Geschehens die Möglichkeit der Verantwortungsverschiebung weg vom Unternehmen auf die einzelnen Mitarbeiter.[351] Das Unternehmen kann seine Mitwirkungsmöglichkeit bei der Deutung des Geschehens dazu nutzen, sich als Opfer des regelwidrig handelnden Mitarbeiters darzustellen, der hierbei womöglich sogar noch gegen unternehmensinterne Richtlinien und damit gegen den geäußerten Willen des Unternehmens verstoßen hat.[352] Diese Gefahr existiert, weil ein besonderes Interesse des Unternehmens besteht, den staatlichen Ermittlungsbehörden zu „beweisen“, dass kein Organisationsverschulden des Unternehmens vorlag.[353] Hierin liegt automatisch auch eine erhebliche Gefahr für die „Objektivität“ des Ergebnisses eines derart mit einem privaten Aufklärungsverfahren verflochtenen staatlichen Ermittlungsverfahrens.[354]

4. Zusammenfassung

Auch wenn hinsichtlich des Ob und Wie einer Kooperation kaum verallgemeinernde Aussagen möglich erscheinen, weil dies in der Praxis äußerst unterschiedlich gehandhabt wird, besteht nach der vorangegangenen Analyse bei unternehmensinternen Ermittlungen häufig ein Informationsfluss zwischen Unternehmen und Strafverfolgungsbehörden. Ziel der Unternehmen ist es dabei in vielen Fällen, eingriffsintensive Ermittlungsmaßnahmen durch die Strafverfolgungsbehörden

349 Vgl. *Momsen*, ZIS 2011, 508, 512.

350 *Theile*, StV 2011, 381, 384. Vgl. hierzu auch *Neuhaus*, in: Kempf/Lüderssen/Volk (Hrsg.), Die Finanzkrise, das Wirtschaftsstrafrecht und die Moral, S. 348, 357; *Wehnert*, StraFo 2012, 253, 254; *dies.*, in: Kempf/Lüderssen/Volk (Hrsg.), Ökonomie versus Recht im Finanzmarkt?, S. 137, 140. Zur Problematik fehlender Objektivität privater Ermittlungen, siehe auch *Mende*, Grenzen privater Ermittlungen, S. 71 f.

351 Zu diesem Verantwortungstransfer siehe *Theile*, StV 2011, 381, 382; *ders./Gatter/Wiesenack*, ZStW 126 (2014), 803, 808 f.; *Vogel*, in: Pawlik/Zaczyk (Hrsg.), Festschrift für Günther Jakobs, S. 731, 744. Siehe hierzu auch *Kruse*, Compliance, S. 83; *Scharnberg*, Internal Investigations, S. 52 f. Vgl. zu der generellen Verlagerung der strafrechtlichen Verantwortlichkeit weg vom Unternehmen auf den Mitarbeiter in Bezug auf die Lage in den USA, *Rödiger*, Strafverfolgung von Unternehmen, S. 192 f., 223 f.

352 Siehe hierzu *Schuster*, NZWiSt 2012, 431, 433; *Theile*, StV 2011, 381, 382, 384. Vgl. zu dem Bestreben nach Haftungsverlagerung *Knauer*, ZWH 2012, 81. Vgl. zu der haftungsverlagerten Wirkung von Compliance *Rotsch*, ZIS 2010, 614, 615; vgl. hierzu auch *I. Roxin*, StV 2012, 116.

353 Vgl. *Knauer/Buhlmann*, AnwBl 2010, 387, 388; *Schuster*, NZWiSt 2012, 431, 433.

354 Siehe *Theile*, StV 2011, 381, 384. Vgl. auch *Kottek*, Kooperation, S. 101.

abzuwenden. Die Auffassungen der staatlichen Strafverfolgungsbehörden von der Nützlichkeit unternehmensinterner Ermittlungen gehen stark auseinander. Während manche den rechtstatsächlichen Erkenntnissen zufolge unternehmensinternen Ermittlungen extrem skeptisch gegenüberstehen, fordern andere diese sogar ein. Insgesamt ergibt sich ein sehr uneinheitliches Bild.

F. Interne Ermittlungen als Ermittlungen Privater

Im Ausgangspunkt handelt es sich bei unternehmensinternen Ermittlungen um Ermittlungen Privater und nicht um staatliche Ermittlungen,[355] denn diese werden von privaten Unternehmen angestrengt und auch durch diese oder von ihnen beauftragte Vertreter – Anwälten oder auch Wirtschaftsprüfern – ausgeführt.[356] Allerdings macht die staatliche Einflussnahme in manchen Fällen ausnahmsweise eine andere Wertung erforderlich. So gelangt die Literatur im Wege einer Zurechnung teilweise dann zu einer Einordnung als staatliche Ermittlungen, wenn der Staat die Unternehmen zu Internal Investigations veranlasst hat.[357] Diese Zurechenbarkeit stellt allerdings nach vorherrschender Auffassung die Ausnahme dar.[358]

I. Die Zulässigkeit privater Ermittlungen

Weil es sich in den seltensten Fällen um als staatlich zu qualifizierende Ermittlungen handelt, stellt sich regelmäßig die Frage nach der Zulässigkeit dieser speziellen Form privater Ermittlungen. In der StPO findet sich keine diesbezügliche Regelung. Privatermittlungen sind danach weder explizit verboten noch ausdrücklich erlaubt.[359] Deswegen sind unternehmensinterne Ermittlungen als Bestandteil des allgemeinen Persönlichkeitsrechts der Unternehmensverantwortlichen, falls deren Haftung im Raum steht,[360] oder zumindest der allgemeinen Handlungsfreiheit[361]

---

355 Siehe auch *Dann/Schmidt*, NJW 2009, 1851, 1852; *Knauer/Buhlmann*, AnwBl 2010, 387, 390; *Momsen*, ZIS 2011, 508, 511, 513; *ders.*, in: Rotsch (Hrsg.), Criminal Compliance, Handbuch § 34 B.I. Rn. 10 (Fn. 19); *Rudkowski*, NZA 2011, 612, 615; *Rübenstahl*, WiJ 2012, 17, 18; *Theile*, StV 2011, 381, 383; *Wewerka*, Internal Investigations, S. 111. Vgl. auch *Kruse*, Compliance, S. 84, 90 f., vgl. aber auch S. 89.

356 *Rödiger*, Strafverfolgung von Unternehmen, S. 235; *Scharnberg*, Internal Investigations, S. 56.

357 So *Wewerka*, Internal Investigations, S. 111.

358 Siehe hierzu unter 7. Kapitel D. I. 3. b) aa) (2).

359 *Salvenmoser/Schreier*, in: Achenbach/Ransiek/Rönnau (Hrsg.), Handbuch Wirtschaftsstrafrecht, 4. Aufl., 15. Teil Rn. 25; *Rödiger*, Strafverfolgung von Unternehmen, S. 244 f.; *Scharnberg*, Internal Investigations, S. 57.

360 Vgl. *Bockemühl*, Private Ermittlungen, S. 32 f.; *Hellmann*, Strafprozessrecht, 2. Aufl., Rn. 527; *Krey*, Private Ermittlungen, S. 23; *Salvenmoser/Schreier*, in: Achenbach/Ransiek/Rönnau (Hrsg.), Handbuch Wirtschaftsstrafrecht, 4. Aufl., 15. Teil Rn. 24.

361 *Godenzi*, Private Beweisbeschaffung, S. 94 f.; *Götting*, Beweisverwertungsverbote, S. 275 f.; *Reeb*, Internal Investigations, S. 28 f.

als grundsätzlich zulässig zu erachten,[362] soweit die dieses Verhalten verbürgenden grundrechtlichen Freiheiten nicht aufgrund gegenläufiger Rechtssätze einschränkbar sind.

Für die Frage nach der Zulässigkeit privater Ermittlungen muss nach der Verfahrensstellung des Unternehmens differenziert werden. Das Unternehmen kann sowohl als möglicher Nebenbeteiligter als auch als Opfer von der (möglichen) Straftat betroffen sein. Soweit eine Nebenbeteiligung des Unternehmens im Raum steht – diese Gefahr wird in den allermeisten Fällen nicht von der Hand zu weisen sein – müssen für dessen private Ermittlungen aufgrund der vergleichbaren Interessenlage auch die gleichen Grundsätze wie für Ermittlungen des Beschuldigten oder dessen Verteidigers gelten.[363] Über die Zulässigkeit eigener Ermittlungen des Beschuldigten und seines Verteidigers besteht weitgehend Einigkeit, da dessen Menschenwürde ein bestimmtes Maß an Einflussnahme auf das Strafverfahren verlangt und es dem Beschuldigten deswegen möglich sein muss, hinreichend auf die Beweisaufnahme Einfluss zu nehmen.[364] Aus diesem Grund können dem Beschuldigten verfassungsrechtlich eigene Ermittlungen nicht vollständig verwehrt werden.[365] In dieser Situation sollten dann auch einem Unternehmen eigene Nachforschungen grundsätzlich erlaubt sein.[366]

Soweit das Unternehmen allein als Verletzter der möglichen Straftat in Betracht kommt, stellt sich die Situation dagegen komplizierter dar.[367] Aber auch für

---

362 In Bezug auf unternehmensinterne Ermittlungen stellt sich hier das zusätzliche Problem der Anwendbarkeit des allgemeinen Persönlichkeitsrecht auf juristische Personen, siehe hierzu allgemein *Remmert*, in: Maunz/Dürig, GG, Band 1, 55. Lfg., Stand: Mai 2009, Art. 19 Abs. 3 Rn. 103.

363 Vgl. auch *Bittmann/Molkenbur*, wistra 2009, 373, 374; *Rödiger*, Strafverfolgung von Unternehmen, S. 246.

364 Vgl. BGHSt 46, 1, 4; *M. Baumann*, Ermittlungen des Verteidigers, S. 58 ff., vgl. zudem S. 27, 49 ff. m.w.N.; *Bockemühl*, Private Ermittlungen, S. 36 f., 38 ff., 47; *Brunhöber*, GA 2010, 571, 572; *Hassemer/Matussek*, Das Opfer als Verfolger, S. 13 ff.; *Jungfer*, StV 1981, 100, 101; *Moraht*, Private Straftatermittlungen, S. 10 f., 13 f., 21, 56 f.; *Münkel*, Mitarbeiteroffenbarungen, S. 35; *Rödiger*, Strafverfolgung von Unternehmen, S. 245; *Schmitt*, in: Meyer-Goßner/Schmitt, StPO, 58. Aufl., Vor § 137 Rn. 2; *Wewerka*, Internal Investigations, S. 117 ff. Vgl. auch *Bittmann/Molkenbur*, wistra 2009, 373, 374; *M. Jahn*, StV 2009, 41, 43; *Kottek*, Kooperation, S. 97 f.; *Lüderssen/Jahn*, in: Erb/Esser/Franke u. a. (Hrsg.), Löwe-Rosenberg, StPO, 26. Aufl., Band 4, Vor § 137 Rn. 139 m.w.N.; *Neuhaus*, in: Widmaier/Müller/Schlothauer, Münchener Anwaltshandbuch, Strafverteidigung, 2. Aufl., § 15 Rn. 5 ff., insb. Rn. 8; *C. Richter*, NJW 1981, 1820, 1823; *Rückel*, in: Wasserburg/Haddenhorst (Hrsg.), Festgabe für Karl Peters, S. 265, 267 ff. Kritisch aber wohl BGH, AnwBl 1981, 115, 116. Vgl. aber auch BVerfGE 38, 105, 111; *Beulke*, Verteidiger, S. 44.

365 Siehe weitergehend die Ausführungen von *Brunhöber*, GA 2010, 571, 572 ff.

366 Dies lässt sich allerdings nicht mit der Menschenwürde begründen.

367 Kritisch gegenüber einer Verletzteneigenschaft des Unternehmens, *Zapfe*, Compliance, S. 108 ff.

Ermittlungen des Verletzten bejaht die herrschende Ansicht jedenfalls grundsätzlich deren Zulässigkeit und dies auch im Falle von Parallelermittlungen der Strafverfolgungsorgane.[368] Dagegen soll in diesem Fall nach der Gegenansicht ein „Ermittlungsmonopol der Staatsanwaltschaft" bestehen.[369] Eine weitere Ansicht gesteht dem Opfer nur in extrem eingeschränktem Maße die Kompetenz für eigene Ermittlungen zu.[370] Nach teilweiser Auffassung sollen zumindest solche privaten Sachverhaltsausforschungen unzulässig sein, die das Ermittlungsmonopol des Staates ernsthaft auszuhöhlen drohen.[371] Mende leitet aus dem staatlichen Gewaltmonopol auch ein Monopol für die „Datenerhebungsmacht" im Rahmen von Ermittlungen ab,[372] das dann verletzt sein soll, wenn Private systematisch, zielgerichtet und in umfassender Art und Weise auf eigene Faust ermitteln.[373] Dies sei notwendig, um den mit der Erhebung persönlicher Daten für den Betroffenen verbundenen Risiken zu begegnen.[374] Aufgrund des schnellen technologischen Fortschrittes könnten die durch Privatermittler zum Zwecke der Strafverfolgung beschafften Informationen in gleicher Weise zu einem Machtfaktor werden wie durch „körperliche Gewaltsamkeit".[375] Die Unzulässigkeit eigener systematischer Ermittlungen des Opfers schließt Mende auch aus dem beamtenrechtlichen Funktionsvorbehalt (Art. 33 Abs. 4 GG).[376] Verlange dieser, dass die Ausübung hoheitlicher Befugnisse regelmäßig Angehörigen des öffentlichen Dienstes zu übertragen sei, könne die Strafverfolgung als ein

---

368 *Bittmann/Molkenbur*, wistra 2009, 373, 374; *Bockemühl*, Private Ermittlungen, S. 32 ff., 47; *Godenzi*, Private Beweisbeschaffung, S. 74 ff., 111 f.; *Götting*, Beweisverwertungsverbote, S. 275 f.; *Hellmann*, Strafprozessrecht, 2. Aufl., Rn. 527; *Kottek*, Kooperation, S. 97 f.; *Krey*, Private Ermittlungen, S. 23 ff.; *Moraht*, Private Straftatermittlungen, S. 21 ff.; *Rödiger*, Strafverfolgung von Unternehmen, S. 244 ff., die auch darauf verweist, das der BGH 3. Zivilsenat des BGH, NJW 1989, 1924, 1925, die Zulässigkeit privater Ermittlungen zum Zweck der Strafverfolgung vorausgesetzt habe; *Salvenmoser/Schreier*, in: Achenbach/Ransiek/Rönnau (Hrsg.), Handbuch Wirtschaftsstrafrecht, 4. Aufl., 15. Teil Rn. 22 ff.; *Scharnberg*, Internal Investigations, S. 57 ff.

369 *Brunhöber*, GA 2010, 571, 574 ff., für sog. „Parallelnachforschungen" durch den Verletzten, dagegen sollen sog. Vorfeldnachforschungen zulässig sein, a.a.O., S. 579. Vgl. auch *Wehnert*, StraFo 2012, 253, 254 f.; *dies.*, in: Kempf/Lüderssen/Volk (Hrsg.), Ökonomie versus Recht im Finanzmarkt?, S. 137, 139 f.

370 *Hassemer/Matussek*, Das Opfer als Verfolger, S. 16 ff.

371 *Wewerka*, Internal Investigations, S. 145 f., 199. Vgl. auch *M. Jahn*, StV 2009, 41, 43.

372 *Mende*, Grenzen privater Ermittlungen, S. 83.

373 *Mende*, Grenzen privater Ermittlungen, S. 84 ff., 96. Hiergegen *Zapfe*, Compliance, S. 106 f.

374 *Mende*, Grenzen privater Ermittlungen, S. 83.

375 *Mende*, Grenzen privater Ermittlungen, S. 83 m.w.N.

376 *Mende*, Grenzen privater Ermittlungen, S. 97 ff., 103 ff., 108.

Kernbereich hoheitlicher Tätigkeit nicht privatisiert werden.[377] Diese Sichtweise werde durch den Funktionsvorbehalt des Art. 92 GG untermauert.[378]

Hiergegen wendet die Gegenauffassung allerdings nicht nur ein, dass bereits der Wortlaut des Art. 33 Abs. 4 GG in doppelter Hinsicht gegen diese Argumentation spricht, weil sich dieser von vornherein auf die „Regel" beschränkt und zudem von vornherein nur dauerhafte Tätigkeiten erfasst sein sollen.[379] Insbesondere werde durch private Ermittlungen nur ein Teil der Sachverhaltsausforschung durch die Privaten wahrgenommen, die eigentliche Strafverfolgung selbst bleibe aber in den Händen der Strafverfolgungsorgane und der staatlichen Gerichte.[380] Auch würden den Privatermittlern gerade keine Zwangsbefugnisse übertragen.[381]

Teilweise wird aus dem Offizialprinzip und dem Legalitätsprinzip auf die Unzulässigkeit der Sachverhaltsausforschung durch das Opfer geschlossen,[382] zumindest soweit dieses zielgerichtet, umfassend und auf eigene Faust ermittelt.[383] Allerdings besagt dieses Prinzip allein, dass der Staat diejenigen Straftaten, hinsichtlich denen ein Anfangsverdacht besteht, von Amts wegen aufklären muss. Ein Grundsatz, wonach allein der Staat Sachverhalte mit strafrechtlichem Bezug aufklären darf, muss damit nicht verbunden sein, ginge das doch weit über den eigentlichen Sinn dieser Prinzipien hinaus.[384] Sowohl das Legalitätsprinzip als auch das Offizialprinzip richten sich zudem an den Staat und nicht an Private. In diesem Zusammenhang wird auch zutreffend auf den Rechtsbeistandsbeschluss des BVerfG[385] verwiesen, wonach dem Bürger ein in seinem allgemeinen Persönlichkeitsrecht verankertes Recht auf aktive Teilnahme [...] an dem ihm zukommenden Rechtsschutz" zusteht.[386] Insofern

377 *Mende*, Grenzen privater Ermittlungen, S. 103 ff.

378 *Mende*, Grenzen privater Ermittlungen, S. 105 ff.

379 *Wewerka*, Internal Investigations, S. 113 m.w.N.

380 *Wewerka*, Internal Investigations, S. 113.

381 *Bockemühl*, Private Ermittlungen, S. 35; *Moraht*, Private Straftatermittlungen, S. 16; *Wewerka*, Internal Investigations, S. 113.

382 *Brunhöber*, GA 2010, 571, 574 f.; *Hassemer/Matussek*, Das Opfer als Verfolger, S. 39 ff.; *Wehnert*, StraFo 2012, 253, 254.

383 *Mende*, Grenzen privater Ermittlungen, S. 84, 127 ff.

384 Vgl. *Dubois*, Verwertbarkeit, S. 23; *Krey*, Private Ermittlungen, S. 31; *Münkel*, Mitarbeiteroffenbarungen, S. 34; *Wewerka*, Internal Investigations, S. 114; *Zapfe*, Compliance, S. 115 f. Vgl. auch *Bockemühl*, Private Ermittlungen, S. 34, 36 f.; *Moraht*, Private Straftatermittlungen, S. 18. Zur Kritik an dieser Auffassung, siehe auch *Kruse*, Compliance, S. 169 f.; *Salvenmoser/Schreier*, in: Achenbach/Ransiek/Rönnau (Hrsg.), Handbuch Wirtschaftsstrafrecht, 4. Aufl., 15. Teil Rn. 26 f.; *Scharnberg*, Internal Investigations, S. 58. Vgl. ferner auch *Godenzi*, Private Beweisbeschaffung, S. 79 ff.

385 BVerfGE 38, 105, 114.

386 *Dubois*, Verwertbarkeit, S. 21; *Krey*, Private Ermittlungen, S. 23; *Wewerka*, Internal Investigations, S. 115. Vgl. auch *Bockemühl*, Private Ermittlungen, S. 37. Gegen die Bedeutung dieses Beschlusses für die Frage der Zulässigkeit von Privatermittlungen allerdings *Godenzi*, Private Beweisbeschaffung, S. 87 ff.

können entgegengerichtete Interessen anderer, zwangsweise von den privaten Aufklärungsmaßnahmen Betroffener zumindest nicht komplett vorgehen, sondern müssen zu einem angemessenen Ausgleich gebracht werden.[387] Zwar kommt dem Unternehmen die Menschenwürdegarantie nicht zugute. Jedoch ist das Verhältnismäßigkeitsprinzip auch im Rahmen der wirtschaftlichen Betätigungsfreiheit aus Art. 12 GG zu beachten. Wollte man unternehmensinterne Ermittlungen für unzulässig erklären, fiele es deswegen jedenfalls schwer zu begründen, warum die gewichtigen oben[388] beschriebenen Interessen des Unternehmens an der Sachverhaltsaufklärung hier komplett zurückzustellen wären und nicht eine Beschränkung des „Wie" der internen Ermittlungen ausreichen sollte, die gegenläufigen Interessen zu wahren. Es darf nicht übersehen werden, dass im Zivilprozess der Beibringungsgrundsatz gilt, der auch im Falle parallel laufender Strafverfahren wegen desselben Sachverhalts Ermittlungen des Opfers einer Straftat erforderlich machen kann.[389] Daneben muss man im Rahmen dieser Diskussion berücksichtigen, dass staatlichen Ermittlungen schon alleine deswegen kein erheblicher Bedeutungsverlust durch Ermittlungen Privater droht, weil privaten Ermittlern von vornherein keine entsprechenden Zwangsbefugnisse zustehen.[390]

II. Zulässigkeit speziell der unternehmensinternen Ermittlungen

Sprechen daher die gewichtigeren Argumente bereits allgemein für die Zulässigkeit privater Ermittlungen, kommt einem weiteren Umstand im Rahmen von unternehmensinternen Ermittlungen besondere Bedeutung zu. Diese sind, worauf Theile bereits hingewiesen hat, viel weniger durch ein Gegeneinander als durch eine Verschränkung und Addition der Ermittlungen geprägt.[391] Insofern droht den Strafverfolgungsbehörden im Gegensatz zu vielen anderen Fällen strukturierter Privatermittlungen von vornherein kein weitgehender Bedeutungsverlust. Es eröffnet sich vielmehr eine weitere Ermittlungsmöglichkeit.

Gegen die grundsätzliche Zulässigkeit unternehmensinterner Ermittlungen spricht auch nicht notwendigerweise die gegenüber den herkömmlichen Privatermittlungen etwas andere Interessenlage des Unternehmens, das nicht vorrangig

---

387 *Wewerka*, Internal Investigations, S. 114 f.

388 3. Kapitel E. II.

389 Vgl. *Dubois*, Verwertbarkeit, S. 20 f.; *Godenzi*, Private Beweisbeschaffung, S. 111 f.; *Krey*, Private Ermittlungen, S. 24 f., 33; *Moraht*, Private Straftatermittlungen, S. 23 ff.; *Scharnberg*, Internal Investigations, S. 60.

390 *Wewerka*, Internal Investigations, S. 115.

391 *Theile*, ZIS 2013, 378, 382 f.; *ders.*, in: Rotsch (Hrsg.), Criminal Compliance, § 34 B.II. Rn. 59. Ebenso *ders./Gatter/Wiesenack*, ZStW 126 (2014), 803, 816 f. Siehe hierzu auch 3. Kapitel E. III. Vgl. auch *Wewerka*, Internal Investigations, S. 200 zu Siemens.

Entlastungsmaterial, sondern zugleich Belastungsmaterial sucht.[392] Zum einen kommt es im Rahmen einer herkömmlichen Verteidigungstätigkeit durchaus als Verteidigungsstrategie in Betracht, Beweismaterial gegen weitere Verdächtige zu sammeln, worauf auch Wewerka selbst verweist. In diesem Falle ist aber nicht gesagt, dass der Beschuldigte den potenziellen anderen Täter nicht selbst mit den Beweisen konfrontiert, bevor er sich damit an die Strafverfolgungsbehörden wendet.[393] Zum anderen ist es gerade das typische Interesse des Opfers, das grundsätzlich Sachverhaltsaufklärung betreiben darf, einen anderen, den Täter, zu überführen.[394] Wenn man beachtet, welche immense Bedeutung eine Sachverhaltsaufklärung für das Unternehmen auch im Hinblick auf Umstände, die nicht in direktem Bezug zu der Strafverfolgung stehen, häufig hat, gerade auch im Hinblick auf die Abwendung künftiger Schäden, erscheint es dagegen sehr zweifelhaft, dem Unternehmen diese Kompetenz komplett abzusprechen.[395] Die gesetzlich normierten Pflichten des Unternehmens zur Sachverhaltsaufklärung können allerdings nur bedingt als Argument für die Zulässigkeit privater Ermittlungen herangezogen werden,[396] denn diese haben insbesondere die Früherkennung von Straftaten im Blick und damit eher die Konstellation von Vorermittlungen als von Parallelermittlungen zu denen der Staatsanwaltschaft. Jedoch findet sich seit 2009 im Bundesdatenschutzgesetz mit § 32 Abs. 1 S. 2 BDSG ein Hinweis darauf, dass der einfachrechtliche Gesetzgeber zumindest private Ermittlungen des Arbeitgebers grundsätzlich für zulässig erachtet, wenn er die Zulässigkeit der Erhebung, Verarbeitung oder Nutzung personenbezogener Daten zur Aufdeckung von Straftaten von bestimmten Voraussetzungen abhängig macht, nicht aber von fehlenden Parallelermittlungen der Staatsanwaltschaft.[397] Zwar sind die Bedenken durchaus nicht von der Hand zu weisen, die sich aus der neuartigen extrem personal- und zeitintensiven, spezialisierten und strukturierten Ermittlungsweise ergeben.[398] Der durchaus ernst zu

---

392 Vgl. aber die Argumentation von *Wewerka*, Internal Investigations, S. 119 ff., die allerdings auch von der Zulässigkeit unternehmensinterner Ermittlungen ausgeht, a.a.O. S. 130 f.

393 Vgl. aber *Wewerka*, Internal Investigations, S. 120.

394 Vgl. in diesem Zusammenhang auch *Krey*, Private Ermittlungen, S. 25.

395 Vgl. *Rödiger*, Strafverfolgung von Unternehmen, S. 246 f. Vgl. auch *Krey*, Private Ermittlungen, S. 33; *Moraht*, Private Straftatermittlungen, S. 25 f.; *Salvenmoser/Schreier*, in: Achenbach/Ransiek/Rönnau (Hrsg.), Handbuch Wirtschaftsstrafrecht, 4. Aufl., 15. Teil Rn. 21, zur Notwendigkeit eigener Ermittlungskompetenzen bzgl. des Zivilverfahrens. A.A. *Zapfe*, Compliance, S. 112 f.

396 Vgl. aber *Rödiger*, Strafverfolgung von Unternehmen, S. 247; *Wewerka*, Internal Investigations, S. 125 ff.; *Salvenmoser/Schreier*, in: Achenbach/Ransiek/Rönnau (Hrsg.), Handbuch Wirtschaftsstrafrecht, 4. Aufl., 15. Teil Rn. 36 f.

397 Siehe hierzu *Salvenmoser/Schreier*, in: Achenbach/Ransiek/Rönnau (Hrsg.), Handbuch Wirtschaftsstrafrecht, 4. Aufl., 15. Teil Rn. 38; *Scharnberg*, Internal Investigations, S. 59.

398 Vgl. *Wewerka*, Internal Investigations, S. 124. Siehe hierzu die Einleitung.

nehmenden Gefahr „einer Verschiebung der labilen Gleichgewichtsverhältnisse zwischen Beschuldigtem, Staatsanwalt und Gericht“[399] kann und muss man aber über die Statuierung hinreichender rechtlicher Grenzen der Ermittlungskompetenzen der Unternehmen Herr werden.

Der Umstand, dass die Ermittlungen eines Unternehmens diejenigen der Strafverfolgungsbehörden behindern oder die Beweismittel trüben könnten,[400] spricht ebenfalls nicht erheblich gegen ein generelles Verbot unternehmensinterner Ermittlungen.[401] Denn die Ermittlungskompetenz des Unternehmens ist von vornherein durch die strafrechtlichen Verbote der §§ 164, 145d, 258 StGB begrenzt, die auch eine Beweismittelverfälschung weitgehend sanktionieren.[402] Unterhalb dieser Grenzen obliegt es den Strafverfolgungsorganen, den Beweiswert der privaten Ermittlungen angemessen zu beurteilen.[403] Über § 164 StPO kann zudem eine konkrete Störung der Ermittlungen verhindert werden.[404] Auch der Grundsatz der Aktenwahrheit und Vollständigkeit[405] erscheint deswegen trotz der möglichen weitgehenden Verschränkung der privaten und staatlichen Ermittlungen nicht geeignet, die Unzulässigkeit der privaten Ermittlungen zu begründen.[406] Abgesehen davon richtet sich dieser von vornherein allein an den Staat.[407] Insofern obliegt es den Strafverfolgungsbehörden, durch hinreichende Kennzeichnung derjenigen Beweismittel, die durch Private gewonnen wurden, die Voraussetzungen einer angepassten Beweiswürdigung zu schaffen.[408]

Von der prinzipiellen Zulässigkeit unternehmensinterner Ermittlungen ist zu trennen, dass Privatermittlungen selbstverständlich nicht unbeschränkt zulässig sind, sondern ihnen insbesondere durch das allgemeine Persönlichkeitsrecht der betroffenen Mitarbeiter, das Strafrecht und auch das Datenschutzrecht Grenzen

---

399 *Wewerka*, Internal Investigations, S. 121. Vgl. auch unter 2. Kapitel A.

400 Vgl. hierzu *Wehnert*, in: Kempf/Lüderssen/Volk (Hrsg.), Ökonomie versus Recht im Finanzmarkt?, S. 137, 140; *Wewerka*, Internal Investigations, S. 149 f.

401 A.A. *Hassemer/Matussek*, Das Opfer als Verfolger, S. 25 ff.

402 Vgl. *Krey*, Private Ermittlungen, S. 32; *Wewerka*, Internal Investigations, S. 115, 145. Vgl. auch *Bockemühl*, Private Ermittlungen, S. 35, 51 f.

403 Vgl. auch *Bienert*, Private Ermittlungen, S. 41; *Dubois*, Verwertbarkeit, S. 25.

404 Vgl. *Salvenmoser/Schreier*, in: Achenbach/Ransiek/Rönnau (Hrsg.), Handbuch Wirtschaftsstrafrecht, 4. Aufl., 15. Teil Rn. 46.

405 Dieser Grundsatz gebietet, dass die Akten alle bislang erzielten Ergebnisse des Ermittlungsverfahrens und seine Entwicklung umfassend, klar und wahr erkennen lassen, siehe *Schlothauer*, in: Widmaier/Müller/Schlothauer, Münchener Anwaltshandbuch, Strafverteidigung, 2. Aufl., § 3 Rn. 35.

406 Vgl. auch *Zapfe*, Compliance, S. 119. Vgl. aber *Hassemer/Matussek*, Das Opfer als Verfolger, S. 55 ff.; *Mende*, Grenzen privater Ermittlungen, S. 141 ff.

407 *Godenzi*, Private Beweisbeschaffung, S. 78; *Reeb*, Internal Investigations, S. 36; *Zapfe*, Compliance, S. 119.

408 *Bienert*, Private Ermittlungen, S. 41; *Godenzi*, Private Beweisbeschaffung, S. 78; *Reeb*, Internal Investigations, S. 36.

gezogen werden.[409] Auch kann beim kompletten Unterlassen eigener Ermittlungen der Staatsanwaltschaft bzw. Polizei durchaus ein Verstoß gegen das Legalitätsprinzip vorliegen.[410] Die Konstellation, dass die Staatsanwaltschaft sich allein auf den Bericht des Unternehmens verlässt, sollte allerdings den extremen Ausnahmefall darstellen.

409 Vgl. auch *Dubois*, Verwertbarkeit, S. 24; *Salvenmoser/Schreier*, in: Achenbach/Ransiek/Rönnau (Hrsg.), Handbuch Wirtschaftsstrafrecht, 4. Aufl., 15. Teil Rn. 40.

410 Weiter *Kottek*, Kooperation, S. 99, 134 ff.; *Zapfe*, Compliance, S. 116 f. Vgl. auch *Dubois*, Verwertbarkeit, S. 23; *Greco/Caracas*, NStZ 2015, 7, 14.

4. Kapitel: Die Problematik um die Selbstbelastungsfreiheit

Im Folgenden soll die Problematik um eine mögliche Verpflichtung der Mitarbeiter zu Auskünften, durch die sich diese zugleich auch selbst einer Ordnungswidrigkeit oder Straftat bezichtigen müssten, dargestellt werden. Nicht selbstständig problematisiert werden soll dagegen die Konstellation, dass sich der Mitarbeiter einer rein zivilrechtlichen Pflichtverletzung gegenüber seinem Arbeitgeber bezichtigen müsste. Dies folgt aus der Beschränkung der vorliegenden Arbeit auf eben diesen Teil der Gesamtproblematik. Im Anschluss soll ein Überblick über die bislang diskutierten Lösungswege gegeben werden. Ein eigener Lösungsansatz wird im 7. Kapitel entwickelt.

A. Teilnahmepflicht an den Interviews

Die Unternehmensmitarbeiter sind grundsätzlich verpflichtet, an Befragungen des Arbeitgebers wie den Interviews teilzunehmen. Denn der Arbeitgeber ist aufgrund seines Direktionsrechts nach § 106 GewO zu derartigen Weisungen berechtigt.[411] Dieses Recht umfasst nicht nur die Konkretisierung der Hauptleistungspflicht, sondern auch leistungssichernde Verhaltenspflichten wie die Teilnahme an Personalgesprächen.[412] Der Arbeitgeber hat im Rahmen seines Direktionsrechts zwar die Grenzen billigen Ermessens einzuhalten,[413] was voraussetzt, dass die wesentlichen Umstände des Falles abgewogen und die beiderseitigen Interessen angemessen berücksichtigt werden.[414] Der Arbeitgeber muss dabei insbesondere auch die Grundrechte des Arbeitnehmers wahren.[415] Diese Voraussetzung ist aber zumeist

---

411 *Dendorfer*, in: Moll (Hrsg.), Münchener Anwaltshandbuch Arbeitsrecht, 3. Aufl., § 35 Rn. 115; *Gola*, ZD 2013, 379; *Grützner*, in: Momsen/Grützner (Hrsg.), Wirtschaftsstrafrecht, 4. Kap. Rn. 344; *Haefcke*, CCZ 2014, 39; *Rudkowski*, NZA 2011, 612; *Rübenstahl*, WiJ 2012, 17, 20; *Ruhmannseder*, in: Schulz/Reinhart/Sahan (Hrsg.), Festschrift für Imme Roxin, S. 501, 506; *Scharnberg*, Internal Investigations, S. 262. Vgl. auch *Preis*, in: Müller-Glöge/Preis/Schmidt (Hrsg.), Erfurter Kommentar zum Arbeitsrecht 16. Aufl., § 106 GewO Rn. 2.

412 BAG, NZA 2009, 1011, 1012; *Grützner*, in: Momsen/Grützner (Hrsg.), Wirtschaftsstrafrecht, 4. Kap. Rn. 344.

413 *Grützner*, in: Momsen/Grützner (Hrsg.), Wirtschaftsstrafrecht, 4. Kap. Rn. 344; *Rudkowski*, NZA 2011, 612; *Ruhmannseder*, in: Schulz/Reinhart/Sahan (Hrsg.), Festschrift für Imme Roxin, S. 501, 506.

414 BAG, NZA 1993, 1127; NZA 1996, 1088, 1089; *Preis*, in: Müller-Glöge/Preis/Schmidt (Hrsg.), Erfurter Kommentar zum Arbeitsrecht 16. Aufl., § 106 GewO Rn. 6.

415 BAG, NZA 2009, 1011; *Rudkowski*, NZA 2011, 612; *Ruhmannseder*, in: Schulz/Reinhart/Sahan (Hrsg.), Festschrift für Imme Roxin, S. 501, 506.

aufgrund des erheblichen Interesses des Arbeitgebers an der Sachverhaltsaufklärung erfüllt.[416]

B. Die Auskunftspflicht der Mitarbeiter im Rahmen der Interviews

Wieweit ein Mitarbeiter in den Interviews zu Auskünften verpflichtet ist, ist umstritten. Der Mitarbeiter ist zwar grundsätzlich in vielen Fällen zur Beantwortung der Fragen des Arbeitgebers verpflichtet. So kann die Pflicht zur Auskunftserteilung ausdrücklicher Bestandteil des Arbeitsvertrages und damit Bestandteil der Hauptleistungspflicht des Mitarbeiters sein.[417] Zu denken ist beispielsweise an einen Compliance-Beauftragten.[418] Im Regelfall ist eine derartige Auskunftspflicht allerdings nicht vertraglich ausdrücklich vereinbart.[419] Aber auch ohne ausdrückliche Vereinbarung kann eine Auskunftspflicht aus verschiedenen Normen hergeleitet werden. Wieweit diese im Einzelfall reicht, hängt dabei allerdings davon ab, ob es sich um Fragen mit einem unmittelbaren Bezug zum Aufgabenbereich des Mitarbeiters handelt.

I. Auskunftsanspruch aus §§ 666, 675 BGB (analog)

Auch wenn der Auskunftsanspruch nach teilweiser Auffassung für alle Bereiche allein auf die Schutzpflichten gegenüber dem Arbeitgeber (§§ 241 Abs. 2, 242 BGB) gestützt wird,[420] leitet die herrschende Meinung aus §§ 666, 675 BGB oder auch – im Ergebnis übereinstimmend – aus § 666 BGB analog eine besonders intensive Auskunftspflicht her, soweit es um Auskünfte geht, die den unmittelbaren Arbeitsbereich des Mitarbeiters betreffen.[421] § 666 BGB normiert unmittelbar zwar nur

---

416 *Rudkowski*, NZA 2011, 612; *Ruhmannseder*, in: Schulz/Reinhart/Sahan (Hrsg.), Festschrift für Imme Roxin, S. 501, 506.

417 Siehe hierzu *Bittmann/Molkenbur*, wistra 2009, 373, 375; *Böhm*, WM 2009, 1923, 1924.

418 Siehe *Münkel*, Mitarbeiteroffenbarungen, S. 62; *Wewerka*, Internal Investigations, S. 230.

419 *Kruse*, Compliance, S. 143; *Münkel*, Mitarbeiteroffenbarungen, S. 62 f., 77 f.; *Wastl/Litzka/Pusch*, NStZ 2009, 68, 70; *Wewerka*, Internal Investigations, S. 230.

420 *Dann/Schmidt*, NJW 2009, 1851, 1852; *Godenzi*, Private Beweisbeschaffung, S. 65 f.; *Müller-Bonanni*, AnwBl 2010, 651, 653; *Rieble*, ZIP 2003, 1273, 1275 f.; *Rudkowski*, NZA 2011, 612, 613; *Salvenmoser/Schreier*, in: Achenbach/Ransiek/Rönnau (Hrsg.), Handbuch Wirtschaftsstrafrecht, 4. Aufl., 15. Teil Rn. 174; *Taschke*, in: Rotsch (Hrsg.), Criminal Compliance, S. 65, 70.

421 BAG, NJW 1967, 414; NZA 2002, 618, 620; LAG Berlin, NZA 1993, 27 f.; VG Frankfurt a.M., Rspr HessVerwG 2001, 51, 54; *Böhm*, WM 2009, 1923, 1924; *ders.*, Non-Compliance, S. 148; *Dann/Zülch*, ZRFC 2011, 267, 268; *Diller*, DB 2004, 313; *Fritz*, CCZ 2011, 155, 157; *ders./Nolden*, CCZ 2010, 170; *Grimm/Freh*, KSzW 2012, 88; *Haefcke*, CCZ 2014, 39; *Knauer/Buhlmann*, AnwBl 2010, 387, 389; *Kottek*, DAJV-Newsletter 3/2013, 101, 102; *Krull*, in: Bay (Hrsg.), Handbuch Internal Investigations,

einen Auskunftsanspruch des Auftraggebers gegenüber dem Beauftragten. Nach § 675 BGB findet § 666 BGB aber auch auf entgeltliche Geschäftsbesorgungsverträge Anwendung.[422] Nach einer Ansicht soll § 666 BGB über diese Verweisung auch auf Arbeitsverträge Anwendung finden. Für die Einordnung als Geschäftsbesorgungsvertrag wird insoweit argumentiert, dass der Arbeitnehmer noch weitaus stärker als ein außenstehender Dritter im fremden Rechtskreis tätig werde und in vielerlei Hinsicht zugunsten und zulasten des Arbeitgebers handle.[423] Nach der Gegenansicht soll § 666 BGB, „ohne den Umweg über § 675 BGB", als „Musterregel für eine Vielzahl von Geschäftsbesorgungsverhältnissen" auch auf die abhängige Geschäftsbesorgung im Arbeitsverhältnis anwendbar sein.[424]

Vom Umfang des dem Arbeitnehmer anvertrauten Verantwortungsbereichs hängt aufgrund dieser Herleitung des Anspruchs der Umfang seiner Auskunftspflicht ab.[425] Den Arbeitnehmer trifft insoweit eine Berichtspflicht über seine persönlichen Aktivitäten am Arbeitsplatz und die hieraus resultierenden Arbeitsergebnisse.[426] Die Auskunftspflicht leitender Angestellte, deren Aufgabenbereich auch die Überwachung und Führung der untergeordneten Mitarbeiter in ihrem

---

3. Kap. Rn. 4; *Kruse*, Compliance, S. 145; *Momsen*, ZIS 2011, 508, 513; *ders./Grützner*, DB 2011, 1792, 1795; *Müller-Glöge*, in: Säcker/Rixecker (Hrsg.), Münchener Kommentar zum BGB, Band 4, 6. Aufl., § 611 Rn. 33; *Preis*, in: Müller-Glöge/Preis/Schmidt (Hrsg.), Erfurter Kommentar zum Arbeitsrecht, 16. Aufl., § 611 Rn. 22 f.; *Rödiger*, Strafverfolgung von Unternehmen, S. 259 f.; *Sieg*, in: Bauer/Kort/Möllers u. a. (Hrsg.), Festschrift für Herbert Buchner, S. 859, 862; *Spehl/Momsen/Grützner*, CCZ 2014, 2, 5; *Theile*, StV 2011, 381, 383; *Wastl/Litzka/Pusch*, NStZ 2009, 68, 70. A.A. allerdings *Mengel/Ullrich*, NZA 2006, 240, 243, die die Auskunftspflicht auf § 106 GewO, § 315 BGB stützen. § 106 GewO ziehen auch *Klasen/Schaefer*, BB 2012, 641, 645; *Lützeler/Müller-Sartori*, CCZ 2011, 19 als Rechtsgrundlage heran. Hiergegen *Reeb*, Internal Investigations, S. 95 (Fn. 246). Einschränkend *Bittmann/Molkenbur*, wistra 2009, 373, 375.

422 Zu der Problematik, ob es sich um einen Geschäftsbesorgungsvertrag handelt, vgl. *Müller-Glöge*, in: Säcker/Rixecker (Hrsg.), Münchener Kommentar zum BGB, Band 4, 6. Aufl., § 611 Rn. 32; *Preis*, in: Müller-Glöge/Preis/Schmidt (Hrsg.), Erfurter Kommentar zum Arbeitsrecht, 16. Aufl., § 611 Rn. 22; *Reichold*, NZA 1994, 488, 489.

423 *Rödiger*, Strafverfolgung von Unternehmen, S. 260. Für die Einordnung als Geschäftsbesorgungsvertrag auch BAGE 12, 15, 24; LAG Düsseldorf, BB 1962, 1285; *Böhm*, Non-Compliance, S. 148; *Diller*, DB 2004, 313; *Fritz*, CCZ 2011, 155, 157; *ders./Nolden*, CCZ 2010, 170; *Isele*, AuR 1964, 161, 163 ff.; *Kruse*, Compliance, S. 145 f. Vgl. auch *Kottek*, DAJV-Newsletter 3/2013, 101, 102.

424 *Reichold*, in: Richardi/Wlotzke/Wißmann u. a. (Hrsg.), Münchener Handbuch zum Arbeitsrecht, Band 1, 3. Aufl., § 49 Rn. 5. Vgl. auch *Reichold*, NZA 1994, 488, 489.

425 Siehe *Fritz/Nolden*, CCZ 2010, 170, 171; *Grimm/Freh*, KSzW 2012, 88; *Kruse*, Compliance, S. 146. Vgl. *Böhm*, WM 2009, 1923, 1924; *ders.*, Non-Compliance, S. 148; *Rödiger*, Strafverfolgung von Unternehmen, S. 260.

426 *Reichold*, in: Richardi/Wlotzke/Wißmann u. a. (Hrsg.), Münchener Handbuch zum Arbeitsrecht, Band 1, 3. Aufl., § 49 Rn. 5.

Verantwortungsbereich umfasst, reicht besonders weit.[427] Bei der Verpflichtung auf Auskunftserteilung aus § 666 BGB handelt es sich um eine Nebenleistungspflicht.[428]

Diese Auskunftspflicht soll nach herrschender aber umstrittener Ansicht auch dann bestehen, wenn der Arbeitnehmer sich bei wahrheitsgemäßer Auskunft selbst einer Pflichtwidrigkeit oder sogar einer Straftat bezichtigen müsste.[429] Der Zweck des § 666 BGB, dem Geschäftsherrn Steuerungsmaßnahmen zu ermöglichen und seine Rechte bei mangelhafter Geschäftsführung wahren zu können,[430] gebiete, dass dem Geschäftsherrn diese Rechte nicht gerade dann genommen würden, wenn diese sich als besonders gravierend verletzt erwiesen, weil es sich bei einer Pflichtverletzung sogar um eine Straftat handle.[431] Anderenfalls würde dem Arbeitgeber die Leistungs- und Zielkontrolle insoweit unmöglich gemacht.[432] Auf diese Problematik wird später noch ausführlich eingegangen.[433] Auch soll es unbeachtlich sein, ob der Arbeitgeber sich die erforderlichen Informationen unschwer selbst oder aus anderen Quellen beschaffen könnte.[434] Eine Grenze soll die Auskunftspflicht allein in § 242 BGB finden.[435]

---

427 *Böhm*, WM 2009, 1923, 1924; *ders.*, Non-Compliance, S. 148 f.; *Haefcke*, CCZ 2014, 39, 40; *Krull*, in: Bay (Hrsg.), Handbuch Internal Investigations, 3. Kap. Rn. 4; *Wewerka*, Internal Investigations, S. 231.

428 *Böhm*, Non-Compliance, S. 148; *Rödiger*, Strafverfolgung von Unternehmen, S. 297 (Fn. 1846).

429 BGHZ 41, 318, 322; 109, 260, 268; VG Frankfurt a.M., Rspr HessVerwG 2001, 51, 54; *Böhm*, WM 2009, 1923, 1924; *ders.*, Non-Compliance, S. 149 f.; *Dann/Zülch*, ZRFC 2011, 267, 268; *Diller*, DB 2004, 313, 314; *Fischer*, in: Bamberger/Roth (Hrsg.), Beck'scher Online-Kommentar BGB, Stand: 1.8.2015, § 666 Rn. 7; *Grimm/Freh*, KSzW 2012, 88; *Haefcke*, CCZ 2014, 39, 40; *Klasen/Schaefer*, BB 2012, 641, 645 f.; *Kottek*, DAJV-Newsletter 3/2013, 101, 102; *Lützeler/Müller-Sartori*, CCZ 2011, 19, 20; *Reichold*, in: Richardi/Wlotzke/Wißmann u. a. (Hrsg.), Münchener Handbuch zum Arbeitsrecht, Band 1, 3. Aufl., § 49 Rn. 7; *Rübenstahl*, WiJ 2012, 17, 22 f.; *Spehl/Momsen/Grützner*, CCZ 2014, 2, 5; *Sprau*, in: Palandt, BGB, 73. Aufl., § 666 BGB Rn. 1; *V. Vogt*, NJOZ 2009, 4206, 4212; *Wisskirchen/Glaser*, DB 2011, 1447, 1448. So für den Bereich der vertraglichen Auskunftspflichten auch *Mengel/Ullrich*, NZA 2006, 240, 243.

430 *Martinek*, in: Staudinger, BGB, Buch 2, § 666 Rn. 9.

431 Siehe BGHZ 109, 260, 268; LAG Hamm, CCZ 2010, 237, 239; VG Frankfurt a.M., Rspr HessVerwG 2001, 51, 54; *Diller*, DB 2004, 313, 314; *Grimm/Freh*, KSzW 2012, 88; *Knauer/Buhlmann*, AnwBl 2010, 387, 389. Vgl. auch *Grützner*, in: Momsen/Grützner (Hrsg.), Wirtschaftsstrafrecht, 4. Kap. Rn. 351.

432 *Mengel*, Compliance und Arbeitsrecht, 4. Kap. Rn. 21; *dies./Ullrich*, NZA 2006, 240, 243; *Rödiger*, Strafverfolgung von Unternehmen, S. 299.

433 Siehe unter 7. Kapitel C. I. 1. d).

434 BGH, NJW 1998, 2969, 2970; *Diller*, DB 2004, 313, 314; *Knauer/Buhlmann*, AnwBl 2010, 387, 389; *Mansel*, in: Jauernig, BGB, 15. Aufl., § 666 Rn. 2; *Martinek*, in: Staudinger, BGB, Buch 2, § 666 Rn. 19; *Sprau*, in: Palandt, BGB, 73. Aufl., § 666 Rn. 1.

435 BGH, WM 1984, 1164, 1165; *Böhm*, WM 2009, 1923, 1924; *ders.*, Non-Compliance, S. 149; *Mansel*, in: Jauernig, BGB, 15. Aufl., § 242 Rn. 2; *Martinek*, in: Staudinger,

Dieser Auskunftsanspruch aus § 666 (i.V.m. § 675) BGB ist, wie bereits erwähnt, allerdings auf den dem Arbeitnehmer unmittelbar übertragenen oder übernommenen Aufgabenbereich beschränkt.[436] Für Auskunftsbegehren, die über diesen unmittelbaren Arbeitsbereich hinausgehen, kann sich eine Auskunftspflicht alleine aus den allgemeinen vertraglichen Nebenpflichten ergeben.[437]

II. Auskunftsanspruch aus der Schadensabwendungspflicht §§ 611, 241 Abs. 2, 242 BGB

Im Einzelfall kann sich bei nur mittelbarem Bezug zum Arbeitsbereich des Mitarbeiters ein Auskunftsanspruch des Arbeitgebers auch aus der Nebenpflicht des Arbeitnehmers ergeben, drohende Schäden vom Arbeitgeber abzuwenden.[438] Der Arbeitnehmer hat gemäß § 241 Abs. 2 BGB die ihm anvertrauten Vermögenswerte zu schützen und den Arbeitgeber vor drohenden Schäden zu warnen.[439] Derartige Auskunftsansprüche beschränken sich allerdings auf solche Informationen, die der Arbeitnehmer in zumindest mittelbarem Zusammenhang mit seinem Arbeitsbereich erlangt.[440]

Aufgrund der Ableitung dieser Schutzpflichten aus § 242 BGB steht eine derartige Verpflichtung allerdings von vornherein unter der Bedingung der überwiegenden Interessen des Arbeitgebers.[441] Die Interessen des Mitarbeiters sind bei nur mittelbarem Bezug zu dem Aufgabenbereich des Mitarbeiters demnach stärker zu berücksichtigen.[442] Aus diesem Grund wird eine aus der Schadensabwendungspflicht abgeleitete Auskunftspflicht im Falle der Selbstbelastungsgefahr von einer starken

---

BGB, Buch 2, § 666 Rn. 2; Seiler, in: Säcker/Rixecker (Hrsg.), Münchener Kommentar zum BGB, Band 4, 6. Aufl., § 666 Rn. 7; *Sprau*, in: Palandt, 73. Aufl., § 666 Rn. 1.

436 BGH, NJW-RR 1989, 614; *Böhm*, WM 2009, 1923, 1924; *ders.*, Non-Compliance, S. 148; *Diller*, DB 2004, 313; *Grimm/Freh*, KSzW 2012, 88; *Reeb*, Internal Investigations, S. 95.

437 *Fritz/Nolden*, CCZ 2010, 170, 171; *Reichold*, in: Richardi/Wlotzke/Wißmann u. a. (Hrsg.), Münchener Handbuch zum Arbeitsrecht, Band 1, 3. Aufl., § 49 Rn. 5.

438 *Dann/Schmidt*, NJW 2009, 1851, 1853; *Dann/Zülch*, ZRFC 2011, 267, 268; *Diller*, DB 2004, 313, 314; *Fritz*, CCZ 2011, 155, 157; *ders./Nolden*, CCZ 2010, 170, 172; *Gach/Rützel*, BB 1997, 1959, 1961; *Grützner*, in: Momsen/Grützner (Hrsg.), Wirtschaftsstrafrecht, 4. Kap. Rn. 354; *M. Jahn*, StV 2009, 41, 44; *Krull*, in: Bay (Hrsg.), Handbuch Internal Investigations, 3. Kap. Rn. 4; *Mengel/Ullrich*, NZA 2006, 240, 243; *Reeb*, Internal Investigations, S. 97; *Wewerka*, Internal Investigations, S. 231.

439 *Mansel*, in: Jauernig, BGB, 15. Aufl., § 611 Rn. 25. So auch BGH, DB 1954, 87, 88; *Gach/Rützel*, BB 1997, 1959, 1961. Vgl. auch *Böhm*, WM 2009, 1923, 1925.

440 *Grützner*, in: Momsen/Grützner (Hrsg.), Wirtschaftsstrafrecht, 4. Kap. Rn. 354; *Wewerka*, Internal Investigations, S. 231.

441 *Krull*, in: Bay (Hrsg.), Handbuch Internal Investigations, 3. Kap. Rn. 7. Die Auskunft muss zumutbar sein, siehe *Diller*, DB 2004, 313, 314; *Fritz*, CCZ 2011, 155, 157; *Gach/Rützel*, BB 1997, 1959, 1961. Vgl. auch *Dann/Zülch*, ZRFC 2011, 267, 268.

442 *Grützner*, in: Momsen/Grützner (Hrsg.), Wirtschaftsstrafrecht, 4. Kap. Rn. 354.

Ansicht abgelehnt.[443] Teilweise wird dagegen auch angenommen, es müsse eine Interessenabwägung im Einzelfall erfolgen.[444] Auch hier gilt, dass die Auskunftspflichten von Mitarbeitern in leitenden Positionen stärker ausgeprägt sind.[445]

III. Allgemeiner vertraglicher Auskunftsanspruch aus § 242 BGB bzw. §§ 611, 241 Abs. 2 BGB

Über Wahrnehmungen ohne Bezug zum eigenen Aufgabenbereich kann der Mitarbeiter alleine aufgrund des allgemeinen zivilrechtlichen Auskunftsanspruchs aus § 242 BGB, der teilweise auch auf die arbeitsrechtliche Treuepflicht gestützt wird (§ 241 Abs. 2 BGB),[446] zur Auskunft verpflichtet sein.[447] Dieser allgemeine Auskunftsanspruch ist gewohnheitsrechtlich anerkannt.[448] Er besteht, wenn im Rahmen eines Schuldverhältnisses die eine Partei in entschuldbarer Weise über den Bestand oder den Umfang eines Rechts im Ungewissen ist oder dieses nicht beweisen kann, während die andere Partei die zur Beseitigung der Ungewissheit erforderliche Auskunft unschwer erteilen kann.[449] Der Anspruch setzt voraus, dass der Arbeitgeber ein

---

443 BAG, NJW 2009, 1897, 1898; *Dann/Zülch*, ZRFC 2011, 267, 268; *Diller*, DB 2004, 313, 314; *Fritz/Nolden*, CCZ 2010, 170, 172; *Gach/Rützel*, BB 1997, 1959, 1961; *Mengel/Ullrich*, NZA 2006, 240, 243. Von einem regelmäßigen Überwiegen der Arbeitnehmerinteressen gehen *M. Jahn*, StV 2009, 41, 44 und *Reeb*, Internal Investigations, S. 97 aus. Vgl. aber auch *Böhm*, WM 2009, 1923, 1925, nach dem die Interessenabwägung nicht alleine aufgrund der Selbstbelastungsgefahr des Arbeitnehmers zu dessen Gunsten ausgehen darf. Gegen ein Auskunftsverweigerungsrecht aufgrund der Gefahr der Selbstbezichtigung mit einer Straftat für einen aus §§ 241 Abs. 2, 242 BGB abgeleiteten Anspruch zur Aufklärung über einen Verstoß gegen ein Konkurrenzverbot das LAG Hamm, CCZ 2010, 237, 238 f. und das ArbG Saarlouis, ZIP 1984, 364, 365.

444 *Fritz*, CCZ 2011, 155, 157; *Grützner*, in: Momsen/Grützner (Hrsg.), Wirtschaftsstrafrecht, 4. Kap. Rn. 354; *Wewerka*, Internal Investigations, S. 233.

445 *Bittmann/Molkenbur*, wistra 2009, 373, 375; *Grützner*, in: Momsen/Grützner (Hrsg.), Wirtschaftsstrafrecht, 4. Kap. Rn. 354; *Mengel/Ullrich*, NZA 2006, 240, 243.

446 *Böhm*, Non-Compliance, S. 151; *Ruhmannseder*, in: Schulz/Reinhart/Sahan (Hrsg.), Festschrift für Imme Roxin, S. 501, 507; *Schürrle/Olbers*, CCZ 2010, 178; *Wastl/Litzka/Pusch*, NStZ 2009, 68, 70; *Wisskirchen/Glaser*, DB 2011, 1447, 1448.

447 *Diller*, DB 2004, 313; *Grützner*, in: Momsen/Grützner (Hrsg.), Wirtschaftsstrafrecht, 4. Kap. Rn. 355; *Haefcke*, CCZ 2014, 39, 40; *Mengel/Ullrich*, NZA 2006, 240, 243; *Rödiger*, Strafverfolgung von Unternehmen, S. 260; *Wewerka*, Internal Investigations, S. 231 f.

448 BAG, NZA 1996, 637, 638; *Müller-Glöge*, in: Säcker/Rixecker (Hrsg.), Münchener Kommentar zum BGB, Band 4, 6. Aufl., § 611 Rn. 1111.

449 RGZ 108, 1, 7; BGHZ 10, 385, 387; 81, 21, 24; 95, 285, 287; BAG, NZA 1996, 637, 638; 1997, 41, 42; DB 2007, 2319; *Bittmann/Molkenbur*, wistra 2009, 373, 375; *Böhm*, WM 2009, 1923, 1924 f.; *ders.*, Non-Compliance, S. 151; *Diller*, DB 2004, 313 f.; *Fritz/Nolden*, CCZ 2010, 170, 171; *Grimm/Freh*, KSzW 2012, 88, 89; *Müller-Glöge*, in: Säcker/Rixecker (Hrsg.), Münchener Kommentar zum BGB, Band 4, 6. Aufl., § 611

berechtigtes, billigenswertes und schutzwürdiges Interesse an der Beantwortung der Frage hat und die Beantwortung der Frage den Arbeitnehmer nicht übermäßig belastet.[450] Die Belastung muss der Bedeutung des Auskunftsinteresses entsprechen.[451] Die erste Voraussetzung, ein berechtigtes, billigenswertes und schützenswertes Interesse des Arbeitgebers wird bei internen Ermittlungen in den allermeisten Fällen vorliegen.[452] Im Rahmen dieses Anspruchs sind allerdings stets die Interessen des Arbeitgebers und des Arbeitnehmers gegeneinander abzuwägen.[453] Eine Auskunftspflicht besteht nur bei überwiegenden Interessen des Arbeitgebers.[454] Für Mitarbeiter in Führungspositionen gelten auch hier weitergehende Offenbarungspflichten als für untergeordnete Mitarbeiter.[455] Im Fall der Selbstbelastungsgefahr soll der allgemeine Auskunftsanspruch aber nach herrschender Ansicht ausgeschlossen

---

Rn. 1111; *Preis*, in: Müller-Glöge/Preis/Schmidt (Hrsg.), Erfurter Kommentar zum Arbeitsrecht, 16. Aufl., § 611 Rn. 736; *Reeb*, Internal Investigations, S. 96; *Rieble*, ZIP 2003, 1273, 1276; *Wewerka*, Internal Investigations, S. 232.

450 BAG, NZA 1996, 637, 638; *Böhm*, WM 2009, 1923, 1925; *ders.*, Non-Compliance, S. 151; *Dann/Schmidt*, NJW 2009, 1851, 1853; *Fritz/Nolden*, CCZ 2010, 170, 172; *Grimm/Freh*, KSzW 2012, 88, 89; *Grützner*, in: Momsen/Grützner (Hrsg.), Wirtschaftsstrafrecht, 4. Kap. Rn. 355; *Müller-Glöge*, in: Säcker/Rixecker (Hrsg.), Münchener Kommentar zum BGB, Band 4, 6. Aufl., § 611 Rn. 1112; *Park*, in: Volk (Hrsg.), Verteidigung in Wirtschafts- und Steuerstrafsachen, 2. Aufl., § 11 Rn. 101; *Rudkowski*, NZA 2011, 612, 613; *Schürrle/Olbers*, CCZ 2010, 178; *Taschke*, in: Rotsch (Hrsg.), Criminal Compliance, S. 65, 71; *Wewerka*, Internal Investigations, S. 234; *Wisskirchen/Glaser*, DB 2011, 1447, 1448.

451 BAG, NZA 1996, 637, 638; *Diller*, DB 2004, 313, 314.

452 Vgl. *Park*, in: Volk (Hrsg.), Verteidigung in Wirtschafts- und Steuerstrafsachen, 2. Aufl., § 11 Rn. 101.

453 BAG, DB 2007, 2319 f.; *Dann/Schmidt*, NJW 2009, 1851, 1853; *Diller*, DB 2004, 313, 314; *Göpfert/Merten/Siegrist*, NJW 2008, 1703, 1705; *Haefcke*, CCZ 2014, 39, 40; *Mengel/Ullrich*, NZA 2006, 240, 243; *Minoggio*, in: Böttger (Hrsg.), Wirtschaftsstrafrecht in der Praxis, 2. Aufl., 18. Kap. Rn. 137; *Reeb*, Internal Investigations, S. 96; *Rieble*, ZIP 2003, 1273, 1276; *Salvenmoser/Schreier*, in: Achenbach/Ransiek/Rönnau (Hrsg.), Handbuch Wirtschaftsstrafrecht, 4. Aufl., 15. Teil Rn. 174; *Wewerka*, Internal Investigations, S. 233; *Wisskirchen/Glaser*, DB 2011, 1447, 1448. Siehe auch BAG, NZA 1996, 637, 640; *M. Jahn*, StV 2009, 41, 44.

454 *Grützner*, in: Momsen/Grützner (Hrsg.), Wirtschaftsstrafrecht, 4. Kap. Rn. 355; *Haefcke*, CCZ 2014, 39, 40; *Ruhmannseder*, in: Schulz/Reinhart/Sahan (Hrsg.), Festschrift für Imme Roxin, S. 501, 507; *Wastl/Litzka/Pusch*, NStZ 2009, 68, 70. Siehe auch *Theile*, StV 2011, 381, 383. Vgl. aber auch *Minoggio*, in: Böttger (Hrsg.), Wirtschaftsstrafrecht in der Praxis, 2. Aufl., 18. Kap. Rn. 137, nach dem im Zweifel angenommen müsse, es überwiege das Interesse des Arbeitgebers. Dies widerspricht allerdings der grundsätzlichen Beweislastverteilung. Nach *Schürrle/Olbers*, CCZ 2010, 178, besteht nur bei überwiegendem Interesse des Mitarbeiters ein Auskunftsverweigerungsrecht.

455 *Bittmann/Molkenbur*, wistra 2009, 373, 375; *Gach/Rützel*, BB 1997, 1959, 1961; *Göpfert/Merten/Siegrist*, NJW 2008, 1703, 1706.

sein.[456] Auch für den allgemeinen Auskunftsanspruch ist als weitere Vorrausetzung ein gewisser Bezug des Auskunftsinteresses zu der Erfüllung der vom Arbeitnehmer geschuldeten vertraglichen Leistung, mit dessen sonstiger Pflichtenbindung oder mit der Pflichtenbindung des Arbeitgebers erforderlich.[457] Daneben bestehen weitere Einschränkungen. So ist der Auskunftsanspruch ausgeschlossen, wenn sich der Arbeitgeber die Information auf zumutbare Weise anderweitig beschaffen kann.[458] Zudem soll er – abgesehen von extremen Ausnahmefällen – auch dann ausgeschlossen sein, wenn der Arbeitgeber die Beweisnot selbst verschuldet hat.[459]

C. Der Konflikt mit der Selbstbelastungsfreiheit

Soweit eine Auskunftspflicht auch dann bejaht wird, wenn der Arbeitnehmer sich durch die Auskunftserteilung selbst in die Gefahr der Strafverfolgung bringen könnte, tritt diese zivilrechtliche Wertung in Konflikt mit dem strafprozessualen Grundsatz der Selbstbelastungsfreiheit.[460] Im Strafverfahren ist anerkannt, dass dem Angeklagten ein Aussageverweigerungsrecht, den Zeugen im Falle der

---

456 BGH, NJW-RR 1989, 614, 615; NJW 2009, 1897, 1898; LAG Stuttgart, DB 1963, 1055; *Fritz/Nolden*, CCZ 2010, 170, 172; *Göpfert/Merten/Siegrist*, NJW 2008, 1703, 1705; *Grützner*, in: Momsen/Grützner (Hrsg.), Wirtschaftsstrafrecht, 4. Kap. Rn. 356; *Haefcke*, CCZ 2014, 39, 40; *Lützeler/Müller-Sartori*, CCZ 2011, 19, 20; *Moraht*, Private Straftatermittlungen, S. 104 (Fn. 456); *Rudkowski*, NZA 2011, 612, 613; *Ruhmannseder*, in: Schulz/Reinhart/Sahan (Hrsg.), Festschrift für Imme Roxin, S. 501, 507; *Salvenmoser/Schreier*, in: Achenbach/Ransiek/Rönnau (Hrsg.), Handbuch Wirtschaftsstrafrecht, 4. Aufl., 15. Teil Rn. 174. Abweichend für den Fall, dass dem Arbeitgeber weitere bedeutende Schäden drohen, *Grimm/Freh*, KSzW 2012, 88, 89. Einschränkend („regelmäßig") *Reeb*, Internal Investigations, S. 96. Für eine Interessenabwägung im Einzelfall *Schürrle/Olbers*, CCZ 2010, 178. A.A. LAG Hamm, CCZ 2010, 237, 239; ArbG Saarlouis, ZIP 1984, 364 f.; *Böhm*, Non-Compliance, S. 152; *Diller*, DB 2004, 313, 314; *Müller-Bonanni*, AnwBl 2010, 651, 653.

457 BAG, NZA 1996, 637, 638; *Grimm/Freh*, KSzW 2012, 88, 89; *Grützner*, in: Momsen/Grützner (Hrsg.), Wirtschaftsstrafrecht, 4. Kap. Rn. 355; *Müller-Glöge*, in: Säcker/Rixecker (Hrsg.), Münchener Kommentar zum BGB, Band 4, 6. Aufl., § 611 Rn. 1112. Vgl. auch *Böhm*, WM 2009, 1923, 1925; *Dann/Schmidt*, NJW 2009, 1851, 1853; *Fritz/Nolden*, CCZ 2010, 170, 171; *Rudkowski*, NZA 2011, 612, 613.

458 *Dann/Schmidt*, NJW 2009, 1851, 1853; *Diller*, DB 2004, 313, 314; *Göpfert/Merten/Siegrist*, NJW 2008, 1703, 1705; *Grimm/Freh*, KSzW 2012, 88, 89; *Haefcke*, CCZ 2014, 39, 40; *Rieble*, ZIP 2003, 1273, 1276; *Wisskirchen/Glaser*, DB 2011, 1447, 1448. Vgl. auch *Böhm*, WM 2009, 1923, 1925; *ders.*, Non-Compliance, S. 152; *Schürrle/Olbers*, CCZ 2010, 178.

459 *Rieble*, ZIP 2003, 1273, 1276.

460 Vgl. hierzu auch *Bittmann/Molkenbur*, wistra 2009, 373, 374; *M. Jahn*, CCZ 2011, 139, 141; *v. Rosen*, BB 2009, 230, 231; *Zimmer*, ZRFC 2011, 259.

Selbstbelastungsgefahr ein Auskunftsverweigerungsrecht zusteht.[461] Dieses Schweigerecht droht dadurch umgangen zu werden, dass die Mitarbeiter, zumindest soweit die Fragen den unmittelbaren Arbeitsbereich betreffen, gegenüber dem Arbeitgeber als nahezu unbeschränkt zur Auskunft verpflichtet angesehen werden und dieser Auskunftsanspruch nach herrschender Meinung auch nach § 888 Abs. 1 ZPO vollstreckbar sein soll.[462] Der Ausschluss nach § 888 Abs. 3 ZPO soll nur für die Hauptleistungspflicht der Arbeitnehmer, nicht aber für Nebenleistungspflichten oder sonstige Nebenpflichten greifen.[463] Daneben befinden sich die Mitarbeiter auch in einer erheblichen wirtschaftlichen Drucksituation, weil sie für den Fall der unberechtigten Auskunftsverweigerung mit erheblichen Sanktionen, von Schadensersatzansprüchen bis hin zur verhaltensbedingten Kündigung rechnen müssen.[464] Zudem droht ihnen eine Verdachtskündigung.[465] Viele hoffen, durch eine Aussage die Kündigung oder auch die Geltendmachung von Schadensersatzansprüchen wegen von ihnen begangener Pflichtwidrigkeiten abwenden zu können.[466] Der Druck, der von den Unternehmen auf die Mitarbeiter auch zur Erlangung selbstbelastender

461 §§ 55, 136 Abs. 1 S. 2, 163 Abs. 3 S. 1, 163a Abs. 4 S. 2 StPO. Siehe hierzu BGHSt 14, 358, 358, 364; *Diemer*, in: Hannich (Hrsg.), Karlsruher Kommentar zur StPO, 7. Aufl., § 136 Rn. 10; *Senge*, in: Hannich (Hrsg.), Karlsruher Kommentar zur StPO, 7. Aufl., § 55 Rn. 1. Siehe auch *Zimmer*, ZRFC 2011, 259.

462 *Bittmann/Molkenbur*, wistra 2009, 373, 375; *Böhm*, Non-Compliance, S. 157; *Grützner*, in Momsen/Grützner (Hrsg.), Wirtschaftsstrafrecht, 4. Kap. Rn. 379; *Knauer/Buhlmann*, AnwBl 2010, 387, 388; *Lützeler/Müller-Sartori*, CCZ 2011, 19, 24; *Momsen*, ZIS 2011, 508, 513; *ders./Grützner*, DB 2011, 1792, 1795; *Park*, in: Volk (Hrsg.), Verteidigung in Wirtschafts- und Steuerstrafsachen, 2. Aufl., § 11 Rn. 102; *Scharnberg*, Internal Investigations, S. 263; *Spehl/Momsen/Grützner*, CCZ 2014, 2, 5. Hiergegen *Gerst*, CCZ 2012, 1, 3; *Raum*, StraFo 2012, 395, 397; *Wewerka*, Internal Investigations, S. 240.

463 *Bittmann/Molkenbur*, wistra 2009, 373, 375 (Fn. 27); *Böhm*, Non-Compliance, S. 157; *Knauer/Buhlmann*, AnwBl 2010, 387, 389; *Kruse*, Compliance, S. 150; *Münkel*, Mitarbeiteroffenbarungen, S. 198; *Park*, in: Volk (Hrsg.), Verteidigung in Wirtschafts- und Steuerstrafsachen, 2. Aufl., § 11 Rn. 102.

464 Vgl. *Bittmann/Molkenbur*, wistra 2009, 373, 374, 375; *Gerst*, CCZ 2012, 1, 2; *Grützner*, in Momsen/Grützner (Hrsg.), Wirtschaftsstrafrecht, 4. Kap. Rn. 378 ff.; *Knauer/Buhlmann*, AnwBl 2010, 387, 388, 389; *Kottek*, Kooperation, S. 113 f.; *Lützeler/Müller-Sartori*, CCZ 2011, 19, 24; *Momsen*, ZIS 2011, 508, 510; *ders./Grützner*, DB 2011, 1792, 1795; *v. Rosen*, BB 2009, 230, 231; *Schuster*, NZWiSt 2012, 28, 30; *Spehl/Momsen/Grützner*, CCZ 2014, 2, 5. Siehe umfassend zu den möglichen Sanktionen *Göpfert/Merten/Siegrist*, NJW 2008, 1703, 1706 f.

465 Vgl. *Knauer*, ZWH 2012, 81, 85 (Fn. 42); *ders./Buhlmann*, AnwBl 2010, 387, 392. Siehe zu der Möglichkeit der Verdachtskündigung auch *Göpfert/Merten/Siegrist*, NJW 2008, 1703, 1706, 1707.

466 Vgl. *Gerst*, CCZ 2012, 1, 2; *Knauer*, ZWH 2012, 81, 84; *ders./Buhlmann*, AnwBl 2010, 387, 388, 392; *Momsen*, ZIS 2011, 508, 510; *I. Roxin*, StV 2012, 116, 119; *Schuster*, NZWiSt 2012, 28, 29. Siehe zu solchen Amnestien auch 5. Kapitel C.

Auskünfte ausgeübt wird, soll teilweise enorm sein.[467] Daneben stellt sich das Problem, dass die wenigsten Mitarbeiter erkennen, welche strafprozessualen Nachteile mit ihren Auskünften verbunden sein können.[468]

D. Der mögliche Eingang in staatliche Strafverfahren

Die Auskünfte der Mitarbeiter drohen Eingang in strafrechtliche Ermittlungsverfahren zu finden.[469] Wie bereits erörtert, besteht zum einen die Möglichkeit der freiwilligen Weiterleitung der Unterlagen durch die Unternehmen, die ihrerseits hoffen, hierdurch einen Bonus bei den Strafverfolgungsbehörden zu erreichen.[470] Zum anderen besteht die Gefahr der Beschlagnahme der Erkenntnisse des Unternehmens durch die Strafverfolgungsbehörden.[471] Dies gilt zumindest für Unterlagen, die sich im Besitz des Unternehmens befinden.[472] Die Geschäftsräume eines verdächtigen Unternehmens können unter den Voraussetzungen des § 102 StPO durchsucht werden.[473] Aber auch die Geschäftsräume eines nicht tatverdächtigen Unternehmens können nach § 103 StPO durchsucht werden, wenn aufgrund konkreter, bewiesener Tatsachen hinreichend individualisierte Beweismittel für die zu ermittelnde Straftat in den Geschäftsräumen des Unternehmens vermutet werden.[474] Eine Ausnahme

---

467 Siehe *Knauer/Buhlmann*, AnwBl 2010, 387, 388; *Momsen*, ZIS 2011, 508, 510, 512. Vgl. für SEC animierte Ermittlungen *v. Rosen*, BB 2009, 230, 231. So für die Untersuchungen bei Siemens *M. Jahn*, StV 2009, 41, 44. Vgl. auch *Schuster*, NZWiSt 2012, 28, 30.

468 Siehe *Kruse*, Compliance, S. 176; *Momsen*, ZIS 2011, 508, 512.

469 Vgl. auch *Diller*, DB 2004, 313, 318 f.; *Sarhan*, wistra 2015, 451.

470 Siehe hierzu unter 3. Kapitel E. III. Siehe auch *Rödiger*, Strafverfolgung von Unternehmen, S. 271; *I. Roxin*, StV 2012, 116, 119. Die Unterlagen wären nach § 250 StPO als Urkunden zu verlesen, *Bittmann/Molkenbur*, wistra 2009, 373, 374. Nach *Schuster*, NZWiSt 2012, 431, 433, soll die Verlesung der Interviewprotokolle in der Hauptverhandlung allerdings an § 250 StPO scheitern, weil der Zeuge nicht dadurch unerreichbar werde, dass er in der Hauptverhandlung seine Aussage nach § 55 StPO verweigere oder gar selbst zum Beschuldigten werde. Die Protokolle sollen nach *Schuster* deswegen alleine als Spurenansatz taugen, ebd. Nach *Kruse*, Compliance, S. 93 ff., soll die Verlesung der Interviewprotokolle gegen den Unmittelbarkeitsgrundsatz des § 250 StPO verstoßen und eine Umgehung des Richterprivilegs gemäß § 254 StPO darstellen. Siehe auch *Münkel*, Mitarbeiteroffenbarungen, S. 25 f.

471 Siehe hierzu *I. Roxin*, StV 2012, 116, 119; *Wettner/Mann*, DStR 2014, 655, 658.

472 Siehe hierzu LG Mannheim, StV 2013, 616, 622 ff.; *Rütters/Schneider*, GA 2014, 160 ff.; *Wettner/Mann*, DStR 2014, 655, 658, 659. A.A. *Milde*, CCZ 2013, 78, 80.

473 *Wettner/Mann*, DStR 2014, 655, 657 (Fn. 31).

474 *Park*, Durchsuchung und Beschlagnahme, 3. Aufl., Rn. 107, 110, 112 ff.; *Wettner/Mann*, DStR 2014, 655, 657 f.

stellen dabei allein solche Unterlagen dar, die zumindest auch[475] zum Zwecke der Verteidigung des Unternehmens gegen eine drohende Unternehmensgeldbuße oder einen drohenden Verfall angefertigt wurden.[476] Soweit es sich bei den Unterlagen aus internen Ermittlungen um Verteidigungsunterlagen des Unternehmens handelt, kann sich unter diesem Aspekt ein Beschlagnahmeverbot ergeben.[477] Dieses Beschlagnahmeverbot gilt unabhängig davon, ob sich derartige Verteidigungsunterlagen beim Unternehmensanwalt oder im Unternehmen befinden.[478] Allerdings ist umstritten, ob es auch für solche Unterlagen gelten soll, die vor Erlangung einer offiziellen Beschuldigten- bzw. Beteiligteninteressentenstellung erstellt wurden.[479]

---

475 Siehe hierzu *Taschke*, in: Michalke/Köberer/Pauly u. a. (Hrsg.), Festschrift für Rainer Hamm, S. 751, 763.

476 LG Mannheim, StV 2013, 616, 622; *Beukelmann*, NJW-Spezial 2012, 504; *Jahn/Kirsch*, StV 2011, 151, 153; *dies.*, NStZ 2012, 718, 720; *de Lind van Wijngaarden/Egler*, NJW 2013, 3549, 3552 f.; *Mehle/Mehle*, NJW 2011, 1639 ff.; *Minoggio*, in: Böttger (Hrsg.), Wirtschaftsstrafrecht in der Praxis, 2. Aufl., 18. Kap. Rn. 49 ff.; *Park*, in: Volk (Hrsg.), Verteidigung in Wirtschafts- und Steuerstrafsachen, 2. Aufl., § 11 Rn. 171; *Rütters/Schneider*, GA 2014, 160 ff.; *Schmitt*, in: Meyer-Goßner/Schmitt, 58. Aufl., § 97 Rn. 10c; *Schuster*, NZWiSt 2012, 431, 433 f.; *Wessing*, in: Hiebl/Kassebohm/Lilie (Hrsg.), Festschrift für Volkmar Mehle, S. 665, 678 ff.; *Wettner/Mann*, DStR 2014, 655, 659. Vgl. BGHSt 44, 46 ff.; LG Gießen, wistra 2012, 409 f.; *Mark*, ZWH 2012, 311 f.; *Greven*, in: Karlsruher Kommentar zur Strafprozessordnung, 7. Aufl., § 97 Rn. 24. Nach *Zapfe*, Compliance, S. 169, sollen unternehmensinterne Ermittlungen dagegen generell nicht mit der Unternehmensverteidigung vergleichbar sein.

477 Siehe hierzu LG Bonn, NZWiSt 2013, 21, 24 f.; *Jahn/Kirsch*, StV 2011, 151, 153; *dies.*, NStZ 2012, 718, 720; *Fölsing*, ZRFC 2013, 82, 84, 85; *Park*, in: Volk (Hrsg.), Verteidigung in Wirtschafts- und Steuerstrafsachen, 2. Aufl., § 11 Rn. 171; *Rütters/Schneider*, GA 2014, 160, 161 ff., 177; *Schmitt*, in: Meyer-Goßner/Schmitt, 58. Aufl., § 97 Rn. 10c; *Schuster*, NZWiSt 2012, 28, 29; *Thum*, HRRS 2012, 535, 536; *Wessing*, in: Hiebl/Kassebohm/Lilie (Hrsg.), Festschrift für Volkmar Mehle, S. 665, 684; *Zimmer*, BB 2011, 1075; *ders.*, ZRFC 2011, 259, 262.

478 Siehe BGHSt 44, 46, 50 f.; LG Bonn, NZWiSt 2013, 21, 24; *Taschke*, in: Michalke/Köberer/Pauly u. a. (Hrsg.), Festschrift für Rainer Hamm, S. 751, 761 ff., 765. In diesem Falle soll § 97 StPO analog anwendbar sein, das Gewahrsamserfordernis allerdings entfallen, BGHSt 44, 46, 51; *Taschke*, in: Michalke/Köberer/Pauly u. a. (Hrsg.), Festschrift für Rainer Hamm, S. 751, S. 762. Vgl. auch *Beulke*, in: Prittwitz/Baurmann/Günther u. a. (Hrsg.), Festschrift für Klaus Lüderssen, S. 693, 696; *K. Krauß*, WuW 2013, 24, 27; *Wessing*, in: Hiebl/Kassebohm/Lilie (Hrsg.), Festschrift für Volkmar Mehle, S. 665, 678 ff.

479 Dafür LG Gießen, wistra 2012, 409, 410; *Beukelmann*, NJW-Spezial 2012, 504; *Fölsing*, ZRFC 2013, 82, 84; *Jahn/Kirsch*, NZWiSt 2013, 28, 29 ff.; *Kruse*, Compliance, S. 110 f., der auch auf die Voraussetzung einer formellen Verteidigungsvereinbarung verzichtet; *de Lind van Wijngaarden/Egler*, NJW 2013, 3549, 3553, nach denen die andere Ansicht im Falle des zumindest teilweisen Vollzugs von Europarecht wegen des auf europäischer Ebene umfassend anerkannten „Legal Privilege" auch

Die Unterlagen aus internen Ermittlungen werden zumeist vor der Erlangung einer derartigen Position angefertigt worden sein.[480]

Neben dieser Möglichkeit der Beweisführung über die Ermittlungsunterlagen haben Unternehmensmitarbeiter kein Auskunftsverweigerungsrecht zum Schutz des Unternehmens, so dass die ermittelnden Unternehmensmitarbeiter als Zeugen vernommen werden können.[481] Eine Vernehmung der ermittelnden Rechtsanwälte als Zeugen vom Hörensagen gegen den Willen des Unternehmens scheitert demgegenüber regelmäßig an deren beruflichen Schweigepflicht, §§ 53 Abs. 1 Nr. 3 StPO, 203 Abs. 1 Nr. 3 StGB.[482] Jedoch kann das Unternehmen die Berufsgeheimnisträger von ihrer Schweigepflicht entbinden.[483] Ob auch Syndikusanwälten ein Auskunftsverweigerungsrecht und das Beschlagnahmeprivileg zukommt, war lange nicht geklärt.[484] Der deutsche Gesetzgeber hat sich nun mit § 53 Abs. 1 Nr. 3 Hs. 2 StPO

---

europarechtswidrig sein soll (siehe hierzu aber auch *K. Krauß*, WuW 2013, 24, 32 f.); *Mehle/Mehle*, NJW 2011, 1639 ff.; *Rütters/Schneider*, GA 2014, 160 ff., insb. 167 f.; *Wettner/Mann*, DStR 2014, 655, 660; vgl. auch *Menges*, in: Erb/Esser/Franke u. a. (Hrsg.), Löwe-Rosenberg, StPO, 26. Aufl., Band 3, § 97 Rn. 83; *Taschke*, in: Michalke/Köberer/Pauly u. a. (Hrsg.), Festschrift für Rainer Hamm, S. 751, 758 f.; *Wessing*, ZWH 2012, 6, 9 f. Dagegen LG Bonn, NStZ 2007, 605, 606; BeckRS 2011, 20225; NZWiSt 2013, 21, 24 f.; LG Mainz, NStZ 1986, 473, 474; LG Mannheim, StV 2013, 616, 622 f.; *K. Krauß*, WuW 2013, 24, 27 ff.; *Laufhütte*, in: Hannich (Hrsg.), Karlsruher Kommentar zur StPO, 7. Aufl., § 148 Rn. 4 f., 9; *Schmitt*, in: Meyer-Goßner/Schmitt, 58. Aufl., § 97 Rn. 10c; *Thum*, HRRS 2012, 535, 537. Für einen Beschlagnahmeschutz von Unterlagen, die für ein anderes behördliches Untersuchungsverfahren gefertigt wurden, in einem späteren Ermittlungsverfahren auch das LG Frankfurt a.M., StraFo 2004, 239 f.; so auch *Lüderssen/Jahn*, in: Erb/Esser/Franke u. a. (Hrsg.), Löwe-Rosenberg, StPO, 26. Aufl., Band 4, § 148 StPO Rn. 20a.

480 *Wettner/Mann*, DStR 2014, 655, 660. Vgl. auch *Kruse*, Compliance, S. 111. Vgl. auch die Beispiele bei *de Lind van Wijngaarden/Egler*, NJW 2013, 3549, 3553. Zu der Frage, ob es sich bei den Unterlagen aus internen Ermittlungen um Verteidigungsunterlagen handelt, siehe *Rütters/Schneider*, GA 2014, 160, 168 ff.

481 So können die intern Untersuchenden bereits im Ermittlungsverfahren gemäß § 161a StPO als Zeugen von der Staatsanwaltschaft zur Auskunft verpflichtet werden, siehe hierzu *Wettner/Mann*, DStR 2014, 655, 657. Siehe auch *Bittmann/Molkenbur*, wistra 2009, 373, 374; *Schuster*, NZWiSt 2012, 28, 29. Eine Ausnahme soll nach *Wessing*, in: Hiebl/Kassebohm/Lilie (Hrsg.), Festschrift für Volkmar Mehle, S. 665, 682, für solche Erkenntnisse bestehen, die Unternehmensmitarbeiter als Ansprechpartner des Unternehmensverteidigers in gerade dieser Funktion im Rahmen der Aufklärung der Vorgänge erlangt haben.

482 Siehe auch *Schuster*, NZWiSt 2012, 431, 433 (Fn. 27).

483 Siehe hierzu *Beckemper*, in: Knierim/Rübenstahl/Tsambikakis (Hrsg.), Internal Investigations, 15. Kap. Rn. 254 f.; *Park*, in: Volk (Hrsg.), Verteidigung in Wirtschafts- und Steuerstrafsachen, 2. Aufl., § 11 Rn. 165; *Theile*, StV 2011, 381, 384. Vgl. aber auch *Kruse*, Compliance, S. 113 f. A.A. *Fölsing*, ZRFC 2013, 82, 84 f.

484 Siehe hierzu *Haefcke*, CCZ 2014, 39, 42; *de Lind van Wijngaarden/Egler*, NJW 2013, 3549, 3551 f.; *Mann*, ZVglRWiss 110 (2011), 302 ff.; *Mark*, ZWH 2012, 311, 313 ff.;

gegen ein Auskunftverweigerungsrecht und damit auch Beschlagnahmeprivileg entschieden. Auf europarechtlicher Ebene wird ein Anwaltsprivileg im Rahmen von Ermittlungen der Kommission für Syndikusanwälte abgelehnt.[485] Begründet wird dies insbesondere mit dem gegenüber externen Anwälten geringeren Grad an Unabhängigkeit.[486] In Deutschland wurde ihnen jedoch auf nationale Ebene von einigen Landgerichten ein Auskunftsverweigerungsrecht zuerkannt, soweit sie mit typischen anwaltlichen Tätigkeiten betraut waren.[487]

Kompliziert gestaltet sich die Rechtslage bezüglich einer Beschlagnahme der internen Untersuchungsunterlagen, soweit die Untersuchung durch externe Anwälte durchgeführt wurde. Das LG Hamburg hat in seinem Beschluss vom 15.10.2010 auch für Untersuchungsprotokolle, die sich im Besitz der externen untersuchenden Anwälte befanden, eine Beschlagnahmefreiheit abgelehnt.[488] § 97 Abs. 1 Nr. 3 StPO, nach dem ein Beschlagnahmeverbot für Gegenstände bestehe, auf die sich das Zeugnisverweigerungsrecht der in §§ 53 Abs. 1 Nr. 1–3b StPO genannten Personen erstrecke, sei dahingehend einschränkend auszulegen, dass allein das Vertrauensverhältnis des Beschuldigten im Strafverfahren zu einem von ihm in Anspruch genommenen Zeugnisverweigerungsberechtigten geschützt sei.[489] Das Beschlagnahmeprivileg

---

Park, Durchsuchung und Beschlagnahme, 3. Aufl., Rn. 542 ff.; *Wettner/Mann*, DStR 2014, 655, 659; *Zapfe*, Compliance, S. 75 f. Siehe auch *Minoggio*, in: Böttger (Hrsg.), Wirtschaftsstrafrecht in der Praxis, 2. Aufl., 18. Kap. Rn. 64 ff. Dagegen *Schmitt*, in: Meyer-Goßner/Schmitt, 58. Aufl., § 97 Rn. 10c.

485 EuGH, Urteil v. 14.9.2010, Akzo Nobel Chemicals Ltd. u. a./Kommission, NJW 2010, 3557 ff. Siehe hierzu auch *Moosmayer*, NJW 2010, 3548 ff.; *Mann*, ZVglRWiss 110 (2011), 302, 309 ff.; *Mark*, ZWH 2012, 311, 314 f.

486 EuGH, Urteil v. 14.9.2010, Akzo Nobel Chemicals Ltd. u. a./Kommission, NJW 2010, 3557 ff.

487 LG Berlin, NStZ 2006, 470 ff., das darauf abstellt, ob es einen Ratsuchenden gibt, dessen Vertrauen auf die Vertraulichkeit der Kommunikation schutzwürdig ist; LG Frankfurt, WM 1995, 47 f.; auf die Erbringung anwaltlicher Leistungen zu Gunsten Dritter einschränkend das LG Bonn, NStZ 2007, 605, 606; BeckRS 2011, 20225. Das LG Aachen, Beschluss vom 03.11.1969 (unveröffentlicht), soll ein Zeugnisverweigerungsrecht eines Syndikusanwalts nach § 53 Abs. 1 S. 1 Nr. 3 StPO bejaht haben, so *Hermanns*, AnwBl 1980, 326; *Mann*, ZVglRWiss 110 (2011), 302, 307; *Mark*, ZWH 2012, 311, 314. Siehe zudem, auch zum Meinungsstand in der Literatur, *de Lind van Wijngaarden/Egler*, NJW 2013, 3549, 3551 f.; *Mann*, ZVglRWiss 110 (2011), 302, 303 ff.; *Mark*, ZWH 2012, 311, 313 ff.; *Thum*, HRRS 2012, 535, 536; *Wettner/Mann*, DStR 2014, 655, 659.

488 LG Hamburg, StV 2011, 148 ff. Kritisch *Gerst*, CCZ 2012, 1, 3; *Kahlenberg/Schwinn*, CCZ 2012, 81, 83 f.

489 LG Hamburg, StV 2011, 148, 149. So auch LG Bielefeld, StV 2000, 12; LG Hildesheim, NStZ 1982, 394, 395; LG Koblenz, MDR 1983, 779; *Ciolek-Crepold*, Durchsuchung und Beschlagnahme, Rn. 252 ff.; *Greven*, in: Hannich (Hrsg.), Karlsruher Kommentar zur StPO, 7. Aufl., § 97 Rn. 1; *K. Krauß*, WuW 2013, 24, 25; *Samson*, StV 2000, 55, 56; *Schmitt*, in: Meyer-Goßner/Schmitt, 58. Aufl., § 97 Rn. 10a; *Wessing*, in:

sei deswegen auf derartige Unterlagen beschränkt und spiegle nicht das allgemeine Zeugnisverweigerungsrecht des Rechtsanwalts nach § 53 Abs. 1 S. 1 Nr. 3 StPO wider.[490] Die Zielrichtung der Vorschrift lasse sich insbesondere den Regelungen der § 97 Abs. 1 Nr. 1 und 2 StPO entnehmen, die ausdrücklich allein das Vertrauensverhältnis zwischen Beschuldigtem und Zeugnisverweigerungsberechtigtem im Blick hätten.[491] Nr. 3 diene alleine dazu, den Schutz auf andere als die in Nr. 1 und 2 erwähnten Gegenstände zu erstrecken und nicht dazu, den Schutzbereich auf weitere dritte Personen, die an dem Strafverfahren nicht direkt beteiligt wären, auszudehnen.[492] Denn durch eine derartige Ausdehnung des Schutzes würde der Schutz des Beschuldigten teilweise unterlaufen.[493] Innerhalb unternehmensinterner Ermittlungen bestehe kein „mandatsähnliches Vertrauensverhältnis" zwischen den verdächtigten Mitarbeitern und den ermittelnden Anwälten.[494] Die untersuchenden Anwälte seien nicht solche des verdächtigen Mitarbeiters, sondern des Unternehmens und verfolgten auch alleine dessen Interessen.[495] Die Interessen der Unternehmen seien denen der verdächtigen Mitarbeiter sogar grundsätzlich entgegengerichtet, weswegen sich die ermittelnden Rechtsanwälte dem Aufbau jedweder mandatsähnlicher Vertrauensbeziehung zu den Mitarbeitern zu enthalten hätten, da ein solches Verhalten nur noch schwer von einem die Voraussetzungen des

---

Hiebl/Kassebohm/Lilie (Hrsg.), Festschrift für Volkmar Mehle, S. 665, 677. Grundsätzlich so auch *Menges*, in: Erb/Esser/Franke u. a. (Hrsg.), Löwe-Rosenberg, StPO, 26. Aufl., Band 3, § 97 Rn. 21. Offen gelassen in BGH, NStZ 1997, 562; BGHSt 43, 300, 304. Dieses Verständnis sei verfassungsrechtlich nicht zu beanstanden, LG Hamburg, StV 2011, 148, 149; siehe BVerfG, NStZ-RR 2004, 83, 84.

490 LG Hamburg, StV 2011, 148, 149. So auch LG Koblenz, MDR 1983, 779. Siehe auch BVerfG, NStZ-RR 2004, 83; *Goeckenjan*, in: Joecks/Ostendorf/Rönnau u. a. (Hrsg.), Festschrift für Erich Samson, S. 641, 654; *Schmitt*, Zeugnisverweigerungsrechte, S. 116 f., 121; *Schröder/Kroke*, wistra 2010, 466, 468; *Taschke*, in: Michalke/Köberer/Pauly u. a. (Hrsg.), Festschrift für Rainer Hamm, S. 751, 760; *Winterhoff*, AnwBl 2011, 789, 791 f. Vgl. auch OLG Celle, NJW 1963, 406, 407; NJW 1965, 362, 363; LG Hildesheim, NStZ 1982, 394, 395. Grundsätzlich so auch *Menges*, in: Erb/Esser/Franke u. a. (Hrsg.), Löwe-Rosenberg, StPO, 26. Aufl., Band 3, § 97 Rn. 21.

491 LG Hamburg, StV 2011, 148, 149. So auch LG Bielefeld, StV 2000, 12; *Schröder/Kroke*, wistra 2010, 466, 468; *Wessing*, in: Hiebl/Kassebohm/Lilie (Hrsg.), Festschrift für Volkmar Mehle, S. 665, 677. Grundsätzlich so auch *Menges*, in: Erb/Esser/Franke u. a. (Hrsg.), Löwe-Rosenberg, StPO, 26. Aufl., Band 3, § 97 Rn. 21. Vgl. auch *Ciolek-Crepold*, Durchsuchung und Beschlagnahme, Rn. 254.

492 LG Hamburg, StV 2011, 148, 149. So auch *Schmitt*, Zeugnisverweigerungsrechte, S. 116 f.

493 LG Hamburg, StV 2011, 148, 149 f. So auch *Schmitt*, in: Meyer-Goßner/Schmitt, 58. Aufl., § 97 Rn. 10b. Vgl. hierzu auch *Bertheau*, StV 2012, 303.

494 LG Hamburg, StV 2011, 148, 150. So auch *Schmitt*, in: Meyer-Goßner/Schmitt, 58. Aufl., § 97 Rn. 10b. Kritisch *Fritz*, CCZ 2011, 156, 158.

495 Vgl. LG Hamburg, StV 2011, 942, 148, 150.

Parteiverrats erfüllenden Verhaltens abzugrenzen sei.[496] Auch sei im Falle einer Beschlagnahme keine Verhältnismäßigkeitsprüfung nach § 160a Abs. 2 StPO erforderlich, der diese Prüfung allgemein für alle Ermittlungsmaßnahmen bei zeugnisverweigerungsberechtigten Personen nach § 53 Abs. 1 S. 1 Nr. 3 bis 3b oder Nr. 5 voraussetzt. Dies sei dem Umstand geschuldet, dass, wie aus § 160a Abs. 5 StPO ersichtlich werde, § 97 StPO und damit die Anforderungen an eine Beschlagnahme durch § 160a StPO nicht verändert werden sollten. § 97 StPO gehe deswegen § 160a StPO als Spezialregelung vor.[497] Diese Entscheidung war bereits nach der damaligen Rechtslage umstritten.[498] Zumindest partiell kann sich ein Beschlagnahmeschutz aus dem Aspekt der Verteidigungsunterlagen ergeben.[499] Seit dieser Entscheidung des LG Hamburgs hat sich die Rechtslage nun jedoch auch insoweit geändert, als mit dem Gesetz zur Stärkung des Schutzes von Vertrauensverhältnissen zu

---

496 LG Hamburg, StV 2011, 148, 150. So auch *Schmitt*, in: Meyer-Goßner/Schmitt, 58. Aufl., § 97 Rn. 10b. Vgl. hierzu auch *W. Bauer*, StV 2012, 277, 278; *Knauer*, ZWH 2012, 81, 84. Kritisch *Fritz*, CCZ 2011, 156, 158; *Momsen/Grützner*, DB 2011, 1792, 1796.

497 LG Hamburg, StV 2011, 148, 151; *Griesbaum*, in: Hannich (Hrsg.), Karlsruher Kommentar zur StPO, 7. Aufl., § 160a StPO Rn. 21. Vgl. auch *Schmitt*, in: Meyer-Goßner/Schmitt, 58. Aufl., § 97 Rn. 10b bzgl. § 160a StPO neuer Fassung.

498 Für eine Erstreckung des Beschlagnahmeschutzes auf solche Beweismittel, die mit dem Vertrauensverhältnis des Geheimnisträgers zu einem Dritten zusammenhängen, *Amelung*, DNotZ 1984, 195, 206 f.; *Beulke*, in: Prittwitz/Baurmann/Günther u. a. (Hrsg.), Festschrift für Klaus Lüderssen, S. 693, 704 ff.; *Dann/Zülch*, ZRFC 2011, 267, 272; *M. Jahn*, ZIS 2011, 453 ff.; *Krekeler*, NStZ 1987, 199, 201; *Kruse*, Compliance, S. 103; *Park*, Durchsuchung und Beschlagnahme, 3. Aufl., Rn. 571. Für den Verteidiger so auch *Menges*, in: Erb/Esser/Franke u. a. (Hrsg.), Löwe-Rosenberg, StPO, 26. Aufl., Band 3, § 97 Rn. 24. Für einen Beschlagnahmeschutz der Unterlagen aus internen Ermittlungen auch nach alter Rechtslage *Jahn/Kirsch*, StV 2011, 151, 152 ff.; *de Lind van Wijngaarden/Egler*, NJW 2013, 3549, 3550; *Wessing*, ZWH 2012, 6, 9 f. Für einen umfassenden Schutz als Verteidigungsunterlagen, *Taschke*, in: Michalke/Köberer/Pauly u. a. (Hrsg.), Festschrift für Rainer Hamm, S. 751, 761 ff. Für die entsprechende Anwendung des § 97 Abs. 1 Nr. 1–3 bereits nach alter Rechtslage im Falle einer bevorstehenden Nebenbeteiligung oder sich anbahnenden Unternehmensverteidigung, *Schuster*, NZWiSt 2012, 431, 432. Für eine Erstreckung auf Organe des beratenen Unternehmens *Ciolek-Crepold*, Durchsuchung und Beschlagnahme, Rn. 255 f.; *Schröder/Kroke*, wistra 2010, 466, 468 ff.; *Wohlers*, in: Wolter (Hrsg.), Systematischer Kommentar zur Strafprozessordnung, Band 2, 4. Aufl., § 97 Rn. 10; für Fälle der Pflichtenüberleitung von der juristischen Person auf das Organ so auch *Goeckenjan*, in: Joecks/Ostendorf/Rönnau u. a. (Hrsg.), Festschrift für Erich Samson, S. 641, 658 f. Dagegen *Schmitt*, in: Meyer-Goßner/Schmitt, 58. Aufl., § 97 Rn. 10a; siehe auch BVerfG, NStZ-RR 2004, 83, 84, wonach dies verfassungsrechtlich nicht vorgegeben ist. Vgl. hierzu auch *Wessing*, in: Hiebl/Kassebohm/Lilie (Hrsg.), Festschrift für Volkmar Mehle, S. 665, 677 f.

499 Hierzu bereits oben.

Rechtsanwälten im Strafprozessrecht vom 22. Dezember 2010[500] durch die Aufnahme in § 160a Abs. 1 S. 1 StPO der Schutz auf alle in eine Rechtsanwaltskammer aufgenommene Personen sowie Kammerrechtsbeistände ausgedehnt wurde.[501] Damit entfällt bei Ermittlungsmaßnahmen gegen diese Personen grundsätzlich die Verhältnismäßigkeitsprüfung.[502] Nach einer in der Literatur vertretenen Ansicht soll deswegen für eine einschränkende Auslegung des § 97 Abs. 1 Nr. 3 StPO und eine Berücksichtigung dieser Einschränkung bei der Auslegung des § 160a StPO kein Raum mehr bleiben.[503] Der mit dieser Gesetzesänderung angestrebte absolute Schutz der anwaltlichen Geheimnisträger dürfe durch eine derartige Auslegung nicht unterlaufen werden.[504] Wertungswidersprüche zwischen § 97 Abs. 1 Nr. 3 und den §§ 160a Abs. 1 und 95 Abs. 2 S. 2 StPO müssten vermieden werden.[505] Nach anderen Stimmen der Literatur regelt § 97 Abs. 1 StPO den Beschlagnahmeschutz von Unterlagen nicht abschließend, so dass § 160a StPO daneben anwendbar bleiben soll, zumindest soweit die Anwendung des § 160a StPO zu einem höheren Schutzniveau des Gewahrsamsinhabers führt.[506] Hierfür spricht sich vor allem auch ein erheblicher Teil der Literatur aus, der nach wie vor eine auf den Schutz des

---

500 BGBl I S. 2261.

501 Siehe hierzu *v. Galen*, NJW 2011, 945.

502 *v. Galen*, NJW 2011, 945.

503 *Fritz*, CCZ 2011, 156, 157 f.; *v. Galen*, NJW 2011, 945; *Jahn/Kirsch*, NStZ 2012, 718, 720; *Kahlenberg/Schwinn*, CCZ 2012, 81, 84. So wohl auch *Bock/Gerhold*, in: Knierim/Rübenstahl/Tsambikakis (Hrsg.), Internal Investigations, 5. Kap. Rn. 37 ff. Für eine weite Interpretation des Anwendungsbereichs des § 97 Abs. 1 Nr. 3 StPO auch *Milde*, CCZ 2013, 78, 79 f.; *Momsen/Grützner*, DB 2011, 1792, 1796 (Fn. 45); *Sahan*, in: Rotsch (Hrsg.), Criminal Compliance, S. 133, 135 ff.; *Wessing*, ZWH 2012, 6, 10; *Park*, in: Volk (Hrsg.), Verteidigung in Wirtschafts- und Steuerstrafsachen, 2. Aufl., § 11 Rn. 175. Ablehnend *W. Bauer*, StV 2012, 277 f. Für die Anwendbarkeit des Beschlagnahmeverbots des § 97 Abs. 1 Nr. 1–3 auf Unternehmen und ein Beschlagnahmeverbot der Unterlagen aus internen Ermittlungen auch *Rütters/Schneider*, GA 2014, 160 ff., insb. S. 170 f.

504 *Fritz*, CCZ 2011, 156, 158; *v. Galen*, NJW 2011, 945.

505 *Jahn/Kirsch*, NStZ 2012, 718, 720.

506 *Ballo*, NZWiSt 2013, 46, 48 ff.; *Bertheau*, StV 2012, 303, 306; *Fritz*, CCZ 2011, 156, 159; *Knierim*, FD-StrafR 2011, 314177; *de Lind van Wijngaarden/Egler*, NJW 2013, 3549, 3552; *Mark*, ZWH 2012, 311, 312 f.; *Sahan*, in: Rotsch (Hrsg.), Criminal Compliance, S. 133, 142 ff.; *Schuster*, NZWiSt 2012, 28, 29 f.; *ders.*, NZWiSt 2012, 431, 432; *Winterhoff*, AnwBl 2011, 789, 792. So wohl auch *Beckemper*, in: Knierim/Rübenstahl/Tsambikakis (Hrsg.), Internal Investigations, 15. Kap. Rn. 257; *Fölsing*, ZRFC 2013, 82, 84; *Knauer*, ZWH 2012, 81, 88; *Minoggio*, in: Böttger (Hrsg.), Wirtschaftsstrafrecht in der Praxis, 2. Aufl., 18. Kap. Rn. 60; sowie *Wessing*, in: Hiebl/Kassebohm/Lilie (Hrsg.), Festschrift für Volkmar Mehle, S. 665, 678 der die Einbeziehung in § 160a Abs. 1 StPO über die mögliche Nebenbeteiligtenstellung des Unternehmens begründet. Siehe hierzu auch *Haefcke*, CCZ 2014, 39, 41 f.; *Jahn/Kirsch*, NStZ 2012, 718, 719.

Verteidigungsverhältnisses eingeschränkte Interpretation des § 97 Abs. 1 Nr. 3 StPO befürwortet.[507] Gegen diese Auffassung spricht allerdings die Regelung des § 160a Abs. 5 StPO, nach der § 97 StPO „unberührt" bleiben soll.[508] Auch das LG Mannheim hat in einem zur neuen Rechtslage ergangenen Beschluss nun ein Beschlagnahmeverbot für Unterlagen aus internen Ermittlungen, die sich im Gewahrsam einer Rechtsanwaltskanzlei befanden, angenommen.[509] Dabei hat es offengelassen, ob dieses Verbot auf § 97 Abs. 1 S. 1 Nr. 3 oder § 160a StPO n.F. zu stützen sei.[510] Zwar hätten bezüglich der Interviewdokumentation nur die gestellten Fragen und nicht die erhaltenen Antworten einen mandatsbezogenen Inhalt, es sei aber unmöglich die Fragen von den Antworten zu trennen, sodass sich der Beschlagnahmeschutz neben der rechtlichen Würdigung auch auf die komplette Dokumentation der Interviews erstrecke.[511] Die Annahme eines derartig weiten Beschlagnahmeverbots erscheint dem LG Mannheim allerdings unter dem Aspekt als problematisch, dass die Unternehmensanwälte durch ihre Offenlegungstaktik, insbesondere durch die nur teilweise Offenbarung ihrer Sachverhaltsermittlung einen erheblichen Einfluss auf die Wahrheitsermittlung im Strafverfahren gewinnen können.[512] Deswegen soll im Falle einer Missbrauchsabsicht eine Ausnahme von der Beschlagnahmefreiheit bestehen.[513] An dieser Argumentation wird jedoch kritisiert, dass das BVerfG die weitreichenden Auswirkungen auf die Strafverfolgung erkannt und die Erweiterung des § 160a StPO trotzdem, aus gewichtigen Gründen, insbesondere aufgrund der Abgrenzungsschwierigkeiten zwischen Verteidigung und sonstigen anwaltlichen Tätigkeiten, noch als verfassungsgemäß angesehen hat.[514] Eine Erweiterung um ein ungeschriebenes Tatbestandsmerkmal widerspräche auch dem Willen des Gesetzgebers, der die Ausnahmen des Beschlagnahmeverbots (§ 97 Abs. 2 S. 3 und

---

507 *Knauer*, ZWH 2012, 81, 88; *Knierim*, FD-StrafR 2011, 314177; *Szesny*, GWR 2011, 169; *Winterhoff*, AnwBl 2011, 789, 792. So wohl auch *Mark*, ZWH 2012, 311, 313. Siehe hierzu auch *Fritz*, CCZ 2011, 156, 159; *Jahn/Kirsch*, NStZ 2012, 718, 719; *Schuster*, NZWiSt 2012, 28, 30.

508 *Haefcke*, CCZ 2014, 39, 41 f.; *M. Jahn*, ZIS 2011, 453, 459 f.; *ders./Kirsch*, NStZ 2012, 718, 719; *Schmitt*, in: Meyer-Goßner/Schmitt, 58. Aufl., § 97 Rn. 10b, siehe auch *dens.*, a.a.O. § 160a Rn. 17; *Siegrist*, wistra 2010, 427, 430. Vgl. zudem auch *Kruse*, Compliance, S. 106 f. Vgl. aber auch *Sahan*, in: Rotsch (Hrsg.), Criminal Compliance, S. 133, 143.

509 LG Mannheim, StV 2013, 616, 622; zustimmend *Wettner/Mann*, DStR 2014, 655, 659. Im Ergebnis zustimmend auch *Michalke*, ZWH 2012, 432.

510 LG Mannheim, StV 2013, 616, 621.

511 LG Mannheim, StV 2013, 616, 621. Siehe hierzu auch *Haefcke*, CCZ 2014, 39, 40.

512 So das LG Mannheim, StV 2013, 616, 619 f.

513 LG Mannheim, StV 2013, 616, 621; zustimmend *Wettner/Mann*, DStR 2014, 655, 659.

514 *Milde*, CCZ 2013, 78, 80. Siehe BVerfGE 129, 208, 260 ff., insb. 260, 264. Vgl. auch *Beukelmann*, NJW-Spezial 2012, 504. Kritisch auch *Ballo*, NZWiSt 2013, 46, 49, 51 f.; *Fölsing*, ZRFC 2013, 82, 84 sowie *Jahn/Kirsch*, NStZ 2012, 718, die konstatieren, diese Argumentation ziele auf eine rechtspolitische Außenwirkung ab und verliere die Entscheidung eines konkreten Einzelfalles aus dem Blickfeld.

§ 160a Abs. 4 StPO) genau festgelegt hat.[515] Diese Ausnahme ist auch unter dem Aspekt der potenziellen Aushebelung des Rechts auf ein faires Verfahren durch eine zu umfassende Anwendungspraxis des Missbrauchsvorbehalts sehr problematisch.[516] Andere Stimmen verneinen auch nach der neuen Rechtslage ein Beschlagnahmeverbot.[517] Insgesamt ist noch unklar, welche der Ansichten sich letztendlich durchsetzen wird.[518]

Aufgrund der dargestellten Rechtslage besteht weiterhin die Gefahr, dass die Erkenntnisse aus den internen Untersuchungen und damit auch selbstbelastende Auskünfte aus den im Rahmen dieser Untersuchungen geführten Mitarbeiterinterviews in die Hände der Strafverfolgungsbehörden gelangen. Gleiches gilt für mittelbar durch derartige Äußerungen erlangte Kenntnisse des Unternehmens. Soweit die selbstbelastenden Auskünfte auf diesem Wege auch in die Urteilsfindung eingehen können, hilft es dem Mitarbeiter wenig, sich im Strafprozess auf sein dort bestehendes Schweigerecht zu berufen. Das Schweigerecht wäre entkernt, bevor es überhaupt entstanden wäre.[519]

E. Lösungsversuche

Zur Lösung dieser Gefährdungslage finden sich in der Literatur zahlreiche Ansätze. Hierbei kann nach verschiedenen Anknüpfungspunkten differenziert werden, die entweder im Verhältnis zwischen Unternehmen und Mitarbeiter, Unternehmen und Strafverfolgungsbehörden oder Strafverfolgungsbehörden und beschuldigtem Mitarbeiter ansetzen.

I. Lösungsversuche im Verhältnis zwischen Unternehmen und Mitarbeitern

Teilweise findet sich der Ansatz, den Konflikt im Verhältnis zwischen dem Unternehmen und dem Mitarbeiter zu lösen, indem versucht wird, die erzwungene oder irrtumsbelastete Entäußerung der selbstbelastenden Information zu unterbinden.

---

515 *Greeve*, StraFo 2013, 89, 95; *de Lind van Wijngaarden/Egler*, NJW 2013, 3549, 3551; *Milde*, CCZ 2013, 78, 80; *Schuster*, NZWiSt 2012, 431, 433; *Zimmermann*, FD-StrafR 2012, 335226.

516 *Beukelmann*, NJW-Spezial 2012, 504.

517 *W. Bauer*, StV 2012, 277 ff.; *Ritzert*, in Graf (Hrsg.), Beck'scher Online-Kommentar StPO, Stand: 16.11.2015, § 97 StPO Rn. 4, soweit der Grundsatz der Verhältnismäßigkeit eingehalten wird; *Schmitt*, in: Meyer-Goßner/Schmitt, 58. Aufl., § 97 Rn. 10a f.

518 So auch *Wettner/Mann*, DStR 2014, 655, 659, 661.Vgl. auch *Kahlenberg/Schwinn*, CCZ 2012, 81, 84.

519 *Rödiger*, Strafverfolgung von Unternehmen, S. 272. So auch *Böhm*, WM 2009, 1923, 1926; *M. Jahn*, StV 2009, 41, 44; *Theile*, StV 2011, 381, 384 f. Vgl. auch *Wewerka*, Internal Investigations, S. 148.

1. *„Materiellrechtliche Lösung“*

Dies wird von einigen Stimmen auf dem Wege versucht, durch die Einräumung eines Auskunftsverweigerungsrechts die unfreiwillige Entäußerung der Information auf materiell-rechtlichem Wege zu verhindern[520] oder zumindest die Vollstreckung der Auskunftspflicht durch die Annahme eines Vollstreckungshindernisses zu unterbinden.[521] Dabei wird von manchen für den Fall, dass sich der Mitarbeiter durch seine Auskunft selbst einer Straftat bezichtigen müsste, stets eine Auskunftspflicht verneint.[522] Nach anderen handelt es sich hierbei nur um einen Gesichtspunkt, der in eine Interessenabwägung einzufließen hat.[523] Roxin/Schünemann sprechen dem Mitarbeiter dann ein auf die analoge Anwendung des § 136 StPO gestütztes Auskunftsverweigerungsrecht zu, wenn die Ermittlungserkenntnisse von vornherein zur Weiterleitung an die Staatsanwaltschaft bestimmt sind.[524]

Problematisch an diesem Ansatz ist, dass die Mitarbeiter sich im Rahmen der internen Untersuchungen in der Regel nicht allein aufgrund dieser rechtlichen Auskunftspflicht selbstbelastend äußern. Der Beweggrund liegt stattdessen häufig in der Furcht vor arbeitsrechtlichen Sanktionen, insbesondere des Arbeitsplatzverlusts, begründet.[525] Gerade auch die Möglichkeit durch die Erteilung der selbstbelastenden Auskünfte eine vor derartigen Sanktionen schützende „Amnestie“ durch das

---

520 So *W. Bauer*, StV 2012, 277, 278 f.; *M. Jahn*, StV 2009, 41, 44; *Klengel/Mückenberger*, CCZ 2009, 81, 83; *Neuhaus*, in: Kempf/Lüderssen/Volk (Hrsg.), Die Finanzkrise, das Wirtschaftsstrafrecht und die Moral, S. 348, 358 f.; *I. Roxin*, StV 2012, 116, 120 f.; *Rudkowski*, NZA 2011, 612, 613; *Salvenmoser/Schreier*, in: Achenbach/Ransiek/Rönnau (Hrsg.), Handbuch Wirtschaftsstrafrecht, 4. Aufl., 15. Teil Rn. 174. So auch *Maschmann*, AuA 2009, 72, 76; *ders.*, in: ders. (Hrsg.), Corporate Compliance und Arbeitsrecht, S. 149, 170 ff., für repressiv motivierte Befragungen. So auch generell bei Selbstbelastungsgefahr LG Hamburg, MDR 1984, 867, 868. Einschränkend *Bittmann/Molkenbur*, wistra 2009, 373, 376. Nur für bestimmte Extremsituationen *Minoggio*, in: Böttger (Hrsg.), Wirtschaftsstrafrecht in der Praxis, 2. Aufl., 18. Kap. Rn. 140.

521 So *Gerst*, CCZ 2012, 1, 3.

522 *W. Bauer*, StV 2012, 277, 278 f.; *Neuhaus*, in: Kempf/Lüderssen/Volk (Hrsg.), Die Finanzkrise, das Wirtschaftsstrafrecht und die Moral, S. 348, 359; *Moosmayer*, Compliance, 2. Aufl., S. 99; *I. Roxin*, StV 2012, 116, 120 f.; *Rudkowski*, NZA 2011, 612, 613. So auch *Maschmann*, AuA 2009, 72, 76; *ders.*, in: ders. (Hrsg.), Corporate Compliance und Arbeitsrecht, S. 149, 170 ff., für repressiv motivierte Befragungen. Gegen diese Differenzierung *Wisskirchen/Glaser*, DB 2011, 1447, 1448.

523 So wohl auch *Bittmann/Molkenbur*, wistra 2009, 373, 376; *Krull*, in Bay (Hrsg.), Handbuch Internal Investigations, 3. Kap. Rn. 106 ff. So grundsätzlich auch *Dann/Schmidt*, NJW 2009, 1851, 1853, die jedoch (zumindest) für SEC-Ermittlungen im Ergebnis stets eine Auskunftspflicht verneinen wollen.

524 *Roxin/Schünemann*, Strafverfahrensrecht, 28. Aufl., § 25 Rn. 14; dagegen *Rübenstahl*, WiJ 2012, 17, 21 f.

525 Vgl. *Pfordte*, in: Arbeitsgemeinschaft Strafrecht des Deutschen Anwaltvereins (Hrsg.), Strafverteidigung im Rechtsstaat, S. 740, 754.

Unternehmen zu erlangen, dürfte deswegen unabhängig von der möglichen Verpflichtung zur Aussage den Mitarbeiter zur Auskunftserteilung bewegen.[526] Soweit es sich um freiwillige Auskünfte des Mitarbeiters handelt, sei es, weil das Unternehmen dem Mitarbeiter die Aussage freistellt, sei es aber auch, weil eine Auskunftspflicht bezüglich der erteilten Auskünfte ganz oder teilweise verneint wird, lässt sich ein strafrechtliches Verwertungsverbot nur noch sehr schwer begründen.[527] Derartige „freiwillige" selbstbelastende Auskünfte könnten dann zu einer Verurteilung des Mitarbeiters herangezogen werden.[528] Auch schützt die Einräumung eines Auskunftsverweigerungsrechts nicht vor der Verwertung solcher selbstbelastenden Äußerungen, die in Unkenntnis eines etwaigen Schweigerechts getätigt wurden.[529]

2. „Verfahrensbezogene Lösung"

Neben diesem eher materiell-rechtlichen Ansatz existiert der Versuch die Situation des Mitarbeiters durch die Einräumung von Verfahrensrechten zu stärken. Dies soll im Weiteren als „verfahrensbezogene Lösung" bezeichnet werden. Eine verfahrensbezogene Lösung wurde insbesondere in den vom Strafrechtsausschuss der Bundesrechtsanwaltskammer erarbeiteten Thesen der Bundesrechtsanwaltskammer zum Unternehmensanwalt im Strafrecht[530] verfolgt. Diese Thesen[531] nehmen die Unternehmensanwälte in die Pflicht, die Situation des Mitarbeiters zu entschärfen. Unternehmensanwälte sollen neben den nach § 136a StPO unzulässigen Methoden alle „unlautere Einwirkungen" auf die Freiheit der Willensentschließung vermeiden. Diese dürfe „in keinem Fall beeinträchtigt werden". Der Unternehmensanwalt dürfe „die Auskunftsperson nicht einschüchtern, nicht täuschen, nicht bedrohen und keinem unzulässigen Zwang aussetzen". Dies wird insoweit konkretisiert, als der Unternehmensanwalt die Auskunftsperson nicht bedrängen dürfe, „sich selbst zu belasten oder auf Rechte zu verzichten, die sie als Zeuge oder Beschuldigter im Strafverfahren ohne Weiteres hätte". Er dürfe einer Auskunftsperson „zu keinem Zeitpunkt vor, während oder nach einer Befragung mit arbeitsrechtlichen

---

526 Vgl. die Ausführungen von *Wewerka*, Internal Investigations, S. 239, zu dem Amnestieprogramm bei Siemens.

527 Vgl. *Böhm*, WM 2009, 1923, 1927, 1929; *Dann/Schmidt*, NJW 2009, 1851, 1855; *Minoggio*, in: Böttger (Hrsg.), Wirtschaftsstrafrecht in der Praxis, 2. Aufl., 18. Kap. Rn. 144; *Rödiger*, Strafverfolgung von Unternehmen, S. 307; *Rogall*, NStZ 2006, 41, 42; *Scharnberg*, Internal Investigations, S. 293.

528 *Böhm*, NJW 2009, 1923, 1929; *Münkel*, Mitarbeiteroffenbarungen, S. 236 ff.

529 Siehe *Dann/Schmidt*, NJW 2009, 1851, 1855; *M. Jahn*, StV 2009, 41, 45. Für ein Verwertungsverbot solcher Auskünfte allerdings *Rödiger*, Strafverfolgung von Unternehmen, S. 306.

530 BRAK-Stellungnahme-Nr. 35/2010, abrufbar unter http://www.brak.de/zur-rechtspolitik/stellungnahmen-pdf/stellungnahmen-deutschland/2010/november/stellungnahme-der-brak-2010-35.pdf (zuletzt geprüft am 23.04.2016).

531 These 3, Erläuterung Nr. 4.

Konsequenzen drohen, um eine Aussage zu erzwingen". Die Anhörung sei schriftlich zu dokumentieren und auf Wunsch auch durch den befragten Mitarbeiter genehmigen zu lassen. Die Unternehmensanwälte sollen die Mitarbeiter zudem im Rahmen der Interviews über ihre Rechte und Pflichten aufklären. Insbesondere sollen diese darauf hinweisen, dass der Mitarbeiter ein Recht auf die Konsultation eines eigenen Anwalts habe, dass die Aufzeichnungen durch das Unternehmen gegebenenfalls an Behörden weitergegeben werden und dort zum Nachteil der Mitarbeiter verwertet werden können und dass auf Verlangen der Auskunftsperson eine Niederschrift über ihre Befragung anzufertigen, in diese Einsicht zu gewähren und diese auch durch die Auskunftsperson zu genehmigen sei. Im Rahmen von Amnestieprogrammen sei der Mitarbeiter zudem darüber zu belehren, dass eine Mitarbeiteramnestie durch das Unternehmen keine strafbefreiende Wirkung haben könne.

Da sich diese Verpflichtung nur an beteiligte Unternehmensanwälte und nicht an sonstige mit internen Untersuchungen betraute Personen, wie Wirtschaftsprüfer oder auch Unternehmensmitarbeiter richten soll, ist der (direkte) Nutzen des mit den Thesen verfolgten Ansatzes für den befragten Mitarbeiter von vornherein beschränkt.[532] Zudem wird durch diesen Ansatz die Problematik um eine materiellrechtliche Auskunftspflicht zwar entschärft, die Erfüllung dieser Verpflichtung darf nicht durch arbeitsrechtliche Konsequenzen erzwungen werden, die Problematik wird damit aber nicht gelöst.[533] Die materiell-rechtliche Verpflichtung bestünde weiter und wäre wohl auch grundsätzlich auf dem Klagewege erzwingbar.

Unabhängig hiervon stellt sich das Problem, dass unsicher bleibt, wodurch der Unternehmensanwalt zu dem geschilderten Vorgehen verpflichtet sein soll.[534] Die StPO gilt, zumindest grundsätzlich, nur für staatliche Ermittlungen.[535] Weshalb die Unternehmensanwälte als private Ermittler an (einzelne) Regeln der StPO gebunden sein sollen, müsste deswegen im Einzelfall begründet werden. Mangels der Anwendbarkeit der StPO gelten für interne Ermittlungen – zumindest grundsätzlich – nur die Grenzen des materiellen Rechts, insbesondere des Arbeitsrechts und des materiellen Strafrechts.[536] Alles was hiernach nicht verboten ist, ist den internen Ermittlern (grundsätzlich) erlaubt. Dass der Arbeitgeber eine ihm materiell-rechtlich zustehende Auskunftspflicht nicht durch die Drohung mit an für sich zulässigen

532 *Momsen/Grützner*, DB 2011, 1792. Vgl auch *Zapfe*, Compliance, S. 146 (Fn. 623).

533 So auch *I. Roxin,* StV 2012, 116, 120.

534 Als Anknüpfungspunkt wird teilweise die arbeitsrechtliche Fürsorgepflicht herangezogen, siehe *I Roxin,* StV 2012, 116, 120; *Sidhu/v. Saucken/Ruhmannseder*, NJW 2011, 881, 883. Siehe hierzu 7. Kapitel D. I. 2. d).

535 *Rödiger*, Strafverfolgung von Unternehmen, S. 247; *Rogall*, JZ 2008, 818, 828. Vgl. auch *Beulke*, Strafprozessrecht, 12. Aufl., Rn. 478; *Eisenberg*, StPO, 9. Aufl., Rn. 395; *I. Roxin*, StV 2012, 116, 119.

536 Vgl. *Brunhöber*, GA 2010, 571, 576; *Rödiger*, Strafverfolgung von Unternehmen, S. 247 f., 249 f.

arbeitsrechtlichen Konsequenzen durchsetzen kann, ist dem Arbeitsrecht und dem Strafrecht, jedenfalls nicht auf den ersten Blick zu entnehmen.[537]

II. Lösungsversuche im Verhältnis zwischen Unternehmen und Strafverfolgungsbehörden

Als weiteres besteht die Möglichkeit an die Weiterleitung der durch selbstbelastende Äußerungen erlangten Informationen anzuknüpfen.

1. *Unterbindung der für das Unternehmen unfreiwilligen Weiterleitung der Erkenntnisse*

Auf der einen Seite kann durch die Bejahung eines Beschlagnahmeverbots der Aufzeichnungen des Unternehmens, das natürlich in erster Linie dem Schutz des Unternehmens und nicht der Mitarbeiter dient, der unfreiwillige Informationstransfer durch die Unternehmen in gewissem Umfang unterbunden werden.[538] Wie bereits erörtert, bleibt die weitere Rechtsprechungspraxis zu diesem Punkt abzuwarten. Allerdings kann ein Beschlagnahmeverbot alleine die Selbstbelastungsproblematik nicht lösen. Dies ist auch dadurch bedingt, dass neben der Beschlagnahme der Aufzeichnungen auch die Vernehmung der Personen möglich ist, die mit der Durchführung der Untersuchungen, insbesondere auch der Interviews betraut waren.[539] Ein sicheres Auskunftsverweigerungsrecht steht dabei nur externen Rechtsanwälten zu.[540] Die – für das Unternehmen – unfreiwillige Kenntniserlangung durch die Behörden ließe sich also nur dadurch verhindern, dass auch den mit der Untersuchung betrauten Unternehmensmitarbeitern ein Auskunftsverweigerungsrecht zuerkannt wird. So weit will allerdings kaum jemand gehen.[541] Wie bereits umfassend erörtert, haben die Unternehmen aber häufig auch ein Interesse an der Weiterleitung der Erkenntnisse an die staatlichen Strafverfolgungsbehörden. Es droht deswegen, unabhängig von einem eventuellen Beschlagnahmeverbot, die freiwillige Weiterleitung der Auskünfte.[542]

Diese könnte zumindest teilweise verhindert werden, wenn man das Unternehmen nur zusammen mit dem befragten Mitarbeiter als berechtigt ansähe, die mit der Untersuchung betrauten Rechtsanwälte von ihrer Schweigepflicht zu entbinden.[543]

---

537 Vgl. auch *Rödiger*, Strafverfolgung von Unternehmen, S. 257. Siehe hierzu auch unter 7. Kapitel D. I. 2. a).

538 Siehe unter 4. Kapitel D. Siehe hierzu unter diesem Aspekt auch *Gerst*, CCZ 2012, 1, 3, 4.

539 Vgl. auch *Münkel*, Mitarbeiteroffenbarungen, S. 31.

540 Vgl. hierzu auch *Jahn/Kirsch*, NZWiSt 2013, 28.

541 So aber *Wessing*, in: Hiebl/Kassebohm/Lilie (Hrsg.), Festschrift für Volkmar Mehle, S. 665, 682 f.

542 Siehe auch *v. Galen*, NJW 2011, 945.

543 So grundsätzlich *Fölsing*, ZRFC 2013, 82, 84 f.

Dies lässt sich nur sehr schwer begründen, weil das Mandatsverhältnis der Anwälte nicht zu den Unternehmensmitarbeitern, sondern dem Unternehmen, besteht. Die Unternehmensanwälte vertreten deswegen die Interessen des Unternehmens, nicht der Mitarbeiter. Diese müssen den Interessen des befragten Mitarbeiters nicht entsprechen und werden das häufig auch nicht tun.[544] Aufgrund dieses zumindest potenziellen, womöglich auch erst im Laufe der Ermittlungen auftauchenden Interessengegensatzes,[545] der nie vollkommen ausgeschlossen werden kann, sollten sich die Unternehmensanwälte gerade jedweden Aufbaus einer „mandatsähnlichen Vertrauensbeziehung" enthalten.[546]

Gerst fordert deswegen, dass ein Interview stets von einer Person durchgeführt werden soll, die im Lager des befragten Mitarbeiters steht, und die gewonnenen Informationen insoweit nur gefiltert an das Unternehmen weitergeleitet werden.[547] Dies hat sich allerdings in der Praxis wohl nicht durchgesetzt. Das Interesse der Unternehmen an einer derartigen Ausgestaltung dürfte hierfür auch langfristig zu gering sein.[548]

2. Unterbindung der für das Unternehmen freiwilligen Weiterleitung an die Ermittlungsbehörden

Auf der anderen Seite kann durch die Annahme eines Weitergabeverbots der selbstbelastenden Informationen die freiwillige Weitergabe der Erkenntnisse unterbunden werden. Das ließe sich allein aus der arbeitsrechtlichen Fürsorgepflicht ableiten.[549] Diese gebietet, dass der Arbeitgeber bei der Ausübung seiner Rechte das Wohl und die berechtigten Interessen der Arbeitnehmer berücksichtigen muss.[550] Auch die Annahme eines Weitergabeverbots ist schwierig. Die an der Untersuchung beteiligten Mitarbeiter sind grundsätzlich auskunftsverpflichtet, so dass die Kenntniserlangung der Ermittlungsbehörden auf diesem Wege nicht vollkommen verhindert werden kann. Verhindert werden kann so nur die freiwillige, auf eigene Initiative erfolgende Weiterleitung der Ermittlungserkenntnisse sowie der Entbindung (externer) zeugnisverweigerungsberechtigter Ermittler von ihrer Schweigepflicht. Jedoch ist es auch schwierig, eine solche eingeschränkte Verpflichtung aus der Fürsorgepflicht abzuleiten. Der Umfang der Fürsorgepflicht ist im Einzelfall anhand einer

---

544 Vgl. *Wessing*, in: Arbeitsgemeinschaft Strafrecht des Deutschen Anwaltvereins (Hrsg.), Strafverteidigung im Rechtsstaat, S. 907, 916.

545 Vgl. hierzu *Pfordte*, in: Arbeitsgemeinschaft Strafrecht des Deutschen Anwaltvereins (Hrsg.), Strafverteidigung im Rechtsstaat, S. 740, 750 f.; *Scharnberg*, Internal Investigations, S. 50.

546 Vgl. LG Hamburg, StV 2011, 148, 150; *Fritz*, CCZ 2011, 155, 160; *Münkel*, Mitarbeiteroffenbarungen, S. 213 ff. und oben unter 4. Kapitel D.

547 *Gerst*, CCZ 2012, 1, 4 f.

548 Siehe hierzu *Fritz*, CCZ 2011, 155, 160.

549 Vgl. hierzu *Reichert*, ZIS 2011, 113, 121.

550 BAG, BB 1992, 211, 213; *Kort*, NZA 1996, 854.

Interessenabwägung zu ermitteln.[551] Für das Unternehmen kann aber im Einzelfall ein erhebliches Interesse an der Weiterleitung der Erkenntnisse bestehen.[552]

III. Lösungsversuche im Verhältnis zwischen Strafverfolgungsbehörden und beschuldigtem Mitarbeiter

Am häufigsten findet sich der Ansatz, die Problematik sei im Verhältnis zwischen dem von der Untersuchung betroffenen Mitarbeiter und den Strafverfolgungsbehörden über die Annahme eines Beweisverwertungsverbots zu lösen. Ursprung, Anwendungsbereich und Reichweite eines derartigen Beweisverwertungsverbots bezüglich der selbstbelastenden Auskünfte sind dabei allerdings umstritten.

1. Beweisverwertungsverbot aus § 97 Abs. 1 S. 3 InsO analog

Teilweise wird vertreten, das Verwendungsverbot des § 97 Abs. 1 S. 3 InsO sei in dieser Konstellation analog anzuwenden.[553] Es könne keinen Unterschied machen, ob der Schuldner der Auskunft Gemeinschuldner sei oder dieser nur einer Person, dem Arbeitgeber, Auskunft schulde.[554] Beide Auskunftspflichten ließen sich mittels eines staatlichen geordneten Verfahrens zwangsweise durchsetzen.[555] Zusätzlich laste auf dem auskunftspflichtigen Arbeitnehmer auch noch ein erheblicher wirtschaftlicher Druck.[556] Die Interessenlage sei insoweit derjenigen des Gemeinschuldnerbeschlusses des BVerfG vergleichbar.[557] Aus diesem Beschluss lasse sich der allgemeine Rechtsgedanke ableiten, dass das allgemeine Persönlichkeitsrecht eines Auskunftspflichtigen eines Mindestmaßes an Schutz bedürfe.[558] Deswegen sei es notwendig, ein Beweisverwertungsverbot auch in ähnlichen Konstellationen zu

---

551 BAGE 54, 365, 369 f.; 77, 378, 382; 119, 238, 243 f.; *Kort*, NZA 1996, 854. Vgl. auch *Müller-Glöge*, in: Säcker/Rixecker (Hrsg.), Münchener Kommentar zum BGB, Band 4, 6. Aufl., § 611 Rn. 984.

552 Siehe hierzu unter 3. Kapitel E. III. sowie *Kruse*, Compliance, S. 212.

553 So insbesondere *Böhm*, NJW 2009, 1923, 1927 ff.; *v. Galen*, NJW 2011, 945; *Grimm/Freh*, KSzW 2012, 88, 91; *I. Roxin*, StV 2012, 116, 119 f. Hierfür wohl auch *Neuhaus*, in: Kempf/Lüderssen/Volk (Hrsg.), Die Finanzkrise, das Wirtschaftsstrafrecht und die Moral, S. 348, 359 f. Für präventiv motivierte Befragungen tendiert hierzu auch *Maschmann*, in: ders. (Hrsg.), Corporate Compliance und Arbeitsrecht, S. 149, 174. Gegen die Differenzierung zwischen präventiven und repressiven Ermittlungen *Münkel*, Mitarbeiteroffenbarungen, S. 79 f.

554 *Böhm*, NJW 2009, 1923, 1928.

555 *Böhm*, NJW 2009, 1923, 1928.

556 *Böhm*, NJW 2009, 1923, 1928. Vgl. auch *Kottek*, Kooperation, S. 113 f.

557 *Böhm*, NJW 2009, 1923, 1927 f.; *I. Roxin*, StV 2012, 116, 119 f., knüpft dagegen an den Menschenwürdegehalt des Nemo-tenetur-Prinzips an. Vgl. auch *Neuhaus*, in: Kempf/Lüderssen/Volk (Hrsg.), Die Finanzkrise, das Wirtschaftsstrafrecht und die Moral, S. 348, 360.

558 *Böhm*, NJW 2009, 1923, 1927.

bejahen, in denen die Auskunftspflicht erzwungen werden könne.[559] Entsprechend der Interessenlage in der Konstellation des auskunftspflichtigen Gemeinschuldners sei die Auskunftsverpflichtung des Arbeitnehmers aufgrund der Beauftragungssituation gerechtfertigt.[560] Dieser Zweck rechtfertige allerdings nicht, dass der Auskunftsschuldner aufgrund der erteilten Auskünfte straf- oder ordnungswidrigkeitenrechtlich belangt werde.[561] Wenn der Gesetzgeber sich anlässlich des Gemeinschuldnerbeschlusses entschieden habe, den Auskunftsschuldner in dieser Konstellation nicht nur durch ein Verwertungs-, sondern sogar durch ein Verwendungsverbot vor der Nutzung seiner Auskünfte in einem gegen ihn geführten Strafverfahren zu schützen, müsse diese Wertung des Gesetzgebers auch auf die vergleichbare, ungeregelt gebliebene Situation des auskunftspflichtigen Arbeitnehmers übertragen werden.[562] Eine Lösung mit Auskunftspflicht und ohne Verwertungsverbot verstoße gegen die Verfassung.[563] In der Rechtsprechung wurde die Annahme eines Beweisverwertungsverbots unter diesem Aspekt bislang abgelehnt.[564] Gegen die analoge Anwendung des § 97 Abs. 1 S. 3 InsO wird auch von Teilen der Literatur zum einen der Ausnahmecharakter der Vorschrift vorgebracht,[565] zum anderen wird die Vergleichbarkeit der Konstellationen verneint.[566] Nach Schuster soll die Übertragung der Grundsätze des Gemeinschuldnerbeschlusses deswegen ausgeschlossen sein, weil den ermittelnden Rechtsanwälten keinerlei Eingriffs- und Zwangsbefugnisse zuständen.[567] Die wirtschaftliche Drucksituation allein solle nicht ausreichen, ein Beweisverwertungsverbot zu begründen.[568] Eine Vergleichbarkeit der Interessenlagen scheide auch deswegen aus, weil die vertragliche Auskunftspflicht nicht annähernd so effektiv und zeitnah durchsetzbar sei, wie die des Gemeinschuldners im Konkurs bzw. Insolvenzverfahren.[569] Vor allem soll es sich allerdings bei der Auskunftspflicht um eine vertragliche und deswegen freiwillig eingegangene Auskunftspflicht handeln.[570]

559 *Böhm*, NJW 2009, 1923, 1927. Vgl. auch *v. Galen*, NJW 2011, 945.
560 *Böhm*, NJW 2009, 1923, 1927. Vgl. auch *v. Galen*, NJW 2011, 945.
561 *Böhm*, NJW 2009, 1923, 1927. Vgl. auch *I. Roxin*, StV 2012, 116, 120.
562 *Böhm*, NJW 2009, 1923, 1927 ff.
563 *v. Galen*, NJW 2011, 945.
564 LG Hamburg, StV 2011, 148, 151.
565 *Theile*, StV 2011, 381, 385.
566 *Schuster*, NZWiSt 2012, 28, 30.
567 *Schuster*, NZWiSt 2012, 28, 30.
568 LG Hamburg, StV 2011, 148, 151; *Schuster*, NZWiSt 2012, 28, 30. A.A. *Kottek*, Kooperation, S. 113 f.
569 *Rübenstahl*, WiJ 2012, 17, 30. Vgl. hierzu auch *Dann*, CCZ 2010, 239, 240.
570 LG Hamburg, StV 2011, 148, 151; *Rübenstahl*, WiJ 2012, 17, 30. Gegen ein Beweisverwertungsverbot wegen fehlender Zurechenbarkeit der Tätigkeit der Rechtsanwälte zum Staat oder seiner Organe, *Szesny*, GWR 2011, 169.

2. Beweisverwertungsverbot aus dem Nemo-tenetur-Prinzip

Nach anderer, in der Literatur und vom ArbG Saarlouis vertretener Ansicht soll in dieser Konstellation ein direkt auf das Nemo-tenetur-Prinzip zu stützendes selbstständiges Beweisverwertungsverbot bestehen.[571] Auch hiergegen werden insbesondere die Freiwilligkeit der eingegangenen Auskunftspflicht[572] und die Nichtanwendbarkeit des Nemo-tenetur-Prinzips unter Privaten[573] eingewandt. Ob diesen Bedenken gegen die Annahme eines Beweisverwertungsverbots zuzustimmen ist, sei an dieser Stelle noch dahingestellt.[574] Jedoch soll hier bereits darauf hingewiesen werden, dass der Nutzen eines aus dem Nemo-tenetur-Prinzip folgenden Beweisverwertungsverbots für den Mitarbeiter beschränkt bleibt. Denn das Nemo-tenetur-Prinzip schützt nach vorherrschender Auffassung nur vor gesetzlichem Auskunftszwang.[575] Auskünfte, die unter Verzicht auf den gesetzlichen Auskunftsanspruch erlangt würden bzw. bzgl. derer bereits überhaupt keine Auskunftspflicht bestünde, blieben verwertbar, sei der wirtschaftliche Druck auf den Mitarbeiter auch

571 ArbG Saarlouis, ZIP 1984, 364 f.; *Beulke*, Strafprozessrecht, 12. Aufl., Rn. 481; *Bittmann/Molkenbur*, wistra 2009, 373, 377 f.; *M. Jahn*, StV 2009, 41, 43 f.; *Minoggio*, in: Böttger (Hrsg.), Wirtschaftsstrafrecht in der Praxis, 2. Aufl., 18. Kap. Rn. 145; *Park*, in: Volk (Hrsg.), Verteidigung in Wirtschafts- und Steuerstrafsachen, 2. Aufl., § 11 Rn. 109; *Rödiger*, Strafverfolgung von Unternehmen, S. 275 ff., 304 ff.; *Rotsch*, in: Achenbach/Ransiek/Rönnau (Hrsg.), Handbuch Wirtschaftsstrafrecht, 4. Aufl., 1. Teil 4. Kap. Rn. 61; *Theile*, StV 2011, 381, 385; so auch *Wastl/Litzka/Pusch*, NStZ 2009, 68, 70 f. (für SEC-initiierte Ermittlungen), 73 (generell). Allgemein für Beweisverwertungsverbot unter diesem Aspekt, LAG Hamm, CCZ 2010, 237, 239. Vgl. auch *Eisenberg*, StPO, 9. Aufl., Rn. 400, der bei einem Verstoß gegen das Nemo-tenetur-Prinzip stets ein Beweisverwertungsverbot bejaht, weil ansonsten der Menschenwürdegehalt des Persönlichkeitsrechts verletzt sei. Im Ergebnis so auch *Rogall*, ZStW 91 (1979), 1, 42.

572 Vgl. LG Hamburg, StV 2011, 148, 151; *Wimmer*, in: Schulz/Reinhart/Sahan (Hrsg.), Festschrift für Imme Roxin, S. 537, 549. Vgl. hierzu auch *Rogall*, NStZ 2006, 41, 42.

573 *Knauer/Buhlmann*, AnwBl 2010, 387, 389 f.; *Momsen*, ZIS 2011, 508, 513; *Rogall*, in: Wolter (Hrsg.), Systematischer Kommentar zur Strafprozessordnung, Band 2, 4. Aufl., Vor § 133 ff. Rn. 140. Dagegen erkennt *Taupitz*, Pflicht zur Offenbarung, S. 33 f., dem Nemo-tenetur-Prinzip in Bezug auf die Verwertbarkeit von Aussagen, die aufgrund einer zivilrechtlichen Auskunftspflicht erlangt wurden, durchaus Bedeutung zu. Vgl. auch *Fritz/Nolden*, CCZ 2010, 170, 175 f.

574 Siehe hierzu unter 7. Kapitel C. I.

575 Siehe BGHSt 50, 299, 318; *Theile*, StV 2011, 381, 385. Vgl. auch den Beschluss des 67. deutschen Juristentages nachdem Erkenntnisse von ermittelnden Privatpersonen nicht schon dann unverwertbar seien, wenn sie unter wirtschaftlichem Druck erlangt wurden, siehe www.djt.de/fileadmin/downloads/67/djt_67_beschluesse.pdf, S. 14 (zuletzt geprüft am 23.04.2016). Vgl. auch *Duttge*, JZ 1996, 556, 562; *Queck*, Unternehmen, S. 208 ff.; *T. Schaefer*, Nemo-tenetur, S. 147, 150; *Störmer*, Jura 1994, 621, 623; *Südhoff*, Folgenbeseitigungsanspruch, S. 53.

noch so groß.[576] Dagegen sehen Teile der Literatur das Nemo-tenetur-Prinzip wegen der vergleichbaren Zwangswirkung auch bei einer rein faktischen Zwangslage als betroffen an.[577] Auch bei einer derartigen Ausdehnung des Nemo-tenetur-Prinzips bliebe der Schutz jedoch lückenhaft. Ein auf Nemo-tenetur gestütztes Beweisverwertungsverbot schützt nicht per se vor der Verwertung solcher Auskünfte, die aufgrund der irrtümlichen Annahme einer Auskunftspflicht durch den Mitarbeiter bei tatsächlichem Bestehen eines Auskunftsverweigerungsrechts erlangt wurden.[578] Zudem ist die Fernwirkung eines derartigen Beweisverwertungsverbots umstritten.[579]

3. *Beweisverwertungsverbot aus dem Grundsatz des Fair-trial*

Soweit der Nemo-tenetur-Grundsatz insbesondere wegen der fehlenden Zurechenbarkeit der Ermittlungen zu den Strafverfolgungsbehörden als nicht anwendbar erachtet wird, wird stattdessen teilweise auf den Fair-trial-Grundsatz rekurriert.[580] Die StPO enthalte für die Konstellation der Weiterleitung von Erkenntnissen aus internen Untersuchungen an die Strafverfolgungsbehörden eine Regelungslücke, welche durch Anwendung des Fair-trials-Prinzips geschlossen werden müsse.[581]

---

576 Siehe *Beulke*, Strafprozessrecht, 12. Aufl., Rn. 481; *Bittmann/Molkenbur*, wistra 2009, 373, 377; *M. Jahn*, StV 2009, 41, 44; *Knauer/Buhlmann*, AnwBl 2010, 387, 390. Vgl. auch *Böhm*, WM 2009, 1923, 1929, nach dem allerdings auch faktischer Zwang zu einer Unverwertbarkeit führen soll.

577 *Böhm*, WM 2009, 1923, 1928; *Kottek*, Kooperation, S. 113 f.; *Minoggio*, Firmenverteidigung, 2. Aufl., Rn. 1274 f.; *Wastl/Litzka/Pusch*, NStZ 2009, 68, 71.

578 Vgl. *Dann/Zülch*, ZRFC 2011, 267, 270; *Momsen*, ZIS 2011, 508, 513. Für eine Unverwertbarkeit im Zweifel *Bittmann/Molkenbur*, wistra 2009, 373, 377. Nach *M. Jahn*, StV 2009, 41, 45; *Minoggio*, in: Böttger (Hrsg.), Wirtschaftsstrafrecht in der Praxis, 2. Aufl., 18. Kap. Rn. 144; *Momsen*, ZIS 2011, 508, 513; *Park*, in: Volk (Hrsg.), Verteidigung in Wirtschafts- und Steuerstrafsachen, 2. Aufl., § 11 Rn. 111, soll eine derartige irrtumsbedingte Selbstbelastung nur im Falle einer bewussten Täuschung durch die Ermittlungsperson über das Bestehen einer Auskunftspflicht unverwertbar sein. Für ein Beweisverwertungsverbot in dieser Konstellation allerdings *Rödiger*, Strafverfolgung von Unternehmen, S. 306.

579 Dafür *Rotsch*, in: Achenbach/Ransiek/Rönnau (Hrsg.), Handbuch Wirtschaftsstrafrecht, 4. Aufl., 1. Teil 4. Kap. Rn. 61; *Theile*, StV 2011, 381, 385 f.; *Wastl/Litzka/Pusch*, NStZ 2009, 68, 73. Dagegen *Bittmann/Molkenbur*, wistra 2009, 373, 378.

580 *Knauer/Buhlmann*, AnwBl 2010, 387, 390 ff.; *Momsen*, ZIS 2011, 508, 513 ff.; *ders.*, in: Rotsch (Hrsg.), Criminal Compliance Handbuch, § 34 B.I. Rn. 39 f.; *ders./Grützner*, DB 2011, 1792, 1795. Für eine Verortung im Fair-trial-Prinzip auch *Bock/Gerhold*, in: Knierim/Rübenstahl/Tsambikakis (Hrsg.), Internal Investigations, 5. Kap. Rn. 41. Für eine Anwendbarkeit neben einer Analogie zu § 97 Abs. 1 S. 3 InsO, *Grimm/Freh*, KSzW 2012, 88, 91. Einschränkend so auch *Kottek*, Kooperation, S. 131 ff.; siehe auch *dens.*, DAJV-Newsletter 3/2013, 101, 105. Hiergegen *Greco/Caracas*, NStZ 2015, 7, 10.

581 *Knauer/Buhlmann*, AnwBl 2010, 387, 390 f.; zustimmend *Momsen*, ZIS 2011, 508, 513.

Denn die professionelle Ermittlung des Verletzten stünde weder mit dem staatlichen Repressionsmodell noch mit der nach Art. 33 Abs. 4 GG festgelegten Kompetenz des Staates zur Durchführung der Strafverfolgung im Einklang.[582] Auch sei vom BGH in der Hörfallenentscheidung anerkannt worden, dass in Konstellationen, in denen das Nemo-tenetur-Prinzip zwar nicht verletzt sei, deren Gesamtumstände allerdings einer Verletzung dieses Prinzips nahe kämen, eine Prüfung dahingehend erfolgen müsse, ob nicht das Recht des Angeklagten auf ein faires Verfahren verletzt sei und unter diesem Aspekt ein Beweisverwertungsverbot angenommen werden müsse.[583] Ein Beweisverwertungsverbot soll danach dann bestehen, wenn „aus einer Gesamtschau der Umstände [...] vor dem Hintergrund der besonderen Situation des Angeklagten die Gesamtumstände der Beweisgewinnung in faktischer Hinsicht nicht hinnehmbar" seien.[584] Nach Knauer/Buhlmann soll aufgrund der extremen faktischen Drucksituation und der Existenz der rechtlichen Auskunftsverpflichtung in der Konstellation der internen Ermittlungen unter diesem Aspekt ein Verwertungsverbot anzuerkennen sein.[585] Die Entscheidungsfreiheit des Mitarbeiters, ob er gegenüber dem Unternehmen Auskünfte erteilen wolle, gehe in dieser Situation gegen Null.[586] Jedoch wird von den meisten Stimmen, die ein Beweisverwertungsverbot unter diesem Aspekt für möglich erachten, darauf verwiesen, dass auch für die Konstellation der Verwertung von Erkenntnissen aus internen Ermittlungen eine Verletzung des Fair-trials-Prinzip eine Frage des konkreten Einzelfalles sein. Ob das Prinzip verletzt sei oder nicht, soll von der Ausgestaltung der jeweiligen konkreten Ermittlung abhängen.[587] Hierbei soll insbesondere der umfassenden Information des Mitarbeiters, Belehrungen sowie der ernstgemeinten Zusicherung von arbeitsrechtlicher Sanktionsfreiheit eine wesentliche Bedeutung für die Verwertbarkeit zukommen.[588]

4. *Beweisverwertungsverbot aufgrund fehlender Ermächtigungsgrundlage*

Einen ganz anderen Ansatz verfolgt Reeb, der die Problematik um die Verwertbarkeit selbstbelastender Mitarbeiterauskünfte bereits unter einer komplett anderen Prämisse betrachtet.[589] Denn er sieht die Verwertung von privat erlangten Erkenntnissen

---

582 *Knauer/Buhlmann*, AnwBl 2010, 387, 391, mit Verweis auf *Mende*, Grenzen privater Ermittlungen, S. 198.

583 *Knauer/Buhlmann*, AnwBl 2010, 387, 391. Siehe BGHSt 42, 139, 156 f.

584 *Knauer/Buhlmann*, AnwBl 2010, 387, 391, mit Verweis auf BGHSt 53, 294, 304.

585 *Knauer/Buhlmann*, AnwBl 2010, 387, 392 f.

586 *Knauer/Buhlmann*, AnwBl 2010, 387, 393.

587 *Grimm/Freh*, KSzW 2012, 88, 91; *Knauer/Gaul*, NStZ 2013, 192, 193 f.; *Momsen*, ZIS 2011, 508, 514 ff.; *ders./Grützner*, DB 2011, 1792, 1795.

588 *Knauer/Gaul*, NStZ 2013, 192, 193 f., mit Verweis auf das Verfahrensprinzip der Waffengleichheit; *Momsen*, ZIS 2011, 508, 514. Vgl. hierzu auch *Kottek*, DAJV-Newsletter 3/2013, 101, 105.

589 Internal Investigations, S. 137 ff., 150 ff.

aufgrund des Vorbehalts des Gesetzes als grundsätzlich legitimierungsbedürftig an, sodass für ihn entgegen der herrschenden Ansicht die Verwertbarkeit einer Information die Ausnahme, die Unverwertbarkeit die Regel bildet.[590] Die eine Verwertung der privat erlangten Erkenntnisse rechtfertigende Ermächtigungsgrundlage sieht Reeb in der hypothetischen rechtmäßigen staatlichen Beweiserhebung zusammen mit den §§ 152 Abs. 2, 160, 163 Abs. 1, 203, 244 Abs. 2, 261 StPO.[591] Hierdurch soll sichergestellt werden, dass die Strafverfolgungsbehörden durch die Einbindung Privater weder besser noch schlechter gestellt werden.[592] Die Erkenntnisse aus den Interviews könnten deswegen nur dann verwertet werden, wenn die Strafverfolgungsbehörden die durch die Interviews entstandenen Beweismittel, die Reeb in den Interviewprotokollen erblickt, auf rechtmäßige Weise selbst hätten erlangen können.[593] Da dies alleine durch eine Vernehmung geschehen könnte, bei der die Mitarbeiter über ihr Schweigerecht gemäß §§ 136 Abs. 1 S. 2 oder § 55 StPO zu belehren wären, sieht er die Beweiserlangung auf diesem Wege als eher unwahrscheinlich an, was aufgrund des Nemo-tenetur-Prinzips eine Verwertbarkeit selbstbelastender Auskünfte ausschließen müsse.[594] Nach diesem Ansatz könnten die Erkenntnisse aus Interviews allerdings wohl dann verwertbar sein, wenn die Interviewer den betroffenen Mitarbeiter über die mögliche Verwertung in einem anschließenden Strafverfahren aufgeklärt haben und diesem zudem die Auskunftserteilung freistellen. In dieser Situation spricht einiges dafür, dass der Mitarbeiter dann ebenfalls gegenüber staatlichen Ermittlern ausgesagt hätte. Wird die Aussage dabei allerdings von Zugeständnissen des Unternehmens abhängig gemacht, spricht wieder einiges gegen die hypothetische eigene Beweismittelerlangung durch die Strafverfolgungsbehörden.

Dieser Ansatz Reebs bereitet unter dem Aspekt Schwierigkeiten, dass die Ermächtigungsgrundlage für die Verwertung der Erkenntnisse in der hypothetischen Beweiserlangung durch die staatlichen Strafverfolger gesehen wird. Allein das Erstellen dieser Prognose dürfte zumeist schwerfallen. So erfolgen Geständnisse nicht selten auch in staatlichen Vernehmungen, nachdem der Beschuldigte belehrt wurde. Wenn man aber wie Reeb im Zweifel stets von der Unverwertbarkeit ausgeht, entfernt man sich damit von dem Ergebnis, dass in staatlichen Vernehmungen letztendlich herauskäme. Insofern handelt es sich kaum noch um die eigentlich beabsichtigte Gleichstellung mit der Situation staatlicher Ermittlungen. Die Prognose allerdings von weiteren Faktoren abhängig zu machen, welche die Aussagebereitschaft in einer staatlichen Vernehmung möglicherweise beeinflussen könnten, wie beispielsweise der bis dahin bestehenden Beweislage, wäre von

590 Siehe zusammenfassend *Reeb*, Internal Investigations, S. 157 f. Siehe hierzu auch *Münkel*, Mitarbeiteroffenbarungen, S. 99.
591 *Reeb*, Internal Investigations, S. 139, 158.
592 *Reeb*, Internal Investigations, S.139, 158.
593 *Reeb*, Internal Investigations, S. 151.
594 *Reeb*, Internal Investigations, S. 151 f.

solcher Unsicherheit geprägt, dass eine derartige Differenzierung ebenfalls wenig zielführend erschiene.[595]

5. *Beweisverwertungsverbot bei rechtswidriger Beweiserlangung*

Daneben stellt sich die Frage, ob zumindest im Falle rechtswidriger Beweiserlangung der Privaten eine anschließende Verwertung im Strafverfahren ausscheiden muss. Insbesondere wird eine (entsprechende) Anwendung des § 136a Abs. 3 S. 2 StPO diskutiert.[596] Hiernach wären die Auskünfte bei Anwendung der in § 136a Abs. 1 StPO genannten Vernehmungsmethoden, zu denen unter anderem die Täuschung und die Anwendung von nach der StPO unzulässigem Zwang sowie die Drohung mit unzulässigen Maßnahmen zählen, unverwertbar. Bereits die Ermittlung der den Privaten hiernach verbotenen Vernehmungsmethoden bereitet Schwierigkeiten. Denn bezüglich der Beweiserlangung durch Private lassen sich in der StPO keine Regelungen finden, welche die Zulässigkeit bestimmter Beweismethoden betreffen.[597] Aus diesem Grund wird ein Beweisverwertungsverbot häufig von strafrechtswidrigem Verhalten der Privaten bei der Beweiserhebung abhängig gemacht.[598]

Wann genau § 136a StPO auf die Sachverhaltsermittlung durch Private anwendbar sein soll, ist allerdings umstritten.[599] Nach vorherrschender Ansicht kann aus der rechtswidrigen Beweisgewinnung eines Dritten jedenfalls nicht automatisch auf die Unverwertbarkeit des Beweismittels geschlossen werden.[600] Nach überwiegender

---

595 Damit soll nicht gesagt sein, dass die Erwägungen über die hypothetische rechtmäßige Beweisgewinnung in diesem Zusammenhang vollkommen ungeeignet sein sollen, insbesondere in Bezug auf die Fernwirkung kann ihnen durchaus Relevanz zugemessen werden (siehe unter 7. Kapitel C. I. 7. cc)). Die subjektive Auskunftsbereitschaft ist allerdings von besonderer Unsicherheit geprägt.

596 So BGHSt 44, 129, 134; *Beulke*, Strafprozessrecht, 12. Aufl., Rn. 481; *Joerden*, JuS 1993, 927, 928; *Koriath*, Beweisverbote, S. 101 f. Generell gegen die Annahme von Beweisverwertungsverboten für den Fall, dass die Erkenntnisse durch Private auf rechtswidrige Weise erlangt wurden, allerdings BGHSt 17, 14, 19; OLG Oldenburg, NJW 1953, 1237; *Dencker*, Verwertungsverbote, S. 97 ff.; *Raum*, StraFo 2012, 395, 398 und *Wessing*, in: Arbeitsgemeinschaft Strafrecht des Deutschen Anwaltvereins (Hrsg.), Strafverteidigung im Rechtsstaat, S. 907, 923, gehen von einer grundsätzlichen Unanwendbarkeit des § 136a StPO für interne Ermittlungen aus.

597 Vgl. *Godenzi*, Private Beweisbeschaffung, S. 189 f.

598 *Bienert*, Private Ermittlungen, S. 114 f. So auch *Zapfe*, Compliance, S. 180, 182. Siehe hierzu auch *Godenzi*, Private Beweisbeschaffung, S. 190 ff.; *Reeb*, Internal Investigations, S. 121.

599 Siehe hierzu auch unter 7. Kapitel D. I. 3. b) aa) (2).

600 BGHSt 27, 355, 357; 34, 39, 52; 44, 129, 134 Siehe *Beulke*, Strafprozessrecht, 12. Aufl., Rn. 478; *Diemer*, in: Hannich (Hrsg.), Karlsruher Kommentar zur StPO, 7. Aufl., § 136a Rn. 3; *Kindhäuser*, Strafprozessrecht, 4. Aufl., § 23 Rn. 34; *Krekeler/Löffelmann*, in: Krekeler/Löffelmann/Sommer (Hrsg.), Anwaltkommentar StPO, 2. Aufl., Einl. Rn. 149; *Senge*, in: Hannich (Hrsg.), Karlsruher Kommentar zur StPO, 7. Aufl.,

Ansicht soll § 136a StPO dann anwendbar sein, wenn dem Staat das Verhalten der Privaten zurechenbar ist.[601] Die genauen Voraussetzungen einer derartigen Zurechnung sind dabei allerdings im Einzelnen stark umstritten.[602] Die hieran gestellten Anforderungen reichen von der Beschränkung auf Fälle, in denen die Privaten durch staatliche Organe zu einem bestimmten Verhalten aufgefordert wurden,[603] bis zur Zurechnung allein aufgrund des pflichtwidrigen Unterlassens eigener Ermittlungshandlungen durch die Strafverfolgungsorgane.[604] Bei internen Ermittlungen wird das Vorliegen ausreichender Zurechnungsvoraussetzungen häufig problematisch sein, so dass in vielen Fällen auch bei rechtswidriger Beweiserlangung durch die internen Ermittler die Annahme eines Beweisverwertungsverbots unter diesem Aspekt nach herrschender Ansicht ausscheidet.[605]

Darüber hinaus wird ein Beweisverwertungsverbot bei privater Beweiserlangung nach herrschender Ansicht für den Fall angenommen, dass die Beweismittel auf eklatant gegen die Menschenrechte verstoßende Art und Weise erlangt wurden.[606]

Vor § 48 Rn. 52; *Störmer*, Jura 1994, 621. Dagegen soll sich die Unverwertbarkeit von Beweismitteln, die durch Private unter Verletzung von Strafgesetzen erlangt wurden, nach *Götting*, Beweisverwertungsverbote, S. 297 ff., aus einer sonst gegebenen Schutzpflichtverletzung des Staates ergeben, wenn die staatlichen Ermittlungsbehörden die Information nicht auf rechtmäßigem Wege hätten erlangen können.

601 BGHSt 44, 129, 134; *Beulke*, Strafprozessrecht, 12. Aufl., Rn. 480a; *Dann/Zülch*, ZRFC 2011, 267, 270; *Diemer*, in: Hannich (Hrsg.), Karlsruher Kommentar zur StPO, 7. Aufl., § 136a Rn. 3; *Gleß*, in: Erb/Esser/Franke u. a. (Hrsg.), Löwe-Rosenberg, StPO, 26. Aufl., Band 4, § 136a Rn. 10; *Grimm/Freh*, KSzW 2012, 88, 91; *Haffke*, GA 1973, 65, 82; *Krekeler/Löffelmann*, in: Krekeler/Löffelmann/Sommer (Hrsg.), Anwaltkommentar StPO, 2. Aufl., Einl. Rn. 149; *Lesch*, GA 2000, 355, 358; *Müssig*, GA 1999, 119, 138 f.; *C. Roxin*, NStZ 1999, 149, 150; *Salvenmoser/Schreier*, in: Achenbach/Ransiek/Rönnau (Hrsg.), Handbuch Wirtschaftsstrafrecht, 4. Aufl., 15. Teil Rn. 70; *Schmitt*, in: Meyer-Goßner/Schmitt, StPO, 58. Aufl., § 136a Rn. 3; *Störmer*, Jura 1994, 621; *Theile*, StV 2011, 381, 385; *Volk*, Grundkurs StPO, 8. Aufl., § 28 Rn. 36; *Wehnert*, StraFo 2012, 253, 257; *Wölfl*, Verwertbarkeit, S. 195 f. Vgl. auch *Dann/Schmidt*, NJW 2009, 1851, 1855; *Wastl/Litzka/Pusch*, NStZ 2009, 68, 71. Für eine Zurechnung allein aufgrund des Verwertungsaktes *Koriath*, Beweisverbote, S. 101 f.

602 Siehe hierzu die Darstellung des Meinungsstandes bei *M. Jahn*, in: Ständige Deputation des deutschen Juristentages (Hrsg.), Verhandlungen des 67. deutschen Juristentages, Band I, S. C 101. Siehe auch *Kindhäuser*, Strafprozessrecht, 4. Aufl., § 23 Rn. 35 ff.

603 *Wölfl*, Verwertbarkeit, S. 195.

604 So *Kottek*, Kooperation, S. 143 ff.

605 Siehe *I. Roxin*, StV 2012, 116, 119; *Theile*, StV 2011, 381, 385. Für eine sehr weitgehende Zurechnung *Kottek*, Kooperation, S. 143 ff., 234, 236 f.; *ders.*, DAJV-Newsletter 3/2013, 101, 103 ff.

606 OLG Celle, NJW 1985, 640, 641; OLG Hamburg, NJW 2005, 2326, 2327, 2329; *Beulke*, Strafprozessrecht, 12. Aufl., Rn. 479; *Diemer*, in: Hannich (Hrsg.), Karlsruher

Als Beispiele hierfür werden archaische Ermittlungsmethoden wie Folter, Marter oder Einkerkerung genannt.[607] Derartige Methoden dürften allerdings bei internen Ermittlungen kaum angewandt werden.[608] Nach einer differenzierenden Ansicht können auch rechtswidrige Beweisgewinnungsmethoden Privater mit geringerer Grundrechtsrelevanz im Einzelfall ein Verwertungsverbot zur Folge haben, wenn in einer Gesamtabwägung der Umstände des Einzelfalls das Interesse des Betroffenen an der Wahrung seiner durch die Beweisgewinnung verletzten Rechte das staatliche Strafverfolgungsinteresse überwiegt.[609]

Dagegen soll nach einer in der Literatur verbreiteten Ansicht § 136a StPO unabhängig von einer etwaigen Zurechenbarkeit im Wege einer Analogie zumindest

---

Kommentar zur StPO, 7. Aufl., § 136a Rn. 3; *Eisenberg*, StPO, 9. Aufl., Rn. 400a; *Keller*, in: Samson/Dencker/Frisch u. a. (Hrsg.), Festschrift für Gerald Grünwald, S. 267, 279; *Kindhäuser*, Strafprozessrecht, 4. Aufl., § 23 Rn. 35; *Kleinknecht*, NJW 1966, 1537, 1543; *Klengel/Mückenberger*, CCZ 2009, 81; *Nüse*, JR 1966, 281, 285; *Paulus*, in: Kleinknecht/Müller/Reitberger, Band 2, Stand: Oktober 1989, § 244 Rn. 535; *Ranft*, in: Seebode (Hrsg.), Festschrift für Günter Spendel, S. 719, 736 (zudem auch für sonstige in schwerer Weise rechtstaatlich anstößige Verstöße); *Rogall*, JZ 1996, 944, 949; *Salvenmoser/Schreier*, in: Achenbach/Ransiek/Rönnau (Hrsg.), Handbuch Wirtschaftsstrafrecht, 4. Aufl., 15. Teil Rn. 69; *Schmitt*, in: Meyer-Goßner/Schmitt, StPO, 58. Aufl., § 136a Rn. 3; *Schroth*, JuS 1998, 969, 979; *Wolter*, in: Roxin/Widmaier (Hrsg.), 50 Jahre Bundesgerichtshof, Band IV, S. 963, 996 f. Etwas weiter *Gleß*, in: Erb/Esser/Franke u. a. (Hrsg.), Löwe-Rosenberg, StPO, 26. Aufl., Band 4, § 136a Rn. 12, die eine Unverwertbarkeit annimmt, soweit der Kernbereich des Grundrechtsschutzes berührt ist. So auch *Bockemühl*, Private Ermittlungen, S. 125 f.; *Dalakouras*, Beweisverbote, S. 197. Erweiternd auf „schwere Grundrechtsbeeinträchtigungen" wohl *Lesch*, GA 2000, 355, 358. A.A. *Kohlhaas*, DAR 1971, 62, 67 f.; *Krekeler/Löffelmann*, in: Krekeler/Löffelmann/Sommer (Hrsg.), Anwaltkommentar StPO, 2. Aufl., Einl. Rn. 149.

607 Siehe *M. Jahn*, in: Ständige Deputation des deutschen Juristentages (Hrsg.), Verhandlungen des 67. deutschen Juristentages, Band I, S. C 101. Vgl. auch *Gaede*, StV 2004, 46, 52.

608 Vgl. auch *Münkel*, Mitarbeiteroffenbarungen, S. 99.

609 BGHSt 27, 355, 357; 36, 167, 173, unter Berufung auf BVerfGE 34, 238 ff.; *Bockemühl*, Private Ermittlungen, S. 126 f.; *Haffke*, GA 1973, 65, 83; *Rödiger*, Strafverfolgung von Unternehmen, S. 251 ff.; *Schroth*, JuS 1998, 969, 979; *Wolter*, in: Roxin/Widmaier (Hrsg.), 50 Jahre Bundesgerichtshof, Band IV, S. 963, 997; ebenso *Eisenberg*, StPO, 9. Aufl., Rn. 400, nach dem in der Verletzung der Selbstbelastungsfreiheit allerdings stets ein zur Unverwertbarkeit des Beweismittels führender Verstoß gegen die Menschenwürde liegen soll; ähnlich auch *Rogall*, ZStW 91 (1979), 1, 41 f.; *ders.* JZ 1996, 944, 949; allgemein zur Abwägungslehre *ders.*, in: Ebert/Roxin/Rieß u. a. (Hrsg.), Festschrift für Ernst-Walter Hanack, S. 293 ff.; kritisch *Müssig*, GA 1999, 117, 139 ff. Vgl. auch *Senge*, in: Hannich (Hrsg.), Karlsruher Kommentar zur StPO, 7. Aufl., Vor § 48 Rn. 52. Siehe hierzu *Brunhöber*, GA 2010, 571, 587 f. Vgl. auch BVerfG, NStZ 2007, 159, 160 f.; BGHSt 34, 397, 401; 44, 243, 249; 51, 285, 289 f., für rechtswidrige staatliche Ermittlungsakte.

dann stets auch im Falle der Beweiserhebung durch Private entsprechend anwendbar sein, wenn die Beweismittel durch von § 136a StPO erfasste Methoden auf (straf-)rechtswidrige Weise erlangt wurden.[610] Weitergehend nimmt Pfordte ein über die mittelbare Wirkung des § 136a StPO begründetes Verwertungsverbot an, wenn der Mitarbeiter im Rahmen der Befragung durch die Unternehmensvertreter nicht über elementare Rechte wie das Recht zur Auskunftsverweigerung bei Selbstbelastungsgefahr belehrt wurde.[611]

Es bleibt festzuhalten, dass nach der herrschenden Auffassung und insbesondere auch der Rechtsprechung eine strafrechtswidrige Beweisbeschaffung nur in Ausnahmefällen die Unverwertbarkeit des Beweismittels zur Folge hat. Ein strafrechtswidriges Verhalten der internen Ermittler bei den Interviews dürfte zudem auch eine seltene Ausnahme darstellen.[612] Auf diesem Wege lässt sich ein Beweisverwertungsverbot für selbstbelastende Äußerungen deswegen nur selten begründen.

---

610 *Gaede*, StV 2004, 46, 52 f.; *Grünwald*, Beweisrecht, S. 162 ff.; *M. Jahn*, in: Ständige Deputation des deutschen Juristentages (Hrsg.), Verhandlungen des 67. deutschen Juristentages, Band I, S. C 102 f.; *ders.*, JuS 2005, 1057, 1058; *ders.*, StV 2009, 41, 45; *Joerden*, JuS 1993, 927, 928; *Keller*, in: Samson/Dencker/Frisch u.a. (Hrsg.), Festschrift für Gerald Grünwald, S. 267, 282 für „polizeiähnliches Handeln Privater"; *Mende*, Grenzen privater Ermittlungen, S. 220 ff., 245; *Minoggio*, in: Böttger (Hrsg.), Wirtschaftsstrafrecht in der Praxis, 2. Aufl., 18. Kap. Rn. 145; *Szesny*, BB 45/2011, VI, VII; grundsätzlich so auch *Rübenstahl*, WiJ 2012, 17, 31 f. Hierfür wohl auch *Zapfe*, Compliance, S. 180, 182. Gegen eine entsprechende Anwendbarkeit *Bienert*, Private Ermittlungen, S. 89 ff., 114; *Godenzi*, Private Beweisbeschaffung, S. 188 ff.; *Reeb*, Internal Investigations, S. 121 f. der wie *Godenzi* die Planwidrigkeit der Nichtanwendbarkeit auf die Beweiserhebung Privater sowie die Vergleichbarkeit der Interessenlagen bestreitet; *Krekeler/Löffelmann*, in: Krekeler/Löffelmann/Sommer (Hrsg.), Anwaltkommentar StPO, 2. Aufl., Einl. Rn. 149; *Rogall*, JZ 2008, 818, 828; *Schmitt*, in: Meyer-Goßner/Schmitt, StPO, 58. Aufl., § 136a Rn. 3. Für die Begründung eines Beweisverwertungsverbot auf dem Wege der Annahme einer Schutzpflichtverletzung durch die Verwertung der Erkenntnisse bei strafrechtswidriger Beweisgewinnung durch Private, grds. *Götting*, Beweisverwertungsverbote, S. 299 ff. Für ein generelles Beweisverwertungsverbot bei strafrechtswidriger Beweisgewinnung durch Private auch *Müssig*, GA 1999, 119, 138 f. Nach *Gössel*, in: Erb/Esser/Franke u.a. (Hrsg.), Löwe-Rosenberg, StPO, 26. Aufl., Band 1, Einl. L Rn. 113, soll ein Beweisverwertungsverbot nur dann bestehen, wenn der Private die Auskunft durch Anwendung von solchem Zwang erreicht hat, dem der „Betroffene nicht „in besonnener Selbstbehauptung" als Parallele zur Nötigung standhalten müsse. Für ein Beweisverwertungsverbot analog § 136a StPO für den Fall das der Mitarbeiter im Rahmen der internen Ermittlungen über das Bestehen einer Auskunftspflicht getäuscht wurde, *Beulke*, Strafprozessrecht, 12. Aufl., Rn. 481.

611 *Pfordte*, in: Arbeitsgemeinschaft Strafrecht des Deutschen Anwaltvereins (Hrsg.), Strafverteidigung im Rechtsstaat, S. 740, 755 f.

612 Vgl. *Rödiger*, Strafverfolgung von Unternehmen, S. 253. Vgl. auch *Theile*, StV 2011, 381, 385. Vgl. hierzu unter 7. Kapitel D. I. 2. a), b).

6. *Grenzen der Lösung durch die Annahme eines Beweisverwertungsverbots*

Auch die aufgezeigten Lösungsversuche über die Annahme eines Beweisverwertungsverbots im Strafverfahren führen nicht zu einem kompletten Schutz des Mitarbeiters vor den Folgen eventueller selbstbelastender Auskünfte. Ihnen ist zum einen gemeinsam, dass sie nur die strafprozessualen Folgen für den Mitarbeiter abwenden sollen. Eine Abmilderung der möglichen arbeitsrechtlichen oder allgemein zivilrechtlichen Konsequenzen ist von ihnen nicht beabsichtigt. Das zivilrechtliche Spannungsverhältnis bleibt demnach ungelöst. Zum anderen sind die Folgen eines derartigen Ansatzes stets auf deutsche Strafverfahren begrenzt. Ein Beweisverwertungsverbot im Strafverfahren verhindert nicht, dass der Mitarbeiter aussagt, und es hindert vor allem auch nicht die Erzwingung einer selbstbelastenden Auskunft durch den Arbeitgeber. Ist eine Information allerdings erstmals bekannt, wird durch ein Beweisverwertungsverbot im deutschen Strafverfahren nicht verhindert, dass die durch die Auskunft erlangte Information an ausländische Strafverfolgungsbehörden weitergeleitet wird. Die Vergangenheit hat gezeigt, dass dies durchaus geschieht, sogar von vornherein beabsichtigt sein kann. Eine nach deutschem Recht erzwungene selbstbelastende Auskunft könnte dann zur Grundlage eines ausländischen Strafurteils gegen den betroffenen Mitarbeiter gemacht werden.[613]

---

613 Vgl. *Wastl/Litzka/Pusch*, NStZ 2009, 68, 73.

5. Kapitel: Die tatsächliche Ausgestaltung der Interviews

Vor dem Hintergrund der ungeklärten Rechtslage interessiert der tatsächliche Umgang mit dieser unsicheren Situation im Rahmen der Interviews. Nach den Erkenntnissen aus dem rechtstatsächlichen Forschungsprojekt ist die Durchführung einer unternehmensinternen Ermittlung sehr stark von den Umständen des Einzelfalles beeinflusst.[614] Aufgrund dessen verwundert es nicht, dass auch die Durchführung der Interviews eine erhebliche Variationsspanne aufweist.

Die Interviews werden sowohl mit verdächtigen als auch mit unverdächtigen Mitarbeitern geführt.[615] Dabei sollen sich die unternehmensinternen Ermittler allerdings bereits in einem frühen Ermittlungsstadium über den Kreis der möglicherweise Verdächtigen im Klaren sein, so erläuterte ein Anwalt:

> *Die Gesprächspartner seien nicht alle Verdächtige; dies sei unterschiedlich. Wenn, auf welcher Grundlage auch immer, bestimmte Anhaltspunkte dafür sprechen würden, dass ein Fehlverhalten stattgefunden habe und man dieses Fehlverhalten aufklären wolle, dann habe man in der Regel schon eine Vorstellung davon, wer dafür verantwortlich sein könne. „Man wisse ja", wer an welcher Stelle im Unternehmen arbeite. Mit diesen Leuten spreche man auch (**1-5** 1130–1135).*

Zudem wird vor den Interviews zumeist auch eine Überprüfung von elektronischen und schriftlichen Dokumenten stattgefunden haben, aus der sich bereits Hinweise auf den Kreis der Verdächtigen ergeben können.[616]

In der Praxis hat sich eine besondere Sensibilität für den Umgang insbesondere mit den verdächtigen Mitarbeitern entwickelt. Auch die Bundesrechtsanwaltskammer hat sich in ihren vom Strafrechtsausschuss erarbeiteten, viel beachteten „Thesen zum Unternehmensanwalt im Strafrecht" mit dem Vorgehen innerhalb unternehmensinterner Ermittlungen und dabei insbesondere auch mit den Interviews beschäftigt.[617] Häufig wird darauf verwiesen, dass jede unlautere Beeinflussung der Freiheit der Willensentschließung der Mitarbeiter zu unterlassen sei.[618] Auch die

---

614 Siehe 2. Kapitel D.

615 Siehe näher *Rudkowski*, NZA 2011, 612.

616 Vgl. *Grützner*, in: Momsen/Grützner, Handbuch Wirtschaftsstrafrecht, 4. Kap. Rn. 183. Vgl. auch *Bührer*, in: Moosmayer/Hartwig (Hrsg.), Interne Untersuchungen, S. 113 f.

617 Die „Thesen der Bundesrechtsanwaltskammer zum Unternehmensanwalt im Strafrecht" sind abrufbar unter http://www.brak.de/zur-rechtspolitik/stellungnahmen-pdf/stellungnahmen-deutschland/2010/november/stellungnahme-der-brak-2010-35.pdf (zuletzt geprüft am 23.04.2016).

618 Siehe These 3, Erläuterung Nr. 4 der BRAK-Thesen, abrufbar unter http://www.brak.de/zur-rechtspolitik/stellungnahmen-pdf/stellungnahmen-deutschland/2010/

direkt mit den Untersuchungen befassten Unternehmensvertreter scheinen sich der Sensibilität dieser Ermittlungen sehr bewusst zu sein. Dies wird auch aus der folgenden Aussage eines Interviewpartners deutlich, der ausführte,

> *die Ermittlungen, die jedoch selbst in die Wege geleitet werden würden, müssten – nicht zuletzt auch mit Blick als Vorarbeit auf staatsanwaltliche Ermittlungen – selbst von hoher Integrität sein. Dies werde aber gerade durch die Einschaltung entsprechend professioneller Stellen gewährleistet (2–2 1162–1166).*

Insofern sieht der Unternehmensvertreter die Art und Weise des Vorgehens innerhalb der unternehmensinternen Ermittlungen als von der Motivation deutlich beeinflusst an, die Verwertbarkeit der Erkenntnisse in einem möglicherweise anschließenden Strafverfahren sicherzustellen.[619] Einen Zusammenhang, den so auch der Strafrechtsausschuss der Bundesrechtsanwaltskammer gesehen hat, wenn er die These aufstellt: „Der Unternehmensanwalt führt seine Erhebungen in einer Weise durch, dass Beweismittel in ihrer Qualität und Verwertbarkeit nicht beeinträchtigt werden.[620]

Nichtsdestoweniger wurde am Umgang mit den Mitarbeitern im Rahmen unternehmensinterner Ermittlungen, insbesondere von Seiten der Individualverteidiger, erhebliche Kritik laut.[621] Kritische Stimmen gegenüber dem Umgang mit den Arbeitnehmern kamen allerdings nicht nur von dieser Seite. So äußerte sich beispielsweise mit Maschmann auch ein Arbeitsrechtler dergestalt: Zuweilen lasse der Arbeitgeber regelrechte Verhöre von „Privatermittlern" durchführen, zumeist Anwälte von Großkanzleien, die auf Compliance spezialisiert seien und mitunter wenig zimperlich agieren würden. „Manchem Verhörten wäre ein strafrechtliches Ermittlungsverfahren vermutlich lieber gewesen", schlussfolgert er. Denn

---

november/stellungnahme-der-brak-2010-35.pdf (zuletzt geprüft am 23.04.2016). So auch *Burgard*, in: Moosmayer/Hartwig (Hrsg.), Interne Untersuchungen, S. 169; *Dann/Zülch*, ZRFC 2011, 267, 270 f.; *Knauer/Gaul*, NStZ 2013, 192, 194; *Krull*, in: Bay (Hrsg.), Handbuch Internal Investigations, 3. Kap. Rn. 26; *Leipold*, NJW-Spezial 2011, 56; v. Rosen (Hrsg.), Internal Investigations, S. 90; *Schürrle/Olbers*, CCZ 2010, 178, 179. Vgl. auch *Knierim*, in: Knierim/Rübenstahl/Tsambikakis (Hrsg.), Internal Investigations, 7. Kap. Rn. 14.

619 Zu dem Zusammenhang zwischen unternehmensinternen Ermittlungen und staatlichen Ermittlungen vgl. auch unter 3. Kapitel E. III.

620 So die These 3 (3) der "Thesen der Bundesrechtsanwaltskammer zum Unternehmensanwalt im Strafrecht", abrufbar unter http://www.brak.de/zur-rechtspolitik/stellungnahmen-pdf/stellungnahmen-deutschland/2010/november/stellungnahme-der-brak-2010-35.pdf (zuletzt geprüft am 23.04.2016).

621 Vgl. zu den Ermittlungen mit US-Bezug *Wehnert*, StraFo 2012, 253 f. *Amelung* soll von dem „Guantanamo des deutschen Arbeitsrechts" gesprochen haben, so *Werres*, managermagazin 7/2008, 40, 44. Vgl. auch die Darstellung von *J. Jahn*, FAZ vom 01.07.2009, S. 20 f. Vgl. auch das Interview mit Jürgen Wessing unter http://www.wiwo.de/unternehmen/juergen-wessing-im-interview-das-koennte-toedlich-treffen/5466694.html (zuletzt geprüft am 23.04.2016).

so unangenehm ein solches für die Beschuldigten auch sein möge, gewähre es doch elementare Schutzrechte, die bei Privatermittlungen auf der Strecke bleiben, wenn nach der Devise „Talk or Walk“ verfahren werde.[622] Gerade im Rahmen der SEC-animierten Untersuchungen sollen die internen Ermittler teilweise auf höchst aggressive Weise vorgegangen sein.[623]

Dementsprechend äußerte sich auch ein Interviewpartner, „dessen Herz für die Individualverteidigung schlägt“:

> *„[...] im Rahmen dieser Kooperation ist ein wesentlicher Teilaspekt die interne Aufklärung mit Mitteln, die der Staatsanwaltschaft nicht ohne weiteres so zur Verfügung stehen. Denn speziell diese Interviews, die da mit Angestellten durchgeführt werden, werden dann mit arbeitsrechtlichen Mitteln erwirkt. Und kein gefährdeter Zeuge würde bei der Staatsanwaltschaft so dumm sein, ohne Akteneinsicht und einfach so auf dem Stühlchen da sitzend mal so aus dem Leben zu plaudern. Und eine Person, über die ein Anfangsverdacht besteht, schon mal sowieso nicht. Die hat das komplette Schweigerecht. So, und das sind die Schutzschilde der Strafprozessordnung, die bei den Internal Investigations ja nicht zum Tragen kommen. (**1–4** 890–900). [...] da gibt es natürlich massive Brüche, weil der Schutz, den die Strafprozessordnung immerhin doch bietet, den haben die Unternehmensmitarbeiter eben in ihrem arbeitsrechtlichen Über- Unterordnungsverhältnis nicht. (**1–4** 902–905). [...] Es werden vom hohen Rosse die Internal Investigations durchgeführt, die Mitarbeiter reden sich, weil sie sich dazu angehalten fühlen und gezwungen sehen, um nicht sofort die Kündigung auf den Tisch zu kriegen, um Kopf und Kragen.“ (**1–4** 921–924).*

A. Der Umgang mit der umstrittenen Auskunftspflicht des Arbeitnehmers im Rahmen der Interviews

Dieses negative Bild scheint auf den ersten Blick dadurch bestätigt zu werden, dass es in der Praxis verbreitet zu sein scheint, auf eine – als bestehend angenommene – Auskunftspflicht des Arbeitnehmers gegenüber seinem Arbeitgeber hinzuweisen.[624] So erzählte ein befragter Unternehmensvertreter

> *Zunächst weise man den Arbeitnehmer natürlich auf seine generelle arbeitsrechtliche Verpflichtung hin, alles, was seine Berufsausübung betreffe, mitzuteilen (**2–5** 1486–1488.)*

Zum Umgang mit einer Auskunftsverweigerung des Mitarbeiters führte ein weiterer Interviewpartner allerdings aus:

---

622 *Maschmann*, in: ders. (Hrsg.), Corporate Compliance und Arbeitsrecht, S. 149, 170. Ähnlich auch *ders.*, AuA 2009, 72, 79.

623 Siehe auch *Minoggio*, in: Böttger (Hrsg.), Wirtschaftsstrafrecht in der Praxis, 2. Aufl., 18. Kap. Rn. 119. Vgl. auch *Wessing*, in: Arbeitsgemeinschaft Strafrecht des Deutschen Anwaltvereins (Hrsg.), Strafverteidigung im Rechtsstaat, S. 907, 925.

624 Zur Diskussion um die Auskunftspflicht des Arbeitnehmers siehe unter 4. Kapitel B, 7. Kapitel C.

*Wenn der Mitarbeiter nach Aufklärung über seine Auskunftspflicht sage: „Ich möchte nun nichts mehr sagen!" oder „Ich möchte zuerst mit meinem Anwalt sprechen!", dann würde das Interview unterbrochen werden (**1–2** 1169–1171). Wegen des vorhandenen Spannungsverhältnisses / Konflikts habe man manchmal ein schlechtes Gewissen, allerdings versuche man, dem durch den Abbruch des Interviews Rechnung zu tragen (**1–2** 1219–1220; 1225–1226).*

Insofern scheint die Praxis der Zwangslage des Mitarbeiters verbreitet durch die Einräumung eines „Schweigerechts" zu begegnen. Auch in Handbüchern wird teilweise „aus Gründen der Fairness" empfohlen, dem Mitarbeiter die Möglichkeit einzuräumen, die Auskunft zu solchen Fragen zu vermeiden, bei deren Beantwortung er sich selbst strafrechtlich belasten müsste.[625] Ein weiterer befragter Anwalt äußerte sich ähnlich:

*[...] die Unternehmen, die uns engagieren, beraten wir dahingehend, dass wir sagen, wir müssen es den Arbeitnehmern offen lassen, abzubrechen und sich anwaltlich beraten zu lassen. Aber die Kommunikation wird dann fortgesetzt, ggfs. auch mit dem Anwalt. (**1–5** 1158–1161).*

Diese moderate Vorgehensweise scheint teilweise – neben Fürsorgeaspekten – sehr rationelle Gründe zu haben. So führte ein Interviewpartner aus:

*„Ich bin nun mal kein Staatsanwalt mit Zwangsmittel und, glauben Sie mir, wenn Sie dem wüst mit Kündigung drohen, jetzt mal pragmatisch gesprochen, kriegen Sie noch ein Wort aus ihm raus? Das läuft nur mit Kooperation (**1–2** 1171–1174). Natürlich können Sie mit Abmahnung und können Sie mit Kündigung drohen. Nur, das bringt nichts. Also, ich denke, gerade bei so einer internen Ermittlung ist man auf eine vertrauensvolle Zusammenarbeit, auf eine Kooperationsbereitschaft der Betroffenen angewiesen. Und mit Druck, denke ich, ich hab's noch nie versucht, aber ich glaube nicht, dass man mit Druck etwas erreicht" (**1–2** 1179–1184).*

Derselbe Interviewpartner räumte allerdings auch ein, dass dieses Vorgehen teilweise unterschiedlich gehandhabt würde:

*Auf der anderen Seite gebe es aber auch interne Ermittler, die alleine durch ihr Auftreten eine Drohkulisse aufbauen würden (**1–2** 1203–1205). Einigen würde man auch vorwerfen, zu harsch vorzugehen. Manche würden sich auch wirklich völlig daneben benehmen. Man müsse aber auch immer berücksichtigen, wer diese große Kritik äußere. Meistens komme die große Kritik von Anwälten, die sich als reine Strafverteidiger verstehen würden (**1–2** 1252–1258).*

Womöglich kann diese wohl verbreitete Selbstbeschränkung auf moderate Mittel der Informationsbeschaffung auch durch den oben angesprochenen Zusammenhang interner Ermittlungen mit den Compliance-Anstrengungen von Unternehmen

625 v. Rosen (Hrsg.), Internal Investigations, S. 89.

erklärt werden, weil der präventive Effekt interner Ermittlungen bei allzu harschem Vorgehen verloren gehen könnte. Ein Interviewpartner erläuterte:

> *Eine interne Untersuchung habe sicherlich, insbesondere im Falle des Aufbaus einer Drohkulisse, präventive Wirkung. Wahrscheinlich sei die präventive Wirkung noch höher als von einem Ermittlungsverfahren, denn im Unternehmen würde schon wahrgenommen werden, wer komme, wer wohin gehe und wer mit wem rede (**1–2** 1206–1209). Das präventive Element der Compliance vertrage jedenfalls solange ein repressives Element, als die vorgesehene Repression angemessen sei. Der Compliance-Bereich dürfe nicht als Feind oder Antagonist wahrgenommen werden, weil man sonst über die Stränge geschlagen habe. Solange der Compliance-Bereich der Partner sei oder als Partner wahrgenommen werden würde, dürfe man bei einem Fehler auch auf die Finger hauen (**1–2** 1290–1295). Solange man dann noch verdeutliche, dass es nur zu angemessenen Sanktionen komme, habe auch niemand Angst vor einem (**1–2** 1306–1308).*

Insofern kann festgehalten werden, dass die unternehmensinternen Ermittlungen in der Praxis in einer die Freiheit der Willensentschließung der interviewten Mitarbeiter sehr unterschiedlich stark beeinflussenden Art und Weise durchgeführt werden.[626]

B. Die Auskunftsbereitschaft der Mitarbeiter

In der Literatur wird häufig darüber berichtet, dass die Auskunftsbereitschaft der Mitarbeiter, trotz der nach wohl herrschender Ansicht bestehenden rechtlichen Auskunftsverpflichtung, tatsächlich gering ausgeprägt sein soll.[627] Häufig ist in diesem Zusammenhang von einer „Mauer des Schweigens“ die Rede.[628] Dies wurde in den Interviews nur teilweise bestätigt. Eine komplette Auskunftsverweigerung soll eher den Ausnahmefall darstellen. Die Realität scheint eher durch partielles Verschweigen geprägt zu sein:

> *Viele Mitarbeiter würden gar nicht merken, dass sie sich durch Lügen oder das Verschweigen von Tatsachen ebenso belasten würden. Hierauf seien sie „einfach nicht geeicht“. Mitarbeiter seien der Auffassung, dass wenn sie Sachen weglassen oder lügen würden, sich ihre Situation verbessern könne. Dies sei aber nicht der Fall, da sie einfach regelmäßig*

---

626 So auch bereits *Theile/Gatter/Wiesenack*, ZStW 126 (2014), 803, 833.

627 *Breßler/Kuhnke/Schulz/Stein*, NZG 2009, 721; *Haefcke*, CCZ 2014, 39, 40; *Kahlenberg/Schwinn*, CCZ 2012, 81; *Wisskirchen/Glaser*, DB 2011, 1447, 1448 und *Zimmer*, ZRFC 2011, 259, 260, berichten von „hartnäckigen Erinnerungslücken“. Ähnlich *Dann/Schmidt*, NJW 2009, 1851. Anders *Wessing*, in: Arbeitsgemeinschaft Strafrecht des Deutschen Anwaltvereins (Hrsg.), Strafverteidigung im Rechtsstaat, S. 907, 923.

628 Siehe bspw. *Göpfert/Merten/Siegrist*, NJW 2008, 1703, 1704; *Sieg*, in: Bauer/Kort/Möllers u. a. (Hrsg.), Festschrift für Herbert Buchner, S. 859, 870. *Schürrle/Olbers*, CCZ 2010, 178, 182, sprechen von der “Wand des Schweigens“.

*eine unrealistische Vorstellung von Beweis und Verdacht hätten. Die gingen „einfach" regelmäßig nach dem Motto: „Was nicht gesagt ist, das ist auch nicht da, wenn nicht irgendjemand was gesehen hat!". Auffällig sei jedoch, dass Leute ohne juristische Vorbildung, insbesondere ohne strafrechtliche Vorbildung und Vorbildung in Sachen Beweiswürdigung, sich Illusionen über ihre Aussage machen würden. Aus diesem Grund würden diese Personen auch regelmäßig gerne kommen, um sich zu rechtfertigen. Hinzu komme, dass es sich vielfach um Vertriebsmitarbeiter handle, die ohnehin immer gerne reden würden. Die würden auch denken, sie könnten eigentlich jeden überzeugen; dies sei aber ein großer Fehler. Dies liege aber ein bisschen an dem Menschentypus, der in diesem Bereich tätig sei (**1–3** 1655–1671).*

Dagegen scheint gegenüber der Belastung Dritter eine erhebliche Vorsicht zu bestehen:

*Bei der Belastung Dritter sei eine größere Zurückhaltung zu beobachten. Von Unternehmen werde es teilweise auch nicht gerne gesehen, wenn man sage: „Ja, erzählen Sie mir doch mal, was der X da drüber weiß und was der gemacht hat!". Bei Belastungen nach oben sei tendenziell gerade eine sehr große Zurückhaltung zu beobachten. Leute gingen „halt" vom Status Quo aus und würden sich denken: „Das bleibe schon alles mehr oder weniger so, wie es ist! Und ich kann jetzt nicht einfach meinen Vorgesetzten oder einen Vorstand belasten!". Häufig sei es ohnehin sehr schwierig, was Namen betreffe und andere genaue, konkrete Sachen. Die Vergesslichkeit sei „einfach enorm". Gerade auch Mitarbeiter, die selbst etwas einräumen würden, seien bei der Belastung Dritter noch mal deutlich zurückhaltender. Dies mache aber überhaupt keinen Sinn, weil man ja wisse, dass sie es nicht alleine gemacht haben können; dann passe auch meist die Schilderung der Sachen nicht (**1–3** 1358–1372).*

C. Das Instrument der Mitarbeiteramnestie

Um die Auskunftsfreudigkeit der Mitarbeiter generell zu erhöhen wird anscheinend häufig zu dem Mittel eines sog. Amnestieangebots gegriffen, in welchen dem Mitarbeiter im Gegenzug zu einer vollumfänglichen Kooperation erhebliche Vorteile zugesichert werden.[629] Zu diesen Vorteilen gehören häufig der Verzicht auf eine Kündigung, das Geltendmachen von Schadensersatzansprüchen oder auf die Erstattung einer Strafanzeige sowie auch die Übernahme von Verteidigungskosten.[630] Der Grund für die Wahl dieses Vorgehens scheint darin zu liegen, dass der Weg über

---

629 Vgl. *Bressler/Kuhnke/Schulz/Stein*, NZG 2009, 721; *Kahlenberg/Schwinn*, CCZ 2012, 81; *Zapfe*, Compliance, S. 78.

630 Siehe hierzu *Annuß/Pelz*, BB-Special 4/2010, 14 ff.; *Breßler/Kuhnke/Schulz/Stein*, NZG 2009, 721 ff.; *Göpfert/Merten/Siegrist*, NJW 2008, 1703, 1704; *Haefcke*, CCZ 2014, 39, 40; *Kahlenberg/Schwinn*, CCZ 2012, 81, 83; *Kremer*, in: Burgard/Hadding/Mülbert u. a. (Hrsg.), Festschrift für Uwe H. Schneider, S. 701, 707 ff.; *Lützeler/Müller-Sartori*, CCZ 2011, 19, 25; *Potinecke/Block*, in: Knierim/Rübenstahl/

eine Auskunftsklage vielen Unternehmen aufgrund der hiermit verbundenen zeitlichen Verzögerung und des bei unternehmensinternen Ermittlungen in der Regel bestehenden Zeitdrucks nicht als adäquate Strategie erscheint.[631] Insofern scheint von Amnestieangeboten auch eine erhebliche Anreizwirkung auszugehen.[632] Wobei man allerdings nicht verkennen darf, dass im Hintergrund eines Amnestieangebots immer noch die Möglichkeit des Arbeitgebers steht – sollte der Arbeitnehmer sich nicht auf das Amnestieangebot einlassen – von Sanktionen wie der Kündigung oder aber des Geltendmachens von Schadensersatzansprüchen Gebrauch zu machen, so dass insoweit eine erhebliche Drucksituation in Richtung auf die Annahme eines Amnestieangebots besteht.[633] Der Arbeitnehmer hat insoweit nur die Wahl, sich dem Risiko dieser Folgen auszusetzen oder aber sich im Gegenzug für die Amnestie selbst zu belasten, mit der Möglichkeit, dass die hierbei erfolgten selbstbelastenden Äußerungen im Wege der freiwilligen Offenlegung durch das Unternehmen[634] oder der Beschlagnahme der Protokolle in ein ordnungswidrigkeiten- oder strafrechtliches Ermittlungsverfahren Eingang finden könnten.[635] Nach einigen Stimmen soll die Praxis allerdings aufgezeigt haben, dass Strafverfolgungsbehörden die durch Amnestien gewonnene Kooperationsbereitschaft der Mitarbeiter in den Verfahren gegen diese wohlwollend berücksichtigten.[636]

Zu dem Instrument der Mitarbeiteramnestie führte ein befragter Anwalt aus:

*Würde man das Verfahren einer internen Ermittlung in Anlehnung an die StPO bestreiten, wäre dies sicherlich im Interesse der Betroffenen (**1–2 1100**). Dies würde sicherlich die Rechte des Arbeitnehmers stärken. Er habe allerdings keine Meinung, ob eine Anlehnung an die StPO besser oder schlechter sei. Die Erfahrung sei „einfach", dass kein Unternehmen letztlich sagen würde: „Wenn du mir nichts sagst, schmeiß ich dich raus!". Das habe er*

Tsambikakis (Hrsg.), Internal Investigations, 2. Kap. Rn. 169, 172; *Schürrle/Olbers*, CCZ 2010, 178, 181 f.

631 Vgl. *Zimmer*, ZRFC 2011, 259, 260. Vgl. auch *Dann*, CCZ 2010, 239, 240; *Göpfert/Merten/Siegrist*, NJW 2008, 1703, 1704; *Rübenstahl*, WiJ 2012, 17, 30; *Schürrle/Olbers*, CCZ 2010, 178, 181.

632 *Knauer*, ZWH 2012, 81, 84. Vgl. auch *Kahlenberg/Schwinn*, CCZ 2012, 81.

633 Siehe hierzu auch *Kottek*, DAJV Newsletter 3/1013, 101, 103.

634 Ein Schweigerecht interviewender unternehmensexterner Anwälte besteht allein im Mandatsverhältnis zu dem Unternehmen, so dass dieses die Anwälte auch von dem Schweigerecht entbinden kann, siehe auch 4. Kapitel D.

635 Kritisch gegenüber Amnestieangeboten deswegen *Knauer/Buhlmann*, AnwBl 2010, 387, 388; *Momsen*, ZIS 2011, 508, 510, 515; *I. Roxin*, StV 2012, 116, 119, 121. Siehe hierzu auch *Gerst*, CCZ 2012, 1, 2; *Knauer*, ZWH 2012, 81, 84. Vgl. auch *Maschmann*, AuA 2009, 72, 77.

636 *Kremer*, in: Burgard/Hadding/Mülbert u. a. (Hrsg.), Festschrift für Uwe H. Schneider, S. 701, 708 f.; *Zimmer*, ZRFC 2011, 259, 260. Vgl. auch *Schürrle/Olbers*, CCZ 2010, 178, 182. Vgl. auch das Beispiel bzgl. der Ausgestaltung eines Amnestieangebots von *Sieg*, in: Bauer/Kort/Möllers u. a. (Hrsg.), Festschrift für Herbert Buchner, S. 859, 870 f., das diesen Hinweis enthält.

*noch nie gehört. Die Regel sei „einfach" die Begleitung durch ein Amnestieprogramm. Dann brauche man auch kein Auskunftsverweigerungsrecht mehr, denn die Leute seien bereit mitzuwirken (**1–2** 1109–1116).*

Eine besondere Bedeutung scheint den Amnestien im Rahmen interner Ermittlungen wegen Kartellrechtsverstößen zuzukommen, da die Inanspruchnahme der Kronzeugenregelung häufig eine rasche Aufarbeitung der Vorwürfe voraussetzt.[637] Zur Unterbreitung solcher Amnestieangebote im Rahmen unternehmensinterner Untersuchungen führte ein weiterer Interviewpartner aus:

*Im Rahmen vom Kartellrecht, insbesondere bei Hardcorefällen, würde man dem Mitarbeiter auch durchaus einmal Amnestie anbieten, wenn man der Auffassung sei, dieser habe mit dem Fall etwas zu tun. In diesen Fällen würde man dem Mitarbeiter schon das worst case Szenario aufzeigen und eine Kooperation nahelegen. Zum worst case Szenario gehöre natürlich, dem Mitarbeiter aufzuzeigen, was die Nichtwahrnehmung des Amnestieangebots für Folgen habe. Hier würde man über Schadensersatzforderungen, Kündigung, Abmahnung – „also das ganze Paket disziplinarischer Möglichkeiten" sprechen, auch die Strafanzeige, sofern es tatsächlich um Fälle des § 298 StGB ginge. Das ganze werde allerdings dadurch relativiert, dass man dem Mitarbeiter das gleichlaufende Interesse an den Informationen erläutere; man wolle natürlich die Kronzeugenregelung beanspruchen können. Die Annahme der Amnestie und die Beanspruchung der Kronzeugenregelung führe somit zu einer Win-Win Lösung für beide Teile. Dem Mitarbeiter müsse hier „halt" erläutert werden, dass er seinen Job dann nicht verliere, sondern nur irgendwo anders im Konzern in Zukunft arbeite, zu gleichen Bezügen natürlich und er weiter in der Lage sein, sein Haus etc. abzubezahlen. In der konkreten Situation werde also durchaus eine Drucksituation aufgebaut (**2–5** 1488–1504).*

D. Die Ermöglichung der Anwaltskonsultation

Neben dem Versuch durch Amnestieangebote einen (teilweisen) Interessenausgleich zwischen Unternehmen und dem befragten Mitarbeiter herzustellen, existieren auch weitere Ansätze, das Spannungsverhältnis für den Mitarbeiter erträglicher zu gestalten, die allein auf die Verbesserung der Situation der Mitarbeiter gerichtet sind. So sind manche Unternehmen durchaus bereit, Mitarbeitern vor ihrer Aussage die Beratung mit einem Rechtsanwalt zuzugestehen. Ein generelles Recht auf Teilnahme eines eigenen Anwalts an den Interviews besteht nach wohl herrschender Ansicht nicht.[638] Ein Recht hierzu soll aus dem Aspekt der Waffengleichheit allerdings nach

637 Siehe *Potinecke/Block*, in: Knierim/Rübenstahl/Tsambikakis (Hrsg.), Internal Investigations, 2. Kap. Rn. 170. Vgl. *Göpfert/Merten/Siegrist*, NJW 2008, 1703, 1704; *Kahlenberg/Schwinn*, CCZ 2012, 81; *Zimmer*, ZRFC 2011, 259, 260.

638 LAG Hamm, MDR 2001, 1361 f.; *Burgard*, in: Moosmayer/Hartwig (Hrsg.), Interne Untersuchungen, S. 162; *Greeve/Tsambikakis*, in: Knierim/Rübenstahl/Tsambikakis (Hrsg.), Internal Investigations, 17 Kap. Rn. 55; *Grützner*, in: Momsen/Grützner (Hrsg.), Wirtschaftsstrafrecht, 4. Kap. Rn. 367 f.; *Lomas/Kramer* (Hrsg.), Corporate

überwiegender Ansicht dann bestehen, wenn der Arbeitgeber selbst in den Interviews anwaltlich vertreten ist.[639] Teilweise wird dieses Recht aber auch immer dann eingeräumt, wenn strafrechtliche Aspekte des Verhaltens des Mitarbeiters erörtert werden sollen.[640] Andere knüpfen daran an, ob gegen den Mitarbeiter bereits vor Durchführung des Interviews ein Verdacht besteht, dass er an einer Straftat beteiligt war.[641] Auch soll der Arbeitnehmer bei Grundsatzgesprächen nicht verpflichtet

---

Internal Investigations, 2. Aufl., Rn. 6.170; *Mengel/Ullrich*, NZA 2006, 240, 244; *Minoggio*, in: Böttger (Hrsg.), Wirtschaftsstrafrecht in der Praxis, 2. Aufl., 18. Kap. Rn. 120; *Poppe*, in: Inderst/Bannenberg/Poppe (Hrsg.), Compliance, 2. Aufl., 7. Kap. Rn. 75; *Rudkowski*, NZA 2011, 612, 614; *Taschke*, in: Rotsch (Hrsg.), Criminal Compliance, S. 65, 72; *V. Vogt*, NJOZ 2009, 4206, 4213; *Wuttke* Straftäter im Betrieb, S. 147 f.; *Zimmer*, ZRFC 2011, 259, 260 f. Für ein generelles Recht des Mitarbeiters bei Befragungen durch den Arbeitgeber auf anwaltlichen Beistand allerdings *Sidhu/v. Saucken/Ruhmannseder*, NJW 2011, 881, 883, die dieses Recht aus der Fürsorgepflicht des Arbeitgebers ableiten. Ebenso *Leipold*, NJW-Spezial 2011, 56: Recht aus Rücksichtnahmegebot. Ein diesbezügliches Recht des Mitarbeiters postulieren die Thesen der Bundesrechtsanwaltskammer zum Unternehmensanwalt im Strafrecht, These 3, Erläuterung Nr. 4, abrufbar unter http://www.brak.de/zur-rechtspolitik/stellungnahmen-pdf/stellungnahmen-deutschland/2010/november/stellungnahme-der-brak-2010-35.pdf (zuletzt geprüft am 23.04.2016). Hiervon zu unterscheiden ist die Frage, ob dem Arbeitnehmer in einem Interview, das zugleich als Anhörung im Rahmen einer Verdachtskündigung ausgestaltet ist, die Hinzuziehung eines Rechtsanwalts zu gestatten ist, siehe *Rübenstahl*, WiJ 2012, 17, 28.

639 *Klug*, in: Knierim/Rübenstahl/Tsambikakis (Hrsg.), Internal Investigations, 7. Kap. Rn. 90. So auch *Knauer*, ZWH 2012, 81, 85; *Lomas/Kramer* (Hrsg.), Corporate Internal Investigations, 2. Aufl., Rn. 6.170; *Rudkowski*, in: Aichberger-Beig/Aspöck/Leupold u. a. (Hrsg.), Vertrauen und Kontrolle im Privatrecht, S. 189, 200; *Wisskirchen/Glaser*, DB 2011, 1447, 1448; *Wuttke* Straftäter im Betrieb, S. 147 f.; *Zimmer*, ZRFC 2011, 259, 261.

640 ArbG Berlin, AuR 2006, 373 (red. Leitsätze; juris); *Wisskirchen/Glaser*, DB 2011, 1447, 1448. A.A. *Wuttke* Straftäter im Betrieb, S. 147 f., die ein solches Recht von der Schwere des vorgeworfenen Delikts und der Schwierigkeit der Beurteilung der Sach- oder Rechtslage abhängig macht. Für die Gewährung dieses Rechts, sobald der Mitarbeiter befürchtet sich selbst zu belasten, *v. Hehn/Hardtung*, in: Wieland/Steinmeyer/Grüninger (Hrsg.), Handbuch Compliance-Management, 2. Aufl., S. 479; einschränkend *Göpfert/Merten/Siegrist*, NJW 2008, 1703, 1708; *Lomas/Kramer* (Hrsg.), Corporate Internal Investigations, 2. Aufl., Rn. 6.170; *Mengel/Ullrich*, NZA 2006, 240, 244; *V. Vogt*, NJOZ 2009, 4206, 4213. *Knauer/Gaul*, NStZ 2013, 192, 193, sehen die Möglichkeit des Mitarbeiters einen Anwalt hinzuzuziehen als Voraussetzung für die Verwertbarkeit im Strafprozess.

641 *Rübenstahl*, WiJ 2012, 17, 24. Ähnlich *Minoggio*, in: Böttger (Hrsg.), Wirtschaftsstrafrecht in der Praxis, 2. Aufl., 18. Kap. Rn. 120, der ein solches Recht bei begründetem Anlass für eine strafrechtlich relevante Eigenbelastung gewähren will.

sein, für ihn bedeutende Fragen des Arbeitgebers zu beantworten, wenn ihm nicht vorher die Möglichkeit eingeräumt wurde, einen Anwalt hierzu zu konsultieren.[642]

Davon unabhängig scheinen die Unternehmen auch durchaus bereit, selbst ihren Mitarbeitern die anwaltliche Beratung vor oder während der Interviews zu ermöglichen.[643] In einigen Handbüchern wird ein solches Vorgehen empfohlen.[644] So erzählte ein befragter Anwalt:

> *„Die Situation hat man ja auch, dass das Unternehmen durchaus bereit ist anzuhören, einen Rechtsanwalt zu stellen, ..." **(1-2** 1220–1221).*

Ähnlich äußerte sich auch ein Unternehmensvertreter:

> *Also, wenn es um den Mitarbeiterschutz gehe in diesen Befragungssituationen: im Rahmen früherer ihm bekannter Untersuchungen durch externe Anwälte sei es so gewesen, dass den befragten Mitarbeitern ein Anwalt beiseite gestellt wurde, auf Kosten des Unternehmens (**2-5** 1456–1459).*

Hinsichtlich der Bereitschaft der Unternehmen, die Kosten für eine anwaltliche Beratung der Mitarbeiter zu übernehmen, ergibt sich allerdings ein sehr gemischtes Bild.[645] Hier scheint teilweise auch zwischen Befragungen durch externe Anwälte und Unternehmensmitarbeitern differenziert zu werden. Womöglich wird hier die

---

642 LAG Hamm, MDR 2001, 1361.

643 Hierzu rät *Krull*, in: Bay (Hrsg.), Internal Investigations, 3. Kap. Rn. 29; ebenso *Knauer*, ZWH 2012, 81, 85; *Moosmayer*, Compliance, 2. Aufl., S. 100; *Leipold*, NJW-Spezial 2011, 56. Vgl. auch *Schürrle/Olbers*, CCZ 2010, 178, 179, die allerdings anraten, das Mandatsverhältnis „technisch gesehen" zwischen Anwalt und Unternehmen anzusiedeln, so dass dessen Schweigerecht zur Disposition des Unternehmens stehe. Dazu, dem Arbeitnehmer die Anwesenheit eines Rechtsanwalts zu gestatten, rät im Falle einer ansonsten drohenden Auskunftsverweigerung des Mitarbeiters auch *Grützner*, in: Momsen/Grützner (Hrsg.), Wirtschaftsstrafrecht, 4. Kap. Rn. 369; ebenso *Göpfert/Merten/Siegrist*, NJW 2008, 1703, 1708.

644 *Böhmer*, in Bay (Hrsg.), Handbuch Internal Investigations, 9. Kap. Rn. 61; *Burgard*, in: Moosmayer/Hartwig (Hrsg.), Interne Untersuchungen, S. 162; *Greeve/Tsambikakis*, in: Knierim/Rübenstahl/Tsambikakis (Hrsg.), Internal Investigations, 17. Kap. Rn. 55; *Park*, in: Volk (Hrsg.), Verteidigung in Wirtschafts- und Steuerstrafsachen, 2. Aufl., § 11 Rn. 89; *Weiße*, in: Moosmayer/Hartwig (Hrsg.), Interne Untersuchungen, S. 52. Kritisch dagegen *Lützeler/Müller-Sartori*, CCZ 2011, 19, 22.

645 Die bereits erwähnten Thesen der Bundesrechtsanwaltskammer zum Unternehmensanwalt im Strafrecht erklären der Unternehmensanwalt solle auf eine solche Kostenübernahme hinwirken, These 3, Erläuterung Nr. 4, die Thesen sind abrufbar unter http://www.brak.de/zur-rechtspolitik/stellungnahmen-pdf/stellungnahmen-deutschland/2010/november/stellungnahme-der-brak-2010-35.pdf (zuletzt geprüft am 23.04.2016). Siehe hierzu auch *Knauer*, ZWH 2012, 81, 85. Skeptisch bzgl. der Kostenabwälzung auf das Unternehmen *Grimm/Freh*, KSzW 2012, 88, 90; *Momsen/Grützner*, DB 2011, 1792, 1795. A.A. auch *Burgard*, in: Moosmayer/Hartwig (Hrsg.), Interne Untersuchungen, S. 162.

Schutzbedürftigkeit der Mitarbeiter unterschiedlich eingestuft. Derselbe Unternehmensanwalt führte zu einer Untersuchung durch Unternehmensinterne aus:

> *Der Mitarbeiter könne einen Anwalt seiner Wahl hinzuziehen. Die Kosten hierfür trage das Unternehmen allerdings nicht (**2–5** 1474–1475).*

Diese wohl verbreitet eingeräumten Schutzmaßnahmen zugunsten der Mitarbeiter sind allerdings zumeist unter den Vorbehalt gestellt, dass dieser sich keiner (vorsätzlich begangenen) Straftat schuldig gemacht haben darf.[646] So erläuterte der gleiche Interviewpartner:

> *Schutzfunktionen gegenüber einem Mitarbeiter würden aber in dem Moment umkippen, in dem man Gewissheit darüber habe, dass der Mitarbeiter vorsätzlich gehandelt habe (**1–2** 1274–1275). Die Schwelle zum Vorsatz sei auch deshalb wichtig, weil viele Unternehmen Rechtsschutzversicherungen hätten, die bei Vorsatz nicht eintreten würden (**1–2** 1279–1281).*

Zudem sind zumindest die Amnestien auch häufig in ihrem persönlichen Anwendungsbereich beschränkt:

> *Eine große Frage sei auch immer, wen man nun ausnehme. Die Geschäftsleitung nehme man immer aus. Die Frage sei nur, ob man auch die ersten Führungsebenen unter Vorstand und Geschäftsleitung ausnehme. Persönlich wolle man dies immer gerne tun. Das Unternehmen sehe aber in der Regel davon ab (**1-2** 886–892).*

E. Die Protokollierung der Interviews

Häufig – aber wohl nicht durchweg – werden von den Interviews Protokolle angefertigt. Dies wird auch vielfach empfohlen.[647] Ein befragter Anwalt sagte hierzu

> *im Anschluss an die Belehrung werde ein Gespräch geführt, dass protokolliert werde (**1–5** 1162).*

Ob die Protokolle dem Interviewten zur Unterschrift vorgelegt werden, handhabt die Praxis einzelfallabhängig:

> *Sodann komme es darauf an,* meinte ein hierzu befragter Anwalt. *In einem Fall, in dem man konkrete Anhaltspunkte für Korruptionsstraftaten gehabt habe, habe man*

646 Vgl. *Annuß/Pelz*, BB-Special 4/2010, 14, 16; *Göpfert/Merten/Siegrist*, NJW 2008, 1703, 1704 f.; *Grützner*, in: Momsen/Grützner (Hrsg.), Wirtschaftsstrafrecht, 4. Kap. Rn. 469; *Knauer*, ZWH 2012, 81, 85; *ders./Buhlmann*, AnwBl 2010, 387, 388; *Momsen*, ZIS 2011, 508, 510; *I. Roxin*, StV 2012, 116, 119, 121. Kritisch zu dieser Einschränkung *Pfordte*, in: Arbeitsgemeinschaft Strafrecht des Deutschen Anwaltvereins (Hrsg.), Strafverteidigung im Rechtsstaat, S. 740, 749 f.

647 *Grützner*, in: Momsen/Grützner (Hrsg.), Wirtschaftsstrafrecht, 4. Kap. Rn. 340; *Leipold*, NJW-Spezial 2011, 56; *Wisskirchen/Glaser*, DB 2011, 1447, 1449.

*Interviewmitschriften gemacht. Hier habe man von vornherein auch klargestellt, dass die Interviewmitschriften auch nicht mehr vorgelegt werden würden. Man habe sie gleich zu den Akten genommen. In einem anderen Fall habe man aus bestimmten Gründen – der Sachverhalt sei sehr komplex, sehr technisch gewesen – jedem Einzelnen die Möglichkeit eingeräumt, noch einmal über die Interviewmitschrift zu schauen und Berichtigungen vorzunehmen. Davon habe man auch Gebrauch gemacht. Sofern abweichende Auffassungen über den Inhalt dessen, was dann da stehen sollte, bestanden hätten, sei dies entsprechend kenntlich gemacht worden. Es gebe natürlich immer Fälle, in denen einer sage: „Das möchte ich lieber gestrichen haben! Das habe ich so nicht gesagt!“. Wenn die internen Ermittler – in der Regel führe man ein solches Interview mindestens zu zweit – allerdings der Meinung seien: „Wir haben das aber mit Zitat und Anführungsstrichen genau so mitgeschrieben!“ und es auch ein wesentlicher Punkt sei und man sich daran erinnern könne, dann sei es trotzdem so vermerkt worden. Man vermerke dann: „Laut Mitschrift soundso. Bei nochmaliger Durchsicht sagt der Interviewpartner, dass er das so nicht verstanden wissen will. Das habe er so nicht gesagt!“ (**1–5** 1163–1182).*

Ob ein Recht des Mitarbeiters zur Einsichtnahme besteht, beurteilt die Praxis uneinheitlich.[648] Dagegen wird insbesondere angeführt, dies gefährde den Ermittlungszweck.[649] In der Praxis wird so auch teilweise ausdrücklich davon abgeraten, die Protokolle durch den Mitarbeiter gegenzeichnen zu lassen, insbesondere wegen der dabei in der Praxis auftretenden Schwierigkeiten.[650] Andere Stimmen raten grundsätzlich dazu, dem Mitarbeiter Einsicht in das Protokoll zu gewähren.[651]

F. Die Belehrungen im Rahmen der Interviews

I. Zur Verbreitung von Belehrungen

Eine Verpflichtung der Unternehmen den Mitarbeiter im Rahmen der Interviews zu belehren, wird nach überwiegender Ansicht abgelehnt.[652] In Bezug darauf, ob im

---

648 *Maschmann*, AuA 2009, 72, 76 f.; *ders.* in: Maschmann (Hrsg.), Corporate Compliance und Arbeitsrecht, S. 149, 177, leitet ein solches Recht aus § 83 BetrVG ab. Ebenso *Annuß/Pelz*, BB-Special 4/2010, 14, 20; *Sieg*, in: Bauer/Kort/Möllers u. a. (Hrsg.), Festschrift für Herbert Buchner, S. 859, 864; *Wuttke*, Straftäter im Betrieb, S. 148. Vgl. auch Fitting, Betriebsverfassungsgesetz, 28. Aufl., § 83 BetrVG Rn. 5, 8, 10. Einschränkend, Einsichtsrecht erst ab Abschluss der Untersuchungen, *Fritz/Nolden*, CCZ 2010, 170, 176 f. A.A. *Grützner*, in: Momsen/Grützner (Hrsg.), Wirtschaftsstrafrecht, 4. Kap. Rn. 370; *Rübenstahl*, WiJ 2012, 17, 25; *Wisskirchen/Glaser*, DB 2011, 1447, 1449.

649 *Wisskirchen/Glaser*, DB 2011, 1447, 1449.

650 *Wisskirchen/Glaser*, DB 2011, 1447, 1449.

651 *Grützner*, in: Momsen/Grützner (Hrsg.), Wirtschaftsstrafrecht, 4. Kap. Rn. 370, der darauf hinweist, dies sei in der Praxis verbreitet. So auch die Empfehlung von *Annuß/Pelz*, BB-Special 4/2010, 14, 20; *Leipold*, NJW-Spezial 2011, 56.

652 So *Grützner*, in: Momsen/Grützner (Hrsg.), Wirtschaftsstrafrecht, 4. Kap. Rn. 377; *Lützeler/Müller-Sartori*, CCZ 2011, 19, 23; *Minoggio*, in: Böttger (Hrsg.),

Rahmen der Interviews Belehrungen stattfinden, ergibt sich kein einheitliches Bild. Dies scheint in der Praxis insgesamt uneinheitlich gehandhabt zu werden. Dafür spricht zumindest die Äußerung eines Interviewpartners:

> *„Das ist jetzt in der letzten Zeit etwas besser geworden. Aber es ist sehr unterschiedlich. Bei den Verfahren in der Vergangenheit, den großen Verfahren, wo das ja so eine starke Rolle auch gespielt hat, dieses Mittel der Internal Investigations, ist nicht annähernd oder überhaupt nicht oder auch falsch belehrt worden." (**1–4** 938–942).*

Allerdings geht doch eine deutliche Tendenz in Richtung einer – inhaltlich wie auch immer gearteten – Belehrung.[653] So erzählte ein anderer interviewter Anwalt,

> *im Rahmen von internen Ermittlungen – oder besser: bei Aufklärung eines Sachverhalts –belehre man von vornherein. Man belehre, obwohl aus Kanzleisicht eine Belehrung nicht erforderlich sei (**1–5** 1121–1125).*

Ähnlich äußerte sich auch ein befragter Unternehmensvertreter:

> *Er selbst würde den Mitarbeiter belehren, wobei es auch Kollegen gebe, die hier eine gänzlich andere Auffassung hätten. Wenn es in den von ihm durchgeführten Interviews hart auf hart komme, unterbreche man das Gespräch in der Regel immer. Das passiere wenn ein Mitarbeiter sich z.B. eins zu eins belasten würde. Man sage ihm dann schon: „Jetzt wird es für Sie gerade persönlich kritisch! Wir können das Gespräch unterbrechen, Sie können einen Anwalt Ihrer Wahl hinzuziehen. Die Kosten hierfür tragen wir allerdings*

Wirtschaftsstrafrecht in der Praxis, 2. Aufl., 18. Kap. Rn. 122 ff.; *Poppe*, in: Inderst/Bannenberg/Poppe (Hrsg.), Compliance, 2. Aufl., 7. Kap. Rn. 72; *I. Roxin*, StV 2012, 116, 119; *Rudkowski*, NZA 2011, 612; *Rübenstahl*, WiJ 2012, 17, 25; *Tsambikakis*, in: Knierim/Rübenstahl/Tsambikakis (Hrsg.), Internal Investigations, 7. Kap. Rn. 37 f. So auch *Park*, in: Volk (Hrsg.), Verteidigung in Wirtschafts- und Steuerstrafsachen, 2. Aufl., § 11 Rn. 85, der allerdings eine umfassende Belehrung befürwortet, a.a.O., Rn. 85 ff. Für eine Belehrungspflicht *Leipold*, NJW-Spezial 2011, 56; *v. Rosen*, BB 2009, 230, 231; *Ruhmannseder*, in: Schulz/Reinhart/Sahan (Hrsg.), Festschrift für Imme Roxin, S. 501, 509 f.; *Sahan*, in: Kuhlen/Kudlich/Ortiz de Urbina (Hrsg.), Compliance und Strafrecht, S. 171, 181; *Sidhu/v. Saucken/Ruhmannseder*, NJW 2011, 881, 883; *Tscherwinka*, in: Schulz/Reinhart/Sahan (Hrsg.), Festschrift für Imme Roxin, S. 521, 526; *Wewerka*, Internal Investigations, S. 153 f.

653 So auch die Stellungnahme des BRAK, These 3, Erläuterung Nr. 4, abrufbar unter: http://www.brak.de/zur-rechtspolitik/stellungnahmen-pdf/stellungnahmen-deutschland/2010/november/stellungnahme-der-brak-2010-35.pdf (zuletzt geprüft am 23.04.2016). Dies empfehlen u. a. auch *Grützner*, in: Momsen/Grützner (Hrsg.), Wirtschaftsstrafrecht, 4. Kap. Rn. 377; *Haefcke*, CCZ 2014, 39, 40; *Knauer/Gaul*, NStZ 2013, 192, 193 f.; *Knierim*, in: Hassemer/Kempf/Moccia (Hrsg.), Festschrift für Klaus Volk, S. 247, 262; *Leipold*, NJW-Spezial 2011, 56; *Sidhu/v. Saucken/Ruhmannseder*, NJW 2011, 881, 882 f.; einschränkend *Weiße*, in Moosmayer/Hartwig (Hrsg.), Interne Untersuchungen, S. 53. Kritisch gegenüber dem Nutzen für den befragten Mitarbeiter *I. Roxin*, StV 2012, 116, 120.

*nicht!". Dieses Verhalten sei heutzutage Standard. Und dann könne der Mitarbeiter es sich überlegen: Redet er weiter, kommt er mit seinem Anwalt wieder oder sagt er gar nichts mehr. Das seien dann seine drei Optionen (**2–5** 1466–1477).*

Dass das Motiv für die Belehrungen – soweit sie durchgeführt werden – dabei weniger die Annahme einer rechtlichen Verpflichtung zu sein scheint, bestätigt auch eine weitere Äußerung eines Interviewpartners. Dieser führte aus,

*es sei ein Gebot der Fairness, den Mitarbeiter darauf hinzuweisen, dass die Informationen, die er mitteile, in die Hände der Staatsanwaltschaft gelangen könnten (**1–2** 1164–1166; 1247). Man teile dem Mitarbeiter dann mit, dass er gegenüber der Staatsanwaltschaft ein Auskunftsverweigerungsrecht habe, das er aber ungeachtet dessen arbeitsrechtlich dazu verpflichtet sei, seinem Arbeitgeber Rede und Antwort zu stehen. Auf diese Problematik müsse man hinweisen (**1–2** 1166–1169).*

II. Die Beschränkung von Belehrungen auf formelle Interviews

Diese Form der Belehrungen scheinen zumeist auf formalisierte Interviews beschränkt zu sein. Hierfür spricht die Äußerung eines Interviewpartners, der erklärte:

*Ob man bei Mitarbeiterbefragungen belehre, komme darauf an. Wenn man die Situation tatsächlich als Interview bezeichne und auch formell so gestalte, gebe es typischerweise auch irgendeine Art von Belehrung. So kenne er das jedenfalls (**1–3** 1432–1434).*

Allerdings läuft nicht die gesamte Kommunikation zwischen unternehmensinternen Ermittlern und (sonstigen) Unternehmensmitarbeitern in Form formalisierter Interviews ab.[654] So führte der Interviewpartner weiter aus:

*Manchmal habe man aber eher so informelle Gespräche. Dies finde häufig in einem Stadium statt, wo man nicht wisse, ob es sich um eine reine Auskunftsperson oder um eine Person mit einem möglichen Problem handle. Und wenn man das noch nicht wisse, werde man auch regelmäßig keine formellen Interviews durchführen (**1–3** 1434–1439). Wenn man in ein Unternehmen gehe und einen bestimmten Ansprechpartner habe, der einem z.B. aus dem kaufmännischen Bereich bestimmte Unterlagen hole und von dem man sich bestimmte Sachverhalte erläutern lasse und gegen diesen Ansprechpartner auch kein konkreter Anfangsverdacht bestehe, dann werde man den einfach fragen. Dann telefoniere man mit diesem Ansprechpartner auch oder schreibe auch mal eine E-Mail. Irgendwann sei dann vielleicht auch das Stadium erreicht, wo man Rückfragen habe (**1–3** 1447–1454).*

Insofern scheint einer Art von „Anfangsverdacht" eine wesentliche Abgrenzungsfunktion zwischen der Vorgehensweise der informellen Gespräche und der formalisierten Interviews und damit auch für die Frage einer formalisierten Belehrung zuzukommen. Soweit besteht eine gewisse Ähnlichkeit zu der Ausgestaltung des

654 Vgl. hierzu auch *Minoggio*, in: Böttger (Hrsg.), Wirtschaftsstrafrecht in der Praxis, 2. Aufl., 18. Kap. Rn. 117.

staatlichen Strafverfahrens, dass wichtige Verfahrensrechte, insbesondere das Schweigerecht, auch erst mit der Beschuldigteneigenschaft verbindet.[655]

Entscheidend kommt es für die Frage für oder gegen eine Belehrung dann darauf an, ab welchem Zeitpunkt genau ein derartiger „Anfangsverdacht" angenommen wird und aus diesem Grunde formalisierte Interviews mit den betroffenen Unternehmensmitarbeitern geführt werden. Hierbei scheint allerdings keine klare Abgrenzung zu existieren. So führte der Interviewpartner weiter aus:

> *Hier gebe es dann „halt" irgendwann eine Übergangsphase oder eine Grauzone, in der man entscheiden müsse, ab wann man sinnvollerweise vernehme und protokolliere (**1–3** 1454–1456).*

Dieser informellen, anfänglichen Ermittlungsphase scheint dabei auch eine erhebliche Bedeutung für die Informationsgewinnung zuzukommen, da im Anfangsstadium die Äußerungen der Mitarbeiter noch weit unbefangener zu sein scheinen. Insbesondere zur Klärung steuerlicher Fragestellungen scheint in diesem Stadium eine erhebliche Auskunftsbereitschaft zu bestehen. Diesbezüglich führte der Interviewpartner aus:

> *Im Rahmen einer internen Ermittlung würden viele Schwierigkeiten auftreten. Am Anfang sei es häufig leichter, da die Mitarbeiter nicht so recht merken würden, dass eine steuerliche Vorbereitung der Betriebsprüfung immer auch die Kehrseite habe, festzustellen, ob es möglicherweise Korruptionsdelikte gegeben habe. Aus diesem Grund lege man zunächst den Akzent – das sei ja ganz real – zunächst mal auf die steuerliche Seite. Man müsse „ja" eine steuerliche Klärung durchführen und hierzu den Sachverhalt ermitteln. Häufig sei es dann so, dass man sehr unbefangene Erläuterungen erhalte. Wenn man nach einem bestimmten Schema bestimmte Sachen anfordere und z.B. in irgendeiner Vertriebsakte eine E-Mail finden würde, dann wolle man die erklärt haben. Gerade hier erhalte man am Anfang manchmal unbefangene Erläuterungen (**1–3** 1324–1336).*

Je weiter sich die Ermittlungen einem Strafverfahren näherten, desto vorsichtiger würden dann auch die Mitarbeiter in ihrem Auskunftsverhalten. So führte der Interviewpartner hierzu weiter aus:

> *Je weiter es sich dem Strafverfahren nähere oder es schon stattfinde und je mehr Druck dann auf die Mitarbeiter ausgeübt werde, desto vorsichtiger würden diese werden. Dann gebe es schon mal sehr eigenartige Erklärungen. (**1–3** 1336–1339). [...] Man bekomme also teilweise die lustigsten Geschichten erzählt (**1–3** 1345–1346). Das Problem sei dann „einfach", dass man nicht immer wahrheitsgemäße Äußerungen bekomme, sei es schriftlich, sei es mündlich in Interviews oder informatorischen Gesprächen, die informeller als Interviews seien (**1–3** 1346–1349). Und dies geschehe eher, wenn die Mitarbeiter wissen würden, worum es eigentlich gehe. Solange die Mitarbeiter es auf rein steuerrechtlicher*

655 Siehe *Theile/Gatter/Wiesenack*, ZStW 126 (2014), 803, 811.

*Ebene sehen, würden sie manchmal einfach noch nicht erkennen, dass sie eigentlich ein schlechtes Gewissen haben müssten (**1–3** 1350–1353).*

III. Der Zusammenhang zwischen Belehrungen und staatlichen Ermittlungen

Das Vorgehen im Rahmen der Interviews wird allerdings nicht durchweg von den Unternehmen oder den beauftragten Anwälten oder sonstigen externen Ermittlern selbst entschieden, sondern teilweise auch mit staatlichen Ermittlern abgesprochen. So sagte ein Interviewpartner wenn man

> *„rundherum schon eine staatsanwaltschaftliche Untersuchung [habe; Anm. der Verfasserin] und Sie haben bestimmte Regeln vereinbart mit der Staatsanwaltschaft, dass eben Interviews nur so und so, also Informationen von Mitarbeitern nur in einer wie auch immer bestimmten dokumentierten Art und Weise eingeholt werden müssen, wo auch sicher gestellt werden soll, dass die dann ggfs. dann strafrechtlich verwertbar sind für die Staatsanwaltschaft [...] dann werden Sie typischerweise auch die Vereinbarung haben, dass Sie belehren und dass Sie das protokollieren und so weiter und so weiter und so weiter" (**1–3** 1439–1447).*

Hieraus wird bereits erkenntlich, dass der Durchführung einer Belehrung von der Praxis eine erhebliche Bedeutung für die Verwertbarkeit in einem staatlichen Verfahren zugesprochen zu werden scheint. Aus diesem Grund ist auch ein ansatzweiser Zusammenhang mit der Nähe eines staatlichen Ermittlungsverfahrens auszumachen. Hierfür spricht auch eine weitere Aussage des Interviewpartners:

> *„Wenn ich jetzt außerhalb dessen jemanden spreche, der mir verdächtig erscheint, dann hängt es davon ab, also, vielleicht will das Unternehmen aus Fürsorgegesichtspunkten, dass die belehrt werden. Vielleicht will ich's, damit ich am Ende was Verwertbares habe für die Staatsanwaltschaft, vielleicht will ich's nicht. Also, das kann man nicht so schematisch sagen, glaube ich" (**1–3** 1479–1484).*

IV. Die Anhörung im Rahmen einer Verdachtskündigung

Daneben scheint das Vorgehen auch davon beeinflusst zu sein, ob es sich bei dem Interview zugleich um eine Anhörung im Rahmen einer beabsichtigten Verdachtskündigung handelt. Hierzu führte eine befragter Anwalt aus:

> *„Und natürlich wird's auch dann formeller, wenn Sie letzten Endes diese Interviews als Anhörung in arbeitsrechtlicher Hinsicht durchführen. Ja, da müssen Sie natürlich das machen, was das Arbeitsrecht voraussetzt. Sie müssen es vorher ankündigen, dann müssen Sie die Möglichkeit geben, dass ein Betriebsratsmitglied teilnimmt und lauter so ein Kram" (**1–3** 1461–1464).*

Insofern ist zu sehen, dass für diese Anhörung auch besondere Vorgaben gelten. In diesem Fall verlangt die wohl herrschende Ansicht, dass dem Mitarbeiter im

Rahmen der Anhörung der konkrete in Verdacht stehende Lebenssachverhalt mitgeteilt wird.[656] Auch soll dem Arbeitnehmer in diesem Falle das Recht zustehen, nur in Gegenwart des eigenen Rechtsanwaltes auszusagen,[657] wobei er hierüber wohl nicht belehrt werden muss.[658] Teilweise wird in diesem Fall sogar verlangt, dass dem Mitarbeiter die Beweismittel benannt werden müssten, um dem Mitarbeiter die Möglichkeit zu geben, diese zu widerlegen.[659]

V. Zum Inhalt der Belehrungen

Der Inhalt der Belehrungen – sofern sie stattfinden – scheint sehr einzelfallabhängig zu sein. Hierzu sagte ein Interviewpartner:

> *„Und dann können die Belehrungen natürlich de facto auch sehr unterschiedlich sein. Also, manche orientieren sich dann tatsächlich an dem Strafprozessualen, wobei man sich die Frage stellen kann, ob das einfach so passend ist.“ (**1–3** 1454–1457).*

Auch hier scheint aber zumindest ansatzweise ein Zusammenhang mit der Nähe eines staatlichen Ermittlungsverfahrens auszumachen zu sein:

> *Eine Belehrung hänge jedenfalls von den Rahmenbedingungen der Untersuchung ab. Wenn die interne Untersuchung typischerweise bereits in einem strafrechtlichen Kontext stehe – also die staatsanwaltschaftlichen Ermittlungen bereits angelaufen seien bzw.*

---

656 So BAGE 81, 27, 35; NZA 2008, 809, 811; LAG Berlin-Brandenburg, NZA-RR 2012, 353, 355 (bereits in der Einladung zur Anhörung); LAG Düsseldorf, NZA-RR 2010, 184, 185; *Linck*, in: Schaub, Arbeitsrechts-Handbuch, 16. Aufl., § 127 Rn. 139; *Müller-Glöge*, in: ders./Preis/Schmidt (Hrsg.), Erfurter Kommentar zum Arbeitsrecht, 16. Aufl., § 626 Rn. 178. Ablehnend *Klug*, in: Knierim/Rübenstahl/Tsambikakis (Hrsg.), Internal Investigations, 7. Kap. Rn. 80.

657 So BAG, NZA 2008, 809, 811 Rn. 18; LAG Berlin-Brandenburg, AuR 2010, 78; NZA-RR 2012, 353, 355; *Dzida*, NZA 2013, 412, 414 f.; *Eylert/Friedrichs*, DB 2007, 2203, 2204 f.; *Gaul/Schmidt-Lauber*, ArbRB 2012, 18, 20; *Lange/Vogel*, DB 2010, 1066, 1068 f.; *Linck*, in: Schaub, Arbeitsrechts-Handbuch, 16. Aufl., § 127 Rn. 139; *Müller-Glöge*, in: ders./Preis/Schmidt (Hrsg.), Erfurter Kommentar zum Arbeitsrecht, 16. Aufl., § 626 BGB Rn. 178b; *Taschke*, in: Rotsch (Hrsg.), Criminal Compliance, S. 65, 72. Folge eines Verstoßes gegen dieses Recht soll allerdings nur die Unverwertbarkeit der nach Äußerung des Wunsches auf Anwesenheit des Rechtsanwalts getätigten Äußerungen des Arbeitnehmers im Kündigungsschutzprozess sein, so das LAG Hessen, BeckRS 2011, 75781. Ablehnend *Fischermeier*, in: Treber, KR, 11. Aufl., § 626 BGB Rn. 244; *Klug*, in: Knierim/Rübenstahl/Tsambikakis (Hrsg.), Internal Investigations, 7. Kap. Rn. 80. Siehe auch v. Rosen (Hrsg.), Internal Investigations, S. 101.

658 *Lange/Vogel*, DB 2010, 1066, 1069; *Rübenstahl*, WiJ 2012, 17, 29.

659 *Gaul/Schmidt-Lauber*, ArbRB 2012, S. 18. Vgl. auch BAGE 81, 27, 35; LAG Düsseldorf, NZA-RR 2010, 184, 185 f. Ablehnend *Klug*, in: Knierim/Rübenstahl/Tsambikakis (Hrsg.), Internal Investigations, 7. Kap. Rn. 80; *Rübenstahl*, WiJ 2012, 17, 28. Vgl. hierzu auch LAG Köln, NZA-RR 1998, 297, 299.

*diese erst zu der internen Untersuchung geführt hätten – dann müsse in irgendeiner Weise durch die Ermittlungsleitung mit der Staatsanwaltschaft geklärt sein: Ob man überhaupt Leute befragen dürfe, welche Leute man befragen dürfe und nach welchen Maßstäben man befragen dürfe. Hier werde man typischerweise ein Belehrungsschema vereinbaren, welches auch unabhängig einer konkreten Verdachtslage durchexerziert werde (**1–3** 1469–1479).*

Häufiger Bestandteil einer Belehrung ist, wie schon angesprochen, der Hinweis auf den Auskunftsanspruch des Arbeitgebers.[660] Teilweise wird empfohlen, dem Mitarbeiter zu Beginn des Interviews den Untersuchungsauftrag, in je nach Situation unterschiedlich konkreter Art und Weise, zu erläutern,[661] und diesen auch auf seine Pflicht zur Mitwirkung aber auch zur Herausgabe relevanter Dokumente hinzuweisen.[662] Ob über das Recht, die Aussage zu verweigern, wenn man sich selbst einer Straftat belasten würde, belehrt werden soll, ist umstritten.[663] Allerdings wird in der Praxis verbreitet wohl auch darüber belehrt, dass das Unternehmen bereit ist, auf die Durchsetzung des Auskunftsanspruchs zu verzichten.[664] Dergestalt äußerte sich, neben der bereits dargestellten Aussage des Unternehmensvertreters **2–5** (1475–1477)[665], auch ein befragter Anwalt:

*Vorab werde genau mit der Unternehmensleitung besprochen, was man sage. Man müsse den Leuten die Möglichkeit geben, mit einem zu sprechen, man sollte ihnen aber auch sagen, dass sie nicht mit einem sprechen müssen. Insbesondere wenn Mitarbeitern ein solches Gespräch unangenehm sei oder sie das Gefühl haben, das Gespräch rechtlich nicht einordnen zu können und sich deshalb zunächst rechtlich beraten lassen möchten. Man weise auf das Informationsrecht des Arbeitgebers hin, sage aber, dass der Arbeitgeber auf sein Informationsrecht verzichte, wenn es dem Arbeitnehmer zu mulmig werde und er sich deshalb zunächst rechtlich beraten lassen wolle. So werde belehrt. Man belehre allerdings nicht über ein Schweigerecht, denn man glaube nicht, dass es so etwas gebe. Man sage „halt": „Wenn du nicht mehr möchtest, dann hören wir auf!" (**1–5** 1141–1152).*

660 *Grützner*, in: Momsen/Grützner (Hrsg.), Wirtschaftsstrafrecht, 4. Kap. Rn. 377; *Wessing*, in: Arbeitsgemeinschaft Strafrecht des Deutschen Anwaltvereins (Hrsg.), Strafverteidigung im Rechtsstaat, S. 907, 922.

661 So *Grützner*, in: Momsen/Grützner (Hrsg.), Wirtschaftsstrafrecht, 4. Kap. Rn. 312 ff.; *Minoggio*, in: Böttger (Hrsg.), Wirtschaftsstrafrecht in der Praxis, 2. Aufl., 18. Kap. Rn. 123. So auch *Knauer/Gaul*, NStZ 2013, 192, 193; *Schürrle/Olbers*, CCZ 2010, 178, 179.

662 *Grützner*, in: Momsen/Grützner (Hrsg.), Wirtschaftsstrafrecht, 4. Kap. Rn. 312 ff. So auch *Knauer/Gaul*, NStZ 2013, 192, 193; *Schürrle/Olbers*, CCZ 2010, 178, 179.

663 Siehe *Grützner*, in: Momsen/Grützner (Hrsg.), Wirtschaftsstrafrecht, 4. Kap. Rn. 313, 376. *Leipold*, NJW-Spezial 2011, 56, hält die Unternehmen für hierzu rechtlich verpflichtet.

664 So *Grützner*, in: Momsen/Grützner (Hrsg.), Wirtschaftsstrafrecht, 4. Kap. Rn. 377. Vgl. auch *Taschke*, in: Rotsch (Hrsg.), Criminal Compliance, S. 65, 73.

665 Siehe unter 5. Kapitel F. I.

Insofern wies derselbe Anwalt auch auf die sich aus der verschiedenartigen Ausrichtung der Ermittlungen ergebenden Unterschiede zur Belehrung innerhalb eines Strafverfahrens hin:

> *„Wir belehren nicht, dass wir sagen: 'Sie müssen auf Fragen nicht antworten, durch deren Beantwortung Sie sich in die Gefahr begeben, sich strafrechtlich oder bußgeldrechtlich verfolgen zu lassen.' Diese Belehrung findet nicht statt, weil, das ist Strafprozess und wir sind nicht im Strafprozess, wir sind in einem arbeitsrechtlichen Prozess, in einem Aufklärungsprozess (**1–5** 1153–1158).*

Auch in den Handbüchern wird teilweise ein Hinweis auf die Möglichkeit, die Aussage in solchen Fällen zu verweigern, empfohlen.[666] Dies wird mit den Risiken in möglicherweise anschließenden Prozessen begründet, die bestünden, wenn auf einen solchen Hinweis verzichtet wird.[667] Teilweise wird auch angenommen, der Mitarbeiter solle über die Möglichkeit, einen Rechtsanwalt zu konsultieren, belehrt werden.[668] Für den Fall eines Amnestieangebots wird, wohl um den Vorwurf einer Täuschung der Mitarbeiter zu vermeiden, zusätzlich auch empfohlen, die Mitarbeiter darüber aufzuklären, dass eine „Amnestie" durch das Unternehmen nicht die Strafverfolgungsbehörden bindet und deswegen die Strafverfolgung des Mitarbeiters nicht ausschließt.[669]

Soweit die Interviews protokolliert werden, wird der Mitarbeiter in der Praxis häufig zu Beginn der Interviews über diesen Umstand aufgeklärt. In diesem Falle wird verbreitet auch darüber belehrt, dass der Mitarbeiter die Interviewprotokolle

---

666 *Grützner*, in: Momsen/Grützner (Hrsg.), Wirtschaftsstrafrecht, 4. Kap. Rn. 313.

667 *Grützner*, in: Momsen/Grützner (Hrsg.), Wirtschaftsstrafrecht, 4. Kap. Rn. 313.

668 So die These 3, Erläuterung Nr. 4 der "Thesen der Bundesrechtsanwaltskammer zum Unternehmensanwalt im Strafrecht", abrufbar unter http://www.brak.de/zur-rechtspolitik/stellungnahmen-pdf/stellungnahmen-deutschland/2010/november/stellungnahme-der-brak-2010-35.pdf (zuletzt geprüft am 23.04.2016). Ebenso *Knauer*, ZWH 2012, 81, 85; *ders./Gaul*, NStZ 2013, 192, 193 f. Dagegen *Lützeler/Müller-Sartori*, CCZ 2011, 19, 22. Eine rechtliche Verpflichtung hierzu soll nicht bestehen, siehe *Burgard*, in: Moosmayer/Hartwig (Hrsg.), Interne Untersuchungen, S. 16. A.A. wohl *Dann/Zülch*, ZRFC 2011, 267, 270.

669 *Haefcke*, CCZ 2014, 39, 40; *Knauer*, ZWH 2012, 81, 84; *Kremer*, in: Burgard/Hadding/Mülbert u. a. (Hrsg.), Festschrift für Uwe H. Schneider, S. 701, 708; v. Rosen (Hrsg.), Internal Investigations, S. 90; *Schürrle/Olbers*, CCZ 2010, 178, 182; *Sieg*, in: Bauer/Kort/Möllers u. a. (Hrsg.), Festschrift für Herbert Buchner, S. 859 ,870 f. (siehe auch dessen Beispiel zu dem Inhalt einer solchen Amnestieangebots). Vgl. zudem *Knauer/Gaul*, NStZ 2013, 192, 194. Vgl. zu diesem Aspekt auch *Momsen*, ZIS 2011, 508, 515, der auch darauf aufmerksam macht, dass dieser Aspekt in den Belehrungen häufig nicht klar vermittelt werde. Vgl. aber auch *Annuß/Pelz*, BB-Special 4/2010, 14, 17, nach denen (alleine) dann ein Hinweis erfolgen sollte, wenn die Weitergabe der Informationen beabsichtigt ist.

zu unterzeichnen habe.[670] Ob eine Pflicht zur Unterzeichnung durch den Mitarbeiter besteht, ist allerdings umstritten.[671]

Während im Jahre 2009 eine Belehrung über die Möglichkeit der Verwertung der selbstbelastenden Äußerungen in den Interviews in möglichen Strafverfahren gegen den Mitarbeiter nach Einschätzung Wessings noch von Seltenheitswert war,[672] scheint die diesbezügliche Aufklärung des Mitarbeiters mittlerweile zunehmend verbreitet zu sein.[673]

Ein befragter Anwalt führte hierzu aus:

> *„Interviewmitschriften haben wir nur dann in bisherigen Untersuchungen, sollte es zu einem Strafverfahren gekommen sein, haben wir nur dann der Staatsanwaltschaft übergeben,[...]. Ne, es wurde mit der Staatsanwaltschaft vorher besprochen bei Strafverfahren, ob die interessiert sind an den Interviewmitschriften. Und wenn die Staatsanwaltschaft sagt, wir wären schon interessiert daran, wurden die Interviewteilnehmer darüber aufgeklärt. Dass die Interviewmitschriften sowohl dem Arbeitgeber zugehen können als auch der Staatsanwaltschaft. Und der Fall HSH Nordbank hat ja gezeigt, dass die Staatsanwaltschaft das ja auch vom Unternehmensanwalt beschlagnahmen kann. Was keine große Überraschung war“ (**1–5** 1182–1192).*

Teilweise wird unter diesem Aspekt auch empfohlen, den Mitarbeiter darauf hinzuweisen, dass eine Schweigepflicht der untersuchenden Anwälte ausschließlich zu Gunsten des Unternehmens besteht und dieses die Anwälte auch von ihrer Schweigepflicht entbinden kann.[674]

VI. Analyse der Erkenntnisse

Auch wenn sich aus den zitierten Interviews notwendig nur ein beschränkter und vorläufiger Einblick ergeben kann, zeigen sie doch gewisse Tendenzen auf. Insgesamt fällt auf, dass das Vorgehen im Rahmen der Interviews in viel geringerer Weise

---

670 *Grützner*, in: Momsen/Grützner (Hrsg.), Wirtschaftsstrafrecht, 4. Kap. Rn. 377. Siehe hierzu auch *Dann/Zülch*, ZRFC 2011, 267, 271.

671 Dafür *Grützner*, in: Momsen/Grützner (Hrsg.), Wirtschaftsstrafrecht, 4. Kap. Rn. 371.

672 *Wessing*, in: Arbeitsgemeinschaft Strafrecht des Deutschen Anwaltvereins (Hrsg.), Strafverteidigung im Rechtsstaat, S. 907, 922.

673 Eine derartige Belehrung wird auch in den Handbüchern teilweise empfohlen, siehe *Krull*, in: Bay (Hrsg.), Internal Investigations, 3. Kap. Rn. 25; *Minoggio*, in: Böttger (Hrsg.), Wirtschaftsstrafrecht in der Praxis, 2. Aufl., 18. Kap. Rn. 123; v. Rosen (Hrsg.), Internal Investigations, S. 90. So auch die Empfehlung von *Dann/Zülch*, ZRFC 2011, 267, 271; *Haefcke*, CCZ 2014, 39, 40; *Knauer/Gaul*, NStZ 2013, 192, 193 f.; *Schürrle/Olbers*, CCZ 2010, 178, 179. Ähnlich auch *Leipold*, NJW-Spezial 2011, 56. Für die Herleitung eines diesbezüglichen Informationsrechts das Arbeitnehmers aus der Fürsorgepflicht des Arbeitgebers *Sidhu/v. Saucken/Ruhmannseder*, NJW 2011, 881, 883.

674 *Minoggio*, in: Böttger (Hrsg.), Wirtschaftsstrafrecht in der Praxis, 2. Aufl., 18. Kap. Rn. 119.

als das staatliche Strafverfahren formalisiert und standardisiert ist. Die Ausgestaltung der Interviews sowie des gesamten Untersuchungsablaufs sind den Auskünften nach Einzelfallentscheidungen. Gleiches gilt wohl für die Ausgestaltung und den Inhalt der "Belehrungen." Dies verblüfft kaum, ist doch eine unternehmensinterne Untersuchung im Wesentlichen vom Unternehmensinteresse geleitet und damit auch stark von den Besonderheiten des Untersuchungsgegenstandes abhängig. Hinzu kommt die häufig anzutreffende internationale Dimension der Untersuchungen.[675] Eine der Strafprozessordnung vergleichbare Standardisierung kann in der Praxis deswegen wohl auch kaum erreicht werden.[676] Dennoch lassen sich gewisse Tendenzen in Richtung einer zunehmenden Bereitschaft ausmachen, die befragten Mitarbeiter zu informieren.

Dabei scheint dem die Untersuchung auslösenden Moment durchaus eine Bedeutung für die Ausgestaltung dieser „Belehrungen" zuzukommen. In Fällen, in denen bereits ein paralleles Strafverfahren betrieben wird, beziehungsweise dieses unmittelbar bevorsteht, scheint der Problematik um die Selbstbelastungsgefahr und den Eingang selbstbelastender Äußerungen in ein staatliches Ermittlungsverfahren ein deutlich größeres Gewicht beigemessen zu werden. Dies spiegelt sich in der Gewährung gewisser Schutzvorkehrungen zugunsten des Mitarbeiters wider, die in der Art von Verfahrensrechten ausgestaltet sind: Insbesondere auch den „Belehrungen" über die Gefahr eines Eingangs selbstbelastender Äußerungen in ein staatliches Ermittlungsverfahren sowie der Information über großteils auch freiwillig eingeräumte Verfahrensrechte, wie der Möglichkeit, einen Anwalt hinzuzuziehen.

Teilweise wird trotz möglicher Auskunftsverpflichtung im Falle einer drohenden Selbstbelastung das „Recht" eingeräumt zu schweigen. Insoweit scheint den Auskünften nach auch der Frage der Verwertbarkeit in staatlichen Ermittlungsverfahren eine erhebliche Bedeutung beigemessen zu werden. Diese Verwertbarkeit scheint insbesondere auch über die Absprache dieser „Verfahrensrechte" mit den staatlichen Ermittlungsbehörden sichergestellt zu werden. Insofern scheint auch dem Ziel der Untersuchung eine gewisse Bedeutung für die Entscheidung über die Einräumung dieser Schutzvorkehrungen zugunsten des Mitarbeiters zuzukommen.

Ein weiterer sehr wesentlicher Punkt liegt in der Professionalisierung der unternehmensinternen Untersuchung. Dabei scheint auch der Dimension der Untersuchung Bedeutung zuzukommen. Aus diesem Grunde dürfte in den Fällen vermehrt belehrt werden, in denen eine Selbstanzeige nach § 371 AO bezweckt wird[677] oder systemische Ursachen vorliegen.[678] Auch im Falle der Beteiligung externer Anwälte scheinen Belehrungen verbreiteter zu sein.

---

675 Siehe *Theile/Gatter/Wiesenack*, ZStW 126 (2014), 803, 804.

676 Siehe *Theile/Gatter/Wiesenack*, ZStW 126 (2014), 803, 817. Vgl. hierzu auch *Knierim*, StV 2009, 324, 325; *ders.*, in: Hassemer/Kempf/Moccia (Hrsg.), Festschrift für Klaus Volk, S 247 ff.; *Momsen/Grützner*, DB 2011, 1792, 1792 f.

677 Dann ist stets eine umfassende Aufarbeitung erforderlich.

678 Zu der Bedeutung von § 371 AO für die Tiefe der Untersuchung siehe auch *Theile/Gatter/Wiesenack*, ZStW 126 (2014), 803, 821.

6. Kapitel: Die Funktion der Verfahrensrechte

Die Ausführungen des vorangegangenen Kapitels haben gezeigt, dass gerade der Ansatz, die Mitarbeiterrechte über die Einräumung von Verfahrensrechten“ innerhalb der privaten Untersuchung zu stärken („verfahrensbezogener“ Ansatz), in der Praxis verbreitet ist. Wie bereits angesprochen, muss dies zumindest auf den ersten Blick überraschen. Warum sollten sich die Anwälte an die Interessenwahrnehmung der Mitarbeiter gebunden fühlen, sind sie doch zuallererst dem hierzu häufig konträr verlaufenden Unternehmensinteresse verpflichtet.[679] Man könnte annehmen, dies sei durch die Wahrnehmung der arbeitsrechtlichen Fürsorgepflichten des Unternehmens begründet. Allerdings gehen die Anwälte zumeist davon aus, dass kein entsprechendes Recht der Mitarbeiter und korrespondierend auch keine Verpflichtung des Unternehmens existieren. Es handelt sich zumindest nach überwiegender Ansicht um eine überobligatorische Leistung.

Die Bedeutung der verfahrensbezogenen Lösung könnte dadurch erklärbar sein, dass ihm eine über die Stärkung der Mitarbeiterrechte hinausreichende Funktion zukommt, welche die anderen Ansätze nicht aufweisen. Und tatsächlich unterscheidet sie sich in einem zentralen Aspekt, dem Ausgleich des Informationsdefizits der Mitarbeiter. Das ist ein Gesichtspunkt, den die anderen Lösungsversuche weitgehend unbeeinflusst lassen und dem für die Position des Mitarbeiters eine zentrale Bedeutung zukommt. Ohne die Kenntnis seiner Rechte nutzen diese dem Mitarbeiter wenig. Wer von einem Recht Gebrauch machen will, muss sich dessen zuerst bewusst sein. Und auch dann hilft die reine Existenz eines Rechts dem Inhaber noch nicht unbedingt: Man sollte auch die mit der Wahrnehmung oder Nichtwahrnehmung verbundenen Konsequenzen zumindest halbwegs einschätzen können, um aus ihnen Nutzen zu ziehen.

Dem Aspekt, dass dem Mitarbeiter nur durch ausreichendes Verständnis seiner Situation und seiner Verhaltensoptionen ermöglicht wird, seine Interessen innerhalb der unternehmensinternen Untersuchung besser zu vertreten und auf diese Weise – in beschränktem Rahmen – als Gegenpol zur Sicht des Unternehmens auch das Verfahrensergebnis der internen Ermittlung mit zu beeinflussen, könnte auch eine Bedeutung für die Ziele zukommen, die mit internen Ermittlungen erreicht werden sollen. Wie bereits erörtert, sind die mit internen Untersuchungen verbundenen Zielsetzungen des Unternehmens sehr einzelfallabhängig und dabei auch extrem vielgestaltig. Die Verwirklichung der gesetzten Ziele hängt allerdings häufig davon

679 Diesen Aspekt heben unter anderem auch die „Thesen der Bundesrechtsanwaltskammer zum Unternehmensanwalt im Strafrecht“ hervor die im Anschluss gerade die Einräumung derartiger „Verfahrensrechte“ postulieren, siehe BRAK-Stellungnahme-Nr. 35/2010, abrufbar unter http://www.brak.de/zur-rechtspolitik/stellungnahmen-pdf/stellungnahmen-deutschland/2010/november/stellungnahme-der-brak-2010-35.pdf (zuletzt geprüft am 23.04.2016).

ab, dass die Erkenntnisse der Untersuchungen Eingang in staatliche Verfahren, insbesondere auch das Strafverfahren gegen potenziell straffällige Mitarbeiter finden können.[680] Dies dürfte nun wiederum davon abhängen, inwieweit durch interne Ermittlungen gewonnene Erkenntnisse in einem Strafverfahren anschlussfähig sind. Hierfür könnte den Beteiligungsmöglichkeiten der Mitarbeiter und dabei auch insbesondere den Belehrungen eine wesentliche Bedeutung zukommen.

Diesen Überlegungen soll im Folgenden anhand der Theorie nachgegangen werden, die Luhmann in Bezug auf die legitimierende Wirkung von Verfahren aufgestellt hat. Dafür soll zuerst dargestellt werden, wie sich dessen systemtheoretischen Ausführungen für die hier aufgeworfene Fragestellung operationalisieren lassen. Im Anschluss soll dann auf die diesbezügliche Bedeutung der Verfahrensrechte eingegangen werden.

A. Zum theoretischen Bezugsrahmen

Mit der Untersuchung anhand Luhmanns Theorie über die legitimierende Wirkung von Verfahren ist ein systemtheoretischer Bezugsrahmen verbunden. Dieser wurde gewählt, weil gerade die Systemtheorie, die das Verhalten der Beteiligten von vornherein unter dem Aspekt der Rollenausübung analysiert und individuelle personelle Eigenschaften ausblendet, dem Umstand gerecht wird, dass die Beteiligten an den Interviews in bestimmten Funktionen teilnehmen und dementsprechend abstrahierten Verhaltenserwartungen ausgesetzt sind.[681] Auch ließe eine individuenzentrierte Betrachtungsweise das gegenüber einem individuellen Verhalten bestehende „Mehr" außen vor, das innerhalb einer unternehmensinternen Untersuchung durch verschiedenste aufeinander bezogene Verhaltensweisen entsteht und Eigentümlichkeiten entwickeln kann, die in den beteiligten Elementen nicht notwendigerweise bereits angelegt waren.[682]

Die folgende rechtstheoretische Untersuchung nimmt die Perspektive einer soziologischen Fremdbeobachtung ein. Aus dieser Perspektive lassen sich keine direkten normativen Rückschlüsse ableiten.[683] Es lassen sich aus dieser Perspektive allerdings die Mechanismen nachvollziehen, nach denen sich Normativität bildet. Sie ermöglicht es deswegen, in beschränktem Umfang zu erklären, warum sich Recht auf eine bestimmte Weise und nicht anders bildet. Ein kompletter Bauplan für eine konkrete Regelung lässt sich allerdings schon allein wegen der immanenten Unschärfe nicht entwickeln.[684] In begrenztem Ausmaß werden jedoch Aussagen über die Folgen möglicher Normsetzung ermöglicht.

680 Siehe hierzu unter 3. Kapitel E. III.
681 Vgl. *Theile*, Wirtschaftskriminalität und Strafverfahren, S. 53.
682 Vgl. *Eder*, ZRSoz 7 (1986), 1, 19; *Horster*, Luhmann, 2. Aufl., S. 61; *Theile*, Wirtschaftskriminalität und Strafverfahren, S. 55; *Willke*, Systemtheorie II, 4. Aufl., S. 52 ff.
683 Vgl. *Theile*, Wirtschaftskriminalität und Strafverfahren, S. 340.
684 Vgl. *Huber*, Systemtheorie, S. 42.

B. Luhmanns Theorie einer „Legitimation durch Verfahren"

I. Die „Selbstverstrickungswirkung"[685] von Verfahren

Kern der Theorie *Luhmanns* ist die Aussage, dass Verfahren sich auf spezifische, in ihren Strukturen angelegte Weise ihre Legitimation zu einem wesentlichen Teil selbst erarbeiten.[686] Ermöglicht wird dies durch die Ungewissheit des Verfahrensausgangs[687] und die Notwendigkeit einer Entscheidungsfindung.[688] In dem Wissen, dass am Ende des Prozesses notwendig ein Ergebnis steht, und in der Absicht, dieses zu den eigenen Gunsten zu beeinflussen, wirken die Verfahrensbeteiligten an dem Verfahren mit, geben bestimmte Erklärungen ab oder lassen es sein, nehmen Verhaltensmöglichkeiten wahr oder scheiden diese aus und legen sich auf diese Weise auch in ihrem zukünftigen Verhalten fest.[689] Jede Selbstdarstellung bindet die Person auch in ihrem zukünftigen Verhalten.[690] Dies beruht auf dem Umstand, dass jede Person in ihrer Rollenausübung von dem Verhalten anderer abhängig ist. Als Orientierungsgrundlage für das eigene Verhalten erwartet deswegen jeder von den anderen eine gewisse Konsistenz ihrer Selbstdarstellung. Variationen sind nur noch in einem bestimmten Umfang möglich.[691] Diese Verpflichtung zur Kontinuität der Selbstdarstellung ist in Verfahren gegenüber dem Alltag noch einmal intensiviert, weil Verfahren zwingend eine Entscheidung herbeiführen und deswegen noch dringender an beabsichtigte und unbeabsichtigte Selbstdarstellungen anknüpfen müssen.[692] Im Laufe eines Verfahrens werden die Parteien auf diese Weise dazu gebracht, „ihre Unzufriedenheit zu spezifizieren und die wenigen offenen Streitpunkte herauszuarbeiten, und zwar mit Hilfe der Rechtsordnung und deren Rhetorik [...]."[693]

Insofern spricht Luhmann von dem „Trichter" eines Verfahrens, in den einmal geraten, die Parteien auf eine Entscheidung hinarbeiten müssen.[694] „Nur durch Beachtung der Grenzen des Möglichen, die sich zunehmend verengen, können sie hoffen, eine günstige Entscheidung zu erhalten. Um konsensfähige Punkte zu gewinnen, müssen sie ihre Freiheit einschränken, bestimmte Zweifel auswählen, Argumente zuspitzen. Hierdurch bringen Sie sich letztlich selbst an einen Punkt, an dem niemand mehr rechtes Interesse für ihr besonderes Anliegen aufbringen kann, außer

685 So *Luhmann*, Legitimation durch Verfahren, 4. Aufl., S. 134.
686 Vgl. *Luhmann*, Legitimation durch Verfahren, 4. Aufl., S. 30.
687 *Luhmann*, Legitimation durch Verfahren, 4. Aufl., S. 51 f., 116 f.
688 *Luhmann*, Legitimation durch Verfahren, 4. Aufl., S. 51.
689 Siehe *Luhmann*, Legitimation durch Verfahren, 4. Aufl., S. 44 f., 92 f.
690 Siehe *Luhmann*, Legitimation durch Verfahren, 4. Aufl., S. 91 f.
691 Siehe *Luhmann*, Legitimation durch Verfahren, 4. Aufl., S. 91 f.
692 *Luhmann*, Legitimation durch Verfahren, 4. Aufl., S. 92.
693 *Luhmann*, Legitimation durch Verfahren, 4. Aufl., S. 115.
694 *Luhmann*, Legitimation durch Verfahren, 4. Aufl., S. 115.

denen, die beruflich damit befasst sind und darüber entscheiden müssen."[695] In dieser „Spezifizierung der Unzufriedenheit" und der damit verbundenen „Zersplitterung und Absorption von Protesten"[696] soll allerdings nur einer der legitimierenden Faktoren liegen. Wesentliche Bedeutung soll gerade auch dem Punkt zukommen, dass die Parteien durch ihre Mitwirkung am Verfahren dieses implizit anerkennen. Denn „durch ihre Teilnahme am Verfahren werden alle Beteiligten veranlasst, den dekorativen Rahmen und die Ernsthaftigkeit des Geschehens, die Verteilung der Rollen und Entscheidungskompetenzen, die Prämissen der gesuchten Entscheidung, ja das ganze Recht, soweit es nicht im Streit ist, mit darzustellen und so zu bestätigen."[697] Die Parteien finden sich danach „wieder als jemand, der die Normen in ihrer Geltung und die Entscheidenden im Amte bestätigt und sich selbst die Möglichkeit genommen hat, seine Interessen als konsensfähig zu generalisieren und größere soziale oder politische Allianzen für seine Ziele zu bilden. Sie haben sich selbst isoliert."[698]

II. Verfahren als soziale Systeme

Wie genau dieser Prozess Verfahren legitimieren soll und was genau in diesem Zusammenhang unter „Legitimation" zu verstehen ist, soll gleich dargestellt werden. Wichtig ist allerdings vorerst, dass dieser Ansatz nur vor seinem systemtheoretischen Hintergrund verständlich ist. Denn Luhmann erachtet Verfahren als besondere soziale Systeme. Insofern sind vorerst die Grundzüge der Luhmannschen Systemtheorie verständlich zu machen.

1. Soziale Systeme

Soziale Systeme definieren sich nach Luhmann, wie alle übrigen Systeme (bspw. biologische), durch die Unterscheidung zwischen Umwelt und System.[699] Identität kann stets nur durch Differenz bestimmt werden,[700] so dass auch Systeme für ihre Selbstbestimmung allein auf die Differenz zwischen ihnen und ihrer Umwelt zurückgreifen können.[701]

Soziale Systeme bestehen aus Kommunikationen.[702] Indem Kommunikation „rekursiv auf sich selbst zurückgreift und vorgreift" konstituiert sich ein soziales

---

695 *Luhmann*, Legitimation durch Verfahren, 4. Aufl., S. 115 f.
696 *Luhmann*, Legitimation durch Verfahren, 4. Aufl., S. 116.
697 *Luhmann*, Legitimation durch Verfahren, 4. Aufl., S. 114.
698 *Luhmann*, Legitimation durch Verfahren, 4. Aufl., S. 117.
699 Siehe *Luhmann*, Gesellschaft der Gesellschaft, Band 1, S. 79, 609; *ders.*, Soziale Systeme, S. 242. Siehe hierzu auch *Huber*, Systemtheorie, S. 41. Vgl. auch *Vesting*, Jura 2001, 299, 300 f.
700 *Luhmann*, Soziale Systeme, S. 243.
701 *Luhmann*, Die soziologische Beobachtung des Rechts, S. 15.
702 *Luhmann*, Gesellschaft der Gesellschaft, Band 1, S. 70; *ders.*, Organisation und Entscheidung, 3. Aufl., S. 59, 388; *ders.*, Soziale Systeme, S. 192 f., vgl. auch S. 555.

System.[703] Das Gesellschaftssystem als übergreifendes, alle Kommunikationen umfassendes Sozialsystem,[704] unterscheidet sich gerade durch die Kommunikation von seiner Umwelt. Außerhalb des Gesellschaftssystems existiert keine Kommunikation.[705] Kommunikation wirkt insofern für das Obersystem Gesellschaft bereits zwingend ausdifferenzierend.[706] Sie führt notwendigerweise zur Bildung eines eigenen Systems. Die sozialen Subsysteme der Gesellschaft unterscheiden sich von anderen sozialen Systemen dagegen erst in ihren spezifischen Operationsweisen und ihrer Selbstreflexion über ihre Identität.[707]

Eine wesentliche Eigenschaft sozialer Systeme ist ihre operative Geschlossenheit.[708] Zwar sind soziale Systeme stets von der Umwelt abhängig, in der sie existieren,[709] gesteuert werden sie aber ausschließlich durch eigene, systeminterne Operationen.[710] Sie sind autonom, aber nicht autark,[711] denn äußere Einflüsse werden durch das System gefiltert und können dieses deswegen auch nur indirekt beeinflussen. Die Reproduktion eines Systems erfolgt stets durch eigene Operationen, die im „Rückgriff oder Vorgriff auf andere eigene Operationen"[712] stattfinden.[713] Operative Geschlossenheit bedeutet, dass Systeme „zur Herstellung eigener Operationen auf das Netzwerk eigener Operationen angewiesen sind und in diesem Sinne sich selber reproduzieren".[714] Hiermit ist zugleich die Autopoiesis angesprochen, die „Reproduktion eines Systems durch sich selbst"[715]. Autopoietische Systeme sind solche, die sowohl ihre Strukturen als auch alle Elemente, aus denen sie bestehen,

---

703 *Luhmann*, Organisation und Entscheidung, 3. Aufl., S. 59; siehe auch *ders.*, Gesellschaft der Gesellschaft, Band 1, S. 74. Jede Kommunikation nimmt insoweit auf die vorausgehende Kommunikation Bezug, als sie immer auch dazu dient zu überprüfen, ob die vorhergegangene Kommunikation auch verstanden wurde. Das Verstehen wird kontrolliert (basale Selbstreferenz). Dies ermöglicht dann neben weiteren Formen basaler Selbstreferenz auch die Kommunikation über die Kommunikation, die sog. reflexive Selbstreferenz (*ders.*, Soziale Systeme, S. 198).

704 *Luhmann*, Gesellschaft der Gesellschaft, Band 1, S. 78.

705 *Luhmann*, Rechtstheorie 14 (1983), 129, 137; *ders.*, Soziale Systeme, S. 60 f.

706 *Luhmann*, Soziale Systeme, S. 200. Siehe auch *ders.*, Organisation und Entscheidung, 3. Aufl., S. 59. Vgl. hierzu auch *ders.*, Recht der Gesellschaft, S. 44.

707 Siehe *Luhmann*, Soziale Systeme, S. 61.

708 Vgl. *Luhmann*, Gesellschaft der Gesellschaft, Band 1, S. 94 f.; *ders.*, Rechtstheorie 14 (1983), 129, 137.

709 *Luhmann*, Gesellschaft der Gesellschaft, Band 1, S. 68; *ders.*, Recht der Gesellschaft, S. 43 f.

710 Vgl. *Luhmann*, Gesellschaft der Gesellschaft, Band 1, S. 96.

711 Vgl. *Luhmann*, Legitimation durch Verfahren, 4. Aufl., S. 69; *ders.*, Recht der Gesellschaft, S. 43 f.; vgl. auch *dens.*, Organisation und Entscheidung, 3. Aufl., S. 51.

712 *Luhmann*, Recht der Gesellschaft, S. 44.

713 *Luhmann*, Die soziologische Beobachtung des Rechts, S. 14.

714 *Luhmann*, Recht der Gesellschaft, S. 44.

715 *Luhmann*, Gesellschaft der Gesellschaft, Band 1, S. 96; *ders.*, Die Wissenschaft der Gesellschaft, S. 30.

im System selbst erzeugen.[716] Das System besteht nur, wenn und solange es seine Autopoiesis aufrechterhält.[717]

Prägend für Systeme ist auch ihre „subjektive Weltsicht“.[718] Systeme können stets nur einen Teil ihrer Umwelt erfassen.[719] Von der „Gesamtheit der Möglichkeiten [...], die sich für das faktische Erleben abzeichnen“ (=Komplexität), kann das System nie alle zulassen oder umsetzen.[720] Das System ist deswegen darauf angewiesen, aus der Gesamtheit aller Möglichkeiten der Welt (=Weltkomplexität) nur einen Teil aller Fakten, Ereignisse oder Erwartungen zu selektieren und als relevant einzustufen (=Systemkomplexität).[721] Nur durch diese Dezimierung wird dem System sinnvolles Handeln ermöglicht.[722]

2. Verfahren als soziale Systeme

Diese subjektive Weltsicht, operative Geschlossenheit und Autopoiesis prägen nach *Luhmann* auch Verfahren. Verfahren sind besondere, zeitlich begrenzte soziale Systeme, die die spezifische Funktion haben, eine verbindliche Entscheidung zu erarbeiten.[723]

Verfahren sind gegenüber ihrer Umwelt mehr oder weniger ausdifferenziert.[724] Ihre Verarbeitung der Umwelt ist selektiv. Strukturen und Ereignisse der Umwelt gehen nicht vollumfänglich in das System ein, sondern werden durch systeminhärente Regeln und Entscheidungen gefiltert.[725] Jede Kommunikation im Verfahren stellt eine selektive Entscheidung der Beteiligten dar, die Alternativen eliminiert, Komplexität reduziert, Ungewissheit absorbiert und auf diese Weise die unbestimmte Komplexität aller Möglichkeiten in eine bestimmte, greifbare Problematik verwandelt.[726] Jede Kommunikation stellt eine Entscheidung dar, mit der gewisse Verhaltensmöglichkeiten gewählt oder nicht gewählt und damit ausgeschieden

---

716 *Luhmann*, Gesellschaft der Gesellschaft, Band 1, S. 65. Vgl. auch *dens.*, Soziale Systeme, S. 59 f.; *Luhmann*, Recht der Gesellschaft, S. 44.

717 *Luhmann*, Recht der Gesellschaft, S. 45.

718 *Luhmann*, Legitimation durch Verfahren, 4. Aufl., S. 41.

719 Vgl. *Luhmann*, Soziale Systeme, S. 47.

720 *Luhmann*, Legitimation durch Verfahren, 4. Aufl., S. 41. Vgl. *dens.*, Soziale Systeme, S. 47, S. 249.

721 *Luhmann*, Legitimation durch Verfahren, 4. Aufl., S. 41; vgl. auch *dens.*, Vertrauen, 4. Aufl., S. 39. Dies wird durch den Begriff des Komplexitätsgefälles bezeichnet (vgl. *dens.*, Soziale Systeme, S. 47, S. 249.).

722 *Luhmann*, Legitimation durch Verfahren, 4. Aufl., S. 41. Siehe hierzu auch *ders.*, Vertrauen, 4. Aufl., S. 39.

723 Luhmann, Legitimation durch Verfahren, 4. Aufl., S. 41; *ders.*, Rechtssoziologie, 4. Aufl., S. 142, 263.

724 Siehe *Luhmann*, Rechtssoziologie, 4. Aufl., S. 263. Vgl. *dens.*, Legitimation durch Verfahren, 4. Aufl., S. 59.

725 *Luhmann*, Legitimation durch Verfahren, 4. Aufl., S. 59.

726 *Luhmann*, Legitimation durch Verfahren, 4. Aufl., S. 40.

werden. Hierdurch werden den anderen Beteiligten wieder Reaktionsmöglichkeiten eröffnet oder auch nicht eröffnet. Die Situation wird auf diese Weise durch die fortlaufenden Entscheidungen zwar strukturiert, die jeweilige Reaktion ist allerdings nicht zwingend vorgegeben. Auch diese stellt wieder eine Entscheidung dar.[727] Das Verfahren steuert sich selbst, denn die Gesichtspunkte, die das Ergebnis des Verfahrens bestimmten, werden auf diese Weise im Verfahren (zumindest teilweise) selbst erarbeitet. Verfahren besitzen deswegen in der Regel eine gewisse Autonomie.[728]

Die Geschichte der Verfahren unterscheidet sich aufgrund ihrer selektiven Verarbeitung der Umwelt von der „allgemeinen Geschichte".[729] Die Beteiligten, welche die Entscheidung nicht selbst fällen können, haben dadurch die Chance, diese besondere Wahrnehmung der Vergangenheit und damit den Verfahrensausgang zu ihren Gunsten zu beeinflussen.[730] So können sie „motiviert werden, selbst Risiken in ihr Verhalten zu übernehmen, an der Absorption der Ungewissheit durch Eliminierung anderer Möglichkeiten unter Aufsicht mitzuarbeiten und sich dadurch Schritt für Schritt selbst zu binden."[731] Sie verfangen sich immer mehr in dem, was zur Verfahrensgeschichte wird und ihre weiteren Handlungsmöglichkeiten im Verfahren immer mehr einschränkt, [732] wollen Sie noch als ernst zu nehmende Person den Verfahrensgang weiter beeinflussen können.[733] „Jeder Beitrag geht in die Geschichte des Verfahrens ein und kann dann in engen Grenzen vielleicht noch umgedeutet, aber nicht mehr zurückgenommen werden. Auf diese Weise wird Schritt für Schritt eine Konstellation von Fakten und Sinnbeziehungen aufgebaut, die mit den unverrückbaren Siegeln der Vergangenheit belegt ist und mehr und mehr Ungewissheit absorbiert. Im Lichte des schon Feststehenden wird das noch Offene interpretiert und weiter eingeengt"[734]

Die bereits oben beschriebene Selbstbindungswirkung[735] wird also gerade durch die beschriebenen Eigenschaften des Verfahrens als soziales System ermöglicht.

III. „Legitimation" durch Verfahren

Bislang ist noch offen geblieben, was unter der legitimierenden Wirkung eines Verfahrens zu verstehen ist und auf welche Weise diese Wirkung genau zustande kommen soll.

Unter "Legitimation" versteht Luhmann allein die „generalisierte Bereitschaft, inhaltlich noch unbestimmte Entscheidungen innerhalb gewisser Toleranzgrenzen

727 Vgl. *Luhmann*, Legitimation durch Verfahren, 4. Aufl., S. 40.
728 Siehe hierzu *Luhmann*, Legitimation durch Verfahren, 4. Aufl., S. 69 ff.
729 *Luhmann*, Legitimation durch Verfahren, 4. Aufl., S. 44.
730 Vgl. *Luhmann*, Legitimation durch Verfahren, 4. Aufl., S. 44.
731 *Luhmann*, Legitimation durch Verfahren, 4. Aufl., S. 74.
732 *Luhmann*, Legitimation durch Verfahren, 4. Aufl., S. 44.
733 Vgl. *Luhmann*, Legitimation durch Verfahren, 4. Aufl., S. 115.
734 *Luhmann*, Legitimation durch Verfahren, 4. Aufl., S. 44.
735 6. Kapitel B. I.

hinzunehmen“,[736] als verbindlich anzuerkennen[737] und zu beachten,[738] ohne jedes Wertungselement. Hierin unterscheidet sich sein Sprachgebrauch deswegen wesentlich vom herkömmlichen, der ein Element der Anerkennungswürdigkeit voraussetzt.[739]

Nach Luhmann besteht die wesentliche legitimierende Funktion von Gerichtsverfahren in der Immunisierung des Sozialsystems gegen Prozesse der Enttäuschungsverarbeitung des Verlierers.[740] Dagegen könne es ein Verfahren zumeist nicht bewirken, dass sich die Entscheidungsempfänger mit der jeweils ergangenen Entscheidung identifizieren.[741] Denn dass es zu Enttäuschungen kommt, ist praktisch kaum vermeidbar,[742] weil unter den in Gerichtsverfahren gegebenen Umständen, der Asymmetrie des Einflusses des Entscheidenden und der Entscheidungsempfänger sowie der routinemäßigen, unpersönlichen Handhabung des Falles durch den Entscheidungsträger, die Zustimmung des Entscheidungsempfängers oder auch nur dessen einsichtige Hinnahme der Entscheidung kaum steuerbar ist.[743] Es besteht zwar durchaus die Möglichkeit, dass der durch die Entscheidung Enttäuschte sich mit dieser identifiziert. Häufig ist dieser Weg aber versperrt, da dem lernwilligen

---

736 *Luhmann*, Legitimation durch Verfahren, 4. Aufl., S. 28.

737 *Luhmann*, differenziert bewusst zwischen der Anerkennung von Entscheidungsprämissen und dem Akzeptieren der Entscheidung und stellt bzgl. der Legitimität, aufgrund der Positivität des Rechts, auf die Akzeptanz der Entscheidung selbst ab, wobei dies auch die Anerkennung von Entscheidungsprämissen umfasst, soweit über diese ebenfalls entschieden wurde, Legitimation durch Verfahren, 4. Aufl., S. 31 f.

738 Siehe *Luhmann*, Legitimation durch Verfahren, 4. Aufl., S. 32. Zur Kritik *Treiber*, Kriminalsoziologische Bibliografie 8/1975, 19 ff.

739 Siehe *Friedrich*, Politische Vierteljahresschrift 1 (1960), 119 ff. Vgl. *Geismann*, Ethik und Herrschaftsordnung, S. 4 ff.; *Hofmann*, Legitimität und Rechtsgeltung, S. 11; Nohlen/Grotz (Hrsg.), Kleines Lexikon der Politik, 6. Aufl., S. 354; *Schöbener/Knauff*, Allgemeine Staatslehre, 2. Aufl., § 4 Rn. 5 ff.; *Smith*, in: Tyler (Hrsg.), Legitimacy and Criminal Justice, S. 30; *Sternberger*, Grund und Abgrund der Macht, S. 20 ff.; *Tyler*, Annual Review of Psychology 57 (2006), 375, 376 ff.; *Winckelmann*, ZgS 112 (1956), 164 (172 f.).

740 *Luhmann*, Legitimation durch Verfahren, 4. Aufl., S. 119 f.

741 *Luhmann*, Legitimation durch Verfahren, 4. Aufl., S. 109 f. Siehe aber auch *Lind/Tylor*, The Social Psychology of Procedural Justice, S. 26 ff., 61 ff. (insb. 92), 111 f.; *Tylor*, Annual Review of Psychology 57 (2006), 375, 379 f., wonach die Akzeptanz einer Entscheidung auch von den Betroffenen weniger von ihrem Ausgang als davon abhängen soll, dass das Verfahren selbst als fair und gerecht wahrgenommen wird. Siehe hierzu auch *Bierbrauer*, in: Oswald/Steinvorth (Hrsg.), Die offene Gesellschaft und ihre Fremden, S. 175, 184 f.; *Lind*, in: Bierbrauer/Gottwald/Birnbreier-Stahlberger (Hrsg.), Verfahrensgerechtigkeit, S. 3, 6, 10; *Smith*, in: Tyler (Hrsg.), Legitimacy and Criminal Justice, S. 30, 31. Vgl. aber auch *Röhl*, ZRSoz 14 (1993), 1, 7 ff.

742 Siehe *Luhmann*, Rechtssoziologie, 4. Aufl., S. 262. Vgl. *dens.*, Legitimation durch Verfahren, 4. Aufl., S. 112, 114.

743 *Luhmann*, Legitimation durch Verfahren, 4. Aufl., S. 107 ff. Nach a.A. liegt in dieser durch Partizipation erreichte Konsens Ziel des Verfahrens, vgl. *M. Jahn*, GA 2004, 272, 282. Vgl. hierzu auch *Eser*, ZStW 104 (1992), 361, 382 ff.

Entscheidungsempfänger diese Inkonsistenz in der eigenen Darstellung vom sozialen Umfeld angelastet würde.[744] Luhmann negiert nicht, dass bei dem Enttäuschten Lerneffekte einsetzen. Diese sieht er aber als durch das Verfahren kaum zielgerichtet steuerbar an. Hierzu sei auch die Struktur eines Rechtsanwendungsverfahrens nicht geeignet.[745]

Deswegen soll die legitimierende Wirkung allein davon ausgehen, dass das Sozialsystem gegenüber der Reaktion des Enttäuschten immunisiert wird. Dies soll insbesondere durch die oben bereits angesprochenen[746] Mechanismen der „Spezifizierung der Unzufriedenheit", der „Zersplitterung und Absorption von Protesten" gelingen.[747] Daneben misst *Luhmann* dem ebenfalls dort bereits angesprochenen Umstand Bedeutung bei, dass die beteiligten Entscheidungsempfänger veranlasst werden, durch ihre Mitwirkung im Verfahren „den dekorativen Rahmen und die Ernsthaftigkeit des Geschehens, die Verteilung der Rollen und Entscheidungskompetenzen, die Prämissen der gesuchten Entscheidung, ja das ganze Recht, soweit es nicht im Streit ist, mit darzustellen und so zu bestätigen."[748] Dabei soll gerade der Mitwirkung des potenziell Unterlegenen eine besondere Bedeutung für die Bekräftigung der Normen als „verbindliche, persönlich engagierende Verhaltensprämisse" und die Bestätigung der entscheidenden Personen zukommen.[749] Auf diesem Umweg soll schließlich dem Enttäuschten dann aber die Akzeptanz der Entscheidung doch noch erleichtert werden.[750] Denn durch die institutionalisierte Anerkennung der Gerichtsverfahren und die Indifferentsetzung des Sozialsystems gegen die Kritik des Enttäuschten wird jedwede Auflehnung gegen die Entscheidung aussichtslos. Die Akzeptanz der Entscheidung erscheint deswegen auch für den Enttäuschten als zwingend vorgegeben, so dass ihm die Erwartungsänderung nicht als Inkonsistenz seiner Selbstdarstellung angelastet werden kann.[751] Auf diesem

744 So *Luhmann*, Legitimation durch Verfahren, 4. Aufl., S. 109 f. Siehe aber auch *Lind/Tylor*, The Social Psychology of Procedural Justice, S. 26 ff., 61 ff. (insb. 92), 111 f.; *Tylor*, Annual Review of Psychology 57 (2006), 375, 379 f., wonach die Akzeptanz einer Entscheidung auch von den Betroffenen weniger von ihrem Ausgang als davon abhängen soll, dass das Verfahren selbst als fair und gerecht wahrgenommen wird. Siehe hierzu auch *Bierbrauer*, in: Oswald/Steinvorth (Hrsg.), Die offene Gesellschaft und ihre Fremden, S. 175, 184 f.; *Lind*, in: Bierbrauer/Gottwald/Birnbreier-Stahlberger (Hrsg.), Verfahrensgerechtigkeit, S. 3, 6, 10; *Smith*, in: Tyler (Hrsg.), Legitimacy and Criminal Justice, S. 30, 31. Vgl. aber auch *Röhl*, ZRSoz 14 (1993), 1, 7 ff.

745 *Luhmann*, Legitimation durch Verfahren, 2. Aufl., S. 111 ff. Vgl. auch *Röhl*, ZRSoz 14 (1993), 1, 16.

746 6. Kapitel B. I.

747 *Luhmann*, Legitimation durch Verfahren, 4. Aufl., S.116, vgl. hierzu auch S. 121 f.

748 *Luhmann*, Legitimation durch Verfahren, 4. Aufl., S. 114; *ders.*, Rechtssoziologie, 4. Aufl., S. 264.

749 *Luhmann*, Legitimation durch Verfahren, 4. Aufl., S. 114 f., 117.

750 *Luhmann*, Legitimation durch Verfahren, 4. Aufl., S. 117 f.

751 *Luhmann*, Legitimation durch Verfahren, 4. Aufl., S. 117 f., vgl. auch S. 34.

Wege dienen Verfahren nicht nur der Entscheidungsfindung, sondern auch ganz wesentlich der Konfliktdämpfung.[752]

Bei der legitimierenden Wirkung von Verfahren geht es demnach nach Luhmann letztendlich „im Kern um einen Vorgang der Umstrukturierung von Rechtserwartungen, also des Lernens im sozialen System, der weitgehend dagegen indifferent gemacht werden kann, ob derjenige, der seine Erwartungen ändern muss, zustimmt oder nicht."[753] Diese Wirkung setzt die oben beschriebenen Mechanismen der Einbindung der Entscheidungsempfänger voraus, die ihrerseits nur durch die hinreichende Ausdifferenzierung, Autonomie und Komplexität des Verfahrens ermöglicht werden können.[754]

IV. Zur Kritik

Kritisch sehen diese Theorie Luhmanns von der Legitimation durch Verfahren insbesondere diejenigen, welche die Bedeutung einer Orientierung von Verfahren an den Kriterien der materiellen Wahrheit und Gerechtigkeit betonen. Danach müssen Verfahren stets den Zweck verfolgen, die materielle Wahrheit bzw. eine gerechte und dem materiellen Recht entsprechende Entscheidung zu finden. Ohne diese Orientierung könne ein Verfahren nichts legitimieren.[755]

Man darf allerdings nicht übersehen, dass sich Luhmanns Ansatz grundlegend von den verschiedenen Theorien über den Zweck des Prozesses unterscheidet. Denn seine Fragestellung lautet nicht, was Verfahren erreichen sollten. Er geht alleine der Frage nach, was Verfahren tatsächlich auf welche Weise bewirken.[756] Von daher unterscheiden sich die Theorien auch bereits in ihrem Verständnis des Begriffes der Legitimität. Während, wie bereits angesprochen, weitgehend ein Element der Anerkennungswürdigkeit oder Rechtmäßigkeit vorausgesetzt wird,[757] versteht Luhmann

752 *Luhmann*, Legitimation durch Verfahren, 4. Aufl., S. 4.

753 *Luhmann*, Legitimation durch Verfahren, 4. Aufl., S. 119.

754 *Luhmann*, Legitimation durch Verfahren, 4. Aufl., S. 119 f. Vgl. auch *dens.*, Rechtssoziologie, 4. Aufl., S. 265 f.

755 *Duttge*, ZStW 115 (2003), 539, 548 f.; *Schreiber*, ZStW 88 (1976), 117, 139 f.; *Schild*, Strafrichter, S. 80 f.; *Zippelius*, in: Paulus/Diederichsen/Canaris (Hrsg.), Festschrift für Karl Larenz, S. 293, 295 ff. Vgl. *Dreier*, Rechtstheorie 5 (1974), 189, 194 ff.; *Esser*, Vorverständnis, S. 210 ff.; *Kininger*, Theorie und Soziologie, S. 20 f.; *Schaper*, Theorie und Soziologie des gerichtlichen Verfahrens, S. 242 ff. Vgl. auch *D. Krauß*, in: Grünwald/Miehe/Rudolphi u. a. (Hrsg.), Festschrift für Friedrich Schaffstein, S. 411, 422; *Neumann*, ZStW 101 (1989), 52, 70; *E. Schmidt*, Zweck des Zivilprozesses, S. 18 ff., insb. 24. Zur Kritik auch *Kaufmann*, Gerechtigkeit, S. 11 f.; *Larenz/Canaris*, Methodenlehre, 3. Aufl., S. 191 f.; *Rottleuthner*, KJ 1971, 60, 72 ff.; *Stahlmann*, Theorie des Zivilprozeßrechts, S. 32 (Fn. 9).

756 Siehe auch *Theile*, Wirtschaftskriminalität und Strafverfahren, S. 101; *Weigend*, Deliktsopfer, S. 202 f. Vgl. auch *Kaufmann*, Gerechtigkeit, S. 11.

757 Siehe auch unter 6. Kapitel B. III.

hierunter – wiederum rein tatsächlich[758] – allein die „generalisierte Bereitschaft, inhaltlich noch unbestimmte Entscheidungen innerhalb gewisser Toleranzgrenzen hinzunehmen",[759] als verbindlich anzuerkennen[760] und zu beachten.[761]

Die Frage, ob Verfahren an der Ermittlung der materiellen Wahrheit oder Gerechtigkeit orientiert sein *sollten*, stellt sich für Luhmann überhaupt nicht. Soweit die Kritik bemängelt, er lasse die Bedeutung der materiellen Wahrheit zu Unrecht außen vor,[762] geht sie deswegen an der Thematik Luhmanns vorbei.[763] Daneben leugnet *Luhmann* nicht die Möglichkeit, dass eine Orientierung an den Kriterien der Wahrheit und Gerechtigkeit zur Legitimation auch im Sinne seines Verständnisses beitragen kann. Denn neben der legitimierenden Wirkung von Verfahren erkennt er explizit die Möglichkeit einer Legitimation durch symbolische Implikationen, durch einsehbare Wenn/Dann-Zusammenhänge zwischen Entscheidungen" und auch die innere Konsistenz der Rechtsordnung ausdrücklich an.[764] Auch bestreitet er nicht, dass sich ein Verfahren um die Feststellung der Wahrheit bemühen sollte.[765] Seine Ausführungen beschäftigen sich alleine mit der Frage, ob daneben tatsächlich weitere, durch die Ausgestaltung von Verfahren beeinflusste Legitimierungsprozesse existieren.

Des Weiteren kann man Luhmann trotz des negativ besetzten Wortlauts kaum vorwerfen zynisch zu sein, wenn er die Selbstverstrickungswirkung von Verfahren als Legitimationsfaktor ansieht.[766] Auch wenn er der Frage, wie Prozesse ausgestaltet sein sollten, um die vom Rechtssystem erwünschten Ergebnisse zu erzielen, nicht nachgeht, räumt Luhmann auf diesem Wege den Verfahrensrechten und damit der prozessualen Gerechtigkeit eine erhebliche Bedeutung für die Legitimation des Verfahrens ein.[767] Was er als Selbstbindung bezeichnet, bedeutet aus der Perspektive

---

758 Vgl. *Larenz*, Methodenlehre, 5. Aufl., S. 191 f.; *Rottleuthner*, KJ 1971, 60, 74.

759 *Luhmann*, Legitimation durch Verfahren, 4. Aufl., S. 28.

760 *Luhmann*, differenziert bewusst zwischen der Anerkennung von Entscheidungsprämissen und dem Akzeptieren der Entscheidung und stellt bzgl. der Legitimität, aufgrund der Positivität des Rechts, auf die Akzeptanz der Entscheidung selbst ab, wobei dies auch die Anerkennung von Entscheidungsprämissen umfasst, soweit über diese ebenfalls entschieden wurde, Legitimation durch Verfahren, 4. Aufl., S. 31 f.

761 Siehe *Luhmann*, Legitimation durch Verfahren, 4. Aufl., S. 32. Zur Kritik *Treiber*, Kriminalsoziologische Bibliografie 8/1975, 19 ff. Siehe hierzu auch *Schaper*, Theorie und Soziologie des gerichtlichen Verfahrens, S. 223 ff.

762 Vgl. *Machura*, ZRSoz 14 (1993), 97, 103 ff.

763 Siehe *Theile*, Wirtschaftskriminalität und Strafverfahren, S. 101. Siehe auch *Röhl*, ZRSoz 14 (1993), 1, 21. Vgl. auch *Weigend*, Deliktsopfer, S. 201 f.

764 Siehe *Luhmann*, Legitimation durch Verfahren, 4. Aufl., S. 36. Vgl. zudem auch *Dreier*, Rechtstheorie 5 (1974), 189, 198; *Machura*, ZRSoz 14 (1993), 97, 103 ff.; *Schaper*, Theorie und Soziologie des gerichtlichen Verfahrens, S. 244 f.; *Schreiber*, ZStW 88 (1976), 117, 140; *Weigend*, Deliktsopfer, S. 202 (Fn. 103).

765 Siehe *Luhmann*, Legitimation durch Verfahren, 4. Aufl., S. 17 f., vgl. auch S. 24 f.

766 Vgl. hierzu *Schaper*, Theorie und Soziologie des gerichtlichen Verfahrens, S. 233 f.

767 Siehe *Theile*, Wirtschaftskriminalität und Strafverfahren, S. 101 f. Vgl. hierzu auch *Machura*, ZRSoz 14 (1993), 97, 109; *Schreiber*, ZStW 88 (1976), 117, 139; *Zippelius*, in: Paulus/Diederichsen/Canaris (Hrsg.), Festschrift für Karl Larenz, S. 293, 298.

des Betroffenen notwendigerweise Einbindung in das Verfahren. Offenheit als Voraussetzung der legitimierenden Wirkung bedeutet Chancengleichheit. Er betrachtet die Problematik nur aus einer anderen Perspektive als der des Betroffenen, nämlich der des sozialen Systems.[768] Sofern Luhmann den Verfahrensrechten auf diesem Wege eine hohe Bedeutung beimisst, zeigen sich gewisse Gemeinsamkeiten mit den auf anderer Theoriegrundlage aufgestellten Thesen über die legitimierende Wirkung einer „procedural justice".[769] Auf deren Grundlage wurde die Bedeutung der prozessualen Gerechtigkeit für die Bereitschaft, eine Gerichtsentscheidung anzuerkennen, auch bereits mehrmals nachgewiesen.[770]

C. Operationalisierung dieser Theorie für die vorliegende Fragestellung

Zunächst soll geklärt werden, inwieweit sich diese Theorie Luhmanns für die vorliegende Fragestellung, ob und inwieweit Erkenntnisse aus Befragungen bei internen Ermittlungen anschlussfähig in Strafverfahren gegen den befragten Mitarbeiter sind und ob dies durch Belehrungen beeinflussbar ist, operationalisieren lässt.

I. Übertragbarkeit auf durch unternehmensinterne Untersuchungen beeinflusste Strafverfahren

Die Untersuchung Luhmanns über die legitimierende Wirkung von Verfahren ist sehr stark an klassischen Gerichtsverfahren orientiert. In der hier erfolgenden Untersuchung muss dagegen die Bedeutung, die heutzutage den staatsanwaltschaftlichen Ermittlungsverfahren gegenüber der eigentlichen Hauptverhandlung im Strafverfahren zukommt, berücksichtigt werden.[771] Die Fragestellung kann deswegen nicht lauten, inwieweit die legitimierende Wirkung eines durch interne Ermittlungen beeinflussten Strafverfahrens gegenüber der klassischen Hauptverhandlung herabgesetzt ist bzw. inwieweit diese Wirkung durch Belehrungen beeinflusst werden kann, sondern welche Legitimationsmöglichkeiten gegenüber einem durch staatsanwaltschaftliche Ermittlungsverfahren geprägten Strafverfahren bestehen.

---

768 Vgl. auch *Theile*, Wirtschaftskriminalität und Strafverfahren, S. 101. Vgl. hierzu *Röhl/Röhl*, Allgemeine Rechtslehre, 3. Aufl., S. 514 f.; *Smid*, JuS 1986, 513 ff.

769 Siehe hierzu *Röhl*, ZRSoz 14 (1993), 1 ff.

770 Auf Grundlage eines "group value-model" *Lindt/Tyler*, The Social Psychology of Procedural Justice, insb. S. 64, 81 f., 211. Zusammenfassend *Jung*, in: Herzog/Neumann (Hrsg.), Festschrift für Winfried Hassemer, S. 73, 79. Siehe auch *Bierbrauer*, in: Oswald/Steinvorth (Hrsg.), Die offene Gesellschaft und ihre Fremden, S. 175, 184; *Lind*, in: Bierbrauer/Gottwald/Birnbreier-Stahlberger (Hrsg.), Verfahrensgerechtigkeit, S. 3, 6; *Smith*, in: Tyler (Hrsg.), Legitimacy and Criminal Justice, S. 30, 31, 35 f.; *Thibaut/Walker*, Procedural Justice sowie auch *Tyler*, Annual Review of Psychology 57 (2006), 375, 379 f., 382 ff. mit weiterführenden Hinweisen.

771 Vgl. hierzu *Roxin/Schünemann*, Strafverfahrensrecht, 28. Aufl., § 39 Rn. 1, 35.

Die Weichen im Strafverfahren werden in der Regel bereits im Ermittlungsverfahren und nicht erst in der Hauptverhandlung gestellt.

II. Die Operationalisierung des Begriffs der Legitimation für die aktuelle Untersuchung

Auch der Begriff der Legitimation kann nicht unbesehen für die hier in Frage stehende Problematik übernommen werden. Es wäre zwar auch sehr interessant, inwieweit Belehrungen das Verfahren der unternehmensinternen Ermittlungen selbst legitimieren könnten. Aufgrund des beschränkten Rahmens dieser Untersuchung soll hier jedoch nur der Frage nachgegangen werden, inwiefern das Vorgehen bei den Interviews durch die Ansprüche des Strafverfahrens geprägt sein könnte. Insofern kommt es auf die Anschlussfähigkeit der Mitarbeiterauskünfte in einem gegen den betroffenen Mitarbeiter geführten Strafverfahren an. Deswegen soll alleine dieser Frage, der Anschlussfähigkeit in einem Strafverfahren und der Beeinflussung der Anschlussfähigkeit durch Belehrungen nachgegangen werden.

D. Legitimationsmöglichkeiten bei unternehmensinternen Ermittlungen

I. Geringere „Offenheit“ des Strafprozesses bei selbstbelastenden Mitarbeiterauskünften

Um die Anschlussfähigkeit von Mitarbeiterauskünften in Strafverfahren zu untersuchen, bietet sich an, zuerst einen Blick auf die unmittelbaren Auswirkungen zu werfen, die die Nutzung der durch selbstbelastende Auskünfte erlangten Informationen auf das Strafverfahren hätte. Untersucht man die Folgen eines Eingangs selbstbelastender Mitarbeiterauskünfte in das Strafverfahren, wird schnell klar, dass die Chancen einer Legitimation durch das staatsanwaltschaftliche Ermittlungsverfahren und die Hauptverhandlung selbst auf diese Weise eingeschränkt werden. Denn das Strafverfahren wird durch diese Auskünfte zu Lasten des Mitarbeiters vorgeprägt. Hat sich der Mitarbeiter im Rahmen von unternehmensinternen Untersuchungen bereits in großem Umfang selbstbelastend geäußert und nimmt man an, dass diese Äußerungen über die Interviewprotokolle,[772] die Untersuchungsberichte oder auch über die Zeugenvernehmung der interviewenden Unternehmensvertreter Eingang in das Strafverfahren finden können,[773] sind die Chancen des Mitarbeiters, das Verfahren zu seinen Gunsten zu beeinflussen, faktisch bereits im Vorfeld des Strafverfahrens aufgehoben. Die Staatsanwaltschaft erlangt auf diese Weise schnell und

---

772 Nach *Kruse*, Compliance, S. 94 ff. (mit Nachweisen zur Gegenansicht), verstößt die Beweiserhebung über die Interviewprotokolle allerdings gegen den Unmittelbarkeitsgrundsatz und das Richterprivileg aus § 254 StPO.

773 Vgl. unter 4. Kapitel D.

leicht wesentliche Beweismittel. Diese Situation wird noch dadurch verstärkt, dass die Erkenntnisse bereits im staatsanwaltschaftlichen Ermittlungsverfahren vom Unternehmen an die Staatsanwaltschaft weitergeleitet oder von dieser beschlagnahmt werden können und bereits in die das Strafverfahren ebenfalls vorstrukturierende Entscheidung über die Eröffnung der Hauptverhandlung eingehen.[774] Die Chancen des Mitarbeiters, den Ausgang des Verfahrens noch zu seinen Gunsten zu beeinflussen, sind dann stark eingeschränkt. Sogar die strafmildernde Wirkung eines Geständnisses verliert an Bedeutung, wenn der Mitarbeiter bereits auf andere Weise, im konkreten Fall durch seine eigene Aussage gegenüber den Unternehmensvertretern, überführt wurde. Der Anreiz für den Mitarbeiter, sich noch am Strafverfahren zu beteiligen, ist auf diese Weise nahezu verloren.

II. Unparteilichkeit des Strafverfahrens

Durch die Übernahme von Erkenntnissen, die unter Berücksichtigung allein der Interessen des Unternehmens zustande gekommen sind, könnte auch die Darstellung der Unparteilichkeit der Staatsanwaltschaft (§ 160 Abs. 2 StPO) und des Gerichts gefährdet werden.[775] Dem Prinzip der Unparteilichkeit kommt eine wesentliche Bedeutung innerhalb des Legitimierungsprozesses zu. Es dient der Kritikimmunisierung und der Offenheit der Entscheidung.[776] Die Einbindung des Beschuldigten kann nur gelingen, wenn dieser Chancen sieht, durch seine Mitwirkung den Verfahrensausgang zu seinen Gunsten zu beeinflussen. Um die Mitwirkung des Beschuldigten zu erreichen, muss der Entscheidende, im Ermittlungsverfahren der Staatsanwalt, in der Hauptverhandlung der Richter, unabhängig, unvoreingenommen und so durch den Verfahrensablauf beeinflussbar erscheinen.[777] Zumindest die unreflektierte Übernahme von Ermittlungsergebnissen, die einzig vom Unternehmen beeinflusst worden sind, erweckt leicht den Eindruck der Parteilichkeit, wenn dem Beklagten nicht die hinreichende Möglichkeit eingeräumt wird, seine Sicht der Dinge darzulegen und diese Ergebnisse zu widerlegen. Die Möglichkeiten des Mitarbeiters, die

---

774 Vgl. zu dieser Vorprägung des Strafverfahrens über die Bejahung eines hinreichenden Tatverdachts und die Kenntnis des Inhalts der Ermittlungsakten (Urteilsperseveranzeffekt), *Barton*, Einführung in die Strafverteidigung, 2. Aufl., § 12 Rn. 37; *Schünemann*, in: ders. (Hrsg.) Risse im Fundament, S. 71, 76 f.; *ders.*, in: Bierbrauer/Gottwald/Birnbreier-Stahlberger (Hrsg.), Verfahrensgerechtigkeit, S. 215 ff.; *ders.*, StV 2000, 159 ff.

775 So hängt beispielsweise auch die Einschätzung eines Strafverfahrens als fair in nicht unerheblichem Umfang von dem anfänglichen Verhalten der Polizei ab (*Casper/Tyler/Fisher*, law and society review 22 (1988), S. 483, 498; *Röhl*, ZRSoz 14 (1993), 1, 12 f.).

776 *Luhmann*, Legitimation durch Verfahren, 4. Aufl., S. 64 f., 116 f., 133 f.; *ders.*, Rechtssoziologie, 4. Aufl., S. 172.

777 Vgl. *Luhmann*, Legitimation durch Verfahren, 4. Aufl., S. 116 f., 133 f.; *ders.*, Rechtssoziologie, 4. Aufl., S. 172.

Angaben des Unternehmens zu widerlegen, sind in dieser Situation jedoch nur noch marginal. Die Neutralität und Unvoreingenommenheit des Entscheidenden kann für den Betroffenen in dieser Situation zweifelhaft erscheinen.

III. Freiheit der Aussage

Daneben bestehen an den Legitimationsmöglichkeiten eines durch selbstbelastende Auskünfte vorgeprägten Ermittlungsverfahrens weitere Zweifel im Hinblick auf die Freiheit einer eventuellen Mitwirkung des Beschuldigten an dem Verfahren. Auch wenn sich der Mitarbeiter zur (weiteren) Mitwirkung an dem Strafverfahren motivieren ließe, bestünden dann Probleme im Hinblick auf die Zurechenbarkeit dieses Verhaltens. Denn die Bindungswirkung vorangegangenen Verhaltens ist stets davon abhängig, dass der Einzelne frei von äußeren Zwängen handeln konnte. War dem Beteiligten sein Verhalten vorgegeben, wird es ihm nicht als eigene Entscheidung, als bindende Selbstdarstellung, zugerechnet. Von unfreiem Verhalten kann man sein Selbst trennen.[778] In der Ermöglichung der Selbstbindung liegt nach *Luhmann* deswegen auch die latente Funktion der Selbstbelastungsfreiheit.[779]

Können selbstbelastende Auskünfte des Mitarbeiters gegenüber den Interviewern ohne Weiteres in das staatliche Strafverfahren einfließen, nutzt diesem die Berufung auf sein Schweigerecht wenig. Insofern ist dieser faktisch gezwungen, die selbstbelastenden Äußerungen vor Gericht zu wiederholen, um wenigstens auf eine Strafmilderung hoffen zu können. Man könnte zwar auf die Idee kommen, dass durch die Vorstrukturierung die Aussagebereitschaft des Mitarbeiters im Strafverfahren erhöht und damit auch dessen Selbstbindung gefördert würde. Von einer freiwilligen Mitwirkung, die dem angeklagten Mitarbeiter zugerechnet werden könnte, kann dann allerdings kaum noch die Rede sein. Deshalb käme den hierdurch motivierten Handlungen des Mitarbeiters, zumindest soweit dieser faktische Zwang für die Allgemeinheit sichtbar würde, kaum eine Selbstbindungs- und Verstrickungswirkung zu. Folglich müsste diesen Aussagen des Mitarbeiters wohl größtenteils die legitimierende Wirkung abgesprochen werden.

IV. Mögliche Kompensation durch die Einbindung in die internen Ermittlungen

Die Legitimationschancen eines Ermittlungsverfahrens, das durch selbstbelastende Mitarbeiterauskünfte bei unternehmensinternen Ermittlungen vorgeprägt ist, sind aus diesem Grund deutlich herabgesetzt.

Die Anschlussfähigkeit von Informationen, die auf selbstbelastenden Mitarbeiterauskünften beruhen, an Strafverfahren ist aus diesem Grund gefährdet. Sie ist davon abhängig, dass diese legitimierende Funktion, die das Strafverfahren selbst

778 Siehe *Luhmann*, Legitimation durch Verfahren, 4. Aufl., S. 97 f. Vgl. hierzu auch *dens.*, Rechtssoziologie, 4. Aufl., S. 263.

779 Siehe *Luhmann*, Legitimation durch Verfahren, 4. Aufl., S. 97 f.

nicht mehr erfüllen kann, im Rahmen der unternehmensinternen Ermittlungen kompensiert wird. Wäre dem nicht so, könnte ein Verlust der legitimierenden Wirkung des Ermittlungsverfahrens allein dadurch unterbunden werden, dass den selbstbelastenden Auskünften der Anschluss im Ermittlungsverfahren versagt bliebe, beispielsweise über die Annahme eines Beweisverwertungsverbots. Insofern ist die Anschlussfähigkeit der Mitarbeiterauskünfte von der Einbindung des Mitarbeiters in die unternehmensinterne Ermittlung und damit insbesondere von dessen Möglichkeiten abhängig, auf die Untersuchung Einfluss zu nehmen.

1. Unternehmensinterne Ermittlungen als soziale Systeme

Die Einbindung des Mitarbeiters kann insbesondere dann gelingen, wenn es sich bei den internen Ermittlungen ebenso wie bei staatlichen Strafverfahren um ein soziales System handelt, dass darauf ausgerichtet ist, eine bindende und endgültige Entscheidung zu erarbeiten. Dann wäre der Mitarbeiter – ebenso wie im Strafverfahren – darauf angewiesen, sich in den Prozess der Entscheidungsfindung einzubringen, um eine für ihn positive Entscheidung zu erreichen.

Wie staatliche Strafverfahren haben auch unternehmensinterne Ermittlungen eine eigene, subjektive Weltsicht, die nur einen Teil des in der gesamten Welt Möglichen erfasst und realisiert. Innerhalb der unternehmensinternen Ermittlung interessieren nur solche Kommunikationen, die als relevant für die interne Ermittlung eingestuft werden, weil sie der Ermittlung des investigierten Sachverhalts, dessen rechtliche Bewertung oder aber auch den störungsfreien Ablauf der Ermittlung betreffen. Nur diese Fakten, Ereignisse und Erwartungen werden als Informationen aus der Umwelt herausgegriffen. Die Komplexität einer unternehmensinternen Ermittlung unterscheidet sich damit von der Weltkomplexität. Unternehmensinterne Ermittlungen sind demnach ausdifferenziert.[780]

Schwierig gestaltet es sich aber zu beurteilen, ob unternehmensinterne Ermittlungen autonom von ihrer Umwelt sind. Sie müssten durch systeminterne Prozesse gesteuert werden und nicht durch ungefilterte Impulse der Umwelt. Dies ist fraglich, weil die internen Ermittler das Unternehmen vertreten und deswegen von vornherein verfahrensfremde Rollen in die unternehmensinterne Ermittlung hereinspielen. Aufgrund der variierenden Ausgestaltung der internen Ermittlungen verbietet sich an dieser Stelle eine verallgemeinernde Aussage.[781] Für das Ausmaß der Autonomie

780 Vgl. *Luhmann*, Legitimation durch Verfahren, 4. Aufl., S. 41.

781 Vgl. zur variablen Ausgestaltung der unternehmensinternen Ermittlungen *Momsen/Grützner*, DB 2011, 1792; *Moosmayer*, in: Moosmayer/Hartwig, Interne Untersuchungen, S. 2, 4; v. Rosen (Hrsg.), Internal Investigations, S. 109. Diese variable Ausgestaltung der unternehmensinternen Ermittlungen ist insbesondere darauf zurückzuführen, dass sie im Kern durch das reale oder auch nur vermeintliche Unternehmensinteresse bestimmt sind (vgl. *Neuhaus*, in: Kempf/Lüderssen/Volk (Hrsg.), Die Finanzkrise, das Wirtschaftsstrafrecht und die Moral, S. 348, 350; *Sidhu/v. Saucken/Ruhmannseder*, 2011, 881, 882), das von Fall zu Fall verschieden

ist das Maß der Unabhängigkeit der Ermittler entscheidend. Je stärker die internen Ermittler das Ausmaß und die Tiefe der Untersuchung bestimmen und diese eigene Wertungen und Entscheidungen fällen dürfen, desto stärker ist die Autonomie des Systems der internen Ermittlungen. Je umfangreicher dagegen die Weisungsbefugnisse, die Berichtspflichten und allgemein die Kontrolle durch die Unternehmensleitung ausfallen, desto geringer ist die Autonomie ausgeprägt.

In der Bedeutung der Autonomie des Systems für die Motivation des Mitarbeiters sich in die unternehmensinterne Untersuchung einzubinden, kann deswegen eine wesentliche Ursache dafür liegen, dass interne Untersuchungen häufig durch Externe und insbesondere externe Anwälte durchgeführt werden, denen eine neutrale Haltung von Berufs wegen am ehesten zugetraut wird.[782] Auch kann hierin ein Grund dafür liegen, direkte Berichtswege zu staatlichen Behörden einzurichten, wie sie in der Extremform bei „Independent Internal Investigations" existieren, in denen die Unternehmensleitung komplett aus den Berichtswegen zu den staatlichen Behörden ausgeklammert wird. Die Unabhängigkeit der Untersuchung kann auch dadurch gesichert werden, dass sich die Unternehmensleitung bis zur Endfassung des Untersuchungsberichts aus dem Geschehen heraushält. Auch wenn keine einheitliche Aussage möglich ist, kann festgehalten werden, dass die Anschlussfähigkeit an Strafverfahren davon abhängig ist, wie stark unternehmensinterne Ermittlungen als soziales System autonom von ihrer Umwelt gesetzt sind. Je stärker diese Eigenschaft ausgeprägt ist, desto eher scheint es möglich, die durch Luhmann für Gerichtsverfahren beschriebenen Prozesse in Gang zu setzen, welche die Einbindung des Mitarbeiters bewirken.

Als problematisch könnte sich aber auch erweisen, ob unternehmensinterne Ermittlungen auf vergleichbare Weise wie staatliche Strafverfahren auf das Finden einer abschließenden Entscheidung gerichtet sind. Zum einen steht am Ende einer unternehmensinternen Ermittlung keine der Rechtskraft vergleichbare

---

ausgeprägt sein kann (vgl. die „Thesen der Bundesrechtsanwaltskammer zum Unternehmensanwalt im Strafrecht", abrufbar unter http://www.brak.de/zur-rechtspolitik/stellungnahmen-pdf/stellungnahmen-deutschland/2010/november/stellungnahme-der-brak-2010-35.pdf (zuletzt geprüft am 23.04.2016), BRAK These 1, Erläuterung Nr. 4; Kustor/Freshfields Bruckhaus Deringer LLP (Hrsg.), Unternehmensinterne Untersuchungen, S. 34; *Sidhu/v. Saucken/Ruhmannseder*, NJW 2011, 881, 882).

782 Bei Ermittlungen durch Unternehmensmitarbeiter wird häufig neben der Weisungsgebundenheit auch die Kontrollintensität und Abhängigkeit stärker ausgeprägt sein (vgl. *Böhmer*, in: Bay (Hrsg.), Handbuch Internal Investigations, 2. Kap. Rn. 1; *v. Hehn*, Börsen-Zeitung Nr. 221 aus 2007 vom 16.11.07., S. 15; *ders./Hartung*, DB 2006, 1909, 1913. Vgl. auch *Bay/C. Engelhardt*, in: Bay (Hrsg.), Handbuch Internal Investigations, Rn. 18 f. der Einleitung; *Behrends/Müller-Tronnier/Zeidler*, ZfgK 2013, 776, 778; *Besl*, in: Bay (Hrsg.), Handbuch Internal Investigations, 7. Kap. Rn. 13; *Knauer*, ZWH 2012, 41, 42; 81, 83; *Scheunemann/Hellfritzsch*, in: Bay (Hrsg.), Handbuch Internal Investigations, 6. Kap. Rn. 38; *Theile*, ZIS 2008, 406, 408 (Fn. 29)).

Verbindlichkeit. Zum anderen werden die Entscheidungen im Anschluss an eine unternehmensinterne Ermittlung häufig von anderen Personen als den Ermittlern selbst getroffen. Bezüglich der Rechtskraft ist allerdings zu konstatieren, dass auch Gerichtsverfahren nur dann abschließend sind, wenn keine Rechtsmittel eingelegt werden, und dass auch die Rechtskraft Grenzen hat. Zudem kann die protestabsorbierende Wirkung der Rechtskraft[783] bei unternehmensinternen Ermittlungen durch andere funktional gleichwertige Mittel ersetzt werden. So führen beispielsweise die Institute der Verjährung und insbesondere auch die Ausschlussfrist des § 626 Abs. 2 BGB in Bezug auf die fristlose Kündigung aus wichtigem Grund zu einer partiellen Endgültigkeit der Entscheidung. Insofern steht dieser Umstand der Vergleichbarkeit mit Gerichtsverfahren nicht zwingend entgegen. Gleiches gilt auch für den Umstand, dass die Entscheidungen am Ende einer unternehmensinternen Untersuchung typischerweise nicht von den Personen getroffen werden, die die Untersuchung durchgeführt haben. In den unternehmensinternen Untersuchungen wird über die Auswertung der Materialien und die Deutung der Feststellungen über den untersuchten Sachverhalt mit der impliziten Beweiswürdigung eine Vorentscheidung getroffen.[784] Zudem beinhaltet die Untersuchung häufig auch eine rechtliche Bewertung des festgestellten Geschehens.[785] Diese Punkte finden sich typischerweise in dem am Ende der Untersuchung stehenden „Abschlussbericht".[786] Somit unterscheiden sich unternehmensinterne Untersuchungen in diesen Punkten nur unwesentlich von staatlichen Verfahren.[787]

An der Eignung unternehmensinterner Ermittlungen, die legitimierenden Prozesse in Gang zu setzen, bestehen allerdings weitere Zweifel.

---

783 *Luhmann*, Legitimation durch Verfahren, 4. Aufl., S. 129.

784 Siehe *Wisskirchen/Glaser*, DB 2011, 1447, 1451 f. Vgl. *Knierim*, StV 2009, 324, 328; *ders.*, FD-StrafR 2011, 314177; *Odenthal*, Korruption und Mitarbeiterkriminalität, 2. Aufl., S. 175 ff.; *Wewerka*, Internal Investigations, S. 95.

785 *Wisskirchen/Glaser*, DB 2011, 1447, 1451. Vgl. hierzu *Ballo*, NZWiSt 2013, 46, 47; *Knierim*, StV 2009, 324, 328; *Kremer*, in: Bulgard/Hadding/Mülbert u. a. (Hrsg.), Festschrift für Uwe H. Schneider, S. 701, 704; *Mengel*, Compliance und Arbeitsrecht, 4. Kap. Rn. 3; *Moosmayer*, Compliance, 2. Aufl., S. 97; v. Rosen (Hrsg.), Internal Investigations, S. 65. Vgl. hierzu aber auch *Odenthal*, Korruption und Mitarbeiterkriminalität, 2. Aufl., S. 210 f.

786 *Ballo*, NZWiSt 2013, 46, 47, 52; *Wisskirchen/Glaser*, DB 2011, 1447, 1451. Siehe zu diesem Abschlussbericht auch *Dann*, AnwBl 2009, 84, 88; *Nestler*, in: Knierim/Rübenstahl/Tsambikakis (Hrsg.), Internal Investigations, 1. Kap. Rn. 55; *Odenthal*, Korruption und Mitarbeiterkriminalität, 2. Aufl., S. 209 ff.

787 Auch wenn man für die Eigenschaft eines Verfahrens eine gewisse Institutionalisierung, im Sinne von Aufgabenzuweisung und gefestigter Gesellschaftsrelevanz, voraussetzen würde (vgl. *Röhl*, ZRSoz 14 (1993), 1, 3 ff.) könnte man aufgrund der Verbreitung und Gemeinsamkeiten der unternehmensinternen Erhebungen mittlerweile wohl solch eine Institutionalisierung annehmen.

2. Geringere Objektivitätsgewähr der internen Untersuchungen

Die Einbindung des Mitarbeiters erscheint aufgrund der fehlenden Unabhängigkeit derjenigen, die die Untersuchung führen und damit auf die Darstellung des Untersuchungsergebnisses gegenüber den Strafverfolgungsorganen Einfluss nehmen, problematisch. Auch wenn sich die Ermittelnden zur Objektivität verpflichtet fühlen, bleiben sie doch stets Interessenvertreter des involvierten Unternehmens.[788] Selbst wenn sie sich neutral verhalten, den Verdacht, interessengeleitet zu handeln, können sie nur sehr schwer ausräumen. Die Einbindung des Mitarbeiters steht in diesem Zusammenhang zudem vor dem Problem, dass unternehmensinterne Ermittlungen nicht in gleicher Weise wie Gerichtsverfahren von ihrer Umwelt ausdifferenziert sind. Ihr Verlauf ist von vielen Faktoren abhängig, die nicht in direktem Zusammenhang mit dem Verlauf der internen Untersuchung stehen, denn für die Art und Weise des Verlaufs spielt das Unternehmensinteresse eine wesentliche Rolle. Ebenfalls können die Interessen der Unternehmensführung einen erheblichen Einfluss auf den Gang, die Tiefe und auch die Richtung der unternehmensinternen Ermittlungen haben. Zwar verbieten sich hier aufgrund der variierenden Ausgestaltung unternehmensinterner Ermittlungen verallgemeinernde Aussagen für die Legitimationschancen aller Untersuchungen, denn es besteht durchaus ein Unternehmensinteresse an der Objektivität der Ermittlung. Insbesondere hat das Unternehmen ein Interesse an der Anschlussfähigkeit seiner Ermittlungen an das Strafverfahren, ansonsten beraubt es sich seiner Chance auf die Mitdefinition des untersuchten Sachverhalts.[789] Des Weiteren dürfte die mögliche bußgeldmindernde Wirkung von eigenen Aufklärungsmaßnahmen in erheblichem Umfang davon abhängen, inwiefern die unternehmensinternen Untersuchungen als ernsthafte Aufklärungsmaßnahmen wahrgenommen werden.[790] Soweit im Einzelfall eine rechtliche Aufklärungspflicht des Unternehmens besteht, wird dieser nur durch eine objektive

---

788 Siehe bereits *Theile/Gatter/Wiesenack*, ZStW 126 (2014), 803, 818 f., wonach es nur um die „(Re-) Konstruktion eines vor allem im Unternehmensinteresse liegenden Wahrheitsbildes“ gehen kann. Auch *Wehnert*, in Kempf/Lüderssen/Volk (Hrsg.), Ökonomie versus Recht im Finanzmarkt, S. 137, 140, konstatiert, dass unternehmensinterne Erhebungen regelmäßig gerade nicht objektiv und neutral erfolgen. Ebenso *dies.*, StraFo 2012, 253, 254; *Wewerka*, Internal Investigations, S. 149. *Knierim*, StV 2009, 324, 325; *Neuhaus*, in: Kempf/Lüderssen/Volk (Hrsg.), Die Finanzkrise, das Wirtschaftsstrafrecht und die Moral, S. 348, 357; *Schuster*, NZWiSt 2012, 431, 433; *Wehnert*, StV 2012, 253, 254, stellen fest, dass keine gesetzliche Pflicht zur Objektivität des Erhebers bestehe. Vgl. aber *Bay/C. Engelhardt*, in: Bay (Hrsg.), Handbuch Internal Investigations, Rn. 9 der Einleitung. Vgl. zu der Problematik der fehlenden Neutralität in Bezug auf die Annahme eines „Verfahrens“ unter anderer Perspektive auch *Röhl*, ZRSoz 14 (1993), 1, 18.

789 *Theile/Gatter/Wiesenack*, ZStW 126 (2014), 803, 821, vgl. auch 839. Siehehierzu auch 3. Kapitel E. II., III.

790 Vgl. *Bay/C. Engelhardt*, in: Bay (Hrsg.), Handbuch Internal Investigations, Rn. 7, 9 der Einleitung; *Behrens*, RIW 2009, 22, 32; *Engelhart*, Sanktionierung, 2. Aufl.,

und ernsthafte, an der Aufdeckung des wirklichen Geschehens orientierte Ermittlung genüge getan.[791] Daneben lässt sich durch objektive Untersuchungen eher eine positive Publicitywirkung erzielen.[792]

Sowohl für die Unabhängigkeit der unternehmensinternen Ermittler als auch für die Objektivität der Untersuchung besteht jedenfalls eine geringere Gewähr als in staatlichen Ermittlungsverfahren. Die Einbindung des Mitarbeiters im Sinne einer freiwilligen Mitwirkung und auch Auskunftserteilung wird dadurch deutlich erschwert, denn seine Chancen, die Deutung des Geschehens durch seine Mitwirkung an der unternehmensinternen Ermittlung zu beeinflussen, werden durch diese Faktoren zumindest aus der Sicht des Mitarbeiters deutlich dezimiert.

3. Selbstbindung bei Bestehen einer Auskunftspflicht

Dies wirft die Frage auf, ob auf die Motivation des Mitarbeiters, durch seine Auskunft mitzuwirken, soweit verzichtet werden kann, wie seine Auskunftspflicht reicht.[793] Zum einen ist das Bestehen der Auskunftspflicht aber nicht mit dem tatsächlichen Aussageverhalten gleichzusetzen.[794] Ohne die (vermeintliche) Offenheit der Entscheidung können sich unvermutete Erinnerungslücken auftun, die für den Mitarbeiter den Ausweg darstellen, seine Mitarbeit an der Aufklärung zu verweigern.[795] Zum anderen wäre eine derartige, durch Zwang erlangte Auskunft, dem Mitarbeiter von vornherein nicht als eigenes Verhalten zurechenbar und könnte so keine Selbstbindung bewirken.[796] Soweit Mitarbeiterauskünfte aufgrund einer Auskunftspflicht erlangt wurden, kommt diesen deswegen keine legitimierende Funktion zu.

S. 441 f.; *Kremer*, in: Bulgard/Hadding/Mülbert u. a. (Hrsg.), Festschrift für Uwe H. Schneider, S. 701, 705.

791 Vgl. *Bock*, ZIS 2009, 68, 78 f.; *Maschke*, Aufsichtspflichtverletzungen in Betrieben und Unternehmen, S. 39 ff.; *Moosmayer*, Compliance, 2. Aufl., S. 5. Vgl. auch BGH, GmbHR 1985, 143, 144; OLG Koblenz, ZIP 1991, 870 f. Vgl. auch die „Thesen der Bundesrechtsanwaltskammer zum Unternehmensanwalt im Strafrecht", abrufbar unter http://www.brak.de/zur-rechtspolitik/stellungnahmen-pdf/stellungnahmen-deutschland/2010/november/stellungnahme-der-brak-2010-35.pdf (zuletzt geprüft am 23.04.2016), BRAK These 1, Erläuterung Nr. 2.

792 Vgl. *Behrens*, RIW 2009, 22, 32 f.; *Dann*, AnwBl 2009, 84, 85; *Rödiger*, Strafverfolgung von Unternehmen, S. 28.

793 Siehe hierzu unter 7. Kapitel C.

794 Vgl. *Dann/Schmidt*, NJW 2009, 1851, 1853; *Jahn/Kirsch*, StV 2011, 151, 152; *Kahlenberg/Schwinn*, CCZ 2012, 81; Lützeler/Müller-Sartori, CCZ 2011, 19, 25; *Scheunemann/Hellfritzsch*, in: Bay (Hrsg.), Handbuch Internal Investigations, 6. Kap. Rn. 42; *Wisskirchen/Glaser*, in: Wieland/Schack (Hrsg.), Soziale Marktwirtschaft: Verantwortungsvoll gestalten, S. 209, 214.

795 Vgl. *Göpfert/Merten/Siegrist*, NJW 2008, 1703, 1704; *Wisskirchen/Glaser*, DB 2011, 1447, 1448; *Zimmer*, ZRFC 2011, 259, 260.

796 Vgl. unter 6. Kapitel D. III.

4. Geringere Freiheit des Mitarbeiters

Auch ohne die Existenz einer Auskunftspflicht bestehen Zweifel an einer freiverantwortlichen Mitwirkung des Mitarbeiters bei unternehmensinternen Untersuchungen. Aus diesem Grund können solche Auskünfte, die durch Anwendung erheblichen Drucks auf den Mitarbeiter erlangt wurden, nur eine geringe bis gar keine legitimierende Wirkung entfalten. Dies gilt insbesondere für Auskünfte, die durch Drohung mit der Kündigung erlangt wurden. Unterhalb dieser Schwelle nimmt die Bindungswirkung einer Auskunft mit zunehmendem Druck durch das Unternehmen[797] ab. Auch durch Täuschung motivierte Aussagen können nur eine eingeschränkte legitimierende – den Anschluss im Strafverfahren ermöglichende – Wirkung entfalten. Generell setzt freies Verhalten und damit die Anschlussfähigkeit im Strafprozess die Möglichkeit voraus, die eigenen Rechte wahrzunehmen. Diese Möglichkeit hat der Mitarbeiter nur, wenn er seine Rechte zumindest zur Kenntnis nehmen konnte. Insofern ist der Fairness im Umgang mit dem Mitarbeiter eine erhebliche Bedeutung für die Anschlussfähigkeit zuzumessen.

5. Fehlende Öffentlichkeit

Als Erschwernis könnte sich auch die fehlende Öffentlichkeit der unternehmensinternen Ermittlungen gestalten. Die Öffentlichkeit leistet in Gerichtsverfahren einen wesentlichen Beitrag zum Legitimierungsprozess, indem sie, durch die fehlende Äußerung von Dissens mit dem Entscheidungsvorgang, allgemeinen Konsens zumindest suggeriert.[798] Allerdings ist mit dem staatsanwaltschaftlichen Ermittlungsverfahren in Strafverfahren stets ein wesentlicher Teil der Öffentlichkeit entzogen. Auch dort scheint der Umstand, dass die Ermittlungen nichtöffentlich stattfinden, für den Legitimationsvorgang unschädlich zu sein. Anscheinend genügt es, wenn der Ermittlungsvorgang später in der öffentlichen Hauptverhandlung nachvollzogen werden kann. Die fehlende Öffentlichkeit der privaten Ermittlungen muss sich deswegen als unschädlich erweisen.

E. Die Funktion von Belehrungen

Aus den angesprochenen Punkten, die die legitimierenden Prozesse eines durch interne Ermittlungen beeinflussten Strafverfahrens erschweren, lassen sich Ursachen einer zunehmenden Verbreitung von Belehrungen ableiten.

---

797 Vgl. zu derartigem Vorgehen *Wewerka* Internal Investigations, S. 149 f.

798 Zur dieser Funktion des Öffentlichkeitsprinzips, siehe *Luhmann*, Legitimation durch Verfahren, 4. Aufl., S. 122 ff.

I. Erhaltung der „Offenheit“ des Strafverfahrens

Durch die Belehrung des Mitarbeiters könnte die Offenheit des Strafverfahrens erhalten werden. Denn sie ermöglicht ihm, seine Rechte bei der internen Ermittlung besser wahrzunehmen und damit seine Chancen auf die Beeinflussung des Strafverfahrens im Stadium unternehmensinterner Ermittlungen zu wahren. Auf diese Weise kann die Vorstrukturierung des staatlichen Strafverfahrens verringert werden. Es bleiben dem Mitarbeiter noch Möglichkeiten, seine Sicht des Geschehenen in das Strafverfahren einzubringen und den Verlauf des Verfahrens auf diesem Wege zu beeinflussen. So kann seine Motivation erhalten bleiben, sich in das Strafverfahren einzubringen und damit zu der legitimierenden Wirkung des Verfahrens beizutragen.

Allerdings erscheint es zweifelhaft, hierin die Ursache für die Belehrungen zu erblicken, denn das Unternehmen ist vor allem an einer Aufklärung des Geschehens interessiert. Die Offenheit des Strafverfahrens wird dagegen durch eine Auskunftsverweigerung des Mitarbeiters am effizientesten gewahrt. Aus diesem Grund ist es viel naheliegender, in den Belehrungen ein Instrument der Einbindung des Mitarbeiters in die Untersuchung des Unternehmens zu sehen.

II. Einbindung des Mitarbeiters

Die Verbesserung der Chancen des Mitarbeiters, auf den Gang des Verfahrens zielgerichtet Einfluss zu nehmen, kann die Motivation des Mitarbeiters erhöhen, an der Untersuchung mitzuwirken und dabei auch – in der Hoffnung auf eine positive Wendung – Risiken einzugehen. Ein Mitarbeiter, der die Auswirkungen seines Verhaltens halbwegs einschätzen kann, ist hierzu weit eher bereit als ein Mitarbeiter, der durch sein Informationsdefizit eingeschüchtert ist und für den jede Äußerung aus diesem Grund einem Lotteriespiel gleicht. Ein zu großes Chancenungleichgewicht führt dazu, dass der Mitarbeiter das Ergebnis des Verfahrens und insbesondere auch die Darstellung der Vergangenheit als durch seine Mitwirkung nicht mehr positiv für sich beeinflussbar wahrnimmt und der motivierende Faktor für die Einbindung des Mitarbeiters vollkommen verloren geht.[799] Daneben kommt der Chancengleichheit in Verfahren aber auch eine wesentliche Bedeutung für die Verringerung der Eskalationsgefahr zu.[800] Dass der Gleichheit der Chancen, den Prozessverlauf zu den eigenen Gunsten zu beeinflussen, eine erhebliche Bedeutung für die Akzeptanz der Entscheidung und damit deren Legitimation zukommt, zeigt – auf anderer Theoriegrundlage – auch die Forschung zur „procedural justice“, wonach Mitwirkungsmöglichkeiten der von der Entscheidung betroffenen Personen bewirken, dass das Verfahren generell als fairer angesehen wird und auf diesem

799 Vgl. *Luhmann*, Legitimation durch Verfahren, 4. Aufl., S. 44.
800 *Luhmann*, Legitimation durch Verfahren, 4. Aufl., S. 103 ff.

Wege auch die Akzeptanz der Entscheidung gesteigert wird.[801] Interessant erscheint hieran auch, dass nach einer Studie von Tyler und Rasinski die „Fairness“ des angewandten Verfahrens auch von unbeteiligten Personen als für die – wertebezogen verstandene - Legitimation der das Verfahren anwendenden Institution relevant eingestuft wird und nicht nur von den unmittelbar Beteiligten.[802] Gerade auf diese Einschätzung der unbeteiligten Allgemeinheit kommt es aber auch nach dem Verständnis von Luhmann für die Legitimation einer Entscheidung erheblich an.[803]

Problematisch gestaltet sich bei all dem der Punkt, dass sich die Situation innerhalb unternehmensinterner Untersuchungen nicht unbedingt dazu eignet, chancenneutrale Rollen zu vermitteln. Die Auslegungs- und Darstellungshoheit über den Untersuchungsbericht liegt hier allein bei den Interviewern – den möglichen Gegenspielern des Interviewten.[804] Insoweit befindet sich der verdächtige Mitarbeiter in einer unterlegenen Position.[805] Dieses Ungleichgewicht der Chancen wird durch die zumeist für den Interviewten kritische Lage noch verstärkt.[806] An dieser strukturell angelegten Überlegenheit vermag auch der Umstand nichts zu ändern, dass der Mitarbeiter in Bezug auf den untersuchten Sachverhalt und den daran beteiligten Personen über einen Informationsvorsprung verfügt.[807] Es darf zwar nicht übersehen

---

801 So auf Grundlage eines “group value-model” *Lindt/Tyler*, The Social Psychology of Procedural Justice, insb. S. 64, 81 f., 211. Zusammenfassend *Jung*, in: Herzog/Neumann (Hrsg.), Festschrift für Winfried Hassemer, S. 73, 79. Siehe auch *Bierbrauer*, in: Oswald/Steinvorth (Hrsg.), Die offene Gesellschaft und ihre Fremden, S. 175, 184; *Lind*, in: Bierbrauer/Gottwald/Birnbreier-Stahlberger (Hrsg.), Verfahrensgerechtigkeit, S. 3, 6; *Smith*, in: Tyler (Hrsg.), Legitimacy and Criminal Justice, S. 30, 31, 35 f.; *Thibaut/Walker*, Procedural Justice sowie auch *Tyler*, Annual Review of Psychology 57 (2006), 375, 379 f., 382 ff. mit weiterführenden Hinweisen.

802 *Tyler/Rasinski*, Law and Society Review 25 (1991), S. 621 ff. Anders aber, die Fairness des Verfahrens, spiele für die Akzeptanz einer Entscheidung bei denjenigen, die nicht direkt an der Entscheidung beteiligt waren keine Rolle, *Gibson*, law and society review 25 (1991), 631 ff., insb. 634. Mit der Annahme einer Rückwirkung einer generalisierten Legitimität auf die Legitimität des individuellen Verfahrens besteht aber durchaus auch hier eine gewisse Nähe zu dem Ansatz *Luhmanns*, siehe *Röhl*, ZRSoz 14 (1993), 1, 16.

803 Vgl. oben unter 6. Kapitel B. III.

804 Siehe *Theile/Gatter/Wiesenack*, ZStW 126 (2014), 803, 839. Vgl. hierzu auch *Knierim*, StV 2009, 324, 325.

805 Vgl. *Knauer/Gaul*, NStZ 2013, 192, 193; *Theile/Gatter/Wiesenack*, ZStW 126 (2014), 803, 825.

806 Vgl. *Dann/Schmidt*, NJW 2009, 1851, 1852; *Theile*, StV 2011, 381, 384.

807 Vgl. *Pfordte*, in: Arbeitsgemeinschaft Strafrecht des Deutschen Anwaltvereins (Hrsg.), Strafverteidigung im Rechtsstaat, S. 740, 744. Vgl. zu der Notwendigkeit für den Untersuchenden, diesen Wissensvorsprung zum Zeitpunkt des Interviews bereits möglichst minimiert zu haben *Knierim*, in: Knierim/Rübenstahl/Tsambikakis (Hrsg.), Internal Investigations, 7. Kap. Rn. 2. Vgl. auch *Dann*, AnwBl 2009, 84, 85; *Göpfert/Merten/Siegrist*, NJW 2008, 1703, 1704.

werden, dass insofern zwischen der Situation bei internen Ermittlungen und dem zumeist entscheidenden Stadium des Strafverfahrens, dem staatsanwaltschaftlichen Ermittlungsverfahren, kein großer Unterschied besteht. Im Strafverfahren liegt die Definitionsmacht allein bei der Staatsanwaltschaft als Gegenspieler des Beschuldigten. Wegen dieses Ungleichgewichts ist die Einräumung von Verfahrensrechten aber umso bedeutender.[808] Im Zusammenspiel mit anderen Rechten, wie beispielsweise dem Recht auf Anwaltskonsultation und Einsicht in die Interviewprotokolle, kann dieses Ungleichgewicht durch Belehrungen soweit minimiert werden, dass sich der betroffene Mitarbeiter in einer nicht ganz aussichtslosen Situation sieht und seine Möglichkeiten als chancenträchtig wahrnimmt. Insoweit sind Verfahrensrechte und auch Belehrungen für die Einbindung des befragten Unternehmensmitarbeiters essenziell. Es genügt nicht, dem Mitarbeiter Rechte einzuräumen. Es muss ihm auch ermöglicht werden, diese wahrzunehmen. Dies setzt voraus, dass er seine Möglichkeiten kennt, das Verfahren zu beeinflussen.[809]

Daneben kann ein zu großes Ungleichgewicht zwischen den Interviewern und dem Mitarbeiter dem Letztgenannten das Gefühl vermitteln, reines „Objekt" des Verfahrens zu sein.[810] Generell können durch die Unsicherheit hervorgerufene Gefühle von Hilflosigkeit und Kontrollverlust sowie Stress die Aussagebereitschaft aber auch -fähigkeit erheblich einschränken.[811] Wenn der Mitarbeiter nicht versteht, worum es geht, in welcher Funktion er befragt wird und wer in welcher Rolle anwesend ist, kann dies eine verunsichernde und damit mitwirkungshemmende Wirkung entfalten.[812] Das schlichte Nichtverstehen der Situation kann allein bereits einen Grund für den Mitarbeiter darstellen, die Auskunft zu verweigern oder sich auf Erinnerungslücken zu berufen. Durch die mit einer Belehrung verbundene Informationsübermittlung lässt man das Verfahren für den Betroffenen transparenter werden, gibt ihm mehr Sicherheit und kann ihn zu Kooperationsbereitschaft veranlassen. Dies gilt insbesondere dann, wenn mit der Äußerung für den Mitarbeiter nach der Aufklärung über die Situation keine ersichtliche Gefahr verbunden ist oder aber die

---

808 Vgl. *Theile/Gatter/Wiesenack*, ZStW 126 (2014), 803, 825. Vgl auch *Knauer/Gaul*, NStZ 2013, 192, 193.

809 Vgl. auch *Henckel*, Vom Gerechtigkeitswert verfahrensrechtlicher Normen, S. 20.

810 *Greuel*, in: Volbert/Steller, Handbuch der Rechtspsychologie, S. 221, 223. Vgl. auch *Müller-Luckmann*, in: Wassermann (Hrsg.), Menschen vor Gericht, S. 69, 70. Der Möglichkeit das Verfahren zu beeinflussen soll auch nach den Erkenntnissen von Bierbrauer/Tyler/Lind/Leung eine wesentliche Bedeutung für die Legitimität zukommen, siehe hierzu *Bierbrauer*, in: Oswald/Steinvorth (Hrsg.), Die offene Gesellschaft und ihre Fremden, S. 175, 185.

811 Siehe *Greuel*, in: Volbert/Steller, Handbuch der Rechtspsychologie, S. 221, 223. Vgl. auch *Arntzen*, Vernehmungspsychologie, 3. Aufl., S. 10.

812 Vgl. *Mohrbach*, in: Deckers/Köhnken (Hrsg.), Die Erhebung von Zeugenaussagen im Strafprozess, S. 157 f. Siehe aber *Wisskirchen/Glaser*, DB 2011, 1447, die feststellen, dass das Mitteilen eines konkreten Verdachtes zu Beginn einer Untersuchung eine die Aussagebereitschaft senkende Wirkung entfalte.

Vorwürfe (partiell oder gänzlich) unzutreffend sind.[813] In dieser Situation kann jede Information, die der Mitarbeiter über den Gang der Untersuchung und deren mögliche Folgen erhält, die Aussagebereitschaft erhöhen und so den Mitarbeiter einbinden.

Daneben führt eine Verunsicherung häufig auch zu einer verminderten Gedächtnisleistung,[814] sodass auf diese Weise auch die Mitwirkungsfähigkeit des Mitarbeiters beeinträchtigt sein kann. Hierdurch würde sich nicht nur die Qualität, sondern auch die Quantität der Auskünfte reduzieren.[815] Eine Aufklärung über Art und Zweck der Befragung kann gerade in dieser unbekannten Situation Angst nehmen und Vertrauen aufbauen.[816] Hierfür dürfte es weniger auf den konkreten Inhalt der Belehrung als darauf ankommen, dass überhaupt eine ernsthaft erscheinende Aufklärung stattfindet, wobei der Art und Weise, insbesondere der Verständlichkeit und Freundlichkeit, eine wesentliche Bedeutung zuzumessen sein wird.[817] Insofern kann die Auskunftsbereitschaft sogar für den Fall gefördert werden, dass der Mitarbeiter seine Rechte bereits kennt. Für Vernehmungen in Strafverfahren ist anerkannt, dass aufgrund der besonderen Situation auch derjenige einen Hinweis auf seine Rechte benötigen kann, um „klare Gedanken" zu fassen, der mit der Rechtslage vertraut ist.[818] In einer ähnlichen Situation befindet sich auch der Unternehmensmitarbeiter, der im Rahmen der Befragung einer Mehrzahl an Interviewern gegenübersitzt und sich aufgrund der ihm drohenden Konsequenzen in einer unangenehmen Position befindet.[819] Auch er kann in dieser Lage in der Wahrnehmung seiner Chancen gehemmt sowie mit der Einschätzung der Situation trotz Kenntnis der Rechtslage überfordert sein.[820] Insoweit kann die Belehrung Angst abbauend und mitwirkungsmotivierend wirken.

Es soll allerdings nicht verschwiegen werden, dass die Belehrung grundsätzlich auch eine beunruhigende und damit mitwirkungshemmende Wirkung entfalten kann, indem sie dem Interviewten die mit einer Auskunft verbundenen Risiken nochmals aufzeigt.[821]

---

813 Vgl. zu der verminderten Auskunftsbereitschaft auch unschuldiger Mitarbeiter, wenn diese hierdurch ein gegen sie gerichtetes Ermittlungsverfahren riskieren müssen, *Fritz*, CCZ 2011, 156, 157. Vgl. auch *Gerst*, CCZ 2012, 1, 5; *Göpfert/Merten/Siegrist*, NJW 2008, 1703, 1704; *Jahn/Kirsch*, StV 2011, 151, 152; *Sieg*, in: Bauer/Kort/Möllers u. a. (Hrsg.), Festschrift für Herbert Buchner, S. 859, 863.

814 *Nagler*, StV 1983, 211, 212.

815 Vgl. *Arntzen*, Vernehmungspsychologie, 3. Aufl., S. 9.

816 Vgl. *Nagler*, StV 1983, 211, 213.

817 Vgl. *Arntzen*, Vernehmungspsychologie, 3. Aufl.

818 BGHSt 38, 214, 224; NJW 2002, 975, 976.

819 Vgl. *Dann/Schmidt*, NJW 2009, 1851, 1852; *Rudkowski*, NZA 2011, 612; *Rübenstahl*, WiJ 2012, 17; *Wastl/Litzka/Pusch*, NStZ 2009, 68, 70 f.

820 Vgl. *Dann/Schmidt*, NJW 2009, 1851, 1852.

821 Vgl. *Wisskirchen/Glaser*, DB 2011, 1447. Vgl. auch *Lützeler/Müller-Sartori*, CCZ 2011, 19, 23; *Rübenstahl*, WiJ 2012, 17, 28; *Wessing*, in: Arbeitsgemeinschaft Strafrecht des Deutschen Anwaltvereins (Hrsg.), Strafverteidigung im Rechtsstaat, S. 907, 922.

III. Offenheit der internen Untersuchung

Für die Motivation zur Mitwirkung an dem Verfahren kommt Belehrungen noch auf andere Weise Bedeutung zu. Sie können auch als Mittel gedeutet werden, die Offenheit der Entscheidung darzustellen.[822] Gerade die Belehrung über Verhaltensmöglichkeiten impliziert, dass die Entscheidung über die eigene Verhaltensweise Chancen und Risiken beinhaltet und damit auch Auswirkungen auf den Verfahrensverlauf haben kann. Stünde der Ausgang des Verfahrens schon fest, wäre auch die Herstellung der Chancengleichheit obsolet.[823] Dadurch, dass der Interviewer über die Möglichkeiten, auf den Ablauf des Verfahrens Einfluss zu nehmen, informiert, zeigt er, dass er dieser Entscheidung und damit dem weiteren Verfahrensverhalten Bedeutung beimisst. Auf diese Weise stellt eine Person mit einer gewissen Definitionsmacht durch die Belehrung die Offenheit der Entscheidung mit dar.[824] Inhaltlich ist eine durch Darstellung der Offenheit der Entscheidung hervorgerufene mitwirkungsmotivierende Wirkung der Belehrung davon abhängig, dass dem Mitarbeiter verschiedene Verhaltensmöglichkeiten mit den jeweils möglichen Konsequenzen aufgezeigt werden.

IV. Unparteilichkeit des Verfahrens

Des Weiteren könnte die Institutionalisierung von Belehrungspflichten dadurch begründet sein, dass die Übernahme selbstbelastender Äußerungen aus den Interviews die Darstellung der Unparteilichkeit des Gerichts und der Staatsanwaltschaft (§ 160 Abs. 2 StPO) gefährden würde.[825]

Dem Prinzip der Unparteilichkeit kommt eine wesentliche Bedeutung innerhalb des Legitimierungsprozesses zu, indem es der Kritikimmunisierung und der Gewährleistung der Offenheit der Entscheidung dient.[826] Die (unreflektierte) Übernahme der Ermittlungsergebnisse, die einzig vom Unternehmen beeinflusst worden sind, kann den Eindruck der Parteilichkeit erwecken, wenn dem potenziellen Beklagten nicht die hinreichende Möglichkeit eingeräumt wird, seine Sicht der Dinge darzulegen und vorherige Erkenntnisse zu widerlegen. Um einen Legitimationsverlust des Strafverfahrens zu verhindern, muss der Beweiswert einer einseitigen Untersuchung im Strafverfahren daher eher niedrig angesetzt werden. Diese Herabsetzung

822 Vgl. zu der Bedeutung der Offenheit der Entscheidung für den Selbstverstrickungsprozess oben unter 6. Kapitel B. I. und *Luhmann*, Legitimation durch Verfahren, 4. Aufl., S. 51 f., 116 f., 128.

823 Vgl. *Neumann*, ZStW 101 (1989), 52, 60.

824 Vgl. hierzu *Luhmann*, Legitimation durch Verfahren, 4. Aufl., S. 116 f.

825 So hängt beispielsweise auch die Einschätzung eines Strafverfahrens als fair in nicht unerheblichem Umfang von dem anfänglichen Verhalten der Polizei ab (*Casper/Tyler/Fisher*, law and society review 22 (1988), S. 483, 498; *Röhl*, ZRSoz 14 (1993), 1, 12 f.).

826 Vgl. unter 6. Kapitel D. II. und *Luhmann*, Legitimation durch Verfahren, 4. Aufl., S. 64 f., 116 f., 133 f., *ders.*, Rechtssoziologie, 4. Aufl., S. 172.

des Beweiswerts lässt sich nur dadurch verhindern, dass dem Mitarbeiter bereits innerhalb der Untersuchung geeignete Mechanismen an die Seite gestellt werden, seine Interessen wahrzunehmen und die Untersuchung auf diesem Wege zu beeinflussen.[827] Soweit die verschiedenen „Belehrungen" die Chancen des Mitarbeiters in der unternehmensinternen Erhebung stärken, kommt ihnen auf diesem Wege eine Bedeutung für die Legitimation eines anschließenden Strafverfahrens gegen den Mitarbeiter zu.

Daneben können Belehrungen als Mittel gedeutet werden, interne Ermittlungen als weniger parteiisch erscheinen zu lassen, um die Anschlussfähigkeit in Strafverfahren auf diese Weise zu erhöhen. Denn mit der Belehrung zeigt der Interviewer dem Mitarbeiter weitere Verhaltensmöglichkeiten auf, die dessen Chancen im Verfahren verbessern können und stärkt somit dessen Position. Auf diese Weise wird ein Gegengewicht zu dem Umstand geschaffen, dass der Interviewer im Unternehmenslager steht und deswegen zumeist andere Interessen als der Mitarbeiter verfolgt. Insoweit kann durch die Belehrung die Neutralität der Untersuchung des Unternehmens dargestellt werden.[828]

V. Vertrauensbildung

Belehrungen könnten zudem ein Mittel sein, das Vertrauen des Mitarbeiters zu gewinnen und auf diesem Wege dessen Auskunftsbereitschaft zu erhöhen.[829]

Dabei ist zu beachten, dass unternehmensinternen Ermittlungen ein wesentliches Element der Vertrauensgenerierung fehlt, das staatliche Ermittlungsverfahren besitzen – das des Systemvertrauens. In einem (herkömmlichen) strafrechtlichen Ermittlungsverfahren kann der Beschuldigte, vermittelt durch das Prozessrecht und das Vertrauen in die Rechtmäßigkeit staatlichen Handelns, ein abstraktes Vertrauen dahin aufbauen, dass ihm Mindestrechte der Beteiligung eingeräumt werden, dass das Verfahren objektiv (§ 160 Abs. 2 StPO) geführt wird und dass keine unverhältnismäßigen Übergriffe auf seine Person stattfinden. Systemvertrauen ist ebenso wie persönliches Vertrauen ein Mittel der Komplexitätsreduktion.[830] Vertrauen ist ein Mechanismus, der Unsicherheit über die Zukunft derart zu begegnen, dass über Informationen aus der Vergangenheit eine Prognose für die Zukunft gewagt wird. Von vergangenem Verhalten wird auf zukünftiges ähnliches Verhalten geschlossen, obwohl sich eine solche Vorhersage nie mit hundertprozentiger Gewissheit treffen lässt. Informationen aus der Vergangenheit werden auf diese Weise überzogen, um

827 Vgl. *Dann/Zülch*, ZRFC 2011, 267, 271.

828 Vgl. *Tsambikakis*, in: Knierim/Rübenstahl/Tsambikakis (Hrsg.), Internal Investigations, 7. Kap. Rn. 37.

829 So *Tsambikakis*, in: Knierim/Rübenstahl/Tsambikakis (Hrsg.), Internal Investigations, 7. Kap. Rn. 37. Vgl. Bender/Nack/Treuer, Tatsachenfeststellung vor Gericht, 4. Aufl., Rn. 753. Vgl. auch *Lind*, in: Bierbrauer/Gottwald/Birnbreier-Stahlberger (Hrsg.), Verfahrensgerechtigkeit, S. 3, 7.

830 Siehe hierzu *Luhmann*, Vertrauen, 4. Aufl., S. 60 ff.

die Ungewissheit der Zukunft zu absorbieren.[831] Während persönliches Vertrauen auf der individuellen Beziehung zu anderen Menschen und damit auf deren Vertrauenswürdigkeit aufbaut,[832] stellt Systemvertrauen eine diffuse Form des generalisierten Vertrauens in das Funktionieren eines Systems dar, das der Einzelne aufgrund seiner Komplexität nicht durchschauen kann[833] und dessen Komplexität er deswegen für sich – durch Vertrauen auch in die immanente Kontrolle des Systems durch dieses selbst– reduzieren muss.[834] Dabei ist das Systemvertrauen gegenüber dem persönlichen Vertrauen weitaus resistenter gegenüber Erwartungsenttäuschungen, weil diese stets speziell erklärt und abreagiert werden können.[835] Ein solches generalisiertes Systemvertrauen besteht in das (Prozess-) Recht und die Gerichte, (noch) nicht aber in unternehmensinterne Ermittlungen.

Bei unternehmensinternen Ermittlungen kann damit allenfalls persönliches Vertrauen generiert werden. Dies mag im Einzelfall gelingen, die Situation, in der die Interviews stattfinden, ist für einen Prozess der Vertrauensbildung jedoch denkbar ungeeignet. Dies hängt zum einen damit zusammen, dass die Vertrauensbildung ein Prozess ist, der auf der ständigen Wiederholung von Vertrauensgewährung und Vertrauensbewährung aufbaut.[836] Bei internen Ermittlungen dürfte die Beziehung zwischen den ermittelnden Personen und dem Mitarbeiter selten eine für einen solchen, sich ständig vertiefenden Vorgang ausreichende Intensität haben.

Zudem besteht ein zu großes Machtungleichgewicht zwischen den Unternehmensvertretern und dem Mitarbeiter. Für den Mitarbeiter gestaltet sich die Vertrauensbildung deswegen als zu riskant. Er selbst geht ein hohes Risiko ein, wenn er eine Auskunft erteilt. Zudem hat der Mitarbeiter im Regelfall keine nennenswerte Möglichkeit, einen eventuellen Vertrauensmissbrauch der Unternehmensvertreter zu sanktionieren.[837] Er befindet sich bei unternehmensinternen Ermittlungen in einer strukturell unterlegenen Position. Sein einziges mögliches Druckmittel, das Wissen um den investigierten Sachverhalt, soll er als Folge der Vertrauensbildung gerade aufgeben. Die Abwägung für oder gegen eine Vertrauensbildung[838] dürfte somit in den meisten Fällen negativ ausgehen. Dieser Schluss wird durch den Umstand verstärkt, dass die soziale Schuldzuweisung bei einem Vertrauensbruch eng mit der Frage nach Sanktionsmöglichkeiten verknüpft ist.[839] Wurde vom Vertrauenden auf die Möglichkeit der Sanktionierung verzichtet oder eine solche aufgegeben, geht die soziale Schuldzuweisung in die Richtung, dass der Vertrauende den Vertrauensbruch

831 *Luhmann*, Vertrauen, 4. Aufl., S. 23 f., 31.
832 Siehe *Luhmann*, Vertrauen, 4. Aufl., S. 20 ff., 47 ff.
833 *Luhmann*, Vertrauen, 4. Aufl., S. 64, 77.
834 Siehe *Luhmann*, Vertrauen, 4. Aufl., S. 60 ff., 64, 72 f., 77.
835 *Luhmann*, Vertrauen, 4. Aufl., S. 75. Vgl. zudem auch *dens.*, Rechtssoziologie, 4. Aufl., S. 281.
836 *Luhmann*, Vertrauen, 4. Aufl., S. 53 f., 56 ff.
837 Vgl. *Luhmann*, Vertrauen, 4. Aufl., S. 41.
838 Siehe hierzu *Luhmann*, Vertrauen, 4. Aufl., S. 40 f., 44 ff.
839 *Luhmann*, Vertrauen, 4. Aufl., S. 46 f.

selbst zu verantworten hat.[840] Der Mitarbeiter hätte also im Falle eines Vertrauensbruchs auch noch mit Ansehensverlust zu rechnen.[841]

Es wird deswegen häufig nicht gelingen, durch eine Belehrung einen Vertrauensprozess in Gang zu setzen, der die Auskunftsbereitschaft des Mitarbeiters erhöht.[842]

VI. Freiheit der Aussage

Belehrungen können auch die Zurechnung des Verhaltens des Mitarbeiters zu seiner Person erleichtern. Diese Zurechenbarkeit ist eine wesentliche Voraussetzung des legitimierenden Selbstverstrickungsprozesses und hängt, wie oben bereits aufgezeigt,[843] entscheidend davon ab, dass der Mitarbeiter „frei" in seinem Verhalten war. Ansonsten kann das Verhalten von der Person getrennt werden und wird dieser nicht als Selbstdarstellung angelastet.[844] Unfreies Verhalten bindet deswegen den Mitarbeiter nicht in seinem weiteren Verhalten. Soweit Auskünfte des Mitarbeiters „unfrei" erteilt wurden, wird daher kein Selbstbindungsprozess ausgelöst. Die Zurechnung setzt deswegen ein gewisses Maß an Einsichtsfähigkeit in die bestehende Situation voraus. Eine freie, eigenverantwortliche Entscheidung kann der Mitarbeiter nur treffen, wenn er über (potenziellen) Konsequenzen der Mitarbeit oder Auskunftsverweigerung vollständig aufgeklärt ist.[845] In dem Umfang, in dem der Mitarbeiter die Situation versteht und die Folgen seines Verhaltens abschätzen kann, wird und wirkt sein Verhalten freier. Mit zunehmendem Grad an Einsichtsfähigkeit wird zunehmend die Zurechnung des Verhaltens ermöglicht. Insoweit erhöht jede Information, die der Mitarbeiter über den Grund und den Ablauf der Untersuchung sowie die möglichen Konsequenzen seines Verhaltens erhält, die Anschlussfähigkeit an das Strafverfahren. Besondere Bedeutung kommt auch Belehrungen bei Amnestieangeboten zu. Diese gestalten sich unter dem Aspekt der Täuschung als problematisch, weil sie auf den ersten Blick für den Mitarbeiter schnell verlockender erscheinen, als ihr Inhalt wirklich ist.[846] Zum einen kann leicht der Eindruck erweckt werden, dass eine Freiheit vor Strafverfolgung zugesichert

---

840 Siehe *Luhmann*, Vertrauen, 4. Aufl., S. 46 f. Vgl. auch *dens.*, Soziale Systeme, S. 180.

841 Vgl. *Luhmann*, Vertrauen, 4. Aufl., S. 46 f. Vgl. auch *dens.*, Soziale Systeme, S. 180.

842 Auch nach Bender/Nack/Treuer, Tatsachenfeststellung vor Gericht, 4. Aufl., Rn. 753, gelingt es nur „in manchen Fällen bis zu einem gewissen Grade" die Aussagebereitschaft des Angeklagten in einem Strafprozess durch Herstellung eines Vertrauensverhältnisses positiv zu beeinflussen (für Zeugen und Parteien im Zivilprozess fällt deren Prognose weit besser aus). Hier dürften gewisse Parallelen zu der Situation des verdächtigen Mitarbeiters bestehen.

843 6. Kapitel D III.

844 Siehe *Luhmann*, Legitimation durch Verfahren, 4. Aufl., S. 98.

845 Siehe *Sidhu/v. Saucken/Ruhmannseder*, NJW 2011, 881, 883. Vgl. *Ruhmannseder*, in: Schulz/Reinhart/Sahan (Hrsg.), Festschrift für Imme Roxin, S. 501, 509 f.

846 Nach *Momsen*, ZIS 2011, 508, 515, sollen sich diese deswegen in der Nähe einer Täuschung nach § 136a StPO bewegen.

wird, die von dem Unternehmen gar nicht gewährt werden kann.[847] Zum anderen sind die Amnestieangebote häufig inhaltlich beschränkt, beispielweise derart, dass vorsätzliche Taten ausgeklammert werden oder sie auch generell unter den Vorbehalt gestellt werden, dass es zu keiner strafrechtlichen Verurteilung des Mitarbeiters kommt.[848] Um den Anschein einer durch Täuschung oder auch nur durch Irrtum des Mitarbeiters erlangten Aussage zu vermeiden, kommt insoweit der Belehrung über die Grenzen des Amnestieangebots besondere Bedeutung zu.[849]

Belehrungen können nicht nur die „Freiheit" des Mitarbeiters bei den Interviews objektiv erhöhen, sie können auch dazu dienen, die „Freiheit" des Mitarbeiters nach außen darzustellen. Für die Zurechnung des Verhaltens kommt diesem Aspekt ebenfalls eine erhebliche Bedeutung zu. Insoweit kommt Belehrungen sogar dann eine wesentliche Funktion für die Anschlussfähigkeit zu, wenn der Mitarbeiter bereits zuvor über alle entscheidungserheblichen Punkte Kenntnis besaß.

F. Notwendigkeit einer Annäherung an die StPO?

In den vorangegangen Ausführungen wurde aufgezeigt, dass Belehrungen auf vielfältige Weise geeignet sind, die Anschlussfähigkeit von selbstbelastenden Mitarbeiterauskünften bei unternehmensinternen Ermittlungen an Strafverfahren zu erhöhen. Es stellt sich allerdings noch die Frage, ob die Anschlussfähigkeit auch von der Anlehnung der unternehmensinternen Ermittlungen an die Regelungen der StPO abhängt.

Da es sich unternehmensinternen Ermittlungen nicht um rein strafrechtliche Ermittlungen handelt, dürfte es sich für die Akzeptanz allgemein als unschädlich erweisen, wenn diese teilweise nach anderen Mustern ablaufen.[850] Allerdings stellen die Beschuldigtenrechte der StPO auf vielfältige Weise die Einbindung des Beschuldigten bereits im Ermittlungsverfahren sicher, sodass die Anlehnung an die StPO eine gewisse Gewähr für die Anschlussfähigkeit bietet.[851] Dabei kommt den Mechanismen zur Sicherung der „Selbstbelastungsfreiheit" wie der Einräumung

847 Siehe *Knauer*, ZWH 2012, 81, 84; *ders./Buhlmann*, AnwBl 2010, 387, 392; *Knauer/Gaul*, NStZ 2013, 192, 194; *Krull*, in: Bay (Hrsg.), Handbuch Internal Investigations, 3. Kap. Rn. 64; *Momsen*, ZIS 2011, 508, 515.

848 Vgl. *Breßler/Kuhnke/Schulz/Stein*, NZG 2009, 721, 723; *Fölsing*, ZRFC 2013, 82, 84; *Kahlenberg/Schwinn*, CCZ 2012, 81, 84, 85; *Pfordte*, in: Arbeitsgemeinschaft Strafrecht des Deutschen Anwaltvereins (Hrsg.), Strafverteidigung im Rechtsstaat, S. 740, 749.

849 Siehe *Krull*, in: Bay (Hrsg.), Handbuch Internal Investigations, 3. Kap. Rn. 64. Vgl. *Knauer/Buhlmann*, AnwBl 2010, 387, 392 f.; *Schürrle/Olbers*, CCZ 2010, 178, 182. Vgl. auch *Kremer*, in: Burgard/Hadding/Mülbert u. a. (Hrsg.), Festschrift für Uwe H. Schneider, S. 701, 708; *Momsen*, ZIS 2011, 508, 515.

850 Vgl. auch *Momsen/Grützner*, DB 2011, 1792, 1794; *Rübenstahl*, WiJ 2012, 17, 19.

851 Vgl. auch *Theile/Gatter/Wiesenack*, ZStW 126 (2014), 803, 842 f.

eines Auskunftsverweigerungsrechts und der Belehrung über dieses Recht eine überragende Bedeutung für die Einbindung des Mitarbeiters zu.

Neben dieser indirekten Bedeutung für die Anschlussfähigkeit könnten die Unternehmen im Hinblick auf die Anschlussfähigkeit von der allgemeinen Akzeptanz der Regelungen der StPO profitieren. Werden deren Regelungen eingehalten, könnte sich das Unternehmen insoweit gegenüber der Kritik an seinem Vorgehen weitgehend immunisieren, denn darüber, dass die Beschuldigtenrechte bei einem StPO konformen Verhalten ausreichend gewahrt werden, besteht weitgehender Konsens. Insofern könnte das Unternehmen auch von dem Systemvertrauen in das Strafprozessrecht seinen Nutzen ziehen.

G. Schlussfolgerungen und Einordnung der rechtstatsächlichen Erkenntnisse

Aufgrund der Bedeutung, die den Belehrungen nach den obigen Ausführungen für die Anschlussfähigkeit der unternehmensinternen Ermittlungen an Strafverfahren zukommen kann, verwundert es auch nicht, dass diese in der Praxis häufig davon abhängig gemacht werden, ob das Unternehmen die Anschlussfähigkeit sicherstellen will.[852] Diesen Zusammenhang haben auch viele der Interviewpartner des rechtstatsächlichen Forschungsprojekts bestätigt[853] Daneben fügt es sich in dieses Bild ein, dass ein Interviewpartner darauf verwies, dass unternehmensinterne Ermittlungen *„nicht zuletzt auch mit Blick als Vorarbeit für staatsanwaltschaftliche Ermittlungen“* *„selbst von hoher Integrität sein“* müssten [**2-2** 1162–1165].

Insofern ist auch ein Zusammenhang zwischen dem Verzicht auf den Aufbau einer Drucksituation und der Nähe eines staatlichen Straf- oder Ordnungswidrigkeitenverfahrens zu erwarten, denn für die Anschlussfähigkeit, die sicherzustellen häufig im Unternehmensinteresse liegt, ist von erheblicher Bedeutung, dass die Angaben des Mitarbeiters „freiwillig“ erfolgten.

Es würde nach dieser Untersuchung auch nicht verwundern, wenn das Ob und Wie der Protokollierung vom Interesse an der Anschlussfähigkeit abhängig gemacht würde. Die Protokollierung ist das Mittel, um nachzuweisen, dass die Mitarbeiterrechte während des Interviews gewahrt und die Auskünfte des Mitarbeiters nicht durch extreme Informationsasymmetrien und damit „unfrei“ generiert wurden. Vor dem Hintergrund der Selbstbindungswirkung ist zu konstatieren, dass dieser Effekt durch eine Genehmigung des Protokolls durch den Mitarbeiter verstärkt wird.

Daneben lässt die Untersuchung einen Zusammenhang zwischen der Professionalisierung der Untersuchung und der Belehrung des Mitarbeiters vermuten. Denn je stärker die Untersuchung professionalisiert ist, desto höher ist in der Regel die Informationsasymmetrie zwischen denjenigen, welche die Untersuchung führen

852 Siehe auch bereits *Theile/Gatter/Wiesenack*, ZStW 126 (2014), 803, 835.
853 Siehe 5. Kapitel F. III., V.

und dem Mitarbeiter und damit das Bedürfnis die Einbindung des Mitarbeiters und dessen Selbstbindung durch Abschwächung dieser Asymmetrie zu verstärken.

Der Zusammenhang zwischen der Einbindung des Mitarbeiters und der Anschlussfähigkeit an das Strafverfahren liefert auch eine Erklärung dafür, dass unternehmensinterne Ermittler Mitarbeitern häufig –ihrer Meinung nach überobligatorisch – ein Schweigerecht einräumen und teilweise hierüber auch belehren.[854] Denn ohne das Schweigerecht leidet nach der vorangegangenen Untersuchung die Anschlussfähigkeit an das Strafverfahren. Gleiches gilt für die Einräumung des Rechts einen Anwalt hinzuzuziehen.[855]

Daneben kommt auch der Unabhängigkeit der unternehmensinternen Ermittler, wie bereits angesprochen, eine erhebliche Bedeutung für die Anschlussfähigkeit an das Strafverfahren zu. Je weniger Untersuchungsfremde in die Ausgestaltung der Ermittlung und des Untersuchungsberichtes involviert sind, desto eher kann die Einbindung des Mitarbeiters gelingen. Auf die Bedeutung der Objektivität der Untersuchung für die Anschlussfähigkeit wurde ebenfalls bereits hingewiesen.

854 Siehe hierzu 5. Kapitel A., F. I. Selbstverständlich liegt hierin nicht der einzige Erklärungsansatz. Es bleibt auch an Fürsorgeaspekte zu denken.

855 Siehe hierzu 5. Kapitel D.

7. Kapitel: Lösung der Problematik um die Selbstbelastungsfreiheit

Vor dem Hintergrund der vorangegangenen Überlegungen soll nun geklärt werden, wie eine angemessene Lösung der Problematik um die Selbstbelastungsfreiheit des Arbeitnehmers und des hierauf beruhenden Interessenkonflikts auszusehen hat. Dabei soll zuerst darauf eingegangen werden, wie der Konflikt nach der gegenwärtigen Rechtslage zu lösen ist, bevor auf den – so viel sei vorweggenommen – bestehenden Handlungsbedarf des Gesetzgebers eingegangen werden soll.

A. Die Vorstrukturierung zu Lasten des Arbeitnehmers als mehrdimensionales Problem

In den bisherigen Ausführungen ist bereits angeklungen, dass die Selbstbelastungsfreiheit des Arbeitnehmers unter zwei voneinander zu unterscheidenden Gesichtspunkten erheblich gefährdet erscheint. Hierbei handelt es sich zum einen um ein normatives, zum anderen um ein rechtstatsächliches Element. Normativ stellt sich die Problematik um das Bestehen einer rechtlichen Auskunftspflicht, da der Arbeitnehmer im Rahmen seiner Tätigkeit für das Unternehmen wie dargestellt[856] nach herrschender Ansicht gegenüber dem Arbeitgeber rechtlich auch dann zur Auskunft verpflichtet sein soll, wenn er sich dadurch in die Gefahr bringt, strafrechtlich verfolgt zu werden. Rechtstatsächlich gestaltet sich als problematisch, dass der Mitarbeiter in den Interviews, die häufig von Anwälten geführt werden, einem erheblichen Informationsdefizit unterliegt. Der Arbeitnehmer ist sich in dieser Situation häufig nicht nur seiner Rechte und Pflichten kaum bewusst, was nicht allein, aber auch dem Umstand geschuldet ist, dass deren Umfang heftig umstritten ist, sondern er kann häufig die möglichen Konsequenzen seines Verhaltens im Rahmen der Befragungen kaum einschätzen.[857] Gerade der Gefahr, dass die preisgegebenen Informationen in die Hände der Strafverfolgungsbehörden gelangen können, sind sich die Mitarbeiter häufig nicht gewahr. Insofern kann ein Arbeitnehmer in dieser Situation auch die Bedeutung seiner Entscheidung für oder gegen ein Schweigen kaum zutreffend einschätzen.

Aus dieser Platzierung der Problematik zum einen auf der rechtstatsächlichen, zum anderen auf der normativen Ebene wird ersichtlich, dass sich eindimensionale Lösungen verbieten, wenn man das Problem vollständig erfassen will. Belehrungen ändern nichts an einer möglicherweise bestehenden Auskunftspflicht. Ein Auskunftsverweigerungsrecht alleine nützt dem Mitarbeiter wenig, wenn er es nicht kennt. Beide Aspekte, Auskunftszwang und Wissensdefizit, die Problematiken auf

---

856 Siehe unter 4. Kapitel B. I.

857 Vgl. *Kottek*, DAJV-Newsletter 3/2013, 101, 103; *Momsen*, ZIS 2011, 511, 512 f.

normativer und die auf rechtstatsächlicher Ebene, sollen deswegen zunächst jeweils für sich betrachtet und einer jeweiligen Lösung zugeführt werden. Im Anschluss soll dann untersucht werden, ob auch die Gesamtproblematik dadurch hinreichend erfasst und einem angemessenen Interessenausgleich zugeführt worden ist. Zunächst sollen hierfür jedoch die Grenzen der bisherigen Lösungen noch einmal verdeutlicht werden.

B. Die Grenzen der jeweiligen Lösungsansätze

Jede der oben bereits angesprochenen Möglichkeiten, den Konflikt um die Selbstbelastungsfreiheit zu entschärfen hat ihre eigenen Stärken und Schwächen.[858] Dabei erscheinen allerdings einige der angesprochenen Ansätze von vornherein als ungeeignet, die zentralen Aspekte der Problematik zu erfassen. Hierbei handelt es sich insbesondere um die Lösungen über die Unterbindung des Informationstransfers zwischen Unternehmen und Strafverfolgungsbehörden durch die Annahme eines Beschlagnahmeverbots der Untersuchungsunterlagen sowie eines Auskunftsverweigerungsrechts der mit der Untersuchung beauftragten Personen.[859] Denn diese sind von vornherein auf den Schutz des Unternehmens und nicht des Mitarbeiters ausgerichtet. Der mögliche Schutz des Mitarbeiters ist jeweils ein reiner Reflex. Auch hätte es das Unternehmen in der Hand über die Auswahl der untersuchenden Personen – sollen es schweigeberechtigte Anwälte oder doch nur auskunftspflichtige Unternehmensmitarbeiter sein, welche die Untersuchung führen – die Reichweite dieser Rechte zu beeinflussen. Der auf diese Weise begründete Schutz des Unternehmensmitarbeiters hängt deswegen stets davon ab, dass das Unternehmen ein Interesse daran hat, die Erkenntnisse für sich zu behalten.[860] Den Schutz des Mitarbeiters allein von den Interessen des Unternehmens abhängig zu machen, erschiene wenig zielführend. Aber auch die weiteren Ansätze bleiben für sich betrachtet jeweils unvollständig.

I. Die Grenzen einer verfahrensorientierten Lösung

Die verfahrensorientierte Lösung[861] erscheint bei Einräumung umfassender „Informationsrechte“ der Mitarbeiter sehr gut geeignet, die rechtstatsächliche Problematik um das Wissensdefizits des Mitarbeiters zu lösen, weil das Wissensdefizit hierdurch abgebaut wird. Dagegen erscheint dieser Weg ungeeignet, die normative Problematik um die nach herrschender Ansicht bestehende Auskunftspflicht des Mitarbeiters zu lösen, denn Informationsrechte ändern nichts an einem potenziellen Zwang zur Selbstbelastung. Insofern kann hierdurch auch nicht das durch die Selbstbelastungspflicht

858 Siehe unter 4. Kapitel E.
859 Siehe 4. Kapitel E. II. 1.
860 4. Kapitel E. II. 1.
861 Siehe hierzu 4. Kapitel E. I. 2.

auf rechtstheoretischer Ebene begründete Legitimationsproblem gelöst werden, das einem Informationstransfer in das Strafverfahren entgegensteht.[862]

II. Die Nachteile der Annahme eines Auskunftsverweigerungsrechts

Auch die Annahme eines Auskunftsverweigerungsrechts bereitet insbesondere im Hinblick auf die Interessen des Arbeitgebers Schwierigkeiten. Dieses würde auch eine Beschränkung der zivil- und arbeitsrechtlichen Möglichkeiten des Arbeitgebers bedeuten, auf die Missstände im Unternehmen zu reagieren. Insbesondere würde diesem womöglich die Wahrnehmung seiner berechtigten Interessen auf Wiedergutmachung des durch die Straftaten verursachten Schadens erschwert. Zum anderen könnte der Arbeitgeber an Präventionsmaßnahmen gehindert sein, die erforderlich wären, um zukünftige Schäden sowohl für das Unternehmen als auch für die Allgemeinheit abzuwenden.[863]

Auch für den Mitarbeiter bliebe der durch die Annahme eines Auskunftsverweigerungsrechts bewirkte Nutzen begrenzt, denn die rechtstatsächliche Problematik um das Wissensdefizit der Mitarbeiter bliebe ungelöst. Die Annahme eines Auskunftsverweigerungsrechts würde darüber hinausgehend sogar eine neue Gefährdungslage für den Mitarbeiter bedeuten: Ohne Auskunftsverpflichtung erfolgten mögliche selbstbelastende Äußerungen freiwillig. Ein Beweisverwertungsverbot ließe sich dann jedenfalls nicht mehr aus dem Aspekt des rechtlichen Zwanges zu einer Selbstbelastung oder einer hiermit begründeten Analogie zu § 97 Abs. 1 S. 3 InsO herleiten. Äußerte sich der Mitarbeiter aufgrund der irrtumsbedingten Annahme einer Auskunftspflicht freiwillig, entfiele ein wesentliches Argument um den Informationstransfer in das Strafverfahren zu unterbinden.[864]

Daneben stellt sich die Frage, ob die Lösung der Problematik um die Selbstbelastungsfreiheit zutreffender Weise wirklich im Arbeitsrecht zu verorten ist, handelt es sich hierbei doch um einen Gedanken, der dem Strafprozessrecht entspringt. Bei rechtstheoretischer Betrachtung ist zu überlegen, ob die dem Strafrecht entstammende Problematik um die Selbstbelastungsfreiheit des Angeklagten in einem fremden, namentlich dem arbeitsrechtlichen, System, für das Strafrechtsystem sinnvoll gelöst werden kann, oder ob die durch die Systemgrenzen hervorgerufenen Unwägbarkeiten nicht zwingend gegen ein derartiges Vorgehen sprechen.

III. Der begrenzte Nutzen eines Beweisverwertungsverbots

Auch die Lösung über die Annahme eines Beweisverwertungsverbots erweist sich als lückenhaft. Sowohl ein Beweisverwertungsverbot analog § 97 Abs. 1 S. 3 InsO als auch ein direkt aus dem Nemo-tenetur-Prinzip abgeleitetes Beweisverwertungsverbot

862 Siehe hierzu unter 6. Kapitel.
863 Zu dem Compliance-Bezug unternehmensinterner Ermittlungen, siehe 3. Kapitel D.
864 Siehe hierzu auch unter 4. Kapitel E. III. 2.

böte keinen Schutz vor solchen Selbstbelastungen, die nicht in Erfüllung einer gesetzlichen Auskunftspflicht erfolgt wären. Dies gilt nach der herrschenden Ansicht auch bei enormem wirtschaftlichem Druck.[865] Deswegen blieben auch falsche Auskünfte stets verwertbar.[866] Zudem lässt ein derartiges, aus der Problematik um die Auskunftspflicht abgeleitetes Beweisverwertungsverbot von vornherein die rechtstatsächliche Komponente um das Wissensdefizit außen vor. Dies gilt zumindest nach der herrschenden Ansicht, die annimmt, dieses Prinzip schütze nicht vor irrtumsbedingter Selbstbelastung.[867]

Ähnlich lückenhaft erwiese sich sowohl ein Beweisverwertungsverbot analog § 136a StPO sowie auch die Annahme eines Beweisverwertungsverbots aufgrund einer rechtswidrigen Beweisgewinnung. Denn für beide Konstruktionen müssten die internen Ermittler die Beweise auf rechtswidrige Art und Weise erlangt haben und das müsste auch beweisbar sein. Nimmt man eine bestehende Auskunftspflicht an, lässt sich ein derartiger Rechtsverstoß nur noch schwer begründen.[868]

Eine Lösung über das Fair-trial-Prinzip böte gegenüber diesen Ansätzen den Vorteil der Flexibilität.[869] Hierin liegt aber zugleich auch seine größte Schwäche, denn ein derartiges Beweisverbot hinge stets von den jeweiligen Umständen des Einzelfalls ab. Rechtssicherheit wäre auf diesem Wege nur schwer zu erreichen.[870] Generell ist die Lösung über die Annahme eines Beweisverwertungsverbots mit dem Problem belastet, dass sie stets nur die Verwertung in deutschen Strafverfahren verhindert.[871] Zudem stellt sich ein weiteres erhebliches Problem: Mit einem Beweisverwertungsverbot allein ist wenig erreicht. Auch wenn sich auf einem der angesprochenen Wege ein Beweisverwertungsverbot bezogen auf die selbstbelastenden Äußerungen begründen ließe, wären die mittelbar auf den Angaben des Mitarbeiters beruhenden, durch weitere Ausforschungsmaßnahmen erlangten Beweise des Unternehmens nur dann unverwertbar, wenn man das Beweisverwertungsverbot mit Fernwirkung ausstattete. Ein wirkungsvoller Schutz des Mitarbeiters wäre also in

865 LG Hamburg, StV 2011, 148, 151; *M. Jahn*, StV 2009, 41, 44; *Schuster*, NZWiSt 2012, 28, 30. Siehe *Beulke*, Strafprozessrecht, 12. Aufl., Rn. 481. Vgl. auch *Bittmann/Molkenbur*, wistra 2009, 373, 377 f.; *Knauer/Buhlmann*, AnwBl 2010, 387, 390. A.A. *Böhm*, WM 2009, 1923, 1928; *Kottek*, Kooperation, S. 113 f.

866 *Bittmann/Molkenbur*, wistra 2009, 373, 377; *Rübenstahl*, WiJ 2012, 17, 30. Vgl. *H. Richter*, wistra 2000, 1, 3.

867 Siehe hierzu *Ott*, Nemo tenetur, S. 208; *Rogall*, in: Wolter (Hrsg.), Systematischer Kommentar zur Strafprozessordnung, Band. 2, 4. Aufl., Vor § 133 Rn. 139. Siehe auch *Lorenz*, JZ 1992, 1000, 1006; *Möstl*, in: Isensee/Kirchhof (Hrsg.), Handbuch des Staatsrechts, Band VIII, 3. Aufl., § 179 Rn. 69; *Verrel*, NStZ 1997, 415 f. Vgl. BGHSt 42, 139, 153. A.A. *C. Roxin*, NStZ 1995, 465, 466; *ders.*, NStZ 1997, 18.

868 Vgl. unter 7. Kapitel D. I. 3. d). Vgl. auch *T. Schaefer*, Nemo-tenetur, S. 151 f.

869 *Knauer/Gaul*, NStZ 2013, 192, 193.

870 Siehe hierzu unter 4. Kapitel E. III. 3.

871 Siehe hierzu bereits unter 4. Kapitel E. III. 6.

erheblichem Umfang von der Annahme einer Fernwirkung abhängig.[872] Insbesondere die Rechtsprechung bejaht die Fernwirkung eines Beweisverwertungsverbotes nur in den seltensten Fällen.[873]

Daneben weist eine derartige Lösung nicht nur aus Mitarbeitersicht Probleme auf. Sie dürfte häufig auch nicht dem Interesse der Unternehmen entsprechen, das sich durch die Weitergabe der Erkenntnisse einen Bonus erhofft. Das Interesse der Strafverfolgungsbehörden an einer Kooperation dürfte deutlich nachlassen, sollten die Erkenntnisse der Unternehmen in vielen Fällen unverwertbar sein. Auch bei den Strafverfolgungsbehörden, die auf diesem Wege eine ergiebige Erkenntnisquelle verlören, dürfte sich dieser Ansatz nicht allzu großer Beliebtheit erfreuen.

IV. Die Nachteile eines Weitergabeverbots

Zumindest auf den ersten Blick könnte man meinen, aufgrund dieser Interessenlage liege die perfekte Lösung darin, die Weitergabe der durch die Geltendmachung eines Auskunftsanspruchs erzwungenen Informationen an die Strafverfolgungsbehörden zu unterbinden. Der Auskunftsanspruch des Unternehmens bliebe von der strafrechtlichen Problematik unberührt. Es bliebe dem Unternehmen unbenommen, seine zivilrechtlichen Ansprüche oder Compliance-Bemühungen auf diesem Wege weiterzuverfolgen. Der Mitarbeiter dagegen wäre in einem gewissen Umfang davor geschützt, dass selbstbelastende Auskünfte in einem Strafverfahren gegen ihn verwendet werden könnten. Jedoch würde ein derartiges Weitergabeverbot, das sich allenfalls aus der arbeitsrechtlichen Fürsorgepflicht herleiten ließe, den Eingang in ein Strafverfahren nur verhindern können, wenn dieses durch ein generelles Beschlagnahmeverbot und ein Auskunftsverweigerungsrecht aller unternehmensinternen Untersucher komplettiert werden würde. Wie oben bereits angesprochen, liegt das allerdings in weiter Ferne.[874]

Daneben würde das rechtstatsächliche Problem des Informationsdefizits des Mitarbeiters hierdurch nicht berücksichtigt. Man könnte auf die Idee kommen, aus der Fürsorgepflicht auch ein Weitergabeverbot für solche Informationen abzuleiten, die unter Ausnutzung dieses Informationsdefizits erwirkt wurden. Das würde wieder zu erheblicher Rechtsunsicherheit auf Seiten des Unternehmens führen. Dieses könnte kaum einschätzen, ob es im Einzelfall eine bestimmte Information weitergeben darf.[875] Hierdurch würden auch weitere Folgefragen aufgeworfen, wie die, ob das

872 Vgl. *Dann*, CCZ 2010, 239, 240.

873 *Gössel*, in: Erb/Esser/Franke u. a. (Hrsg.), Löwe-Rosenberg, StPO, 26. Aufl., Band 1, Einl. L Rn. 106. Siehe hierzu auch *Eisenberg*, StPO, 9. Aufl., Rn. 403 ff. Vgl. auch *Bärlein/Pananis/Rehmsmeier*, NJW 2002, 1825, 1828; *Raum*, StraFo 2012, 395, 397; *I. Roxin*, StV 2012, 116, 120.

874 Siehe hierzu unter 4. Kapitel D., E. II. 1.

875 Siehe auch *Kruse*, Compliance, S. 212.

Unternehmen gegenüber dem Mitarbeiter schadensersatzpflichtig wäre, wenn es die Information unter Verstoß gegen die Fürsorgepflicht weiterleitet.[876]

Zudem widerspricht diese Lösung der Interessenlage des Unternehmens und der Strafverfolgungsbehörden, weil auf diesem Wege der häufig beabsichtigte Informationstransfer in das Strafverfahren unterbunden wird.[877]

V. Notwendigkeit eines kombinierten Lösungsansatzes

In den vorangegangen Überlegungen hat sich gezeigt, dass eine optimale, alle Interessen berücksichtigende Lösung nicht existiert. Deutlich geworden sein sollte, dass die normative Problematik um die Auskunftspflicht und die rechtstatsächliche Problematik um das Wissensdefizit zu unterscheiden und jeweils für sich zu betrachten sind, will man dieser Lösung zumindest nahe kommen. Im Folgenden soll bezüglich beider Problematiken zuerst jeweils die aktuelle Rechtslage geklärt werden, bevor auf möglichen gesetzgeberischen Handlungsbedarf eingegangen werden soll. Nach der hier vertretenen Ansicht liegt die Lösung nach dem aktuellen Recht in einer Kombination der verschiedenen Ansätze:

- einem partiellen Auskunftsverweigerungsrecht, insbesondere soweit die Annahme einer materiell-rechtlichen Auskunftspflicht zu Friktionen mit den (besonderen) Beweislastregelungen im Arbeitsrecht führen würde, aber auch soweit das Unternehmen nicht auf die Auskünfte angewiesen sein sollte, die Weitergabe der Erkenntnisse an ausländische Strafverfolgungsbehörden droht oder der einzige Beweggrund des Unternehmens die Weitergabe an die Strafverfolgungsbehörden ist,
- einem direkt aus dem Nemo-tenetur-Prinzip abzuleitenden Beweisverwertungsverbot bei durch Geltendmachung des Auskunftsanspruchs erzwungener Selbstbelastung,
- eng umgrenzten Belehrungspflichten aus der arbeitsrechtlichen Fürsorgepflicht, die hinsichtlich der rechtlichen Aspekte nur bestehen, wenn dem Mitarbeiter nicht die Möglichkeit eingeräumt wurde, sich selbst hinreichend zu informieren und
- einem im Einzelfall begründeten Beweisverwertungsverbot bezüglich sonstiger selbstbelastender Auskünfte aus dem Fair-trial-Prinzip, wenn die Situation des Mitarbeiters im Rahmen der Untersuchung extrem zu seinen Ungunsten vorstrukturiert sein sollte.

Hierauf wird im Folgenden näher einzugehen sein.

---

876 Vgl hierzu *Sidhu/v. Saucken/Ruhmannseder*, NJW 2011, 881, 883. Vgl. auch *Kruse*, Compliance, S. 212.

877 Kritisch gegenüber der Annahme eines Weiterleitungsverbots auch *Münkel*, Mitarbeiteroffenbarungen, S. 227.

C. Die Lösung der Problematik um die Auskunftspflicht

Zuerst soll dabei die normative Problematik um das Bestehen einer Auskunftspflicht untersucht werden.

I. Die Lösung der Zwangsproblematik nach der aktuellen Rechtslage

Wie bereits erörtert worden ist, soll der Arbeitnehmer für seinen unmittelbaren Arbeitsbereich analog § 666 BGB gegenüber dem Arbeitgeber umfassend zur Auskunft verpflichtet sein. Dies soll nach herrschender Ansicht auch für den Fall gelten, dass er sich hierdurch selbst der Begehung einer Straftat belasten müsste.[878] Außerhalb dieses Arbeitsbereichs soll sich ein Auskunftsanspruch aus § 242 bzw. § 241 Abs. 2 BGB ergeben, der allerdings von vornherein unter Zumutbarkeitsaspekten begrenzt sein und deswegen nach herrschender Ansicht auch nicht zu selbstbelastenden Auskünften verpflichten soll.[879] Aus diesem Grund soll zuerst beleuchtet werden, ob der Auskunftsanspruch aus § 666 BGB wirklich eine derart umfassende Auskunftspflicht begründet.

1. Bestehen und Grenzen einer Auskunftspflicht aus § 666 BGB (analog)

a) Zu den möglichen Grenzen des Auskunftsanspruchs aus § 666 BGB

Teilweise wird darauf verwiesen, der Anspruch aus § 666 BGB sei grundsätzlich nicht durch Zumutbarkeitserwägungen beschränkt.[880] Deswegen soll es gerade keine Rolle spielen, ob sich der Arbeitgeber die erforderliche Information unschwer selbst oder auf anderweitigem Wege beschaffen könnte[881] und eben auch, ob der Arbeitnehmer sich durch die Information selbst in die Gefahr der Strafverfolgung brächte.[882] Jedoch gelten die allgemeinen Regeln, die Ansprüche durch

878 Siehe hierzu unter 4. Kapitel B. I.

879 Siehe hierzu unter 4. Kapitel B. II, III.

880 *Diller*, DB 2004, 313, 314; *Fritz/Nolden*, CCZ 2010, 170, 172. Vgl. auch BGHZ 41, 318, 322 ff.; *Reichold*, in: Richardi/Wlotzke/Wißmann/Oetker (Hrsg.), Münchener Handbuch zum Arbeitsrecht, Band 1, § 49 Rn. 6.

881 BGH, NJW 1998, 2969, 2970; *Diller*, DB 2004, 313, 314; *Knauer/Buhlmann*, AnwBl 2010, 387, 389; *Mansel*, in: Jauernig, BGB, 15. Aufl., § 666 Rn. 2; *Martinek*, in: Staudinger, BGB, Buch 2, § 666 Rn. 19; *Sprau*, in: Palandt, BGB, 73. Aufl., § 666 Rn. 1.

882 Siehe BGHZ 109, 260, 268; *Böhm*, WM 2009, 1923, 1924; *ders.*, Non-Compliance, S. 149 f.; *Dann/Zülch*, ZRFC 2011, 267, 268; *Diller*, DB 2004, 313, 314; *Fischer*, in: Bamberger/Roth (Hrsg.), Beck'scher Online-Kommentar BGB, Stand: 1.8.2015, § 666 Rn. 7; *Grimm/Freh*, KSzW 2012, 88; *Haefcke*, CCZ 2014, 39, 40; *Klasen/Schaefer*, BB 2012, 641, 645 f.; *Kottek*, DAJV-Newsletter 3/2013, 101, 102; *Lützeler/Müller-Sartori*, CCZ 2011, 19, 20; *Martinek*, in: Staudinger, BGB, Buch 2, § 666 Rn. 19; *Reichold*, in: Richardi/Wlotzke/Wißmann/Oetker (Hrsg.), Münchener Handbuch zum Arbeitsrecht, Band 1, § 49 Rn. 7; *Rübenstahl*, WiJ 2012, 17, 22 f.; *Spehl/Momsen/*

Zumutbarkeitserwägungen beschränken, auch für Ansprüche auf Auskunft aus §§ 666, 675 BGB. Insbesondere ist in diesem Rahmen auch § 242 BGB zu beachten.[883] Der Anspruchsgläubiger kann die Leistung deswegen nur so verlangen, wie Treu und Glauben mit Rücksicht auf die Verkehrssitte es erlauben. Die Ausübung des Auskunftsanspruchs kann deswegen nach § 242 BGB unzulässig sein, wenn der Anspruchsgläubiger im Einzelfall keine schutzwürdigen Interessen verfolgt oder wenn überwiegende Interessen eines anderen Beteiligten entgegenstehen.[884] Anders als für den aus §§ 242, 241 Abs. 2 BGB ableitbaren Auskunftsanspruch hat der Gesetzgeber in §§ 666, 675 BGB allerdings bereits eine Entscheidung für das grundsätzliche Überwiegen der Auskunftsinteressen getroffen. Ein korrigierender Eingriff in die durch §§ 666, 675 BGB gesetzlich begründeten Rechtspositionen ist deswegen nur ausnahmsweise in Fällen einer als grob und unerträglich empfundenen Unbilligkeit möglich.[885] Die durch §§ 242, 241 Abs. 2 BGB begründeten Ansprüche bestehen dagegen aufgrund dieses Ursprungs von vornherein nur ausnahmsweise unter der Bedingung der Zumutbarkeit und setzen damit stets ein erhebliches und überwiegendes Interesse des Auskunftsgläubigers voraus.[886] Der Auskunftsanspruch aus §§ 666, 675 BGB unterscheidet sich damit von den allgemeinen Auskunftsansprüchen aus §§ 242, 241 Abs. 2 BGB darin, dass die Unzumutbarkeit erst bei deutlich gewichtigeren Interessen angenommen werden kann.[887]

Grützner, CCZ 2014, 2, 5; *Sprau*, in: Palandt, BGB, 73. Aufl., § 666 BGB, Rn. 1; *V. Vogt*, NJOZ 2009, 4206, 4212; *Wisskirchen/Glaser*, DB 2011, 1447, 1448. So auch BGHZ 41, 318, 322 ff., für einen selbstständigen Architekten.

883 BGH, WM 1984, 1164, 1165; BGHZ 109, 260, 267; *Böhm*, WM 2009, 1923, 1924; *ders.*, Non-Compliance, S. 148; *Grimm/Freh*, KSzW 2012, 88; *Mansel*, in: Jauernig, BGB, 15. Aufl., § 242 Rn. 2; *Martinek*, in: Staudinger, BGB, Buch 2, § 666 Rn. 2; *Seiler*, in: Säcker/Rixecker (Hrsg.), Münchener Kommentar zum BGB, Band 4, 6. Aufl., § 666 Rn. 7; *Sprau*, in: Palandt, 73. Aufl., § 666 Rn. 1. Vgl. auch BGH, JZ 1976, 318, 320.

884 *Roth/Schubert*, in: Säcker/Rixecker (Hrsg.), Münchener Kommentar zum BGB, Band 2, 7. Aufl., § 242 Rn. 438.

885 Vgl. *Roth/Schubert*, in: Säcker/Rixecker (Hrsg.), Münchener Kommentar zum BGB, Band 2, 7. Aufl., § 242 Rn. 438. Vgl. auch *Schulze*, in: ders. u. a., BGB, 8. Aufl., § 242 Rn. 1.

886 Vgl. BGHZ 10, 385 ff.; NJW-RR 1989, 614, 615; NJW 1998, 2969, 2970; BAG, NZA 1996, 637, 638; DB 2007, 2319 f.; *Dendorfer*, in: Moll (Hrsg.), Münchener Anwalts Handbuch Arbeitsrecht, 3. Aufl., § 35 Rn. 119; *Gach/Rützel*, BB 1997, 1959, 1961; *Lüke*, JuS 1986, 2, 5 f.; *Mansel*, in: Jauernig, BGB, 15. Aufl., § 242 Rn. 21; *Reichold*, in: Richardi/Wlotzke/Wißmann u. a. (Hrsg.), Münchener Handbuch zum Arbeitsrecht, Band 1, 3. Aufl., § 49 Rn. 6 f. Zumindest im Ansatz enger *Fritz/Nolden*, CCZ 2010, 170, 172 welche die Zumutbarkeitserwägungen an § 275 Abs. 3 BGB festmachen, der allerdings an den Maßstab des § 275 Abs. 2 S. 1 BGB angelehnt sein soll, siehe *Dauner-Lieb*, in: dies./Langen (Hrsg.), BGB, 2. Aufl., Band 2, Teilband 1, § 275 Rn. 60; *Ernst*, in: Säcker/Rixecker (Hrsg.), Münchener Kommentar zum BGB, Band 2, 7. Aufl., § 275 Rn. 117.

887 Vgl. *Roth/Schubert*, in: Säcker/Rixecker (Hrsg.), Münchener Kommentar zum BGB, Band 2, 7. Aufl., § 242 Rn. 438. Vgl. auch *Grüneberg*, in: Palandt, 73. Aufl., § 260 Rn. 8; *Sprau*, in: Palandt, 73. Aufl., § 666 Rn. 1.

Daneben ist auf den Auskunftsanspruch aus §§ 666, 675 BGB als Nebenleistungspflicht[888] allerdings auch § 275 Abs. 3 BGB, als bereichsspezifische Konkretisierung der persönlichen Unzumutbarkeit bei geschuldeter persönlicher Leistungserbringung,[889] anwendbar, der der allgemeinen Regelung des § 242 BGB vorgeht.[890] Bei dem Auskunftsanspruch des Arbeitgebers gegen den Arbeitnehmer aus §§ 666, 675 BGB handelt es sich um eine „persönlich zu erbringende Leistungspflicht", da nur der Arbeitnehmer allein in der Lage ist, die geschuldete Auskunft zu erteilen.[891] § 275 Abs. 3 BGB berechtigt den Schuldner in diesen Fällen, die Leistungserbringung zu verweigern, wenn ihm diese unter Abwägung des seiner Leistung entgegenstehenden Hindernisses mit dem Leistungsinteresse des Gläubigers nicht zugemutet werden kann. Aufgrund des Regelungszusammenhangs mit den § 275 Abs. 1 und Abs. 2 BGB wird allerdings gefordert, dass die Unzumutbarkeit in ihrer Intensität an die dort geregelte Unmöglichkeit der Leistungserbringung heranreichen muss.[892] Ein typischer Fall, der insoweit diskutiert wird, ist der der Künstlerin, die nicht auftreten möchte, weil sie ihr lebensgefährlich erkranktes Kind pflegen muss.[893] Aber auch die Arbeitsverweigerung aufgrund einer Glaubens- oder Gewissensentscheidung wird von Großteilen der Literatur hierunter gefasst,[894] während

---

888 Siehe *Reichold*, in: Richardi/Wlotzke/Wißmann u. a. (Hrsg.), Münchener Handbuch zum Arbeitsrecht, Band 1, 3. Aufl., § 49 Rn. 5.

889 *Dauner-Lieb*, in: dies./Langen (Hrsg.), BGB, 2. Aufl., Band 2, Teilband 1, § 275 Rn. 61; *Scholl*, Jura 2006, 283, 287.

890 So auch *Rieble*, Ritsumeikan Law Review 26 (2009), 191, 203. Vgl. auch *Gotthardt*, Arbeitsrecht, 2. Aufl., S. 46; *Krause*, JA 2012, 706, 707; *Scholl*, Jura 2006, 283, 287; *ders.*, BB 2012, 53, 54; *Stadler*, in: Jauernig, BGB, 15. Aufl., § 275 Rn. 2. A.A. wohl *Fritz/Nolden*, CCZ 2010, 170, 171, die explizit nur auf § 275 Abs. 1 BGB verweisen.

891 Vgl. *Ernst*, in: Säcker/Rixecker (Hrsg.), Münchener Kommentar zum BGB, Band 2, 7. Aufl., § 275 Rn. 113; *Scholl*, Jura 2006, 283, 284.

892 *Dauner-Lieb*, in: dies./Langen (Hrsg.), BGB, 2. Aufl., Band 2, Teilband 1, § 275 Rn. 58, 60; *Eisenbeis*, in: Moll (Hrsg.), Münchener Anwalts Handbuch Arbeitsrecht, 3 Aufl., § 17 Rn. 20; *Ernst*, in: Säcker/Rixecker (Hrsg.), Münchener Kommentar zum BGB, Band 2, 7. Aufl., § 275 Rn. 117; *Gotthardt*, Arbeitsrecht, 2. Aufl., S. 47; *Preis*, in: Müller-Glöge/Preis/Schmidt (Hrsg.), Erfurter Kommentar zum Arbeitsrecht, 16. Aufl., § 611 BGB Rn. 685. Vgl. auch BT-Drs. 14/6040, S. 130. Vgl. auch *Scholl*, Jura 2006, 283, 284.

893 BT-Drs. 14/6040, S. 130; *Canaris*, ZRP 2001, 329, 330; *Dauner-Lieb*, in: dies./Langen (Hrsg.), BGB, 2. Aufl., Band 2, Teilband 1, § 275 Rn. 61; *Ernst*, in: Säcker/Rixecker (Hrsg.), Münchener Kommentar zum BGB, Band 2, 7. Aufl., § 275 Rn. 119; *Preis*, Arbeitsrecht, 4. Aufl., S. 591; *Scholl*, Jura 2006, 283, 284 f.

894 *Dauner-Lieb*, in: dies./Langen (Hrsg.), BGB, 2. Aufl., Band 2, Teilband 1, § 275 Rn. 62; *Henssler*, RdA 2002, 129, 131; *Krause*, Arbeitsrecht, 3. Aufl., § 9 Rn. 11; *ders.*, JA 2012, 706, 707 f.; *Richardi*, SAE 2012, 7, 9 f.; *Scholl*, BB 2012, 53, 54 f.; *Schlodder*, Arbeitsvertrag im neuen Schuldrecht, S. 98; *Schwarze*, Jura 2002, 73, 77; *Stadler*, in: Jauernig, BGB, 15. Aufl., § 275 Rn. 30. Hiergegen BAG, NJW 2011, 3319, 3321. Für eine Lösung über §§ 313 bzw. 242 BGB allerdings *Canaris*, JZ 2001, 499, 501;

insbesondere die Rechtsprechung diese Konstellation über § 106 GewO lösen möchte.[895] Insbesondere soweit man, wie teilweise vertreten, die Auskunftspflicht als vom Weisungsrecht nach § 106 GewO erfasst ansieht,[896] kann man zumindest versucht sein, auch ein mögliches Auskunftsverweigerungsrecht des Arbeitnehmers bei Selbstbelastungsgefahr an dieser Norm festzumachen. Denn nach § 106 S. 1 GewO kann der Arbeitgeber Inhalt, Ort und Zeit der Arbeitsleistung des Arbeitnehmers nur nach „billigem Ermessen" bestimmen. Im Rahmen der Frage nach der „Billigkeit" der Ermessensausübung können Zumutbarkeitsaspekte Berücksichtigung finden.[897] Allerdings hat diese Lösung gegenüber der nach § 275 Abs. 3 BGB einen entscheidenden Nachteil. Während es sich bei § 275 Abs. 3 BGB um eine Einrede handelt, muss der Arbeitgeber die Zumutbarkeitsaspekte bei § 106 GewO in seine Entscheidung über sein Auskunftsverlangen einbeziehen.[898] Er muss hierbei die wesentlichen Umstände des Einzelfalls abwägen und die beiderseitigen Interessen angemessen berücksichtigen.[899] Soweit er dies in Unkenntnis der Selbstbelastungsgefahr unterließe, könnte ihm hieraus kein Vorwurf gemacht werden, die Weisung bliebe dann verbindlich.[900] Auch wenn diesem Aspekt mit einer Behelfskonstruktion beizukommen versucht wird, erscheint dies unnötig kompliziert.[901] Der Arbeitgeber

---

Greiner, Ideelle Unzumutbarkeit, S. 174 ff.; so vor der Schuldrechtsreform auch *Hennsler*, AcP 190 (1990), 538, 545 ff. Unklar die Gesetzesbegründung, BT-Drs 14/6040, S. 130, siehe hierzu *Scholl*, Jura 2006, 283, 287; *ders.*, BB 2012, 53, 54.

895 BAG, NJW 2011, 3319. So auch *Kamanabrou*, in: Dieterich/Le Friant/Nogler u.a. (Hrsg.), Gedächtnisschrift für Ulrich Zachert, S. 400 ff.; *Sandmann*, in: Henssler/Willemsen/Kalb (Hrsg.), Arbeitsrecht Kommentar, 6. Aufl., § 626 BGB Rn. 150; *Würdinger*, in: Säcker/Rixecker (Hrsg.), Münchener Kommentar zum BGB, Band 2, 7. Aufl., § 315 Rn. 70. Im Direktionsrecht verankernd auch *Hunold*, DB 2011, 1580, 1582 f. Ablehnend *Scholl*, BB 2012, 53 ff. Früher wurde von der Rechtsprechung § 315 BGB herangezogen, BAGE 47, 363, 373 ff.; 62, 59 f. Vgl. hierzu auch *Tillmanns*, in: Pielow (Hrsg.), Beck'scher Online-Kommentar GewO, Stand: 01.09.2015, § 106 Rn. 52 f.

896 *Lützeler/Müller-Sartori*, CCZ 2011, 19 f.; *Klasen/Schaefer*, BB 2012, 641, 645; *Mengel*, Compliance und Arbeitsrecht, 4. Kap. Rn. 20; *Mengel/Ullrich*, NZA 2006, 240, 243; *Rudkowski*, in: Aichberger-Beig/Aspöck/Leupold u. a. (Hrsg.), Vertrauen und Kontrolle im Privatrecht, S. 189, 200. Vgl. auch BAG, NZA 2009, 1011, wonach das Weisungsrecht auch die Anordnung der Teilnahme an Gesprächen umfasst, in denen der Arbeitgeber Weisungen vorbereiten, erteilen oder ihre Nichteinhaltung beanstanden will. A.A. *Scharnberg*, Internal Investigations, S. 266.

897 Vgl. BAGE 47, 363, 375 zu § 315 BGB.

898 Vgl. *Scholl*, Jura 2006, 283, 287; *ders*, BB 2012, 53, 55.

899 BAG, NZA 1993, 1127; NJW 2011, 3319, 3320. *Preis*, in: Müller-Glöge/Preis/Schmidt (Hrsg.), Erfurter Kommentar zum Arbeitsrecht, 16. Aufl., § 106 GewO Rn. 6; *Würdinger*, in: Säcker/Rixecker (Hrsg.), Münchener Kommentar zum BGB, Band 2, 7. Aufl., § 315 Rn. 68. So auch zuvor BAGE 47, 363, 375; 62, 59, 67 f. zu § 315 BGB.

900 Siehe *Krause*, JA 2012, 706, 707; *Scholl*, BB 2012, 53, 55. Vgl. BAG, NJW 2011, 3319, 3321.

901 So auch bereits *Krause*, JA 2012, 706, 707; *Scholl*, BB 2012, 53, 55.

soll aufgrund seiner Fürsorgepflicht verpflichtet sein, falls er nachträglich von der Unzumutbarkeit erfährt, eine neue Entscheidung über die Weisung zu treffen, in die er nun diese bislang nicht berücksichtigten Aspekte einfließen lassen muss.[902] Über die Anwendung des § 275 Abs. 3 BGB lässt sich dieses Ergebnis viel einfacher erreichen.[903] Diese Lösung hat zudem den Vorteil, dass der Arbeitnehmer selbst entscheiden kann, ob er sich überhaupt auf die Unzumutbarkeit berufen möchte oder nicht doch lieber aussagt.[904]

§ 666 BGB ist damit im Ergebnis, ob wie hier präferiert über § 275 Abs. 3 BGB oder über §§ 242 BGB, 106 GewO,[905] – wie jeder andere Anspruch auch – durch Zumutbarkeitsaspekte begrenzt. Die „Zumutbarkeit" bildet dabei unabhängig davon, welchen rechtlichen Anknüpfungspunkt man wählt, stets ein Einfallstor für grundrechtliche Wertungen.[906] Fraglich ist aber, ob die Problematik um die Selbstbelastungsfreiheit des Mitarbeiters eine derartige Einschränkung des Auskunftsanspruchs rechtfertigt. Für die Beantwortung dieser Frage sind die betroffenen Grundrechte gegeneinander abzuwägen.[907] Hierfür muss zuerst geklärt werden, inwieweit in dieser Konstellation Grundrechte des Arbeitnehmers betroffen sind.

b) Der Inhalt des Nemo-tenetur-Prinzips

Als Ansatzpunkt für die Unzumutbarkeit kommt in dieser Konstellation insbesondere das grundrechtlich verankerte Nemo-tenetur-Prinzip in Betracht.

Problematisch gestaltet es sich dabei bereits, ob die Gefahr für den Mitarbeiter, sich durch Äußerungen im Rahmen der sogenannten „Interviews" selbst der Begehung einer Straftat zu belasten und sich hierdurch in die Gefahr der Strafverfolgung zu bringen, vom Schutzbereich des Nemo-tenetur-Prinzips umfasst ist.[908] Um dem nachzugehen muss zuerst einmal auf den spezifischen Inhalt dieses Prinzips

---

902 Siehe BAG, NJW 2010, 3112, 3114; NJW 2011, 3319, 3320. Siehe auch *H. Lüders*, GWR 2011, 457.

903 So auch bereits *Krause*, JA 2012, 706, 707; *Scholl*, BB 2012, 53, 55. Vgl. auch *ders.*, Jura 2006, 283, 287.

904 Vgl. *Gotthardt*, Arbeitsrecht, 2. Aufl., S. 47; *Greiner*, Ideelle Unzumutbarkeit, S. 140, 165 f.; *Krause*, JA 2012, 706, 707 f.; *Scholl*, Jura 2006, 283, 287; *ders.*, BB 2012, 53, 55.

905 Im Ergebnis läuft es nach allen Ansätzen auf dieselbe Interessenabwägung hinaus, vgl. auch *Wege*, Religion im Arbeitsverhältnis, S. 158.

906 Vgl. *Henssler*, AcP 190 (1990), 538, 547 ff.; *Preis*, in: Müller-Glöge/Preis/Schmidt (Hrsg.), Erfurter Kommentar zum Arbeitsrecht, 16. Aufl., § 611 Rn. 687. Vgl. auch BAG, NZA 2009, 1011, 1013. Vgl. zudem BVerfG, NZA 1998, 588 f.; NZA 1998, 1329; *Raum*, StraFo 2012, 395, 397; *H. Schneider*, Grund und Grenzen, S. 38. Vgl. auch *Di Fabio*, in: Maunz/Dürig, GG, Band 1, 39. Lfg., Stand: Juli 2001, Art. 2 Rn. 138.

907 Vgl. BVerfGE 84, 192, 195; 97, 391, 401; *Di Fabio*, in: Maunz/Dürig, GG, Band 1, 39. Lfg., Stand: Juli 2001, Art. 2 Rn. 138; Vgl. auch BVerfGE 68, 226, 231 f.; 96, 171, 183 ff.

908 Eine ähnliche Problematik stellt sich in Bezug auf die nach herrschender Meinung ebenfalls vom Nemo-tenetur-Prinzip erfasste Selbstbezichtigung bezüglich einer reinen Ordnungswidrigkeit.

eingegangen werden und dessen genaue Rechtsgrundlage geklärt werden. Betrachtet man die Diskussion genauer, wird aus einem weiteren Blickwinkel verständlich, warum die Gesamtproblematik um die Auskunftspflicht bei den Interviews derart intensiv diskutiert wird, handelt es sich doch bei der Bestimmung des genauen Inhalts des Nemo-tenetur-Grundsatzes sowie dessen genauer Rechtsgrundlage bereits um eine äußerst intensiv und kontrovers diskutierte Rechtsfrage.[909] Dies spiegelt sich, worauf bereits *Verrel* hinwies, auch in den häufig synonym gebrauchten aber nicht ganz deckungsgleichen Bezeichnungen als „Schweigerecht", „Verbot von Selbstbezichtigung", „Mitwirkungsfreiheit", „Aussagefreiheit",[910] „Schutz vor Selbstbezichtigung" oder dem Begriff der „Selbstbelastungsfreiheit" wieder.[911]

Im unumstrittenen Kern garantiert dieser Grundsatz die Freiheit des Beschuldigten, im Strafverfahren zwischen einer Aussage und der Verweigerung einer Einlassung zu wählen.[912] Darüber hinaus ist der genaue Gehalt dieser Gewährleistung allerdings umstritten. Eine ausdrückliche und zugleich abschließende Regelung des Nemo-tenetur-Prinzips existiert in Deutschland nicht.[913] Dass der historische Gesetzgeber allerdings von dessen Existenz ausging, belegen verschiedene Normen über die Belehrung des Beschuldigten über sein Schweigerecht, namentlich die §§ 115 Abs. 3 S. 1, 128 Abs. 1 S. 2, 136 Abs. 1 S. 2, 163a Abs. 3 S. 2, 163a Abs. 4 S. 2, 243 Abs. 5 S. 1 StPO.[914] Daneben findet sich eine zumindest im Kern übereinstimmende Regelung in Art. 14 Abs. 3 lit. g) des internationalen Paktes über bürgerliche und politische Rechte vom 19. Dezember 1966,[915] nach der "jeder wegen einer strafbaren Handlung Angeklagte" nicht gezwungen werden darf, „gegen sich selbst als Zeuge auszusagen oder sich schuldig zu bekennen."[916] Diese Regelung ist wegen des internationalen Hintergrundes allerdings nicht notwendig deckungsgleich mit dem Gewährleistungsbereich des innerstaatlich entwickelten Prinzips.[917] Abweichend

---

909 Vgl. BGHSt 52, 11, 17. Vgl. hierzu auch *Böse*, GA 2002, 98 ff.; *M. Jahn*, StV 2009, 41, 43; *Kölbel*, Selbstbelastungsfreiheiten, S. 18, 22; *Lorenz*, JZ 1992, 1000, 1005 f.; *Quentmeier*, JA 1996, 215, 216; *Schlauri*, Selbstbelastungszwang, S. 76; *H. Schneider*, Grund und Grenzen, S. 28 ff.; *Verrel*, Selbstbelastungsfreiheit, S. 1 ff.

910 So *Dingeldey*, JA 1984, 407; *Quentmeier*, JA 1996, 215, 217.

911 So *Verrel*, Selbstbelastungsfreiheit, S. 5. Ebenso *Rödiger*, Strafverfolgung von Unternehmen, S. 267. Siehe hierzu auch *Bosch*, nemo-tenetur-Prinzip, S. 17 (Fn. 4).

912 *Beulke*, Strafprozessrecht, 12. Aufl., § 7 Rn. 125; *Ruhmannseder*, in: Schulz/Reinhart/Sahan (Hrsg.), Festschrift für Imme Roxin, S. 501, 507.

913 Vgl. *Rogall*, Der Beschuldigte, S. 104 ff., 124. Zum (umstrittenen) Inhalt des Nemo-tenetur-Prinzips, siehe *Rödiger*, Strafverfolgung von Unternehmen, S. 268.

914 *H. Schneider*, Grund und Grenzen, S. 37. Siehe auch *Rogall*, Der Beschuldigte, S. 42 f., 104; *ders.*, in: Wolter (Hrsg.), Systematischer Kommentar zur Strafprozessordnung, Band 2, 4. Aufl., Vor § 133 ff. Rn. 130.

915 Ratifiziert für die Bundesrepublik Deutschland durch Gesetz v. 15.11.1973 (BGBl. II S. 1533).

916 Siehe hierzu auch *Ransiek*, Rechte des Beschuldigten, S. 5.

917 Der Schutzgehalt bleibt insgesamt hinter dem des nationalen Rechts zurück, siehe *Rödiger*, Strafverfolgung von Unternehmen, S. 266. Vgl. *Rogall*, Der Beschuldigte,

von der überwiegenden Auslegung des nationalen „Nemo-tenetur-Prinzips“ ist diese Normierung dem Wortlaut nach von vornherein auf das Strafverfahren und den Umgang mit dem Angeklagten begrenzt,[918] während das nationale Recht den Schutz beispielsweise auf standesrechtliche Verfahren[919], Disziplinarverfahren[920] (vgl. bspw. § 20 Abs. 1 S. 3 BDG) sowie Zeugen in Gerichtsverfahren[921] ausdehnt.[922] Auch der EGMR erkennt „das Recht zu schweigen und das Recht, sich nicht selbst beschuldigen zu müssen“ als „allgemein anerkannte internationale Grundsätze“ an, „welche das Herzstück des Konzepts des fairen Verfahrens gem. Art 6 [EMRK, Anm. der Verfasserin]“ bildeten.[923] Im Folgenden soll wegen des tendenziell weiteren Anwendungsbereichs und der absoluten Gewährleistung des innerstaatlichen Nemo-tenetur-Prinzips allerdings allein dieses untersucht werden.

Bei aller Umstrittenheit der genauen verfassungsrechtlichen Verankerung besteht heute weitgehend Einigkeit darüber, dass „Nemo-tenetur“ auch mit Verfassungsrang ausgestattet ist.[924] Das Bundesverfassungsgericht sieht den „Grundsatz,

---

S. 117 f.; *ders.*, in: Wolter (Hrsg.), Systematischer Kommentar zur Strafprozessordnung, Band 2, 4. Aufl., Vor § 133 ff. Rn. 131.

918 *Möller*, JR 2005, 314, 315 f. Siehe hierzu auch *Bosch*, nemo-tenetur-Prinzip, S. 24 f.; *Nowak*, CCPR Kommentar, Art. 14 IPBPR Rn. 59; *Ott*, Nemo tenetur, S. 162 f.; *Reiß*, Besteuerungsverfahren, S. 142 f. A.A. *Bährle*, Aussagefreiheit, S. 72 f. Vgl. BVerfGE 56, 37, 43 ff.; *Rogall*, in: Wolter (Hrsg.), Systematischer Kommentar zur Strafprozessordnung, Band 2, 4. Aufl., Vor § 133 ff. Rn. 131 (Fn. 790); *Schlauri*, Selbstbelastungszwang, S. 80 ff., zusammenfassend S. 90. Vgl. aber auch *Rogall*, Der Beschuldigte, S. 118.

919 BVerfGE 56, 37, 44. Siehe hierzu auch BGHSt 27, 374, 377; *Schramm*, Weitergabe von Eigenmesswerten, S. 54; *Südhoff*, Folgenbeseitigungsanspruch, S. 53.

920 BVerfGE 56, 37, 44. Siehe hierzu auch BGHSt 27, 374, 376 ff.; *Rogall*, in: Wolter (Hrsg.), Systematischer Kommentar zur Strafprozessordnung, Band 2, 4. Aufl., Vor § 133 ff. Rn. 153; *Schramm*, Weitergabe von Eigenmesswerten, S. 54; *Südhoff*, Folgenbeseitigungsanspruch, S. 53.

921 BVerfGE 38, 105, 113; 56, 37, 44 f.; NJW 1999, 779; BGHSt 17, 245, 246; 38, 302, 305 f. Siehe auch *Senge*, in: Hannich (Hrsg.), Karlsruher Kommentar zur StPO, 7. Aufl., § 55 Rn. 1.

922 Siehe auch *Rödiger*, Strafverfolgung von Unternehmen, S. 266.

923 EGMR, ÖJZ 1998, 32, 33. Insofern ist allerdings kein absoluter Schutz garantiert, siehe hierzu *v. Arnim*, in: Gornig/Schöbener/Bausback u. a. (Hrsg.), Gedächtnisschrift für Dieter Blumenwitz, S. 265, 273 ff.; *Rzepka*, Fairness, S. 82 f. Siehe auch *Möller*, JR 2005, 314, 316; *Rödiger*, Strafverfolgung von Unternehmen, S. 266; *Roxin/Schünemann*, Strafverfahrensrecht, 28. Aufl., § 25 Rn. 1; *Salditt*, in: Michalke/Köberer/Pauly u. a. (Hrsg.), Festschrift für Rainer Hamm, S. 595, 599.

924 *Rogall*, in: Wolter (Hrsg.), Systematischer Kommentar zur Strafprozessordnung, Band 2, 4. Aufl., Vor § 133 ff. Rn. 132; *H. Schneider*, Grund und Grenzen, S. 37; *Wolff*, Selbstbelastung, S. 28. Vgl. auch *Matt*, GA 2006, 323, 327. Vgl. aber auch *Ransiek*, Rechte des Beschuldigten, S. 47. A.A. noch *Peters*, ZStW 91 (1979), 96, 123; *Stümpfler*, DAR 1973, 1, 9. Einschränkend *Möller*, JR 2005, 314, 319, der nur den Schutz des Unschuldigen als verfassungsrechtlich gewährleistet ansieht.

dass niemand gezwungen werden darf, durch eigene Aussage die Voraussetzung für eine strafgerichtliche Verurteilung zu liefern," insbesondere als Teil des allgemeinen Persönlichkeitsrechts aus Art. 2 Abs. 1 i.V.m. Art. 1 Abs. 1 GG.[925] Daneben betont es allerdings auch Zusammenhänge mit der allgemeinen Handlungsfreiheit, aber auch der Menschenwürdegarantie. Im Zusammenhang mit gesetzlichen Auskunftspflichten führt es im sog. „Gemeinschuldnerbeschluss" hierzu aus:

> *„Durch rechtlich vorgeschriebene Auskunftspflichten kann die Auskunftsperson in die Konfliktsituation geraten, sich entweder selbst einer strafbaren Handlung zu bezichtigen oder durch eine Falschaussage gegebenenfalls ein neues Delikt zu begehen oder aber wegen ihres Schweigens Zwangsmitteln ausgesetzt zu werden. Wegen dieser Folgen ist die erzwingbare Auskunftspflicht als Eingriff in die Handlungsfreiheit sowie als Beeinträchtigung des Persönlichkeitsrechts des Art. 2 Abs. 1 GG zu beurteilen. Ein Zwang zur Selbstbezichtigung berührt zugleich die Würde des Menschen, dessen Aussage als Mittel gegen ihn selbst verwendet wird."*[926]

In der Literatur findet sich ein breites Spektrum an Ansätzen zur verfassungsrechtlichen Ableitung des Prinzips.[927] Während einige Stimmen die Verankerung im Rechtsstaatsprinzip betonen[928] und den Nemo-tenetur-Grundsatz insbesondere als Justizgrundrecht verbürgt sehen,[929] betonen andere Stimmen die individualrechtliche Herleitung.[930]

---

925 BVerfG, NJW 2005, 352. So auch BVerfGE 56, 37, 41 f.; NStZ 1995, 555; BVerfGE 95, 220, 241; NJW 1999, 779. So auch BGH, NJW 1992, 1637; ArbG Saarlouis, ZIP 1984, 364, 365. Vgl. auch BVerfGE 96, 171, 181.

926 BVerfG 56, 37, 41 f. So auch BVerfG, NStZ 1995, 555; NJW 1999, 779; NJW 2005, 352. Auf den Menschenwürdegehalt verweist auch BVerfGE 95, 220, 242. Ebenso BGH, NJW 1992, 1637, 1638.

927 Bereits im Ansatz unterscheiden sich die hierzu vertretenen Ansichten. Während einige versuchen, aus dem konkreten Gehalt des überlieferten Prinzips Schlussfolgerungen für seine verfassungsrechtliche Verankerung aber auch den Geltungsbereich des Prinzips zu treffen, verfolgen andere einen komplett entgegengesetzten Weg, indem diese aus den Verfassungsnormen auf den genauen Gehalt des Prinzips schließen. Siehe hierzu *Verrel*, Selbstbelastungsfreiheit, S. 6 ff.; siehe auch *Schlauri*, Selbstbelastungszwang, S. 76 f. Diese Arbeit verfolgt aufgrund ihrer diesbezüglichen Zielsetzung, den genauen Gehalt des Prinzips in Bezug auf die vorliegende Fragestellung zu ermitteln, den zweitgenannten Ansatz. Wenn man den grundrechtlichen Gehalt von Nemo-tenetur nicht allein bestätigt, sondern genauer untersucht haben will, ist dies der einzig gangbare Weg. Vgl. hierzu auch *Kölbel*, Selbstbelastungsfreiheiten, S. 262 ff.

928 So *Bosch*, nemo-tenetur-Prinzip, S. 69 ff.; *Paeffgen*, Vorüberlegungen, S. 71 f.; *Reiß*, Besteuerungsverfahren, S. 155 ff.; *H. Schneider*, Grund und Grenzen, S. 38 ff.; *ders.*, Jura 1990, 572, 575.

929 Siehe *H. Schneider*, Grund und Grenzen, S. 38, 49.

930 Siehe hierzu auch *Bosch*, nemo-tenetur-Prinzip, S. 28 f.; *Zapfe*, Compliance, S. 150.

Wie das Bundesverfassungsgericht sehen auch der BGH und große Teile der Literatur den Nemo-tenetur-Grundsatz (auch) in der Menschenwürde verankert.[931] Der Menschenwürdeverstoß soll dabei auf der Instrumentalisierung des Betroffenen zur Selbstüberführung beruhen.[932] Daneben wird auch darauf verwiesen, dass eine Pflicht zur Selbstbezichtigung im strafrechtlichen Verfahren gegen den „naturrechtlichen Gedanken des Selbstschutzes" und die „psychologischen «Gesetzmäßigkeiten» des Selbsterhaltungstriebes" verstoße.[933] Soweit es wie im Strafrecht um die

931 BGHSt 14, 358, 364; 38, 214, 220; NJW 1992, 1637, 1638; BGHSt 38, 302, 305; *v. Arnim*, in: Gornig/Schöbener/Bausback u. a. (Hrsg.), Gedächtnisschrift für Dieter Blumenwitz, S. 265, 270; *G. Bauer*, Aussage des nicht belehrten Beschuldigten, S. 61 ff.; *Bruns*, in: Hamm/Matzke (Hrsg.), Festschrift für Erich Schmidt-Leichner, S. 1, 8; *Diemer*, in: Hannich (Hrsg.), Karlsruher Kommentar zur StPO, 7. Aufl., § 136 Rn. 10; *Eisenhardt*, nemo tenetur-Prinzip, S. 200 ff.; *Eser*, ZStW 86 (1974), Beiheft, 136, 136, 144 f.; *Grünwald*, JZ 1981, 423, 428; *Habscheid*, in: Conrad/Jahrreiß/Mikat u. a. (Hrsg.), Gedächtnisschrift Hans Peters, S. 840, 871; *Hahn*, Offenbarungspflichten, S. 159; *Krekeler/Löffelmann*, in: Krekeler/Löffelmann/Sommer (Hrsg.), Anwaltkommentar StPO, 2. Aufl., Einl. Rn. 24; *Kunert*, MDR 1967, 539; *Kunig*, Rechtsstaatsprinzip, S. 380; *Lammer*, Verdeckte Ermittlungen, S. 156; *Maschmann*, NZA-Beil. 2012, 50, 55; *Neumann*, in: Zaczyk/Köhler/Kahlo (Hrsg.), Festschrift für E. A. Wolff, S. 373, 381 ff.; *Nothhelfer*, Selbstbezichtigungszwang, S. 76 f.; *Rogall*, Der Beschuldigte, S. 139 ff.; *ders.*, in: Wolter (Hrsg.), Systematischer Kommentar zur Strafprozessordnung, Band 2, 4. Aufl., Vor § 133 ff. Rn. 66; *Roschmann*, Schweigerecht, S. 14; *Rüping*, JR 1974, 135, 136 f.; *Sautter*, AcP 161 (1962), 215, 247 ff.; *Salditt*, GA 1992, 51, 66; *Schorn*, Menschenwürde, S. 72, 117 f.; *W. Schmidt*, Mitbeschuldigten- und Zeugenrolle, S. 46 f.; *Torka*, Nachtatverhalten, S. 51 ff., 128; *Wolter*, ZStW 107 (1995), 793, 814; *ders.*, in: Geppert/Dehnicke (Hrsg.), Gedächtnisschrift für Karlheinz Meyer, S. 493, 498. Vgl. auch *Jerouschek*, ZStW 102 (1990), 793, 795 f.; *Stürner*, NJW 1981, 1757, 1758.

932 BVerfG NJW 2005, 352, 353; HFR 2009, 1128, 1130 f.; *G. Bauer*, Aussage des nicht belehrten Beschuldigten, S. 62, 64; *Kunert*, MDR 1967, 539; *Müssig*, GA 1999, 119, 27; *Rogall*, in: Wolter (Hrsg.), Systematischer Kommentar zur Strafprozessordnung, Band 2, 4. Aufl., Vor § 133 ff. Rn. 132; *ders.*, NStZ 2006, 41; Vgl. auch *Dingeldey*, JA 1984, 407, 409; *Eser*, ZStW 86 (1974), Beiheft, S. 136, 136, 144 f.; *Kruse*, Compliance, S. 37; *Sautter*, AcP 161 (1962), 215, 254 ff.

933 So *Rogall*, in: Wolter (Hrsg.), Systematischer Kommentar zur Strafprozessordnung, Band 2, 4. Aufl., Vor § 133 ff. Rn. 132 m.w.N. Siehe auch *Rogall*, Der Beschuldigte, S. 147. Dem folgend *Nickl*, Schweigen des Beschuldigten, S. 34. So auch *Lammer*, Verdeckte Ermittlungen, S. 156; *Salger*, Schweigerecht, S. 14; *Torka*, Nachtatverhalten, S. 51 ff. Vgl. auch *Hahn*, Offenbarungspflichten, S. 159; *Heckel*, Informationsrecht, S. 227; *Sautter*, AcP 161 (1962), 215, 249 f., 256 f. Siehe zudem auch *Müller-Boysen*, Rechtsstellung des Betroffenen, S. 92 f.; *Schramm*, Weitergabe von Eigenmesswerten, S. 46, die allerdings Art. 1 Abs. 1 GG nicht als Rechtsgrundlage des Nemo-tenetur-Prinzips sehen, da dieser kein subjektives Recht vermitteln soll. Vgl. ferner auch *Günther*, GA 1978, 193, 194, 201 f., der die Schweigebefugnis allerdings ebenfalls als durch Art. 1 Abs. 1 GG nicht vorgegeben erachtet.

Erhaltung eigener, elementarer Rechtsgüter gehe, müsse der Betroffene das Recht haben, andere auszuschließen und dadurch seine Individualität zu wahren. Der in einer Auskunftspflicht liegende Eingriff in die Geheimhaltungs- und materiellen Lebensinteressen überfordere den Betroffenen und mache ihm eine freie, sittliche Entscheidung über die Mitarbeit im Prozess unmöglich.[934]

An dieser Argumentation wird von einigen Stimmen starke Kritik geübt.[935] Diese Kritik beruht teilweise auf der geringen Präzision der häufig zur Konkretisierung der Menschenwürdegarantie herangezogenen Objektformel, die keine klare Aussage treffe, wann die im Strafverfahren stets vorhandene Fremdbestimmung in eine reine „Objektstellung" der betroffenen Person umschlagen soll.[936] Daneben gilt die Kritik auch dem naturrechtlichen Argumentationsstrang. So wird darauf hingewiesen, dass der Selbsterhaltungstrieb in Strafverfahren abhängig vom Ausmaß der angedrohten Sanktion auf unterschiedliche Weise berührt sein kann.[937] Zudem bleibt unter diesem Aspekt fraglich, warum allein die Gefahr der strafrechtlichen Verfolgung die Unzumutbarkeit begründen können soll. „Existenzvernichtende" Folgen können beispielsweise auch durch die Bekräftigung zivilrechtlicher Forderungen oder einer (fristlosen) Kündigung drohen.[938] Des Weiteren soll der Selbsterhaltungstrieb nur in extremen Ausnahmesituationen eine Korrektur der gesetzlichen Ordnung bewirken können, denn diese Argumentation sei fast universell anwendbar und wäre deswegen dazu geeignet, das gesetzliche Normengefüge komplett aus den Angeln zu heben.[939] Auch soll die Menschenwürde gerade verlangen, dass jeder für

934 *Rogall*, Der Beschuldigte, S. 146.

935 Siehe insbesondere *Bosch*, nemo-tenetur-Prinzip, S. 32 ff. Hiergegen auch *Kühne*, Strafprozessuale Beweisverbote, S. 131; *Ransiek*, Rechte des Beschuldigten, S. 53; *Schramm*, Weitergabe von Eigenmesswerten, S. 49; *Starck*, in: v. Mangoldt/Klein, Das Bonner Grundgesetz, Kommentar, Band 1, 6. Aufl., Art. 1 Abs. 1 Rn. 56.

936 Vgl. *Bosch*, nemo-tenetur-Prinzip, S. 38 ff; *Geppert*, DAR 1981, 301, 306 f.; *Günther*, GA 1978, 193, 196 f.; *Rogall*, Der Beschuldigte, S. 141; *Schramm*, Weitergabe von Eigenmesswerten, S. 49; *Verrel*, NStZ 1997, 415, 417. Vgl. dazu auch *Kölbel*, Selbstbelastungsfreiheiten, S. 284 ff.; *Nothhelfer*, Selbstbezichtigungszwang, S. 72; *T. Schaefer*, Nemo-tenetur, S. 72 f., 77. *H. Schneider*, Grund und Grenzen, S. 46, sieht die Menschenwürdegarantie generell als zu unbestimmt an, um hieraus konkrete Folgerungen für den Umfang der Selbstbelastungsfreiheit ableiten zu können. Vgl. auch *B. Fischer*, Selbstbelastungspflichten, S. 96. Vgl. aber auch *Wolff*, Selbstbelastung, S. 42.

937 Siehe *Bosch*, nemo-tenetur-Prinzip, S. 33 f.

938 Siehe *Bosch*, nemo-tenetur-Prinzip, S. 34, 42; *Wolff*, Selbstbelastung, S. 46 f. Siehe auch *Möller*, JR 2005, 314, 317.

939 Siehe *Böse*, GA 2002, 98, 104 ff. Gegen die Annahme eines derartigen Selbstschutzprivilegs *H. Schneider*, Grund und Grenzen, S. 48.

das eigene Tun einstehe.[940] Daneben wird der Menschenwürdegarantie des Art. 1 Abs. 1 GG teilweise auch generell die Funktion eines Grundrechts abgesprochen.[941]

Eine ebenfalls sehr starke Ansicht sieht das Nemo-tenetur-Prinzip im allgemeinen Persönlichkeitsrecht aus Art. 2 Abs. 1, 1 Abs. 1 GG verankert.[942] Anknüpfungspunkt ist dabei insbesondere die Freiheit der Selbstdarstellung. Der „überindividuell-beziehungsförmigen Existenzweise des Menschen" soll dadurch Rechnung [getragen werden], dass jedermann entscheiden kann, 'wie er sich gegenüber der Öffentlichkeit darstellen will, was seinen sozialen Geltungsanspruch ausmachen soll'."[943] Diese Verbindung knüpft auch Paeffgen, nach dem das Nemo-tenetur-Prinzip ein „verfassungsgewohnheitsrechtlich anerkanntes Rechtsprinzip" sein soll, das aus

---

940 *B. Fischer*, Selbstbelastungspflichten, S. 99; *Günther*, GA 1978, 193, 197. Vgl. *H. Schneider*, Grund und Grenzen, S. 46. Hiergegen *Wolff*, Selbstbelastung, S. 45. Vgl. zudem auch *Castringius*, Schweigen und Leugnen, S. 58 f.; *Nothhelfer*, Selbstbezichtigungszwang, S. 75 f.; *Paeffgen*, Vorüberlegungen, S. 48 (Fn. 169). Vgl. aber auch *Eisenhardt*, nemo tenetur-Prinzip, S. 208 f.; *Torka*, Nachtatverhalten, S. 50.

941 *Castringius*, Schweigen und Leugnen, S. 42 f.; *Helgerth*, Der „Verdächtige", S. 170; *Kölbel*, Selbstbelastungsfreiheiten, S. 286 f. m.w.N. zu dem Verständnis der Menschenwürdegarantie als Auslegungsmaxime; *Müller-Boysen*, Rechtsstellung des Betroffenen, S. 97; *Salger*, Schweigerecht, S. 12 f.; *Schramm*, Weitergabe von Eigenmesswerten, S. 49. Vgl. auch *Nickl*, Schweigen des Beschuldigten, S. 32 f. Vgl. aber auch *Nothhelfer*, Selbstbezichtigungszwang, S. 65. Vgl. hierzu allgemein auch *Jarass*, in: Jarass/Pieroth, GG, 13. Aufl., Art. 1 Rn. 3; *Kunig*, in: v. Münch/Kunig, Grundgesetz, Band 1, 6. Aufl., Art. 1 Rn. 3.

942 So BGHSt 17, 245, 246; 36, 328, 332; 38, 214, 220; NJW 1992, 1637, 1638; BGHSt 38, 302, 305; 42, 139, 152; OLG Celle, NStZ 1982, 393, 394; *Bährle*, Aussagefreiheit, S. 80 ff.; *Berthold*, Selbstbezichtigung, S. 5 ff.; *Bottke*, Jura 1987, 356, 361; *Bruns*, in: Hamm/Matzke (Hrsg.), Festschrift für Erich Schmidt-Leichner, S. 1, 8; *Di Fabio*, in: Maunz/Dürig, GG, Band 1, 39. Lfg., Stand: Juli 2001, Art. 2 Rn. 187; *Dingeldey*, JA 1984, 407, 409; *ders.*, NStZ 1984, 529; *Groß-Spreitzer*, Telefonüberwachung, S. 74; *Hahn*, Offenbarungspflichten, S. 159; *Heckel*, Informationsrecht, S. 225 ff.; *Günther*, GA 1978, 193, 198; *Keller*, Rechtliche Grenzen, S. 131 ff.; *Kruse*, Compliance, S. 36 ff.; *Lagodny*, StV 1996, 167, 170 f.; *Lammer*, Verdeckte Ermittlungen, S. 156 ff.; *Minoggio*, wistra 2003, 121, 124; *Müller-Boysen*, Rechtsstellung des Betroffenen, S. 96 ff.; *Nickl*, Schweigen des Beschuldigten, S. 34 f.; *Nothhelfer*, Selbstbezichtigungszwang, S. 77 ff.; *Ransiek*, Rechte des Beschuldigten, S. 53; *Raum*, StraFo 2012, 395, 397; *Rogall*, Der Beschuldigte, S. 139 ff.; *Rüping*, JR 1974, 135, 137; *Salger*, Schweigerecht, S. 14 f.; *Schramm*, Weitergabe von Eigenmesswerten, S. 49 f.; *Störmer*, Verwertungsverbote, S. 164; *Stürner*, NJW 1981, 1757; *Südhoff*, Folgenbeseitigungsanspruch, S. 52; *Weigend*, in: Jescheck/Vogler (Hrsg.), Festschrift für Herbert Tröndle, S. 753, 768; *Wolter*, in: Dornseifer/Horn/Schilling u. a. (Hrsg.), Gedächtnisschrift für Armin Kaufmann, S. 761, 770. Grundsätzlich so auch *B. Fischer*, Selbstbelastungspflichten, S. 100 ff. Vgl. auch *Eser*, ZStW 86 (1974), Beiheft, 136, 146.

943 *Kölbel*, Selbstbelastungsfreiheiten, S. 279 mit Verweis auf BVerfGE 63, 131, 142. So auch *Böse*, GA 2002, 98, 99.

dem Recht auf Selbstdarstellung aus Art. 2 Abs. 1, 1 Abs. 1 GG fließt.[944] Während manche Autoren stattdessen bei der Begründung an den Ehrschutz[945] anknüpfen oder an das Recht auf informationelle Selbstbestimmung[946], sieht Rogall dagegen in dem Nemo-tenetur-Prinzip ein Persönlichkeitsrecht eigener Art.[947] Seiner Ansicht nach soll dabei „jeder Versuch, den Beschuldigten zum Beweismittel gegen sich selbst zu machen, den unantastbaren Kernbereich des Persönlichkeitsrechts generell verletzen [...]".[948] In diesem Falle „stünden stets höchstpersönliche Dinge im Sinne des Bundesverfassungsgerichts auf dem Spiel."[949] *Rogall* begründet dies mit dem tiefen Konflikt mit dem Selbsterhaltungsinteresse, in den eine Person bei einem Zwang zu einer Selbstbezichtigung gerate.[950] Der Beschuldigte befinde sich im Strafprozess in einer „Abwehrsituation", er fürchte „den Verlust von Freiheit, Vermögen, Ehre und manchmal auch des Lebens. In dieser Situation hieße es den Menschen überfordern, wollte man verlangen, dass er seinen Rechtsgütern Schaden zufügt."[951] Nach anderen Stimmen soll hingegen nicht (stets) der abwägungsfeste Kernbereich des allgemeinen Persönlichkeitsrechts betroffen sein, so dass ein Abwägungsspielraum bestünde.[952] Gegen eine Verankerung im Kernbereich des allgemeinen Persönlichkeitsrechts wendet sich insbesondere Schneider. Er verweist darauf, dass der Schutz der Geheimhaltungsinteressen des Beschuldigten nicht als Bestandteil des Kernbereichs absolut geschützt sein könne, wäre ansonsten doch

---

944 *Paeffgen*, in: Wolter (Hrsg.), Systematischer Kommentar zur Strafprozessordnung, Band 2, 4. Aufl., Vor § 112 ff. Rn. 31.

945 *Lagodny*, StV 1996, 167, 171 (insb. Fn. 54); *Kunig*, in: v. Münch/Kunig, Grundgesetz, Band 1, 6. Aufl., Art. 2 Rn. 35. So partiell auch *Kölbel*, Selbstbelastungsfreiheiten, 280 f. Vgl. auch *Böse*, GA 2002, 98, 99 f.; *Jerouschek*, ZStW 102 (1990), 793, 796; *Neumann*, in: Zaczyk/Köhler/Kahlo (Hrsg.), Festschrift für E. A. Wolff, S. 373, 381 f.; *Puppe*, GA 1978, 289, 299, 303 f.; *Sautter*, AcP 161 (1962), 215, 255; *Verrel*, NStZ 1997, 415, 419. Hiergegen *Kölbel*, Selbstbelastungsfreiheiten, S. 280 f.

946 *Keller*, Rechtliche Grenzen, S. 131 ff.; *Nothhelfer*, Selbstbezichtigungszwang, S. 82 f.; *T. Schaefer*, Nemo-tenetur, S. 106. So partiell auch *Kölbel*, Selbstbelastungsfreiheiten, 282 f.

947 *Rogall*, Der Beschuldigte, S. 148.

948 *Rogall*, Der Beschuldigte, S. 147. So auch KG, NStZ 1995, 146; *Salger*, Schweigerecht, S. 14 f.

949 *Rogall*, Der Beschuldigte, S. 147.

950 *Rogall*, Der Beschuldigte, S. 145 f.

951 *Rogall*, Der Beschuldigte, S. 145 f. Dem folgend *Nickl*, Schweigen des Beschuldigten, S. 34 f.

952 Siehe *Günther*, GA 1978, 193, 198 f., 205; *Kölbel*, Selbstbelastungsfreiheiten, S. 317 ff.; *Lagodny*, StV 1996, 167, 171; *Nothhelfer*, Selbstbezichtigungszwang, S. 85 ff. Vgl. auch *Bosch*, nemo-tenetur-Prinzip, S. 60 ff.; *B. Fischer*, Selbstbelastungspflichten, S. 102 f.; *Ransiek*, Rechte des Beschuldigten, S. 53. So für den Bereich außerhalb eines Strafverfahrens *Bährle*, Aussagefreiheit, S. 85 f.; *Berthold*, Selbstbezichtigung, S. 12.

jede staatliche Sachverhaltsausforschung in Strafverfahren illegitim.[953] Insofern könne auch eine diesbezügliche Unterscheidung nach Art der Sachverhaltsausforschung nicht überzeugen, weil der Umfang des Geheimhaltungsinteresses nicht davon abhänge, ob der Betroffene aktiv an der Erforschung mitwirken oder diese nur passiv erdulden müsse.[954] Ähnlich wird gegen eine Verknüpfung mit dem Ehrschutz argumentiert. Auch die mit einem Strafverfahren einhergehende Beeinträchtigung des sozialen Geltungsanspruchs sei von der Art der Sachverhaltserforschung unabhängig.[955] Der gleiche Gedanke soll auch gegen eine Verortung im Recht auf informationelle Selbstbestimmung sprechen. Denn der Schutzgegenstand des Nemo-tenetur-Prinzips besteht nicht in der Informationserlangung als solcher, sondern gerade in deren spezifischer Art und Weise der aktiven Selbstüberführung durch den Beschuldigten.[956] Der Beschuldigte wird gerade nicht als Wissensträger geschützt.[957] Zudem kann gegen die letztgenannte Verortung eingewendet werden, dass nach der Rechtsprechung des Bundesverfassungsgerichts zum Recht auf informationelle Selbstbestimmung nicht die offene Informationsgewinnung beim Beschuldigten, um die es sich in den Nemo-tenetur relevanten Konstellationen zumeist handelt, sondern die verdeckte Informationserhebung ohne die Kenntnis des Betroffenen die stärkere Eingriffsform wäre.[958]

Neben dem allgemeinen Persönlichkeitsrecht und der Menschenwürdegarantie werden auch weitere Grundrechte als Rechtsgrundlage des Nemo-tenetur-Prinzips diskutiert. Während eine ältere Ansicht, die das Grundrecht der „Freiheit der Person“ wohl entgegen dem heute verbreiteten Verständnis im Sinne der Fortbewegungsfreiheit sehr weit auslegte, Art. 2 Abs. 2 GG als Rechtsgrundlage ausmachte,[959] wird öfters auf die Gewissensfreiheit rekurriert.[960] Dagegen hierin die einzige Rechtsgrundlage zu erblicken, spricht allerdings, dass die Entscheidung für oder gegen eine Aussage nicht notwendig eine „ernste sittliche, d. h. an den Kategorien von ‚Gut‘ und ‚Böse‘ orientierte Entscheidung [...], die der Einzelne in einer bestimmten

953 *H. Schneider*, Grund und Grenzen, S. 47. So auch *Reiß*, Besteuerungsverfahren, S. 165 f. Gegen eine Verankerung im Kernbereich auch *Bosch*, nemo-tenetur-Prinzip, S. 61 ff.

954 *H. Schneider*, Grund und Grenzen, S. 47 f.

955 *Böse*, GA 2002, 98, 100 f.; *Bosch*, nemo-tenetur-Prinzip, S. 49.

956 Vgl. *Bosch*, nemo-tenetur-Prinzip, S. 53 ff. m.w. Einwänden. vgl. aber auch *Kölbel*, Selbstbelastungsfreiheiten, 281 ff. Vgl. zudem *Kruse*, Compliance, S. 38; *Lorenz*, JZ 1992, 1000, 1006; *Möller*, JR 2005, 314, 318.

957 Siehe *Böse*, GA 2002, 98, 121; *Eisenhardt*, nemo tenetur-Prinzip, S. 204.

958 *Böse*, GA 2002, 98, 102.

959 *Wessels*, JuS 1966, 169, 171. Hiergegen *Kruse*, Compliance, S. 26; *Rogall*, Der Beschuldigte, S. 125 f.; *Roschmann*, Schweigerecht, S. 17; *Salger*, Schweigerecht, S. 11; *Wolff*, Selbstbelastung, S. 31 (Fn. 77). Nach *Nothhelfer*, Selbstbezichtigungszwang, S. 59 f., liegt insofern ein redaktionelles Versehen *Wessels* nahe.

960 *Rinck*, DVBl 1964, 706, 708; *Scholler*, Freiheit, S. 150. Neben der Verortung in der Unschuldsvermutung und dem Schuldprinzip, so auch *Lorenz*, JZ 1992, 1000, 1006.

Lage als für sich bindend und unbedingt verpflichtend innerlich erfährt, sodass er gegen sie nicht ohne ernste Gewissensnot handeln könnte"[961] – und damit eine des Gewissens – sein muss, sondern häufig einfach auch vernunftgeleitet sein wird.[962] Der Nemo-tenetur-Grundsatz bleibt unabhängig hiervon anwendbar.[963] Daneben findet sich der Ansatz, Nemo-tenetur auch als Bestandteil der Meinungsfreiheit aufzufassen[964] oder – großteils ergänzend – auf das Auffanggrundrecht der allgemeinen Handlungsfreiheit abzustellen.[965]

Dagegen sieht eine weitere Ansicht das Nemo-tenetur Prinzip, neben der Verankerung in der allgemeine Handlungsfreiheit,[966] ausschließlich als durch das Rechtsstaatsprinzip gewährleistet an.[967] Nemo-tenetur soll hiernach als „alter

---

961 BVerfGE 12, 45, 55; vgl. auch BVerfGE 48, 127, 173.

962 *Salger*, Schweigerecht, S. 11. Vgl. auch *Kölbel*, Selbstbelastungsfreiheiten, S. 291 f.; Kruse, Compliance, S. 29 f.

963 Allerdings spricht dies nicht dagegen, den Nemo-tenetur-Grundsatz als partiell hierdurch gewährleistet zu sehen, *Bosch*, nemo-tenetur-Prinzip, S. 45 f.; *Rogall*, Der Beschuldigte, S. 128 f. Vgl. auch *Bährle*, Aussagefreiheit, S. 79 f.; *Wolff*, Selbstbelastung, S. 31.

964 *Kölbel*, Selbstbelastungsfreiheiten, S. 288 ff.

965 BVerfGE 56, 37, 41 f.; *Bosch*, nemo-tenetur-Prinzip, S. 46 f.; *Kruse*, Compliance, S. 30 f.; *Lammer*, Verdeckte Ermittlungen, S. 156; *Rogall*, Der Beschuldigte, S. 129 ff.; *T. Schaefer*, Nemo-tenetur, S. 104; *W. Schmidt*, Mitbeschuldigten- und Zeugenrolle, S. 45. Allein auf die allgemeine Handlungsfreiheit abstellend *Helgerth*, Der „Verdächtige", S. 171 ff.

966 *Reiß*, Besteuerungsverfahren, S. 166, 170; *H. Schneider*, Grund und Grenzen, S. 43.

967 So *Reiß*, Besteuerungsverfahren, S. 155 ff.; *H. Schneider*, Grund und Grenzen, S. 49. Einzig auf das Rechtsstaatsprinzip als Rechtsgrundlage verweisen auch BGHSt 25, 325, 330; *Grünwald*, JZ 1968, 752; *Paeffgen*, Vorüberlegungen, S. 71 f.; *Uhlenbruck*, JR 1971, 445, 446, 448. Die Ableitung aus dem Rechtsstaatsprinzip betonen auch *Bosch*, nemo-tenetur-Prinzip, S. 69; *Dannecker*, ZStW 111 (1999), 256, 286; *M. Jahn*, StV 1998, 653, 654; *Rinck*, DVBl 1964, 706, 707 f.; *Velten*, Befugnisse der Ermittlungsbehörden, S. 119; *Volk*, JZ 1982, 85, 91. Dagegen verweist *Rogall*, Der Beschuldigte, S. 138 f., zutreffend darauf, dass es sich bei der Verankerung in den Grundrechten und der Verankerung im Rechtsstaatsprinzip um zwei Seiten derselben Medaille handelt. So auch *Dietrich*, Selbstbelastung, S. 40. Ähnlich auch *Roschmann*, Schweigerecht, S. 15; *Stürner*, NJW 1981, 1757 f.; *Wolff*, Selbstbelastung, S. 38. Vgl. auch *Bährle*, Aussagefreiheit, S. 89; *G. Bauer*, Aussage des nicht belehrten Beschuldigten, S. 63 ff. Vgl. aber auch *Bosch*, nemo-tenetur-Prinzip, S. 70 ff. Auf die Verankerung im Rechtsstaatsprinzip und in den Grundrechten verweisen auch BVerfGE 38, 105, 113; NStZ 1995, 555; NJW 1999, 779; BGHSt 14, 358, 364; 38, 214, 220; 38, 302, 305; KG, NStZ 1995, 146; *Berthold*, Selbstbezichtigung, S. 12 f.; *Bottke*, DAR 1980, 238, 240; *Bringewat*, JZ 1981, 289, 294; *Minoggio*, wistra 2003, 121, 124, 128; *Rüping*, JR 1974, 135, 136 f., 138; *Salger*, Schweigerecht, S. 16; *Schramm*, Weitergabe von Eigenmesswerten, S. 47, 50; *Seebode*, MDR 1970, 185, der hierin einen „ungeschriebenen rechtsstaatlichen Verfahrensgrundsatz" sieht, allerdings ebenfalls auf die Achtung der Persönlichkeitsrechte und das

Rechtstradition entsprechender Grundsatz" „zu den grundlegenden verfahrensrechtlichen und nach heutigem Verständnis grundrechtsähnlichen Rechtsverbürgungen" zählen, welche das Verhältnis zwischen Bürger und Staat regeln, und damit für die Staatskonzeption des Grundgesetzes konstitutiv sein.[968] Diese Ansicht hätte weitgehende Folgen für den Anwendungsbereich und auch die hier diskutierte Rechtsfrage. Das Fehlen einer speziellen subjektiv-rechtlichen – grundrechtlichen – Verankerung würde dazu führen, dass in Rechtsverhältnissen zwischen Privaten im Rahmen einer Argumentation mit der mittelbaren Drittwirkung der Grundrechte deutlich geringeres Gewicht beizumessen wäre.[969]

Der letztgenannten Ansicht ist insoweit zuzustimmen, als das Nemo-tenetur-Prinzip einen starken Verfahrensbezug hat. Dem Nemo-tenetur-Prinzip kommt, funktional betrachtet, eine wesentliche Bedeutung für das Verfahren und dessen Legitimation zu.[970] Die Aussagefreiheit ist notwendige Voraussetzung, um den Ausgang des Verfahrens möglichst lange offenzuhalten und hierdurch die Selbstbindungswirkung herbeizuführen. Auch ermöglicht sie die Zurechnung des Prozessverhaltens als freie Entscheidung des Beschuldigten und trägt auf diesem Wege ebenfalls zur Legitimation des Gerichtsverfahrens bei.[971] Aus diesem Blickwinkel kann eine Abschaffung von Nemo-tenetur sogar die Existenz der Institution Strafverfahren in Frage stellen.[972] Allerdings kommt der Selbstbelastungsfreiheit ebenfalls eine bedeutende Aufgabe für die Sicherung der Verfahrensstellung des Beschuldigten zu. Im Strafverfahren ist der Verfahrensausgang noch einiges stärker als in anderen Gerichtsverfahren durch den Ausgang der Sachverhaltsermittlung vorbestimmt.[973] Die rechtliche Würdigung ist gegenüber anderen Verfahrensarten aufgrund der strikten Gesetzesbindung nach Art. 103 Abs. 2 GG von weitaus geringeren Auslegungsspielräumen und Argumentationsmöglichkeiten geprägt.[974] Eine Selbstbezichtigung würde demnach das Ergebnis des Prozesses im Ergebnis häufig

---

Verbot, den Beschuldigten zum Objekt des Verfahrens zu machen Bezug nimmt (S. 186). Teilweise wird das Nemo-tenetur-Prinzip auch in Zusammenhang mit dem Schuldprinzip (*Lorenz*, JZ 1992, 1000, 1006; *Wolff*, Selbstbelastung, S. 49 ff.) oder der Unschuldsvermutung (*Arndt*, NJW 1966, 869, 870 f.; *G. Bauer*, Aussage des nicht belehrten Beschuldigten, S. 51; *Eser*, ZStW 86 (1974), Beiheft, 136, 139; *Lorenz*, JZ 1992, 1000, 1006; *Puppe*, GA 1978, 289, 299; *W. Schmidt*, Mitbeschuldigten- und Zeugenrolle, S. 44 f.; *H. Schneider*, Grund und Grenzen, S. 41 f.; *Weßlau*, ZStW 110 (1998), 1, 36; vgl. auch *Böse*, GA 2002, 98, 123 ff.; *Bosch*, nemo-tenetur-Prinzip, S. 93 ff.; hiergegen *Nothhelfer*, Selbstbezichtigungszwang, S. 37 ff.) gebracht.

968 *H. Schneider*, Grund und Grenzen, S. 41, vgl. auch S. 49.

969 Vgl. *Bosch*, nemo-tenetur-Prinzip, S. 29 f.; *H. Schneider*, Grund und Grenzen, S. 38. Vgl. auch *Wolff*, Selbstbelastung, S. 29.

970 Vgl. hierzu 6. Kapitel D. III.

971 Vgl. auch *Lesch*, ZStW 111 (1999), 624 f.

972 Vgl. hierzu auch *Hassemer*, in: Kaufmann/Mestmäcker/Zacher (Hrsg.), Festschrift für Werner Maihofer, S. 183, 203.

973 *Böse*, GA 2002, 98, 126.

974 *Böse*, GA 2002, 98, 126.

vorwegnehmen.[975] Der Beschuldigte würde hierdurch „zum reinen Objekt" des gegen ihn gerichteten Strafverfahrens degradiert, er wäre seiner prozessualen Gestaltungsmöglichkeiten beraubt.[976] Dem Recht zu schweigen kommt daher eine extreme Bedeutung für die Subjektstellung des Beschuldigten im Strafverfahren zu.[977] Es ist notwendige Voraussetzung für die freie, eigenverantwortliche Entscheidung über seine Verteidigungsstrategie.[978] Das Nemo-tenetur-Prinzip dient letztendlich dazu, die Gestaltungsmöglichkeiten des Beschuldigten im Strafverfahren zu wahren.[979] Insofern liegt es auch durchaus nahe, das Nemo-tenetur-Prinzip zugleich in dem aus dem Rechtsstaatsprinzip und dem allgemeinen Freiheitsrecht aus Art. 2 Abs. 1 GG[980] hergeleiteten Recht auf ein faires Verfahren verwurzelt zu sehen.[981] Denn dieses beinhaltet gerade die Gewährleistung, dass der Beschuldigte zur Wahrung seiner

---

975 Vgl. *Böse*, GA 2002, 98, 126.

976 Vgl. *Böse*, GA 2002, 98, 126, 127. Insoweit findet sich auch ein deutlicher Bezug zu dem selbst durch Art. 1 Abs. 1 GG und das Rechtsstaatsprinzip abgesicherten Recht auf ein faires Verfahren. Vgl. insofern BVerfGE 57, 250, 274 f.

977 Vgl. *Ransiek*, Rechte des Beschuldigten, S. 49, 52, der sich allerdings gegen eine generelle Verankerung in Art. 1 Abs. 1 GG ausspricht. Vgl. auch *G. Bauer*, Aussage des nicht belehrten Beschuldigten, S. 61.; *Eser*, ZStW 86 (1974), Beiheft, 136, 136, 145; *Gerling*, Informatorische Befragung, S. 113 f.; *Köhler*, ZStW 107 (1995), 10, 24 f., 32 f.; *Matt*, GA 2006, 323, 327; *Roschmann*, Schweigerecht, S. 18 ff.; *Rüping*, JR 1974, 135, 136 f.; *Velten*, Befugnisse der Ermittlungsbehörden, S. 119. Zu der historischen Verknüpfung von Nemo-tenetur und der Parteistellung des Beschuldigten im englischen und auch deutschen Strafverfahren siehe *Böse*, GA 2002, 98, 108 ff.

978 Siehe *Böse*, GA 2002, 98, 127; *Ransiek*, Rechte des Beschuldigten, S. 49 f., 54 ff. Vgl. auch *Kühl*, JuS 1986, 115, 117; *Rzepka*, Fairness, S. 387.

979 Vgl. *Roschmann*, Schweigerecht, S. 18 ff.; *Verrel*, NStZ 1997, 415, 418 f. Vgl. hierzu auch *Keller*, Rechtliche Grenzen, S. 131 f., der insoweit das Recht auf informationelle Selbstbestimmung als betroffen ansieht. Vgl. auch *Bosch*, nemo-tenetur-Prinzip, S. 119 ff.; *Müssig*, GA 1999, 119, 127; sowie *T. Schaefer*, NJW-Spezial 2010, 120, 121; *ders.*, Nemo-tenetur, S. 139 ff., insb. S. 147, nach dem „das Recht des Einzelnen zur Entscheidungswahl über sein Erklärungsverhalten" bzw. „Kommunikationsverhalten" Inhalt des Nemo-tenetur-Prinzips sein soll. Vgl. ferner *Wolter*, ZStW 107 (1995), 793, 794.

980 BVerfGE 38, 105, 111; 57, 250, 274 f.; 66, 313, 318.

981 So BGHSt 25, 325, 330; 38, 214, 220; NJW 1992, 1637, 1638; *Bottke*, Jura 1987, 356, 361; *Bringewat*, JZ 1981, 289, 294; *Günther*, GA 1978, 193, 198 f.; *M. Jahn*, StV 1998, 653, 654; *Minoggio*, wistra 2003, 121, 124; *Müller-Dietz*, ZStW 93 (1981), 1177, 1208; *Ransiek*, Rechte des Beschuldigten, S. 7, 53; *Rzepka*, Fairness, S. 387 ff.; *Schramm*, Weitergabe von Eigenmesswerten, S. 50 f. Kritisch *Kölbel*, Selbstbelastungsfreiheiten, S. 299 ff. Hiergegen *Wolff*, Selbstbelastung, S. 34; *Tettinger*, Fairneß, S. 67. Vgl. ferner *Eisenhardt*, nemo tenetur-Prinzip, S. 200. Einschränkend auf den Schutz des Unschuldigen vor Selbstbelastung allerdings *Möller*, JR 2005, 314, 318. Vgl. auch BVerfG, NStZ 1995, 555.

Rechte auf den Gang und das Ergebnis des Verfahrens Einfluss nehmen kann.[982] Allerdings geht die durch das Nemo-tenetur-Prinzip gesicherte Garantie in ihrer durch den extremen Menschenwürdegehalt vermittelten Absolutheit[983] über dessen Gewährleistungen hinaus.[984]

Gegen eine Verankerung in der Menschenwürdegarantie kann auch nicht eingewendet werden, dass der Beschuldigte durch die prozessualen Zwangsmaßnahmen ebenfalls zum Objekt des Verfahrens instrumentalisiert werde.[985] Zum einen wird dem Beschuldigten allein durch den Zwang zu selbstbelastenden Äußerungen eine subjektive Stellungnahme zu der Tat abverlangt,[986] zum anderen, und das ist der ganz entscheidende Punkt, wird er gerade durch diese Stellungnahme in besonderem Maße in seinem weiteren Prozessverhalten festgelegt und ihm damit seine Subjektstellung in dem gesamten weiteren Strafverfahren genommen.[987] Anders als durch passive Duldungen wird die zukünftige Selbstdarstellung des Beschuldigten durch seine Äußerungen gebunden. Er wird an diesen festgehalten und hat kaum noch Chancen, die selbst getroffenen Sachverhaltsfeststellungen später zu korrigieren. Dies würde ihm als Inkonsistenz angelastet.[988] Soweit eine Pflicht zu selbstbelastenden Äußerungen im Strafverfahren im Raum steht, kommt dem Nemo-tenetur-Prinzip aus diesen Gründen – geschützt wird die Subjektstellung des Beschuldigten im Strafverfahren – Menschenwürderelevanz zu.[989] Gerade in dieser zwangsweisen Festlegung der Selbstdarstellung liegt zudem auch der besondere Eingriff in das Persönlichkeitsrecht des Beschuldigten.[990] Der Beschuldigte wird

---

982 BVerfGE 26, 66, 71; 38, 105, 111; 66, 313, 318; NStZ 1995, 555. Vgl. auch BVerfGE 9, 89, 95. Vgl. zudem *Velten*, Befugnisse der Ermittlungsbehörden, S. 118. Vgl. aber auch *Müller-Boysen*, Rechtsstellung des Betroffenen, S. 99; *Salger*, Schweigerecht, S. 15 f.

983 Vgl. *Herdegen*, in: Maunz/Dürig, GG, Band 1, 55. Lfg., Stand: Mai 2009, Art. 1 I Rn. 73; *Kunig*, in: v. Münch/Kunig, Grundgesetz, Band 1, 6. Aufl., Art. 1 Rn. 4. Vgl. in diesem Zusammenhang aber auch *Lorenz*, JZ 1992, 1000, 1005.

984 Vgl. *Rogall*, Der Beschuldigte, S. 112 ff., 137 ff.

985 So aber *B. Fischer*, Selbstbelastungspflichten, S. 97 f. Vgl. zudem *H. Schneider*, Grund und Grenzen, S. 48. Siehe auch *Rogall*, in: Wolter (Hrsg.), Systematischer Kommentar zur Strafprozessordnung, Band 2, 4. Aufl., Vor § 133 ff. Rn. 132.

986 *Puppe*, GA 1978, 289, 304; *Verrel*, NStZ 1997, 415, 418 f.

987 Vgl. *Böse*, GA 2002, 98, 100, 126; *Müssig*, GA 1999, 119, 126 f.; *Queck*, Unternehmen, S. 205. Vgl auch *Luhmann*, Legitimation durch Verfahren, 4. Aufl., S. 85 ff., 91 ff.

988 Siehe *Böse*, GA 2002, 98, 100, 119 f.: „Eine freie und konsistente Selbstdarstellung im Strafverfahren ist bei einer gesetzlichen Auskunftspflicht so gut wie ausgeschlossen." Siehe hierzu auch *Queck*, Unternehmen, S. 205. Vgl. auch *Lesch*, ZStW 111 (1999), 624, 636, 638, der die Aussagefreiheit im Strafverfahren als Konsequenz des Rechts auf freie Bestimmung über die Art und Weise der Verteidigung im Strafverfahren begreift. Vgl. auch *Luhmann*, Legitimation durch Verfahren, 4. Aufl., S. 44 f., 92.

989 Vgl. hierzu *Luhmann*, Grundrechte als Institution, 5. Aufl., S. 53 ff., insb. S. 75.

990 *Böse*, GA 2002, 98, 100. Vgl. *Lagodny*, StV 1996, 167, 171; *Verrel*, NStZ 1997, 415, 419. Vgl. auch *Luhmann*, Grundrechte als Institution, 5. Aufl., S. 78 ff.

quasi gezwungen, die eigene Etikettierung[991] als „Straftäter“, die Feststellung des „sozialethischen Unwerturteils“[992] eigenmündlich vorwegzunehmen.[993] Ob man deswegen wie Böse[994] den Nemo-tenetur-Grundsatz zudem als Bestandteil des Rechts auf rechtliches Gehör sehen muss, oder ob es sich dabei nicht vielmehr um dessen passives Gegenstück handelt,[995] kann aufgrund der Menschenwürderelevanz dahingestellt bleiben.

Neben diesem verfahrensspezifischen Menschenwürdegehalt lässt sich die Selbstbelastungsfreiheit unabhängig von dem direkten strafprozessualen Bezug zusätzlich auf das allgemeine Persönlichkeitsrecht stützen.[996] Dies gilt nicht unbedingt in Bezug auf den Aspekt des Schutzes der Privatsphäre, denn die zu offenbarende Information muss nicht unbedingt der Privat- oder sogar Intimsphäre zuzuordnen sein, um unter den Schutz des Nemo-tenetur-Prinzips zu fallen. Erfasst ist das allgemeine Persönlichkeitsrecht allerdings im Hinblick auf den Schutz der Selbstdarstellung.[997] Insoweit gewährleistet es das Recht zur Selbstbestimmung „über die Darstellung des persönlichen Lebens- und Charakterbildes“,[998] die „Befugnis grundsätzlich selbst zu entscheiden, wann und innerhalb welcher Grenzen“ man Sachverhalte aus dem eigenen Lebensbereich offenbaren möchte.[999] In Bezug auf die Freiheit der Selbstdarstellung muss der Zwang, die Darstellung der eigenen Person auf eine bestimmte Weise zu beeinflussen, als noch schwerwiegender angesehen werden als unerwünschte Darstellungen Dritter. Dies hängt damit zusammen, dass sich der Betroffene von Selbstdarstellungen schlechter lösen kann. Seine Kommunikation bindet seine zukünftige Kommunikation und damit nicht nur die gegenwärtige,

---

991 Vgl. *Böse*, GA 2002, 98, 106. Zum Etikettierungsansatz in der Kriminologie siehe *Bock*, in: Göppinger, Kriminologie, 6. Aufl., § 10 Rn. 50 ff.; *Eisenberg*, Kriminologie, 6. Aufl., § 8.

992 Siehe BVerfGE 27, 18, 29; 96, 10, 25; 96, 245, 249; 120, 224, 240. Vgl. auch *Wolff*, Selbstbelastung, S. 51, 56 f., der über die Konsequenzen und Voraussetzungen des Schuldspruchs eine Lozierung im Schuldprinzip begründet.

993 Siehe *Böse*, GA 2002, 98, 126; *Verrel*, NStZ 1997, 415, 418 f. Vgl. hierzu auch *Puppe*, GA 1978, 289, 303 f.

994 GA 2002, 98, 118 ff. So auch *G. Bauer*, Aussage des nicht belehrten Beschuldigten, S. 51; *Niese*, ZStW 63 (1951), 199, 219 ff. Vgl. auch *Castringius*, Schweigen und Leugnen, S. 21. Dagegen *Dingeldey*, JA 1984, 407, 409; *Kruse*, Compliance, S. 25 f.; *Nothhelfer*, Selbstbezichtigungszwang, S. 51 ff.; *Salger*, Schweigerecht, S. 10 f.

995 So *Bährle*, Aussagefreiheit, S. 77 f.; *Eser*, ZStW 86 (1974), Beiheft, 136, 147; *Rogall*, Der Beschuldigte, S. 124 f.; *Wolff*, Selbstbelastung, S. 32. Vgl. auch *Kruse*, Compliance, S. 117.

996 So im Ergebnis auch *Möstl*, in: Isensee/Kirchhof (Hrsg.), Handbuch des Staatsrechts, Band VIII, 3. Aufl., § 179 Rn. 69. Siehe auch *Besson*, Steuergeheimnis, S. 80 f.

997 Siehe BVerfGE 96, 171, 181. Siehe hierzu auch *T. Schaefer*, Nemo-tenetur, S. 80 ff, 93 f.

998 *Degenhart*, JuS 1992, 361, 365; *Di Fabio*, in: Maunz/Dürig, GG, Band 1, 39. Lfg., Stand: Juli 2001, Art. 2 Rn. 166. Vgl. auch BVerfGE 35, 202, 220 ff.

999 BVerfGE 80, 367, 373; *Di Fabio*, in: Maunz/Dürig, GG, Band 1, 39. Lfg., Stand: Juli 2001, Art. 2 Rn. 166. So auch BVerfGE 65, 1, 42; 85, 219, 224; 96, 171, 181.

sondern auch zukünftige Selbstdarstellung.[1000] Die Offenbarung, Straftaten begangen zu haben, birgt die Gefahr sozialer Abstempelung und lässt sich dieser Selbstdarstellung nach außen zuordnen.[1001] Durch das allgemeine Persönlichkeitsrecht wird die Selbstbelastungsfreiheit allerdings nur relativ gewährleistet, sie kann insbesondere im Rahmen der Verhältnismäßigkeit durch die verfassungsgemäße Ordnung, d.h. alle Rechtsnormen die formell und materiell mit der Verfassung in Einklang stehen, eingeschränkt werden.[1002]

Der Nemo-tenetur-Grundsatz lässt sich demnach auf zwei zu unterscheidende Aspekte stützen: die Selbstdarstellungsfreiheit und die Subjektstellung im Verfahren.[1003] Je nach zu beurteilendem Sachverhalt können beide Aspekte oder nur einer betroffen sein.

Gegen diese Verankerung in der Menschenwürdegarantie wird teilweise neben den bereits genannten Einwänden vorgebracht, dass dies kontraproduktiv für den Schutz des Betroffenen sei, da die hiermit einhergehende Absolutheit des Schutzes tendenziell zu einer Einengung des Schutzbereiches führe.[1004] Wenn man hierin dessen einzige Rechtsgrundlage sieht, kann diese „Gefahr" nicht von der Hand gewiesen werden. Allerdings wird die Menschenwürdegarantie von den Wenigsten als einzige Grundlage des Nemo-tenetur-Grundsatzes gesehen. Sieht man die Rechtsgrundlage daneben auch in weiteren Grundrechten, insbesondere im allgemeinen Persönlichkeitsrecht aus Art. 2 Abs. 1, 1 Abs. 1 GG, bleibt es möglich, problematische Fallgestaltungen einem abwägungsoffenen, nicht von der Menschenwürdegarantie umfassten, „Randbereich" zuzuordnen. Dieses Argument wird damit obsolet.[1005]

Mit dieser verfassungsrechtlichen Herleitung des Nemo-tenetur-Prinzips sind bereits wesentliche Aussagen über dessen Geltungsbereich getroffen. Das Prinzip dient in seinem Kernbereich der Sicherung der Subjektstellung des Beschuldigten im Strafverfahren. Der Beschuldigte soll nicht durch eine rechtlich erzwungene Aussage in seiner weiteren Kommunikation im Strafverfahren gebunden werden. Es soll ihm ermöglicht werden, eine freiverantwortliche Entscheidung darüber zu

---

1000 Vgl. *Luhmann*, Legitimation durch Verfahren, 4. Aufl., S. 44 f., 91 f.

1001 Vgl. *Di Fabio*, in: Maunz/Dürig, GG, Band 1, 39. Lfg., Stand: Juli 2001, Art. 2 Rn. 187. Vgl. auch BVerfGE 65, 1, 48 f.; 84, 192, 195 f.

1002 Vgl. *Di Fabio*, in: Maunz/Dürig, GG, Band 1, 39. Lfg., Stand: Juli 2001, Art. 2 Rn. 133; *Lang*, in: Epping/Hillgruber (Hrsg.), Beck'scher Online-Kommentar GG, Stand: 01.03.2015, Art. 2 Rn. 24.

1003 Im Ergebnis ähnlich *Möstl*, in: Isensee/Kirchhof (Hrsg.), Handbuch des Staatsrechts, Band VIII, 3. Aufl., § 179 Rn. 69.

1004 *H. Schneider*, Grund und Grenzen, S. 49, vgl. auch S. 29. Vgl. auch *Bosch*, nemo-tenetur-Prinzip, S. 30, 71.

1005 Derart geht auch das Bundesverfassungsgericht im „Gemeinschuldnerbeschluss" vor, vgl. BVerfGE 56, 37 ff. Vgl. zudem auch *Bährle*, Aussagefreiheit, S. 85 f.; *Di Fabio*, in: Maunz/Dürig, GG, Band 1, 39. Lfg., Stand: Juli 2001, Art. 2 Rn. 188; *Eisenhardt*, nemo tenetur-Prinzip, S. 204; *Nothhelfer*, Selbstbezichtigungszwang, S. 76 f. Vgl. aber auch *Bosch*, nemo-tenetur-Prinzip, S. 32.

treffen, wie er sich im weiteren Verlauf des Verfahrens einlässt und welche Verteidigungsmaßnahmen er ergreifen will. Aus systemtheoretischer Perspektive ist das Nemo-tenetur Prinzip essentiell für die Offenheit des Verfahrens und die Einbindung des Beschuldigten. Auf diesem Wege ist es Voraussetzung der Legitimation durch Verfahren. Vom Nemo-tenetur Prinzip erfasst ist damit nur die Freiheit von selbstbelastenden Äußerungen. Zudem wird nur die Freiheit zu schweigen gewährt. Die Gewährleistung aktiver Mitwirkungsrechte ist zwar ebenfalls von immenser Bedeutung für die Subjektstellung des Beschuldigten bzw. die Offenheit des Verfahrens. Nemo-tenetur erfasst als absolut gewährleistetes Recht aber nur das Recht zur Passivität. Die Mechanismen, die positiv der aktiven Einbindung des Beschuldigten dienen, sind hiervon zu unterscheiden.

Diese Überlegungen sind in Bezug auf die Lösung der Problematik um die Auskunftspflicht bei internen Ermittlungen noch weiter zu konkretisieren.

c) Die Betroffenheit des Nemo-tenetur-Prinzips

Es stellt sich die Frage, ob auch eine private – außerhalb eines staatlichen Verfahrens – bestehende Auskunftspflicht in den Anwendungsbereich des Nemo-tenetur-Prinzips fällt, dessen klassische Bedeutung im Strafverfahren liegt. Dies erscheint insbesondere unter zwei Gesichtspunkten problematisch, denen im Folgenden nachgegangen wird.

aa) Geltung des Nemo-tenetur-Prinzips in Privatrechtsverhältnissen

Die erste Frage kreist um die Geltung von Nemo-tenetur in Privatrechtsverhältnissen. Da die Selbstbelastungsfreiheit auf Grundrechte und das Rechtsstaatsprinzip gestützt wird, könnte man meinen, dass der Geltungsbereich zwangsweise von vornherein auf das Verhältnis zwischen Bürger und Staat begrenzt wäre, denn diese Normen binden direkt nur den Staat.[1006] Allerdings strahlen die Grundrechte anerkanntermaßen in das Privatrecht aus: die Sprache ist von der mittelbaren (Dritt-)Wirkung der Grundrechte, nach der diese insbesondere über die Generalklauseln in das Privatrecht hineinwirken.[1007] Die möglichen Einfallstore hierfür

---

1006 So *Momsen*, ZIS 2011, 508, 513. Vgl. auch *Woodson*, ZRFC 2010, 269, 272. Anders sah das auch noch die frühe arbeitsrechtliche Rechtsprechung, siehe BAGE 1, 185, 186, 193 f.; 24, 438, 441. Vgl. zu dieser Ansicht auch *Maurer*, Staatsrecht, 6. Aufl., § 9 Rn. 36. Für Art. 1 Abs. 1 GG nimmt die h.A. freilich generell eine unmittelbare Drittwirkung an, siehe hierzu *Herdegen*, in: Maunz/Dürig, GG, Band 1, 55. Lfg., Stand: Mai 2009, Art. 1 Abs. 1 GG Rn. 74; *Jarass*, in: Jarass/Pieroth, GG, 13. Aufl., Art. 1 Rn. 4. So auch *Bockemühl*, Private Ermittlungen, S. 53.

1007 Siehe hierzu grundlegend *Dürig*, in: Maunz (Hrsg.), Festschrift für Hans Nawiasky, S. 157 ff. Siehe auch BVerfGE 7, 198, 204 ff.; *Di Fabio*, in: Maunz/Dürig, GG, Band 1, 39. Lfg., Stand: Juli 2001, Art. 2 Rn. 138. Vgl. auch *Rödiger*, Strafverfolgung von Unternehmen, S. 270 f.; *Rogall*, in: Wolter (Hrsg.), Systematischer Kommentar zur Strafprozessordnung, Band 2, 4. Aufl., Vor § 133 Rn. 161; *ders.*, Der Beschuldigte, S. 154.

sind in Bezug auf die Auskunftspflicht des Mitarbeiters bereits genannt worden, §§ 242, 275 Abs. 3 BGB, 106 GewO.[1008] Fraglich ist allerdings, ob dies auch speziell für den Nemo-tenetur-Grundsatz gilt. Dies wird teilweise unter Hinweis auf die Entwicklungsgeschichte, in welcher der Grundsatz stets auf staatliche Verfahren begrenzt gewesen sein soll, verneint.[1009] Auch könnte dessen spezifisch strafprozessualer Bezug dafür sprechen, ihn auch von vornherein auf Auskünfte innerhalb des Straf- oder Ordnungswidrigkeitenverfahrens sowie sonstiger vergleichbarer Verfahren zu beschränken.[1010]

Letztlich kommt es an dieser Stelle darauf an, worin man den spezifischen Gehalt und die Schutzrichtung des Nemo-tenetur-Prinzips erblickt. Hier wurde die Würdeverletzung gerade darin gesehen, dass durch die Verwendung im Strafverfahren die Verhaltensmöglichkeiten durch Selbstbindungseffekte beschnitten werden. Die Würdeverletzung setzt damit die Verwertbarkeit im Strafverfahren voraus.[1011] Es kann dann nicht darauf ankommen, ob die selbstbelastende Äußerung innerhalb oder außerhalb des Strafverfahrens stattfindet, solange sie in dieses eingehen kann.[1012] Ansonsten würde das Schweigerecht, worauf zu Recht hingewiesen wird, entkernt, bevor es entstanden wäre.[1013] Für die Selbstbindungswirkung macht es keinen nennenswerten Unterschied, zu welchem Zeitpunkt sich der Betroffene geäußert hat. Besteht diese Möglichkeit des Eingangs in das Strafverfahren nicht, ist jedenfalls nicht der Würdekern des Prinzips betroffen. Betroffen ist allerdings

---

1008 Für eine analoge Anwendung des § 384 Nr. 2 ZPO besteht daher, mangels Regelungslücke kein Bedarf, so auch *Böhm*, Non-Compliance, S. 159 f.; *Rödiger*, Strafverfolgung von Unternehmen, S. 301 (Fn. 1875). Vgl. aber *M. Jahn*, StV 2009, 41, 44.

1009 So *Reiß*, Besteuerungsverfahren, S. 197; *H. Schneider*, Grund und Grenzen, S. 42 f. Gegen die Anwendung des Nemo-tenetur-Prinzips für die Zwangsanwendung durch Private auch KG, NStZ 1995, 146, 147; OLG Celle, NJW 1985, 640, 641; *Fritz/Nolden*, CCZ 2010, 170, 175; *Knauer*, ZWH 2012, 81, 86; *ders./Gaul*, NStZ 2013, 192, 193; *Momsen*, ZIS 2011, 508, 513; *ders./Grützner*, DB 2011, 1792, 1795; *Rogall*, NStZ 1989, 288; *ders.*, in: Wolter (Hrsg.), Systematischer Kommentar zur Strafprozessordnung, Band 2, 4. Aufl., Vor § 133 Rn. 140, vgl. aber auch Rn. 161. Vgl. auch *W. Bauer*, StV 2012, 277, 278. Vgl. aber auch *Rogall*, Der Beschuldigte, S. 154.

1010 So *Geppert*, DAR 1981, 301, 305; *Lesch*, ZStW 111 (1999), 624, 638. Vgl. auch *B. Fischer*, Selbstbelastungspflichten, S. 108; *Wolff*, Selbstbelastung, S. 32. Vgl. aber BVerfGE 56, 37, 44 f.; *Schäfer*, in: Hanack/Rieß/Wendisch (Hrsg.), Festschrift für Hanns Dünnebier, S. 11, 42; *Wastl/Litzka/Pusch*, NStZ 2009, 68, 70; *Zapfe*, Compliance, S. 153.

1011 Vgl. auch *Keller*, Rechtliche Grenzen, S. 131; *Rogall*, in: Wolter (Hrsg.), Systematischer Kommentar zur Strafprozessordnung, Band 2, 4. Aufl., Vor § 133 ff. Rn. 132. A.A. *Taupitz*, Pflicht zur Offenbarung, S. 30 f.

1012 Vgl. auch *Sautter*, AcP 161 (1962), 215, 245 f.

1013 *M. Jahn*, StV 2009, 41, 44; *Rödiger*, Strafverfolgung von Unternehmen, S. 272. So auch *Böhm*, WM 2009, 1923, 1926; *Rudkowski*, NZA 2011, 612, 613; *dies.*, in: Aichberger-Beig/Aspöck/Leupold u. a. (Hrsg.), Vertrauen und Kontrolle im Privatrecht, S. 189, 201; *Theile*, StV 2011, 381, 384 f. Vgl. auch BVerfGE 56, 37, 51; *T. Schaefer*, NJW-Spezial 2010, 120. Vgl. auch *Uhlenbruck*, JR 1971, 445, 446, zu der Konkursordnung.

das allgemeine Persönlichkeitsrecht des Auskunftspflichtigen, insbesondere der Selbstdarstellungsschutz.[1014] Zudem muss der Betroffene ehrenrührige Tatsachen offenbaren. Die Selbstdarstellungsfreiheit wird dabei durch den Zwang zu eigenen Äußerungen in besonderem Maße beeinträchtigt, weil die oben beschriebene Selbstbindungswirkung entsteht und der Betroffene damit in seiner zukünftigen Selbstdarstellung nicht mehr frei ist.[1015] In diesem allein vom allgemeinen Persönlichkeitsrecht umfassten Bereich besteht ein Abwägungsspielraum zwischen den Interessen des Auskunftspflichtigen und dem Auskunftsgläubiger. Dieses Ergebnis entspricht im Wesentlichen der Ansicht des Bundesverfassungsgerichts im Gemeinschuldnerbeschluss.[1016]

bb) Der Aspekt des „rechtlichen Zwangs"

Die Betroffenheit des Nemo-tenetur-Prinzips ist noch unter einem weiteren Aspekt problematisch. Dieses soll nämlich allein vor der Konfliktlage schützen, „sich selbst strafbarer Handlungen oder ähnlicher Verfehlungen bezichtigen" zu müssen oder in Versuchung zu geraten, „durch Falschaussagen ein neues Delikt zu begehen, oder wegen seines Schweigens in die Gefahr" zu geraten, „Zwangsmitteln unterworfen zu werden".[1017] Die erste Möglichkeit, dass der Betroffene durch die Verweigerung der Auskunft gezwungen wäre, eine weitere Straftat zu begehen, ist eindeutig nicht einschlägig. Die zweite Möglichkeit besteht in einem rechtlichen Zwang zur selbstbelastenden Auskunft.[1018] Im Rahmen der Frage, ob durch die Auskunftspflicht eine rechtliche Zwangswirkung hervorgerufen wird, kann nach vier verschiedenen Stadien der staatlichen Mitwirkung differenziert werden. Als Anknüpfungspunkt eines staatlichen Zwangs kommt erstens bereits das Bestehen der Auskunftspflicht in Betracht, zweitens der Moment, in dem eine Auskunftsklage gerichtshängig wird, drittens der Zeitpunkt eines rechtskräftigen Urteils und viertens der Moment der Zwangsvollstreckung.[1019] Es spricht viel dafür, bereits in dem Bestehen der Auskunftspflicht an sich eine staatliche Zwangswirkung zu sehen. Dies wird jedoch vielfach mit dem Argument bestritten, dass es sich um eine privatrechtliche Auskunftspflicht handle, die auf der freiwilligen Eingehung des Arbeitsverhältnisses beruhe.[1020] Es handle sich um eine abdingbare Verpflichtung, die Bestandteil des

---

1014 Siehe hierzu BVerfGE 35, 202, 220 f.; *Degenhart*, JuS 1992, 361, 365; *Di Fabio*, in: Maunz/Dürig, GG, Band 1, 39. Lfg., Stand: Juli 2001, Art. 2 Rn. 166. Vgl. auch BVerfG, NJW 2000, 1859, 1860; *Reeb*, Internal Investigations, S. 101.

1015 Vgl. *Luhmann*, Legitimation durch Verfahren, 4. Aufl., S. 44 f., 91 f.

1016 Vgl. BVerfGE 56, 37, 49 ff.

1017 BVerfGE 95, 220, 241.

1018 Vgl. BVerfG, NStZ 1995, 599, 600; NJW 2005, 352, 353; *Reeb*, Internal Investigations, S. 95; *Scharnberg*, Internal Investigations, S. 283; *Verrel*, NStZ 1997, 415. Vgl. auch *T. Schaefer*, Nemo-tenetur, S. 147, 150.

1019 Vgl. in diesem Zusammenhang auch *Kruse*, Compliance, S. 174.

1020 LG Hamburg, StV 2011, 148, 151; *Knauer/Buhlmann*, AnwBl 2010, 387, 389; *Wimmer*, in: Schulz/Reinhart/Sahan (Hrsg.), Festschrift für Imme Roxin, S. 537, 549;

Arbeitsvertrages sei.[1021] Gegen diese Argumentation wird zutreffend eingewendet, dass der Mitarbeiter zum einen kaum absehen kann, dass er mit dem Abschluss des Arbeitsverhältnisses verpflichtet wird, durch die Auskunft gegenüber dem Arbeitgeber auch an der eigenen Überführung im Strafverfahren mitzuwirken.[1022] Zum anderen kann von einem Arbeitnehmer kaum erwartet werden, aus diesem Grund ganz auf den Abschluss eines Arbeitsverhältnisses zu verzichten.[1023] Dies erscheint unter dem Aspekt der Berufsfreiheit mehr als problematisch.[1024] Anders als in der öfter diskutierten Konstellation der Auskunftspflicht eines Versicherungsnehmers gegenüber einer Kraftfahrzeugversicherung[1025] beziehungsweise der eines Asylbewerbers im Asylverfahren nach § 8 Abs. 2 AsylVfG a.F.,[1026] handelt es sich bei der Auskunftspflicht um eine echte Pflicht und nicht nur um eine Obliegenheit, deren Verletzung allein wirtschaftliche oder sonstige Nachteile mit sich bringen kann.[1027] Der Auskunftspflichtige wird durch eine eventuelle Auskunftspflicht nicht nur an der Durchsetzung eigener Ansprüche gehindert.[1028] Er kann rechtlich zu der Auskunft gezwungen werden, diese ist vollstreckbar.[1029] Er muss nicht nur die

---

Scharnberg, Internal Investigations, S. 284 f.; *Zapfe*, Compliance, S. 157. Vgl. auch *Fritz/Nolden*, CCZ 2010, 170, 174 f.; *Rödiger*, Strafverfolgung von Unternehmen, S. 299. Hiergegen *Park*, in: Volk (Hrsg.), Verteidigung in Wirtschafts- und Steuerstrafsachen, 2. Aufl., § 11 Rn. 106.

1021 *Knauer/Buhlmann*, AnwBl 2010, 387, 389. Vgl. auch LG Hamburg, StV 2011, 148, 151.

1022 *Sidhu/v. Saucken/Ruhmannseder*, NJW 2011, 881, 883. Vgl. auch *Kruse*, Compliance, S. 153, 207; *I. Roxin*, StV 2012, 116, 120; *Tscherwinka*, in: Schulz/Reinhart/Sahan (Hrsg.), Festschrift für Imme Roxin, S. 521, 525.

1023 *I. Roxin*, StV 2012, 116, 120. Vgl. auch *Wehnert*, StraFo 2012, 253, 257.

1024 *I. Roxin*, StV 2012, 116, 120.

1025 Siehe BVerfG, NStZ 1995, 599 f.; KG, NStZ 1995, 146 f.; OLG Celle, NJW 1985, 640 f.; *Dingeldey*, NStZ 1984, 529, 533; *Rogall* in: Wolter (Hrsg.), Systematischer Kommentar zur Strafprozessordnung, Band 2, 4. Aufl., Vor § 133 Rn. 139. Vgl. hierzu auch *Geppert*, DAR 1981, 301, 305; *Störmer*, Verwertungsverbote, S. 167. Vgl. aber auch OLG Celle, JR 1982, 475, 476 f. m. abl. Anm. *Rengier*, JR 1982, 477 ff.

1026 Vgl. BGHSt 36, 328, 333 f., 336; OLG Hamm, NStZ 1989, 187, 188; *K. Meyer*, JR 1986, 170, 171; *Rogall*, in: Wolter (Hrsg.), Systematischer Kommentar zur Strafprozessordnung, Band 2, 4. Aufl., Vor § 133 Rn. 139; krit. *Geppert*, JK 90, StPO § 136 I/4; *Ventzke*, StV 1990, 279, 280 ff. Vgl. auch OLG Düsseldorf, NStZ 1992, 349. Für die Einräumung eines Verwertungsverbotes allerdings OLG Hamburg, NJW 1985, 2541 ff.; *Kadelbach*, StV 1992, 506, 507 f.; *Roxin/Schünemann*, Strafverfahrensrecht, 28. Aufl., § 25 Rn. 13. Vgl. hierzu auch *Störmer*, Verwertungsverbote, S. 167.

1027 Vgl. *Kruse*, Compliance, S. 152; *Rödiger*, Strafverfolgung von Unternehmen, S. 279. Vgl. auch BVerfG, NJW 2005, 352, 353.

1028 Vgl. *Rödiger*, Strafverfolgung von Unternehmen, S. 279; *Stürner*, NJW 1981, 1757, 1759 ff. Vgl. auch BGHSt 36, 328, 333 f.

1029 *Böhm*, Non-Compliance, S. 157; *Kruse*, Compliance, S. 152; *Rödiger*, Strafverfolgung von Unternehmen, S. 276. Vgl. auch *Böhm*, WM 2009, 1923, 1928. Siehe oben unter 4. Kapitel C.

Einschränkung der eigenen Möglichkeiten hinnehmen.[1030] Die Schaffung der vollstreckbaren Auskunftspflicht begründet damit einen staatlichen Zwang zur Auskunft.[1031] Zutreffend verweist Rödiger deswegen auch darauf, dass es nicht darauf ankommen kann, ob der Anspruchsberechtigte vor Auskunftserteilung bereits Klage eingereicht hat oder die geschuldete Auskunft bereits davor aufgrund der Verpflichtung zur Auskunft erteilt wurde.[1032] Die Zwangswirkung besteht bereits vor Klageerhebung.[1033] Die Schutzwirkung der Selbstbelastungsfreiheit von der Klageerhebung abhängig zu machen, würde bedeuten, unnötig die Kosten und den Aufwand eines Prozesses auszulösen.[1034]

Dagegen kann die faktische Drucksituation, in der sich der Mitarbeiter aufgrund der möglichen Kündigung und der drohenden Geltendmachung von Schadensersatzansprüchen befindet, nicht die Berührung des Nemo-tenetur-Prinzips begründen.[1035] Denn dieses schützt nach den vorangegangenen Ausführungen nur vor der rechtlichen Verpflichtung zur Auskunft.[1036] Bezüglich dieses Druckes besteht aber eine echte Wahlmöglichkeit des Mitarbeiters, ob er diesem Druck standhalten oder nachgeben möchte.[1037] Vor den möglichen negativen Konsequenzen des eigenen strafbaren Verhaltens soll der Nemo-tenetur-Grundsatz nicht schützen.[1038]

1030 Vgl. hierzu *Bittmann*/Molkenbur, wistra 2009, 373, 377 f.

1031 *Rödiger*, Strafverfolgung von Unternehmen, S. 276 f. Vgl. auch *Kruse*, Compliance, S. 152 f., vgl. aber auch S. 151. Vgl. ferner *Minoggio*, Firmenverteidigung, 2. Aufl., Rn. 1271.

1032 *Rödiger*, Strafverfolgung von Unternehmen, S. 279 f. Vgl. auch *Kottek*, Kooperation, S. 118. A.A. *Benz*, Selbstbelastungen, S. 108 ff.

1033 *Rödiger*, Strafverfolgung von Unternehmen, S. 280. A.A. *Münkel*, Mitarbeiteroffenbarungen, S. 180 f., 200.

1034 Vgl. auch unter 7. Kapitel C. I. 7. b) aa).

1035 *M. Jahn*, StV 2009, 41, 44; *Zapfe*, Compliance, S. 155 f. Vgl. auch *K. Meyer*, JR 1986, 170, 171; *Reiß*, NJW 1982, 2540, 2541; *Theile*, StV 2011, 381, 385. Vgl. auch den entsprechenden Beschluss des 67. deutschen Juristentages, www.djt.de/files/djt/67/djt_67_beschluesse.pdf (zuletzt geprüft am 23.04.2016). A.A. *Böhm*, WM 2009, 1923, 1928; *Greco/Caracas*, NStZ 2015, 7, 11; *Kottek*, Kooperation, S. 113 f., 118; *Kruse*, Compliance, S. 176 ff.; *Wastl/Litzka/Pusch*, NStZ 2009, 68, 71.

1036 BVerfG, NJW 2005, 352, 353; *Reiß*, NJW 1982, 2540, 2541; *Rogall*, in: Wolter (Hrsg.), Systematischer Kommentar zur Strafprozessordnung, Band 2, 4. Aufl., Vor § 133 ff. Rn. 139; *T. Schaefer*, Nemo-tenetur, S. 147, 150; *Störmer*, Jura 1994, 621, 623; *Südhoff*, Folgenbeseitigungsanspruch, S. 53; *Verrel*, Selbstbelastungsfreiheit, S. 278 ff.

1037 Vgl. BVerfG, NJW 2005, 352, 353; *Dingeldey*, NStZ 1984, 529, 534; *K. Meyer*, JR 1986, 170, 171; *Rengier*, JR 1982, 477, 478 f.; *Störmer*, Jura 1994, 621, 623; *de Vries*, in: Rieble/Junker/Giesen (Hrsg.), Arbeitsstrafrecht im Umbruch, § 4 Rn. 60. A.A. OLG Celle, NStZ 1982, 393 f.

1038 BVerfG, NJW 2005, 352, 353.

cc) Zwischenergebnis

Demnach ist das Nemo-tenetur-Prinzip in dieser Konstellation der Auskunftspflicht bei internen Ermittlungen tangiert.[1039] Der Mitarbeiter unterliegt einer vollstreckbaren und damit erzwingbaren Auskunftspflicht und es besteht die Gefahr, dass die dadurch gewonnenen Informationen in die Hände der Strafverfolgungsbehörden gelangen und letztendlich in einem Strafverfahren gegen den Mitarbeiter verwertet werden. Der absolut geschützte Kernbereich des Nemo-tenetur-Prinzips wird allein durch die Verwertung der Auskünfte in einem Strafverfahren verletzt. Soweit das Zivilrechtsverhältnis zwischen Unternehmen und Mitarbeiter betroffen ist, ist dagegen allein das allgemeine Persönlichkeitsrecht des Mitarbeiters tangiert.

d) Die Konsequenzen für die Reichweite des Auskunftsanspruchs

Mit den vorhergehenden Betrachtungen ist noch nicht gesagt, auf welche Weise die Problematik um die Auskunftspflicht bei unternehmensinternen Ermittlungen und die durch diese tangierte Selbstbelastungsfreiheit aufzulösen ist. Betrachtet man ähnlich gelagerte Konfliktfälle, wie verwaltungsrechtliche Offenbarungspflichten oder auch Auskunftspflichten im Steuer- oder Konkursverfahren, wird die Problematik nicht einheitlich gelöst.[1040] Es existieren drei verschiedene Lösungsmechanismen: Erstens kann ein Auskunftsverweigerungsrecht eingeräumt werden,[1041] zweitens kann die Vollstreckung des jeweiligen Zwanges untersagt werden[1042] und drittens kann die Verwertung im Strafverfahren durch die Einräumung eines Beweisverwertungsverbotes unterbunden werden. [1043]Alle drei Mechanismen kommen grundsätzlich auch für die Lösung der dieser Arbeit zugrundeliegenden Problematik in Betracht.

aa) Die Notwendigkeit einer Differenzierung nach dem Schutzbereich der betroffenen Grundrechte

Bei der Suche nach der richtigen Lösung der Problematik um die Auskunftspflicht bei internen Ermittlungen muss richtigerweise an das zum Umfang des Nemo-tenetur-Prinzips Ausgeführte angeknüpft werden. Der allein durch das allgemeine

---

1039 So auch *Neuhaus*, in: Kempf/Lüderssen/Volk (Hrsg.), Die Finanzkrise, das Wirtschaftsstrafrecht und die Moral, S. 348, 358 f.; *Raum*, StraFo 2012, 395, 397; *Rödiger*, Strafverfolgung von Unternehmen, S. 280; *Wastl/Litzka/Pusch*, NStZ 2009, 68, 71. Hiergegen *Münkel*, Mitarbeiteroffenbarungen, S. 116 f. Soweit diese ihre Ansicht allerdings damit begründet, dass „Nemo-tenetur" dem Mitarbeiter nicht weiterhelfe, ist dies nicht geeignet, die weitere Absenkung des Schutzes zu begründen, sondern spricht dies allein für die Notwendigkeit weiteren ergänzenden Schutzes.

1040 Siehe hierzu *Reeb*, Internal Investigations, S. 97 ff.; *Rödiger*, Strafverfolgung von Unternehmen, S. 272 f.; *Stürner*, NJW 1981, 1757, 1759 ff.; *Wewerka*, Internal Investigations, S. 220.

1041 Siehe hierzu die Ausführungen bei *Reeb*, Internal Investigations, S. 99.

1042 Siehe § 393 Abs. 1 S. 2 AO. Vgl. hierzu BVerfG, NJW 2005, 352, 353.

1043 Siehe hierzu die Ausführungen bei *Reeb*, Internal Investigations, S. 99 f.

Persönlichkeitsrecht geschützte Bereich der Selbstbelastungsfreiheit ist nur relativ gewährleistet: Das allgemeine Persönlichkeitsrecht ist durch verfassungsgemäße Gesetze wie §§ 666, 675 BGB einschränkbar;[1044] nicht allerdings die Menschenwürde. Dieser Kernbereich des Nemo-tenetur-Prinzips genießt absoluten Schutz.[1045] Unter dieser Prämisse hat das Bundesverfassungsgericht in der vergleichbaren Konstellation des Gemeinschuldnerbeschlusses[1046] die Einräumung eines Auskunftsverweigerungsrechts abgelehnt und den Konflikt mit der Selbstbelastungsfreiheit über die Einräumung eines Beweisverwertungsverbotes im Strafverfahren beseitigt:

„Die durch Art. 2 Abs. 1 GG gewährleistete Rechtsposition findet ihre Grenze an den Rechten anderer. Das Grundrecht gebietet daher keinen lückenlosen Schutz gegen Selbstbezichtigungen ohne Rücksicht darauf, ob dadurch schutzwürdige Belange Dritter beeinträchtigt werden. Das Grundgesetz hat [...] die Spannung Individuum-Gemeinschaft im Sinne der Gemeinschaftsgebundenheit der Person entschieden; der Einzelne muss sich daher diejenigen Schranken seiner Handlungsfreiheit gefallen lassen, die der Gesetzgeber zur Pflege und Förderung des sozialen Zusammenlebens in den Grenzen des allgemein Zumutbaren vorsieht, vorausgesetzt, dass dabei die Eigenständigkeit der Person gewahrt bleibt. Unzumutbar und mit der Würde des Menschen unvereinbar wäre ein Zwang, durch eigene Aussagen die Voraussetzungen für eine strafgerichtliche Verurteilung oder die Verhängung entsprechender Sanktionen liefern zu müssen. Insoweit gewährt Art. 2 Abs. 1 GG als Abwehrrecht gegen staatliche Eingriffe einen Schutz, der alter und bewährter Rechtstradition entspricht. Handelt es sich hingegen um Auskünfte zur Erfüllung eines berechtigten Informationsbedürfnisses, ist der Gesetzgeber befugt, die Belange der verschiedenen Beteiligten gegeneinander abzuwägen. Er kann dabei berücksichtigen, dass es im Konkursverfahren [...] nicht allein um ein staatliches oder öffentliches Informationsbedürfnis, sondern zugleich um die Interessen geschädigter Dritter geht. Nur durch eine uneingeschränkte Auskunftspflicht kann der Gemeinschuldner daran gehindert werden, Teile der Konkursmasse dem berechtigten Zugriff seiner Gläubiger zu entziehen. Die Zubilligung eines Auskunftsverweigerungsrechts würde gerade denjenigen ungerechtfertigt bevorzugen, der zum Nachteil der Gläubiger besonders verwerflich gehandelt hat. Zwingt der Gesetzgeber den Gemeinschuldner dazu, für seine Verbindlichkeiten gegenüber seinen Gläubigern einzustehen und dadurch seine Auskunft zu deren bestmöglicher Befriedigung beizutragen, dann verletzt das noch nicht seine Menschenwürde.

Auch wenn dadurch der Gemeinschuldner kein Auskunftsverweigerungsrecht beanspruchen kann, so greift doch ein Zwang zur Selbstbezichtigung in das durch Art. 2 Abs. 1 GG geschützte Persönlichkeitsrecht ein. Die Anordnung von Zwangsmitteln kann daher [...]

1044 BVerfGE 65, 1, 44; 79, 256, 269 f.; 90, 263, 271; 96, 171, 182; 97, 391, 401; NJW 2001, 594, 595; *Di Fabio*, in: Maunz/Dürig, GG, Band 1, 39. Lfg., Stand: Juli 2001, Art. 2 Rn. 133.

1045 Vgl. *Herdegen*, in: Maunz/Dürig, GG, Band 1, 55. Lfg., Stand: Mai 2009, Art. 1 Rn. 73; *Höfling*, in Sachs (Hrsg.), Grundgesetz, 7. Aufl., Art. 1 Rn. 11.

1046 A.A. *Rogall*, in: Wolter (Hrsg.), Systematischer Kommentar zur Strafprozessordnung, Band 2, 4. Aufl., Vor § 133 Rn. 140.

im Einzelfall als unverhältnismäßig zu beanstanden sein. Darüber hinaus bedarf [...] die Auskunftspflicht des Gemeinschuldners einer Ergänzung durch ein strafrechtliches Verwertungsverbot. Sie besteht aus den zuvor genannten Gründen uneingeschränkt nur für die Zwecke des Konkursverfahrens, da insoweit das Interesse des Gemeinschuldners hinter den Belangen der Gläubiger zurücktreten muss. Das Persönlichkeitsrecht des Gemeinschuldners würde aber unverhältnismäßig beeinträchtigt, wenn seine unter Zwang herbeigeführten Selbstbezichtigungen gegen seinen Willen zweckentfremdet und der Verwertung für eine Strafverfolgung zugeführt würden. Dafür fehlt eine sachliche Rechtfertigung. Denn in einem strafrechtlichen Verfahren steht dem Gemeinschuldner aus den erörterten, verfassungsrechtlichen Gründen ein Schweigerecht zu [...]. Dieses Schweigerecht wäre illusorisch, wenn eine außerhalb des Strafverfahrens erzwungene Selbstbezichtigung gegen seinen Willen strafrechtlich gegen ihn verwertet werden dürfte. Der bloße Umstand, dass dem Gemeinschuldner im Interesse seiner Gläubiger eine uneingeschränkte Auskunftspflicht zuzumuten ist, rechtfertigt es nicht, dass er zugleich zu seiner Verurteilung beitragen muss und dass die staatlichen Strafverfolgungsbehörden weitergehende Möglichkeiten erlangen als in anderen Fällen der Strafverfolgung.“[1047]

Fraglich ist, ob diese Überlegungen zu den Regelungen der damaligen Konkursordnung auch auf die hier in Frage stehende Konstellation der Auskunftspflicht innerhalb unternehmensinterner Ermittlungen übertragbar sind.

Auch hier muss es für die Beantwortung der Frage, ob die grundrechtlich abgesicherte Selbstbelastungsfreiheit durch die Einräumung eines Auskunftsverweigerungsrechts abzusichern oder das Spannungsverhältnis erst im Strafverfahren durch die Einräumung eines Beweisverwertungsverbotes zu lösen ist, auf eine Interessenabwägung zwischen dem Informationsbedürfnis des Unternehmens und den Interessen des Arbeitnehmers am Schutz vor Selbstbelastungszwang hinauslaufen.[1048] Es ist fraglich, ob die Interessenabwägung hier ebenfalls in Richtung einer uneingeschränkten Auskunftspflicht ausschlägt.

bb) Relevanz der Schutzbedürftigkeit des Arbeitgebers

Die Rechtsprechung ist an diesem Punkt nicht ganz eindeutig. Das OLG Karlsruhe verneinte eine Auskunftspflicht einer Arbeitnehmerin bezüglich von ihr verursachter Schäden des Arbeitgebers, lehnte daher aber ein Verwertungsverbot bezüglich des Umstands ab, dass die Arbeitnehmerin, die mit dem Vorwurf, Produktionsanlagen des Arbeitgebers absichtlich beschädigt zu haben, konfrontiert wurde, erblasste und sich setzen musste.[1049] Dagegen haben das LAG Hamm und das ArbG Saarlouis jeweils eine Auskunftspflicht bejaht, aber aus diesem Grund ein Verwertungsverbot für das Strafverfahren angenommen.[1050] Auch der BGH hat in dem bekannten

1047 BVerfGE 56, 37, 49 ff.

1048 Hierauf weist *Taschke* zutreffen hin, NZWiSt 2012, 89, 93.

1049 OLG Karlsruhe, NStZ 1989, 287.

1050 LAG Hamm, CCZ 2010, 237, 238 f.; ArbG Saarlouis, ZIP 1984, 364 f.

Architektenurteil eine vollumfängliche Auskunftspflicht des Auskunftsschuldners bejaht. Das Auskunftsrecht des Arbeitgebers gemäß § 666 BGB sei „gerade dann besonders wichtig, wenn der Beauftragte gegen die ihm obliegenden Pflichten verstoßen" habe. Die Fälle, die dabei eine vorsätzliche, treuwidrige Bereicherung des Beauftragten oder eine vorsätzliche Schädigung des Auftraggebers und damit eine Straftat nach den §§ 263, 266 StGB beinhalteten, stellten einen „nicht unbeträchtlichen" Anteil dieser Fälle dar. „Würde man sie von der Auskunftspflicht ausschließen, so würde § 666 BGB gerade bei besonders schweren Verstößen die ihm vom Gesetz zugewiesene Aufgabe weitgehend nicht mehr erfüllen." Das könne nicht „als gewollt unterstellt werden".[1051] Wer ein fremdes Rechtsgut verletze, habe für die Wiedergutmachung zu sorgen, auch wenn dies die Offenbarung eigener strafbarer Handlungen notwendig mit beinhalte. Es stünde auch nicht mit dem Gedanken der Rechtsstaatlichkeit im Widerspruch, wenn in diesem Fall die Interessen des Geschädigten gegenüber denen des Auskunftspflichtigen höher gewichtet würden.[1052] Zumindest zu der Schadensabwendungspflicht aus §§ 611, 241 Abs. 2 bzw. § 242 BGB existieren allerdings auch Urteile, die eine Auskunftspflicht für den Fall der Selbstbelastungsgefahr verneinen.[1053] Daneben hat das LAG Rheinland-Pfalz eine Offenbarungspflicht betreffend eigener Straftaten, die den unmittelbaren Arbeitsbereich der Arbeitnehmerin betrafen, verneint.[1054]

Für den Fall eines auskunftspflichtigen Arbeitnehmers hat sich die höchstrichterliche Rechtsprechung soweit ersichtlich noch nicht mit diesem Problem auseinandergesetzt.[1055] Es bestehen jedenfalls Bedenken, ob die Interessenlage hier komplett identisch zu der Konstellation des Architektenurteils zu werten ist.[1056] Auskunftspflichten beruhen – hierauf weist auch das Bundesverfassungsgericht im Gemeinschuldnerbeschluss hin – zumeist auf der Erwägung, dass allein der Auskunftspflichtige zu der erforderlichen Information imstande ist und der Auskunftsberechtigte ohne die Auskunft erheblich benachteiligt wäre oder seine Aufgaben nicht ordnungsgemäß wahrnehmen könnte.[1057] Diese Überlegung trifft

---

1051 BGHZ 41, 318, 322 f. So auch BGHZ 109, 260, 268; Siehe auch LAG Hamm, CCZ 2010, 237, 239; VG Frankfurt a.M., Rspr HessVerwG 2001, 51, 54; *Diller*, DB 2004, 313, 314; *Grimm/Freh*, KSzW 2012, 88; *Knauer/Buhlmann*, AnwBl 2010, 387, 389; *Kruse*, Compliance, S. 147. Vgl. auch *Grützner*, in: Momsen/Grützner (Hrsg.), Wirtschaftsstrafrecht, 4. Kap. Rn. 351.

1052 BGHZ 41, 318, 327.

1053 So BGH, NJW-RR 1989, 614, 615; OLG Karlsruhe, NStZ 1989, 287 zu der Auskunftspflicht aus §§ 611, 241 Abs. 2 BGB.

1054 LAG Rheinland-Pfalz, BeckRS 2004, 42011. Allerdings ging es darum, ob die Arbeitnehmerin – ohne konkretes Nachfragen des Arbeitgebers – von sich aus die Offenbarung strafbaren eigenen kündigungsrelevanten Fehlverhaltens schuldete und das gerade im Rahmen der Verhandlungen über die Beendigung des Arbeitsverhältnisses.

1055 Vgl. *Rübenstahl*, WiJ 2012, 17, 21.

1056 Vgl. auch *Zapfe*, Compliance, S. 124.

1057 BVerfGE 56, 37, 45; *Dingeldey*, NStZ 1984, 529, 532.

gewiss auf den Gemeinschuldner zu, der seine Vermögenslage in der Regel weit besser kennt als seine Gläubiger. Diese haben auch kaum Chancen, auf anderem Wege eine Gesamtübersicht über die Vermögenslage des Gemeinschuldners zu gewinnen.[1058] Ähnlich gestaltet sich die Situation im vom BGH entschiedenen Architektenfall. Dem Urteil lag die Konstellation eines selbstständigen Werkvertrages zugrunde.[1059] Die zum Nachweis erforderlichen Unterlagen befanden sich somit jeweils allein in der Sphäre des Auskunftspflichtigen. Anders liegt dies allerdings im Falle eines unselbstständigen Arbeitnehmers. Dieser ist in die Betriebsabläufe des Unternehmens eingebunden. Regelmäßig nutzt er bei seiner Aufgabenwahrnehmung auch dessen Räumlichkeiten, EDV- und Kommunikationssysteme. Das Unternehmen befindet sich in diesem Falle daher, wenn auch nicht stets, aber doch im Regelfall, in einer weit geringeren Beweisnot.[1060] Die Sachverhaltsermittlung mag häufig etwas mühsamer sein, sie wird aber in vielen Fällen auch auf anderem Wege möglich sein. Unterlagen können durchsucht, elektronische Kommunikation kann gesichert und durchforstet werden.[1061] Dabei ist zu berücksichtigen, dass dieser Weg bei internen Ermittlungen fast immer neben den Interviews beschritten wird,[1062] sodass der hiermit betriebene Aufwand in großen Teilen unabhängig von einer etwaigen Verpflichtung zur Auskunft entsteht. Zwar findet sich zu der Auskunftspflicht des § 666 BGB zumeist der Hinweis, diese sei unabhängig vom konkreten Interesse des Gläubigers an der Auskunft.[1063] Dem liegt allerdings die generalisierte Wertung zugrunde, dass dieses Auskunftsinteresse typischerweise besteht.[1064] Der Gläubiger soll deswegen von dem Risiko der Darlegung dieses Interesses und möglicher Einwände des Schuldners befreit werden. Diese Wertung passt auf die Konstellation der internen Ermittlungen nicht unbedingt.[1065]

1058 Vgl. BVerfGE 56, 37, 48.

1059 Vgl. BGHZ 41, 318, 319 f.

1060 So auch *Dann/Schmidt*, NJW 2009, 1851, 1853. Darauf, dass Wertungen im Arbeitsverhältnis abweichend zum Dienstvertrag ausfallen können, weißt auch *Zapfe*, Compliance, S. 124 f., hin. A.A. *Kottek*, Kooperation, S. 90; *Münkel*, Mitarbeiteroffenbarungen, S. 58 f.; wohl auch *Rödiger*, Strafverfolgung von Unternehmen, S. 300.

1061 Siehe hierzu *Klengel/Mückenberger*, CCZ 2009, 81, 83 ff.; *Mengel/Ullrich*, NZA 2006, 240, 241 f.; *Wisskirchen/Glaser*, DB 2011, 1447, 1450 f. *I. Roxin*, StV 2012, 116, 121, lehnt aus diesem Grund vollständig eine Auskunftspflicht ab. Ähnlich auch *Rudkowski*, NZA 2011, 612, 613.

1062 *I. Roxin*, StV 2012, 116. Vgl. auch die Ablaufbeschreibung bei *Wybitul*, BB 2009, 606, 610.

1063 BGH, NJW 1998, 2969, 2970; *Diller*, DB 2004, 313, 314; *Knauer/Buhlmann*, AnwBl 2010, 387, 389; *Mansel*, in: Jauernig, BGB, 15. Aufl., § 666 Rn. 2; *Martinek*, in: Staudinger, BGB, Buch 2, § 666 Rn. 19; *Sprau*, in: Palandt, BGB, 73. Aufl., § 666 Rn. 1.

1064 Vgl. BVerfGE 56, 37, 45.

1065 Vgl. auch *I. Roxin*, StV 2012, 116, 121; *Rudkowski*, NZA 2011, 612, 613; *dies.*, in: Aichberger-Beig/Aspöck/Leupold u. a. (Hrsg.), Vertrauen und Kontrolle im Privatrecht, S. 189, 200. Vgl. aber auch *Fritz/Nolden*, CCZ 2010, 170, 174.

Zudem muss im Fall eines abhängigen Arbeitnehmers die Fürsorgepflicht des Arbeitgebers angemessen berücksichtigt werden. Im Arbeitsverhältnis als Dauerschuldverhältnis besonderer Intensität unterliegen die beteiligten Parteien besonderen gegenseitigen Rücksichtnahmepflichten.[1066] Dies verbietet dem Arbeitgeber zum einen, dem Arbeitnehmer grundlos Nachteile zuzufügen oder ihn der Gefahr eines Schadens auszusetzen.[1067] Hieran kann nur in Ausnahmefällen eine Einschränkung des Auskunftsanspruchs geknüpft werden, denn der Arbeitgeber kann durchaus ein Interesse an der Auskunft haben, um schneller oder einfacher an die für ihn zur Verfolgung seiner Rechte notwendige Information zu gelangen. Zum anderen muss der Arbeitgeber aber auch angemessen auf die Interessen des Arbeitnehmers Rücksicht nehmen.[1068] Der Arbeitgeber hat aufgrund seiner Fürsorgepflicht seine Rechte aus dem Arbeitsverhältnis so auszuüben und die im Zusammenhang mit dem Arbeitsverhältnis stehenden Interessen des Arbeitnehmers so zu wahren, wie dies unter Berücksichtigung der Belange des Betriebs und der Interessen der anderen Arbeitnehmer des Betriebs nach Treu und Glauben billigerweise verlangt werden kann.[1069] Ein allzu einseitiges, zu Lasten des Arbeitnehmers gehendes Vorgehen ist ihm daher untersagt.[1070]

Dies alles spricht dafür, dass die Auskunftspflicht des Arbeitnehmers ausnahmsweise doch dort endet, wo sich dem Unternehmen andere Erkenntnismöglichkeiten bieten.[1071] Den Auskunftsanspruch deswegen stets und immer auszuschließen ginge zu weit.[1072] In der Tat ist es ein tragendes Argument, dass der Arbeitnehmer nicht gerade dadurch besser gestellt werden soll, dass er sich besonders verwerflich,

---

1066 Vgl. *Mansel*, in: Jauernig, BGB, 15. Aufl., § 241 Rn. 10; *Reichold*, in: Richardi/Wlotzke/Wißmann u. a. (Hrsg.), Münchener Handbuch zum Arbeitsrecht, Band 1, 3. Aufl., § 83 Rn. 8; *Rieble*, ZIP 2003, 1273, 1275. Vgl. auch *Wiese*, ZfA 1971, 273, 278 f.

1067 BAGE 77, 378, 382; *I. Roxin*, StV 2012, 116, 120; *Sidhu/v. Saucken/Ruhmannseder*, NJW 2011, 881, 883.

1068 Vgl. BAGE 77, 378, 382; 119, 238, 243 f.; *Kort*, NZA 1996, 854.

1069 *Müller-Glöge*, in: Säcker/Rixecker (Hrsg.), Münchener Kommentar zum BGB, Band 4, 6. Aufl., § 611 Rn. 984. Vgl. BAGE 119, 238, 243 f.

1070 Vgl. BAGE 119, 238, 243 f.; *Preis*, in: Müller-Glöge/Preis/Schmidt (Hrsg.), Erfurter Kommentar zum Arbeitsrecht, 16. Aufl., § 611 BGB Rn. 620 f.; *Reichold*, in: Richardi/Wlotzke/Wißmann/Oetker (Hrsg.), Münchener Handbuch zum Arbeitsrecht, Band 1, § 86 Rn. 5.

1071 So auch *Münkel*, Mitarbeiteroffenbarungen, S. 84. A.A. die h.M., siehe unter 4. Kapitel B. I. Siehe auch *Rödiger*, Strafverfolgung von Unternehmen, S. 295. Vgl. auch *Taupitz*, Pflicht zur Offenbarung, S. 31 f., 46 f.

1072 Vgl. auch *Knauer*, ZWH 2012, 81, 85. A.A. *Mossmayer*, Compliance, 2. Aufl., S. 99; *Rieble*, Ritsumeikan Law Review 26 (2009), 191, 203; *I. Roxin*, StV 2012, 116, 121; *Rudkowski*, NZA 2011, 612, 613; *dies.*, in: Aichberger-Beig/Aspöck/Leupold u. a. (Hrsg.), Vertrauen und Kontrolle im Privatrecht, S. 189, 200 f. A.A: wohl auch *Reichold*, in: Richardi/Wlotzke/Wißmann u. a. (Hrsg.), Münchener Handbuch zum Arbeitsrecht, Band 1, 3. Aufl., § 86 Rn. 18, vgl. aber auch § 49 Rn. 7. Vgl. zudem auch *Eichler*, Vertrauen, S. 43.

sogar strafrechtswidrig verhalten hat.[1073] Zudem ist zutreffend, dass dem Arbeitnehmer, insbesondere soweit es sich um einen leitenden Angestellten handelt, den Pflichtenkreis aus eigenem Willensentschluss übernommen hat und deswegen einer weitergehenden Pflichtenbindung unterliegt als beispielsweise Zeugen im Zivilprozess.[1074] Ihm kann sicherlich mehr zugemutet werden. Auch der Verweis auf die Möglichkeit einer Verdachtskündigung kann letztlich nicht zu einer anderen Wertung führen,[1075] ist allerdings nichtsdestotrotz in die Verhältnismäßigkeitsprüfung einzustellen. Denn zum einen besteht für eine derartige Kündigung eine relativ hohe Verdachtsschwelle,[1076] zum anderen bleiben von dieser Möglichkeit die sonstigen potenziellen Interessen des Unternehmens an der Sachverhaltsermittlung unberührt. Das Unternehmen kann die Information weiterhin benötigen, um kriminogene Strukturen im Unternehmen oder den Betriebsabläufen zu beseitigen oder auch um Schadensersatzansprüche zu verwirklichen. Es bleibt zusätzlich zu berücksichtigen, dass die Gefahr, durch die selbstbelastende Auskunft zu der eigenen Überführung beizutragen, ebenfalls durch die Einräumung eines Verwertungsverbots im Strafverfahren beseitigt werden kann. Eine Verletzung des Würdegehalts des Nemo-tenetur-Prinzips kann damit auf anderem Wege als durch die Gewährung eines Auskunftsverweigerungsrechts vermieden werden. Was allerdings sicher bleibt, ist der Konflikt mit der Selbstdarstellungsfreiheit.[1077]

Fraglich ist deswegen, ob dennoch weitere Ausnahmen von der grundsätzlichen Auskunftspflicht des Arbeitnehmers anzuerkennen sind. Zumindest zwei weitere Ausnahmen sind zuzugestehen.

cc) Das Auskunftsverweigerungsrecht in Konstellationen mit Auslandsbezug

Die eine Ausnahme ergibt sich aus einer Zusammenschau der abwehrrechtlichen Funktion der Grundrechte und der Grundrechtsdimension der staatlichen Schutzpflichten.[1078] Die letztgenannte Dimension ist in der Grundrechtsdogmatik neben der Abwehrfunktion als weitere Funktionen der Grundrechte anerkannt.[1079] Der Staat ist verpflichtet, die in den Grundrechten gewährleisteten Rechtsgüter gegen

1073 ArbG Saarlouis, ZIP 1984, 364, 365; *Rödiger*, Strafverfolgung von Unternehmen, S. 300. Siehe auch *Müller-Bonanni*, AnwBl 2010, 651, 653; *Schäfer*, in: Hanack/Rieß/Wendisch (Hrsg.), Festschrift für Hanns Dünnebier, S. 11, 40. Vgl. BVerfGE 56, 37, 46. Vgl. auch *Kruse*, Compliance, S. 147.

1074 BVerfGE 56, 37, 43 f. Vgl. auch *Tscherwinka*, in: Schulz/Reinhart/Sahan (Hrsg.), Festschrift für Imme Roxin, S. 521, 527.

1075 Vgl. aber *Rudkowski*, NZA 2011, 612, 613; *dies.*, in: Aichberger-Beig/Aspöck/Leupold u. a. (Hrsg.), Vertrauen und Kontrolle im Privatrecht, S. 189, 200 f.

1076 Siehe *Rübenstahl*, WiJ 2012, 17, 22.

1077 Vgl. auch BVerfG, NZA 1998, 588; NZA 1998, 1329.

1078 Vgl. in diesem Zusammenhang *Pietzcker*, in: Maurer (Hrsg.), Festschrift für Günter Dürig, S. 345, 347 ff.

1079 Vgl. BVerfGE 39, 1 ff.; 77, 170, 214 f.; 77, 381, 402 f.; 79, 174, 201 f.; 115, 118, 152. Siehe hierzu *Calliess*, JZ 2006, 321 ff.; *Isensee*, in: Isensee/Kirchhof (Hrsg.),

Beeinträchtigungen oder Gefährdungen durch Dritte zu schützen.[1080] Insofern ist der Staat in gewissem Umfang dazu verpflichtet, Grundrechtsverletzungen durch Dritte zu verhindern.[1081] Dies gilt in besonderer Weise für die Menschenwürdegarantie (Art. 1 Abs. 1 S. 2 GG).[1082] Diese Grundrechtsdimension verpflichtet in erster Linie den Gesetzgeber beim Normerlass,[1083] hat jedoch ebenfalls Auswirkungen auf die Norminterpretation auf Rechtsanwendungsebene. Lässt das im Einzelfall einschlägige Recht Interpretationsspielräume zu, müssen die betroffenen Verfassungsgüter im Wege praktischer Konkordanz zu einem gerechten Ausgleich gebracht werden,[1084] bzw. eine Beeinträchtigung der Menschenwürde verhindert werden. Innerstaatlich kann die Menschenwürdeverletzung durch die Verhinderung der Verwertung selbstbelastender Äußerungen im Strafprozess abgewendet werden. Dies gilt allerdings nicht für die drohende Verwertung in anderen Staaten. Interne Ermittlungen haben oft einen grenzüberschreitenden Bezug, und wie oben erörtert wirkt gerade das US-amerikanische Rechtsystem erheblich auf eine Offenlegung der durch interne Ermittlungen erlangten Informationen hin.[1085] In diesen Fällen droht der Verlust der Subjektstellung des Mitarbeiters im möglicherweise gegen ihn eröffneten ausländischen, insbesondere US-amerikanischen Strafverfahren, wenn im deutschen Recht ein Auskunftszwang ausgeübt wird. Die Auskunftspflicht würde die erst in der Verwertung der Erkenntnisse liegende Menschenwürdeverletzung ermöglichen oder zumindest an ihr mitwirken. Insofern zeigt sich auch deutlich eine abwehrrechtliche Grundrechtsfunktion. Aus diesem Bezug zur nationalen Rechtsordnung ergibt sich aber auch die Verpflichtung des Staates, die drohende Grundrechtsverletzung Dritter zu verhindern. Auf gesetzlicher Ebene ist dieser Schutz durch die Einreden der §§ 242, 275 Abs. 3 ausreichend verwirklicht.[1086] Zwar haben die Unternehmen gerade in dieser Situation ein erhebliches Interesse an der Auskunft, die Menschenwürdegarantie ist aber nicht abwägbar. Zudem ist zu berücksichtigen, dass die Unternehmen den US-amerikanischen Behörden allein ernsthafte und umfassende Aufklärungsbemühungen unter Beweis stellen müssen, um der möglichen Existenzbedrohung zu entgehen. Sie müssen die ihnen zur Verfügung

---

Handbuch des Staatsrechts, Band IX, 3. Aufl., § 191 Rn. 146 ff.; *Klein*, DVBl 1994, 489 ff.; *Pietzcker*, in: Maurer (Hrsg.), Festschrift für Günter Dürig, S. 345 ff.

1080 *Maurer*, Staatsrecht, 6. Aufl., § 9 Rn. 25.

1081 Vgl. hierzu auch im Zusammenhang mit SEC-Ermittlungen *Wastl/Litzka/Pusch*, NStZ 2009, 68, 74.

1082 *Manssen*, Staatsrecht II, 12. Aufl., § 9 Rn. 224. Vgl. auch *Dietlein*, Schutzpflichten, 2. Aufl., S. 28 f., 66 f.

1083 Siehe *Bethe*, in: Maunz/Schmidt-Bleintreu/Klein/Bethge u.a., BVerfGG, Band 1, 42. Lfg., Stand: Oktober 2013, § 90 Rn. 108. Vgl. hierzu auch *Calliess*, JZ 2006, 321, 323.

1084 Siehe hierzu *Di Fabio*, in Maunz/Dürig, GG, Band 1, 39. Lfg., Stand: Juli 2001, Art. 2 Rn. 136.

1085 Siehe unter 3. Kapitel C. II.

1086 Die Ausgestaltung als Einrede ist ausreichend, weil nur die erzwungene Selbstbelastung einen Menschenwürdeverstoß darstellt, nicht die freiwillige.

stehenden Aufklärungsmöglichkeiten ergreifen. Soweit kein Auskunftsanspruch besteht, existiert die entsprechende Aufklärungsmöglichkeit ebenfalls nicht. Aus dem Nichtergreifen dieser Aufklärungsmöglichkeit kann ihnen dann kein Vorwurf gemacht werden.[1087]

Bei der Entscheidung, wie er seinen Schutzpflichten nachkommen will, steht dem Staat grundsätzlich ein weiter Ermessenspielraum zu.[1088] Als Alternative zu einem Auskunftsverweigerungsrecht kann auch über ein Verbot zur Mitteilung der selbstbelastenden Äußerungen nachgedacht werden. Dies kann allerdings sehr schnell zu einem Konflikt mit eventuellen Zeugenpflichten nach der ausländischen Rechtsordnung führen. Da auf den Unternehmen ein erheblicher Druck zur Offenlegung der ihnen bekannten Informationen lastet, besteht insofern keine ernsthafte alternative Möglichkeit die Verwertung zu verhindern, als die Auskunftspflicht einzuschränken. Ist eine Verwertung im Ausland bereits absehbar, insbesondere wenn SEC oder DOJ bereits auf die interne Untersuchung oder den ihr zugrunde liegenden Verdacht aufmerksam geworden sind, muss dem Arbeitnehmer aus diesem Grunde ein Auskunftsverweigerungsrecht bezüglich selbstbelastender Informationen eingeräumt werden.[1089]

dd) Einschränkung des Auskunftsanspruchs bei rein repressiv orientierten Untersuchungen

Eine weitere Einschränkung des Auskunftsanspruchs muss aus dem Verhältnismäßigkeitsprinzip abgeleitet werden. Grundrechtsbeschränkungen setzen danach auf erster Stufe stets voraus, dass sie einem legitimen Zweck dienen. Dies gilt auch für die Auferlegung einer Auskunftspflicht zugunsten Dritter. Diese dient prinzipiell durchaus legitimen Zwecken. Das Unternehmen kann zur Durchsetzung seiner Ansprüche vielfach auf die Auskunft des in seinem Pflichtenkreis handelnden Mitarbeiters angewiesen sein. Ebenfalls kann die Aufdeckung von Compliance-Missständen ein legitimes Ziel des Unternehmens darstellen, soweit bezweckt ist, diesen abzuhelfen. Anderes hat zu gelten, wenn das Ziel des Unternehmens allein darin besteht, die erteilte Auskunft für die strafrechtliche Überführung des Mitarbeiters zu nutzen und zu diesem Zwecke an die Strafverfolgungsbehörden

---

1087 Vgl. *Dann/Schmidt*, NJW 2009, 1851, 1853. Vgl. aber auch *Wewerka*, Internal Investigations, S. 238.

1088 Siehe hierzu BVerfGE 77, 170, 214 f.; 79, 174, 202; *Calliess*, JZ 2006, 321, 328.

1089 So im Ergebnis auch *Wastl/Litzka/Pusch*, NStZ 2009, 68, 73. Vgl. auch *Dann/Schmidt*, NJW 2009, 1851, 1853 f.; *Minoggio*, Firmenverteidigung, 2. Aufl., Rn. 1276. Enger *Rödiger*, Strafverfolgung von Unternehmen, S. 302, die dies nur für den Fall annimmt, dass das Unternehmen gezielt mit den ausländischen Strafverfolgungsbehörden zusammenarbeitet um die Mitarbeiter der Begehung von Straftaten zu überführen; enger auch *Göpfert/Merten/Siegrist*, NJW 2008, 1703, 1706. Vgl. aber auch *Bittmann/Molkenbur*, wistra 2009, 373, 376. A.A. *Wewerka*, Internal Investigations, S. 237 ff.

weiterzugeben. Dies hat auch für den Regelfall zu gelten, dass hierdurch eine eigene Sanktionsmilderung erstrebt wird, denn dass die Nutzung selbstbelastender Aussagen in Strafverfahren nie ein legitimer Zweck sein kann, ergibt sich aus dem Nemo-tenetur-Prinzip. Dient die erwünschte Auskunft allein diesem Zweck, so beispielsweise wenn Schadensersatzansprüche bereits ohne Auskunftserteilung durchsetzbar sind oder deren Geltendmachung gar nicht beabsichtigt ist, dann ist die Verpflichtung zur Auskunft unverhältnismäßig im weiteren Sinne. In diesem Falle muss dann ein Auskunftsverweigerungsrecht bestehen. Es soll selbstverständlich nicht in Abrede gestellt werden, dass das Interesse an der Erlangung einer Sanktionsmilderung durchaus berechtigt ist. Wird dieses Interesse allerdings auf die Weise verfolgt, durch die Verwendung der selbstbelastenden Äußerung einen Bonus bei den Strafverfolgungsbehörden zu erlangen, muss die Menschenwürderelevanz der als Zwischenziel erstrebten Verwertung durchschlagen.[1090] Dagegen ist es für den Fall, dass die Erlangung eines Bonuses durch die Weitergabe der Erkenntnisse nicht den einzigen Beweggrund des Unternehmens darstellt, nicht gerechtfertigt den Auskunftsanspruch allein aufgrund dieses Aspekts einzuschränken. Denn dann können die übrigen Motive eine Auskunftspflicht rechtfertigen. Hier kann deswegen nicht angenommen werden, dass die Interessen des Arbeitnehmers stets die des Arbeitgebers in dem notwendigen Ausmaß überwiegen würden. Den Interessen des Arbeitnehmers kann in diesen Fällen zumeist über ein Beweisverwertungsverbot im notwendigen Umfang abgeholfen werden.

ee) Die grundsätzliche Notwendigkeit einer Interessenabwägung

Neben den genannten sind weitere, letztendlich auf dem Nemo-tenetur-Prinzip beruhende Ausnahmen von der grundsätzlichen Auskunftspflicht des Arbeitnehmers denkbar. Aufgrund des Verhältnismäßigkeitsprinzips sind entgegen der wohl herrschenden Ansicht[1091] das Auskunftsinteresse des Arbeitgebers und die Interessen des Arbeitnehmers, auch das Interesse sich nicht selbst zu belasten, stets gegeneinander abzuwägen.[1092] In der Regel wird dabei den Interessen des Arbeitgebers der Vorzug

---

1090 Gegen die Berücksichtigungsfähigkeit des Kriteriums der möglichen Weitergabe der Informationen an die Strafverfolgungsbehörden allerdings *Münkel*, Mitarbeiteroffenbarungen, S. 83.

1091 Vgl. hierzu *Böhm*, Non-Compliance, S. 149; *Dendorfer*, in: Moll (Hrsg.), Münchener Anwaltshandbuch Arbeitsrecht, 3. Aufl., § 35 Rn. 120; *Klasen/Schaefer*, BB 2012, 641, 645; *Kottek*, Kooperation, S. 89 f.; *Kruse*, Compliance, S. 146; *Mengel/Ullrich*, NZA 2006, 240, 243; *V. Vogt*, NJOZ 2009, 4206, 4212; *Wewerka*, Internal Investigations, S. 233.

1092 *Beckemper*, in: Knierim/Rübenstahl/Tsambikakis (Hrsg.), Internal Investigations, 15. Kap. Rn. 248; *Grützner*, in: Momsen/Grützner (Hrsg.), Wirtschaftsstrafrecht, 4. Kap. Rn. 353; *Münkel*, Mitarbeiteroffenbarungen, S. 80 ff.; *Taschke*, NZWiSt 2012, 89, 93. So auch *Raum*, StraFo 2012, 395, 397, der regelmäßig ein Überwiegen der Selbstbelastungsfreiheit annimmt. Ebenso wohl auch *Dann*, CCZ 2010, 239, der im Ergebnis zwischen vermeintlich unternehmensnützigen und unternehmens-

einzuräumen sein.[1093] Die Auskunftspflicht ist erst dann ausgeschlossen, wenn die Interessen des Arbeitnehmers weit überwiegen.[1094] Die grundsätzliche Wertung des Gesetzgebers zugunsten des Auskunftsinteresses bleibt jedenfalls zu respektieren.

ff) Zwischenergebnis

Entgegen der herrschenden Meinung sind auch im Rahmen der Auskunftspflicht nach §§ 666, 675 BGB die Interessen des Arbeitgebers am Erlangen der gewünschten Auskunft und des Arbeitnehmers an der Verweigerung der Auskunft abzuwägen. Dabei ist den Interessen des Arbeitgebers prinzipiell der Vorrang einzuräumen. Bei extrem überwiegenden Interessen des Arbeitnehmers oder gering ausgeprägten Interessen des Arbeitgebers ist der Auskunftsanspruch allerdings aus Zumutbarkeitsaspekten nach § 275 Abs. 3 BGB auszuschließen. Letztendlich ist hier eine Einzelfallabwägung vorzunehmen. Drei Fallgruppen können jedoch benannt werden, in denen von einem derartigen Überwiegen der Arbeitnehmerinteressen auszugehen ist. Zum einen muss zum Schutz der Menschenwürde ein Auskunftsanspruch ausgeschlossen werden, wenn die Gefahr besteht, dass die selbstbelastende Auskunft in ein ausländisches Strafverfahren gegen den betroffenen Mitarbeiter eingeht. Zum anderen ist die Auskunftspflicht ausgeschlossen, wenn dem Arbeitgeber andere Möglichkeiten der Sachverhaltsaufklärung offenstehen. Ebenfalls kann allein das Interesse des Unternehmens an der Weiterleitung der selbstbelastenden Auskünfte an Strafverfolgungsbehörden keine Einschränkung der Selbstbelastungsfreiheit rechtfertigen. Auch bei derartig einseitig motivierten Auskunftsbegehren muss der Auskunftsanspruch eingeschränkt werden.

2. Grenzen einer Auskunftspflicht aus §§ 242, 241 Abs. 2 BGB

Für den Auskunftsanspruch aus der arbeitsvertraglichen Nebenpflicht zur Schadensabwehr und den allgemeinen Auskunftsanspruch wird zumeist eine Verpflichtung zur Erteilung solcher Auskünfte verneint, mit denen sich der Arbeitnehmer der Gefahr aussetzen würde, aufgrund seiner Auskünfte selbst strafrechtlich verfolgt zu werden. Auch hier ist zutreffenderweise nach den beiden möglichen Anspruchsgrundlagen zu differenzieren.

---

schädigendem Verhalten des Mitarbeiters differenziert. So auch *Schürrle/Olbers*, CCZ 2010, 178 f. Vgl. auch *Dann/Schmidt*, NJW 2009, 1851, 1853; *Taupitz*, Pflicht zur Offenbarung, S. 46 f., 104.

1093 Vgl. auch *Beckemper*, in: Knierim/Rübenstahl/Tsambikakis (Hrsg.), Internal Investigations, 15. Kap. Rn. 246.

1094 Noch enger *Grützner*, in: Momsen/Grützner (Hrsg.), Wirtschaftsstrafrecht, 4. Kap. Rn. 351.

a) Auskunftsanspruch aus der Schadenabwendungspflicht

Der Auskunftsanspruch aus der Schadensabwendungspflicht steht, anders als der stärkere Anspruch aus §§ 666, 675, von vornherein unter der Prämisse der Zumutbarkeit.[1095] Es ist bereits Voraussetzung für sein Entstehen, dass die Interessen des Arbeitgebers an der gewünschten Auskunft die Interessen des Mitarbeiters überwiegen.[1096] Abzuwägen sind dabei stets die Interessen des Arbeitnehmers, sich nicht selbst belasten zu müssen, mit denen des Arbeitgebers an der Sachverhaltsaufklärung.[1097] Dabei ist zu berücksichtigen, dass eine derartige Verpflichtung zumindest einen schwerwiegenden Eingriff in das allgemeine Persönlichkeitsrecht des Mitarbeiters darstellt.[1098] Durch eine Selbstbelastung kann er in die Situation gebracht werden, selbst Gründe für seine Kündigung oder strafrechtliche Verfolgung zu liefern und die Durchsetzung gegen ihn gerichteter Schadensersatzansprüche zu ermöglichen.[1099] Zwar ist auch im Rahmen dieses Anspruchs von Bedeutung, dass die Interessen des Mitarbeiters zumindest partiell durch die Einräumung eines Beweisverwertungsverbots geschützt werden können. Jedoch erlangen die Mitarbeiterinteressen im Rahmen dieses auf Zumutbarkeitsaspekte gestützten Anspruchs im Vergleich zu dem Auskunftsanspruch aus §§ 666, 675 BGB von vornherein ein höheres Gewicht.[1100] Tendenziell ist deshalb von einem Überwiegen der Interessen des Mitarbeiters auszugehen.

Der Auskunftsanspruch ist daher klar ausgeschlossen, wenn dem Arbeitgeber anderweitige Informationsmöglichkeiten zur Verfügung stehen.[1101] Die Interessen des Arbeitgebers sind in diesem Fall als relativ gering zu werten. Deswegen überwiegen eindeutig die Interessen des Arbeitnehmers. Kann der Arbeitgeber den Sachverhalt mit anderen Mitteln aufklären, besteht keine Auskunftspflicht.

Daneben muss für den Fall, dass die Information droht, in ausländische, gegen den Arbeitnehmer gerichtete Strafverfahren einzugehen, eine Auskunftspflicht des Mitarbeiters abgelehnt werden. Der Gefahr der Verletzung seiner Menschenwürde muss er sich nicht aussetzen.

1095 *Diller*, DB 2004, 313, 314. Vgl. *Böhm*, Non-Compliance, S. 151; *Wewerka*, Internal Investigations, S. 233. Siehe hierzu unter 4. Kapitel B. II.

1096 Vgl. *Dendorfer*, in: Moll (Hrsg.), Münchener Anwalts Handbuch Arbeitsrecht, 3. Aufl., § 35 Rn. 119; *Kruse*, Compliance, S. 144.

1097 Vgl. *Dann/Schmidt*, NJW 2009, 1851, 1853; *Diller*, DB 2004, 313, 314; *Wewerka*, Internal Investigations, S. 233.

1098 Siehe unter 7. Kapitel C. I. 1. Siehe auch *Kruse*, Compliance, S. 145; *Rödiger*, Strafverfolgung von Unternehmen, S. 287.

1099 Vgl. *Kruse*, Compliance, S. 145.

1100 Vgl. *Grützner*, in: Momsen/Grützner (Hrsg.), Wirtschaftsstrafrecht, 4. Kap. Rn. 354.

1101 *Böhm*, Non-Compliance, S. 151 f.; *Dann/Schmidt*, NJW 2009, 1851, 1853; *Diller*, DB 2004, 313, 314; *Kottek*, Kooperation, S. 93; *Kruse*, Compliance, S. 144; *Rödiger*, Strafverfolgung von Unternehmen, S. 287. Vgl. auch *Wewerka*, Internal Investigations, S. 233 f.

Der Auskunftsanspruch besteht außerdem dann nicht, wenn der Arbeitgeber durch die Sachverhaltsaufklärung allein beabsichtigt, sich durch Kooperation mit den Behörden zu Lasten des Arbeitnehmers zu entlasten. Liegt hierin das einzige Ziel und sollen die direkt oder mittelbar hierdurch erlangten Informationen in einem Strafverfahren genutzt werden, verfolgt das Unternehmen wegen der Menschenwürderelevanz keinen legitimen Zweck.[1102] Anderes hat zu gelten, wenn keine auf den einzelnen Mitarbeiter zurückverfolgbare Information weitergegeben werden soll.

Ebenfalls kann das Interesse an der Durchsetzung eigener Schadensersatzansprüche und der Kündigung des Arbeitnehmers diesen Anspruch aus Gründen, auf die im Einzelnen noch näher einzugehen sein wird, nicht begründen.[1103] Denn die Verpflichtung zur selbstbelastenden Auskunft ist dem Mitarbeiter nur in Ausnahmefällen zumutbar. Deswegen können nur von diesem Restitutionsinteresse unabhängige Interessen den Auskunftsanspruch rechtfertigen.[1104]

Der Auskunftsanspruch kann deswegen nur unter präventiven Gesichtspunkten gerechtfertigt sein, nämlich dann, wenn dem Arbeitgeber ohne Auskunftserteilung ein weiterer erheblicher Schaden droht.[1105] Dabei kann nicht jeder mögliche Schadenseintritt die Interessenabwägung zugunsten des Arbeitgebers ausschlagen lassen. Die Wahrscheinlichkeit und das Ausmaß des drohenden Schadens müssen es rechtfertigen, dem Arbeitnehmer eine Auskunftspflicht aufzuerlegen, auch auf die Gefahr hin, dass er sich selbst einer strafrechtlichen Verfolgung oder sonstigen Nachteilen aussetzt. Aus diesem Grund ist für das Überwiegen der Arbeitgeberinteressen zu verlangen, dass ein gravierender Schaden, beispielsweise durch weitere zukünftige erhebliche Pflichtverletzungen anderer Arbeitnehmer, droht und der Eintritt dieses Schadens auch höchst wahrscheinlich ist.[1106] Über die notwendige Höhe dieses Schadens lassen sich kaum pauschalisierte Aussagen treffen. Ist das Unternehmen ohne Auskunft des Mitarbeiters in seiner Existenz gefährdet, ist jedenfalls auch für Wahrnehmungen mit nur mittelbarem Bezug zur Tätigkeit für das Unternehmen ein Auskunftsanspruch anzunehmen.

Ein auf §§ 611, 241 Abs. 2 BGB gestützter Auskunftsanspruch kann demnach nur ausnahmsweise in Extremfällen angenommen werden.[1107]

1102 Vgl. unter 7. Kapitel C. I. 1. d) dd).

1103 Vgl. auch *Kottek*, Kooperation, S. 93. Vgl. aber auch *Rödiger*, Strafverfolgung von Unternehmen, S. 287 f.

1104 Nur dann besteht „ein besonderer rechtlicher Grund“, der eine Durchbrechung der Regelungen über die Beweislastverteilung“ rechtfertigen kann. Vgl. unter 3. A.A. *Böhm*, Non-Compliance, S. 152.

1105 Vgl. aber auch *Böhm*, Non-Compliance, S. 152; *Kruse*, Compliance, S. 145.

1106 A.A. *Böhm*, Non-Compliance, S. 151, nach dem die Interessenabwägung nicht allein aufgrund des Aspekts der Selbstbelastungsgefahr zugunsten des Arbeitnehmers ausgehen könne. Ebenso *Wewerka*, Internal Investigations, S. 233 f.

1107 Ähnlich wohl *Diller*, DB 2004, 313, 314. Vgl. auch *Klasen/Schaefer*, BB 2012, 641, 646. Weiter *Fritz/Nolden*, CCZ 2010, 170, 172; *Grützner*, in: Momsen/Grützner

b) Allgemeiner Auskunftsanspruch aus §§ 611, 241 Abs. 2 bzw. § 242 BGB

Im Bereich des allgemeinen Auskunftsanspruchs erlangen die Interessen des Mitarbeiters ein noch höheres Gewicht.[1108] Für Wahrnehmungen, die komplett außerhalb der Tätigkeit des Mitarbeiters für das Unternehmen liegen, lässt sich eine Auskunftspflicht für den Fall der Selbstbelastungsgefahr deswegen nicht mehr rechtfertigen. Eine Selbstbezichtigung ist dem Mitarbeiter in diesem Rahmen unzumutbar.[1109] Soweit der Mitarbeiter sich selbst belasten müsste, kann er in diesem Rahmen die Antwort auf einzelne Fragen verneinen.[1110]

3. Die Friktionen mit der Beweislastverteilung im Kündigungsschutzprozess

Es bleibt allerdings zu überlegen, ob der Auskunftsanspruch nicht aus einem ganz anderen Grund als den vorangegangenen Überlegungen zum Nemo-tenetur-Prinzip eingeschränkt sein könnte. Einige Stimmen in der Literatur haben hierauf bereits hingewiesen. Die Annahme einer uneingeschränkten Auskunftspflicht kann

---

(Hrsg.), Wirtschaftsstrafrecht, 4. Kap. Rn. 354; *Kottek*, Kooperation, S. 91 ff. A.A. *Böhm*, Non-Compliance, S. 151, nach dem die Interessenabwägung nicht allein aufgrund des Aspekts der Selbstbelastungsgefahr zugunsten des Arbeitnehmers ausgehen könne. Ebenso *Schürrle/Olbers*, CCZ 2010, 178 f.; *Wewerka*, Internal Investigations, S. 233 f. Dagegen lehnt die herrschende Ansicht in diesen Fällen den Auskunftsanspruch aus §§ 611, 241 Abs. 2 BGB wohl generell ab, siehe *Dendorfer*, in: Moll (Hrsg.), Münchener Anwaltshandbuch Arbeitsrecht, 3. Aufl., § 35 Rn. 120; *Göpfert/Merten/Siegrist*, NJW 2008, 1703, 1705; *Mengel/Ullrich*, NZA 2006, 240, 243; *Reichold*, in: Richardi/Wlotzke/Wißmann u. a. (Hrsg.), Münchener Handbuch zum Arbeitsrecht, Band 1, 3. Aufl., § 49 Rn. 7, § 86 Rn. 18; *Rieble*, Ritsumeikan Law Review 26 (2009), 191; *Rödiger*, Strafverfolgung von Unternehmen, S. 288 f.; *Strobel*, Verdachtskündigung, S. 112 f.; *Taupitz*, Pflicht zur Offenbarung, S. 81 (Fn. 182).

1108 So auch *Böhm*, Non-Compliance, S. 153. Siehe zu den Voraussetzungen dieses Anspruchs unter 4. Kapitel B. III.

1109 So auch *Dendorfer*, in: Moll (Hrsg.), Münchener Anwaltshandbuch Arbeitsrecht, 3. Aufl., § 35 Rn. 120; *Fritz/Nolden*, CCZ 2010, 170, 172; *Grützner*, in: Momsen/Grützner (Hrsg.), Wirtschaftsstrafrecht, 4. Kap. Rn. 356; *Kruse*, Compliance, S. 145; *Mengel/Ullrich*, NZA 2006, 240, 243; *Pfordte*, in: Arbeitsgemeinschaft Strafrecht des Deutschen Anwaltvereins (Hrsg.), Strafverteidigung im Rechtsstaat, S. 740, 753 f.; *Reichold*, in: Richardi/Wlotzke/Wißmann u. a. (Hrsg.), Münchener Handbuch zum Arbeitsrecht, Band 1, 3. Aufl., § 49 Rn. 7; *Rieble*, ZIP 2003, 1273, 1277; *ders.*, Ritsumeikan Law Review 26 (2009), 191, 203; *Rödiger*, Strafverfolgung von Unternehmen, S. 288 f.; *Wisskirchen/Glaser*, DB 2011, 1447, 1448. Vgl. auch *Taupitz*, Pflicht zur Offenbarung, S. 81 (Fn. 182). Vgl. aber auch *Böhm*, Non-Compliance, S. 153; *Klasen/Schaefer*, BB 2012, 641, 646. A.A. *Diller*, DB 2004, 313, 314; *Schürrle/Olbers*, CCZ 2010, 178 f.; *Wewerka*, Internal Investigations, S. 234.

1110 Siehe *Rödiger*, Strafverfolgung von Unternehmen, S. 289; *Scharnberg*, Internal Investigations, S. 281.

Widersprüche zu der Beweislastverteilung im Kündigungsschutzprozess, aber auch zu der Regelung des § 619a BGB, aufweisen.

a) Grundsätzliche Beweislastverteilung im Rahmen von Kündigungen

Für eine Kündigung und auch im Kündigungsschutzprozess hat der Arbeitgeber die ihn zur Kündigung berechtigenden Umstände nachzuweisen.[1111] Gelingt ihm das nicht, bleibt ihm allein die Möglichkeit einer Verdachtskündigung. Aber auch hierfür ist ein dringender Tatverdacht Voraussetzung.[1112] Den Mitarbeiter treffen grundsätzlich keinerlei Auskunftspflichten zu möglichen Kündigungsgründen.[1113] Zwar ist notwendige Voraussetzung der Wirksamkeit einer Verdachtskündigung die Anhörung des Arbeitnehmers zu den Verdacht begründenden Umständen.[1114] Grund hierfür ist aber allein der Umstand, dass dem Mitarbeiter die Möglichkeit gegeben werden muss, den Verdacht auszuräumen.[1115] Er ist zu keinerlei Ausführungen verpflichtet.[1116] Schweigt er, kann dies auch nicht zu seinen Lasten als ein den Verdacht erhärtender Umstand ausgelegt werden.[1117]

1111 Siehe § 1 II 4 KSchG. Siehe auch BAG, NZA 1996, 637, 639; *Maschmann*, in: ders. (Hrsg.), Corporate Compliance und Arbeitsrecht, S. 149, 174.

1112 BAG, NZA-RR 2008, 630, 632; NJW 2011, 2231, 2232 f. Vgl. auch BAG, NZA 1995, 269, 271 („starke Verdachtsmomente, die sich auf objektive Tatsachen gründen"); so auch NZA 2002, 847, 849; NZA 2008, 809, 810. Siehe auch *Dörner/Vossen*, in: Ascheid/Preis/Schmidt (Hrsg.), Kündigungsrecht, 4. Aufl., § 626 BGB Rn. 345 f.; *Müller-Glöge*, in: ders./Preis/Schmidt (Hrsg.), Erfurter Kommentar zum Arbeitsrecht, 16. Aufl., § 626 BGB Rn. 177a. Vgl. ebenfalls *Rübenstahl*, WiJ 2012, 17, 22.

1113 Siehe BAG, NJW 2009, 1897, 1898; *Grimm/Freh*, KSzW 2012, 88, 89; *Müller-Glöge*, in: ders./Preis/Schmidt (Hrsg.), Erfurter Kommentar zum Arbeitsrecht, 16. Aufl., § 626 Rn. 133a; *Rudkowski*, NZA 2011, 612, 613; *Tscherwinka*, in: Schulz/Reinhart/Sahan (Hrsg.), Festschrift für Imme Roxin, S. 521, 529. A.A. *Heilmann*, Wiedereinstellung, S. 63 f.

1114 Siehe BAGE 81, 27, 34; NZA 2002, 847, 849; NZA 2008, 809, 810; *M. Busch*, MDR 1995, 217, 219; *Müller-Glöge*, in: ders./Preis/Schmidt (Hrsg.), Erfurter Kommentar zum Arbeitsrecht, 16. Aufl., § 626 BGB Rn. 178. Siehe auch *Rübenstahl*, WiJ 2012, 17, 27.

1115 Vgl. auch *Ebeling*, Kündigung wegen Verdachts, S. 230.

1116 *Ebeling*, Kündigung wegen Verdachts, S. 173 f.; *U. Fischer*, BB 2003, 522, 524; *Müller-Glöge*, in: ders./Preis/Schmidt (Hrsg.), Erfurter Kommentar zum Arbeitsrecht, 16. Aufl., § 626 Rn. 133a; *Strobel*, Verdachtskündigung, S. 111 ff.; *Tscherwinka*, in: Schulz/Reinhart/Sahan (Hrsg.), Festschrift für Imme Roxin, S. 521, 528.

1117 *Ebeling*, Kündigung wegen Verdachts, S. 173; *U. Fischer*, BB 2003, 522, 524; *Strobel*, Verdachtskündigung, S. 111 ff., 117. Vgl. auch *Müller-Glöge*, in: ders./Preis/Schmidt (Hrsg.), Erfurter Kommentar zum Arbeitsrecht, 16. Aufl., § 626 Rn. 133a; *Park*, in Volk (Hrsg.), Verteidigung in Wirtschafts- und Steuerstrafsachen, 2. Aufl., § 11 Rn. 103. Vgl. aber auch *Joachim*, AuR 1964, 33, 36. A.A. BAG, BeckRS 1986, 30716898; *M. Busch*, MDR 1995, 217, 219; *Heilmann*, Wiedereinstellung, S.61; *Hoefs*, Verdachtskündigung, S. 207.

b) Die Gefahr einer Umgehung durch materiell-rechtliche Auskunftsansprüche

Diese grundsätzliche Beweislastverteilung darf nicht durch die Einräumung materiell-rechtlicher Auskunftsansprüche ausgehebelt werden.[1118] Genau diese Gefahr besteht allerdings.[1119] Hielte man den Arbeitnehmer für verpflichtet, dem Arbeitgeber über jedwede Pflichtverletzung Auskunft zu erteilen, käme es auf die Beweislastverteilung in Kündigungsschutzprozessen kaum noch an. Bestünde eine Beweisnot des Arbeitgebers, könnte er diese theoretisch jederzeit durch Nachfragen beim betroffenen Arbeitnehmer, gegebenfalls auch durch Vollstreckung des Auskunftsanspruchs, beseitigen. Eine beharrliche Auskunftsverweigerung würde womöglich für sich die Kündigung rechtfertigen.[1120]

c) Durchbrechung durch Auskunftsansprüche nach §§ 611, 241 Abs. 2 bzw. § 242 BGB?

Eine derartige Umverteilung der Darlegungs- und Beweislast soll nach Ansicht des BAG nur dann gerechtfertigt sein, wenn auch die grundsätzliche Verteilung der Darlegungs- und Beweislast einer entsprechenden Korrektur bedarf. Die Verteilung der Darlegungs- und Beweislast könne deswegen nur ausnahmsweise aufgrund besonderer rechtlicher Grundlagen durch Auskunftsansprüche moduliert werden.[1121] Um einen solchen „besonderen rechtlichen Grund", der eine Umverteilung der Darlegungs- und Beweislast rechtfertigt, handelt es sich bei dem allgemeinen Auskunftsanspruch aus § 242 BGB sicher nicht.[1122] Würde man hierin einen

---

1118 BAG, NZA 1996, 637, 638 f. So auch *Ebeling*, Kündigung wegen Verdachts, S. 174; *Kreitner*, in: Küttner, Personalbuch, 23. Aufl., Stand: 01.01.2016, Stichwort: Auskunftspflichten Arbeitnehmer, Rn. 34; *Maschmann*, in: ders. (Hrsg.), Corporate Compliance und Arbeitsrecht, S. 149, 173 f.; *Tscherwinka*, in: Schulz/Reinhart/Sahan (Hrsg.), Festschrift für Imme Roxin, S. 521, 527. Vgl. auch *Kruse*, Compliance, S. 144 f.; *Rieble*, Ritsumeikan Law Review 26 (2009), 191, 204. Vgl. auch *Strobel*, Verdachtskündigung, S. 111.

1119 A.A. *Taupitz*, Pflicht zur Offenbarung, S. 102 f.

1120 Vgl. *Kruse*, Compliance, S. 149 ff.; *Maschmann*, in: ders. (Hrsg.), Corporate Compliance und Arbeitsrecht, S. 149, 174; *Neuhaus*, in: Kempf/Lüderssen/Volk (Hrsg.), Die Finanzkrise, das Wirtschaftsstrafrecht und die Moral, S. 348, 359. Vgl. auch *Taschke*, in: Rotsch (Hrsg.), Criminal Compliance, S. 65, 71, *Wimmer*, in: Schulz/Reinhart/Sahan (Hrsg.), Festschrift für Imme Roxin, S. 537, 549.

1121 BAG, NZA 1996, 637, 639. Siehe auch *Kruse*, Compliance, S. 145; *Rieble*, Ritsumeikan Law Review 26 (2009), 191, 204.

1122 So wohl auch BAG, NJW 2009, 1897, 1898, wonach der Arbeitnehmer keine arbeitsvertragliche Nebenpflicht verletzt, wenn er dem Arbeitgeber kein Beweismaterial für eine Kündigung liefert. So auch *Grimm/Freh*, KSzW 2012, 88, 89; *Klasen/Schaefer*, BB 2012, 641, 645; *Kottek*, Kooperation, S. 92; *Kruse*, Compliance, S. 145; *Rödiger*, Strafverfolgung von Unternehmen, S. 283 ff.; *Tscherwinka*, in: Schulz/Reinhart/Sahan (Hrsg.), Festschrift für Imme Roxin, S. 521, 529. Vgl. auch *W. Bauer*, StV 2012, 277, 279; *Böhm*, Non-Compliance, S. 152 f.; *ders.*, WM 2009, 1923, 1925;

besonderen rechtlichen Grund sehen, wäre die Beweislastverteilung vollständig einer Interessenabwägung ausgesetzt und die grundsätzliche Zuweisung der Darlegungs- und Beweislast an den Arbeitgeber damit außer Kraft gesetzt.[1123] Fraglich ist dies jedoch für den Auskunftsanspruch aus der Schadensabwendungspflicht nach §§ 611, 241 Abs. 2 BGB.[1124] Für den sicheren Eintritt eines extremen zukünftigen Schadens erscheint eine Umverteilung der Beweislast gerechtfertigt. Man könnte unter diesem Aspekt durchaus geneigt sein, das Vorliegen eines „besonderen rechtlichen Grundes" anzunehmen. Probleme bereitet dies jenseits eines solchen Extrems. Es fällt schwer, hier eine Grenze zu setzen, ab wann eine derartige Umverteilung gerechtfertigt erscheinen soll. Letztlich liefe es auch hier stets auf eine – so nicht intendierte – Interessenabwägung im Einzelfall hinaus. Dies spricht dafür, dass der Auskunftsanspruch allenfalls in wirklichen, eklatanten Extremfällen einen „besonderen rechtlichen Grund" für eine Auskunftspflicht darstellen kann, soweit hierdurch gleichzeitig ein Kündigungsgrund geliefert würde.[1125] Man denke etwa

---

Dann/Schmidt, NJW 2009, 1851, 1853; *Dendorfer*, in: Moll (Hrsg.), Münchener Anwaltshandbuch Arbeitsrecht, 3. Aufl., § 35 Rn. 120; *Ebeling*, Kündigung wegen Verdachts, S. 174; *Godenzi*, Private Beweisbeschaffung, S. 65 f.; *Kottek*, Kooperation, S. 92; *Müller-Glöge*, in: ders./Preis/Schmidt (Hrsg.), Erfurter Kommentar zum Arbeitsrecht, 16. Aufl., § 626 Rn. 133a; *Neuhaus*, in: Kempf/Lüderssen/Volk (Hrsg.), Die Finanzkrise, das Wirtschaftsstrafrecht und die Moral, S. 348, 359; *Rudkowski*, NZA 2011, 612, 613. A.A. *Diller*, DB 2004, 313, 314. Differenzierend nach präventiver bzw. repressiver Zielrichtung der Befragung *Maschmann*, in: ders. (Hrsg.), Corporate Compliance und Arbeitsrecht, S. 149, 175 f.

1123 Siehe *Ebeling*, Kündigung wegen Verdachts, S. 174; *Neuhaus*, in: Kempf/Lüderssen/Volk (Hrsg.), Die Finanzkrise, das Wirtschaftsstrafrecht und die Moral, S. 348, 359.

1124 Hierfür *Böhm*, Non-Compliance, S. 152. Dagegen wohl BAG, NJW 2009, 1897, 1898, wonach der Arbeitnehmer keine arbeitsvertragliche Nebenpflicht verletzt, wenn er dem Arbeitgeber kein Beweismaterial für eine Kündigung liefert. Ebenso im Ergebnis *W. Bauer*, StV 2012, 277, 279; *Dendorfer*, in: Moll (Hrsg.), Münchener Anwaltshandbuch Arbeitsrecht, 3. Aufl., § 35 Rn. 120; *Ebeling*, Kündigung wegen Verdachts, S. 174; *Godenzi*, Private Beweisbeschaffung, S. 65 f.; *Kottek*, Kooperation, S. 92; *Müller-Glöge*, in: ders./Preis/Schmidt (Hrsg.), Erfurter Kommentar zum Arbeitsrecht, 16. Aufl., § 626 Rn. 133a; *Neuhaus*, in: Kempf/Lüderssen/Volk (Hrsg.), Die Finanzkrise, das Wirtschaftsstrafrecht und die Moral, S. 348, 359; *Rudkowski*, NZA 2011, 612, 613; *Tscherwinka*, in: Schulz/Reinhart/Sahan (Hrsg.), Festschrift für Imme Roxin, S. 521, 529. Differenzierend nach präventiver bzw. repressiver Zielrichtung der Befragung, *Maschmann*, in: ders. (Hrsg.), Corporate Compliance und Arbeitsrecht, S. 149, 175 f. Vgl. auch *Dann/Schmidt*, NJW 2009, 1851, 1853. A.A. *Diller*, DB 2004, 313, 314.

1125 Weiter *Böhm*, Non-Compliance, S. 152; *ders.*, WM 2009, 1923, 1925; *Kottek*, Kooperation, S. 92 ff. A.A. wohl BAG, NJW 2009, 1897, 1898, wonach der Arbeitnehmer keine arbeitsvertragliche Nebenpflicht verletzt, wenn er dem Arbeitgeber kein Beweismaterial für eine Kündigung liefert; *W. Bauer*, StV 2012, 277, 279; *Ebeling*, Kündigung wegen Verdachts, S. 174; *Godenzi*, Private Beweisbeschaffung, S. 65 f.; *Grimm/Freh*, KSzW 2012, 88, 89; *Klasen/Schaefer*, BB 2012, 641, 645; *Kruse*,

an eine pflichtwidrig verursachte Kernschmelze in einem Atomkraftwerk, soweit die verursachte Gefahr nur durch eine Selbstbelastung beseitigt werden könnte.

d) Durchbrechung durch den Auskunftsanspruch nach §§ 666, 675 BGB?

Es bleibt letztendlich die Frage, ob der Auskunftsanspruch aus §§ 666, 675 BGB eine derartige Umverteilung des Darlegungs- und Beweisrisikos rechtfertigt. Dies wird vielfach angenommen.[1126] Es sei widersprüchlich, wenn der kassenführende Arbeitnehmer seinem Arbeitgeber nicht erklären müsse, wie ein Fehlbetrag zustande gekommen sei, den er vorsätzlich verursacht habe.[1127] Auch würde dem Arbeitgeber eine Leistungs- und Zielkontrolle unmöglich gemacht.[1128] Hiergegen spricht allerdings, dass Pflichtverletzungen, die eine verhaltensbedingte Kündigung rechtfertigen könnten, in den allermeisten Fällen einen engen Bezug zu der Aufgabenwahrnehmung im Unternehmen haben. Dies ist gerade der typische Fall einer verhaltensbedingten Kündigung, in der dieses Recht auch von besonderer Bedeutung ist.[1129] Gerade für diesen Fall würde die Zuerkennung des Auskunftsanspruchs die Darlegungslast umverteilen. Die Regelungen über die Beweislastverteilung würden gerade im Kern ihres Anwendungsbereichs zu großen Teilen außer Kraft gesetzt.[1130] Die gesetzliche Wertung würde auf diese Weise umgangen.[1131] Die

---

Compliance, S. 145; *Neuhaus*, in: Kempf/Lüderssen/Volk (Hrsg.), Die Finanzkrise, das Wirtschaftsstrafrecht und die Moral, S. 348, 359; *Rudkowski*, NZA 2011, 612, 613; *Tscherwinka*, in: Schulz/Reinhart/Sahan (Hrsg.), Festschrift für Imme Roxin, S. 521, 529. Generell für eine Auskunftspflicht, allerdings ohne auf die angesprochene Problematik einzugehen, *Diller*, DB 2004, 313, 314. Differenzierend nach präventiver bzw. repressiver Zielrichtung der Befragung *Maschmann*, in: ders. (Hrsg.), Corporate Compliance und Arbeitsrecht, S. 149, 175 f.

1126 *Böhm*, Non-Compliance, S. 150; *ders.*, WM 2009, 1923, 1924; *Dendorfer*, in: Moll (Hrsg.), Münchener Anwaltshandbuch Arbeitsrecht, 3. Aufl., § 35 Rn. 120; *Göpfert/Merten/Siegrist*, NJW 2008, 1703, 1708; *Kruse*, Compliance, S. 147; *Mengel/Ullrich*, NZA 2006, 240, 243; *Mossmayer*, Compliance, 2. Aufl., S. 99; *Rödiger*, Strafverfolgung von Unternehmen, S. 297; *Scharnberg*, Internal Investigations, S. 272. Ohne eine diesbezügliche Begründung einen Auskunftsanspruch bejahend, *Diller*, DB 2004, 313, 314; *Grimm/Freh*, KSzW 2012, 88, 88; *Reichold*, in: Richardi/Wlotzke/Wißmann u. a. (Hrsg.), Münchener Handbuch zum Arbeitsrecht, Band 1, 3. Aufl., § 49 Rn. 7. Differenzierend nach präventiver bzw. repressiver Zielrichtung der Befragung *Maschmann*, in: ders. (Hrsg.), Corporate Compliance und Arbeitsrecht, S. 149, 175 f.

1127 *Böhm*, Non-Compliance, S. 150; *ders.*, WM 2009, 1923, 1924; *Rödiger*, Strafverfolgung von Unternehmen, S. 297. Vgl. auch *Kruse*, Compliance, S. 147.

1128 *Mengel*, Compliance und Arbeitsrecht, 4. Kap. Rn. 21; *Mengel/Ullrich*, NZA 2006, 240, 243; *Rödiger*, Strafverfolgung von Unternehmen, S. 299.

1129 So auch *Zapfe*, Compliance, S. 127.

1130 A.A. *Theile*, StV 2011, 381, 384.

1131 Siehe *Ebeling*, Kündigung wegen Verdachts, S. 174; *Neuhaus*, in: Kempf/Lüderssen/Volk (Hrsg.), Die Finanzkrise, das Wirtschaftsstrafrecht und die Moral, S. 348, 359. Vgl. auch *Hoefs*, Verdachtskündigung, S. 207. A.A. *Theile*, StV 2011, 381, 384.

gleiche Problematik stellt sich im Hinblick auf die Regelung des § 619a BGB, die in Umkehr der üblichen Beweislast für Schadensersatzansprüche in Vertragsverhältnissen den Nachweis des Verschuldens des Arbeitnehmers dem Arbeitgeber auferlegt.[1132] Man kann sich überlegen, diesen Widerspruch dadurch zu vermeiden, dass der Auskunftsanspruch auf Konstellationen begrenzt wird, in denen der Arbeitgeber den Mitarbeiter konkret zu einem bestimmten Sachverhalt befragt und man nur bei allgemeinem Nachfragen des Arbeitgebers ein Schweigerecht zuerkennt.[1133] Hierdurch wird zumindest vermieden, dass die Regelung des § 619a BGB ihren kompletten Anwendungsbereich verliert. Auch kann vermieden werden, dass der Arbeitgeber sich unliebsamer Arbeitnehmer durch pauschalisiertes Nachfragen entledigen kann. Der Kern der beiden Regelungen liegt allerdings jeweils nicht in dem Ausschluss des beschriebenen Verhaltens, sondern hat ihren Sinn gerade in der virulenten Situation des konkreten Nachfragens. Denn der Arbeitgeber wird sowohl Kündigungen als auch Schadensersatzansprüche zumeist gerade in der Situation verfolgen, in der bereits ein konkreter Verdacht besteht und damit auch die Möglichkeit spezifisch nachzufragen. Beide Regelungen wären also auch dann in ihrem Kern betroffen. Dieser Grund spricht auch gegen eine Lösung der Problematik über eine Beschränkung des Auskunftsanspruchs auf Situationen, in denen bereits ein konkreter Verdacht gegen den betroffenen Arbeitnehmer besteht. Aus diesem Grund kann in der Auskunftsverpflichtung aus §§ 666, 675 BGB kein "besonderer rechtlicher Grund" gesehen werden, der zu einer Umverteilung der Darlegungslast führen könnte.[1134] Deshalb muss eine Verpflichtung des Mitarbeiters, sich selbst einer arbeitsrechtlichen Pflichtverletzung zu bezichtigen, zumeist ausscheiden, unabhängig davon, ob es sich bei dieser Pflichtverletzung um eine Straftat handelt.[1135] Im Gegensatz zu den zitierten Regelungen wird dem Auskunftsanspruch aus §§ 666, 675 BGB gerade nicht sein Hauptanwendungsbereich genommen, denn diese Regelung gilt in erster Linie nicht für Arbeitsverhältnisse, sondern für Aufträge. Daneben

---

1132 Siehe *Maschmann*, in: ders. (Hrsg.), Corporate Compliance und Arbeitsrecht, S. 149, 174; *Neuhaus*, in: Kempf/Lüderssen/Volk (Hrsg.), Die Finanzkrise, das Wirtschaftsstrafrecht und die Moral, S. 348, 359. Vgl. auch *Ebeling*, Kündigung wegen Verdachts, S. 174. Vgl. aber auch *Martinek*, in: Staudinger, BGB, Buch 2, § 666 Rn. 11. A.A. *Theile*, StV 2011, 381, 384.

1133 Vgl. *Zapfe*, Compliance, S. 127.

1134 So wohl auch BAG, NJW 2009, 1897, 1898, wonach der Arbeitnehmer keine arbeitsvertragliche Nebenpflicht verletzt, wenn er dem Arbeitgeber kein Beweismaterial für eine Kündigung liefert; hiergegen *Grützner*, in: Momsen/Grützner (Hrsg.), Wirtschaftsstrafrecht, 4. Kap. Rn. 348. So im Ergebnis auch *W. Bauer*, StV 2012, 277, 279; *Ebeling*, Kündigung wegen Verdachts, S. 174; *Müller-Glöge*, in: ders./Preis/Schmidt (Hrsg.), Erfurter Kommentar zum Arbeitsrecht, 16. Aufl., § 626 Rn. 133a; *Rudkowski*, NZA 2011, 612, 613; *Tscherwinka*, in: Schulz/Reinhart/Sahan (Hrsg.), Festschrift für Imme Roxin, S. 521, 529. Vgl. aber auch *Martinek*, in: Staudinger, BGB, Buch 2, § 666 Rn. 11.

1135 A.A. *Göpfert/Merten/Siegrist*, NJW 2008, 1703, 1708; *Theile*, StV 2011, 381, 384.

bleibt dem Auskunftsanspruch ein erheblicher Anwendungsbereich hinsichtlich der übrigen Geschäftsbesorgungsverträge, in deren Rahmen, wie bereits angesprochen, auch die Beweissituation eine andere ist.[1136] Eine Ausnahme ist allenfalls in Extremfällen unter dem Aspekt der Schadensabwendungspflicht anzunehmen.

e) Konsequenzen für die Reichweite der Auskunftspflichten

Sowohl der allgemeine Auskunftsanspruch als zumeist auch der Auskunftsanspruch aus der Verpflichtung zur Schadensabwendung und der Auskunftsanspruch aus §§ 666, 675 BGB umfassen demnach nicht die Verpflichtung, sich selbst einer arbeitsrechtlichen Pflichtverletzung zu bezichtigen.[1137] Als Anknüpfungspunkt dieser Einschränkung bietet sich auch hier § 275 Abs. 3 BGB an; die Auskunft ist in diesen Fällen unzumutbar. Diese Einschränkung des Auskunftsanspruchs gilt allerdings nur dann, wenn es durch die Auskunftsverpflichtung auch wirklich zu Friktionen mit den zitierten Regelungen kommen kann.

Wie Rödiger zutreffend zu dem Auskunftsanspruch aus §§ 611, 241 Abs. 2, 242 BGB ausgeführt hat, liegt es deswegen auch in der Hand des Arbeitgebers, sich den Auskunftsanspruch zu verschaffen. Es steht ihm frei auf seine Kündigungsmöglichkeit zu verzichten.[1138] Dies geht zwar nicht pauschalisiert und vor Eintritt des zur Kündigung berechtigenden Ereignisses.[1139] Jedoch steht ihm der Kündigungsverzicht frei, wenn er nachträglich von einem konkreten möglichen Fehlverhalten des Arbeitnehmers erfährt.[1140] Insofern erscheint es auch ausreichend, wenn der Arbeitgeber den Verzicht auf solche, die Kündigung rechtfertigenden Umstände beschränkt, von denen er erst durch das Interview erfährt oder die er erst zu einem späteren Zeitpunkt beweisen kann. Auf diesem Wege lässt sich ebenfalls die Friktion bezüglich der Schadensersatzansprüche lösen.

1136 Vgl. 7. Kapitel C. I. 1. b) bb).

1137 Vgl. auch *W. Bauer*, StV 2012, 277, 279; *Dann/Schmidt*, NJW 2009, 1851, 1853; *Eichler*, Vertrauen, S. 43; *Rudkowski*, NZA 2011, 612, 613. A.A. *Böhm*, Non-Compliance, S. 150; *ders.*, WM 2009, 1923, 1924; *Diller*, DB 2004, 313, 314; *Göpfert/Merten/Siegrist*, NJW 2008, 1703, 1708; *Mengel*, Compliance und Arbeitsrecht, 4. Kap. Rn. 21; *Rödiger*, Strafverfolgung von Unternehmen, S. 297 ff.; *Theile*, StV 2011, 381, 384. Differenzierend nach präventiver bzw. repressiver Zielrichtung der Befragung *Maschmann*, in: ders. (Hrsg.), Corporate Compliance und Arbeitsrecht, S. 149, 175 f.

1138 Vgl. *Rödiger*, Strafverfolgung von Unternehmen, S. 284 f.; zustimmend *Scharnberg*, Internal Investigations, S. 278 f.

1139 Siehe BAG, AP BGB § 626 Nr. 62; *Henssler*, in: Säcker/Rixecker (Hrsg.), Münchener Kommentar zum BGB, Band 4, 6. Aufl., § 626 Rn. 48 ff.; *Rödiger*, Strafverfolgung von Unternehmen, S. 285. Vgl. auch *Annuß/Pelz*, BB-Special 4/2010, 14, 15 f.; *Breßler/Kuhnke/Schulz/Stein*, NZG 2009, 721, 724.

1140 Vgl. *Annuß/Pelz*, BB-Special 4/2010, 14, 15 f.; *Breßler/Kuhnke/Schulz/Stein*, NZG 2009, 721, 724; *Henssler*, in: Säcker/Rixecker (Hrsg.), Münchener Kommentar zum BGB, Band 4, 6. Aufl., § 626 Rn. 50, 277; *Rödiger*, Strafverfolgung von Unternehmen, S. 285.

Auch für den Fall, dass dem Mitarbeiter bereits erfolgreich gekündigt wurde, löst sich der Wertungswiderspruch auf. Die Auskunftspflicht aus §§ 666, 675 BGB besteht auch nach Beendigung des Arbeitsverhältnisses fort.[1141] Allerdings ist der Widerspruch nur dann vollends beseitigt, wenn der Arbeitgeber gleichzeitig auf Schadensersatzansprüche verzichtet oder diese bereits tituliert hat. Stets sind beide Wertungen im Blick zu behalten. Fraglich ist, ob es als für die Zuerkennung eines Auskunftsanspruchs ausreichend anzusehen ist, wenn der Arbeitgeber vor Geltendmachung des Auskunftsanspruchs bereits über ausreichende Beweismittel verfügt, um die Kündigung bzw. den Schadensersatzanspruch durchzusetzen.[1142] Hiergegen spricht allerdings, dass so dem Arbeitnehmer das Risiko auferlegt würde, dass sich die Nachweise im Nachhinein als doch nicht ausreichend für die Kündigung oder den Schadensersatzanspruch erweisen. Gleiches gilt für den rein praktische Aspekt, dass es sich häufig kaum beweisen lässt, welche zeitlich nach Auskunftserteilung erhaltenen Beweismittel nur aufgrund der Auskunft und welche hiervon unabhängig erlangt wurden. Auch den hierdurch entstehenden Ungewissheiten kann durch die Entscheidung für ein Auskunftsverweigerungsrecht aus dem Weg gegangen werden. Etwas anderes mag gelten, wenn in einem Prozess die anspruchsbegründenden Umstände bereits nachgewiesen oder substantiiert dargelegt wurden und nur noch die Schadenshöhe offen ist.[1143]

Aufgrund des Zeitdrucks bei internen Ermittlungen kann dieses Ergebnis durchaus als problematisch erscheinen. Dieser Eindruck kann jedoch dadurch relativiert werden, dass auch die Vollstreckung des Auskunftsanspruchs an sich zeitintensiv und von daher nicht unbedingt erfolgsversprechend ist.[1144] Natürlich wird die Vollstreckung nicht unbedingt erfolgsversprechender, wenn ein weiterer zeitintensiver Zwischenschritt in die Kette der Rechtsverfolgung eingebaut wird. Letztendlich entsprechen die oben beschriebenen Möglichkeiten der Arbeitgeber aber genau den Mitteln, die sie bereits häufig von sich aus freiwillig einsetzen, um die Aussagebereitschaft der Mitarbeiter zu erhöhen, nämlich den üblichen Zusagen im Rahmen einer „Mitarbeiteramnestie".[1145]

1141 *Diller*, DB 2004, 313; *Göpfert/Merten/Siegrist*, NJW 2008, 1703, 1707; *Reichold*, in: Richardi/Wlotzke/Wißmann u. a. (Hrsg.), Münchener Handbuch zum Arbeitsrecht, Band 1, 3. Aufl., § 49 Rn. 5; *Kruse*, Compliance, S. 150.

1142 Vgl. *Rödiger*, Strafverfolgung von Unternehmen, S. 284. Weiter *Zapfe*, Compliance, S. 127 f., nach dem der Auskunftsanspruch in den Fällen bestehen soll, in denen der Arbeitgeber die Wahrscheinlichkeit seines Anspruches darlegen kann, bzw. Anlass für die Vermutung besteht, dass der Arbeitnehmer das vorgeworfene Verhalten begangen habe und darüber Auskunft geben könne.

1143 Vgl. LAG Berlin, NZA 1993, 27, 28; *Rödiger*, Strafverfolgung von Unternehmen, S. 284; *Scharnberg*, Internal Investigations, S. 278 f.

1144 *Göpfert/Merten/Siegrist*, NJW 2008, 1703, 1708; *Lützeler/Müller-Sartori*, CCZ 2011, 19, 24; v. Rosen (Hrsg.), Internal Investigations, S. 98; *Scharnberg*, Internal Investigations, S. 263.

1145 Vgl. *Rödiger*, Strafverfolgung von Unternehmen, S. 285.

4. Auskunftspflicht und § 32 BDSG

Bei der Durchführung von unternehmensinternen Untersuchungen ist zudem die Regelung des § 32 BDSG zu beachten, die auch auf die Befragung von Mitarbeitern Anwendung findet.[1146] Dies wird zwar teilweise mit den Argumenten bestritten, dass ein derart weiter, auch einfache Befragungen umfassender Anwendungsbereich weit über die Vorgaben der EU-Datenschutzrichtlinie hinausgehe[1147] und auch nicht dem Anliegen des Gesetzgebers entspreche, der in § 32 BDSG ausschließlich die bereits zuvor durch die Rechtsprechung gewonnene Rechtslage kodifiziert habe.[1148] Allerdings steht es dem deutschen Gesetzgeber frei, über die Vorgaben der Richtlinie hinauszugehen.[1149] Der Wortlaut des Gesetzes ist eindeutig.[1150] Soweit die Befragung dem Zweck dienen soll, Straftaten aufzudecken, ist § 32 Abs. 1 S. 2 BDSG einschlägig.[1151] Im Fall, dass kein konkreter Verdacht für die Begehung einer Straftat im Beschäftigungsverhältnis besteht, können Maßnahmen nach § 28 Abs. 1 S. 1 Nr. 2 oder § 32 Abs. 1 S. 1 BDSG gerechtfertigt sein.[1152] Nach § 32 Abs. 1 S. 2

1146 Siehe *Deutsch/Diller*, DB 2009, 1462; *Franzen*, in: Müller-Glöge/Preis/Schmidt (Hrsg.), Erfurter Kommentar zum Arbeitsrecht, 16. Aufl., § 32 BDSG Rn. 2; *Kort*, DB 2011, 651, 655; *Maschmann*, NZA-Beil. 2012, 50, 55; *Maties*, RdA 2009, 261; *Münkel*, Mitarbeiteroffenbarungen, S. 46ff.; *Wybitul*, BB 2009, 1582, 1584; *Wybitul/Pötters*, BB 2014, 437, 438. A.A. für die Anhörung im Rahmen einer Verdachtskündigung BAG, NZA 2015, 741, 747.

1147 *Müller-Bonanni*, AnwBl 2010, 651, 653. Vgl. auch *Deutsch/Diller*, DB 2009, 1462.

1148 *Müller-Bonanni*, AnwBl 2010, 651, 653. Vgl. auch die Gesetzesbegründung, BT-Drucks. 16/13657, S. 20; *Franzen*, in: Müller-Glöge/Preis/Schmidt (Hrsg.), Erfurter Kommentar zum Arbeitsrecht, 16. Aufl., § 32 BDSG Rn. 1. Vgl. aber auch die Ausführungen der Gesetzesbegründung zum Anwendungsbereich des § 32 Abs. 1 BDSG, BT-Drucks. 16/13657, S. 21.

1149 *Franzen*, in: Müller-Glöge/Preis/Schmidt (Hrsg.), Erfurter Kommentar zum Arbeitsrecht, 16. Aufl., § 32 BDSG Rn. 2.

1150 Vgl. auch *Kort*, DB 2011, 651, 655; *Müller-Bonanni*, AnwBl 2010, 651, 653. Vgl. zudem auch die Gesetzesbegründung, BT-Drucks. 16/13657, S. 21.

1151 *Maschmann*, NZA-Beil. 2012, 50, 55; *Wybitul*, BB 2009, 1582, 1584. Siehe auch *Scharnberg*, Internal Investigations, S. 74 ff. Vgl. auch *Erfurth*, NJOZ 2009, 2914, 2920. A.A. für Fragen zum eigenen Arbeitsbereich des Mitarbeiters *Vogel/Glas*, DB 2009, 1747, 1750 f., nach denen in diesem Fall § 32 Abs. 1 S. 1 BDSG anwendbar sein soll, der keine Interessenabwägung voraussetze. A.A. wohl auch *Gola/Klug/Körffer*, in: Gola/Schomerus, BDSG, 12. Aufl., § 32 Rn. 39 ff. Dazu, welche Voraussetzungen gelten, wenn es sich bei der aufzudeckenden Tat nicht um eine Straftat sondern nur um eine Ordnungswidrigkeit oder rein zivilrechtliche Pflichtverletzung handelt, siehe *Franzen*, in: Müller-Glöge/Preis/Schmidt (Hrsg.), Erfurter Kommentar zum Arbeitsrecht, 16. Aufl., § 32 BDSG Rn. 31; *Grützner*, in: Momsen/Grützner (Hrsg.), Wirtschaftsstrafrecht, 4. Kap. Rn. 224; *Koch*, ITRB 2010, 164, 165 f.; *Kort*, DB 2011, 651 f.; *Zöll*, in: Taeger/Gabel (Hrsg.), BDSG, 2. Aufl., § 32 Rn. 48.

1152 Für präventive Erforschungen gilt nach wohl h.A. § 32 Abs. 1 S. 1 BDSG, siehe *Bierekoven*, CR 2010, 203, 204; *Grützner*, in: Momsen/Grützner (Hrsg.),

BDSG dürfen personenbezogene Daten eines Beschäftigten zur Aufdeckung von Straftaten nur dann erhoben, verarbeitet oder genutzt werden, wenn zu dokumentierende tatsächliche Anhaltspunkte den Verdacht begründen, dass der Betroffene im Beschäftigungsverhältnis[1153] eine Straftat begangen hat, die Erhebung, Verarbeitung oder Nutzung zur Aufdeckung erforderlich ist und das schutzwürdige Interesse des Beschäftigten an dem Ausschluss der Erhebung, Verarbeitung oder Nutzung nicht überwiegt, insbesondere Art und Ausmaß im Hinblick auf den Anlass nicht unverhältnismäßig sind (Abs. 1 S. 2). Dies gilt nun unabhängig davon, ob die Daten automatisiert verarbeitet werden (Abs. 2).[1154] Personenbezogene Daten sind dabei alle Einzelangaben über persönliche oder sachliche Verhältnisse einer bestimmten oder bestimmbaren natürlichen Person (§ 3 Abs. 1 BDSG).[1155]

Mitarbeiterinterviews zur Aufdeckung einer Straftat sind als Erhebung von Daten nach § 32 Abs. 1 S. 2 BDSG nur dann zulässig, wenn konkrete, tatsächliche Anhaltspunkte für die Begehung einer Straftat im Beschäftigungsverhältnis durch den Betroffenen vorliegen und diese dokumentiert werden.[1156] In Bezug auf den erforderlichen „Verdachtsgrad" wird teilweise verlangt, dass eine „hohe Wahrscheinlichkeit" der Straftatbegehung durch den Mitarbeiter bestehe.[1157] Die Ermittlungsschwelle derart hochzuhängen erscheint dann unangemessen, wenn man, wie hier, nicht nur heimliche, sondern jedwede Ermittlungsmaßnahmen dem Anwendungsbereich des § 32 Abs. 1 S. 2 BDSG unterwirft. Generell erscheint es sinnvoller, diesen Aspekt in dem in § 32 Abs. 1 S. 2 BDSG enthaltenen Verhältnismäßigkeitsprinzip aufgehen

---

Wirtschaftsstrafrecht, 4. Kap. Rn. 217 ff.; *Koch*, ITRB 2010, 164, 165; *Kort*, DB 2011, 651, 652 f.; *Seifert*, in: Simitis (Hrsg.), Bundesdatenschutzgesetz, 8. Aufl., § 32 Rn. 103; *Wybitul*, BB 2009, 1582, 1583. Für repressive Maßnahmen ist umstritten, ob § 28 Abs. 1 S. 1 Nr. 2 BDSG bzw. § 32 Abs. 1 S. 1 BDSG weiterhin (neben § 32 Abs. 1 S. 2 BDSG) anwendbar bleiben, siehe hierzu ebenfalls *Bierekoven*, CR 2010, 203, 205 f.; siehe auch *Kort*, DB 2011, 651, 652; *Traut*, RDV 2014, 119, 121 f. Vgl. auch *Erfurth*, NJOZ 2009, 2914, 2921; *Franzen*, in: Müller-Glöge/Preis/Schmidt (Hrsg.), Erfurter Kommentar zum Arbeitsrecht, 16. Aufl., § 32 BDSG Rn. 30; *Seifert*, in: Simitis (Hrsg.), Bundesdatenschutzgesetz, 8. Aufl., § 32 Rn. 101; *Wybitul/Pötters*, BB 2014, 437, 439.

1153 Siehe hierzu *Koch*, ITRB 2010, 164; *Scharnberg*, Internal Investigations, S. 74 f.; *Seifert*, in: Simitis (Hrsg.), Bundesdatenschutzgesetz, 8. Aufl., § 32 Rn. 102.

1154 Siehe auch BAG, NZA 2014, 143, 146; *Franzen*, in: Müller-Glöge/Preis/Schmidt (Hrsg.), Erfurter Kommentar zum Arbeitsrecht, 16. Aufl., § 32 BDSG Rn. 2; *Wybitul/Pötters*, BB 2014, 437, 438. Vgl. aber noch *Diller*, DB 2004, 313, 318.

1155 Siehe hierzu auch *Grützner*, in: Momsen/Grützner (Hrsg.), Wirtschaftsstrafrecht, 4. Kap. Rn. 201.

1156 Vgl. *Erfurth*, NJOZ 2009, 2914, 2920; *Koch*, ITRB 2010, 164; *Rübenstahl/Debus*, NZWiSt 2012, 129, 136; *Scharnberg*, Internal Investigations, S. 75 ff.

1157 *Wedde*, in: Däubler/Klebe/Wedde u. a. (Hrsg.), BDSG, 5. Aufl., § 32 Rn. 127. A.A. *Erfurth*, NJOZ 2009, 2914, 2920; *Koch*, ITRB 2010, 164; *Seifert*, in: Simitis (Hrsg.), Bundesdatenschutzgesetz, 8. Aufl., § 32 Rn. 104; *Zöll*, in: Taeger/Gabel (Hrsg.), BDSG, 2. Aufl., § 32 Rn. 50.

zu lassen. An dieser Stelle ist die Schwere des Verdachts in der Abwägung zu berücksichtigen.[1158]

Das Merkmal der Erforderlichkeit ist im Sinne von „geboten und nicht nur nützlich" zu verstehen.[1159] Wird von mehreren gleichermaßen wirksamen Maßnahmen diejenige gewählt, die den Arbeitnehmer stärker belastet, ist eine Maßnahme nicht mehr erforderlich.[1160] Fraglich ist, ob dieser Grundsatz bei Interviews mit verdächtigen Mitarbeitern gewahrt bleibt. Dafür spricht, dass die Direkterhebung der Daten bei dem Betroffenen grundsätzlich gegenüber der Datenerhebung bei Dritten als milder zu bewerten ist.[1161] Auch ist zu bedenken, dass anderweitige Maßnahmen, wie die einer Kontrolle der Kommunikationsdaten oder Arbeitspapiere, in den allermeisten Fällen heimlich erfolgen müssen, um ihren Zweck nicht zu verfehlen. Hiergegen erscheint die offene Befragung des Mitarbeiters milder.[1162] Ob es sich bei einem Mitarbeiterinterview um die gegenüber einer Kontrolle der Kommunikationsdaten oder Arbeitspapiere für den Mitarbeiter mildere Maßnahme handelt, kann deswegen allein unter dem Aspekt des Zwangs zur Selbstbelastung als zweifelhaft erscheinen. Nimmt man allerdings wie hier an, dass eine Auskunftspflicht nur dann besteht, wenn das Unternehmen über keine anderen erfolgsversprechenden Erkenntnismöglichkeiten verfügt, kann die Selbstbelastungsfreiheit keine andere Bewertung rechtfertigen. In diesem Falle existieren gerade keine weniger beeinträchtigenden Maßnahmen. Insofern erscheint es durchaus als die mildeste Maßnahme, wenn das Unternehmen zuerst versucht, den Verdacht durch Befragung des betroffenen Mitarbeiters aufzuklären. Es soll aber nicht verkannt werden, dass sonstige Überwachungsmaßnahmen oder die Datenerhebung bei Dritten trotzdem in den Fällen des § 4 Abs. 2 BDSG erlaubt und auch notwendig sein kann.[1163]

Die Datenerhebung und damit das Mitarbeiterinterview sind zudem nur zulässig, wenn das Aufklärungsinteresse die Persönlichkeitsbeeinträchtigung überwiegt.[1164] Bei der notwendigen Interessenabwägung ist zu berücksichtigen, dass ein

---

1158 So auch *Seifert,* in: Simitis (Hrsg.), Bundesdatenschutzgesetz, 8. Aufl., § 32 Rn. 104. Siehe auch BT-Drucks. 16/13657, S. 21; *Erfurth,* NJOZ 2009, 2914, 2920.

1159 Siehe *Gola/Klug/Körffer,* in: Gola/Schomerus, BDSG, 12. Aufl., § 32 Rn. 10.

1160 Siehe BAG, NZA 2014, 143, 147; *Gola/Klug/Körffer,* in: Gola/Schomerus, BDSG, 12. Aufl., § 32 Rn. 10. Vgl. auch *Seifert,* in: Simitis (Hrsg.), Bundesdatenschutzgesetz, 8. Aufl., § 32 Rn. 105.

1161 Vgl. § 4 Abs. 2 S. 1 BDSG. Vgl. *Münkel,* Mitarbeiteroffenbarungen, S. 46; *Vogel/Glas,* DB 2009, 1747, 1750. Vgl. auch BAG, NZA 2014, 143, 147; *Scholz/Sokol,* in: Simitis (Hrsg.), Bundesdatenschutzgesetz, 8. Aufl., § 4 Rn. 19 f.; *Wybitul/Pötters,* BB 2014, 437, 441.

1162 Vgl. auch *Scholz/Sokol,* in: Simitis (Hrsg.), Bundesdatenschutzgesetz, 8. Aufl., § 4 Rn. 20.

1163 Siehe hierzu *Vogel/Glas,* DB 2009, 1747, 1750. Vgl. hierzu *Rübenstahl/Debus,* NZWiSt 2012, 129, 136.

1164 Zu den Abwägungsfaktoren siehe *Erfurth,* NJOZ 2009, 2914, 2920; *Franzen,* in: Müller-Glöge/Preis/Schmidt (Hrsg.), Erfurter Kommentar zum Arbeitsrecht, 16. Aufl.,

Aufklärungsgespräch mit dem betroffenen Mitarbeiter selbst grundsätzlich keine besonders eingriffsintensive Ermittlungsmaßnahme ist. Eine starke Intensität kann allenfalls einer eventuellen Auskunftspflicht beigemessen werden. Allerdings wurde die erforderliche Interessenabwägung bereits bei der Beantwortung der Frage nach einer Auskunftsverpflichtung durchgeführt. Es erschiene widersinnig, hier eine andere Gewichtung vorzunehmen. Das Datenschutzrecht steht somit einem Mitarbeiterinterview nicht entgegen.[1165] Der Mitarbeiter kann seine Mitwirkung daher nicht allein aus diesem Grund verweigern.[1166]

Auch für unter § 32 BDSG fallende Datenerhebungen besteht grundsätzlich die Möglichkeit einer Zulässigkeit der Datenerhebung, Verarbeitung oder Nutzung kraft Einwilligung nach § 4a BDSG (siehe § 4 Abs. 1 BDSG).[1167] Für die Wirksamkeit der Einwilligung ist allerdings Voraussetzung, dass der Einwilligende zuvor umfassend über den Zweck der Datenerhebung, -verarbeitung oder -nutzung informiert wurde.[1168] Hieran wird der Arbeitgeber bei internen Ermittlungen zumeist kein Interesse haben, zumal dadurch sogar der Ermittlungszweck gefährdet werden kann.[1169] Weitere Wirksamkeitsvoraussetzung ist, dass die Einwilligung freiwillig erteilt wurde.[1170] Dies ist im Arbeitsverhältnis aufgrund des Über-/ Unterordnungsverhältnisses oft fraglich.[1171] Dies gilt noch verstärkt für die Situation einer internen Ermittlung, bei der der Betroffene erhebliche berufliche Nachteile befürchten muss.[1172] In der Beteiligung an der Befragung kann jedenfalls keine Einwilligung nach § 4a BDSG gesehen werden,[1173] denn es besteht die Vermutung, dass sich der Mitarbeiter der

---

§ 32 BDSG Rn. 32; *Grützner*, in: Momsen/Grützner (Hrsg.), Wirtschaftsstrafrecht, 4. Kap. Rn. 226 f.; *Münkel*, Mitarbeiteroffenbarungen, S. 47; *Rübenstahl/Debus*, NZWiSt 2012, 129, 136 f.; *Scharnberg*, Internal Investigations, S. 81 ff.; *Seifert*, in: Simitis (Hrsg.), Bundesdatenschutzgesetz, 8. Aufl., § 32 Rn. 106. Siehe auch BAG, NZA 2014, 143, 146; *Scheja/Haag*, in: Leupold/Glossner (Hrsg.), Münchener Anwaltshandbuch IT-Recht, 3. Aufl., Teil 5 Rn. 196; *Wybitul*, BB 2009, 1582, 1584; *ders./Pötters*, BB 2014, 437, 439 ff. Nach *Vogel/Glas*, DB 2009, 1747, 1750, soll bei konkreten Verdachtsmomenten regelmäßig von einem überwiegenden Interesse des Arbeitgebers auszugehen sein.

1165 A.A. *Tscherwinka*, in: Schulz/Reinhart/Sahan (Hrsg.), Festschrift für Imme Roxin, S. 521, 530.

1166 Vgl. *Gola*, ZD 2013, 379 ff., zu anderweitigen Mitarbeiterbefragungen.

1167 So auch die Gesetzesbegründung, BT-Drucks. 16/13657, S. 20; *Franzen*, in: Müller-Glöge/Preis/Schmidt (Hrsg.), Erfurter Kommentar zum Arbeitsrecht, 16. Aufl., § 32 BDSG Rn. 1.

1168 *Vogel/Glas*, DB 2009, 1747, 1748. siehe hierzu auch *Riesenhuber*, RdA 2011 257, 259.

1169 *Traut*, RDV 2014, 119, 122; *Vogel/Glas*, DB 2009, 1747, 1748.

1170 *Vogel/Glas*, DB 2009, 1747, 1748.

1171 *Vogel/Glas*, DB 2009, 1747, 1748. Siehe auch *Traut*, RDV 2014, 119, 122. Vgl. auch *Gola*, RDV 2002, 109, 110 f.; *Schaar*, MMR 2001, 644; *Schimmelpfennig/Wenning*, DB 2006, 2290, 2292.

1172 *Vogel/Glas*, DB 2009, 1747, 1748.

1173 *Maschmann*, NZA-Beil. 2012, 50, 55; *Vogel/Glas*, DB 2009, 1747, 1750.

Befragung nicht freiwillig unterwirft, sondern durch die Befürchtung motiviert wird, sich andernfalls verdächtig zu machen.[1174] Die Einwilligung kann zudem widerrufen werden.[1175]

5. *Auskunftspflicht gegenüber externen Ermittlern*

Die Auskunftspflicht besteht unverändert auch gegenüber externen, von dem Unternehmen mit der Untersuchung beauftragten Ermittlern.[1176] Das Unternehmen kann nämlich grundsätzlich auch externe Personen mit der Wahrnehmung seiner Auskunftsrechte beauftragen,[1177] denn hierbei wird nicht der Auskunftsanspruch abgetreten,[1178] sondern das Unternehmen bei der Wahrnehmung seiner Rechte vertreten.[1179]

6. *Die Alternative eines Vollstreckungshindernisses*

Alternativ oder ergänzend zu der Annahme eines Auskunftsverweigerungsrechts könnte die Problematik um den Zwang zur Selbstbelastung auch über die Annahme eines Vollstreckungshindernisses gelöst werden. Im Steuerrecht wird teilweise

---

1174 *Maschmann*, NZA-Beil. 2012, 50, 55. Zudem besteht grundsätzlich ein Schriftformerfordernis (§ 4a Abs. 1 S. 3, 4 BDSG), siehe *Vogel/Glas*, DB 2009, 1747, 1750. Vgl. auch *Riesenhuber*, RdA 2011 257, 259.

1175 *Vogel/Glas*, DB 2009, 1747, 1748. Siehe auch *Riesenhuber*, RdA 2011 257, 258; *Schaar*, MMR 2001, 644, 647; *Schimmelpfennig/Wenning*, DB 2006, 2290, 2292.

1176 *Bittmann/Molkenbur*, wistra 2009, 373, 376; *Kruse*, Compliance, S. 147 ff.; *Rödiger*, Strafverfolgung von Unternehmen, S. 261. Vgl. aber auch *Kottek*, Kooperation, S. 94 ff., zu SEC-Ermittlungen.

1177 Siehe *Göpfert/Merten/Siegrist*, NJW 2008, 1703, 1706; *Wewerka*, Internal Investigations, S. 235 f. A.A. *M. Jahn*, StV 2009, 41, 44 f. Zu der datenschutzrechtlichen Problematik siehe *Vogel/Glas*, DB 2009, 1747, 1748.

1178 Der Auskunftsanspruch nach §§ 666, 675 BGB ist grundsätzlich nicht ohne den Hauptanspruch abtretbar, siehe BGHZ 107, 104, 110; *Kruse*, Compliance, S. 148; *Rödiger*, Strafverfolgung von Unternehmen, S. 261; *Seiler*, in: Säcker/Rixecker (Hrsg.), Münchener Kommentar zum BGB, Band 4, 6. Aufl., § 666 Rn. 17.

1179 Vgl. *Göpfert/Merten/Siegrist*, NJW 2008, 1703, 1706, die allerdings im Falle einer Befragung durch SEC-Vertrauenskanzleien sehr viel schneller ein Auskunftsverweigerungsrecht annehmen. Nach *Rödiger*, Strafverfolgung von Unternehmen, S. 262 f., soll daneben auch die Konstruktion über eine Ermächtigung der externen Ermittler analog § 185 BGB möglich sein. Hierbei gestaltet es sich allerdings als problematisch, dass der Auskunftsanspruch nach §§ 666, 675 BGB nicht ohne den Hauptvertrag abtretbar ist (siehe *Rödiger*, Strafverfolgung von Unternehmen, S. 261; *Seiler*, in: Säcker/Rixecker (Hrsg.), Münchener Kommentar zum BGB, Band 4, 6. Aufl., § 666 Rn. 17). Denn eine Ermächtigung zur Geltendmachung eines Anspruchs, hier des Auskunftsanspruchs aus §§ 666, 675 BGB, soll grundsätzlich nur dann möglich sein, wenn der Anspruch selbst abtretbar ist (*Bayreuther*, in: Münchener Kommentar zum BGB, Band 1, 7. Aufl., § 185 Rn. 36).

dieser Weg beschritten, um die Problematik um „Nemo-tenetur" zu entschärfen.[1180] Ein Vollstreckungshindernis kann dabei nicht auf die direkte Anwendung des § 888 Abs. 3 ZPO gestützt werden, denn dieser soll nur auf die Vollstreckung der Hauptleistungspflicht anwendbar sein.[1181] Gerade die Verbindung einer auf Dauer ausgelegten Verpflichtung zu wiederkehrenden Leistungen mit der Höchstpersönlichkeit der Leistungspflicht ließe eine Vollstreckung als wenig aussichtsreich und problematisch erscheinen.[1182]

Als Anknüpfungspunkt für das Berücksichtigen der Selbstbelastungsfreiheit könnte insoweit eine analoge Anwendung des § 888 Abs. 3 ZPO dienen, der eine Zwangsvollstreckung im Falle einer Verurteilung zur Leistung von Diensten aus einem Dienstvertrag unterbindet und der nach einer verbreiteten Auffassung für den Fall, dass eine Zwangsvollstreckung gegen das allgemeine Persönlichkeitsrecht verstieße, analog angewandt wird.[1183] Für eine derartige Lösung könnte sprechen, dass erst zu diesem Zeitpunkt der unmittelbar grundrechtsgebundene Staat direkt in den Interessenkonflikt eingebunden wird. Nichtsdestotrotz entfaltet auch allein das Auferlegen einer rechtlichen Verpflichtung eine nicht unerhebliche Zwangswirkung. Eine Interessenabwägung kann über § 275 Abs. 3 BGB auch bereits bei der Entscheidung für oder gegen eine materiell-rechtliche Verpflichtung stattfinden.[1184] Bereits auf dieser Ebene entsteht die Problematik im Hinblick auf das allgemeine Persönlichkeitsrecht, deswegen sollte ihr auch an dieser Stelle bereits abgeholfen werden. Auch für die analoge Anwendung des § 888 Abs. 3 ZPO ist anerkannt, dass diese ausscheiden muss, wenn die Interessenabwägung zwischen Gläubiger- und Schuldnerinteressen bereits auf der Ebene des Erkenntnisverfahrens stattgefunden hat.[1185] Demnach ist kein Vollstreckungshindernis anzunehmen.

7. Das Beweisverwertungsverbots als Lösung der Zwangsproblematik

a) Die Notwendigkeit der Statuierung eines Verwertungsverbots

Soweit nach dem Gesagten eine uneingeschränkte Auskunftspflicht besteht, muss über ein Beweisverwertungsverbot nachgedacht werden. In der Literatur ist umstritten, ob aufgrund des privatrechtlichen Hintergrundes der Auskunftsverpflichtung

1180 Siehe § 393 Abs. 1 S. 2 und S. 3 AO. Siehe hierzu BVerfGE 56, 37, 47; *Kohlmann*, in: Lang (Hrsg.), Festschrift für Klaus Tipke, S. 487, 503.

1181 Siehe 4. Kapitel C.

1182 *Stürner*, in: Vorwerk/Wolf (Hrsg.), Beck'scher Online-Kommentar zur ZPO, Stand: 01.03.2016, § 888 Rn. 8.

1183 Siehe BGH, NJW 2008, 2919, 2920; *Gruber*, in: Krüger/Rauscher (Hrsg.), Münchener Kommentar zur ZPO, Band 2, 4. Aufl., § 888 Rn. 22. Direkt soll § 888 Abs. 3 ZPO nur auf die Vollstreckung der Hauptleistungspflicht anwendbar sein, siehe auch 4. Kapitel C.

1184 Siehe unter 7. Kapitel C. I. 1.

1185 Siehe *Gruber*, in: Krüger/Rauscher (Hrsg.), Münchener Kommentar zur ZPO, Band 2, 4. Aufl., § 888 Rn. 22. Vgl. BGH, NJW 2008, 2919, 2921.

ein Beweisverwertungsverbot im Strafprozess greifen soll.[1186] Die ablehnende Ansicht beruht allerdings auf der Annahme, dass der Nemo-tenetur -Grundsatz in dieser Situation nicht berührt sei. Aus diesem Grund soll sich nach Momsen und Grützner ein Beweisverwertungsverbot allein in bestimmten Einzelfällen aufgrund einer Gesamtbetrachtung aus einer Verletzung des Rechts auf ein faires Verfahren ergeben können.[1187] Hier wurde bereits dargelegt, dass auch die Auferlegung einer Rechtspflicht zu selbstbelastenden Auskünften gegenüber einer Privatperson das Nemo-tenetur-Prinzip berührt. Ein derartiger Zwang zu selbstbelastenden Auskünften kann nicht nur das allgemeine Persönlichkeitsrecht verletzen. Soweit durch einen derartigen Zwang erlangte Auskünfte in einem Strafverfahren gegen die auskunftspflichtige Person verwertet werden sollen, verstößt diese Verwertung auch gegen die Menschenwürde der betroffenen Person.[1188] Die Annahme eines Beweisverwertungsverbots ist demnach zwingend, soweit die Auskunftspflicht reicht und die Auskunft aufgrund dieser Pflicht abgeben wurde.[1189]

Dagegen reicht der faktische Druck, der mit der Befürchtung des Verlusts des eigenen Arbeitsplatzes verbunden ist, nicht aus, um eine Verletzung des Nemo-tenetur-Prinzips zu begründen,[1190] denn dieses schützt nur vor einem rechtlichen

---

1186 Hiergegen *Grützner*, in: Momsen/Grützner (Hrsg.), Wirtschaftsstrafrecht, 4. Kap. Rn. 358. Kritisch gegenüber dessen Nutzen *Spehl*, CCZ 6/2011, VIII.

1187 *Grützner*, in: Momsen/Grützner (Hrsg.), Wirtschaftsstrafrecht, 4. Kap. Rn. 358; *Momsen*, ZIS 2011, 508, 514 ff.; *ders./Grützner*, DB 2011, 1792, 1795.

1188 Siehe unter 7 Kapitel C. I. 1. Vgl. auch BVerfGE 56, 37, 41 f., 47, 50 f.; NJW 2005, 352.

1189 So auch LAG Hamm, CCZ 2010, 237, 239; ArbG Saarlouis, ZIP 1984, 364, 365; *Beulke*, Strafprozessrecht, 12. Aufl., Rn. 481; *Dann*, CCZ 2010, 239, 240; *Gerst*, CCZ 2012, 1, 3; *Kottek*, Kooperation, S. 124; *Kruse*, Compliance, S. 214 f., 222; *Minoggio*, in: Böttger (Hrsg.), Wirtschaftsstrafrecht in der Praxis, 2. Aufl., 18. Kap. Rn. 145; *Neuhaus*, in: Kempf/Lüderssen/Volk (Hrsg.), Die Finanzkrise, das Wirtschaftsstrafrecht und die Moral, S. 348, 359 f.; *Park*, in: Volk (Hrsg.), Verteidigung in Wirtschafts- und Steuerstrafsachen, 2. Aufl., § 11 Rn. 109 (der allerdings nur eine Parallele zu der Verletzung des Nemo-tenetur-Prinzips zieht); *Rzepka*, Fairness, S. 389; *Sarhan*, wistra 2015, 449, 453 ff.; *Scharnberg*, Internal Investigations, S. 294; *Taupitz*, Pflicht zur Offenbarung, S. 34; *Theile*, StV 2011, 381, 385; *de Vries*, in: Rieble/Junker/Giesen (Hrsg.), Arbeitsstrafrecht im Umbruch, § 4 Rn. 64; *Wastl/Litzka/Pusch*, NStZ 2009, 68, 73; *Wehnert*, StraFo 2012, 253, 257. Vgl. auch *Di Fabio*, in: Maunz/Dürig, GG, Band 1, 39. Lfg., Stand: Juli 2001, Art. 2 Rn. 187 f. Einschränkend wohl *Taschke*, NZWiSt 2012, 91, 93. Für ein Beweisverwertungsverbot auch *Zapfe*, Compliance, S. 183 ff., der dieses allerdings nicht auf das Nemo-tenetur-Prinzip stützt. A.A. LG Hamburg, StV 2011, 148, 151; *Raum*, StraFo 2012, 395, 398; *Rudkowski*, NZA 2011, 612, 613; *Rübenstahl*, WiJ 2012, 17, 30; *Wimmer*, in: Schulz/Reinhart/Sahan (Hrsg.), Festschrift für Imme Roxin, S. 537, 549. Einschränkend *Münkel*, Mitarbeiteroffenbarungen, S. 190 ff.

1190 *M. Jahn*, StV 2009, 41, 44; *Rogall*, in: Wolter (Hrsg.), Systematischer Kommentar zur Strafprozessordnung, Band 2, 4. Aufl., Vor § 133 ff. Rn. 140; *Wewerka*, Internal Investigations, S. 240 ff. Vgl. auch *Theile*, StV 2011, 381, 385. Vgl. zudem den

bzw. staatlichen Auskunftszwang.[1191] Mit diesen Aussagen sind noch nicht alle diesbezüglichen Probleme gelöst. Es bleibt zu klären, was gelten soll, wenn der Mitarbeiter nur irrtümlich von einer Verpflichtung zur Auskunft ausgeht oder sogar von den unternehmensinternen Ermittlern oder seinem Arbeitgeber fehlerhaft auf seine in dieser Konstellation nicht bestehende Auskunftspflicht hingewiesen wurde. Hierbei handelt es sich nicht direkt um die Konstellation einer Auskunftsverpflichtung, sodass zumindest unter diesem Aspekt keine Verletzung des Nemo-tenetur Prinzips angenommen werden kann. Da es sich insoweit auch um eine Konstellation des fehlenden Wissens handelt, soll dem erst im folgenden Unterkapitel nachgegangen werden.[1192]

b) Zur Frage nach der Reichweite des Verwertungsverbotes

Es bleibt die Frage nach der Reichweite des Verbots der Informationsverwendung zu klären. Eindeutig unverwertbar sind alle Beweismittel, die mittelbar die Auskunftserteilung als solche in den Prozess einbringen sollen. Dies umfasst die Vernehmung der an dem Interview beteiligten Personen zu den selbstbelastenden Auskünften sowie Protokolle und sonstige auf die Auskunftserteilung bezugnehmende Schriftstücke oder Zeugen vom Hörensagen.[1193] Daneben muss von einer Fortwirkung des Verwertungsverbots ausgegangen werden.[1194] Der Mitarbeiter muss von den Strafverfolgungsbehörden vor seiner Vernehmung über die Unverwertbarkeit seiner Auskünfte gegenüber den Ermittlern des Unternehmens hingewiesen werden. Ohne eine solche Aufklärung müsste er davon ausgehen, dass ihm abweichende Auskünfte als Inkonsistenzen angelastet würden. Deswegen könnte er nicht mehr frei über seine Einlassungen entscheiden. Diese könnten ihm auch nicht mehr (als „frei“) zugerechnet werden. Aus rechtstheoretischer Perspektive wäre deswegen die legitimierende Wirkung des Strafverfahrens bedroht.

Darüber hinaus erscheint fraglich, ob das Verwertungsverbot mit einer derartigen Fernwirkung auszugestalten ist, dass auch alle sonstigen von dem Unternehmen oder auch den Strafverfolgungsbehörden nur durch die Auskunft erlangten Beweise

---

entsprechenden Beschluss des 67. deutschen Juristentages, www.djt.de/files/djt/67/djt_67_beschluesse.pdf (zuletzt geprüft am 23.04.2016). Vgl. zudem BVerfG, NJW 2005, 352, 353. A.A. *Böhm*, WM 2009, 1923, 1928; *Minoggio*, Firmenverteidigung, 2. Aufl., Rn. 1274 f.; *Wastl/Litzka/Pusch*, NStZ 2009, 68, 71.

1191 BVerfG, NJW 2005, 352, 353; *Rogall*, in: Wolter (Hrsg.), Systematischer Kommentar zur Strafprozessordnung, Band 2, 4. Aufl., Vor § 133 ff. Rn. 139; *T Schaefer*, Nemo-tenetur, S. 147, 150. *Störmer*, Jura 1994, 621, 623; *Südhoff*, Folgenbeseitigungsanspruch, S. 53; *Verrel*, Selbstbelastungsfreiheit, S. 278 ff.

1192 Siehe hierzu auch 7. Kapitel D. I. 1. b), c).

1193 So auch *Kruse*, Compliance, S. 215 f. Vgl. *Rödiger*, Strafverfolgung von Unternehmen, S. 314; *Welp*, Strafprozessuale Überwachung, S. 215; *Wewerka*, Internal Investigations, S. 298. Vgl. auch *Gatzweiler*, in: Arbeitsgemeinschaft Strafrecht des Deutschen Anwaltvereins (Hrsg.), Strafverteidigung im Rechtsstaat, S. 480, 481.

1194 So auch *Rödiger*, Strafverfolgung von Unternehmen, S. 307 f.

in einem Strafverfahren gegen den betroffenen Mitarbeiter unverwertbar wären.[1195] Zudem stellt sich die Frage, ob die Auskunft zur Begründung eines Anfangsverdachts gegen den betroffenen Mitarbeiter herangezogen werden darf oder ob nicht ein umfassendes Verwendungsverbot statuiert werden muss (Frühwirkung).

aa) Fernwirkung des Verwertungsverbots

Zunächst soll dabei der Frage nach einer potenziellen Fernwirkung nachgegangen werden. Dabei ist zu berücksichtigen, dass sich sowohl gegen die vollständige Annahme als auch gegen die Ablehnung einer Fernwirkung gewichtige Argumente finden lassen.

Es erschiene zum einen bedenklich, jedem zu einem Beweisverwertungsverbot führenden Verfahrensverstoß eine Fernwirkung beizumessen.[1196] Dies mag in Rechtsordnungen mit einem rein kontradiktorisch angelegten Strafverfahren und teilweise gering ausgeprägter Kontrolle der Polizei zur Disziplinierung der Strafverfolgungsbehörden notwendig sein. Dieses Argument kann in dem an der Erforschung der materiellen Wahrheit orientierten deutschen Strafverfahren mit weitgehender Kontrolle der Polizei nicht in gleicher Weise Bedeutung erlangen.[1197] Hierdurch würde die Möglichkeit eines als gerecht empfundenen Urteils insgesamt zu stark beeinträchtigt.[1198]

Andererseits führt die Anerkennung aller durch fragwürdige Ermittlungsmethoden erlangten Beweise nicht automatisch zu einer stärker an dem Kriterium

---

1195 Siehe hierzu *Gössel*, in: Erb/Esser/Franke u. a. (Hrsg.), Löwe-Rosenberg, StPO, 26. Aufl., Band 1, Einl. Abschn. L Rn. 106.

1196 Gegen eine Fernwirkung sprechen sich Alsberg/Nüse/Meyer, Der Beweisantrag im Strafprozess, 5. Aufl., S. 488; *J. Baumann*, GA 1959, 33, 36 ff.; *Finger*, JA 2006, 529, 539; *Kleinknecht*, NJW 1966, 1537, 1544; *Ranft*, in: Seebode (Hrsg.), Festschrift für Günter Spendel, S. 719, 734 ff.; *Sarstedt*, in: Ständige Deputation des deutschen Juristentages (Hrsg.), Verhandlungen des 46. deutschen Juristentages, Band 2, S. F 8, 23 aus. Auch die Rechtsprechung hat bislang in den allermeisten Fällen eine Fernwirkung verneint, siehe BGHSt 34, 362, 364; OLG Hamburg, MDR 1976, 601; OLG Stuttgart, NJW 1973, 1941 f.; LG Frankfurt a.M., StV 2003, 325 ff.

1197 Vgl. *M. Jahn*, in: Ständige Deputation des deutschen Juristentages (Hrsg.), Verhandlungen des 67. deutschen Juristentages, Band I, S. C 94; *Roxin/Schünemann*, Strafverfahrensrecht, 28. Aufl., § 24 Rn. 60. Vgl. auch *Rödiger*, Strafverfolgung von Unternehmen, S. 309. Siehe hierzu auch *Kleinknecht*, NJW 1966, 1537, 1544; *Knoll*, Fernwirkungen, S. 34 ff, 45 f.

1198 Vgl. OLG Stuttgart, NJW 1973, 1941; *Ranft*, in: Seebode (Hrsg.), Festschrift für Günter Spendel, S. 719, 735 f.; *Wolter*, NStZ 1984, 276. Vgl. auch *Sarstedt*, in: Ständige Deputation des deutschen Juristentages (Hrsg.), Verhandlungen des 46. deutschen Juristentages, Band 2, S. F 8, 23. Kritisch hiergegen allerdings *Hengstenberg*, Frühwirkung, S. 129 ff.

der materiellen Wahrheit orientierten Entscheidung,[1199] zumal schon generell die Möglichkeit der menschlichen Erkenntnis einer derartigen Wahrheit,[1200] aber auch speziell der Wahrheitsfindung in einem Gerichtsverfahren[1201] Grenzen gesetzt sind. Gewichtiger erscheint jedoch der Umstand, dass es gerade in dem grundrechtssensiblen Strafverfahren nicht angehen kann, wenn (gravierende) Grundrechtsverletzungen durch die Verwertung mittelbar auf dieser Verletzung beruhender Beweismittel zum Zweck der Überführung eingesetzt werden könnten und auf diese Weise – wenn auch in Deutschland diese Gefahr vergleichsweise gering ausgeprägt sein mag – ein Anreiz für derartige Grundrechtsverletzungen gesetzt würde. [1202]

1199 Eine Aussage bei internen Ermittlungen kann durch verschiedene Anreize, nicht zuletzt der Hoffnung, durch eine umfassende Auskunft von arbeitsrechtlichen Sanktionen verschont zu werden, fehlerhaft sein und auch zu weiteren fehlerhaften Aussagen führen bzw. weitere Beweismittel in einem anderen Licht erscheinen lassen.

1200 Siehe hierzu *Hassemer*, KritV 1990, 260, 269; *M. Jahn*, ZStW 118 (2006), S. 427, 454; *Kühne*, in: Erb/Esser/Franke u. a. (Hrsg.), Löwe-Rosenberg, StPO, 26. Aufl., Band 1, Einl. Abschn. B Rn. 14 ff., 20; *Paeffgen*, Vorüberlegungen, S. 17; *Renzikowski*, in: Dölling (Hrsg.), Festschrift für Ernst-Joachim Lampe, S. 791, 797 f.; *Theile*, Wirtschaftskriminalität und Strafverfahren, S. 267 f., 331 f.; *ders.*, NStZ 2012, 666, 667; *Verrel*, Selbstbelastungsfreiheit, S.111; *Volk*, in: Eser/Kullmann/Meyer-Gossner u. a., Festschrift für Hannskarl Salger, S. 411, 412 ff.; *Weßlau*, Konsensprinzip im Strafverfahren, S. 145.

1201 Siehe hierzu *Hassemer*, KritV 1990, 260, 269 f.; *Käßer*, Wahrheitserforschung im Strafprozess, S. 4; *D. Krauß*, in: Grünwald/Miehe/Rudolphi u. a. (Hrsg.), Festschrift für Friedrich Schaffstein, S. 411, 417 ff., 425; *Müller*, StV 1996, 358, 359; *Lesch*, ZStW 111 (1999), 624, 625; *Ostendorf*, NJW 1978, 1345, 1347; *Renzikowski*, in: Dölling (Hrsg.), Festschrift für Ernst-Joachim Lampe, S. 791, 799 f.; *Rieß*, in: Hassenpflug (Hrsg.), Festschrift für Karl Schäfer, S. 155, 170 (Fn. 66); *Theile*, Wirtschaftskriminalität und Strafverfahren, S. 268, 331 f.; *ders.*, NStZ 2012, 666 ff.; *Verrel*, Selbstbelastungsfreiheit, S. 111; *Volk*, Prozessvoraussetzungen im Strafrecht, S. 193 ff.; *ders.*, Wahrheit und materielles Recht, S. 9 f.; *ders.*, in: Eser/Kullmann/Meyer-Gossner u. a., Festschrift für Hannskarl Salger, S. 411, 415 ff.; *Weßlau*, Konsensprinzip im Strafverfahren, S. 145 ff.

1202 Vgl. auch *Grünwald*, StV 1987, 470, 472 f.; *Neuhaus*, NJW 1990, 1221, 1222; *Nüse*, JR 1966, 281, 284 f.; *Otto*, GA 1970, 289, 294 f.; *Reichert-Hammer*, JuS 1989, 446, 449 f.; *Weigend*, StV 2003, 436, 439 f. Gegen den „Disziplinierungsgedanken" *Hengstenberg*, Frühwirkung, S. 50 f.; *Kelnhofer*, Hypothetische Ermittlungsverläufe, S. 254; *Kleinknecht*, NJW 1966, 1537, 1544; *Petry*, Beweisverbote im Strafprozess, S. 118 f.; *Ranft*, in: Seebode (Hrsg.), Festschrift für Günter Spendel, S. 719, 725; *Rogall*, ZStW 91 (1979), 1, 15. Für eine Fernwirkung auch *Amelung*, Informationsbeherrschungsrechte, S. 50; *Dencker*, Verwertungsverbote, S. 79 f.; *Haffke*, GA 1973, 65, 80; *Henkel*, Strafverfahrensrecht, 2. Aufl., S. 271 f.; *Müssig*, GA 1999, 119, 137; *Reinecke*, Fernwirkung, S. 247; *Riegel*, JZ 1980, 757; *Seebode*, in: Dannecker/Langer/Ranft u. a. (Hrsg.), Festschrift für Harro Otto, S. 999, 1009; *Störmer*, Verwertungsverbote, S. 239 ff. Dagegen wollen *Roxin/Schünemann*, Strafverfahrensrecht, 28. Aufl., § 24

Um zu verhindern, dass Beweisverwertungsverbote umgangen werden und ihre Zwecksetzung letztendlich leerläuft bzw. vereitelt wird, kann die Annahme einer Fernwirkung notwendig sein.[1203]

Aus diesem Grund scheint trotz des damit verbundenen Verlusts an Rechtssicherheit[1204] eine vermittelnde Ansicht vorzugswürdig, die jeweils auf den konkreten Einzelfall abstellt.[1205] Bei dieser Einzelfallbetrachtung ist neben der Schwere der aufzuklärenden Straftat insbesondere von Bedeutung, welche verfassungsrechtliche Relevanz den gegen eine Berücksichtigung des Beweismittels sprechenden

---

Rn. 60, diese Problematik durch die Bestrafung rechtswidriger Ermittlungshandlungen lösen. Dieser Ansatz bietet jedoch gerade in Fällen wie dem vorliegenden keinen ausreichenden Schutz, in denen gar keine rechtswidrige Ermittlungshandlung vorliegt, sondern sich ein selbstständiges Beweisverwertungsverbot aus den Konsequenzen eines eigentlich rechtmäßigen Verhaltens ergeben muss, um eine gravierende (Art. 1 Abs. 1 GG) Grundrechtsverletzung zu vermeiden.

1203 Aus diesem Grund für eine Fernwirkung *Grünwald*, Beweisrecht, S. 158 f.; *Kühne*, Strafprozessrecht, 9. Aufl., § 54 Rn. 912.1; *Seebode*, JR 1988, 427, 430 f.; *Wastl/Litzka/Pusch*, NStZ 2009, 68, 73. Vgl. auch *Maiwald*, JuS 1978, 379, 384; *Müller/Trurnit*, StraFo 2008, 144, 150. Dagegen sieht *Beulke*, ZStW 103 (1991), 657, 664, in der Disziplinierung der Strafverfolgungsorgane keine Aufgabe von Beweisverwertungsverboten.

1204 Aus diesem Grund gegen die „Abwägungslehre“ *Gatzweiler*, in: Arbeitsgemeinschaft Strafrecht des Deutschen Anwaltvereins (Hrsg.), Strafverteidigung im Rechtsstaat, S. S. 480, 487; *Reinecke*, Fernwirkung, S. 232, 234 f., 245; *Weigend*, StV 2003, 436, 439 f. Siehe auch *Hengstenberg*, Frühwirkung, S. 98 ff. Der zusätzliche Umstand, dass durch die Abwägungslehre eine Entscheidung des Gesetzgebers für den Schutz des Beschuldigten umgangen werden könnte, betrifft dagegen nur unselbstständige Beweisverwertungsverbote (siehe zu diesem Einwand *Hengstenberg*, Frühwirkung, S. 99 f.).

1205 Wenn auch mit teils unterschiedlicher Gewichtung, siehe BVerfG, wistra 2010, 341, 344; LG Frankfurt, StV 2003, 325, 327; *Rogall*, in: Wolter (Hrsg.), Systematischer Kommentar zur Strafprozessordnung, Band 2, 4. Aufl., § 136a Rn. 110, 112. Abwägend auch *Diemer*, in: Hannich (Hrsg.), Karlsruher Kommentar zur StPO, 7. Aufl., § 136a Rn. 42; *Gleß*, in: Erb/Esser/Franke u. a. (Hrsg.), Löwe-Rosenberg, StPO, 26. Aufl., Band 4, § 136a Rn. 76; *Maiwald*, JuS 1978, 379, 384 f.; *Pauckstadt-Maihold*, in: Kleinknecht/Müller/Reitberger, StPO, Band 2, 65. Lfg, Stand: Dezember 2012, § 136a Rn. 30; *Rogall*, ZStW 91 (1979), 1, 40; *ders.*, NStZ 1988, 385, 391 f.; *ders.*, JZ 2008, 818, 827. So wohl auch OLG Köln, NJW 1979, 1216, 1217. Im Falle selbstständiger, aus den Grundrechten abzuleitender Beweisverwertungsverbote so auch *Beulke*, ZStW 103 (1991), 657, 677 ff.; *ders.*, Strafprozessrecht, 12. Aufl., Rn. 482. Siehe hierzu auch *Wolter*, NStZ 1984, 276 f. Differenzierend zwischen Beweisverfahrensverboten und Beweisverfolgungsverboten *Peters*, in: Ständige Deputation des deutschen Juristentages (Hrsg.), Verhandlungen des 46. deutschen Juristentages, Band 1, Teil 3, S. A 93, 99 ff. Ablehnend (bzgl. § 136a StPO) *Seebode*, in: Dannecker/Langer/Ranft u. a. (Hrsg.), Festschrift für Harro Otto, S. 999, 1009 ff.; *Weigend*, StV 2003, 436, 439 f.

Gründen zukommt.[1206] Dabei ist für diese Konstellation eines selbstständigen, auf Nemo-tenetur beruhenden Beweisverwertungsverbotes im Rahmen der Interessenabwägung nicht danach zu fragen, inwiefern die Verwertung eines Beweismittels gegen Grundrechte verstieße (eine Grundrechtsverletzung ist aufgrund des Beweisverwertungsverbotes nicht eingetreten), sondern inwiefern die Verwertung eines Beweismittels jeweils selbst Grundrechte verletzte.[1207] Hierbei muss im konkreten Fall berücksichtigt werden, inwieweit die Position des Auskunftspflichtigen im gegen ihn gerichteten Strafverfahren durch die Verwertbarkeit der mittelbar durch die Auskunft erlangten Beweismittel beeinträchtigt würde[1208] und inwieweit das Nemo-tenetur-Prinzip betroffen wäre.

Die Annahme einer Fernwirkung soll nach der herrschenden Ansicht die begründungsbedürftige Ausnahme darstellen.[1209] Gerade auch die Rechtsprechung misst einem Beweisverwertungsverbot nur in den allerseltensten Fällen auch eine Fernwirkung bei.[1210] Ein Verfahrensfehler, der ein Beweisverwertungsverbot nach sich ziehe, dürfe nicht zur Lahmlegung ganzer Strafverfahren führen.[1211] Auch wird befürchtet, dass Straftäter durch geschickte Einlassungen auf diesem Wege

1206 Siehe Alsberg/Nüse/Meyer, Der Beweisantrag im Strafprozess, 5. Aufl., S. 480; *Eisenberg*, StPO, 9. Aufl., Rn. 408; *Rödiger*, Strafverfolgung von Unternehmen, S. 310.

1207 Vgl. *Störmer*, Verwertungsverbote, S. 249.

1208 Zum Zweck von Beweisverwertungsverboten, die Fairness des Verfahrens aufrecht zu erhalten, siehe *Beulke*, ZStW 103 (1991), 657, 664; *Küpper*, JZ 1990, 416, 417. Vgl. auch *Rogall*, ZStW 91 (1979), 1, 16 ff.

1209 Siehe *Bader*, NZI 2009, 416, 417; *Meyer-Goßner*, in: Meyer-Goßner/Schmitt, StPO, 58. Aufl., Einl. Rn. 57; *Park*, in: Volk (Hrsg.), Verteidigung in Wirtschafts- und Steuerstrafsachen, 2. Aufl., § 11 Rn. 110; *Raum*, StraFo 2012, 395, 397; *Theile*, StV 2011, 381, 385 f.

1210 *Beulke*, in: Erb/Esser/Franke u. a. (Hrsg.), Löwe-Rosenberg, StPO, 26. Aufl., Band 5, § 152 Rn. 27; *Gössel*, in: Erb/Esser/Franke u. a. (Hrsg.), Löwe-Rosenberg, StPO, 26. Aufl., Band 1, Einl. Abschn. L Rn. 106; *Rödiger*, Strafverfolgung von Unternehmen, S. 309; *Störmer*, Verwertungsverbote, S. 238. Siehe auch *Roxin/Schünemann*, Strafverfahrensrecht, 28. Aufl., § 24 Rn. 59. Eine Fernwirkung wurde bislang alleine in BGHSt 29, 244 ff. (zum G-10-Gesetz) angenommen. Siehe auch BGHSt 51, 1, 7 f. Das LG Frankfurt a.M. hat sogar im Falle der Androhung von Folter aufgrund der Schwere des vorgeworfenen Delikts (Fall des getöteten Jakob von Metzlar) die Fernwirkung verneint, StV 2003, 325, 327.

1211 BGHSt 34, 362, 364 m. krit. Anm. *Fezer*, JZ 1987, 937, 938; BGHSt 51, 1, 8; ähnlich auch BGH, NStZ 1996, 48. Vgl. auch BGHSt 27, 355, 358; 32, 68, 71; 35, 32, 34. Dagegen *Grünwald*, Beweisrecht, S. 158 f.; *ders.*, StV 1987, 470, 472; *Kelnhofer*, Hypothetische Ermittlungsverläufe, S. 251, *Neuhaus*, NJW 1990, 1221; *Reichert-Hammer*, JuS 1989, 446, 449; *Seebode*, JR 1988, 427, 430 ff.; *Wastl/Litzka/Pusch*, NStZ 2009, 68, 73; *Weigend*, StV 2003, 436, 440. Siehe auch *Eisenberg*, StPO, 9. Aufl., Rn. 405; *Roxin/Schünemann*, Strafverfahrensrecht, 28. Aufl., § 24 Rn. 59.

eine Verwertung von Beweismitteln verhindern könnten.[1212] Die Ablehnung einer Fernwirkung sei für eine wirksame Verbrechensbekämpfung häufig erforderlich.[1213] Jedoch geht es bei der Frage nach der Fernwirkung nie darum, ein umfassendes Prozesshindernis zu installieren und die Strafverfolgungsbehörden hierdurch schlechter zu stellen, sondern allein darum, eine durch einen Verstoß gegen Beweisverbote hervorgerufene Verbesserung der Beweissituation zu verhindern.[1214] Diese vor allem kriminalpolitische Argumentation ist zudem nicht zwingend. Zum einen existiert mit dem Interesse an der Disziplinierung der Strafverfolgungsbehörden auch ein kriminalpolitisches Argument für eine Fernwirkung, zum anderen fehlen zwingende empirische Belege für ein so verursachtes Lahmlegen von Prozessen.[1215] Auch das Argument, dass in der Praxis kaum jemals feststellbar sei, ob das mittelbar erlangte Beweisergebnis tatsächlich allein aufgrund einer verbotenen Beweiserhebung erlangt wurde,[1216] kann nicht überzeugen. Denn die Frage der Berücksichtigungsfähigkeit hypothetischer Ermittlungsverläufe als mögliche Einschränkung einer Fernwirkung ist der Frage nach der Möglichkeit einer Fernwirkung nachgelagert. Zudem kann diese Problematik über die Beweislastverteilung gelöst werden.[1217]

Gegen die Annahme einer Fernwirkung spricht allerdings der Umstand, dass in diesem Fall nicht die Aussage selbst in den Strafprozess eingebracht wird. Vielmehr

---

1212 Für die Konstellation der unternehmensinternen Ermittlungen, *Münkel*, Mitarbeiteroffenbarungen, S. 230 f. Siehe auch *J. Baumann*, GA 1959, 33, 42. Diese Befürchtung wird jedoch bei Anerkennung hypothetischer Ermittlungsverläufe, die zur Entdeckung desselben Beweismittels geführt hätten, relativiert.

1213 BGHSt 34, 362, 364 m. krit. Anm. *Fezer*, JZ 1987, 937, 938 f.; BGHSt 51, 1, 8. So auch *Kleinknecht*, NJW 1966, 1537, 1544. So für die Konstellation der internen Ermittlungen auch *Wewerka*, Internal Investigations, S. 301, 328 (allerdings stützt diese das Beweisverwertungsverbot auch auf das Fair-trial-Prinzip und verneint die Vollstreckbarkeit der Auskunftspflicht).

1214 *Eisenberg*, StPO, 9. Aufl., Rn. 405; *Grünwald*, StV 1987, 470, 472; *M. Jahn*, in: Ständige Deputation des deutschen Juristentages (Hrsg.), Verhandlungen des 67. deutschen Juristentages, Band I, S. C 92 f.; *Kruse*, Compliance, S. 132; *Rödiger*, Strafverfolgung von Unternehmen, S. 309. Im konkreten Zusammenhang siehe *Theile*, StV 2011, 381, 386. Vgl. auch *Mende*, Grenzen privater Ermittlungen, S. 232.

1215 Siehe *Eisenberg*, StPO, 9. Aufl., Rn. 405 f. Siehe hierzu auch *Grünwald*, Beweisrecht, S. 158; *Neuhaus*, NJW 1990, 1221; *Reichert-Hammer*, JuS 1989, 446, 449; *Rogall*, in: Wolter (Hrsg.), Systematischer Kommentar zur Strafprozessordnung, Band 2, 4. Aufl., § 136a Rn. 115; *Störmer*, Verwertungsverbote, S. 246, 252. Dagegen haben Studien zu amerikanischen Strafverfahren keine nennenswerten Auswirkungen von dem auf Verwertungsverboten beruhenden Ausschluss von Beweismitteln auf den Ausgang eines Strafverfahrens festgestellt, siehe hierzu *Herrmann*, JZ 1985, 602, 608 f.

1216 So BGHSt 32, 68, 71; 34, 362, 364 f.; OLG Stuttgart, NJW 1973, 1941, 1942; *Kleinknecht*, NJW 1966, 1537, 1544; *Ranft*, in: Seebode (Hrsg.), Festschrift für Günter Spendel, S. 719, 736.

1217 *Grünwald*, StV 1987, 470, 472; *Neuhaus*, NJW 1990, 1221, 1222. Gegen diese Argumentation auch *Grünwald*, Beweisrecht, S. 158.

können nur sonstige, zwar aufgrund der Auskunft gewonnene, aber von dieser unabhängig existierende Beweise in den Strafprozess eingebracht werden. Aus diesem Grund tritt die oben beschriebene Selbstbindungswirkung nicht ein. Den übrigen Verfahrensbeteiligten bleibt verwehrt, aus der vorangegangen Auskunftserteilung gegenüber den unternehmensinternen Ermittlern Verhaltenserwartungen zu generieren. Der Betroffene kann nicht an seinen vorangegangen Äußerungen festgehalten werden.

Es bleibt aber der Umstand, dass der betroffene Mitarbeiter gerade durch die eigene Auskunft gegenüber seinem Arbeitgeber, wenn auch außerhalb des eigentlichen Strafverfahrens, an der Beweisgewinnung gegen sich selbst mitgewirkt hat.[1218] Geschah dies erzwungenermaßen, war er damit in seiner Entscheidung über sein Verteidigungsverhalten nicht mehr frei. Hinzu kommt, dass der Mitarbeiter durch diese außerhalb des staatlichen Strafverfahrens ablaufenden Prozesse in seinen Verhaltensmöglichkeiten im Strafprozess selbst determiniert wird. Können die durch die eigene Auskunft erlangten Erkenntnisse im Strafverfahren verwertet werden, bleibt dem Betroffenen kaum noch die Variante des Schweigens. Die Wahl zwischen einer Verurteilung ohne Geständnis oder einer mit Geständnis, dass womöglich „wenigstens" noch zu einer Strafmilderung führen kann, ist keine ernsthafte Wahlmöglichkeit.[1219] Das Schweigerecht - und damit auch sonstige Verteidigungsmöglichkeiten - wären auch auf diese Weise entkernt, bevor sie entstanden wären.[1220] Von einer Subjektstellung des Beschuldigten könnte kaum noch die Rede sein.[1221] Natürlich kann diese Konstellation in allen Fällen auftreten, in denen die Indizienbeweislage an sich für eine Verurteilung ausreicht. Dieser Umstand alleine ist nicht geeignet, eine Fernwirkung zu begründen. Ein erheblicher Unterschied besteht allerdings darin, dass der Mitarbeiter in dieser Konstellation aktiv durch die eigene Auskunft an der Generierung dieser Beweislage mitwirken müsste.[1222] Ob außerhalb oder innerhalb des Strafverfahrens würde dem Mitarbeiter gerade durch seine Aussage die Möglichkeit der Wahl seiner Verteidigungsstrategie genommen. Aufgrund dieser erheblichen Bedeutung einer Fernwirkung für die Gewährleistung des durch Art. 1 Abs. 1 GG geschützten Kerns der Aussagefreiheit muss diese auch im Falle einer außerstrafprozessualen Auskunftspflicht unabhängig von der Schwere des Tatvorwurfs stets bejaht werden.[1223] Dementsprechend nimmt auch eine beachtliche

---

1218 Vgl. *Grünwald*, JZ 1966, 489, 500; *Hefendehl*, wistra 2003, 1, 6.

1219 Vgl. *Weigend*, StV 2003, 436, 437 (zu einem Verstoß gegen § 136a StPO, Fall Jakob von Metzler).

1220 *Theile*, StV 2011, 381, 386. Vgl. auch *Park*, in: Volk (Hrsg.), Verteidigung in Wirtschafts- und Steuerstrafsachen, 2. Aufl., § 11 Rn. 110.

1221 So auch *Kruse*, Compliance, S. 217. Vgl. auch *Hohnel*, NZI 2005, 152, 154 für den Insolvenzschuldner. A.A. wohl *Wewerka*, Internal Investigations, S. 300.

1222 Vgl. *Hefendehl*, wistra 2003, 1, 6.

1223 Vgl. auch *Kelnhofer*, Hypothetische Ermittlungsverläufe, S. 184 f.

Literaturansicht in Fällen der Verletzung des Nemo-tenetur-Prinzips die Fernwirkung an.[1224]

Das BVerfG hat es für die Beurteilung der Fernwirkung in einer neueren Entscheidung – konkret ging es um die Fernwirkung des Verwendungsverbots des § 393 Abs. 2 S. 1 AO – für die Beurteilung der Fernwirkung für beachtlich gehalten, ob die Auskunftspflicht nur erzwingbar war oder durch die Androhung oder Anwendung von Zwangsmitteln auch konkret erzwungen wurde.[1225] Dies lässt unberücksichtigt, dass die Auskunft in beiden Fällen durch die Möglichkeit der Verhängung der Zwangsmittel motiviert wird. Deren Intensität mag für die konkrete Zwangswirkung ausschlaggebend sein, auch wenn in Bezug auf die Berührung des Nemo-tenetur-Prinzips alleine das Ob der erzwingbaren rechtlichen Verpflichtung ausreichen muss. Jedoch erscheint es in Bezug auf die konkrete Interessenlage willkürlich, danach zu differenzieren, wie lange die betroffene Person im konkreten Fall bei der Verweigerung der Auskunft durchgehalten hat. Das Unternehmen, bzw. im vom Bundesverfassungsgericht entschiedenen Fall die Steuerbehörde, hat ein Interesse an einer möglichst schnellen Auskunft. Es erschiene deswegen widersinnig denjenigen zu belohnen, der entgegen seiner rechtlichen Verpflichtung die Auskunftserteilung möglichst lange herausgezögert und sich damit pflichtwidrig verhalten hat. Ebenso erscheint es seltsam, dem Auskunftspflichtigen allein zur Erlangung eines strafrechtlichen Verwertungsverbots mittelbar erlangter Beweise zuzumuten, sich mit der Folge der Kostentragungslast verklagen zu lassen, auch wenn er seine Verpflichtung eigentlich anerkennt. Neben der unnötigen Verursachung von Gerichtskosten – von der zweckentfremdeten Belastung der Gerichte ganz zu schweigen – bestünde für den Auskunftspflichtigen zudem die Gefahr, dass gegen ihn wegen der verzögerten Auskunftserteilung Schadensersatzansprüche entstünden.[1226] Alles in allem kann diese Differenzierung deswegen nicht überzeugen.

Die Fernwirkung des Beweisverwertungsverbots für aufgrund zivilrechtlicher Verpflichtung erteilter Auskünfte muss somit im Ergebnis bejaht werden.[1227] Sie muss

---

1224 *Eisenberg*, StPO, 9. Aufl., Rn. 408; *Grünwald*, StV 1987, 470, 472; *Kruse*, Compliance, S. 133; *Rödiger*, Strafverfolgung von Unternehmen, S. 310. Siehe auch OLG Oldenburg, NStZ 1995, 412. Vgl. auch *Fezer*, NStZ 1996, 289, 290; *Hefendehl*, wistra 2003, 1, 6; *Reichert-Hammer*, JuS 1989, 446, 450. Vgl. auch die Argumentation von *Störmer*, Verwertungsverbote, S. 250, zur Fernwirkung bei selbstständigen Verwertungsverboten aus der Verletzung des allgemeinen Persönlichkeitsrechts bei heimlich angefertigten Tonbandaufnahmen.

1225 BVerfG, wistra 2010, 341, 344.

1226 Vgl. auch 7. Kapitel C. I. 1. c) bb).

1227 So auch *Dann*, CCZ 2010, 239, 240; *Gerst*, CCZ 2012, 1, 3; *Kottek*, Kooperation, S. 180 f.; *Kruse*, Compliance, S. 216 f.; *Neuhaus*, in: Kempf/Lüderssen/Volk (Hrsg.), Die Finanzkrise, das Wirtschaftsstrafrecht und die Moral, S. 348, 359 f.; *Park*, in: Volk (Hrsg.), Verteidigung in Wirtschafts- und Steuerstrafsachen, 2. Aufl., § 11 Rn. 110; *Rödiger*, Strafverfolgung von Unternehmen, S. 310 ff.; *Rogall*, in: Wolter (Hrsg.), Systematischer Kommentar zur Strafprozessordnung, Band 2, 4. Aufl.,

sich auch auf die Unverwertbarkeit solcher Beweismittel erstrecken, die nicht von den Strafverfolgungsbehörden selbst, sondern vom Unternehmen allein aufgrund der Mitarbeiterauskunft erlangt wurden. Sonst würde die erzwungene Auskunft im Strafverfahren doch noch zu Lasten des Mitarbeiters wirken.[1228] Verwertbar bleiben allerdings solche Beweismittel, die bereits vor der Auskunftserteilung vorlagen und solche, die nicht kausal durch eine „erzwungene" Auskunft erlangt wurden.[1229]

bb) Frühwirkung des Verwertungsverbots

Damit verbleibt die hiermit eng verknüpfte Frage zu klären, ob die Strafverfolgungsorgane aus der zwangsweise erteilten Auskunft einen Anfangsverdacht herleiten können, der eigene Ermittlungen ermöglicht.[1230] Bei der Beantwortung der Frage ist zu beachten, dass die Anerkennung einer Frühwirkung die weitreichendsten Auswirkungen auf das – hierdurch womöglich ganz unterbundene – Strafverfahren hätte.[1231] Aus der Regelung des § 97 Abs. 1 S. 3 InsO lässt sich diesbezüglich nichts zwingend ableiten. Das BVerfG hat bezüglich der konkreten Ausgestaltung des Beweisverwertungsverbots einschließlich etwaiger Früh- oder Fernwirkung den Gesetzgeber in der Pflicht gesehen, über die Reichweite des Verwertungsverbotes zu entscheiden.[1232] Daraus wird teilweise gefolgert, dass das Nemo-tenetur-Prinzip nicht zwingend einen Schutz vor mittelbarer Selbstbelastung gebiete.[1233] Jedoch hat

---

Vor § 133 ff. Rn. 140; *Rzepka*, Fairness, S. 389; *Theile*, StV 2011, 381, 386; *Wastl/Litzka/Pusch*, NStZ 2009, 68, 73; *Wehnert*, StraFo 2012, 253, 257. Vgl. auch *Greco/Caracas*, NStZ 2015, 7, 15; *Streck*, StV 1981, 362, 363 f. A.A. *Bittmann/Molkenbur*, wistra 2009, 373, 378; *Münkel*, Mitarbeiteroffenbarungen, S. 230 f.; *Raum*, StraFo 2012, 395, 398; *Rübenstahl*, WiJ 2012, 17, 30; *Scharnberg*, Internal Investigations, S. 294 f.; *Wewerka*, Internal Investigations, S. 318; *Wimmer*, in: Schulz/Reinhart/Sahan (Hrsg.), Festschrift für Imme Roxin, S. 537, 550.

1228 So auch *Rödiger*, Strafverfolgung von Unternehmen, S. 315 f.

1229 Vgl. *Haffke*, GA 1973, 65, 80 f.; *Hefendehl*, wistra 2003, 1, 7; *Kelnhofer*, Hypothetische Ermittlungsverläufe, S. 149 f.; *Wolter*, NStZ 1984, 276, 277.

1230 Insofern spricht man von einer Frühwirkung bzw. Vorauswirkung, siehe *Meyer-Goßner*, in: Meyer-Goßner/Schmitt, StPO, 58. Aufl., Einl. Rn. 57e. Zu der umstrittenen Problematik um eine derartige Vorauswirkung, siehe *Beulke*, in: Erb/Esser/Franke u. a. (Hrsg.), Löwe-Rosenberg, StPO, 26. Aufl., Band 5, § 152 Rn. 26; *Dencker*, Verwertungsverbote, S. 76; *Kelnhofer*, Hypothetische Ermittlungsverläufe, S. 260 ff.; *Rogall*, in: Wolter (Hrsg.), Systematischer Kommentar zur Strafprozessordnung, Band 2, 4. Aufl., § 136a Rn. 114.

1231 Siehe *Hengstenberg*, Frühwirkung, S. 4, 123 ff.

1232 BVerfGE 56, 37, 51. Siehe hierzu *Hefendehl*, wistra 2003, 1, 6; *Püschel*, in: Arbeitsgemeinschaft Strafrecht des Deutschen Anwaltvereins (Hrsg.), Strafverteidigung im Rechtsstaat, S. 759, 763; *Stürner*, NJW 1981, 1757, 1758; *Wimmer*, in: Schulz/Reinhart/Sahan (Hrsg.), Festschrift für Imme Roxin, S. 537, 550.

1233 *Bader*, NZI 2009, 416, 419; *Hefendehl*, wistra 2003, 1, 6. Vgl. auch *Park*, in: Volk (Hrsg.), Verteidigung in Wirtschafts- und Steuerstrafsachen, 2. Aufl., § 11 Rn. 110; *Stürner*, NJW 1981, 1757, 1758; *Verrel*, NStZ 1997, 415, 419.

der Gesetzgeber der InsO sich bewusst für ein weitergehendes „Verwendungsverbot“ entschieden.[1234] Dass er mit der Regelung des § 97 Abs. 1 S. 3 InsO auch eine Regelung für weitere Konstellationen treffen wollte, ist so zwar nicht ersichtlich.[1235] Zwischen den beiden Konstellationen besteht allerdings eine gewisse Parallelität. Wäre keine Frühwirkung anzunehmen, könnte die Staatsanwaltschaft eigene Nachforschungen auf die selbstbelastenden Auskünfte stützen. Die erlangten Auskünfte selbst dürften zwar nicht zur Erlangung weiterer Beweismittel genutzt werden. Es wäre aber nicht ausgeschlossen, sondern aufgrund des Offizialprinzips im Falle von Straftaten grundsätzlich sogar verpflichtend, dass die Staatsanwaltschaft nach eigenen Erkenntnisquellen sucht.[1236] Die Suche nach einer derartigen Erkenntnisquelle würde sich auch nicht besonders schwierig gestalten. Eine Nachforschung bei dem betroffenen Unternehmen läge auf der Hand. Dies erscheint unter dem Aspekt problematisch, dass der Staatsanwaltschaft insofern mit den Unternehmensdaten ein extremes Ermittlungspotenzial zugute käme. Mit den bei unternehmensinternen Ermittlungen üblichen Datenauswertungen und der Sammlung der den Vorgang betreffenden Dokumente durch das Unternehmen wäre die Datenerhebung für die Staatsanwaltschaft nicht mehr kompliziert.

Es ist fraglich, ob dieser Umstand allein eine Frühwirkung erforderlich macht. Verwertet werden könnten so oder so nur solche Umstände, die auch ohne die Auskunft ermittelt worden wären, sodass eine auch mittelbare Beeinflussung des Urteils stets ausgeschlossen ist. Eine Vorprägung des staatlichen Strafverfahrens durch die infolge der Auskunftspflicht erlangten Erkenntnisse schiede in jedem Falle aus. Gegen die Berücksichtigungsfähigkeit der aufgrund einer gesetzlichen Auskunftspflicht erlangten Erkenntnisse im Rahmen der Prüfung eines Anfangsverdachts spricht allerdings der Umstand, dass die Auskunftspflicht alleine aufgrund der zivilrechtlichen Interessenlage besteht und nur durch diese gerechtfertigt werden kann. Das Strafverfolgungsinteresse ist nicht geeignet, diese zu begründen.[1237] Wenn aber wegen überwiegender Interessen ziviler Dritter die Selbstbelastungsfreiheit partiell zurückzustehen hat, muss die Auskunft wenigstens für das Strafverfahren neutral bleiben.[1238] Vollkommen unbeeinflusst von der Auskunftspflicht

1234 Siehe *Rödiger*, Strafverfolgung von Unternehmen, Frankfurt a.M. 2012, S. 311.

1235 *Wimmer*, in: Schulz/Reinhart/Sahan (Hrsg.), Festschrift für Imme Roxin, S. 537, 550. Auch die Reichweite des § 97 I 3 InsO ist allerdings umstritten. Siehe hierzu *Bader*, NZI 2009, 416, 417 ff.; *Hefendehl*, wistra 2003, 1, 5 f.; *Püschel*, in: Arbeitsgemeinschaft Strafrecht des Deutschen Anwaltvereins (Hrsg.), Strafverteidigung im Rechtsstaat, S. 759, 761 ff.; *H. Richter*, wistra 2000, 1, 3.

1236 Vgl. in diesem Zusammenhang auch *Wastl/Litzka/Pusch*, NStZ 2009, 68, 69.

1237 Siehe BVerfGE 56, 37, 50 f. Vgl. auch *Kottek*, Kooperation, S. 149.

1238 Vgl. *Rödiger*, Strafverfolgung von Unternehmen, S. 305 f., 311; *Taupitz*, Pflicht zur Offenbarung, S. 34. Vgl. auch *Kelnhofer*, Hypothetische Ermittlungsverläufe, S. 263. A.A. *Hefendehl*, wistra 2003, 1, 5 f. für § 97 Abs. 1 S. 3 InsO, jedoch gestaltet sich die Situation bei sog. „Strukturfunden“ gegenüber der bei „Zufallsfunden“ bzgl. einer möglichen Entwertung des Beweisverwertungsverbots als noch deutlich problematischer.

bleibt das Strafverfahren nur dann, wenn man auch keinen Anfangsverdacht auf die direkt oder mittelbar durch die Auskünfte erlangten Informationen stützen kann. Deswegen muss nach dem Sinn des Beweisverwertungsverbotes auch die Begründung eines Anfangsverdachts mit den durch die Auskunft erlangten Informationen ausscheiden, um eine beweisbezogene Schlechterstellung des Mitarbeiters im Strafverfahren zu verhindern.[1239] Da, insbesondere im Falle einer Strafanzeige durch das Unternehmen, die unabhängig von einer erzwungenen Auskunft durch das Unternehmen erhobenen Beweise zur Verdachtsgenerierung heranziehbar bleiben, ist damit auch keine übergebührliche Schlechterstellung des Unternehmens oder der Strafverfolgung[1240] verbunden. Dadurch mag dem Unternehmen im Einzelfall die Möglichkeit entgehen, durch das Stellen einer Strafanzeige nur durch staatliche Zwangsmittel zu erlangende Beweismittel zu gewinnen. Aber das Strafverfahren dient eben der Durchsetzung des staatlichen Strafanspruchs und nicht der Generierung von Beweisen für das Zivilverfahren. Zivilrechtlich werden die Beweise des Unternehmens hierdurch nicht unverwertbar.

cc) Berücksichtigungsfähigkeit hypothetischer Kausalverläufe

Wäre hiermit das letzte Wort über die Verwertbarkeit der durch die Unternehmen gesammelten Informationen und Beweismittel gesprochen, wären diese in vielen Fällen für die Strafverfolgung unbrauchbar. Es müsste jeweils festgestellt werden, auf welchen Vorinformationen sie beruhten, wenn es, wie zumeist, zu Interviews gekommen sein sollte. Dieser weitgehende Ausschluss der Verwertbarkeit wird von der wohl herrschenden Ansicht dann als unbillig angesehen, wenn die Informationen auch auf anderem, nicht kontaminiertem Wege erlangt worden wären. Während früher zur Begründung weitgehend Kausalitätserwägungen angestellt wurden,[1241] zog man später überwiegend (normative) Argumente der objektiven Zurechnung heran.[1242] Soweit die Beweismittel auch auf anderem Wege erlangt worden wären,

---

1239 So auch *Wehnert*, StraFo 2012, 253, 257. Vgl. *Hengstenberg*, Frühwirkung, S. 59 ff., 113; *Püschel*, in: Arbeitsgemeinschaft Strafrecht des Deutschen Anwaltvereins (Hrsg.), Strafverteidigung im Rechtsstaat, S. 759, 763. A.A. *Kottek*, Kooperation, S. 181; *Theile*, StV 2011, 381, 386.

1240 A.A. *Kottek*, Kooperation, S. 181.

1241 *Klug*, in: Ständige Deputation des deutschen Juristentages (Hrsg.), Verhandlungen des 46. deutschen Juristentages, Band 2, S. F 30, 39, 46 f.; *Welp*, Strafprozessuale Überwachung, S. 216 f.

1242 *Beulke*, ZStW 103 (1991), 657, 660. Siehe *Herdegen*, in: Arbeitsgemeinschaft Strafrecht des deutschen Anwaltvereins (Hrsg.), Wahrheitsfindung und ihre Schranken, S. 103, 118 ff.; *Schlüchter*, JR 1984, 517, 519 f.; *Wolter*, NStZ 1984, 276, 277. Vgl. auch *Kelnhofer*, Hypothetische Ermittlungsverläufe, S. 153 ff., 177, ff.; *Pelz*, Beweisverwertungsverbote, S. 105 (ablehnend).
Auf die Darstellung des revisionsbezogenen Ansatzes *Schlüchters* soll verzichtet werden, denn dieser bezieht sich insbesondere auf die hier nicht interessierende Gruppe der unselbstständigen Beweisverwertungsverbote, siehe hierzu *dies.*, Das

soll sich in der Verwertung des mittelbaren Beweises nicht die Pflichtwidrigkeit der vorangegangenen Beweiserhebung widerspiegeln (Gedanke des rechtmäßigen Alternativverhaltens).[1243] Die Abwägungslehre gelangt weitgehend zu demselben Ergebnis. Dabei soll die hypothetische Kausalität allerdings nur als wichtiger Abwägungsfaktor in eine Gesamtbetrachtung eingehen, sodass die Wertung im konkreten Fall auch anders ausfallen kann.[1244]

Die Vertreter der Gegenansicht verweisen insbesondere auf Beweisschwierigkeiten,[1245] wie sie auch von der Rechtsprechung bereits gegen die Fernwirkung an sich als Argument herangezogen wurden.[1246] Wie bereits erörtert, handelt

---

Strafverfahren, 2. Aufl., Rn. 4.1. ff.; *dies.*, JR 1984, 517 ff. Dagegen *Rogall*, NStZ 1988, 385, 390 m.w.N. Für die Beachtlichkeit der hypothetischen rechtmäßigen Beweisgewinnung auch OLG Köln, NJW 1979, 1216, 1217; LG Stuttgart, NStZ-RR 2001, 282; *Eisenberg*, StPO, 9. Aufl., Rn. 409 f.; *Henkel*, Strafverfahrensrecht, 2. Aufl., S. 272; *Meyer-Goßner*, in: Meyer-Goßner/Schmitt, StPO, 58. Aufl., Einl. Rn. 57c; *Moraht*, Private Straftatermittlungen, S. 257; *Reichert-Hammer*, JuS 1989, 446, 450.

1243 Siehe *Wolter*, NStZ 1984, 276, 277. Siehe hierzu aber auch *Schröder*, Beweisverwertungsverbote, S. 98 ff., nach der nur Schutzzwecküberlegungen geeignet sein sollen, diese Hypothese zu erlauben.

1244 Alsberg/Nüse/Meyer, Der Beweisantrag im Strafprozess, 5. Aufl., S. 480; *Rogall*, NStZ 1988, 385, 391 f.; so für selbstständige Beweisverwertungsverbote auch *Beulke*, Strafprozessrecht, 12. Aufl., Rn. 483; *ders.*, ZStW 103 (1991), 657, 678 f.; für Verwertungsverbote aus dem Grundgesetz auch *Schröder*, Beweisverwertungsverbote, S. 110. Abwägend auch *C. Roxin*, NStZ 1989, 376, 379, nach dem die Abwägung allerdings nicht alleine aus diesem Grund zu Gunsten einer Verwertbarkeit ausfallen kann. Für die Berücksichtigungsfähigkeit der hypothetischen rechtmäßigen Beweisgewinnung bei der Beurteilung, ob ein Verfahrensverstoß zu einem Verwertungsverbot führt, ist auch der BGH, BGHSt 24, 125, 130; 32, 68, 71; NStZ 1989, 375, 376; NStZ 2004, 449, 450; OLG Koblenz, NStZ 2002, 660, 661. Dagegen allerdings BGHSt 25, 168, 171. Vgl. auch BGHSt 34, 362, 364. Siehe zu dieser Rechtsprechung die umfangreiche Darstellung bei *Jahn/Dallmeyer*, NStZ 2005, 297 ff.

1245 *Kleinknecht*, in: Ständige Deputation des deutschen Juristentages (Hrsg.), Verhandlungen des 46. deutschen Juristentages, Band 2, S. F 112 f.; *Kühne*, Strafprozessrecht, 9. Aufl., § 54 Rn. 912.2.; *Sarstedt*, in: Ständige Deputation des deutschen Juristentages (Hrsg.), Verhandlungen des 46. deutschen Juristentages, Band 2, S. F 8, 23. Siehe auch *Kruse*, Compliance, S. 135; *Eb. Schmidt*, MDR 1970, 461, 463; *Seiler*, in: Baumann/Tiedemann (Hrsg.), Festschrift für Karl Peters, S. 447, 456. Gegen die Berücksichtigungsfähigkeit hypothetischer Kausalverläufe auch *Haffke*, GA 1973, 65, 81 f.; *Roeder*, ÖJZ 1974, 343, 346 (Fn. 68); *Roxin/Schünemann*, Strafverfahrensrecht, 28. Aufl., § 24 Rn. 62, die Fernwirkungsproblematik sei anhand der Struktur des deutschen Strafverfahrens und nicht durch hypothetische Kausalitätserwägungen zu lösen; *Seebode*, in: Dannecker/Langer/Ranft u. a. (Hrsg.), Festschrift für Harro Otto, S. 999, 1011 f. Für die Gruppe der unselbstständigen Beweisverwertungsverbote so auch *Wohlers*, in: Weßlau/Wohlers (Hrsg.), Festschrift für Gerhard Fezer, S. 311 ff. Vgl. auch *Fezer*, JZ 1987, 937, 939.

1246 Siehe unter 7. Kapitel C. I. 7. b) aa). Vgl. auch *Kleinknecht*, NJW 1966, 1537, 1544.

es sich hierbei um eine Frage der richtigen Beweislastverteilung.[1247] Zwar wird vorgebracht, dass es sich mit den Überlegungen zur hypothetischen Kausalität stets um unsichere Alternativerwägungen und Zukunftsprognosen handle, die nie sicher feststellbar seien.[1248] Derartige Erwägungen der hypothetischen Kausalität sind aber auch im materiellen Strafrecht verbreitet und können dort gemeistert werden.[1249] Um zu verhindern, dass sich die unverwertbare Beweisgewinnung aufgrund dieser Unsicherheit doch zu Lasten des Schuldners auswirkt und damit die Schutzfunktion des Beweisverwertungsverbots unterlaufen wird, wird man entgegen den Ansichten, die einen geringeren Wahrscheinlichkeitsgrad der rechtmäßigen Beweiserlangung ausreichen lassen wollen,[1250] zutreffender Weise fordern müssen, dass die Beweismittel mit höchster Wahrscheinlichkeit auch auf anderem Wege erlangt worden wären.[1251]

Von der Gegenansicht wurde gegen die Berücksichtigungsfähigkeit auch vorgebracht, dass hypothetische Erwägungen nicht geeignet sein sollen, den Fehler einer rechtswidrigen Beweiserlangung zu kompensieren.[1252] Die begangene Rechtsverletzung sei nicht mehr rückgängig zu machen.[1253] Wie Rogall zutreffend selbst hiergegen einwendet, ist mit dieser Argumentation noch nicht dargetan, wie auf eine eingetretene Rechtsverletzung zu reagieren ist und ob normative Argumente hierbei eine Rolle spielen sollen.[1254] Mit dieser Argumentation können hypothetische Erwägungen deswegen nicht überzeugend für unbedeutend erklärt werden.

Auch kann nicht gesagt werden, die StPO lasse keine hypothetischen Überlegungen zu.[1255] Dies zeigt sich in den Regelungen über Zufallsfunde, wie §§ 100d

1247 *Grünwald*, StV 1987, 470, 472; *Rogall*, NStZ 1988, 385, 390.

1248 *Kühne*, Strafprozessrecht, 9. Aufl., § 54 Rn. 912.2.; *Sarstedt*, in: Ständige Deputation des deutschen Juristentages (Hrsg.), Verhandlungen des 46. deutschen Juristentages, Band 2, S. F 8, 23.

1249 *Klug*, in: Ständige Deputation des deutschen Juristentages (Hrsg.), Verhandlungen des 46. deutschen Juristentages, Band 2, S. F 30, 47; *Rogall*, NStZ 1988, 385, 390; *Schröder*, Beweisverwertungsverbote, S. 89; *Wolter*, NStZ 1984, 276, 277.

1250 Vgl. BGHSt 32, 68, 71; *Sendler*, Verwertung, S. 150 f., jeweils „möglich"; *Reinecke*, Fernwirkung, S. 216; *Schlüchter*, JR 1984, 517, 520, jeweils „überwiegend wahrscheinlich".

1251 Siehe *Schröder*, Beweisverwertungsverbote, S. 89 f., 115 ff. So auch *Eisenberg*, StPO, 9. Aufl., Rn. 409 f.; *Knoll*, Fernwirkungen, S. 121 f.; *Reichert-Hammer*, JuS 1989, 446, 450; *Rogall*, NStZ 1988, 385, 392; *Wolter*, NStZ 1984, 276, 277. Ähnlich *Beulke*, ZStW 103 (1991), 657, 670 f. („Urteilswahrscheinlichkeit").

1252 *Dencker*, Verwertungsverbote, S. 82; *Rogall*, ZStW 91 (1979),1, 33 f.

1253 *Rogall*, ZStW 91 (1979), 1, 33; *Schellhammer*, NJW 1972, 319, 320. Vgl. auch *Schlüchter*, JR 1984, 517, 519.

1254 NStZ 1988, 385, 390. So auch *Knoll*, Fernwirkungen, S. 109 f. Zudem verliert dieses Argument im Falle selbstständiger Beweisverwertungsverbote an Bedeutung, bei denen es (noch) gar nicht zu einer Rechtsverletzung gekommen ist.

1255 Vgl. aber *Dencker*, Verwertungsverbote, S. 81 f.; *Haffke*, GA 1973, 65, 80 ff.

Abs. 5 Nr. 1, 3, 477 Abs. 2 S. 2 StPO.[1256] In § 477 Abs. 2 S. 2 StPO wird hypothetischen Erwägungen ausdrücklich insoweit Bedeutung beigemessen, als die Nutzung personenbezogener Daten, die aufgrund einer nur bei Verdacht bestimmter Straftaten zulässigen Maßnahme erlangt wurden, in anderen Strafverfahren insoweit als zulässig erachtet wird, als die Maßnahme zur Aufklärung dieser Straftaten hätte angeordnet werden dürfen.

Durchschlagende Argumente gegen die Berücksichtigung hypothetischer Ermittlungsverläufe konnten damit (bislang) nicht dargelegt werden. Dagegen entspricht es, worauf Rogall zutreffend verweist, der auch hier grundsätzlich favorisierten Abwägungslehre, die Schutzbedürftigkeit des von der Beweisverwertung Betroffenen in die Abwägung mit einfließen zu lassen.[1257] Und in der Tat erscheint dessen Schutzbedürftigkeit vor der Verwertung solcher Tatsachen, die auch auf nicht kontaminiertem Wege ermittelt worden wären, als gering ausgeprägt.[1258] Gerade in dem hier diskutierten Fall wird die Fernwirkung des Beweisverwertungsverbots als notwendig erachtet, um die unter Auskunftszwang erlangte Information für den Ausgang des Strafverfahrens neutral zu erhalten. Eine Besserstellung des Angeklagten ist dagegen nicht bezweckt. Es soll einzig verhindert werden, dass sich durch die erzwungene selbstbelastende Auskunft die Beweissituation zu Lasten des Angeklagten verschiebt.[1259] Eine Menschenwürdeverletzung ist damit in diesem Falle mit der Verwertung der mittelbaren Beweismittel nicht verbunden. Anders als in der Konstellation der unselbstständigen Beweisverbote sind auch noch keinerlei Rechte des Beschuldigten verletzt worden, deren Vertiefung durch die Verwertung bewirkt werden könnte, sodass unter diesem Aspekt keine abweichende Wertung erforderlich ist.[1260] Insbesondere liegt ohne die Verwertung des unmittelbaren Beweismittels gerade noch keine Verletzung der Menschenwürde der betroffenen Person vor.

1256 Vgl. *Beulke*, ZStW 103 (1991), 657, 663; *Kelnhofer*, Hypothetische Ermittlungsverläufe, S. 142; *Wohlers*, in: Weßlau/Wohlers (Hrsg.), Festschrift für Gerhard Fezer, S. 311, 323. Vgl. auch *Schröder*, Beweisverwertungsverbote, S. 97.

1257 *Rogall*, NStZ 1988, 385, 391.

1258 Vgl. *Knoll*, Fernwirkungen, S. 111; *Rogall*, NStZ 1988, 385, 392; *Schröder*, Beweisverwertungsverbote, S. 83.

1259 So auch *Wolter*, NStZ 1984, 276, 277. Gegen diese Argumentation für die Gruppe der unselbstständigen Beweisverwertungsverbote, *Wohlers*, in: Weßlau/Wohlers (Hrsg.), Festschrift für Gerhard Fezer, S. 311, 322, 326 ff., der bemängelt, dass hierdurch die Funktion verkannt werde, die der schützenden Förmlichkeit im Strafprozess zukomme. Ähnlich *Jahn/Dallmeyer*, NStZ 2005, 297, 304. Hierbei handelt es sich allerdings um ein Argument, das in Bezug auf selbstständige Beweisverbote keine Relevanz aufweist (hier wurde nicht gegen eine Förmlichkeit verstoßen).

1260 Vgl. zu diesem Punkt *Rogall*, NStZ 1988, 385, 391, 392. Vgl. aber auch *Kelnhofer*, Hypothetische Ermittlungsverläufe, S. 259 f.

Hypothetische Beweisverläufe sind demnach auf der Ebene der möglichen Fernwirkung berücksichtigungsfähig.[1261] Dagegen scheidet diese Erwägung auf der Ebene des unmittelbaren Beweismittels, der Auskunft selbst, aus. Denn eine erzwungene Auskunft kann nie rechtmäßig verwendet werden.[1262] Es bleibt allerdings festzuhalten, dass der Anknüpfungspunkt in der hier in Frage stehenden Konstellation ein anderer ist, als im Falle der typischerweise in diesem Zusammenhang diskutierten[1263] unselbstständigen Beweisverbote. Es kann nicht darum gehen, ob die Auskunft auch rechtmäßig erlangt worden wäre. Denn diese wurde gerade rechtmäßig erlangt und soll nur als Beweismittel gesperrt werden.[1264] Es ist deswegen konkret[1265] danach zu fragen, ob die weiteren durch die Auskunft mittelbar erlangten Beweismittel jeweils für sich auch ohne die Auskunft mit an Sicherheit grenzender Wahrscheinlichkeit erlangt worden wären.[1266]

Lässt sich diese Frage nicht klären, muss eine Vermutung gegen diese Annahme sprechen und im Zweifel ein Beweisverwertungsverbot für die mittelbar erwähnten Beweise bejaht werden.[1267] Gleiches hat für den Fall zu gelten, dass sich nicht klären lässt, ob das Beweismittel durch die Auskunft erlangt wurde.[1268] Dies mag im Hinblick darauf, dass sich häufig nicht aufklären lassen wird, welche Ergebnisse das Unternehmen auf welche Weise erlangt hat oder hätte erlangen können, als problematisch erscheinen. Jedoch liegt es allein in der Sphäre des Unternehmens, diesen Beweisnotständen durch geeignete Dokumentation Abhilfe zu verschaffen, wenn es an der Verwertbarkeit der Beweise ein Interesse haben sollte. Dem Mitarbeiter ist eine derartige Beweisführung nicht möglich und auch kaum zuzumuten. Den Strafverfolgungsbehörden dagegen ist dieser Umstand zumutbar. Diese sind im Rahmen ihrer Aufklärungspflicht nicht verpflichtet, auch auf den unverwertbaren Teil der Untersuchungserkenntnisse der Unternehmen zuzugreifen.[1269] Eine

---

1261 So wohl auch *Wastl/Litzka/Pusch*, NStZ 2009, 68, 73. A.A. *Kruse*, Compliance, S. 221 f.

1262 Vgl. hierzu *Schröder*, Beweisverwertungsverbote, S. 81 f.

1263 Vgl. auch *Rödiger*, Strafverfolgung von Unternehmen, S. 312.

1264 Vgl. *Hefendehl*, wistra 2003, 1, 7.

1265 Siehe hierzu *Meyer-Goßner*, in: Meyer-Goßner/Schmitt, StPO, 58. Aufl., Einl. Rn. 57c; *Rogall*, NStZ 1988, 385, 392; *Schröder*, Beweisverwertungsverbote, S. 112 ff. A.A. LG Stuttgart, das eine abstrakte Betrachtung danach anstellt, ob die Erlangung der Information auf anderem Wege möglich gewesen wäre, NStZ-RR 2001, 282, 283. Abstrakt gehalten ist auch die diesbzgl. Argumentation des BGH, BGHSt 24, 125, 130; NStZ 1989, 375, 376; ebenso die des OLG Celle, NStZ 1989, 385, 386.

1266 So auch *Rödiger*, Strafverfolgung von Unternehmen, S. 313. Vgl. *Hefendehl*, wistra 2003, 1, 7.

1267 So auch *Rödiger*, Strafverfolgung von Unternehmen, S. 314; *Rogall*, NStZ 1988, 385, 392. Vgl. aber auch *Knoll*, Fernwirkungen, S. 124 ff., dessen Ergebnis jedoch übereinstimmt.

1268 So auch *Grünwald*, JZ 1966, 489, 500. Vgl. auch *Rödiger*, Strafverfolgung von Unternehmen, S. 314.

1269 Vgl. *Rödiger*, Strafverfolgung von Unternehmen, S. 315.

Aufklärungspflicht der Unternehmen erscheint von vornherein allein unter präventiven Gesichtspunkten gerechtfertigt. Von der repressiven Seite her gesehen besteht auf durch Aufklärungsbemühungen des Unternehmens geschaffene Beweismittel, die durch eigene Ermittlungen der Strafverfolgungsbehörden nicht selbst hätten erlangt werden dürfen, kein Anspruch. Die Berücksichtigungsfähigkeit hypothetischer Kausalverläufe erweitert die Verwertbarkeit der Beweismittel insoweit, als für den Fall, dass die mittelbaren Beweismittel auch auf anderem Wege mit an Sicherheit grenzender Wahrscheinlichkeit gewonnen worden wären, nicht mehr geklärt werden muss, auf welchem Weg sie konkret erlangt wurden. Zudem kann auf diese Weise der Einwand, der Mitarbeiter habe es durch die Annahme einer Fernwirkung in der Hand, sich durch schnelle Geständnisse zu immunisieren,[1270] wenigstens teilweise entkräftet werden. Denn solche Beweise, die das Unternehmen, wenn auch langsamer, auf anderem Wege gewonnen hätte, sind verwertbar.

8. Die Implementierung eines Weitergabeverbots

Weitergehend stellt sich die Frage, ob nicht bereits unterbunden werden sollte, dass die von dem Verwendungsverbot erfassten Informationen an die Strafverfolgungsbehörden weitergegeben werden. Allein auf diese Weise kann verhindert werden, dass die Strafverfolgungsbehörden sich bei ihrem Vorgehen – wenn auch unbewusst – tatsächlich doch von den unverwertbaren Beweismitteln leiten lassen.[1271] So hielt auch der Verfassungsrichter *Heußner* in seinem Minderheitsvotum zum Gemeinschuldnerbeschluss den Schutz allein durch ein Beweisverwertungsverbot für unzureichend und die Implementierung eines Offenbarungsverbots zum Schutze des Gemeinschuldners für notwendig.[1272] Als Anknüpfungspunkt könnte womöglich die arbeitsrechtliche Fürsorgepflicht dienen. Auf diese Weise würde jedoch den Unternehmen aufgegeben, die strafprozessuale Verwertbarkeit zu sondieren. Insbesondere nach der hier vertretenen Auffassung gestaltet es sich höchst kompliziert herauszufinden, wann eine Auskunftspflicht des Mitarbeiters sowie ein hierauf beruhendes Beweisverwertungsverbot bestehen und welche Informationen jeweils umfasst sind. Ganz abgesehen von den tatsächlichen Bewertungsschwierigkeiten existiert in rechtlicher Hinsicht eine erhebliche Unsicherheit. Es besteht durchaus die Gefahr, dass der Strafverfolgung verwertbare Informationen aufgrund einer Fehleinschätzung entgehen. Aus diesem Grund bietet es sich an, die Entscheidung für oder gegen eine Verwertbarkeit den hierin geübten und dafür verantwortlichen Ermittlungsbeamten zu überlassen.[1273] Daneben erschiene es wegen der bestehenden Bewertungsunsicherheiten unbillig, das Unternehmen den damit verbundenen Schwierigkeiten

---

1270 Siehe hierzu *Theile*, StV 2011, 381, 386. Vgl. auch *Hefendehl*, wistra 2003, 1, 6.

1271 Vgl. auch *Wewerka*, Internal Investigations, S. 322.

1272 Siehe BVerfGE 56, 52, 53. So auch *Hohnel*, NZI 2005, 152, 154.

1273 Vgl. *Bader*, NZI 2009, 416, 419; *Bömelburg*, Selbstbelastungszwang, abrufbar unter http://kups.ub.uni-koeln.de/1065/, S. 65 (zuletzt geprüft am 23.04.2016); *Hefendehl*, wistra 2003, 1, 5.

und denkbaren Sanktionsgefahren (Schadensersatzansprüche wegen unzulässiger Weitergabe, eventuell sogar der Gefahr von Ermittlungen wegen des Verdachts auf Strafvereitelung) auszusetzen. Als Verletzter einer Straftat kann dieses ein berechtigtes Interesse haben, eine Strafanzeige zu stellen. Ein Offenbarungsverbot würde diese Möglichkeit zu sehr beeinträchtigen.[1274] Das Unternehmen könnte aufgrund dieser Unsicherheiten sogar komplett von einer Strafanzeige abgehalten werden. Allenfalls für Informationen, die unzweifelhaft einem Verwertungsverbot unterliegen, könnte, soweit durch den Gesetzgeber oder die obergerichtliche Rechtsprechung für ausreichende Rechtssicherheit gesorgt wurde, ein Offenbarungsverbot aus der Fürsorgepflicht abgeleitet werden. Denn an deren Offenbarung besteht aufgrund der dann eindeutigen Unverwertbarkeit kein billiges Interesse des Unternehmens, sodass in diesem Fall bei einer Abwägung der Interessen des Unternehmens mit denen des Mitarbeiters die letztgenannten Interessen klar überwiegen. Soweit allerdings unsicher bleibt, ob die Strafgerichte die Informationen für verwertbar erachten, sind die eigenen Interessen des Unternehmens häufig unleugbar und überwiegen aufgrund der umfassenden Unverwertbarkeit der durch die Auskunftspflicht erlangten Informationen (auch als Spurenansatz sowie zur Begründung eines Anfangsverdachts) die des betroffenen Mitarbeiters. Eine Verletzung der Menschenwürde ist bereits durch das umfassende Verwendungsverbot ausgeschlossen.[1275] Insoweit scheitert die Zulässigkeit der Offenbarung auch nicht an der mangelnden Erforderlichkeit der Informationsweitergabe und stellt deswegen auch keinen unverhältnismäßigen Eingriff in das allgemeine Persönlichkeitsrecht des Mitarbeiters dar.[1276] Zudem würde ein Offenbarungsverbot dazu führen, dass selbstbelastende Auskünfte auch nicht in Strafverfahren gegen Dritte verwertet werden könnten. Diese wären (ausgenommen für den Fall eines Zeugnisverweigerungsrechtes) hierdurch systemwidrig vor Strafverfolgungsmaßnahmen bewahrt, obwohl ihr Schutz überhaupt nicht bezweckt wäre.[1277] Ein auf die arbeitsrechtlichen Nebenpflichten gestütztes Offenbarungsverbot des Unternehmens scheidet daher in der Regel aus.

II. Zwischenergebnis

Damit ist die Lösung des Interessenkonflikts um die Auskunftspflicht nach geltendem Recht gefunden. Grundsätzlich ist der Unternehmensmitarbeiter nach §§ 666, 675 BGB (analog) verpflichtet, dem Arbeitgeber über alles, was mit seiner

---

1274 Vgl. auch *Wewerka*, Internal Investigations, S. 322.

1275 Vgl. auch *Wewerka*, Internal Investigations, S. 322. Vgl. aber auch *Hohnel*, NZI 2005, 152, 154.

1276 Vgl. in diesem Zusammenhang aber auch das Votum *Heußners*, BVerfGE 56, 52, 53; *Gatzweiler*, in: Arbeitsgemeinschaft Strafrecht des Deutschen Anwaltvereins (Hrsg.), Strafverteidigung im Rechtsstaat, S. 480, 486.

1277 Vgl. *Bader*, NZI 2009, 416, 419; *Bömelburg*, Selbstbelastungszwang, abrufbar unter http://kups.ub.uni-koeln.de/1065/, S. 65 (zuletzt geprüft am 23.04.2016); *Hefendehl*, wistra 2003, 1, 5.

Aufgabenwahrnehmung für das Unternehmen zusammenhängt, Auskunft zu erteilen. Dieser Anspruch ist auch nach § 888 ZPO vollstreckbar. Unter bestimmten Voraussetzungen kann dieser Auskunftsanspruch allerdings nach § 275 Abs. 3 BGB eingeschränkt sein, wenn sich der Mitarbeiter durch die Auskunftserteilung selbst einer Straftat überführen müsste. Nach hier vertretener Ansicht berührt eine Verpflichtung des Mitarbeiters zu selbstbelastenden Auskünften in den Interviews das Nemo-tenetur-Prinzip, denn bei der Auskunftspflicht handelt es um eine staatlich verursachte Zwangslage. Ein Auskunftsverweigerungsrecht ergibt sich unter diesem Aspekt allerdings nur dann, wenn das Interesse des Mitarbeiters, sich nicht selbst belasten zu müssen, die Interessen des Unternehmens an der Auskunft erheblich überwiegt. Denn soweit allein die Auskunftsverpflichtung selbst in Frage steht, ist das Nemo-tenetur-Prinzip nur im durch das allgemeine Persönlichkeitsrecht geschützten Randbereich betroffen. Eine Menschenwürdeverletzung ergibt sich hieraus noch nicht. Erforderlich für die Beurteilung einer Auskunftspflicht ist demnach zwar eine Einzelfallbetrachtung. Zumeist begründet die Gefahr der Selbstbelastung aber noch kein Auskunftsverweigerungsrecht. Es lassen sich allerdings bestimmte Konstellationen ausmachen, in denen die Waage regelmäßig zugunsten des Schweigerechts des Mitarbeiters ausschlägt. So lässt sich eine Auskunftspflicht nicht auf die Notwendigkeit der Auskünfte zur Geltendmachung von Schadensersatzansprüchen oder Kündigungsgründen stützen, denn aus § 619a BGB und der Regelung über die Beweislastverteilung im Kündigungsschutzprozess ergibt sich die Wertung, dass der Arbeitgeber die ihn jeweils berechtigenden Gründe beweisen muss. Diese Beweislastverteilung darf nicht durch die (entsprechende) Gewährung einer materiell-rechtlichen Auskunftspflicht ausgehebelt werden. Dieses Argument verliert jedoch an Gewicht, wenn der Arbeitgeber auf die Geltendmachung von Schadensersatzansprüchen und des Kündigungsrechts verzichtet bzw. der Arbeitgeber seine Ansprüche oder auch die Kündigung bereits durchgesetzt hat. Soweit es zu Friktionen mit diesen Wertungen kommt, scheidet ein Auskunftsanspruch deswegen aus. Auch für den Fall, dass der Arbeitgeber den Auskunftsanspruch alleine aus dem Grund geltend macht, Beweismittel für eine strafrechtliche Verurteilung des Mitarbeiters zu gewinnen, ist die Auskunftspflicht zu verneinen, denn insoweit verfolgt er keinen legitimen Zweck, der die Interessenabwägung zu seinen Gunsten ausschlagen lassen könnte. Die Verwertung im anschließenden Strafverfahren würde die Menschenwürde des befragten Mitarbeiters verletzen. Aus diesem Grund muss eine Verpflichtung zur Auskunft auch dann ausscheiden, wenn die Gefahr besteht, dass die aufgrund einer deutschen Auskunftspflicht gewonnenen Beweismittel in einem ausländischen Strafverfahren zu Lasten des auskunftspflichtigen Mitarbeiters genutzt würden. Eine Auskunftspflicht ist zudem abzulehnen, wenn dem Unternehmen anderweitige Erkenntnismöglichkeiten zur Verfügung stehen.

Soweit nicht der unmittelbare Arbeitsbereich des Mitarbeiters betroffen ist, kann sich eine Auskunftspflicht zwar aus den arbeitsrechtlichen Nebenpflichten ergeben. Diese auf Zumutbarkeitsaspekte gestützte Pflicht umfasst allerdings regelmäßig keine Auskünfte, durch die der Mitarbeiter sich selbst strafrechtlich belasten müsste. Alleine wenn dem Unternehmen im Falle einer unterlassenen Auskunft extreme Schäden drohen, ist eine auf die Schadensabwendungspflicht gestützte Auskunftsverpflichtung anzuerkennen. In vielen Fällen besteht damit bereits keine vollstreckbare Auskunftspflicht.

Soweit hiernach allerdings eine Verpflichtung des Mitarbeiters zur Erteilung selbstbelastender Auskünfte anzuerkennen ist, muss ein umfassendes, mit Fern- und Frühwirkung ausgestattetes und auf die Verfassung (Art. 1 Abs. 1 GG) gestütztes Beweisverwertungsverbot anerkannt werden, denn die Nutzung der unter rechtlichem Auskunftszwang gewonnenen Erkenntnisse in einem Strafverfahren würde die Menschenwürde des betroffenen Mitarbeiters verletzen. Dieser könnte im gegen ihn als Beschuldigten geführten Strafprozess nicht mehr frei zwischen Schweigen und Aussage wählen. Könnte die gegenüber dem Unternehmen abgegebene Auskunft auf dem Wege der Vernehmung eines an der internen Untersuchung beteiligten Zeugen oder auch im Wege der Verlesung der Interviewprotokolle oder des Untersuchungsberichts im Strafverfahren verwertet werden, wäre das Schweigerecht des Mitarbeiters nivelliert. Durch die Selbstbindungswirkung seiner Aussagen wären aber auch alle anderen Mitwirkungsmöglichkeiten im Strafverfahren verloren. Denn die selbstbelastende Auskunft strukturiert den Prozess derart vor, dass die Verurteilung so gut wie sicher wäre. Hierdurch ginge die Subjektstellung des Beschuldigten im Strafverfahren verloren.

III. Grenzen und Probleme dieser Lösung

Nach der hier vertretenen Auffassung stellt sich damit die Rechtslage insgesamt als höchst differenziert und unübersichtlich dar. Dürfte die Feststellung, ob die Voraussetzungen des Auskunftsanspruchs vorliegen, sich in vielen Fällen bereits für die Unternehmen als schwierig erweisen, ist diese Feststellung für den betroffenen Mitarbeiter in den allermeisten Fällen unmöglich. Insbesondere die Frage, ob dem Unternehmen anderweitige Erkenntnismöglichkeiten offen stehen, wird von diesem kaum zu beantworten sein. Insofern stellt sich die hier gefundene Lösung sogar für den betroffenen Mitarbeiter als Verschlechterung zu einer vollumfänglichen Auskunftspflicht dar. Denn der Irrtum über eine außerprozessuale Auskunftspflicht soll nach überwiegender Auffassung kein Umstand sein, der die Anwendung des Nemo-tenetur-Grundsatzes rechtfertigt.[1278] Nach wohl überwiegender Auffassung wäre eine hierdurch bewirkte Auskunft, abgesehen von Fällen vorsätzlicher Täuschungen

1278 Vgl. *Lorenz*, JZ 1992, 1000, 1006; *Möstl*, in: Isensee/Kirchhof (Hrsg.), Handbuch des Staatsrechts, Band VIII, 3. Aufl., § 179 Rn. 69; *Verrel*, NStZ 1997, 415 f.

über das Bestehen einer Auskunftspflicht, freiwillig und damit verwertbar.[1279] Dieser Problematik muss im Folgenden noch nachgegangen werden.[1280]

Daneben wird für die Strafverfolgungsbehörden der Effizienzgewinn durch eine interne Untersuchung weitgehend reduziert. Allein herauszufinden, ob die Voraussetzungen einer Auskunftspflicht und damit eines Beweisverwertungsverbots vorliegen, würde einen nicht zu unterschätzenden Ermittlungsaufwand bedeuten. Diese Untersuchung zu unterlassen, dürfte sich aber aufgrund der Fernwirkung des Beweisverwertungsverbotes als gefährliche Alternative erweisen.[1281] Es droht die Vergiftung der gesamten Beweissammlung. Aus demselben Grund müsste jeweils herausgefunden werden, welche Erkenntnisse des Unternehmens durch erzwungene Auskünfte welchen Mitarbeiters erlangt wurden. Sowohl die Vernehmung von internen Ermittlern als auch die Untersuchungsberichte verlören damit erheblich an Wert, denn eine Ersparnis eigenen Ermittlungsaufwandes dürfte auf diesem Wege kaum noch zu erreichen sein. Um der Möglichkeit einer Vergiftung der eigenen Beweismittel zu entgehen, kann es sich für die Strafverfolgungsbehörden anbieten, die eigenen Ermittlungen unabhängig von der Beweissammlung des Unternehmens durchzuführen. Aus diesem Grund dürfte sich aber auch der Nutzen einer Kooperation für die Unternehmen deutlich verringern. Insgesamt wird hierdurch eine Kooperation zwischen Unternehmen und Strafverfolgungsbehörden erheblich erschwert,[1282] was natürlich – abhängig von der jeweiligen Perspektive – auch als positiv angesehen werden könnte. Diese Problematik lässt sich nur auf die Weise umgehen, dass das Unternehmen im Falle der Selbstbelastungsgefahr ausdrücklich auf die Geltendmachung des Auskunftsanspruchs verzichtet oder aber, dass das Unternehmen die auf „erzwungenen“ selbstbelastenden Auskünften beruhenden Beweismittel strikt und nachvollziehbar von denjenigen Beweismitteln trennt, die auf anderweitigem Wege gewonnen wurden. Aber auch dann ist es für die Strafverfolgungsbehörden schwer nachzuvollziehen, ob die Angaben des Unternehmens jeweils zutreffen.

D. Die Lösung der Problematik um das Wissensdefizit

Aufgrund der eben dargestellten einzelfallabhängigen Lösung der Zwangsproblematik nach dem aktuellen Recht drängt sich die Prägnanz der Fragestellung, wie mit der rechtstatsächlichen Problematik um das Wissensdefizit des Mitarbeiters

---

1279 Siehe hierzu *Dann/Zülch*, ZRFC 2011, 267, 270; *M. Jahn*, StV 2009, 41, 45; *Minoggio*, in: Böttger (Hrsg.), Wirtschaftsstrafrecht in der Praxis, 2. Aufl., 18. Kap. Rn. 144; *Momsen*, ZIS 2011, 508, 513; *Park*, in: Volk (Hrsg.), Verteidigung in Wirtschafts- und Steuerstrafsachen, 2. Aufl., § 11 Rn. 111; *Scharnberg*, Internal Investigations, S. 293. Grundsätzlich ebenso, aber für eine Unverwertbarkeit im Falle, dass sich nicht feststellen lässt, ob die Auskunftspflicht bestand oder nicht, *Bittmann/Molkenbur*, wistra 2009, 373, 377. A.A. *Rödiger*, Strafverfolgung von Unternehmen, S. 306.

1280 7. Kapitel D.

1281 Vgl. auch *Rödiger*, Strafverfolgung von Unternehmen, S. 316.

1282 Siehe auch *Rödiger*, Strafverfolgung von Unternehmen, S. 316.

umzugehen ist, umso mehr auf. Auch hier soll zuerst die aktuelle Rechtslage untersucht werden.

Als Ansatzpunkte, mit diesem Defizit umzugehen, bietet sich zum einen eine verfahrensorientierte Lösung an, die dafür Sorge trägt, dass das Wissensdefizit noch während des Prozesses der Auskunftserlangung, vor der Erteilung selbstbelastender Auskünfte, abgebaut wird. Die Information des Mitarbeiters könnte, da sich die Auskunftserlangung allein im Verhältnis zwischen Unternehmen und dem betroffenen Mitarbeiter abspielt und staatliche Organe zu diesem Zeitpunkt nicht notwendigerweise involviert sind, nur durch das Unternehmen bzw. durch die von dem mit dem Unternehmen mit der Untersuchung beauftragten Personen geleistet werden. Die andere, später einsetzende Möglichkeit besteht wieder darin, die Problematik nicht bereits im Arbeitsrecht, sondern erst im Strafrecht durch die Anerkennung eines Beweisverwertungsverbotes zu entschärfen. Fraglich ist aber, ob das bestehende Recht eine dieser Lösungen bereitstellt.

I. Die Rechtslage de lege lata

1. Mögliche Betroffenheit des Nemo-tenetur-Prinzips

Bevor den angesprochenen Fragestellungen im Detail nachgegangen werden kann, soll zuerst geklärt werden, ob bezüglich des Wissensdefizits das Nemo-tenetur-Prinzip berührt ist, denn das wäre bei der Lösung der Problematik allgemein zu berücksichtigen.

Damit ist zu klären, ob das Nemo-tenetur-Prinzip auch den Schutz vor der irrtümlichen Selbstbelastung gegenüber Privaten umfasst. Die Rechtswissenschaft hat sich mit dieser Fragestellung bislang insbesondere in Bezug auf die Konstellationen der Hörfalle sowie der verdeckten Ermittler und V-Leute befasst.[1283] Bei „Hörfallen" provoziert eine Privatperson auf Veranlassung der Ermittlungsbehörden selbstbelastende Äußerungen eines Beschuldigten und lässt hierbei Polizeibeamten mit- oder abhören, ohne dies oder seine Ermittlungsabsicht dem Ausgeforschten offenzulegen.[1284]

a) Die Freiheit vor Irrtum als genereller Bestandteil des Nemo-tenetur-Prinzips

aa) Nemo-tenetur als Gewährleistung von Eigenverantwortlichkeit

Zu einer Einbeziehung des Schutzes vor Irrtümern könnte man über ein weites Verständnis des Schutzbereiches des Nemo-tenetur-Prinzips gelangen. Dazu müsste man das Nemo-tenetur-Prinzip im Sinne einer positiven Gewährleistung als Garant einer eigenverantwortlichen und selbstbestimmten Entscheidung des Beschuldigten

1283 Vgl. hierzu *Verrel*, Selbstbelastungsfreiheit, S. 110.
1284 Siehe hierzu auch unter 7. Kapitel D. I. 3.

über seine Selbstbelastung verstehen.[1285] Ransiek leitet diese weite Auslegung aus der verfassungsrechtlichen Verankerung des Prinzips im allgemeinen Persönlichkeitsrecht her. Ein Verbot könne nur durch die Ermittlung der geschützten Interessen begründet werden. Das Schweigerecht sei deswegen allein als Bestandteil einer umfassenden Gewährleistung der Entschließungsfreiheit des Beschuldigten erklärbar.[1286] Eigenverantwortlichkeit und Selbstbestimmtheit der Entscheidung als Voraussetzungen der Entschließungsfreiheit sollen allerdings nicht im Sinne einer völlig von Informationen, Erfahrungen und Beeinflussungen losgelösten Entscheidungssituation verstanden werden, wie sie in der Realität nicht existieren könnte.[1287] Voraussetzung soll allein die Zurechenbarkeit der Entscheidung zu der Person des Beschuldigten sein.[1288] Entscheidend sei deswegen, ob die Aussage noch dem Beschuldigten als persönliche Entscheidung zugeschrieben werde, oder ob sie dem Vernehmenden als dessen Produkt zuzuordnen sei.[1289] Das Nemo-tenetur-Prinzip umfasst nach Ransiek daher auch den Schutz vor solchen Täuschungen, die geeignet sind, die Einsichtsfähigkeit des Beschuldigten in die Bedeutung seiner Aussage oder der vorgeworfenen Tat zu beeinträchtigen.[1290] Dagegen soll das Nemo-tenetur-Prinzip die Strafverfolgungsorgane nicht verpflichten, etwaige Irrtümer des Beschuldigten auszuräumen. Geschützt sei nicht die Möglichkeit, durch umfassende Information die beste Verteidigungsstrategie wählen zu können; alleine die Selbstbestimmtheit der Wahl solle gewährleistet werden.[1291] Auch Bosch sieht die Selbstbelastungsfreiheit als positive Garantie der Willensentschließungsfreiheit im Strafverfahren.[1292] Eine Trennung in negative und positive Äußerungsfreiheit sei nicht stringent durchführbar, was sich insbesondere an der Konstellation des Teilschweigens offenbare.[1293] Zudem handle es sich bei dem Schweigen und der Einlassung zur Sache um zwei gleichwertige Verteidigungsformen.[1294] Soweit gegen diese Ansicht vorgebracht werde, eine weite auf den Schutz der Eigenverantwortlichkeit

---

1285 So, mit im Einzelnen unterschiedlicher Reichweite, *Bosch*, nemo-tenetur-Prinzip, S. 121 ff.; *Ellbogen*, Kriminalistik 2006, 544, 546 ff.; *Groth*, Unbewusste Äußerungen, S. 70 ff.; *Ransiek*, Rechte des Beschuldigten, S. 49 f.; siehe auch *Ransiek*, StV 1994, 343, 345 (Fn. 33). Vgl. auch *Götting*, Beweisverwertungsverbote, S. 159 ff.; *Keller*, Rechtliche Grenzen, S. 135; *Weßlau*, ZStW 110 (1998), 1, 26. Ähnlich zuvor bereits *Kühl*, StV 1986, 187, 190; *Wolfslast* NStZ 1987, 103, 104. A.A. *Rogall*, in: Wolter (Hrsg.), Systematischer Kommentar zur Strafprozessordnung, Band 2, 4. Aufl., Vor § 133 ff. Rn. 139.

1286 Siehe *Ransiek*, Rechte des Beschuldigten, S. 48 ff. Ähnlich auch *Bosch*, nemo-tenetur-Prinzip, S. 121.

1287 *Ransiek*, Rechte des Beschuldigten, S. 55.

1288 *Ransiek*, Rechte des Beschuldigten, S. 54.

1289 *Ransiek*, Rechte des Beschuldigten, S. 54.

1290 *Ransiek*, Rechte des Beschuldigten, S. 67.

1291 *Ransiek*, Rechte des Beschuldigten, S. 69.

1292 *Bosch*, nemo-tenetur-Prinzip, S. 121 ff.

1293 *Bosch*, nemo-tenetur-Prinzip, S. 123.

1294 *Bosch*, nemo-tenetur-Prinzip, S. 123 f.

abzielende Auslegung des Nemo-tenetur-Prinzips müsse zwangsweise zu einer Relativierung und damit Verringerung des Schutzes im Kernbereich führen,[1295] sei dem zu widersprechen.[1296] Der durch eine zwangsorientierte Auslegung geschützte Kernbereich bleibe durch eine weitere funktionale Betrachtungsweise weiterhin unumstritten.[1297] Unabhängig von einer etwaigen Relativierung sei mit dem weiteren Verständnis des Nemo-tenetur-Prinzips jedenfalls ein effektiverer Schutz des Beschuldigten bewirkt.[1298] Wie Ransiek stellt auch Bosch auf die Eigenverantwortlichkeit der Entscheidung ab.[1299] Auch er versteht dieses Kriterium „normativ". Entscheidend sei, ob der Beschuldigte das mit seiner Aussage verbundene Risiko derart überblicke, dass eine potenzielle für ihn negative Verwertung seiner Aussage seinem eigenen Verantwortungsbereich zugeordnet werden könne.[1300] Abweichend von Ransiek kommt er damit zu einer teilweisen Zulässigkeit von Täuschungen.[1301] Auch Keller sieht den Zweck des Nemo-tenetur-Prinzips darin, die Eigenständigkeit des Beschuldigten objektiv zu wahren,[1302] erachtet diesen jedoch als durch entgegenstehende Interessen an der Strafverfolgung begrenzt.[1303] Aus diesem Grund nimmt er Täuschungen als „am wenigsten intensive Form der Veranlassung zur Selbstbelastung" von dem Verbot im Strafverfahren aus.[1304]

Diesen weiten Ansichten ist insoweit zuzustimmen – und das ist vollkommen unumstritten – dass die Subjektstellung des Beschuldigten im Strafverfahren von mehr abhängt als der Gewährung eines Schweigerechts. Hierfür sind positive Mitwirkungs-, aber auch Informationsrechte essentiell.[1305] Ebenfalls ist zuzugestehen, dass Täuschungen in Extremfällen wirklich geeignet sein können, die Subjektsqualität auszuschließen.[1306] Im Ausnahmefall kann dem Beschuldigten durch Täuschungen die Einsicht in die Bedeutung und die Konsequenzen seiner Entscheidung für oder gegen das Schweigen derart versperrt sein, dass von einer eigenverantwortlichen Entscheidung nicht mehr ausgegangen werden kann. Das dem aber nicht so sein muss, erkennt ja auch die weite Auslegung an[1307] und gelangt aufgrund

1295 So *Lammer*, Verdeckte Ermittlungen, S. 157; *Lorenz*, JZ 1992, 1000, 1006.
1296 *Bosch*, nemo-tenetur-Prinzip, S. 121 f.
1297 *Bosch*, nemo-tenetur-Prinzip, S. 122.
1298 *Bosch*, nemo-tenetur-Prinzip, S. 122.
1299 *Bosch*, nemo-tenetur-Prinzip, S. 124 ff.
1300 *Bosch*, nemo-tenetur-Prinzip, S. 125.
1301 Siehe *Bosch*, nemo-tenetur-Prinzip, S. 172.
1302 *Keller*, Rechtliche Grenzen, S. 135.
1303 *Keller*, Rechtliche Grenzen, S. 136 f.
1304 *Keller*, Rechtliche Grenzen, S. 136 f.
1305 Vgl. *H. Schneider*, Grund und Grenzen, S. 28 f. Vgl. auch *Eser*, ZStW 79 (1967), 213, 219 f., 224 ff.
1306 Vgl. *Bosch*, nemo-tenetur-Prinzip, S. 122 f.; *Gaede*, JR 2009, 493, 498; *Ransiek*, Rechte des Beschuldigten, S. 67 f.
1307 Siehe *Bosch*, nemo-tenetur-Prinzip, S. 124 f.

dieses Aspekts auch häufig zu weitgehenden Einschränkungen.[1308] In diesen Extremfällen muss dann jedoch nicht das Nemo-tenetur-Prinzip bemüht werden, das bezüglich der Konsequenzen in Strafverfahren zu einer absoluten Entweder-oder-Entscheidung zwingt.

Eine Abhilfe kann auch die direkte Anwendung des Art. 1 Abs. 1 GG leisten. Daneben besteht die Möglichkeit, diese Extremfälle auch über den durch Art. 1 Abs. 1 GG ebenfalls absolut geschützten Kernbereich des Fair-trial-Prinzips zu bewältigen, das zudem über diesen Kernbereich hinaus relativen Schutz garantieren kann. Letzteres spricht entscheidend für die Lösung über das Fair-trial-Prinzip, denn anders als durch die Anwendung von Zwang muss die Anwendung von Täuschungen keinen vollkommenen Verlust der Subjektstellung bewirken. Hier existiert ein weites Feld an Zwischentönen der Willensbeeinträchtigung, die zu einer Gesamtbetrachtung der Entscheidungssituation zwingen.[1309] Allein das kontextgelöste Vorliegen einer Täuschung reicht für eine Beurteilung der Subjektstellung des Beschuldigten nicht aus. Dies spricht für die Anwendung eines relativen Prinzips. Zwar kann auch Zwang die Willensfreiheit auf unterschiedliche Weise beeinträchtigen. Jedoch besteht weitgehender Konsens, dass Zwang die Willensfreiheit stets in einer die Anwendung des Nemo-tenetur-Prinzips notwendig erscheinenden Weise untergräbt, anders als eine Täuschung oder ein reiner Irrtum. Insofern besteht ein quantitativer Unterschied zwischen Täuschung bzw. Irrtum und Auskunftszwang.[1310] Die Trennung in Schweigerecht und den positiven Gehalt der Mitwirkungsfreiheit erscheint deswegen nicht willkürlich.[1311]

bb) Das Nemo-tenetur-Prinzip als Schutz vor staatlich manipulierter Selbstbelastung

Ebenfalls zu einer Einbeziehung von Täuschungen in den Schutzbereich des Nemo-tenetur-Prinzips kann man gelangen, wenn man dessen Sinn u. a. mit C. Roxin zumindest auch darin erblickt „staatlich veranlasste irrtumsbedingte Selbstbelastung" zu verhindern.[1312]

1308 Siehe hierzu *Lammer*, Verdeckte Ermittlungen, S. 158; *Verrel*, Selbstbelastungsfreiheit, S. 111, 116. Vgl. auch die Kritik von *Weßlau*, ZStW 110 (1998), 1, 9 (Fn. 24).

1309 Vgl. auch *Lindner*, Täuschungen, S. 150 ff.; *Verrel*, Selbstbelastungsfreiheit, S. 116. Vgl. aber auch *Greco/Caracas*, NStZ 2015, 7, 10.

1310 Vgl. auch *Keller*, Rechtliche Grenzen, S. 137; *Lagodny*, StV 1996, 167, 169; *Renzikowski*, JZ 1997, 710, 714 f., der zwischen dem durch Art. 1 Abs. 1 GG geschützten Kern der Aussagefreiheit als Schutz vor Zwang und einem lediglich einschränkbar geschütztem Randbereich der Irrtumsfreiheit differenziert; *ders.*, JR 2008, 164, 166; *Verrel*, NStZ 1997, 415, 416. A.A. *Derksen*, JR 1997, 167, 170; *Fezer*, NStZ 1996, 289, 290.

1311 Für eine Beschränkung des Nemo-tenetur-Prinzips auf dieses „passive Verteidigungsrecht" (so *Dingeldey*, JA 1984, 407, 409) neben *dens.*, a.a.O. *Bockemühl*, Private Ermittlungen, S. 76 f.; *Lammer*, Verdeckte Ermittlungen, S. 157 ff.; *Rogall*, Der Beschuldigte, S. 60; *H. Schneider*, Grund und Grenzen, S. 28 f.

1312 Siehe *C. Roxin*, NStZ 1995, 465, 466; *ders.*, NStZ 1997, 18. Vgl. auch *ders./Schünemann*, 28. Aufl., § 24 Rn. 41. Für die Ausdehnungen des Nemo-tenetur-Prinzips

Diese Auslegung des Nemo-tenetur-Prinzips durch C. Roxin bezieht sich insbesondere auf die bereits erwähnte Problematik um die Zulässigkeit der sogenannten „Hörfallen" und ähnlicher Konstellationen. Dem entgegen lehnte die ältere Rechtsprechung insoweit die Betroffenheit des Nemo-tenetur-Prinzips größtenteils ab.[1313] Nemo-tenetur beinhalte allein den Schutz des Beschuldigten vor staatlichem Auskunftszwang.[1314] Allein aufgrund der Anwendung von Auskunftszwang konnte danach auch in den Hörfallenkonstellationen im Einzelfall eine Verletzung des Nemo-tenetur-Prinzips bejaht werden.[1315] Zwar wurde in der Konstellation, dass ein absichtlich als Zellengenosse eingeschleuster Polizeispitzel den Beschuldigten unter dem Vorwand zu einem Geständnis drängte, die Tat auf sich nehmen zu

auf Täuschungen auch *Bernsmann*, StV 1997, 116, 118; *Derksen*, JR 1997, 167, 170; *Duttge*, JZ 2008, 261 ff.; *Eidam*, Selbstbelastungsfreiheit, S. 82 ff.; *Esser*, JR 2004, 98, 107; *Groth*, Unbewusste Äußerungen, S. 77 ff.; *Hauck*, NStZ 2010, 17, 22; *Kottek*, Kooperation, S. 129; *Mahlstedt*, Verdeckte Befragung, S. 101 ff.; *Renzikowski*, JR 2008, 164, 167. Vgl. auch *Bosch*, JA 2007, 903, 904, 905; *Bottke*, Jura 1987, 356, 361; *Engländer*, ZIS 2008, 163, 165 ff.; *Fezer*, NStZ 1996, 289, 290; *Kahlo*, in: Zaczyk/Köhler/Kahlo (Hrsg.), Festschrift für E. A. Wolff, S. 153, 186; *Paul*, NStZ 2013, 489, 495; *H. Schneider*, GA 1997, 371, 380. Im Ergebnis ebenso *Popp*, NStZ 1998, 95, 96, nach dem in jeder Verursachung eines Irrtums zugleich die Anwendung von Zwang liegen soll. Ablehnend *Bockemühl*, Private Ermittlungen, S. 76 f.; *Ellbogen*, Kriminalistik 2006, 544, 547; *Haas*, V-Leute, S. 98 f.; *Jäger*, Beweisverwertung, S. 162, 164 f.; *Krey*, Private Ermittlungen, S. 75; *Kudlich*, JuS 1997, 696, 699; *Kühne*, in: Erb/Esser/Franke u. a. (Hrsg.), Löwe-Rosenberg, StPO, 26. Aufl., Band 1, Einl. Abschn. J Rn. 88; *Lammer*, Verdeckte Ermittlungen, S. 155 ff.; *Lesch*, GA 2000, 355, 361 f.; *Rogall*, Der Beschuldigte, S. 180 ff.; *ders.*, NStZ 2008, 110, 112; *ders.*, in: Wolter (Hrsg.), Systematischer Kommentar zur Strafprozessordnung, Band 2, 4. Aufl., Vor § 133 ff. Rn. 141; *Queck*, Unternehmen, S. 210; *T. Schaefer*, Nemo-tenetur, S. 151 f.; *Verrel*, NStZ 1997, 415; *ders.*, Selbstbelastungsfreiheit, S. 108 ff., 158 ff.; *Weßlau*, Vorfeldermittlungen, S. 212. Abl. auch *Wolter*, der ein eigenständiges, aus Art. 2 Abs. 1, 1 Abs. 1 GG abzuleitendes „Ausforschungs- und Umgehungsverbot" befürwortet, *ders.*, in: Roxin/Widmaier (Hrsg.), 50 Jahre Bundesgerichtshof, Band IV, S. 963, 973 f.; *ders.*, ZIS 2012, 238, 241, 245.

1313 BGHSt 39, 335, 346 f. m. Anm. *Sternberg-Lieben*, Jura 1995, 299 ff.; NStZ 1995, 557; BGHSt 42, 139, 153 m. Anm. *Kudlich*, JuS 1997, 696 ff.; *Popp*, NStZ 1998, 95 f.; *Renzikowski*, JZ 1997, 710 ff.; *Rieß*, NStZ 1996, 505 f. und m. abl. Anm. *Bernsmann*, StV 1997, 116 ff.; *Derksen*, JR 1997, 167 ff. Vgl. auch *Verrel*, Selbstbelastungsfreiheit, S. 152; *Weßlau*, ZStW 110 (1998), 1, 4. Abweichend allerdings BGHSt 34, 39, 45 f. sowie der Vorlagebeschluss des 5. Strafsenats, NStZ 1995, 410, 411 m. abl. Anm. *Seitz*, NStZ 1995, 519, 520. Vgl. zudem auch BGHSt 40, 66, 71 f. Für eine Unzulässigkeit von Hörfallen neben den bereits genannten auch *Pawlik*, GA 1998, 378, 387 ff.

1314 BGHSt 42, 139, 153.

1315 Unproblematisch deswegen BGHSt 55, 138, 144 ff. Vgl. auch *Rogall*, NStZ 2008, 110, 113.

wollen, ein Verwertungsverbot angenommen.[1316] Begründet wurde dieses allerdings nicht mit dem Nemo-tenetur-Prinzip, sondern einem Verstoß gegen das Verbot zur Anwendung unerlaubten Zwangs gemäß §§ 136a, 163a Abs. 4 S. 2 StPO (der Ausgehorchte befand sich in Untersuchungshaft).[1317] Ansonsten sah der BGH – in einer Entscheidung des Großen Senats – die Zulässigkeit einer verdeckten Ausforschung aufgrund der Nähe zu dem Nemo-tenetur-Prinzip durch den Grundsatz des Fair-trial und das Rechtsstaatsprinzip auf die Fälle begrenzt, in denen es um die Aufklärung einer Straftat von erheblicher Bedeutung ging und die Erforschung des Sachverhalts unter Einsatz anderer Ermittlungsmethoden erheblich weniger erfolgsversprechend erschien oder wesentlich erschwert worden wäre.[1318]

Angestoßen durch den EGMR hat diese Rechtsprechung in den letzten Jahren allerdings eine gewisse Kehrtwende genommen. In BGHSt 52, 11, 18 hat der BGH ausdrücklich offengelassen, ob an der restriktiven Auslegung des Nemo-tenetur-Prinzips festgehalten werden könne. Auslöser war die Entscheidung *Allan v. Großbritannien* des EGMR, in der dieser feststellte, dass der Anwendungsbereich der Selbstbelastungsfreiheit nicht auf solche Fälle beschränkt sei, in denen der Beschuldigte Zwang widerstehen musste oder in denen der Wille des Beschuldigten in irgendeiner Weise direkt überwunden" wurde.[1319] Die zum Schutz der Selbstbelastungsfreiheit gehörende freie Entscheidung, auszusagen oder zu schweigen, werde „effektiv unterlaufen, wenn die Behörden in einem Fall, in dem der Beschuldigte, der sich in der Vernehmung für das Schweigen entschieden hat, eine Täuschung anwenden, um dem Beschuldigten Geständnisse oder andere selbstbelastende

---

1316 BGHSt 34, 362 m. krit. Anm. *Fezer*, JZ 1987, 937 ff.; *Grünwald*, StV 1987, 470 ff.; *Seebode*, JR 1988, 427 ff.; *H. Wagner*, NStZ 1989, 34 f.; Siehe hierzu auch *Lesch*, GA 2000, 355 ff. Für die Annahme einer verbotenen Täuschung i.S.d. § 136a StPO aber die Vorinstanz des LG Hannover, StV 1986, 521 f. Vgl. zu einer ähnlichen Konstellation auch EGMR, NJW 2010, 213 ff. m. Anm. *Gaede*, JR 2009, 493 ff.; *Jung*, GA 2009, 651 ff.

1317 BGHSt 34, 362, 363 f.; 44, 129, 134 f. (entsprechende Anwendung auf Privatpersonen). Siehe hierzu auch *Lesch*, GA 2000, 355 ff., 367 ff. Gegen diese Argumentation *Beulke*, StV 1990, 180, 183; *Eidam*, Selbstbelastungsfreiheit, S. 80; *Esser*, JR 2004, 98, 100; *Renzikowski*, JZ 1997, 710, 711; *C. Roxin*, NStZ 1995, 465, 467; *ders.*, NStZ 1997, 18; *ders.*, NStZ-Sonderheft 2009, 41, 45 f.

1318 BGHSt 42, 139, 157. Dies soll nach Auffassung des BGH allerdings nicht bedeuten, „dass dem Einsatz von Privatpersonen zur Aufklärung von Straftaten keine aus dem Rechtsstaatsprinzip und dem aus ihm hervorgehenden Grundsatz des fairen Verfahrens abgeleiteten Grenzen gesetzt sind, wenn zur Heimlichkeit der Ausforschung weitere Umstände hinzutreten, die die Freiheit des Beschuldigten, sich über seine Tat zu äußern, zusätzlich beeinträchtigen", BGHSt 44, 129, 133 f. Zur Kritik an dieser Argumentation des BGH siehe insbesondere *Verrel*, Selbstbelastungsfreiheit, S. 156 ff. m.w.N.

1319 EGMR, StV 2003, 257, 259 m. Anm. *Gaede*. Siehe zu dieser Entscheidung auch *Eidam*, Selbstbelastungsfreiheit, S. 65 ff.; *Esser*, JR 2004, 98 ff.; *Renzikowski*, JR 2008, 164, 165 f.

Aussagen zu entlocken, die sie in der Vernehmung nicht erlangen konnten, und die so erlangten Geständnisse oder selbstbelastenden Aussagen in den Prozess als Beweise einführen."[1320] Eine Verletzung des Prinzips hänge zwar vom Einzelfall ab,[1321] aber das Schweigerecht sei jedenfalls verletzt, wenn der Informant als Agent des Staates gehandelt und der Informant den Beschuldigten zu der Äußerung veranlasst habe.[1322] Für Ersteres sei entscheidend, ob der Wortwechsel auch in der gleichen Art und Weise dann stattgefunden hätte, wenn die Behörden nicht eingegriffen hätten.[1323] Letzteres sei von der Art der Beziehung zwischen dem Informanten und dem Beschuldigten abhängig und davon, ob sich das Gespräch des Informanten mit dem Beschuldigten als funktionales Äquivalent einer staatlichen Vernehmung darstelle.[1324] Diese Argumentation wurde freilich später wieder insoweit relativiert, als diese Grundsätze nicht gelten sollen, wenn der Beschuldigte noch nicht inhaftiert sei, auf ihn nicht in Vernehmungen Druck zu einer Aussage ausgeübt worden sei und er seinen Willen zu Schweigen noch nicht geäußert habe.[1325]

Angetrieben durch diese Rechtsprechung des EGMR[1326] hat der BGH in BGHSt 52, 11 ff. letztendlich auch ein Beweisverwertungsverbot für den Fall angenommen, dass der Beschuldigte vor der durch Täuschung erlangten Aussage ausdrücklich gegenüber Polizeibeamten erklärt hatte, von seinem Schweigerecht Gebrauch zu machen, und danach durch einen verdeckten Ermittler in einer Haftsituation beharrlich zu selbstbelastenden Auskünften gedrängt wurde. Dabei hat er sich allerdings nicht festgelegt, ob hierin auch nach innerdeutschem Recht ein Verstoß gegen Nemo-tenetur zu sehen oder stattdessen das Fair-trial-Prinzip heranzuziehen sei.[1327] Später hat der BGH ein Beweisverwertungsverbot bezüglich eines heimlich überwachten, während der Untersuchungshaft des Ehemannes geführten Gesprächs zwischen Ehegatten angenommen, weil bei den Eheleuten absichtlich der Eindruck einer überwachungsfreien Gesprächssituation erweckt wurde (andere Räumlichkeit als

1320 EGMR, StV 2003, 257, 259.

1321 EGMR, StV 2003, 257, 259.

1322 EGMR, StV 2003, 257, 259.

1323 EGMR, StV 2003, 257, 259.

1324 EGMR, StV 2003, 257, 259.

1325 EGMR, NJW 2010, 213, 216. Siehe hierzu *Gaede*, JR 2009, 493 ff.; *Hauck*, NStZ 2010, 17, 21; *Rogall*, in: Wolter (Hrsg.), Systematischer Kommentar zur Strafprozessordnung, Band 2, 4. Aufl., Vor § 133 ff. Rn. 131.

1326 Siehe auch *C. Roxin*, NStZ-Sonderheft 2009, 41, 42.

1327 BGHSt 52, 11, 21 m. Anm. *Bosch*, JA 2007, 903 ff.; *Duttge*, JZ 2008, 261 ff. (abl.); *Engländer*, ZIS 2008, 163 ff.; *Knierim*, FD-StrafR 2007, 240363; *Meyer-Mews*, NJW 2007, 313142 f.; *Mitsch*, Jura 2008, 211 ff.; *Renzikowski*, JR 2008, 164 ff.; *Rogall*, NStZ 2008, 110 ff. Vgl. hierzu aber auch *Meyer-Goßner*, in: Meyer-Goßner/Schmitt, StPO, 58. Aufl., Einl. Rn. 29a, nach dem hier das Nemo-tenetur-Prinzip als einschlägig erachtet worden sei.

der übliche Besuchsraum, keine Überwachung durch einen Vollzugsbeamten).[1328] Auch wenn der BGH in dieser Entscheidung mehrmals auf das Nemo-tenetur-Prinzip zu sprechen kommt und die Begründung zwischen dem genannten Grundsatz und dem Recht auf ein faires Verfahren pendelt, begründet er dieses Ergebnis letztendlich mit einer Verletzung des Rechts auf ein faires Verfahren.[1329] In einer weiteren Entscheidung ging der BGH umfassend auf die entsprechende Rechtsprechung des EGMR zur Selbstbelastungsfreiheit ein und lehnte unter Hinweis auf die Unterschiede zur *Allan*-Entscheidung[1330] (keine Situation der Untersuchungshaft, die Privatperson handelte aus eigenem Antrieb) und Hinweis auf *Bykov v. Russland*[1331] eine Verletzung der Selbstbelastungsfreiheit ab.[1332] Im Unterschied zu den zuvor genannten Entscheidungen wird hier die Problematik allein in Bezug auf eine Verletzung des Nemo-tenetur-Prinzips diskutiert.[1333] Allerdings bleibt unklar, ob sich der BGH dabei auch auf das nationale Prinzip bezieht, denn als Rechtsgrundlage des Grundsatzes wird allein auf Art. 6 Abs. 1 EMRK abgestellt.[1334] Insgesamt scheint sich die neuere Rechtsprechung in die Richtung der Anwendbarkeit des Nemo-tenetur-Prinzips zu bewegen, wirkt dabei allerdings noch ungefestigt.[1335]

Gegen eine Einbeziehung in den Anwendungsbereich des Nemo-tenetur-Prinzips wird insbesondere mit der Verteilung der Verantwortungsbereiche, angelehnt an die aus dem materiellen Recht bekannte Figur der objektiven Zurechenbarkeit, argumentiert.[1336] Wer sich bewusst einem anderen gegenüber selbstbelastend äußere, wisse, dass er die Informationen in eine unbeherrschbare Außenwelt entlasse und diese auch an die Strafverfolgungsorgane herangetragen werden könnten. Er handle demnach eigenverantwortlich.[1337] Daran ändere sich auch nichts, wenn der andere

1328 BGHSt 53, 294 ff. m. Anm. *Klesczewski*, StV 2010, 462 ff.; *Zuck*, JR 2010, 17 ff.; abl. *Engländer*, JZ 2009, 1179; *Hauck*, NStZ 2010, 17 ff.; *Rogall*, HRRS 2010, 289 ff.

1329 BGHSt 53, 294, 310.

1330 EGMR, StV 2003, 257 ff.

1331 EGMR, NJW 2010, 213 ff.

1332 BGH, StV 2012, 129, 130 m. abl. Anm. *C. Roxin*.

1333 BGH, StV 2012, 129, 130.

1334 BGH, StV 2012, 129, 130.

1335 Nach *Sowada*, in: Geisler/Kraatz/Kretschmer u. a. (Hrsg.), Festschrift für Klaus Geppert, S. 689, 699, soll die neue Rechtsprechung des BGH die Konstellationen der staatlich veranlassten irrtumsbedingten Selbstbelastungen allerdings an dem Nemo-tenetur-Prinzip festmachen.

1336 *Lammer*, Verdeckte Ermittlungen, S. 158 f.; *Pawlik*, GA 1998, 378, 385 f.; *Rogall*, Der Beschuldigte, S. 181; *Seitz*, NStZ 1995, 519; *Sternberg-Lieben*, Jura 1995, 299, 308 f.

1337 *Lammer*, Verdeckte Ermittlungen, S. 159; *Seitz*, NStZ 1995, 519; *Sternberg-Lieben*, Jura 1995, 299, 308 f. Siehe auch *Ellbogen*, Kriminalistik 2006, 544, 545, 546 ff. Vgl. auch BGHSt 42, 139, 156; *Krey*, in: Kühne (Hrsg.), Festschrift für Koichi Miyazawa, S. 595, 600; *Mitsch*, Jura 2008, 211, 214 f. Hiergegen *Bosch*, nemo-tenetur-Prinzip, S. 127; *Eidam*, Selbstbelastungsfreiheit, S. 92. A.A. auch *Fezer*, NStZ 1996, 289, 290; *Meurer*, in: Schünemann/Achenbach/Bottke u. a. (Hrsg.), Festschrift für Claus Roxin, S. 1281, 1291; *Renzikowski*, JZ 1997, 719, 715; *C. Roxin*, NStZ-Sonderheft 2009, 41, 44.

von vornherein die Absicht hege, es an die Strafverfolgungsbehörden weiterzuleiten oder dies sogar bereits konkret abgesprochen habe. Problematisch an dieser Argumentation erscheint der Umstand, dass die Weiterleitungsabsicht gerade ein risikoerhöhender Umstand ist, den der Befragte nicht kennt und zumeist auch nicht kennen kann und deswegen auch das mit der Äußerung letztendlich verbundene konkrete (rechtsgutsbezogene) Risiko nicht überblickt.[1338] Die Differenzierung nach Verantwortungsbereichen müsste hier deshalb nach zumindest teilweise anderen Kriterien als im materiellen Strafrecht vorgenommen werden, um zu einer Selbstverantwortlichkeit zu gelangen.[1339]

Für eine Einbeziehung in den Schutzbereich der Selbstbelastungsfreiheit spricht insbesondere der Gedanke des Umgehungsschutzes. Auf diesen Gedanken stützt sich auch *C. Roxin*, wenn er darauf verweist, dass das Belehrungsgebot des § 136 StPO und dessen Absicherung durch ein Beweisverwertungsverbot nutzlos würden und die Polizei sogar von dem gesetzlich vorgesehenen Weg der Informationsbeschaffung abgehalten werden könnte, wenn diese den Beschuldigten durch scheinbare Privatgespräche ohne Belehrungen aushorchen dürfe.[1340] Dass auch Täuschungen in den Anwendungsbereich des Nemo-tenetur-Prinzips fallen müssten, ergebe sich bereits daraus, dass auch § 136 StPO, dessen Umgehung in der Konstellation der Hörfalle im Raum stehe, nicht vor Auskunftszwang, sondern vor Täuschungen bewahren solle.[1341] Auch bedeute es eine gegenüber der unterlassenen Beschuldigtenbelehrung durch einen offen auftretenden Polizeibeamten stärkere Beeinträchtigung der Privatautonomie, wenn schon über den Umstand getäuscht werde, dass die Erkenntnisse an die Polizei weitergereicht würden. Denn im ersten Fall wisse der Beschuldigte zumindest um den Bezug zu den Strafermittlungen und sei hierdurch vorgewarnt.[1342] Zudem sei die Hinweispflicht des § 136 Abs. 1 S. 2 StPO nur erklärlich, wenn diese Vorschrift u. a. den Beschuldigten vor irrtumsbedingter Selbstbelastung gegenüber der Polizei bewahren wolle, denn dass kein Auskunftszwang bestehe, könne der Beschuldigte bereits der Belehrung über sein Schweigerecht entnehmen.[1343]

1338 Vgl. *Kretschmer*, HRRS 2010, 343, 346; *Weiler*, GA 1996, 101,106.

1339 Vgl. *Rengier*, AT, 7. Aufl., § 13 Rn. 80; *Sternberg-Lieben/Schuster*, in: Schönke/Schröder, StGB, 29. Aufl., § 15 Rn. 168. Siehe hierzu auch *Ellbogen*, Kriminalistik 2006, 544, 545.

1340 *C. Roxin*, NStZ 1997, 18, 19. Vgl. auch *Bernsmann*, StV 1997, 116, 118; *Eidam*, Selbstbelastungsfreiheit, S. 91 ff.; *Renzikowski*, JZ 1997, 710, 717; *ders.*, JR 2008, 164; *C. Roxin*, NStZ 1995, 465, 466; *ders.*, NStZ-Sonderheft 2009, 41, 44; *ders.*, StV 2012, 131, 132. Vgl. ebenfalls *H. Schneider*, JR 1996, 401, 407. Dagegen sah der große Senat des BGH den Zweck der Belehrungsvorschriften allein darin, den Beschuldigten vor der irrtümlichen Annahme einer Belehrungspflicht zu bewahren, siehe BGHSt 42, 139, 147. Siehe hierzu auch *Weßlau*, ZStW 110 (1998), 1, 11 ff.

1341 *C. Roxin*, NStZ 1997, 18, 19; *ders.*, NStZ-Sonderheft 2009, 41, 44.

1342 *C. Roxin*, StV 2012, 131, 132. Vgl. auch *dens.*, NStZ-Sonderheft 2009, 40, 44; *Eidam*, Selbstbelastungsfreiheit, S. 85; *Mahlstedt*, Verdeckte Befragung, S. 101 f.

1343 *C. Roxin*, NStZ 1997, 18 f.

Einige der Argumente für eine Einbeziehung von Täuschungen bei sog. Hörfallen lassen sich auch für die hier in Frage stehende Konstellation fruchtbar machen. Insbesondere besteht insoweit eine Parallelität, als auch hier der Irrtum bzw. die Täuschung den Umstand betreffen kann, dass die Erkenntnisse in die Hände der Strafverfolgungsbehörden gelangen können bzw. sollen. Die strafprozessuale Brisanz der möglichen Umgehung der Belehrungspflichten – hier aber daneben sogar des Schweigerechts selbst – besteht damit auch in der Konstellation der internen Ermittlungen. Ob die Bedenken gegen eine Umgehung der Belehrungspflicht als begründet zu erachten sind, hängt allein davon ab, worin man den Zweck der Belehrungspflicht sieht. Erblickt man den Sinn der Belehrung mit dem BGH allein darin, die irrtümliche Annahme einer Auskunftspflicht gegenüber staatlichen Vernehmern in der Verhörsituation zu verhindern, kann diese Norm außerhalb der Vernehmungssituation nicht umgangen werden. Insofern verweist Weßlau zutreffend darauf, dass sich der Zweck der Belehrungsvorschriften und damit auch die Frage nach deren Umgehung allein aus der Auslegung der zugrundeliegenden Rechtsprinzipien ermitteln lassen und damit von der Auslegung des Nemo-tenetur-Prinzips abhängen.[1344] Insofern hilft diese Argumentation nicht weiter.

Jedoch lassen sich einige der Argumente für die Einbeziehung aller Täuschungen in den Anwendungsbereich des Nemo-tenetur-Prinzips heranziehen. So ist zuzugestehen, dass Zwang und Irrtümer gleichermaßen geeignet sind, einen anderen zum Werkzeug fremder Interessen zu machen.[1345]

Gegen diese Argumentation spricht allerdings der Umstand, dass die angesprochenen Problematiken besser in einem flexiblen Instrument wie dem Fair-trial-Prinzip unterzubringen sind, in dem Platz für eine Gesamtbetrachtung des Gegenstandes und der Stärke der Täuschung, sowie der sonstigen Umstände ist.[1346] Hier können dann insbesondere auch die vom BGH für bedeutend gehaltenen Umstände, wie der einer vorangegangen Berufung auf das Schweigerecht durch den Beschuldigten[1347] oder der

---

1344 Siehe *Weßlau*, ZStW 110 (1998), 1, 13. Ebenso *Jäger*, Beweisverwertung, S. 165; *Verrel*, Selbstbelastungsfreiheit, S. 159 ff.

1345 *C. Roxin*, NStZ 1997, 18. Siehe auch *Bernsmann*, StV 1997, 116, 118. Vgl. auch *Bottke*, Jura 1987, 356, 361. Vgl. zu dieser Argumentation auch *Weßlau*, ZStW 110 (1998), 1, 23 ff.

1346 Vgl. *Lorenz*, JZ 1992, 1000, 1006; *Rogall*, in: Wolter (Hrsg.), Systematischer Kommentar zur Strafprozessordnung, Band 2, 4. Aufl., Vor § 133 ff. Rn. 141. Vgl. hierzu auch *Sowada*, in: Geisler/Kraatz/Kretschmer u. a. (Hrsg.), Festschrift für Klaus Geppert, S. 689, 701, vgl. aber auch S. 703 f. A.A. *Duttge*, JZ 2008, 261, 262; *Kottek*, Kooperation, S. 149 f.

1347 Vgl. BGHSt 40, 211, 214; 42, 139, 155; 52, 11, 19. Entgegen dem BGH wird man diesem Umstand allerdings wohl nur dann Bedeutung beimessen können, wenn dem Betroffene in einer offenen Vernehmung überhaupt Gelegenheit gegeben wurde, sich auf sein Schweigerecht zu berufen. Ansonsten müsste der Polizei in den einschlägigen Fällen immer geraten werden (um Beweisverwertungsverbote zu vermeiden) vor einer Beschuldigtenvernehmung stets zuvor zu verdeckten

Untersuchungshaft,[1348] ohne einen Systembruch[1349] Berücksichtigung finden. Denn nicht jede Täuschung muss automatisch die Subjektstellung des Beschuldigten gefährden.[1350] Dieser Unterschied, aber auch die komplett unterschiedliche Angriffsrichtung auf die Subjektstellung sprechen dafür, beide Aspekte, Zwang und Täuschung, jeweils ihren Besonderheiten entsprechend, getrennt nach eigenen Grundsätzen zu behandeln, anstatt den Nemo-tenetur-Grundsatz unnötig weiter aufzuweichen.[1351]

Auch aus der Ausdehnung des auf die Zwangsanwendung begrenzten klassischen Eingriffbegriffs auf Grundrechtsbeeinflussungen auf anderem Wege kann nicht notwendigerweise auf eine Erweiterung des Anwendungsbereichs des Nemo-tenetur-Prinzips geschlossen werden.[1352] Denn diese Beschränkung des Nemo-tenetur-Prinzips ist eben nicht nur historisch, sondern auch teleologisch erklärbar. Die weitere Auslegung der Selbstbelastungsfreiheit durch den EGMR steht dieser Auslegung des nationalen Prinzips nicht entgegen, denn auf der Ebene der EMRK ist die Selbstbelastungsfreiheit als Teil des Fair-trial-Prinzips ebenfalls nur relativ geschützt.[1353]

cc) Zwischenergebnis

Die Freiheit von Irrtum aber auch Täuschung fällt damit zumindest grundsätzlich nicht in den Anwendungsbereich des Nemo-tenetur-Prinzips.[1354] Fraglich ist allerdings, ob hiervon in bestimmten Extremfällen Ausnahmen zu machen sind.

Ermittlungen zu schreiten. Diese zeitliche Differenzierung erschiene willkürlich. Vgl. *Bosch*, JA 2007, 903, 905; *Esser*, JR 2004, 98, 106; *Renzikowski*, JR 2008, 164, 165; *C. Roxin*, NStZ-Sonderheft 2009, 41, 43; *dens.*, StV 2012, 131, 132; *Wolter*, in: Roxin/Widmaier (Hrsg.), 50 Jahre Bundesgerichtshof, Band IV, S. 963, 971 f., 976. Siehe zu dieser Problematik auch *Engländer*, ZIS 2008, 163, 166.

1348 Vgl. BGHSt 34, 362, 363; 52, 11 ff.

1349 Vgl. *Bruns*, in: Hannich (Hrsg.), Karlsruher Kommentar zur StPO, 7. Aufl., § 110c Rn. 21.

1350 Siehe unter b).

1351 A.A. *Sowada*, in: Geisler/Kraatz/Kretschmer u. a. (Hrsg.), Festschrift für Klaus Geppert, S. 689, 703 f.

1352 So aber *Meurer*, in: Schünemann/Achenbach/Bottke u. a. (Hrsg.), Festschrift für Claus Roxin, S. 1281, 1288 f. Vgl. dazu auch *Renzikowski*, JZ 1997, 710, 713 f.

1353 Vgl. EGMR, StV 2003, 257, 259, nachdem jeweils eine Einzelfallbetrachtung anzustellen ist. Vgl. hierzu auch *Bosch*, JA 2007, 903, 904; *Esser*, JR 2004, 98, 102; *Jung*, GA 2009, 651, 654 f.; *Sowada*, in: Geisler/Kraatz/Kretschmer u. a. (Hrsg.), Festschrift für Klaus Geppert, S. 689, 702, siehe aber auch *dens*, a.a.O., S. 703. A.A. *Eidam*, Selbstbelastungsfreiheit, S. 69, 73ff.; *Gaede*, StV 2003, 260, 262 f., vgl. aber auch 261; *ders.*, StV 2004, 46, 49. Zu den unterschiedlichen Bewertungsansätzen im nationalen Recht und nach der EMRK, siehe *Hauck*, NStZ 2010, 17, 19; *Rogall*, in: Wolter (Hrsg.), Systematischer Kommentar zur Strafprozessordnung, Band 2, 4. Aufl., Vor § 133 ff. Rn. 131.

1354 Zur weitergehenden Kritik, insbesondere auch bezüglich der Unvereinbarkeit der weiten Ansicht mit § 136a StPO, siehe *Verrel*, Selbstbelastungsfreiheit, S. 112 ff. Gegen diese Argumentation allerdings *C. Roxin*, NStZ 1997, 18, 20.

b) Nemo-tenetur und Irrtümer über die Auskunftspflicht

Es bleibt zu überlegen, ob das Nemo-tenetur-Prinzip einer Verwertung im Strafverfahren nicht zumindest dann entgegenstehen muss, wenn der Betroffene irrtümlich von einer in dieser Situation real nicht bestehenden Auskunftspflicht ausging. Im Gegensatz zur Situation bei einem reinen Irrtum über die Folgen seiner Auskunft kann der Irrende hier nicht mehr „über die Freiwilligkeit seines Tuns nicht im Zweifel sein".[1355] Die Druckwirkung in Richtung auf die Erteilung der gewünschten Auskunft unterscheidet sich aus der Perspektive des Betroffenen nicht von der Situation des real existierenden Zwangs.[1356] Dies könnte dafür sprechen, in dieser Situation die Täuschung ausnahmsweise dem Nemo-tenetur-Prinzip zu unterstellen. Für den Fall staatlicher Täuschungen über das Bestehen einer Auskunftspflicht wird das auch von einer starken Ansicht befürwortet.[1357] Aber auch das reine Ausnutzen dieses Irrtums wird teilweise als Anwendungsfall des Nemo-tenetur-Prinzips erachtet.[1358] Auch die Rechtsprechung bejaht seit BGHSt 38, 214 ff. für den Fall, dass ein Irrtum über eine bestehende Auskunftspflicht im Rahmen einer Vernehmung nicht durch die Belehrung nach § 136 Abs. 1 S. 2 StPO beseitigt wurde, ein Beweisverwertungsverbot.[1359]

Allerdings kann im Falle der unternehmensinternen Ermittlungen die vermeintliche Zwangswirkung dem Staat, wenn dieser nicht aktiv über das Bestehen der Auskunftspflicht täuscht, kaum noch zugerechnet werden. Dies wäre allerdings für die Anwendung des Nemo-tenetur-Prinzips, das nur vor staatlich veranlasster Zwangswirkung schützen soll, essentiell.[1360] Die Schaffung einer komplizierten Rechtslage kann hierfür nicht ausreichen. Sähe man das anders, käme man zu kaum zu lösenden Abgrenzungsfragen, ab welchem Grad an Kompliziertheit der Irrtum staatlich veranlasst wäre. Solche Abgrenzungsfragen sind gerade im Hinblick auf die Absolutheit des Nemo-tenetur-Prinzips zu vermeiden. Ebenfalls kann die bloße Ausnutzung der Fehlvorstellung durch staatliche Strafverfolgungsorgane keine Zurechnung begründen. Auch wenn man der Argumentation Verrels folgen wollte, dass sich in einem staatlichen Beschuldigtenverhör die Anwendbarkeit des Nemo-tenetur-Prinzips bereits aus dem Umstand ergeben würde, dass sich die Wirkung des Irrtums erst „in der staatlicherseits veranlassten und zu psychischen Belastungen führenden Verhörsituation entfaltet",[1361] kann dieser Gedankengang auf die durch

---

1355 Vgl. die Argumentation des BGH für die Konstellation der Hörfalle, BGHSt 39, 335, 347; vgl. auch BGHSt 40, 211, 215.

1356 *Verrel*, Selbstbelastungsfreiheit, S. 106 ff. Vgl. auch *Lammer*, Verdeckte Ermittlungen, S. 160; *Ransiek*, Rechte des Beschuldigten, S. 56 ff.; *Rogall*, Der Beschuldigte, S. 181.

1357 *Rogall*, Der Beschuldigte, S. 181; *H. Schneider*, GA 1997, 371, 379; *Verrel*, Selbstbelastungsfreiheit, S. 106 f.; *Weßlau*, Vorfeldermittlungen, S. 212.

1358 *H. Schneider*, GA 1997, 371, 379; *Verrel*, Selbstbelastungsfreiheit, S. 107 f.

1359 BGHSt 38, 214; NJW 2007, 2706, 2709. Vgl. auch BGH, NStZ 2009, 343, 344.

1360 Vgl. hierzu unter7. Kapitel C. I. 1. c).

1361 *Verrel*, Selbstbelastungsfreiheit, S. 108.

Private geschaffene Verhörsituation bei unternehmensinternen Ermittlungen nicht übertragen werden.

c) *Nemo-tenetur und bewusste Täuschungen über das Bestehen einer Auskunftspflicht*

Für bewusste Täuschungen über die Auskunftspflicht durch die unternehmensinternen Ermittler kann insofern grundsätzlich nichts anderes gelten. Auch hier ist die Zwangswirkung zumeist nicht staatlich veranlasst. Eine Ausweitung des Nemo-tenetur-Prinzips sowohl auf Täuschungen als auch auf Einwirkungen allein durch Private wäre sehr weitgehend. Es liegt ein gewisser Unterschied darin, dass die Täuschung durch die Privaten regelmäßig nicht angewendet wird, um das Schweigerecht im Strafprozess zu umgehen, sondern mit dem Ziel, die privaten Interessen des Unternehmens zu verfolgen. Der strafprozessuale Bezug ist damit abgeschwächt. Auch aus rechtstheoretischer Perspektive erscheint eine derartige Ausdehnung des Nemo-tenetur-Prinzips auf Täuschungen durch Private nicht angezeigt, denn die legitimierende Wirkung des Strafverfahrens ist durch derartige Täuschungen weniger gefährdet als durch eigene Täuschungen der Strafverfolgungsorgane über die Auskunftspflicht. Im Falle der Täuschung durch Private kann die bewirkte Unfreiheit der Aussage den Strafverfolgungsbehörden und damit dem Entscheidungsträger des Verfahrens nicht (oder nur mit erheblich stärkerem Begründungsaufwand) zugerechnet werden. Aus diesem Grund kommt die Betroffenheit des Nemo-tenetur-Prinzips allein dann in Betracht, wenn dem Staat die Irrtumserregung durch die Privaten zugerechnet werden könnte.[1362]

d) *Zwischenergebnis*

Dem Nemo-Tenetur-Prinzip lässt sich damit die Lösung der Irrtumsproblematik nicht entnehmen.

2. *Das Bestehen möglicher Belehrungspflichten*

Eine Belehrungspflicht könnte sich auch aus anderen Rechtssätzen ergeben. Bei der Untersuchung möglicher Belehrungspflichten ist zwischen wirklichen Pflichten zur Belehrung und der bloß mittelbaren Verpflichtung zu Belehrungen aufgrund des Umstandes, dass andernfalls bestimmte Maßnahmen gegen den Mitarbeiter unzulässig sein könnten, zu unterscheiden. So könnte sich eine Belehrung des Mitarbeiters für das Unternehmen zumindest teilweise als notwendig erweisen, um rechtlich zulässig die Interviews auf eine bestimmte Art und Weise durchzuführen, beispielsweise, weil im konkreten Fall eine Vernehmung ohne eine entsprechende

1362 Siehe zu diesem Aspekt unter 7. Kapitel D. I. 3. b) aa) (2). A.A. *Minoggio*, Firmenverteidigung, 2. Aufl., Rn. 1275.

Belehrung durch die privaten Ermittler gegen Strafgesetze verstieße. Dem soll im Folgenden zuerst nachgegangen werden.

a) Belehrungspflichten aufgrund von § 240 StGB?

Dass ein Verhalten im Zuge von internen Ermittlungen aus dem Grunde nicht als strafbare Nötigung gewertet werden könnte, weil die unternehmensinternen Ermittler den Befragten auf eine bestimmte Art und Weise belehrt haben, ist kaum vorstellbar. Zwar sind im Rahmen der Interviews durchaus einzelne Konstellationen denkbar, die als strafbare Nötigung zu werten sein könnten. Bei der Androhung einer rechtmäßigen Reaktion durch das Unternehmen scheidet eine strafbare Nötigung aber in der Regel aus.[1363]

Eine selbstbelastende Auskunft kommt zwar als abgenötigtes Verhalten in Betracht.[1364] Auch ist es für die Wertung eines Verhaltens als Drohung mit einem empfindlichen Übel erst einmal unbeachtlich, ob das angedrohte Verhalten rechtmäßig oder rechtswidrig wäre.[1365] Denn unter einer Drohung ist jedes Inaussichtstellen eines zukünftigen Übels, auf dessen Eintritt der Drohende Einfluss zu haben vorgibt,[1366] zu verstehen und empfindlich soll jedes Übel sein, das geeignet erscheint, den Bedrohten zu dem gewünschten Verhalten zu motivieren.[1367] Insoweit handelt es sich bei dem Inaussichtstellen einer Kündigung, einer Strafanzeige oder auch der Geltendmachung von Ersatzansprüchen in der Regel um eine Drohung mit einem empfindlichen Übel.[1368] Auch die Nichtaufnahme in ein Amnestieprogramm kann als Unterlassen tatbestandsmäßig sein.[1369]

1363 Vgl. in diesem Zusammenhang auch *Rödiger*, Strafverfolgung von Unternehmen, S. 253. Vgl. aber auch *Reeb*, Internal Investigations, S. 104, der für den Fall, dass kein Auskunftsanspruch besteht, stets eine strafbare Nötigung bejaht. A.A. auch *Kottek*, Kooperation, S. 172 ff.

1364 *Schuster*, in: Knierim/Rübenstahl/Tsambikakis (Hrsg.), Internal Investigations, 11. Kap. Rn. 112.

1365 *Schuster*, in: Knierim/Rübenstahl/Tsambikakis (Hrsg.), Internal Investigations, 11. Kap. Rn. 114; *Weiß*, CCZ 2014, 136, 137. Siehe hierzu und der Gegenansicht auch *Kindhäuser*, StGB, 6. Aufl., § 240 Rn. 12 ff.

1366 *Altvater*, in: Laufhütte/Rissing-van Saan/Tiedemann (Hrsg.), Leipziger Kommentar zum StGB, Band 7/2, 12. Aufl., § 240 Rn. 77; *T. Fischer*, StGB, 63. Aufl., § 240 Rn. 31. Siehe in diesem Zusammenhang umfassend *Kuhlen*, in: Prittwitz/Baurmann/Günther u. a. (Hrsg.), Festschrift für Klaus Lüderssen, S, 649, 651 f.

1367 BGHSt 31, 195, 201; *Schuster*, in: Knierim/Rübenstahl/Tsambikakis (Hrsg.), Internal Investigations, 11. Kap. Rn. 113. Vgl. auch *Weiß*, CCZ 2014, 136 f.

1368 *Scharnberg*, Internal Investigations, S. 315; *Schuster*, in: Knierim/Rübenstahl/Tsambikakis (Hrsg.), Internal Investigations, 11. Kap. Rn. 114; *Wewerka*, Internal Investigations, S. 260 f. Vgl. auch *Greco/Caracas*, NStZ 2015, 7, 11.

1369 *Schuster*, in: Knierim/Rübenstahl/Tsambikakis (Hrsg.), Internal Investigations, 11. Kap. Rn. 114. Vgl. auch BGHSt 31, 195, 198 ff., insb. 200 ff.; 44, 251, 252; *Eser/Eisele*, in: Schönke/Schröder, StGB, 29. Aufl., § 240 Rn. 20a; *T. Fischer*, StGB,

Um eine strafbare Nötigung handelt es sich bei einem solchen Verhalten der internen Ermittler aber nur dann, wenn die Verwerflichkeit positiv festzustellen ist. Verwerflich ist ein Verhalten, wenn entweder der Zweck der Drohung oder die Zufügung des angedrohten Übels rechtwidrig oder aber, das Mittel der Drohung im Verhältnis zum erstrebten Zweck als verwerflich anzusehen wäre, insbesondere, weil zwischen beidem keine Konnexität bestünde.[1370] Soweit ein Anspruch auf die geforderte Auskunft zumindest als möglich erscheint[1371] und keine rechtswidrige Maßnahme angedroht wird,[1372] was auf die allermeisten internen Ermittlungen zutreffen sollte, kann sich die Verwerflichkeit also allein aus der Zweck-Mittel-Relation ergeben. Hierbei ist allerdings zu sehen, dass sowohl die Androhung einer Auskunftsklage als auch einer Kündigung wegen des in Frage stehenden Verhaltens aufgrund der Konnexität zwischen beidem grundsätzlich nicht als verwerflich anzusehen ist, ebenso wie eine entsprechende Strafanzeige.[1373] Dies gilt zumindest, soweit nicht übertriebene oder verzerrende Angaben über die drohenden Konsequenzen gemacht werden.[1374] Verwerflich wäre dieses Verhalten dann, wenn als Druckmittel

---

63. Aufl., § 240 Rn. 34. Nach anderer Ansicht scheidet eine Drohung mit einem Unterlassen allerdings dann aus, wenn keine Rechtspflicht zum Handeln besteht, so BGH, GA 1960, 277, 278; NStZ 1982, 287; *Wessels/Hettinger*, Strafrecht BT I, 39. Aufl., Rn. 407 ff.

1370 Vgl. *Eser/Eisele*, in: Schönke/Schröder, StGB, 29. Aufl., § 240 Rn. 17, 23; *Valerius*, in: v. Heintschel-Heinegg (Hrsg.), Beck'scher Online-Kommentar zum StGB, Stand: 01.03.2016, § 240 Rn. 58. Siehe auch *Schuster*, in: Knierim/Rübenstahl/Tsambikakis (Hrsg.), Internal Investigations, 11. Kap. Rn. 115; *Weiß*, CCZ 2014, 136, 137.

1371 Siehe *Kuhlen*, in: Prittwitz/Baurmann/Günther u. a. (Hrsg.), Festschrift für Klaus Lüderssen, S, 649, 655 ff.; *Schuster*, in: Knierim/Rübenstahl/Tsambikakis (Hrsg.), Internal Investigations, 11. Kap. Rn. 117. Vgl. auch BGHSt 5, 254, 257. A.A. allerdings *Reeb*, Internal Investigations, S. 104.

1372 Vgl. auch *Rübenstahl*, WiJ 2012, 17, 29; *Wewerka*, Internal Investigations, S. 261.

1373 *Schuster*, in: Knierim/Rübenstahl/Tsambikakis (Hrsg.), Internal Investigations, 11. Kap. Rn. 117; *Weiß*, CCZ 2014, 136, 137. Siehe hierzu und zu den Gegenansichten *Kuhlen*, in: Prittwitz/Baurmann/Günther u. a. (Hrsg.), Festschrift für Klaus Lüderssen, S, 649, 654 ff. Vgl. *Moraht*, Private Straftatermittlungen, S. 95, 103 f.; *Münkel*, Mitarbeiteroffenbarungen, S. 112. Vgl. auch *Raum*, StraFo 2012, 395, 398, nach dem auch stets in Rahmen der Zweck/Mittel-Relation die anerkennenswerten Interessen des Arbeitgebers Berücksichtigung finden müssten, die Rechtsverstöße aufzuklären um negative Konsequenzen für das Unternehmen wie Geldbußen zu vermeiden. Vgl. aber auch *Salvenmoser/Schreier*, in: Achenbach/Ransiek/Rönnau (Hrsg.), Handbuch Wirtschaftsstrafrecht, 4. Aufl., 15. Teil Rn. 177.

1374 *Kuhlen*, in: Prittwitz/Baurmann/Günther u. a. (Hrsg.), Festschrift für Klaus Lüderssen, S, 649, 659 f.; *Schuster*, in: Knierim/Rübenstahl/Tsambikakis (Hrsg.), Internal Investigations, 11. Kap. Rn. 117; *Weiß*, CCZ 2014, 136, 137.

eine Strafanzeige etc. wegen eines vollkommen anderen, von dem untersuchten Verhalten unabhängigen Sachverhalts eingesetzt würde.[1375]

Aber gerade auch in diesen letztlich als Nötigung zu wertenden Fällen wäre nicht ersichtlich, wie die Verwerflichkeit durch eine Belehrung, beispielsweise über die möglichen strafrechtlichen Folgen, beseitigt werden könnte. Die Drohkulisse würde dadurch teilweise sogar noch verstärkt. Gerade soweit der geltend gemachte Auskunftsanspruch – auch aus der Sicht der internen Ermittler[1376] – nicht bestünde, könnte zwar insbesondere aufgrund des Zwecks des § 240 StGB, die Instrumentalisierung zu verhindern, eine Nötigung anzunehmen sein.[1377] Daran änderte aber auch eine Belehrung über sonstige Umstände nichts. Insofern erscheint § 240 StGB nicht geeignet, irgendwelche Belehrungspflichten zu begründen.

b) Belehrungspflichten aufgrund von § 132 StGB?

Auf den ersten Blick als Anknüpfungspunkt einer Belehrungspflicht naheliegender erscheinen mag dagegen § 132 StGB, die Amtsanmaßung.[1378] Es versteht sich von selbst, dass interne Ermittler nicht den Anschein staatlichen Handelns hervorrufen dürfen.

Nach der ersten Alternative des § 132 StGB macht sich strafbar, wer sich unbefugt mit der Ausübung eines öffentlichen Amtes befasst. Dies kann nicht nur durch ausdrückliche Selbstbezeichnung als Amtsträger, sondern auch durch konkludentes Verhalten geschehen.[1379] Nach der zweiten Alternative des § 132 StGB kann sich auch strafbar machen, wer den Anschein erweckt, eine Amtshandlung zu vollziehen.[1380] Hiervon erfasst sein soll beispielsweise auch das Erteilen der nach

1375 *Schuster*, in: Knierim/Rübenstahl/Tsambikakis (Hrsg.), Internal Investigations, 11. Kap. Rn. 117; *Weiß*, CCZ 2014, 136, 137. Vgl. auch BGHSt 5, 254, 257 f.; *Kuhlen*, in: Prittwitz/Baurmann/Günther u. a. (Hrsg.), Festschrift für Klaus Lüderssen, S, 649, 654 ff.; *Rübenstahl*, WiJ 2012, 17, 29. Weiter *Scharnberg*, Internal Investigations, S. 316.

1376 Vgl. BGHSt 5, 254, 257; *Kuhlen*, in: Prittwitz/Baurmann/Günther u. a. (Hrsg.), Festschrift für Klaus Lüderssen, S, 649, 654 ff.; *Schuster*, in: Knierim/Rübenstahl/Tsambikakis (Hrsg.), Internal Investigations, 11. Kap. Rn. 117.

1377 Vgl. *Sinn*, in. Joecks/Miebach (Hrsg.), Münchener Kommentar zum StGB, Band 4, 2. Aufl., § 240 Rn. 130. Daneben kann sich die Verwerflichkeit im Einzelfall soweit kein Anspruch besteht, auch aus einer beabsichtigten Umgehung des Nemotenetur-Prinzips ergeben.

1378 Vgl. in diesem Zusammenhang auch *Reeb*, Internal Investigations, S. 106; *Wewerka*, Internal Investigations, S. 136.

1379 Siehe *Hohmann*, in: Joecks/Miebach (Hrsg.), Münchener Kommentar zum StGB, Band 3, 2. Aufl., § 123 Rn. 13; *Weiß*, CCZ 2014, 136.

1380 Siehe hierzu *Schuster*, in: Knierim/Rübenstahl/Tsambikakis (Hrsg.), Internal Investigations, 11. Kap. Rn. 107.

§ 136 StPO vorgesehenen Belehrungen.[1381] Um diesen Anschein zu vermeiden, kann es im Einzelfall für die internen Ermittler sinnvoll sein, den Mitarbeiter über die eigene Funktion aufzuklären.[1382] Allerdings kann umgekehrt aus dem Unterlassen einer derartigen Aufklärung noch nicht gefolgert werden, die internen Ermittler würden sich ein öffentliches Amt anmaßen. Durch die Befragungen der Mitarbeiter muss nicht notwendigerweise der Anschein erweckt werden, ein öffentliches Amt wahrzunehmen. Auch die Vornahme von Ermittlungsmaßnahmen ist von § 132 StGB nur erfasst, soweit hierbei der Anschein staatlichen Handelns erweckt wird.[1383] Ohne eigenes, irreführendes Verhalten der internen Ermittler dürfte daneben auch keine Garantenpflicht bestehen, einen etwaigen Irrtum des Mitarbeiters auszuräumen. Insofern kann eine mittelbare Belehrungspflicht auch nicht aus § 132 StGB hergeleitet werden.

c) Belehrungspflichten aufgrund von § 32 Abs. 1 S. 2 BDSG?

Nach Tscherwinka soll sich eine Belehrungspflicht aus § 32 Abs. 1 S. 2 BDSG ergeben.[1384] Compliance-Interviews sind seiner Ansicht nach dann nach § 32 Abs. 1 S. 2 BDSG unverhältnismäßig, wenn die privaten Ermittlungen dazu führen, dass die Arbeitnehmer nicht über ihre einschlägigen Rechte und die Möglichkeit der Verwertbarkeit ihrer Aussagen und der Einvernahme der Interviewpartner hingewiesen werden.[1385] Dieser Verstoß soll darüber hinaus einem schwerwiegenden Eingriff in das Allgemeine Persönlichkeitsrecht gleichstehen und damit ein Verwertungsverbot nach sich ziehen.[1386] Es stimmt, dass die Interessen des Betroffenen im Strafverfahren durchaus von Relevanz für die im Rahmen des § 32 Abs. 1 S. 2 BDSG vorzunehmende Interessenabwägung und Belehrungen damit geeignet sind, diese in Richtung der Rechtmäßigkeit der Informationserhebung zu verschieben. Ob hierin aber ein Umstand zu sehen ist, der bei seinem Fehlen die Waage zwingend in Richtung Unverhältnismäßigkeit ausschlagen lässt, erscheint allerdings zweifelhaft.

Bedenken bestehen insbesondere, soweit eine materiell-rechtliche Auskunftspflicht besteht. Gerade wenn der Mitarbeiter zur Auskunft verpflichtet ist, fällt es schwer, den Ermittler als verpflichtet anzusehen, bei dem Mitarbeiter Bedenken gegen die Erfüllung der ihm obliegenden Pflichten zu wecken. Zudem besteht in diesem Falle nach der hier vertretenen Ansicht ein umfassendes Beweisverwertungsverbot, was eine Umgehung der Schutzrechte ausschließt. Soweit eine

---

1381 *Schuster*, in: Knierim/Rübenstahl/Tsambikakis (Hrsg.), Internal Investigations, 11. Kap. Rn. 107; *Weiß*, CCZ 2014, 136.

1382 Vgl. auch *Scharnberg*, Internal Investigations, S. 317.

1383 *Schuster*, in: Knierim/Rübenstahl/Tsambikakis (Hrsg.), Internal Investigations, 11. Kap. Rn. 106.

1384 *Tscherwinka*, in: Schulz/Reinhart/Sahan (Hrsg.), Festschrift für Imme Roxin, S. 521, 530.

1385 *Tscherwinka*, in: Schulz/Reinhart/Sahan (Hrsg.), Festschrift für Imme Roxin, S. 521, 530.

1386 *Tscherwinka*, in: Schulz/Reinhart/Sahan (Hrsg.), Festschrift für Imme Roxin, S. 521, 530.

Verwertung im Strafverfahren ausscheidet, muss damit folgerichtig auch nicht mehr über eine Verwertbarkeit belehrt werden.

Problematischer gestaltet sich die Fragestellung, sofern ein Auskunftsverweigerungsrecht des Mitarbeiters besteht. In dieser Konstellation ist zu beachten, dass das Nemo-tenetur-Prinzip nicht betroffen ist. Regelmäßig läge in einer späteren Verwertung im Strafverfahren auch keine Verletzung der Menschenwürde. Aus diesen absolut geltenden Rechtsnormen kann damit kein generelles Belehrungserfordernis hergeleitet werden. Für eine Belehrungspflicht lässt sich damit nur das Persönlichkeitsrecht des Mitarbeiters heranziehen. Dagegen steht aber stets das Interesse des Unternehmens an einer Informationserhebung, das je nach Sachverhalt unterschiedlich stark ausgeprägt sein kann. Dieses Interesse an der Aufklärung erscheint auch nicht notwendig geringwertiger. Auch wird es durch § 32 Abs. 1 S. 2 BDSG anerkannt. Insofern gestaltet sich die Verhältnismäßigkeitsprüfung stets als Frage des Einzelfalls. Dabei ist Tscherwinka zuzugestehen, dass der Umstand, dass das Unternehmen den Mitarbeiter über die möglichen Folgen seiner Auskunft belehrt, durchaus geeignet erscheint, die Rechtmäßigkeit in Richtung einer Datenerhebung zu verschieben.

d) Belehrungspflichten aus der arbeitsrechtlichen Fürsorgepflicht

Als Anknüpfungspunkt verschiedener Belehrungspflichten kommt insbesondere die sogenannte „arbeitsrechtliche Fürsorgepflicht“ in Betracht.[1387] Die unter diesem Begriff zusammengefassten Pflichten ergeben sich heute bereits aus § 241 Abs. 2 BGB;[1388] nach a.A. aus § 242 BGB.[1389] Für die Parteien des Arbeitsverhältnisses als eines Dauerschuldverhältnisses bestehen hiernach gesteigerte Rücksichtnahmepflichten auf die Interessen des jeweils anderen Parts.[1390] Die Rücksichtnahmepflichten des Arbeitgebers folgen im Kernbereich aus der Einbindung des Arbeitnehmers in die

1387 Die Bezeichnung stammt noch aus der Zeit, in der das Arbeitsverhältnis vorwiegend als „personenrechtliches Gemeinschaftsverhältnis“ erachtet wurde, siehe *Thüsing*, in: Henssler/Willemsen/Kalb (Hrsg.), Arbeitsrecht Kommentar, 6. Aufl., § 611 Rn. 241. Kritisch gegenüber dieser Bezeichnung *Schwerdtner*, ZRP 1970, 62 ff., insb. 67. Vgl. hierzu auch *Hromadka/Maschmann*, Arbeitsrecht, Band 1, 6. Aufl., § 7 Rn. 81; *Reichold*, in: Richardi/Wlotzke/Wißmann u. a. (Hrsg.), Münchener Handbuch zum Arbeitsrecht, Band 1, 3. Aufl., § 83 Rn. 2.

1388 BAG, BeckRS 2012, 70997 Rn. 50; *Hromadka/Maschmann*, Arbeitsrecht, Band 1, 6. Aufl., § 7 Rn. 81; *Kreitner*, in: Küttner, Personalbuch, 23. Aufl., Stand: 01.01.2016, Stichwort: Fürsorgepflicht Rn. 3; *Reichold*, in: Richardi/Wlotzke/Wißmann u. a. (Hrsg.), Münchener Handbuch zum Arbeitsrecht, Band 1, 3. Aufl., § 83 Rn. 1; *Tscherwinka*, in: Schulz/Reinhart/Sahan (Hrsg.), Festschrift für Imme Roxin, S. 521, 523.

1389 BAGE 119, 238, 243; 122, 304, 321.

1390 *Hromadka/Maschmann*, Arbeitsrecht, Band 1, 6. Aufl., § 7 Rn. 81.

vom Arbeitgeber gesteuerte Betriebsorganisation.[1391] Der Arbeitgeber ist aufgrund seiner arbeitsvertraglichen Nebenpflichten „gehalten, die im Zusammenhang mit dem Arbeitsverhältnis stehenden Interessen des Arbeitnehmers so zu wahren, wie dies unter Berücksichtigung der Interessen und Belange beider Vertragsparteien nach Treu und Glauben verlangt werden kann."[1392] Dies gilt sogar für reine Vermögensinteressen.[1393] Die arbeitsrechtliche Fürsorgepflicht kann den Arbeitgeber im Einzelfall auch zu Schutzmaßnahmen für das allgemeine Persönlichkeitsrecht des Arbeitnehmers verpflichten.[1394] Inhalt und Grenzen der allgemeinen Rücksichtnahmepflicht bestimmen sich dabei nach der Verkehrsanschauung.[1395] Es ist anerkannt, dass die Rücksichtnahmepflichten dem Arbeitgeber auch ein Verhalten abverlangen können, das seinen eigenen Interessen zuwiderläuft.[1396] „Der jeder Partei zuzubilligende Eigennutz findet" nach der Rechtsprechung des BAGs „seine Grenze an dem schutzwürdigen Lebensbereich des Vertragspartners."[1397] Grenzen der Fürsorgepflicht ergeben sich aus dem Grundsatz der Verhältnismäßigkeit.[1398] Der Arbeitgeber soll nicht gehalten sein, eigene überwiegende und schutzwürdige Interessen zu vernachlässigen. Im Rahmen einer Interessenabwägung ist in jedem

---

1391 *Reichold*, in: Richardi/Wlotzke/Wißmann u. a. (Hrsg.), Münchener Handbuch zum Arbeitsrecht, Band 1, 3. Aufl., § 83 Rn. 8. Vgl. auch *Müller-Glöge*, in: Säcker/Rixecker (Hrsg.), Münchener Kommentar zum BGB, Band 4, 6. Aufl., § 611 Rn. 987.

1392 BAG, BeckRS 2009, 59718 Rn. 26; NZA-RR 2014, 87, 90; BeckRS 2014, 67394 Rn. 15. So auch *Müller-Glöge*, in: Säcker/Rixecker (Hrsg.), Münchener Kommentar zum BGB, Band 4, 6. Aufl., § 611 Rn. 984. Vgl. auch BAG, AP BetrAVG § 1 Zusatzversorgungskassen Nr. 5 unter 3.a); *Becker-Schaffner*, BB 1993, 1281; *Kreitner*, in: Küttner, Personalbuch, 23. Aufl., Stand: 01.01.2016, Stichwort: Fürsorgepflicht Rn. 3.

1393 BAG, BeckRS 2009, 59718 Rn. 26; NZA-RR 2014, 87, 90; BeckRS 2014, 67394 Rn. 15; *Reichold*, in: Richardi/Wlotzke/Wißmann u. a. (Hrsg.), Münchener Handbuch zum Arbeitsrecht, Band 1, 3. Aufl., § 83 Rn. 9.

1394 BAGE 122, 304, 321 ff.; *Hromadka/Maschmann*, Arbeitsrecht, Band 1, 6. Aufl., § 7 Rn. 89 ff.; *Reichold*, in: Richardi/Wlotzke/Wißmann u. a. (Hrsg.), Münchener Handbuch zum Arbeitsrecht, Band 1, 3. Aufl., § 83 Rn. 9; *Schmidt*, in: Müller-Glöge/Preis/Schmidt (Hrsg.), Erfurter Kommentar zum Arbeitsrecht, 16. Aufl., § 611 BGB Rn. 620.

1395 *Hromadka/Maschmann*, Arbeitsrecht, Band 1, 6. Aufl., § 7 Rn. 82.

1396 Siehe BAG, AP BetrAVG § 1 Zusatzversorgungskassen Nr. 5 unter 3.b).

1397 BAG, NZA 2001, 206, 207; NZA 2002, 1150, 1152. So auch BAG, AP BetrAVG § 1 Zusatzversorgungskassen Nr. 5 unter 3.b); BeckRS 2009, 59718 Rn. 27. Siehe auch *Müller-Glöge*, in: Säcker/Rixecker (Hrsg.), Münchener Kommentar zum BGB, Band 4, 6. Aufl., § 611 Rn. 996; *Kamanabrou*, in: Dornbusch/Fischermeier/Löwisch (Hrsg.), AR, Kommentar zum Arbeitsrecht, 7. Aufl., § 611 BGB Rn. 317; *Tscherwinka*, in: Schulz/Reinhart/Sahan (Hrsg.), Festschrift für Imme Roxin, S. 521, 525.

1398 *Kort*, NZA 1996, 854; *Kreitner*, in: Küttner, Personalbuch, 23. Aufl., Stand: 01.01.2016, Stichwort: Fürsorgepflicht Rn. 7.

Einzelfall zu untersuchen, ob das Schutzinteresse des Arbeitnehmers das Interesse des Arbeitgebers überwiegt.[1399]

Insbesondere in Bezug auf Vermögensinteressen des Arbeitnehmers hat das BAG auch bereits mehrmals entschieden, dass sich aus den diesbezüglichen „Schutz- und Rücksichtnahmepflicht[en, Ergänzung der Verfasserin]" des Arbeitgebers auch Hinweis- und Informationspflichten des Arbeitgebers ergeben können.[1400] Die arbeitsrechtlichen Nebenpflichten sollen sich nicht darauf beschränken, „den Arbeitnehmern keine falschen und unvollständigen Auskünfte zu erteilen. Der Arbeitgeber kann zur Vermeidung von Rechtsnachteilen auch verpflichtet sein, von sich aus geeignete Hinweise zu geben."[1401] Jedoch darf die Rücksichtnahmepflicht nicht überstrapaziert werden.[1402] Das BAG betont deswegen, dass „jede Partei für die Wahrnehmung ihrer Interessen [grundsätzlich, Anm. der Verfasserin] selbst zu sorgen und sich Klarheit über die Folgen ihres Handelns zu verschaffen" hat.[1403] Es bestehe jedenfalls keine Verpflichtung des Arbeitgebers zur allgemeinen Rechtsberatung seiner Arbeitnehmer.[1404] Der Arbeitnehmer sei grundsätzlich gehalten, sich über die für das Arbeitsverhältnis einschlägigen Vorschriften selbst zu informieren.[1405] Hinweis und Aufklärungspflichten sollen nur aufgrund einer umfassenden Interessenabwägung und besonderer Umstände des Einzelfalles einzuräumen sein.[1406] Die Anerkennung eines Informationsanspruches muss demnach den begründeten Ausnahmefall darstellen. Im Rahmen der notwendigen Interessenabwägung sind

---

1399 *Kort*, NZA 1996, 854.

1400 BAG, BeckRS 2009, 59718 Rn. 26; NZA-RR 2014, 87, 90; BeckRS 2014, 67394 Rn. 15. Zu aus der Fürsorgepflicht ableitbaren Informationspflichten, siehe auch *Reichold*, in: Richardi/Wlotzke/Wißmann/Oetker (Hrsg.), Münchener Handbuch zum Arbeitsrecht, Band 1, § 83 Rn. 8, 9; § 85 Rn. 46 ff.

1401 BAG, BeckRS 2014, 67394 Rn. 16. So auch BAG, NZA 2001, 206, 207; BeckRS 2009, 59718 Rn. 27; NZA-RR 2014, 87, 90 f.

1402 BAG, NZA 2002, 1150, 1152; LAG Hamm, NZA-RR 1999, 658, 660. Siehe auch *Becker-Schaffner*, BB 1993, 1281; *Hueck/Nipperdey*, Lehrbuch des Arbeitsrechts, Band 1, 7. Aufl., S. 392; *Kamanabrou*, in: Dornbusch/Fischermeier/Löwisch (Hrsg.), AR, Kommentar zum Arbeitsrecht, 7. Aufl., § 611 BGB Rn. 317; *Tscherwinka*, in: Schulz/Reinhart/Sahan (Hrsg.), Festschrift für Imme Roxin, S. 521, 522 f.

1403 BAG, BeckRS 2014, 67394 Rn. 16. So auch BAG, NZA 2002, 1150; BeckRS 2009, 59718 Rn. 27; NZA-RR 2014, 87, 91. Vgl. auch *Kamanabrou*, in: Dornbusch/Fischermeier/Löwisch (Hrsg.), AR, Kommentar zum Arbeitsrecht, 7. Aufl., § 611 BGB Rn. 317; *Müller-Glöge*, in: Säcker/Rixecker (Hrsg.), Münchener Kommentar zum BGB, Band 4, 6. Aufl., § 611 Rn. 992.

1404 BAG, NZA 1994, 281, 282. Vgl. auch LAG Hamm, NZA-RR 1999, 658, 660; *Becker-Schaffner*, BB 1993, 1281, 1282.

1405 BAG, NZA 1994, 281, 282.

1406 BAG, BeckRS 2014, 67394 Rn. 16. So auch BAG, NZA 2002, 1150; BeckRS 2009, 59718 Rn. 27; NZA-RR 2014, 87, 91; *Kamanabrou*, in: Dornbusch/Fischermeier/Löwisch (Hrsg.), AR, Kommentar zum Arbeitsrecht, 7. Aufl., § 611 BGB Rn. 317. Vgl. auch BAG, NZA 1994, 281, 282.

insbesondere „die erkennbaren Informationsbedürfnisse des Arbeitnehmers einerseits und die Beratungsmöglichkeiten des Arbeitgebers andererseits" zu berücksichtigen.[1407] „Wie groß das Informationsbedürfnis des Arbeitnehmers" ist, hängt nach Auffassung des BAG „insbesondere von der Schwierigkeit der Rechtsmaterie sowie dem Ausmaß der drohenden Nachteile und deren Vorhersehbarkeit" ab.[1408]

Es stellt sich danach die Frage, ob die Situation der Arbeitnehmer in den Interviews die Anerkennung eines Informationsanspruches rechtfertigt. Die Erteilung selbstbelastender Auskünfte betrifft das allgemeine Persönlichkeitsrecht des Mitarbeiters und ist geeignet, die Subjektstellung des Mitarbeiters in möglichen Strafverfahren zu beeinträchtigen. Denn bei unternehmensinternen Ermittlungen, die auf die Aufdeckung von Straftaten und nicht nur reinen Pflichtverletzungen gerichtet sind, hat die Erfahrung gezeigt, dass ein Zusammenhang mit staatlichen Ermittlungen in vielen Fällen besteht.[1409] Sidhu/v. Saucken/Ruhmannseder haben bereits zutreffend darauf hingewiesen, dass Informationspflichten sogar in für den Arbeitnehmer weit weniger belastenden Situationen anerkannt wurden, insbesondere soweit es die Auswirkungen von Aufhebungsverträgen auf Versorgungsanwartschaften betraf.[1410] Andererseits wird in Bezug auf die für den Arbeitnehmer gefährliche Regelung der §§ 4, 13 KSchG eine Hinweispflicht des Arbeitgebers strikt verneint.[1411] Für den Mitarbeiter besteht in der Situation der Interviews bei unternehmensinternen Ermittlungen in mehreren Punkten Ungewissheit. Die Rechtslage ist – wie bereits erörtert – kompliziert. Dies gilt in besonderem Maße für die Frage nach dem Bestehen einer Auskunftsverpflichtung.[1412] Daneben hat der Mitarbeiter aber auch in der Regel keine Kenntnis darüber, was mit den Informationen, die er mitteilt, geschehen kann, insbesondere, wer darüber bestimmt, ob die Information an Dritte weitergeben wird. Im Zusammenhang mit dieser Rechtslage kennt der Mitarbeiter darüber hinaus häufig die für seine Entscheidung wesentlichen und auch die Rechtslage beeinflussenden tatsächlichen Umstände nicht. Letzteres ist

---

1407 BAG, BeckRS 2014, 67394 Rn. 16. So auch BGH, NZA 2001, 206, 207; BeckRS 2009, 59718 Rn. 29; *Kamanabrou*, in: Dornbusch/Fischermeier/Löwisch (Hrsg.), AR, Kommentar zum Arbeitsrecht, 7. Aufl., § 611 BGB Rn. 317; *Müller-Glöge*, in: Säcker/Rixecker (Hrsg.), Münchener Kommentar zum BGB, Band 4, 6. Aufl., § 611 Rn. 996; *Reichold*, in: Richardi/Wlotzke/Wißmann u. a. (Hrsg.), Münchener Handbuch zum Arbeitsrecht, Band 1, 3. Aufl., § 85 Rn. 47, vgl. auch § 83 Rn. 13.

1408 BAG, BeckRS 2014, 67394 Rn. 16. So auch BGH, BeckRS 2009, 59718 Rn. 30. Vgl. auch *Reichold*, in: Richardi/Wlotzke/Wißmann u. a. (Hrsg.), Münchener Handbuch zum Arbeitsrecht, Band 1, 3. Aufl., § 83 Rn. 13, § 85 Rn. 47; *Schmidt*, in: Müller-Glöge/Preis/Schmidt (Hrsg.), Erfurter Kommentar zum Arbeitsrecht, 16. Aufl., § 611 Rn. 635.

1409 *Momsen*, ZIS 2011, 508, 512. Vgl. auch *Scharnberg*, Internal Investigations, S. 1, 53.

1410 *Sidhu/v. Saucken/Ruhmanneseder*, NJW 2011, 881, 883.

1411 BAG, NZA 1994, 281, 282 f.; LAG Düsseldorf, DB 1980, 1551; *Becker-Schaffner*, BB 1993, 1281, 1282 m.w.N.

1412 7. Kapitel C. I.

von besonderer Relevanz, weil die Rechtslage aufgrund der erforderlichen Interessenabwägung stark von den Umständen des Einzelfalles abhängt. Wie oben bereits erörtert,[1413] wird die Rechtslage insbesondere auch durch die Zielsetzungen des Unternehmens und dessen Kooperation mit ausländischen Strafverfolgungsbehörden beeinflusst. Abgesehen davon kann gerade die Information über die Kooperation und die Verflechtung mit einem staatlichen Ermittlungsverfahren für den Mitarbeiter einen wesentlichen Entscheidungsgrund für oder gegen eine Auskunftserteilung darstellen. Das Interesse des Mitarbeiters an der Kenntnis der für seine Entscheidung wesentlichen Fakten wiegt in vielen Fällen besonders schwer, weil ihm aufgrund der speziellen arbeitsrechtlichen Beweislastverteilung zu dem Zeitpunkt der Interviews meistens (noch) die Einrede der persönlichen Unzumutbarkeit nach § 275 Abs. 3 BGB zusteht. Um über die Geltendmachung dieser Einrede sinnvoll entscheiden zu können, ist der Mitarbeiter häufig auf die Kenntnis von Umständen angewiesen, die allein das Unternehmen kennt. Dieses wird zumeist weit schneller von der Einleitung in- und ausländischer Ermittlungsverfahren Kenntnis erlangen als der Mitarbeiter.

Dass eine Aufklärung des Mitarbeiters über seine Rechte, aber auch über die Gefahr, dass seine Auskünfte an die Strafverfolgungsbehörden gelangen können, den Interessen des Arbeitgebers zuwiderlaufen kann, weil dies den Mitarbeiter von einer Auskunftserteilung abhalten könnte, spricht – wie oben bereits angesprochen – nicht zwingend gegen die Annahme einer Auskunftspflicht. Die mögliche Auskunftspflicht des Arbeitgebers ist auch nicht aufgrund der fehlenden eigenen Vertragstreue des Mitarbeiters ausgeschlossen, da die Treuepflicht des Arbeitgebers nicht in einem synallagmatischen Verhältnis zu den Pflichten des Arbeitnehmers steht.[1414] Das Interesse des Arbeitgebers an der Erlangung der Auskunft muss allerdings mit dem Interesse des Mitarbeiters am Erhalt der Informationen abgewogen werden. In diese Abwägung muss auch der eventuelle Verursachungsbeitrag des Mitarbeiters einbezogen werden.[1415]

Wie bereits erörtert, muss die Annahme einer Auskunftspflicht restriktiv gehandhabt werden. Hinweispflichten des Arbeitgebers können sich insbesondere dann ergeben, wenn der Arbeitnehmer nicht hinreichend über seine Rechte informiert ist, der Arbeitgeber aber über die notwendigen Kenntnisse verfügt.[1416] Das BAG misst jedoch auch dem Umstand Bedeutung zu, ob der Arbeitnehmer sich auch selbst auf anderem Wege hinreichend informieren kann.[1417] Diese Wertung ist auch

---

1413 7. Kapitel C. I.

1414 *Reichold*, in: Richardi/Wlotzke/Wißmann u. a. (Hrsg.), Münchener Handbuch zum Arbeitsrecht, Band 1, 3. Aufl., § 83 Rn. 13, § 83 Rn. 12. Vgl. auch *Müller-Glöge*, in: Säcker/Rixecker (Hrsg.), Münchener Kommentar zum BGB, Band 4, 6. Aufl., § 611 Rn. 987; *Thüsing*, in: Henssler/Willemsen/Kalb (Hrsg.), Arbeitsrecht Kommentar, 6. Aufl., § 611 Rn. 241.

1415 Vgl. *Hromadka/Maschmann*, Arbeitsrecht, Band 1, 6. Aufl., § 7 Rn. 91.

1416 BAG, NZA 1994, 281, 282.

1417 Siehe BAG, NZA 1994, 281, 283.

hier von Bedeutung. Über die abstrakte Rechtslage kann sich der Mitarbeiter in der Regel selbst informieren, indem er einen Anwalt zu Rate zieht. Zu diesem Vorgehen kann sich der Mitarbeiter zumeist veranlasst fühlen, wenn er im Rahmen von unternehmensinternen Ermittlungen zu einem Interview geladen wird und sich aus der Ladung der Zusammenhang der Befragung ausreichend erschließt. Wegen des Ausnahmecharakters der direkt aus § 241 Abs. 2 BGB abzuleitenden Auskunftsansprüche ist in diesem Falle eine Auskunftspflicht über die abstrakte Rechtslage abzulehnen.[1418] Dagegen besteht in Fällen, in denen der Mitarbeiter nicht rechtzeitig, um sich selbst die erforderliche Information zu verschaffen, in den Grundzügen über den Zusammenhang der Befragung informiert wird, keine hinreichende anderweitige Informationsmöglichkeit des Arbeitnehmers. Da die Befragung in der Regel im Interesse des Arbeitgebers auf dessen Initiative stattfindet[1419], diese eine für den Mitarbeiter außergewöhnliche und atypische Gefährdungssituation begründet[1420] und sich der Arbeitgeber häufig mit dem Verzicht auf das Auskunftsverweigerungsrecht eine überobligatorische Leistung des Mitarbeiters erhofft, muss in diesem Falle eine Belehrungspflicht über Bestehen oder Nichtbestehen der Auskunftspflicht (bzw. soweit diese weiterhin umstritten bleibt, über die Unsicherheiten) und auch die Gefahr der Verwertbarkeit in möglichen Strafverfahren bejaht werden.[1421] Eine

---

1418 Bzgl. des Auskunftsanspruchs so auch *Zapfe*, Compliance, S. 167, der bezüglich der Gefahr eines Eingangs der Auskunft in ein Strafverfahren aber wohl eine Belehrungspflicht annimmt (a.a.O., S. 167 f.). A.A. *Kruse*, Compliance, S. 163; *Sidhu/v. Saucken/Ruhmannseder*, NJW 2011, 881, 883.

1419 Siehe *Tscherwinka*, in: Schulz/Reinhart/Sahan (Hrsg.), Festschrift für Imme Roxin, S. 521, 525. Vgl. auch BAG, NZA 2001, 206, 207; NZA 2002, 1150; NZA-RR 2014, 87, 91; BeckRS 2009, 59718 Rn. 28; *Müller-Glöge*, in: Säcker/Rixecker (Hrsg.), Münchener Kommentar zum BGB, Band 4, 6. Aufl., § 611 Rn. 996; *Thüsing*, in: Henssler/Willemsen/Kalb (Hrsg.), Arbeitsrecht Kommentar, 6. Aufl., § 611 Rn. 245.

1420 Siehe *Tscherwinka*, in: Schulz/Reinhart/Sahan (Hrsg.), Festschrift für Imme Roxin, S. 521, 525. Vgl. auch BAG, NZA 2001, 206, 208; NZA 2002, 1150; *Thüsing*, in: Henssler/Willemsen/Kalb (Hrsg.), Arbeitsrecht Kommentar, 6. Aufl., § 611 Rn. 245.

1421 Für eine weitergehende Belehrungspflicht *Leipold*, NJW-Spezial 2011, 56; *v. Rosen*, BB 2009, 230, 231; *Ruhmannseder*, in: Schulz/Reinhart/Sahan (Hrsg.), Festschrift für Imme Roxin, S. 501, 509 f.; *Sahan*, in: Kuhlen/Kudlich/Ortiz de Urbina (Hrsg.), Compliance und Strafrecht, S. 171, 181; *Sidhu/v. Saucken/Ruhmannseder*, NJW 2011, 881, 883; *Tscherwinka*, in: Schulz/Reinhart/Sahan (Hrsg.), Festschrift für Imme Roxin, S. 521, 526; *Wewerka*, Internal Investigations, S. 153 f. Vgl. in diesem Zusammenhang auch *Dann/Schmidt*, NJW 2009, 1851, 1852; *Knierim*, in: Hassemer/Kempf/Moccia (Hrsg.), Festschrift für Klaus Volk, S 247, 262. A.A. *Lützeler/Müller-Sartori*, CCZ 2011, 19, 23; *Minoggio*, in: Böttger (Hrsg.), Wirtschaftsstrafrecht in der Praxis, 2. Aufl., 18. Kap. Rn. 122 ff.; *Tsambikakis*, in: Knierim/Rübenstahl/Tsambikakis (Hrsg.), Internal Investigations, 7. Kap. Rn. 37 f. Gegen die Annahme von Belehrungspflichten bei internen Untersuchungen auch *Grützner*, in: Momsen/Grützner (Hrsg.), Wirtschaftsstrafrecht, 4. Kap. Rn. 377; *I. Roxin*, StV 2012, 116, 119; *Rudkowski*, NZA 2011, 612; *Rübenstahl*, WiJ 2012, 17, 25. So auch *Park*, in: Volk

solche Belehrung könnte wie folgt aussehen: „*Wir möchten Sie darauf hinweisen, dass bislang umstritten ist, ob Sie uns gegenüber auch zu solchen Auskünften verpflichtet sind, durch die Sie sich selbst dem Verdacht aussetzen* würden, *eine Straftat oder Ordnungswidrigkeit begangen zu haben. Auch sollten Sie wissen, dass rechtlich nicht abschließend geklärt ist, ob Ihre Auskünfte in einem möglichen Strafprozess gegen Sie verwertet werden können.*"

Abweichend muss die Wertung hinsichtlich der Information über die entscheidungsrelevanten Fakten ausfallen. Zwar kann der Mitarbeiter von einem eigenen Anwalt stets über die abstrakte Gefahr informiert werden, dass seine freiwilligen Auskünfte in einem Strafverfahren gegen ihn verwertbar sind. Die Gefahr, durch die Auskunft selbst zur eigenen strafprozessualen Verurteilung beizutragen, ist allerdings stets davon abhängig, inwieweit das Unternehmen die Kooperation beabsichtigt und davon, ob staatliche Ermittlungen eingeleitet sind. Den Grad dieser Gefährdung kann der Mitarbeiter nicht dadurch erkennen, dass er einen Anwalt zu Rate zieht. Soweit das Unternehmen bereits von der Einleitung staatlicher Ermittlungen Kenntnis hat, kann nicht verlangt werden, dass das Unternehmen den Mitarbeiter darüber informiert, dass ermittelt wird, denn diese Mitteilung ginge in Richtung einer Strafvereitelung. Spätestens mit dieser Information wäre ein erheblicher Verlust weiterer, von der Auskunft unabhängiger Beweismittel zu befürchten. Über den diesbezüglichen Gefahrengrad kann deswegen keine Belehrungspflicht bestehen. Anders muss die Wertung bezüglich der Absichten des Unternehmens ausfallen. Versucht das Unternehmen sich dadurch besserzustellen, dass es von dem Mitarbeiter unter Verzicht auf das Auskunftsverweigerungsrecht selbstbelastende Auskünfte erhält und will es diese Auskünfte gegebenenfalls (um den Kooperationsbonus zu erhalten) an die Strafverfolgungsbehörden weiterleiten, so überwiegt das Interesse des Mitarbeiters an der Information über das geplante Vorgehen des Unternehmens. Er muss dann zumindest darauf hingewiesen werden, dass das Unternehmen gegebenenfalls seine Auskünfte und mittelbar durch diese erlangte Informationen den Strafverfolgungsbehörden offenlegen will.[1422] Insofern könnte wie

---

(Hrsg.), Verteidigung in Wirtschafts- und Steuerstrafsachen, 2. Aufl., § 11 Rn. 85, der allerdings eine umfassende Belehrung befürwortet, a.a.O. Rn. 85 ff. Vgl. hierzu auch *Szesny*, BB 45/2011, VI, VII.

1422 So auch *Weiße*, in: Moosmayer/Hartwig (Hrsg.), Interne Untersuchungen, S. 53. Für eine weitergehende Belehrungspflicht *Dann/Zülch*, ZRFC 2011, 267, 271; *Grimm/Freh*, KSzW 2012, 88, 91; *Leipold*, NJW-Spezial 2011, 56; *Ruhmannseder*, in: Schulz/Reinhart/Sahan (Hrsg.), Festschrift für Imme Roxin, S. 501, 509; *Sidhu/v. Saucken/Ruhmannseder*, NJW 2011, 881, 883. Vgl. auch *Knierim*, in: Hassemer/Kempf/Moccia (Hrsg.), Festschrift für Klaus Volk, S 247, 262; These 3, Erläuterung Nr. 4 der BRAK-Thesen, abrufbar unter http://www.brak.de/zur-rechtspolitik/stellungnahmen-pdf/stellungnahmen-deutschland/2010/november/stellungnahme-der-brak-2010-35.pdf (zuletzt geprüft am 23.04.2016). Weiter wohl auch *Minoggio*, in: Böttger (Hrsg.), Wirtschaftsstrafrecht in der Praxis, 2. Aufl., 18. Kap. Rn. 123. Siehe hierzu auch *I. Roxin*, StV 2012, 116, 120. A.A. *Rübenstahl*, WiJ 2012, 17, 25. Gegen

folgt belehrt werden: „*Wir möchten Sie darauf hinweisen, dass das Unternehmen plant, mit den deutschen/US-amerikanischen Strafverfolgungsbehörden zu kooperieren und wir daher planen, unsere Erkenntnisse auch aus diesem Gespräch teilweise/vollumfänglich offenzulegen.*" Ebenfalls gebietet es die Fürsorgepflicht, dem Mitarbeiter die Thematik der Befragung spätestens zu Beginn des Interviews offenzulegen, wobei sich der Grad der notwendigen Bestimmtheit danach richtet, was zum Verständnis des Mitarbeiters notwendig ist und wieviel ohne Gefahr preisgegeben werden kann.[1423]

Über die Möglichkeit, einen eigenen Anwalt hinzuzuziehen, um die notwendige Rechtskenntnis zu erlangen, muss der Mitarbeiter auf Grund der gebotenen restriktiven Auslegung ungeschriebener Fürsorgepflichten nicht stets belehrt werden. Der Mitarbeiter ist grundsätzlich selbst verpflichtet, sich die notwendige Rechtskenntnis zu verschaffen. Allein, wenn dem Mitarbeiter der Gegenstand der Befragung hierfür nicht rechtzeitig bekannt gegeben wurde, kann aus Fairnessgesichtspunkten daran gedacht werden, ihm das Recht einzuräumen, die Konsultation eines Rechtsanwaltes nachzuholen und die Befragung so lange aufzuschieben. Jedenfalls soweit keine Auskunftspflicht besteht, ist das zu bejahen. Den Überraschungseffekt auszunutzen, um den unvorbereiteten Mitarbeiter in dieser strafprozessual und arbeitsrechtlich brisanten Situation zu einer überobligatorischen Leistung zu bewegen, wäre treuwidrig. In dieser Situation muss eine Belehrungspflicht bestehen, da dieses Recht ansonsten leerliefe. Soweit dagegen eine Auskunftspflicht des Mitarbeiters besteht, erscheint diese Annahme problematischer. Jedoch muss bedacht werden, dass es dem Unternehmen nicht immer möglich ist, die Situation um Bestehen oder Nichtbestehen einer Auskunftspflicht richtig einzuschätzen. Sogar für bislang unverdächtige Mitarbeiter kann sich die Situation als gefährlich darstellen. Insofern gebietet die Fürsorgepflicht jeden Mitarbeiter auf diese Möglichkeit hinzuweisen, falls ihm vor der Befragung kein hinreichender Überlegungszeitraum zur Verfügung stand.[1424] Unterliegt der Mitarbeiter dagegen erkennbar dem Irrtum, keinen Anwalt

---

die Annahme von Belehrungspflichten bei internen Untersuchungen, *Grützner*, in: Momsen/Grützner (Hrsg.), Wirtschaftsstrafrecht, 4. Kap. Rn. 377; *Rudkowski*, NZA 2011, 612. So auch *Park*, in: Volk (Hrsg.), Verteidigung in Wirtschafts- und Steuerstrafsachen, 2. Aufl., § 11 Rn. 85, der allerdings eine umfassende Belehrung befürwortet, a.a.O. Rn. 85 ff.

1423 Vgl. auch *v. Rosen*, BB 2009, 230, 231; *Wewerka*, Internal Investigations, 153 f. Vgl. aber auch *Rudkowski*, NZA 2011, 612; *Rübenstahl*, WiJ 2012, 17, 25 f.; *Wisskirchen/Glaser*, DB 2011, 1447.

1424 Für eine weitergehende Belehrungspflicht *Dann/Zülch*, ZRFC 2011, 267, 270; *v. Rosen*, BB 2009, 230, 231; *Sidhu/v. Saucken/Ruhmannseder*, NJW 2011, 881, 883; *Wewerka*, Internal Investigations, S. 152 f. Vgl. auch These 3, Erläuterung Nr. 4 der BRAK-Thesen, abrufbar unter http://www.brak.de/zur-rechtspolitik/stellungnahmen-pdf/stellungnahmen-deutschland/2010/november/stellungnahme-der-brak-2010-35.pdf (zuletzt geprüft am 23.04.2016). Siehe hierzu auch *I. Roxin*, StV 2012, 116, 120. A.A. *Lützeler/Müller-Sartori*, CCZ 2011, 19, 22. Vgl. auch BAG, NZA 2015, 741. Gegen die Annahme von Belehrungspflichten bei internen Untersuchungen,

hinzuziehen zu dürfen, oder holt er sich Rat beim Unternehmen, gebietet es die Fürsorgepflicht, den Mitarbeiter auf diese Möglichkeit hinzuweisen. Die Belehrung könnte wie folgt aussehen: *„Wir möchten Sie auch darauf hinweisen, dass Sie sich vor dem Gespräch mit einem Anwalt beraten können, wenn Ihnen das lieber ist. Die Kosten dafür übernimmt das Unternehmen aber nicht.“*

Daneben stellt sich die Frage, ob der Mitarbeiter über ein eventuelles Recht, sich bei der Befragung durch einen eigenen Anwalt begleiten zu lassen,[1425] aufzuklären ist. Diese Frage ist entsprechend den oben aufgestellten Grundsätzen zu beantworten. Das Interview stellt eine für den Mitarbeiter außergewöhnliche Gefahrensituation dar, der er im Interesse und auf Initiative des Unternehmens ausgesetzt wird. Über die abstrakte Rechtslage muss er nur belehrt werden, wenn ihm nicht durch rechtzeitige Information die Möglichkeit gegeben wurde, sich selbst um eine hinreichende Rechtskenntnis zu bemühen. Dagegen kann der Mitarbeiter ohne Auskunft des Unternehmens nicht wissen, ob dieses in den Interviews durch Juristen vertreten sein wird. Auf diesen Umstand muss das Unternehmen gegebenenfalls hinweisen,[1426] ebenso darauf, dass eventuell beteiligte Anwälte allein im Interesse des Unternehmens anwesend sind und nicht als Anwälte des Mitarbeiters.[1427] Insofern wäre etwa die folgende Belehrung angezeigt: *„Wir möchten Sie auch darauf hinweisen, dass wir in dem Gespräch durch Anwälte vertreten sein werden. Diese Anwälte sind aber allein als Interessenvertreter des Unternehmens anwesend und nicht zur Wahrung Ihrer Interessen verpflichtet.“*

Grützner, in: Momsen/Grützner (Hrsg.), Wirtschaftsstrafrecht, 4. Kap. Rn. 377; *Rudkowski*, NZA 2011, 612. So auch *Park*, in: Volk (Hrsg.), Verteidigung in Wirtschafts- und Steuerstrafsachen, 2. Aufl., § 11 Rn. 85 ff.; *Tsambikakis*, in: Knierim/Rübenstahl/Tsambikakis (Hrsg.), Internal Investigations, 7. Kap. Rn. 37 ff., die allerdings eine umfassende Belehrung befürworten.

1425 Siehe hierzu unter 5. Kapitel D.

1426 Für eine weitergehende Belehrungspflicht *Dann/Zülch*, ZRFC 2011, 267, 270; *v. Rosen*, BB 2009, 230, 231; *Sidhu/v. Saucken/Ruhmannseder*, NJW 2011, 881, 883; *Wewerka*, Internal Investigations, 152 f. Siehe hierzu auch *I. Roxin*, StV 2012, 116, 120. Vgl. auch *Knierim*, in: Hassemer/Kempf/Moccia (Hrsg.), Festschrift für Klaus Volk, S 247, 262; These 3, Erläuterung Nr. 4 der BRAK-Thesen, abrufbar unter http://www.brak.de/zur-rechtspolitik/stellungnahmen-pdf/stellungnahmen-deutschland/2010/november/stellungnahme-der-brak-2010-35.pdf (zuletzt geprüft am 23.04.2016). A.A. *Lützeler/Müller-Sartori*, CCZ 2011, 19, 22; *Rübenstahl*, WiJ 2012, 17, 24. Gegen die Annahme von Belehrungspflichten bei internen Untersuchungen auch, *Grützner*, in: Momsen/Grützner (Hrsg.), Wirtschaftsstrafrecht, 4. Kap. Rn. 377; *Rudkowski*, NZA 2011, 612. So auch *Park*, in: Volk (Hrsg.), Verteidigung in Wirtschafts- und Steuerstrafsachen, 2. Aufl., § 11 Rn. 85 ff.; *Tsambikakis*, in: Knierim/Rübenstahl/Tsambikakis (Hrsg.), Internal Investigations, 7. Kap. Rn. 37 ff., die allerdings eine umfassende Belehrung befürworten.

1427 Vgl. auch *v. Hehn/Hartung*, DB 2006, 1909, 1914; *Minoggio*, in: Böttger (Hrsg.), Wirtschaftsstrafrecht in der Praxis, 2. Aufl., 18. Kap. Rn. 119.

Soweit das Unternehmen dem Mitarbeiter im Zusammenhang mit dem Interview ein sogenanntes „Amnestieangebot" unterbreitet, könnte die Fürsorgepflicht das Unternehmen verpflichten, den Mitarbeiter vor dem Irrtum zu bewahren, das Angebot schütze auch vor einer strafrechtlichen Verfolgung. Das Amnestieangebot legt diesen Irrtum zumeist nahe[1428] und die Selbstbelastungswirkung für einen möglichen anschließenden Strafprozess ist eine für den Mitarbeiter zumeist unbekannte Situation, die wegen des bei internen Ermittlungen häufig gegebenen Zusammenhangs mit staatlichen Strafverfahren eine im Arbeitsverhältnis atypische Konstellation darstellt. Auch hier ist nach den oben genannten Grundsätzen zu entscheiden. Lässt das Unternehmen dem Mitarbeiter hinreichend Bedenkzeit, ist dieser gehalten, sich selbst zu informieren. Drängt das Unternehmen dagegen auf eine Unterzeichnung oder unterbreitet es das Angebot dem Mitarbeiter erst im Rahmen des Interviews, muss eine Aufklärungspflicht des Unternehmens bejaht werden.[1429] Irreführende Formulierungen in Amnestieangeboten, die darauf hindeuten, dass die Strafverfolgung durch die Amnestie abgewendet werden kann, stellen stets einen Verstoß gegen die arbeitsrechtliche Fürsorgepflicht dar.

Entgegen einer verbreiteten Ansicht erschiene es zu weitgehend, dem Unternehmen abzuverlangen, den Mitarbeiter über die Möglichkeit zu belehren, die Interviewprotokolle einzusehen.[1430] Über dieses Recht kann er sich jederzeit – auch nachträglich – selbst bei einem Anwalt informieren. Insofern besteht keine „Überrumpelungsgefahr" für den Mitarbeiter. Teilweise wird ihm daneben das Recht eingeräumt, die Interviewdokumentation zu genehmigen.[1431] Auch hierüber soll er

1428 Vgl. auch *Knauer*, ZWH 2012, 81, 84; *Momsen*, ZIS 2011, 508, 515.

1429 Für eine weitergehende Belehrungspflicht *Kremer*, in: Burgard/Hadding/Mülbert u.a. (Hrsg.), Festschrift für Uwe H. Schneider, S. 701, 708; *Park*, in: Volk (Hrsg.), Verteidigung in Wirtschafts- und Steuerstrafsachen, 2. Aufl., § 11 Rn. 183; *Schürrle/Olbers*, CCZ 2010, 178, 182; *Sidhu/v. Saucken/Ruhmannseder*, NJW 2011, 881, 883. Vgl. auch These 3, Erläuterung Nr. 4 der BRAK-Thesen, abrufbar unter http://www.brak.de/zur-rechtspolitik/stellungnahmen-pdf/stellungnahmen-deutschland/2010/november/stellungnahme-der-brak-2010-35.pdf (zuletzt geprüft am 23.04.2016). Vgl. in diesem Zusammenhang auch *Sieg*, in: Bauer/Kort/Möllers u. a. (Hrsg.), Festschrift für Herbert Buchner, S. 859, 870. Gegen die Annahme von Belehrungspflichten bei internen Untersuchungen, *Grützner*, in: Momsen/Grützner (Hrsg.), Wirtschaftsstrafrecht, 4. Kap. Rn. 377; *Rudkowski*, NZA 2011, 612. So auch *Haefcke*, CCZ 2014, 39, 40; *Tsambikakis*, in: Knierim/Rübenstahl/Tsambikakis (Hrsg.), Internal Investigations, 7. Kap. Rn. 37 ff., die allerdings eine umfassende Belehrung befürworten.

1430 Vgl. auch *Rübenstahl*, WiJ 2012, 17, 25. Vgl. aber *Dann/Zülch*, ZRFC 2011, 267, 271; These 3, Erläuterung Nr. 4 der BRAK-Thesen, abrufbar unter http://www.brak.de/zur-rechtspolitik/stellungnahmen-pdf/stellungnahmen-deutschland/2010/november/stellungnahme-der-brak-2010-35.pdf (zuletzt geprüft am 23.04.2016).

1431 *Dann/Zülch*, ZRFC 2011, 267, 271; *Grimm/Freh*, KSzW 2012, 88, 91; *Leipold*, NJW-Spezial 2011, 56. Vgl. auch These 3, Erläuterung Nr. 4 der BRAK-Thesen, abrufbar unter http://www.brak.de/zur-rechtspolitik/stellungnahmen-pdf/stellungnahmen-deutschland/2010/november/stellungnahme-der-brak-2010-35.pdf (zuletzt geprüft

zu belehren sein.[1432] Nach § 83 Abs. 2 BetrVG steht dem Mitarbeiter das Recht zu, dass auf sein Verlangen seine Gegendarstellung dem Protokoll des Unternehmens beigefügt wird.[1433] Es ginge jedoch aufgrund der gebotenen restriktiven Auslegung der ungeschriebenen Fürsorgepflichten zu weit, eine diesbezügliche Belehrungspflicht des Unternehmens anzuerkennen. Auch über diese Möglichkeit kann sich der Mitarbeiter selbst informieren. Darüber hinaus ist zu berücksichtigen, dass die Genehmigung sogar eine Gefahr für den Mitarbeiter begründen kann, insbesondere soweit er die Begehung von Straftaten eingeräumt haben sollte.[1434] Einseitigen Beurkundungen des Unternehmens darf jedoch nur ein eingeschränkter Beweiswert zuerkannt werden.[1435]

e) Belehrungspflicht gemäß §§ 136 Abs. 1 S. 2 StPO, 163a Abs. 4 S. 2?

Zuletzt kann man überlegen, ob die internen Ermittler verpflichtet sind, nach §§ 136 Abs. 1 S. 2, 163a Abs. 4 S. 2 StPO den befragten Mitarbeiter bei Gefahr der Selbstbelastung über ein Schweigerecht zu belehren. Nach den bisherigen Ausführungen bereitet der Gedanke Schwierigkeiten. Zum einen sind interne Ermittlungen eigentlich Untersuchungen Privater, auf welche die StPO nicht anwendbar ist,[1436] zum anderen besteht in einigen Fällen kein Schweigerecht,[1437] sodass folgerichtig auch keine diesbezügliche Belehrungspflicht bestehen kann.[1438] Eine Belehrungspflicht nach §§ 136 Abs. 1 S. 2, 163a Abs. 4 S. 2 StPO scheidet deswegen grundsätzlich aus.[1439] Etwas anderes könnte sich allein aus dem Aspekt ergeben, dass die internen

---

am 23.04.2016). A.A. *Tsambikakis*, in: Knierim/Rübenstahl/Tsambikakis (Hrsg.), Internal Investigations, 7. Kap. Rn. 41.

1432 *Dann/Zülch*, ZRFC 2011, 267, 271. Vgl. auch These 3, Erläuterung Nr. 4 der BRAK-Thesen, abrufbar unter http://www.brak.de/zur-rechtspolitik/stellungnahmen-pdf/stellungnahmen-deutschland/2010/november/stellungnahme-der-brak-2010-35.pdf (zuletzt geprüft am 23.04.2016).

1433 *Zapfe*, Compliance, S. 133.

1434 Siehe *Dann/Zülch*, ZRFC 2011, 267, 271. Vgl. *Schürrle/Olbers*, CCZ 2010, 178, 179. Hiergegen allerdings *Park*, in: Volk (Hrsg.), Verteidigung in Wirtschafts- und Steuerstrafsachen, 2. Aufl., § 11 Rn. 92 ff.

1435 Vgl. *Tsambikakis*, in: Knierim/Rübenstahl/Tsambikakis (Hrsg.), Internal Investigations, 7. Kap. Rn. 41.

1436 Siehe *Bockemühl*, Private Ermittlungen, S. 49; *Brunhöber*, GA 2010, 571, 576; *Greeve*, StraFo 2013, 89; *Knauer/Buhlmann*, AnwBl 2010, 387, 391; *Moraht*, Private Straftatermittlungen, S. 5; *Raum*, StraFo 2012, 395, 398; *I. Roxin*, StV 2012, 116, 119; *Wewerka*, Internal Investigations, S. 147, 153. Vgl. auch *Salvenmoser/Schreier*, in: Achenbach/Ransiek/Rönnau (Hrsg.), Handbuch Wirtschaftsstrafrecht, 4. Aufl., 15. Teil Rn. 41, 45.

1437 Siehe unter 7. Kapitel C. I.

1438 So auch *Wewerka*, Internal Investigations, S. 258.

1439 *Raum*, StraFo 2012, 395, 398; *I. Roxin*, StV 2012, 116, 119; *Wewerka*, Internal Investigations, S. 258.

Untersuchungen im konkreten Fall nicht als private, sondern als staatliche Ermittlungen anzusehen wären, weil sie den staatlichen Strafverfolgungsbehörden zugerechnet werden müssten.[1440] Allerdings muss unter diesem Aspekt, unabhängig von den Voraussetzungen einer derartigen Zurechnung, die Anwendbarkeit des § 136 Abs. 1 S. 2 StPO ausscheiden. [1441] Dies folgt bereits aus der Unanwendbarkeit des Nemotenetur-Prinzips,[1442] dessen Absicherung § 136 Abs. 1 S. 2 StPO dient.[1443] Denn § 136 Abs. 1 S. 2 StPO ist in seinem Anwendungsbereich auf Vernehmungen beschränkt. Zwar ist zwischen dem „engen“[1444] und dem „funktionalen Vernehmungsbegriff“[1445] umstritten, wann eine Vernehmung genau vorliegt. Auf dem Boden des hier vertretenen engen, auf Auskunftszwang beschränkten Verständnisses des Nemo-tenetur-Prinzips ergibt sich aber zwangsläufig ein enger Vernehmungsbegriff.[1446] Bezweckt Nemo-tenetur die Unterbindung eines Auskunftszwanges, muss die diesem Prinzip dienende Norm des § 136 Abs. 1 S. 2 StPO im Sinne einer Verhinderung von Auskunftszwang verstanden werden. Demnach ist mit dem BGH der Zweck dieser Norm darin zu sehen, den Beschuldigten vor der irrtümlichen Annahme einer Auskunftspflicht zu bewahren, zu der er möglicherweise gerade durch die Konfrontation mit dem amtlichen Auskunftsverlangen veranlasst wird.[1447] Wird der Beschuldigte nicht

---

1440 Siehe hierzu unter 7. Kapitel D. I. 3. b) aa) (2).

1441 *Schmitt*, in: Meyer-Goßner/Schmitt, StPO, 58. Aufl., § 136 Rn. 7. A.A. *Neuhaus*, Kriminalistik 1995, 787, 789 ff.

1442 Siehe 7. Kapitel D. I. 1.

1443 Vgl. *Schmitt*, in: Meyer-Goßner/Schmitt, StPO, 58. Aufl., § 136 Rn. 7.

1444 Danach handelt es sich nur dann um eine Vernehmung, wenn der Vernehmende einer Auskunftsperson in amtlicher Funktion gegenübertritt und in dieser Funktion Auskunft verlangt (BGHSt 40, 211, 213; 42, 139, 145 f.; NStZ 1995, 410; BGHSt 52, 11, 15; *Brunhöber*, GA 2010, 571, 577; *Derksen*, JR 1997, 167, 168; *Diemer*, in: Hannich (Hrsg.), Karlsruher Kommentar zur StPO, 7. Aufl., § 136 Rn. 3; *Eisenberg*, StPO, 9. Aufl., Rn. 510; *Ellbogen*, Kriminalistik 2006, 544, 546; *Kudlich*, JuS 1997, 696, 699; *Lesch*, GA 2000, 355; *Mahlstedt*, Verdeckte Befragung, S. 123; *Pfeiffer*, StPO, 5. Aufl., § 136a Rn. 4; *Schlüchter/Radbruch*, NStZ 1995, 354 f.; *H. Schneider*, JR 1996, 401, 405; *Sternberg-Lieben*, Jura 1995, 299, 306, 308; vgl. auch BGHSt 55, 138, 143. A.A. *Seebode*, JR 1988, 427, 428; *Weiler*, GA 1996, 101, 107.

1445 Hiernach sollen unter den Vernehmungsbegriff alle Äußerungen des Beschuldigten fallen, welche ein Strafverfolgungsorgan direkt oder indirekt herbeigeführt hat (Vgl. LG Darmstadt, StV 1990, 104 (für § 136a StPO); *Beulke*, StV 1990, 180, 181; *Bockemühl*, Private Ermittlungen, S. 22 f.; *Gleß*, in: Erb/Esser/Franke u. a. (Hrsg.), Löwe-Rosenberg, StPO, 26. Aufl., Band 4, § 136a Rn. 15; *Kühl*, StV 1986, 187, 188; *Seebode*, JR 1988, 427, 428. Einschränkend *Neuhaus*, Kriminalistik 1995, 787 ff. Vgl. auch *Dencker*, StV 1994, 667, 675.

1446 Siehe hierzu *Verrel*, Selbstbelastungsfreiheit, S. 160 f.; *Weßlau*, ZStW 110 (1998), 1, 13. Vgl. auch *Engländer*, ZIS 2008, 163 (Fn. 3).

1447 BGHSt 42, 139, 147; 52, 11, 15; 55, 138, 143; *Ellbogen*, Kriminalistik 2006, 544, 546; *König*, Kriminalistik 1997, 179, 181; *Kudlich*, JuS 1997, 696, 699; *Popp*, NStZ 1998, 95. Vgl. auch *Schlüchter/Radbruch*, NStZ 1995, 354, 355.

mit amtlicher Autorität konfrontiert, kann damit die für die Belehrungspflicht ausschlaggebende Gefährdungslage nicht bestehen.[1448] Soweit hiergegen eingewendet wird, vor dem Hintergrund dieses engen Verständnisses des Nemo-tenetur-Prinzips ließe sich das ebenfalls in § 136 Abs. 1 S. 2 StPO geregelte Recht auf Konsultation eines Verteidigers nicht erklären,[1449] kann erwidert werden, dass sich der Zweck dieser Norm damit erklären lässt, dem Beschuldigten eine sinnvolle Entscheidung über die Inanspruchnahme des Schweigerechts zu ermöglichen.[1450] § 136 Abs. 1 S. 2 StPO ist damit auf Befragungen bei internen Ermittlungen nicht anwendbar.[1451]

Aus demselben Grund muss auch eine analoge Anwendung des § 136 Abs. 1 S. 2 StPO – dem Zweck dieser Norm entsprechend – außerhalb von Vernehmungen ausscheiden.[1452] Auch wenn sich die Konstellation der internen Ermittlungen von der Hörfallenproblematik insoweit unterscheidet, dass der Mitarbeiter durchaus von einer Verpflichtung zur Auskunft ausgehen kann und die Befragungssituation einer staatlichen Vernehmung möglicherweise stark angenähert ist, fehlt doch stets die Konfrontation mit der staatlichen Autorität. Aufklärungspflichten des Arbeitgebers können sich demnach alleine und auch nur in beschränktem Umfang aus der arbeitsrechtlichen Treuepflicht des Arbeitgebers ergeben.

f) Zwischenergebnis

Über die rechtlichen Fragestellungen, wie das Bestehen oder Nichtbestehen der Auskunftspflicht und die Möglichkeit, dass die Untersuchungsunterlagen beschlagnahmt oder die befragenden Anwälte vom Unternehmen ihrer Schweigepflicht entbunden werden können, sowie die Grenzen einer Amnestie, muss der Arbeitgeber den Mitarbeiter nur dann aufklären, wenn er diesem nicht die Möglichkeit einräumt, sich selbsttätig rechtzeitig zu informieren. Dies gilt auch für die Möglichkeit, einen Anwalt hinzuzuziehen und sich gegebenenfalls von diesem während der Befragung begleiten zu lassen. Irreführende Formulierungen in den Amnestieangeboten verstoßen dagegen stets gegen die arbeitsrechtliche Fürsorgepflicht. Über tatsächliche Umstände, die in der Hand des Unternehmens liegen und die Gefährdungslage des Mitarbeiters verstärken, aber auch über solche Umstände, die die Rechte des Mitarbeiters beeinflussen, besteht dagegen stets eine Informationspflicht des Arbeitgebers. Insbesondere muss das Unternehmen deswegen zu befragende

---

1448 Siehe *König*, Kriminalistik 1997, 179, 181.

1449 *C. Roxin*, NStZ 1995, 465, 466; *ders.*, NStZ 1997, 18; *ders.*, StV 2012, 131, 132. Vgl. auch *Bernsmann*, StV 1997, 116, 117.

1450 *Weßlau*, ZStW 110 (1998), 1, 12.

1451 Siehe auch *Wewerka*, Internal Investigations, S. 258. A.A *Roxin/Schünemann*, Strafverfahrensrecht, 28. Aufl., § 25 Rn. 14.

1452 BGHSt 52, 11, 15; 55, 138, 143; *Wewerka*, Internal Investigations, S. 310. Gegen eine analoge Anwendbarkeit des § 136 StPO außerhalb von Vernehmungen auch *Lesch*, GA 2000, 355, 363; *Popp*, NStZ 1998, 95. Vgl. auch BGH, NStZ 1995, 557. A.A. *Brunhöber*, GA 2010, 571, 577; *Weiler*, GA 1996, 101, 107; *Wolter*, ZIS 2012, 238, 242 f.

Mitarbeiter gegebenenfalls darüber aufklären, dass es vorhat, die Ergebnisse seiner Untersuchung an die Staatsanwaltschaft weiterzugeben. Auch muss es dem Mitarbeiter mitteilen, wenn es sich bei der Befragung durch Anwälte vertreten lässt, denn jedenfalls dann erfordert der (arbeitsrechtliche) Grundsatz der Waffengleichheit ein Recht des Mitarbeiters, ebenfalls einen Anwalt hinzuziehen. Zudem muss das Unternehmen dem Mitarbeiter die Thematik der Befragung in den Grundzügen offenlegen. Ohne diese Information kann der Mitarbeiter zumeist weder die Rechtslage noch die Gefahr einer selbstbelastenden Wirkung einschätzen. Weitergehende Informationspflichten bestehen in der Regel nicht. Insbesondere muss der Mitarbeiter nicht über sein Recht, die Interviewprotokolle einzusehen, informiert werden.

3. *Die Annahme eines Beweisverwertungsverbot aufgrund eines Wissensdefizits*

Gestaltet sich die Annahme einer umfassenden Belehrungspflicht aufgrund des zivilrechtlichen Charakters der Interviews als schwierig, stellt sich die Frage, ob die Problematik durch das Strafprozessrecht im Strafverfahren selbst entschärft werden kann. Da die möglichen selbstbelastenden Auskünfte zu diesem Zeitpunkt bereits gegeben wurden, kann es sich im Wesentlichen nur noch um eine Reparatur auf der Ebene der Beweiswürdigung handeln. Konkret geht es um das Bestehen eines Beweisverwertungsverbots für die selbstbelastenden Auskünfte. Dabei kommt zum einen die Annahme eines unselbstständigen Beweisverwertungsverbots für den Fall in Betracht, dass die Beweiserhebung rechtswidrig war. Da für die internen Ermittler, wie bereits geklärt, grundsätzlich keine Aufklärungs- bzw. Belehrungspflichten bestehen, stellt sich hier insbesondere die Frage nach der (entsprechenden) Anwendbarkeit der strafprozessualen Normen über die Beweiserhebung auf Private. Zum anderen kann im Einzelfall, sollten die privaten Ermittler im Rahmen ihrer Untersuchungen ausnahmsweise gegen Strafnormen verstoßen bzw. „extrem menschenrechtswidrig" gehandelt haben oder die Untersuchungen den staatlichen Ermittlungsbehörden zurechenbar sein, nach den Grundsätzen über die Verwertbarkeit rechtswidriger Beweiserhebungen durch Private ein Beweisverwertungsverbot in Betracht zu ziehen sein. Daneben kommt auch hier wieder ein selbstständiges Beweisverwertungsverbot in Betracht, das mangels Einschlägigkeit des Nemo-tenetur-Prinzips zwar nicht auf dieses gestützt werden könnte, womöglich aber auf das Prinzip des fairen Verfahrens. Dem soll nun im Einzelnen nachgegangen werden.

a) Beweisverwertungsverbot wegen Umgehung des § 136 Abs. 1 S. 2 StPO

Zum einen könnte sich ein Beweisverwertungsverbot allein aufgrund des Umstandes ergeben, dass die Mitarbeiter in den seltensten Fällen im Rahmen von internen Ermittlungen über ein Schweigerecht belehrt werden. Dieses Beweisverwertungsverbot ist für Verletzungen des § 136 Abs. 1 S. 2 StPO anerkannt. Nun ist § 136 Abs. 1 S. 2 StPO auf interne Ermittlungen aus den oben genannten Gründen auch nicht entsprechend anwendbar.[1453] Man könnte allerdings, wie in der Konstellation der Hörfalle von einigen Autoren und dem 5. Senat des BGH vertreten, daran denken, aus einer Umgehung der förmlichen Vernehmung und der damit verbundenen Vernehmungspflicht ein Beweisverwertungsverbot abzuleiten.[1454] Wenn bereits der Umstand, dass in einer Vernehmung unterlassen wurde, den Beschuldigten auf sein Schweigerecht hinzuweisen, zu einem Beweisverwertungsverbot führen würde, müsste ein solches erst recht angenommen werden, wenn dem Betroffenen die komplette strafprozessuale Relevanz seiner Aussage verborgen bliebe, die sich ihm im Rahmen einer offenen Befragung durch staatliche Strafverfolgungsorgane zumindest erschließe.[1455] Allerdings sprechen gegen eine solche Argumentation die oben bereits angesprochenen Bedenken. Geht es bei der Belehrungspflicht des § 136 Abs. 1 S. 2 StPO allein um die Abwendung einer vernehmungsspezifischen Gefährdungslage, kann diese Norm durch Befragungen außerhalb dieser Situation auch nicht umgangen werden.[1456] Damit ist nicht gemeint, dass hierdurch nicht die Funktion des Schweigerechts selbst, das der Absicherung einer Subjektstellung im Strafverfahren dient,[1457] umgangen werden könnte. Hierbei handelt es sich aber um eine andere Problematik, die nicht an der Belehrungspflicht festzumachen ist.[1458]

b) Beweisverwertungsverbot wegen Verstoßes gegen § 136a StPO

Eine andere Frage ist, ob die Erkenntnisse, die aus selbstbelastenden Äußerungen im Rahmen der Interviews erlangt wurden, zumindest partiell einem Beweisverwertungsverbot aus § 136a Abs. 3 StPO unterfallen. Da in den seltensten Fällen im Rahmen von internen Ermittlungen zu den Mitteln der Misshandlung, Ermüdung, zu körperlichen Eingriffen, der Verabreichung von Mitteln, Quälerei oder Hypnose gegriffen wird, soll die Untersuchung eines Verwertungsverbotes aufgrund der Anwendung dieser unzulässigen Vernehmungsmethoden im Rahmen dieser Abhandlung außen vor bleiben. Denn dies hätte mit der hier untersuchten, für interne Untersuchungen typischen Gefährdungslage wenig gemein. Interessanter erscheint deswegen die Frage, inwiefern sich aus dem Täuschungsverbot des § 136a Abs. 1 S. 1 StPO ein Beweisverwertungsverbot ergeben kann. Daneben kommt ein

---

1453 Siehe unter 7. Kapitel D. I. 2. e).

1454 BGH, NStZ 1995, 410, 411; NStZ 1996, 200, 201, *Renzikowski*, JZ 1997, 710, 717; *C. Roxin*, NStZ 1995, 465, 466; *ders.*, NStZ 1997, 18, 19; *Wolter*, in: Roxin/Widmaier (Hrsg.), 50 Jahre Bundesgerichtshof, Band IV, S. 963, 972 ff. Siehe zu dieser Problematik auch *Kudlich*, JuS 1997, 696, 700.

1455 Siehe *C. Roxin*, NStZ 1995, 465, 467. Vgl. auch *Bosch*, nemo-tenetur-Prinzip, S. 142.

1456 Siehe unter 7. Kapitel D. I. 1. a) bb). Siehe BGHSt 42, 139, 149. Vgl. auch BGHSt 52, 11, 15 f.; 55, 138, 143; *Jäger*, Beweisverwertung, S. 165; *Seitz*, NStZ 1995, 519; *Weßlau*, ZStW 110 (1998), 1, 13. Im Ergebnis ebenfalls ablehnend *Mahlstedt*, Verdeckte Befragung, S. 137.

1457 Siehe unter 7. Kapitel D. I. 1. a) bb).

1458 Vgl. auch *Wolter*, in: Roxin/Widmaier (Hrsg.), 50 Jahre Bundesgerichtshof, Band IV, S. 963, 973 f.

Beweisverwertungsverbot aufgrund der Anwendung unzulässigen Zwangs nach § 136a Abs. 1 S. 2 StPO in Betracht.

aa) Anwendbarkeit des § 136a StPO auf die Situation der Interviews

(1) Bestehen einer vernehmungsähnlichen Situation

§ 136a StPO ist anders als § 136 Abs. 1 S. 2 StPO nicht bereits aus dem Grunde unanwendbar, dass es sich bei dem Interview nicht um eine Vernehmung handelt. Denn die Anwendbarkeit des § 136a StPO soll nach herrschender Ansicht nicht auf Vernehmungen beschränkt sein, sondern auch die sogenannte „vernehmungsähnliche Lage“ umfassen.[1459] Hiermit soll der Anwendungsbereich auf solche staatlich veranlasste Konstellationen ausgeweitet werden, in denen unter Umgehung einer „offiziellen“ amtlichen Vernehmung ein Beschuldigter einem faktischen Zwang zur Einlassung ausgesetzt wird, so dass er sich einer Informationserhebung durch Befragung nicht ohne weiteres entziehen kann.[1460] Angesichts der inquisitorischen Befragung der Mitarbeiter im Rahmen der Interviews, handelt es sich um einer staatlichen Vernehmung derart angenäherte Umstände, dass die Annahme einer „vernehmungsähnliche Situation“ kaum abgestritten werden kann, wenn die Befragung gezielt zur Umgehung einer staatlichen Vernehmung eingesetzt wurde.[1461] Die Mitarbeiter sehen sich zumeist mehreren Unternehmensvertretern gegenüber, die aufgrund des dem Arbeitgeber zustehenden Weisungsrechts einseitig Thema und Gang der Untersuchung bestimmen sowie die Antworten des Mitarbeiters protokollieren und können sich der Untersuchung nicht ohne Weiteres entziehen.

(2) Erfordernis der Zurechenbarkeit

Da es sich um Befragungen durch Privatpersonen handelt, wäre § 136a StPO nach herrschender Ansicht nur unter der Voraussetzung anwendbar, dass die Situation

---

1459 *Kudlich*, JuS 1997, 696, 698; *Kühl*, StV 1986, 187, 188; *H. Schneider*, JR 1996, 401, 404; *Sternberg-Lieben*, Jura 1995, 299, 306; beziehungsweise dann zumindest analog anwendbar sein, vgl. *Eisenberg*, StPO, 9. Aufl., Rn. 636 f.; *Rogall*, in: Wolter (Hrsg.), Systematischer Kommentar zur Strafprozessordnung, Band 2, 4. Aufl., § 136a Rn. 25. Weiter wohl *Weßlau*, Vorfeldermittlungen, S. 214 f.; *Wolter*, ZIS 2012, 238, 240 f. A.A. *Götting*, Beweisverwertungsverbote, S. 189; *Kramer*, Jura 1988, 520, 523; *Krey*, Private Ermittlungen, S. 75; *Lesch*, GA 2000, 355, 369 f.

1460 *Duttge*, JZ 2008, 261, 263; *Rogall* , in: Wolter (Hrsg.), Systematischer Kommentar zur Strafprozessordnung, Band 2, 4. Aufl., § 136a Rn. 25; *Sternberg-Lieben*, Jura 1995, 299, 306.

1461 So auch *Kottek*, Kooperation, S. 114. So für SEC-Ermittlungen auch *Dann/Schmidt*, NJW 2009, 1851, 1852. Vgl. aber auch *Sowada*, in: Geisler/Kraatz/Kretschmer u. a. (Hrsg.), Festschrift für Klaus Geppert, S. 689, 716 der eine „vernehmungsähnliche Situation“ alleine dann annehmen will, „wenn sich die Auskunftsperson einem erkennbar mit staatlicher Autorität vorgetragenen Auskunftsbegehren gegenübersieht“.

den Strafverfolgungsbehörden zurechenbar wäre.[1462] Zwar bestünde auch unabhängig von dem Verbot des § 136a StPO nach der herrschenden Ansicht ein Beweisverwertungsverbot, wenn die Privatpersonen extrem menschenrechtswidrig vorgegangen wären.[1463] Da Letzteres aber zumeist ausscheidet,[1464] hängt die Unverwertbarkeit aufgrund der Anwendung verbotener Vernehmungsmethoden durch Privatpersonen in der Regel von der Zurechenbarkeit der Situation ab und damit auch davon, welche Anforderungen man daran stellt. Für eine Zurechenbarkeit wird es nach herrschender Ansicht jedenfalls als ausreichend erachtet, dass die Privatpersonen im Auftrag der Strafverfolgungsbehörden tätig wurden.[1465] Weitergehend hat

---

1462 Vgl. BGHSt 34, 362, 363; 44, 129, 134; *Dann/Zülch*, ZRFC 2011, 267, 268 f., 270; *Esser*, JR 2004, 98, 100; *Gleß*, in: Erb/Esser/Franke u. a. (Hrsg.), Löwe-Rosenberg, StPO, 26. Aufl., Band 4, § 136a Rn. 10; *Greeve*, StraFo 2013, 89; *Lagodny*, StV 1996, 167, 170; *Pauckstadt-Maihold*, in: Kleinknecht/Müller/Reitberger, StPO, Band 2, 65. Lfg., Stand: Dezember 2012, § 136a Rn. 5; *Pfeiffer*, StPO, 5. Aufl., § 136a StPO Rn. 2; *Rogall*, in: Wolter (Hrsg.), Systematischer Kommentar zur Strafprozessordnung, Band 2, 4. Aufl., § 136a Rn. 7, 12; *Wewerka*, Internal Investigations, S. 259 f. A.A. *Gössel*, Strafverfahrensrecht, S. 192 f.; *M. Jahn*, in: Ständige Deputation des deutschen Juristentages (Hrsg.), Verhandlungen des 67. deutschen Juristentages, Band I, S. C 102 f.; *Joerden*, JuS 1993, 927, 928; *Lesch*, GA 2000, 355, 370; *Moraht*, Private Straftatermittlungen, S. 218 ff., 242 ff.; *Popp*, NStZ 1998, 95. Weiter auch *Deckers*, in: Widmaier/Müller/Schlothauer, Münchener Anwaltshandbuch, Strafverteidigung, 2. Aufl., § 45 Rn. 99.

1463 Siehe *Deckers*, in: Widmaier/Müller/Schlothauer, Münchener Anwaltshandbuch, Strafverteidigung, 2. Aufl., § 45 Rn. 98 f.; *Krey*, Private Ermittlungen, S. 100, 103; *Pauckstadt-Maihold*, in: Kleinknecht/Müller/Reitberger, StPO, Band 2, 65. Lfg., Stand: Dezember 2012, § 136a Rn. 5; *Pfeiffer*, StPO, 5. Aufl., § 136a Rn. 2; *Schmitt*, in: Meyer-Goßner/Schmitt, StPO, 58. Aufl., § 136a Rn. 3. Siehe hierzu auch *Gleß*, in: Erb/Esser/Franke u. a. (Hrsg.), Löwe-Rosenberg, StPO, 26. Aufl., Band 4, § 136a Rn. 12; *Rogall*, in: Wolter (Hrsg.), Systematischer Kommentar zur Strafprozessordnung, Band 2, 4. Aufl., § 136a Rn. 11. Nach a.A. soll jeder Rechtsverstoß in analoger Anwendung des § 136a Abs. 3 S. 2 StPO ein Beweisverwertungsverbot bewirken, so *Gaede*, StV 2004, 46, 52; *Gössel*, Strafverfahrensrecht, S. 192 f.; *Grünwald*, Beweisrecht, S. 164; *M. Jahn*, JuS 2000, 441, 444 f.; *ders.*, JuS 2005, 1057, 1058; *ders.*, Gutachten C für den 67. deutschen Juristentag, in: Ständige Deputation des deutschen Juristentages (Hrsg.), Verhandlungen des 67. deutschen Juristentages, Band I, S. C 102 ff.; *Joerden*, JuS 1993, 927, 928; *Mende*, Grenzen privater Ermittlungen, S. 220 ff.; *Moraht*, Private Straftatermittlungen, S. 242 ff.; *Sydow*, Kritik, S. 116 f. Siehe hierzu unter 4. Kapitel E. III. 5.

1464 So auch *Scahrnberg*, Internal Investigations, S. 361.

1465 *Bosch*, nemo-tenetur-Prinzip, S. 214 f.; *Fincke*, ZStW 95 (1983), 918, 939; *Godenzi*, Private Beweisbeschaffung, S. 175 f.; *Götting*, Beweisverwertungsverbote, S. 174; *Kramer*, Jura 1988, 520, 523; *Rogall*, in: Wolter (Hrsg.), Systematischer Kommentar zur Strafprozessordnung, Band 2, 4. Aufl., § 136a Rn. 12; *Roxin/Schünemann*, Strafverfahrensrecht, 28. Aufl., § 24 Rn. 65. Siehe auch *Dencker*, StV 1994, 667, 671; *Grünwald*, StV 1987, 470 f.; *Joerden*, JuS 1993, 927, 928; *Mende*, Grenzen privater

der BGH in BGHSt 44, 129, 134 ausgeführt, eine „auf Ausnahmefälle" beschränkte Zurechnung könne „sich sowohl aus der Art des Zusammenwirkens zwischen den Ermittlungsbehörden und der Privatperson ergeben als auch aus den Umständen, unter denen die Privatperson zu beweiserheblichen Angaben eines Tatverdächtigen gelangt".[1466] Nach weitergehender Auffassung soll dagegen jede staatliche Veranlassung oder Förderung der Informationssammlung ausreichen.[1467] Danach schiede die Zurechenbarkeit nur aus, wenn das Unternehmen nicht mit staatlichen Organen mit dem Ziel der Informationssammlung zusammengewirkt hat oder von staatlicher Seite zu diesem Zweck geschaffene Umstände ausgenutzt wurden.[1468]

(a) Zurechenbarkeit aufgrund Duldung oder pflichtwidriger Unterlassung

Teilweise wird bereits allein aufgrund einer Duldung der privaten Ermittlungstätigkeit die Zurechenbarkeit des privaten Handelns bejaht. So nimmt *Mahlstedt* für den Fall, dass die Strafverfolgungsbehörden von einer repressiv motivierten Ausforschung durch Private erfahren und nicht hiergegen einschreiten, eine Ingerenzgarantenpflicht der Ermittlungsbehörden an, diese Maßnahmen zu unterbinden und begründet auf diesem Wege die Zurechenbarkeit der privaten Sachverhaltsausforschung.[1469] Noch weitergehend knüpft *Mende* eine Ingerenzgarantenpflicht bereits an die durch staatliche Duldung geschaffene „abstrakte Sondergefahr" der „privaten Wahrnehmung von Repressionsbefugnissen" und die fehlende gesetzliche Verankerung von Verwertungsverboten.[1470] Jedoch kann diese Argumentation unabhängig von den prinzipiellen Bedenken[1471] bezüglich unternehmensinterner

Ermittlungen, S. 63 ff.; *Rogall*, JZ 2008, 818, 828; *Wehnert*, StraFo 2012, 253, 257. Vgl. auch *Kramer*, Jura 1988, 520, 522; *Lesch*, GA 2000, 355, 358. So grundsätzlich auch *Pfeiffer*, StPO, 5. Aufl., § 136a Rn. 2.

1466 BGHSt 44, 129, 134, ferner 136 f.

1467 *Gleß*, in: Erb/Esser/Franke u. a. (Hrsg.), Löwe-Rosenberg, StPO, 26. Aufl., Band 4, § 136a Rn. 10.Vgl. auch *Seebode*, JR 1988, 427, 428. Dagegen spricht *Esser*, JR 2004, 98, 100 von der „Instrumentalisierung" eines Dritten.

1468 *Gleß*, in: Erb/Esser/Franke u. a. (Hrsg.), Löwe-Rosenberg, StPO, 26. Aufl., Band 4, § 136a Rn. 10.

1469 *Godenzi*, Private Beweisbeschaffung, S. 182 ff.; *Mahlstedt*, Verdeckte Befragung, S. 158 f. Vgl. auch *Keller*, in: Samson/Dencker/Frisch u. a. (Hrsg.), Festschrift für Gerald Grünwald, S. 267, 277 f.; *Kottek*, Kooperation, S. 145 f.; *Wewerka*, Internal Investigations, S. 297.

1470 *Mende*, Grenzen privater Ermittlungen, S. 206 ff.

1471 Siehe hierzu *Reeb*, Internal Investigations, S. 14; *Rödiger*, Strafverfolgung von Unternehmen, S. 243; *Wewerka*, Internal Investigations, S. 249, 251 f. Gegen eine Zurechnung in dieser Situation auch BGH, NJW 1989, 843, 844 f.; *Fincke*, ZStW 95 (1983), 918, 939; *Godenzi*, Private Beweisbeschaffung, S. 178 ff.; *dies.*, GA 2008, 500, 505 f. Vgl. auch *Eckhardt*, Private Ermittlungsbeiträge, S. 116; *C. Roxin*, NStZ 1997, 18, 21.

Ermittlungen nicht greifen.[1472] Denn interne Ermittlungen sind in der Regel nicht allein durch die Strafverfolgungsabsicht motiviert, sondern dienen weitergehenden, häufig auch präventiven Interessen des Unternehmens.[1473] Derartige Aufklärungsbemühungen sind dem Unternehmen als Verletztem der Straftat[1474] bzw. als potenziellem Nebenbeteiligtem[1475] grundsätzlich erlaubt[1476] und verfolgen an sich auch legitime, in weiten Teilen von der Strafverfolgung unabhängige Zwecke.[1477] Dem Unternehmen wegen des strafprozessualen Bezugs die Kompetenz abzusprechen, mögliche zivilrechtliche Ansprüche aber auch arbeitsrechtliche Maßnahmen abzuklären, erschiene unbillig.[1478] Es kann damit auch keine Verpflichtung der Strafverfolgungsbehörden bestehen, diese Ermittlungen oder auch nur die Interviews zu unterbinden.[1479] Aus diesem Grund kann der Gedanke der Beweishehlerei im Regelfall ebenfalls nicht durchgreifen.[1480] *Kottek* dagegen begründet über das Zusammenspiel zwischen Legalitätsprinzip und Offizialprinzip eine staatliche Garantenpflicht zum Einschreiten.[1481] Soweit die Staatsanwaltschaft unter Verletzung dieser Garantenplicht dauerhaft gezielt untätig bleibe, um dem Verdächtigen die Beschuldigtenstellung bewusst vorzuenthalten, läge ein Verstoß gegen das Fair-trial-Prinzip vor.[1482] Deckers dagegen möchte § 136a StPO jedenfalls analog anwenden, wenn sich staatliche Strafverfolgungsbehörden verbotene Methoden i.S.d. § 136a StPO bewusst

---

1472 So im Ergebnis auch *M. Jahn*, StV 2009, 41, 45; *Momsen*, ZIS 2011, 508, 513.

1473 Vgl. auch *Mahlstedt*, Verdeckte Befragung, S. 159.

1474 Vgl. *Rödiger*, Strafverfolgung von Unternehmen, S. 245 f. Siehe auch RGSt 59, 291, 298. Vgl. zudem BVerfGE 38, 105 ff. A.A. *Brunhöber*, GA 2010, 571, 574 f. Einschränkend auch *M. Jahn*, StV 2009, 41, 43.

1475 Vgl. *Brunhöber*, GA 2010, 571, 572 ff.; *Rödiger*, Strafverfolgung von Unternehmen, S. 245 f. Vgl. in diesem Zusammenhang auch BGHSt 46, 1, 4; *Reeb*, Internal Investigations, S. 33 f.; *M. Jahn*, StV 2009, 41, 43; *Schmitt*, in: Meyer-Goßner/Schmitt, StPO, 57. Aufl., Vor § 137 Rn. 2.

1476 Siehe hierzu die Darstellung des Argumentationsstandes von *Reeb*, Internal Investigations, S. 33 ff.; *Rödiger*, Strafverfolgung von Unternehmen, S. 244 ff. So auch *Bittmann/Molkenbur*, wistra 2009, 373, 374; *Greeve*, StraFo 2013, 89; *Wewerka*, Internal Investigations, S. 111.

1477 Vgl. auch *Münkel*, Mitarbeiteroffenbarungen, S. 114. Siehe hierzu auch 3. Kapitel E. II.

1478 Vgl. auch *Reeb*, Internal Investigations, S. 40; *Rödiger*, Strafverfolgung von Unternehmen, S. 247.

1479 Siehe auch *Rödiger*, Strafverfolgung von Unternehmen, S. 243.

1480 Ebenso *Rödiger*, Strafverfolgung von Unternehmen, S. 243. Siehe hierzu auch *Mahlstedt*, Verdeckte Befragung, S. 159. Vgl. zu dieser Argumentation aber *Bienert*, Private Ermittlungen, S. 91 ff.; *M. Jahn*, JuS 2000, 441, 445; *Joerden*, JuS 1993, 927, 928; *Kottek*, Kooperation, S. 166 ff.; *Mende*, Grenzen privater Ermittlungen, S. 204 ff.; *Sydow*, Kritik, S. 116.

1481 *Kottek*, Kooperation, S. 134 ff.

1482 *Kottek*, Kooperation, S. 138 f. Vgl. auch *Greco/Caracas*, NStZ 2015, 7, 14.

zunutze machen.[1483] Nach Kruse sollen „sämtliche Schranken der Strafprozessordnung“ anwendbar sein, wenn der Staat Kenntnis von den privaten Ermittlungen hat und sich im Rahmen der Ermittlungen „gezielt bei Privaten bedient“, um eine Umgehung der strafprozessualen Vorgaben zu verhindern.[1484] Eine derartige Argumentation kann allerdings nicht die Anwendbarkeit der Regeln der StPO für die private Beweiserhebung begründen.[1485] Das „pflichtwidrige Verhalten der Staatsanwaltschaft würde auf diesem Wege nicht den Pflichtigen, die Staatsanwaltschaft selbst, sondern einen Dritten, das Unternehmen, verpflichten. Jenem obliegt aber keine Garantenpflicht bezüglich der Gewährleistung eines Beschuldigtenstatuses oder der Einhaltung strafprozessualer Regeln. Den Pflichtenkreis des Unternehmens auf diese Weise auszudehnen, wäre auch deswegen problematisch, weil dieses nicht notwendigerweise Kenntnis davon erlangt, dass die Staatsanwaltschaft dauerhaft untätig bleibt und nach dieser Auffassung dann dessen ungeachtet die Regeln der StPO zu beachten hätte. Allenfalls könnten auf diesem Wege Zivil- oder Strafrechtsverletzungen des Unternehmens zugerechnet werden, die nicht durch eine analoge Anwendung der StPO begründet werden. Soweit durch die Zurechnung allein ein Beweisverwertungsverbot nach § 136a Abs. 3 StPO begründet werden soll,[1486] ohne dass das Verhalten des Unternehmens selbst als unzulässig gewertet werden würde, stellt sich dagegen die Frage nach der Notwendigkeit einer analogen Anwendung; denn soweit der Grund des Verwertungsverbotes nicht allein in dem Verhalten des Unternehmens selbst liegt, sondern in der staatlichen Untätigkeit, benötigt man keine Zurechnung.[1487] Insofern kann das Beweisverwertungsverbot auch an das mögliche pflichtwidrige Verhalten der Strafverfolgungsbehörden selbst angeknüpft werden.[1488] Daneben erscheint § 136a Abs. 3 StPO auch nicht als der geeignete Anknüpfungspunkt, da die unzulässigen Vernehmungsmethoden des § 136a Abs. 1 StPO stark auf amtliche Vernehmungen zugeschnitten sind, wenn man § 136a Abs. 1 S. 2 und 3 StPO ansieht.[1489] Insofern bietet es sich an, für Umgehungskonstellationen (auch in den Fällen, in denen sich Strafverfolgungsbehörden die Anwendung verbotener Methoden durch Dritte zunutze machen) nicht auf § 136a Abs. 3 StPO, sondern auf das Fair-trial-Prinzip abzustellen.[1490]

1483 *Deckers*, in: Widmaier/Müller/Schlothauer, Münchener Anwaltshandbuch, Strafverteidigung, 2. Aufl., § 45 Rn. 99.

1484 *Kruse*, Compliance, S. 172, vgl. aber auch S. 180 f.

1485 Vgl. in diesem Zusammenhang zudem *Kruse*, Compliance, S. 92.

1486 Vgl. *Pfordte*, in: Arbeitsgemeinschaft Strafrecht des Deutschen Anwaltvereins (Hrsg.), Strafverteidigung im Rechtsstaat, S. 740, 755 f.

1487 Vgl. auch *Münkel*, Mitarbeiteroffenbarungen, S. 113.

1488 So stellt auch *Kottek* auf die Verletzung des Fair-trial-Prinzips durch die Strafverfolgungsbehörden ab, *Kottek*, Kooperation, S. 134 ff.

1489 Vgl. *Wewerka*, Internal Investigations, S. 259 f. Vgl. aber auch *Keller*, in: Samson/Dencker/Frisch u. a. (Hrsg.), Festschrift für Gerald Grünwald, S. 267, 280 ff.

1490 A.A. aber auch *Haas*, V-Leute, S. 95.

Man wird die Zurechenbarkeit des Unternehmenshandelns deswegen jedenfalls auf aktive Einwirkungen auf die Ermittlungen generell oder die konkrete Untersuchungsmaßnahme im Speziellen beschränken müssen.[1491]

(b) Zurechenbarkeit im Falle aktiver Verursachung oder Unterstützung

Aber auch wenn man eine Zurechnung auf aktive Verursachungs- oder möglicherweise auch nur Unterstützungshandlungen beschränkt, ist problematisch, welche Beurteilungskriterien im Einzelnen heranzuziehen sind und welche Intensität an Einflussnahme vorauszusetzen ist. Als Zurechnungskriterien kommen dabei insbesondere eine Anlehnung an die allgemeine verwaltungsrechtliche Kategorie der Verwaltungshelfer unter dem Stichwort „keine Flucht ins Privatrecht",[1492] aber auch an allgemeine strafrechtliche Kriterien. In der Literatur werden dabei insbesondere die Gedanken der objektiven Zurechnung,[1493] der Tatherrschaft,[1494] speziell der mittelbaren Täterschaft,[1495] aber auch der Mittäterschaft[1496] sowie der Anstiftung[1497] benannt. Die verwaltungsrechtliche Kategorie der Verwaltungshelfer erscheint im hier behandelten Fall ungeeignet, eine Zurechnung zu begründen.[1498] Denn soweit auch andere Aspekte als die Interessen der Strafverfolgungsorgane und damit zusammenhängende Beweggründe ausschlaggebend für die internen Ermittlungen sind, unterscheiden sich die Situationen erheblich. Es wird eben nicht nur eine Aufgabe der Strafverfolgungsbehörden wahrgenommen. Das Unternehmen verfolgt weitgehend eigene zivile, von den konkreten Belangen der Strafverfolgungsorgane in weiten

---

1491 So auch *Münkel*, Mitarbeiteroffenbarungen, S. 109 f. Vgl. auch *Bosch*, nemo-tenetur-Prinzip, S. 215. Vgl. aber auch *Neuhaus*, in: Kempf/Lüderssen/Volk (Hrsg.), Die Finanzkrise, das Wirtschaftsstrafrecht und die Moral, S. 348, 357 für SEC-Ermittlungen.

1492 Vgl. *Bockemühl*, Private Ermittlungen, S. 18 f.; *Bosch*, nemo-tenetur-Prinzip, S. 215 ff.; *Dencker*, StV 1994, 667, 671; *Eidam*, Selbstbelastungsfreiheit, S. 87 ff.; *Kramer*, Jura 1988, 520, 522; *Lagodny*, StV 1996, 167, 170; *Moraht*, Private Straftatermittlungen, S. 6; *Wewerka*, Internal Investigations, S. 246 ff. *Keller* dagegen argumentiert mit der Ausübung eines öffentlichen Amtes, siehe *ders.*, Rechtliche Grenzen, S. 152.

1493 *H. Schneider*, NStZ 2001, 8, 12 f.

1494 *Reeb*, Internal Investigations, S. 11 ff. So wohl auch *Wewerka*, Internal Investigations, S. 252.

1495 *Bernsmann*, StV 1997, 116, 117; *Bockemühl*, Private Ermittlungen, S. 19; *Frank*, Verwertbarkeit, S. 35 f.; *Kottek*, Kooperation, S. 146, 154 (zu SEC-Ermittlungen); *Mende*, Grenzen privater Ermittlungen, S. 69; *Reeb*, Internal Investigations, S. 12 ff.; *Rödiger*, Strafverfolgung von Unternehmen, S. 242.

1496 *Kottek*, Kooperation, S. 146, 161 ff.

1497 *Bosch*, nemo-tenetur-Prinzip, S. 216; *Dencker*, StV 1994, 667, 671; *Godenzi*, GA 2008, 500, 503 die daneben auch die Kategorie des Gehilfen nennt; *Kottek*, Kooperation, S. 161; *Mende*, Grenzen privater Ermittlungen, S. 69.

1498 Siehe auch *Wewerka*, Internal Investigations, S. 248 f., vgl. aber auch S. 246 ff.

Teilen unabhängige Ziele.[1499] Das Verhalten stellt sich dem Grunde nach nicht als Wahrnehmung staatlicher Aufgaben (der Bundesrepublik Deutschland) dar.[1500] Entgegen Rödiger kann auch nicht berücksichtigt werden, dass die sonstigen Interessen des Unternehmens nicht erfordern, sämtliche Ermittlungsergebnisse offenzulegen und die Ermittlungsbehörden bei der Überführung der Unternehmensmitarbeiter zu unterstützen.[1501] Denn es muss die Zurechenbarkeit der Ermittlungshandlung an sich begründet werden, nicht der hiervon zu trennende Umstand der Informationsübermittlung. Die Informationserhebung selbst müsste sich also als eine strafprozessuale Maßnahme darstellen und das ist in der Regel nicht der Fall. Anders stellt sich die Situation allein für solche Ermittlungen dar, in denen die behördliche Aufforderung zu internen Ermittlungen den allein beherrschenden Beweggrund für interne Untersuchungen bildet. In diesem Fall besteht aber weitgehende Einigkeit über die Zurechenbarkeit, so dass die Abgrenzungsfrage nicht virulent wird.[1502] Dabei kann es nicht auf die Zurechenbarkeit zu US-amerikanischen Ermittlungsbehörden ankommen, denn für Handlungen ausländischer Strafverfolgungsbehörden, wie auch der SEC, gelten dieselben Grundsätze wie für Handlungen Privater.[1503] Auch diese müssten den inländischen Strafverfolgungsbehörden zurechenbar sein. Dies dürfte aber zumeist ausscheiden.

Soweit die Unternehmen von staatlicher Seite[1504] zu der konkreten Ermittlungsmaßnahme oder der gesamten Ermittlung angehalten oder auch nur in ihrem Beschluss unterstützt wurden, muss daher nach anderen Kriterien gesucht werden, ab wann die Ermittlungen den Strafverfolgungsbehörden zurechenbar sein sollen. Mit einer Literaturansicht bietet sich dafür eine Abgrenzung entsprechend der Differenzierung zwischen Täterschaft und Teilnahme an.[1505] Denn die bloße Unterstützung oder Bestärkung des Entschlusses zu unternehmensinternen Ermittlungen durch die Strafverfolgungsbehörden rechtfertigt kaum, dass das Unternehmen seine Erforschungsmaßnahmen nach strafprozessrechtlichen Grundsätzen gestalten muss. Das Unternehmen ermittelt in großen Teilen im eigenen, von der Strafverfolgung und damit mittelbar zusammenhängender Motive unabhängigen Interesse. Erst dann, wenn der Staat die Sachverhaltsaufklärung durch das Unternehmen lenkt und insbesondere auch auf die einzelnen Maßnahmen steuernden Einfluss nehmen kann, erscheint es gerechtfertigt, das Unternehmen an strafprozessuale Grundsätze

1499 Vgl. zu den Arten der Beteiligung Privater an der öffentlichen Aufgabenwahrnehmung und deren Voraussetzungen, *Lämmerzahl*, Beteiligung Privater, S. 183 ff.

1500 Vgl. aber auch *Wewerka*, Internal Investigations, S. 46 f.

1501 *Rödiger*, Strafverfolgung von Unternehmen, S. 241 f.

1502 Vgl. auch *Reeb*, Internal Investigations, S. 9; *Rödiger*, Strafverfolgung von Unternehmen, S. 240.

1503 So auch *Kruse*, Compliance, S. 182. Vgl. auch *Gleß*, in: Erb/Esser/Franke u.a. (Hrsg.), Löwe-Rosenberg, StPO, 26. Aufl., Band 4, § 136a Rn. 11.

1504 Gemeint ist auch hier die Bundesrepublik Deutschland.

1505 So auch *Reeb*, Internal Investigations, S. 11. Vgl. auch *Bockemühl*, Private Ermittlungen, S. 19, 29 f.; *Eckhardt*, Private Ermittlungsbeiträge, S. 119 ff.

zu binden.[1506] Gebunden wird in diesen Fällen kaum noch das Unternehmen, sondern der Staat, der sich des „Werkzeugs" Unternehmen bedient.[1507] Insofern ist der Literaturansicht zuzustimmen, die eine beherrschende Steuerung der internen Ermittlungen durch den Staat zur Voraussetzung der Zurechenbarkeit erklärt.[1508] Bei dieser Differenzierung ist jeweils auf die aktive Steuerung der konkreten Ermittlungstätigkeit abzustellen.[1509]

Aus diesem Grund kann es nicht als ausreichend angesehen werden, wenn das Sanktionssystem starke Anreize für interne Ermittlungen setzt.[1510] Denn auch in diesem Falle hat es das Unternehmen selbst in der Hand, auf welche Weise es ermittelt. Erst wenn die Strafverfolgungsbehörden auf die konkrete Ausgestaltung von Ermittlungsmaßnahmen beherrschend Einfluss nehmen, kann von einer Bindung an die StPO und der Anwendbarkeit von § 136a StPO ausgegangen werden.[1511]

bb) Vorliegen einer Täuschung?

Ist hiernach § 136a StPO im Einzelfall auf die jeweilige Situation anwendbar, stellt sich die Frage, ob und wann von einer Täuschung durch die internen Ermittler auszugehen ist. Nach herrschender Ansicht muss der Begriff der nach § 136a Abs. 1 S. 1 StPO verbotenen Täuschung einschränkend ausgelegt[1512] und nach umstrittener

---

1506 Vgl. in diesem Zusammenhang auch *Kruse*, Compliance, S. 90 f.

1507 Vgl. auch *Reeb*, Internal Investigations, S. 11.

1508 *Reeb*, Internal Investigations, S. 14. Vgl. auch *Dann/Schmidt*, NJW 2009, 1851, 1852; *M. Jahn*, StV 2009, 41, 45; *Momsen*, ZIS 2011, 508, 513. Für eine weiterreichende Zurechnung allerdings *Greco/Caracas*, NStZ 2015, 7, 13 f.; *Kottek*, Kooperation, S. 161 ff.; *Mende*, Grenzen privater Ermittlungen, S. 69.

1509 Dagegen lässt *Reeb*, Internal Investigations, S. 14, weitergehend „die Möglichkeit des Staates, die jeweilige Ermittlungshandlung zu steuern" ausreichen. Ebenso *Eckhardt*, Private Ermittlungsbeiträge, S. 116 ff.; *Wewerka*, Internal Investigations, S. 248. Für die Unanwendbarkeit des § 136a StPO auf interne Ermittlungen dagegen *Schmitt*, in: Meyer-Goßner/Schmitt, StPO, 58. Aufl., § 136a Rn. 3.

1510 A.A. wohl *Rödiger*, Strafverfolgung von Unternehmen, S. 241 f.

1511 Ähnlich auch *Dann/Schmidt*, NJW 2009, 1851, 1852.

1512 BGHSt 35, 328, 329 f.; 42, 139, 149; NJW 1994, 2904, 2905 (insoweit nicht abgedruckt in BGHSt 40, 211 ff.); StV 2012, 129, 130; *Beulke*, Strafprozessrecht, 12. Aufl., Rn. 135; *Bockemühl*, Private Ermittlungen, S. 79; *Diemer*, in: Hannich (Hrsg.), Karlsruher Kommentar zur StPO, 7. Aufl., § 136a Rn. 19; *Gleß*, in: Erb/Esser/Franke u. a. (Hrsg.), Löwe-Rosenberg, StPO, 26. Aufl., Band 4, § 136a Rn. 39; *Günther*, StV 1988, 421 ff.; *Kudlich*, JuS 1997, 696, 698; *Moraht*, Private Straftatermittlungen, S. 112; *Pfeiffer*, StPO, 5. Aufl., § 136a Rn. 8; *Renzikowski*, JZ 1997, 710, 712; *Rogall*, in: Wolter (Hrsg.), Systematischer Kommentar zur Strafprozessordnung, Band 2, 4. Aufl., § 136a Rn. 56 f.; *ders.*, NStZ 2008, 110, 111; *Roxin/Schünemann*, Strafverfahrensrecht, 28. Aufl., § 25 Rn. 24; *Schmitt*, in: Meyer-Goßner/Schmitt, StPO, 58. Aufl., § 136a Rn. 12. A.A. *Bernsmann*, StV 1997, 116, 117; *Beulke*, StV 1990, 180, 182; *Degener*, GA 1992, 443, 464; *Dencker*, StV 1994, 667, 676; *Eisenberg*, StPO, 9. Aufl., Rn. 655; *Kahlo*,

Ansicht von der (erlaubten) kriminalistischen List abgegrenzt werden.[1513] Insbesondere soll eine den übrigen bezeichneten Methoden vergleichbare Beeinträchtigung der Willensfreiheit Voraussetzung sein.[1514] Die genauen Bewertungskriterien sind allerdings umstritten.[1515]

Auch wenn im Rahmen der Hörfallenkonstellation eine verbreitete Ansicht eine Täuschung des Betroffenen bejaht,[1516] gestaltet sich die Annahme einer Täuschung hier als noch problematischer. Ein Unterschied ist darin begründet, dass die internen Ermittler zumeist keine enge Vertrauensbeziehung zu dem befragten Mitarbeiter aufbauen werden.[1517] Dass es sich bei dem Gegenüber nicht um einen „Freund", sondern einen Vertreter der Gegenseite, wenn auch nicht sichtbar des Staates, sondern des Unternehmens handelt, dürfte dem befragten Mitarbeiter in den seltensten Fällen verborgen bleiben. Insofern erscheint die Annahme einer aktiven Täuschung, sei es auch konkludent, als problematisch. Die Interviewer wirken auf das Vorstellungsbild des Mitarbeiters zumeist gerade nicht aktiv in dem Sinne ein, dass sie über die Art der Verwendung der Information ein falsches Vorstellungsbild hervorrufen.[1518] Da in der Regel keine Aufklärungspflicht besteht,[1519] kann daneben auch in dem Unterlassen der Aufklärung über die Möglichkeit der Weitergabe der Erkenntnisse an die staatlichen Strafverfolgungsorgane keine Täuschung durch Unterlassen erblickt werden.[1520]

---

in: Zaczyk/Köhler/Kahlo (Hrsg.), Festschrift für E. A. Wolff, S. 153, 185; *Ransiek*, Rechte des Beschuldigten, S. 68. Kritisch *Lindner*, Täuschungen, S. 29 ff.

1513 *Diemer*, in: Hannich (Hrsg.), Karlsruher Kommentar zur StPO, 7. Aufl., § 136a Rn. 19; *Schmitt*, in: Meyer-Goßner/Schmitt, StPO, 58. Aufl., § 136a Rn. 15. Hiergegen *Lesch*, GA 2000, 355, 359; *Rogall*, in: Wolter (Hrsg.), Systematischer Kommentar zur Strafprozessordnung, Band 2, 4. Aufl., § 136a Rn. 56 m.w.N.

1514 BGH, NStZ 1995, 410, 411; BGHSt 52, 11, 16. Vgl. auch *Moraht*, Private Straftaterмittlungen, S. 112.

1515 Siehe *Degener*, GA 1992, 443, 446 f.; *Gleß*, in: Erb/Esser/Franke u. a. (Hrsg.), Löwe-Rosenberg, StPO, 26. Aufl., Band 4, § 136a Rn. 39; *Kramer*, Jura 1988, 520, 523; *Rogall*, in: Wolter (Hrsg.), Systematischer Kommentar zur Strafprozessordnung, Band 2, 4. Aufl., § 136a Rn. 56.

1516 LG Hannover, StV 1986, 521; *Bernsmann*, StV 1997, 116, 117 f.; *Jäger*, Beweisverwertung, S. 172 f.; *Lindner*, Täuschungen, S. 187 ff.; *Popp*, NStZ 1998, 95; *H. Schneider*, GA 1997, 371, 381 für heimliche Stimmenvergleiche; *Seebode*, JR 1988, 427, 429 f.; *H. Wagner*, NStZ 1989, 34. Für private V-Personen so auch *Weiler*, GA 1996, 101, 114 f.

1517 Vgl. die Argumentation *C. Roxins* zur Bedeutung des Merkmals eines Vertrauensmissbrauchs für die Annahme eines Fairnessverstoßes, StV 2012, 131, 132. Vgl. auch *dens.*, NStZ-Sonderheft 2009 41, 46; *Groth*, Unbewusste Äußerungen, S. 79; *Götting*, Beweisverwertungsverbote, S. 214.

1518 Vgl. *Günther*, StV 1988, 421, 423; *Popp*, NStZ 1998, 95; *Sternberg-Lieben*, Jura 1995, 299, 307 (insb. Fn. 133).

1519 Siehe unter 7. Kapitel D. I. 2.

1520 Vgl. *Eisenberg*, StPO, 9. Aufl., Rn. 668; *Rogall*, in: Wolter (Hrsg.), Systematischer Kommentar zur Strafprozessordnung, Band 2, 4. Aufl., § 136a Rn. 60; *H. Schneider*,

Demgegenüber kommt die Annahme einer Täuschung in Betracht, wenn die internen Ermittler zu Unrecht die Vertraulichkeit des Gesprächs zusichern oder aber vorspiegeln, die Interessen des Mitarbeiters zu verfolgen. Daneben kann in einem Amnestieprogramm womöglich eine Täuschung über die Vertraulichkeit liegen, wenn der Eindruck erweckt wird, die Amnestie schütze auch vor der strafrechtlichen Verfolgung.[1521] Ebenfalls kommt eine Täuschung in Betracht, wenn die Unternehmensvertreter im Einzelfall zu Unrecht vorspiegeln, es bestehe ein Auskunftsanspruch. Auch in diesen Fällen hängt die Annahme einer Täuschung nach der vorherrschenden Auffassung davon ab, dass die internen Ermittler vorsätzlich falsche Angaben machen.[1522] Ist in diesen Fällen eine Täuschungshandlung prinzipiell zu bejahen, ist noch keine Aussage darüber getroffen, ob diese auch verbotswidrig war.[1523] Dies setzte voraus, dass hierdurch die Freiheit der Willensentschließung und Willensbetätigung erheblich beeinträchtigt worden wäre.[1524] Dieses Merkmal ist nicht psychologisch, sondern normativ zu bestimmen.[1525] Ob eine normativ

---

JR 1996, 401, 406; *Sternberg-Lieben*, Jura 1995, 299, 308. Vgl. auch BGHSt 39, 335, 347 ff.; *Odenthal*, NStZ 1995, 579, 580.

1521 Siehe *Knauer/Gaul*, NStZ 2013, 192, 194. Vgl. *Knauer*, ZWH 2012, 81, 84; *Momsen*, ZIS 2011, 508, 510. Vgl. ferner auch *Haefcke*, CCZ 2014, 39, 40; *Kremer*, in: Burgard/Hadding/Mülbert u. a. (Hrsg.), Festschrift für Uwe H. Schneider, S. 701, 708; v. Rosen (Hrsg.), Internal Investigations, S. 90; *Rübenstahl*, WiJ 2012, 17, 32; *Schürrle/Olbers*, CCZ 2010, 178, 182.

1522 Vgl. BGHSt 31, 395, 399 f.; StV 1989, 515 ff. m. abl. Anm. *Achenbach*; BGH, NStZ 2004, 631; OLG Oldenburg, NJW 1967, 1096, 1098 f.; *Beulke*, Strafprozessrecht, 12. Aufl., Rn. 137; *Diemer*, in: Hannich (Hrsg.), Karlsruher Kommentar zur StPO, 7. Aufl., § 136a Rn. 19; *Mahlstedt*, Verdeckte Befragung, S. 147 ff.; *Pfeiffer*, StPO, 5. Aufl., § 136a Rn. 8; *Rogall*, in: Wolter (Hrsg.), Systematischer Kommentar zur Strafprozessordnung, Band 2, 4. Aufl., § 136a Rn. 58 f.; *Schmitt*, in: Meyer-Goßner/Schmitt, StPO, 58. Aufl., § 136a Rn. 13. A.A. OLG Bremen, JZ 1955, 680, 681 m. zust. Anm. *Eb. Schmidt*; NJW 1967, 2022, 2023; OLG Hamm, NJW 1960, 1967, 1968; *Eisenberg*, StPO, 9. Aufl., 663 ff.; *Gleß*, in: Erb/Esser/Franke u. a. (Hrsg.), Löwe-Rosenberg, StPO, 26. Aufl., Band 4, § 136a Rn. 49 f.; *Hilland*, Beweisgewinnungsverbot, S. 109 ff.; *Kunert*, MDR 1967, 539, 541; *Lindner*, Täuschungen, S. 94 ff. *Müncheberg*, Unzulässige Täuschung, S. 34 ff.; *Puppe*, GA 1978, 289, 295 f.; *Ransiek*, StV 1994, 343, 345 f.; *Eb. Schmidt*, NJW 1968, 1209, 1217. Kritisch auch *Degener*, GA 1992, 443, 447.

1523 Siehe *Duttge*, JZ 2008, 261, 264; *Zuck*, JR 2010, 17, 21. Teilweise wird die hiermit verbundene Einschränkung auch bereits am Begriff der Täuschung selbst vorgenommen. A.A. *Beulke*, StV 1990, 180, 182.

1524 Vgl. *Gleß*, in: Erb/Esser/Franke u. a. (Hrsg.), Löwe-Rosenberg, StPO, 26. Aufl., Band 4, § 136a Rn. 18; *Günther*, StV 1988, 421, 422. Vgl. auch *Pfeiffer*, StPO, 5. Aufl., § 136a Rn. 6; *Walther*, in: Krekeler/Löffelmann/Sommer (Hrsg.), Anwaltkommentar StPO, 2. Aufl., § 136a Rn. 18.

1525 *Gleß*, in: Erb/Esser/Franke u. a. (Hrsg.), Löwe-Rosenberg, StPO, 26. Aufl., Band 4, § 136a Rn. 18; *Kudlich*, JuS 1997, 696, 698; *Rogall*, in: Wolter (Hrsg.), Systematischer Kommentar zur Strafprozessordnung, Band 2, 4. Aufl., § 136a Rn. 36, 64;

erhebliche Beeinflussung anzunehmen ist, stellt eine nicht generalisierend, sondern jeweils am konkreten Einzelfall zu beurteilende Tatfrage dar.[1526] Entscheidend soll sein, ob der Getäuschte im Rechtssinne frei oder nicht mehr selbstbestimmt gehandelt hat und ob der Entscheidungsspielraum des Beschuldigten durch die Täuschung über wesentliche Punkte der Beweis- oder Rechtslage derart eingeengt wurde, dass hierdurch eine zwangsähnliche Lage geschaffen wurde.[1527] Erforderlich ist damit eine erhebliche Beeinträchtigung der Willensfreiheit.[1528] Bezieht sich die Täuschung auf die Existenz einer Auskunftspflicht, kann von einer Selbstbestimmtheit hiernach keine Rede mehr sein.[1529] Insofern sind bei aktivem Hervorrufen eines falschen Vorstellungsbildes über die Auskunftspflicht auch jeweils die Grenzen der kriminalistischen List überschritten, sollte man diese Einschränkung des Täuschungsbegriffes anerkennen.[1530] Deswegen müsste der Anwendungsbereich des § 136a StPO bei Zurechenbarkeit zu den Strafverfolgungsbehörden als eröffnet angesehen werden.[1531]

Wird allerdings allein über die Weiterleitungsabsicht an die Strafverfolgungsbehörden getäuscht, erscheint eine solche Wertung fraglich. Nach einer Ansicht soll hierin eine verbotene Täuschung liegen, weil der Irrtum, dass der Gesprächspartner im Auftrag der Polizei handle, normalerweise für jeden entschließungsrelevant sei.[1532] Zur Willensentschließungsfreiheit gehöre es auch, alle zur Entscheidung

Sternberg-Lieben, Jura 1995, 299, 308. Vgl. auch *Eisenberg*, StPO, 9. Aufl., Rn. 642; *Diemer*, in: Hannich (Hrsg.), Karlsruher Kommentar zur StPO, 7. Aufl., § 136a Rn. 8; *Schumann*, JZ 1986, 66, 67.

1526 *Eisenberg*, StPO, 9. Aufl., Rn. 642.

1527 *Schumann*, JZ 1986, 66, 67; *Sternberg-Lieben*, Jura 1995, 299, 308. Vgl. auch *Groth*, Unbewusste Äußerungen, S. 96; *Kudlich*, JuS 1997, 696, 698; *Puppe*, GA 1978, 289, 297 ff.; *Renzikowski*, JZ 1997, 710, 712; *Rogall*, in: Wolter (Hrsg.), Systematischer Kommentar zur Strafprozessordnung, Band 2, 4. Aufl., § 136a Rn. 64; *Wolter*, ZIS 2012, 238, 241, 245. Hiergegen *Beulke*, StV 1990, 180, 182; *Keller*, Rechtliche Grenzen, S. 127; *Mahlstedt*, Verdeckte Befragung, S. 205.

1528 *Diemer*, in: Hannich (Hrsg.), Karlsruher Kommentar zur StPO, 7. Aufl., § 136a Rn. 19; *Groth*, Unbewusste Äußerungen, S. 96; *Rogall*, in: Wolter (Hrsg.), Systematischer Kommentar zur Strafprozessordnung, Band 2, 4. Aufl., § 136a Rn. 64. A.A. *Mahlstedt*, Verdeckte Befragung, S. 201.

1529 Vgl. *M. Jahn*, StV 2009, 41, 45; *Kottek*, Kooperation, S. 142. Vgl. ferner Bay OLG, NJW 1979, 2624, 2625; OLG Oldenburg, NJW 1967, 1096, 1098; *Otto*, GA 1970, 289, 300 f.; *Rogall*, in: Wolter (Hrsg.), Systematischer Kommentar zur Strafprozessordnung, Band 2, 4. Aufl., § 136a Rn. 62.

1530 Vgl. *Schmitt*, in: Meyer-Goßner/Schmitt, StPO, 58. Aufl., § 136a Rn. 15.

1531 *Beulke*, Strafprozessrecht, 12. Aufl., Rn. 481, nimmt weitergehend bei derartigen Täuschungen unabhängig von einer Zurechenbarkeit ein Beweisverwertungsverbot analog § 136a StPO an. Vgl. hierzu aber auch *M. Jahn*, StV 2009, 41, 45.

1532 *Popp*, NStZ 1998, 95. Vgl. auch *Bernsmann*, StV 1997, 116, 118; *Beulke*, StV 1990, 180, 183 f.; *Derksen*, JR 1997, 167, 169; *Hassemer/Matussek*, Das Opfer als Verfolger, S. 72; *Lagodny*, StV 1996, 167, 170, 172. Vgl. aber auch BGHSt 42, 139, 156.

relevanten Umstände zu kennen.[1533] Allerdings wird in dieser Situation durch die Täuschung über die Weiterleitungsabsicht genau genommen nur die Motivation für etwaige Äußerungen, nicht aber die Äußerungsfreiheit selbst berührt.[1534] Durch diese Täuschung wurde kein Druck in Richtung auf das Erzielen der Auskunft selbst ausgeübt.[1535] Es wurde nur das Fehlen eines Grundes zu schweigen vorgetäuscht.[1536] Dies spricht deutlich gegen eine Vergleichbarkeit mit den übrigen in § 136a StPO benannten verbotenen Vernehmungsmethoden und dafür, die Erheblichkeitsschwelle allein durch derartige Täuschungen nicht als überschritten anzusehen. Allerdings hindert dieser Umstand eine starke Ansicht nicht, dennoch eine unzulässige Täuschung anzunehmen, wenn einem Beschuldigten gegenüber wahrheitswidrig geäußert werde, man habe nicht die Absicht, seine Aussage zu seinen Lasten zu verwerten.[1537] Hier liegt ein Unterschied darin begründet, dass der Mitarbeiter zwar weiß, dass die Aussage (zivilrechtlich) gegen ihn verwertet wird oder zumindest verwertet werden kann und nur der strafprozessuale Bezug verheimlicht werden soll. Insofern ist die mögliche Täuschung anders als in der häufig diskutierten Konstellation im Regelfall allein auf das Verschweigen der möglichen Strafverfolgungsabsicht reduziert. Allein in diesem Verschweigen der Strafverfolgungsabsicht kann keine verbotene Vernehmungsmethode gesehen werden,[1538] wie

---

1533 *Popp*, NStZ 1998, 95. Vgl. auch *Kahlo*, in: Zaczyk/Köhler/Kahlo (Hrsg.), Festschrift für E. A. Wolff, S. 153, 186.

1534 Vgl. *Kudlich*, JuS 1997, 696, 698; *Rogall*, in: Wolter (Hrsg.), Systematischer Kommentar zur Strafprozessordnung, Band 2, 4. Aufl., § 136a Rn. 68; *ders.*, JZ 1987, 847, 851; *Sternberg-Lieben*, Jura 1995, 299, 308; *ders.*, JZ 1995, 844, 848. Gegen dieses Differenzierungskriterium *Mahlstedt*, Verdeckte Befragung, S. 219.

1535 Vgl. *Joerden*, JuS 1993, 927 f.; *Kudlich*, JuS 1997, 696, 698; *Lammer*, Verdeckte Ermittlungen, S. 168 f.; *Renzikowski*, JZ 1997, 710, 712; *Rogall*, in: Wolter (Hrsg.), Systematischer Kommentar zur Strafprozessordnung, Band 2, 4. Aufl., § 136a Rn. 65; *C. Roxin*, NStZ 1995, 465, 466; *Schumann*, JZ 1986, 66, 67; *Sternberg-Lieben*, Jura 1995, 299, 308. Vgl. auch *Kühl*, StV 1986, 187, 190.

1536 Vgl. *Renzikowski*, JZ 1997, 710, 712.

1537 *Diemer*, in: Hannich (Hrsg.), Karlsruher Kommentar zur StPO, 7. Aufl., § 136a Rn. 19; *Eisenberg*, StPO, 9. Aufl., Rn. 657; *Gleß*, in: Erb/Esser/Franke u. a. (Hrsg.), Löwe-Rosenberg, StPO, 26. Aufl., Band 4, § 136a Rn. 40; *Lindner*, Täuschungen, S. 86; *Rogall*, in: Wolter (Hrsg.), Systematischer Kommentar zur Strafprozessordnung, Band 2, 4. Aufl., § 136a Rn. 62. Vgl. auch *Bernsmann*, StV 1997, 116, 117; *Otto*, GA 1970, 289, 301.

1538 So auch BGHSt 39, 335, 348; NStZ 1995, 410, 411; BGHSt 42, 139, 149, siehe auch 156; 44, 129, 133; 52, 11, 16; *Duttge*, JZ 2008, 261, 264; *Lammer*, Verdeckte Ermittlungen, S. 166 ff.; *J. Meyer*, NStZ 1983, 467, 468; *Pawlik*, GA 1998, 378, 383 ff., 389; *Sowada*, in: Geisler/Kraatz/Kretschmer u. a. (Hrsg.), Festschrift für Klaus Geppert, S. 689, 717; *Sternberg-Lieben*, Jura 1995, 299, 308; *Moraht*, Private Straftatermittlungen, S. 112 f.; *Renzikowski*, JZ 1997, 710, 712; *ders.*, JR 2008, 164; *Rogall*, in: Wolter (Hrsg.), Systematischer Kommentar zur Strafprozessordnung, Band 2, 4. Aufl., § 136a Rn. 7, 68; *ders.*, JZ 1987, 847, 850 f.; *ders.*, NStZ 2008, 110, 111; *C. Roxin*, NStZ

bereits die Existenz des § 110a StPO zeigt.[1539] Sähe man Täuschungen über die Strafverfolgungsabsicht als verbotene Vernehmungsmethoden an, würde diese gesetzlich anerkannte Ermittlungsmethode der verdeckten Ermittler nahezu ihrer gesamten Bedeutung beraubt.[1540] Für ausdrückliche Täuschungen kann insoweit nichts anderes gelten.[1541] Würde man annehmen, dass verdeckte Ermittler in Bezug auf ihre Strafverfolgungsabsicht nicht lügen dürften, würde diese Ermittlungsmethode nahezu sinnlos und ließe sich gerade von der organisierten Kriminalität allzu leicht durch Nachfragen unterbinden. Daneben ist im Falle verdeckter Ermittler auch ein aktives Einschleichen in das Vertrauen und damit verbundene aktive Irreführungen über das eigene Interesse an dem Kontakt mit der Zielperson in den allermeisten Fällen Voraussetzung eines Ermittlungserfolges.[1542] Sogar ausdrückliche Täuschungen

---

1995, 465, 466; *H. Schneider*, JR 1996, 401, 406; *Sinn*, Jura 2003, 812, 818; *Sternberg-Lieben*, JZ 1995, 844, 848; *Weßlau*, Vorfeldermittlungen, S. 218 ff. Vgl. auch BGH, GA 1975, 333 f.; GA 1981, 89 f.; BGHSt 53, 294, 310; *Gaede*, JR 2009, 493, 498; *Götting*, Beweisverwertungsverbote, S. 192; *Krey*, Rechtsprobleme, Rn. 165; *Verrel*, NStZ 1997, 415. Im Ergebnis übereinstimmend auch *Lesch*, GA 2000, 355, 359. Differenzierend *Gleß*, in: Erb/Esser/Franke u. a. (Hrsg.), Löwe-Rosenberg, StPO, 26. Aufl., Band 4, § 136a Rn. 40, 44. A.A. (für die Konstellation der Hörfalle) LG Hannover, StV 1986, 521 f.; LG Stuttgart, NStZ 1985, 568, 569; *Derksen*, JR 1997, 167, 169; *Fezer*, NStZ 1996, 289, 290; *Jäger*, Beweisverwertung, S.169 ff.; *Meurer*, in: Schünemann/Achenbach/Bottke u. a. (Hrsg.), Festschrift für Claus Roxin, S. 1281, 1287 f.; *Meyer-Mews*, NJW 2007, 3142; *H. Wagner*, NStZ 1989, 34; *Weiler*, GA 1996, 101, 115. A.A. wohl auch *Seebode*, JR 1988, 427 f.

1539 *Rogall*, NStZ 2008, 110, 111. Vgl. BGHSt 42, 139, 151; *Ellbogen*, Kriminalistik 2006, 544, 547. Vgl. auch *Verrel*, Selbstbelastungsfreiheit, S. 162 f. Vgl. aber auch *Engländer*, ZIS 2008, 163, 166 f. A.A. *Bockemühl*, Private Ermittlungen, S. 23, 79; *Dencker*, StV 1994, 667, 681; *Jäger*, Beweisverwertung, S 172 f.; *C. Roxin*, NStZ 1995, 465, 468 f.; *ders.*, NStZ 1997, 18, 19; *ders.*, NStZ Sonderheft 2009, 39, 42 f.; *Weiler*, GA 1996, 101, 114.

1540 Vgl. *Rogall*, in: Wolter (Hrsg.), Systematischer Kommentar zur Strafprozessordnung, Band 2, 4. Aufl., § 136a Rn. 68. Vgl. auch *Ellbogen*, Kriminalistik 2006, 544, 547; *Gaede*, JR 2009, 493, 498. Soweit die Gegenansicht damit argumentiert, dass mangels Fernwirkung der Ermittlungsmethode ein Anwendungsbereich verbliebe (BGH, NStZ 1995, 410, 411), kann dies nicht überzeugen. Denn die Ermittlungsmethode bliebe verboten und dürfte nicht angewandt werden, unabhängig von der Frage nach einem Beweisverwertungsverbot, siehe *Weßlau*, ZStW 110 (1998), 1, 17; vgl. hierzu auch *Kudlich*, JuS 1997, 696, 699. A.A. aber *Eisenberg*, StPO, 9. Aufl., Rn. 659; *Fezer*, NStZ 1996, 289, 290. Vgl. ferner *Fezer*, JZ 1987, 937 f.

1541 Vgl. auch BGHSt 55, 138, 1421 f.; *Sinn*, Jura 2003, 812, 818, der außerhalb der Ermächtigungsgrundlage des § 110a StPO allerdings Bedenken im Hinblick auf den nemo-tenetur-Grundsatz äußert. A.A. *Ellbogen*, Kriminalistik 2006, 544, 548; *Kramer*, Jura 1988, 520, 523. A.A. wohl auch BGHSt 39, 335, 347 ff.; 40, 66, 72. Siehe hierzu auch *Sowada*, in: Geisler/Kraatz/Kretschmer u. a. (Hrsg.), Festschrift für Klaus Geppert, S. 689, 717 f.

1542 Vgl. auch *Verrel*, Selbstbelastungsfreiheit, S. 162.

über die Weiterleitungsabsicht können danach kein Beweisverwertungsverbot nach § 136a Abs. 3 S. 2 StPO auslösen. Die Unzulässigkeit von Täuschungen über die Strafverfolgungsabsicht kann sich in diesen Fällen nur aus dem Zusammenspiel mit anderen Umständen ergeben.[1543]

cc) Anwendung unzulässigen Zwangs?

Es stellt sich zudem die Frage, ob das Verbot der Anwendung strafprozessordnungswidrigen, unzulässigen Zwangs nach § 136a Abs. 1 S. 2 StPO bei internen Ermittlungen einschlägig sein kann. Hierbei ist zu berücksichtigen, dass die Androhung der Kündigung oder der Geltendmachung von Schadensersatzansprüchen durch das Unternehmen an sich nicht illegitim ist, wenn dieses handelt, um gleichartige, zukünftige, eigene Schäden zu verhindern oder seine Ansprüche aus dem in Frage stehenden Verhalten zu verfolgen.[1544] Dies kann auch dann nicht anders gewertet werden, wenn von den Strafverfolgungsbehörden Druck auf das Unternehmen ausgeübt wird,[1545] denn die Staatsanwaltschaft oder die Polizei darf auf diesem Wege nicht über die Rechte des Unternehmens verfügen. Die Unzulässigkeit kann sich in dieser Konstellation deswegen zumeist nur aus einer Zweckentfremdung des Vorgehens allein zu Strafverfolgungszwecken ergeben. Dabei ist allerdings zu berücksichtigen, dass das geschädigte Unternehmen durchaus ein eigenes berechtigtes Interesse an der Strafverfolgung und auch an der eigenen Exkulpation haben kann. Auch die Anwendung unzulässigen Zwangs dürfte nach dem Gesagten den Ausnahmefall darstellen.[1546]

dd) Vorliegen einer unbenannten verbotenen Vernehmungsmethode

Man kann auch überlegen, im Einzelfall das Vorliegen einer unbenannten verbotenen Vernehmungsmethode anzunehmen, denn die in § 136a StPO genannten Vorgehensweisen sind nur beispielhaften Charakters und keinesfalls abschließend.[1547] Jedoch müssten die Vernehmungsmethoden hierfür im Einzelfall an die aufgezeigten Methoden heranreichen, was einen Gewinn an Rechtssicherheit gegenüber der Anwendung allgemeinerer Prinzipien stark minimieren würde.[1548] Darüber hinaus hat die Subsumtion unter § 136a StPO den entscheidenden Nachteil, dass hierdurch von vornherein eine Einwilligung in die Verwertung durch den Betroffenen

---

1543 Vgl. auch BGHSt 44, 129, 134; *Gaede*, JR 2009, 493, 498; *Grünwald*, StV 1987, 470, 471; *König*, Kriminalistik 1997, S. 179, 181; *Moraht*, Private Straftatermittlungen, S. 113; *Verrel*, Selbstbelastungsfreiheit, S. 280 f.

1544 Vgl. auch *Zapfe*, Compliance, S. 147 f. A.A. *Knauer/Gaul*, NStZ 2013, 192, 194.

1545 A.A. *Kottek*, Kooperation, S. 141, 190.

1546 A.A. *Kottek*, Kooperation, S. 141, 190.

1547 BGHSt 5, 332, 334; 44, 129, 137; *Esser*, JR 2004, 98, 100; *M. Jahn*, JuS 2005, 1057; *Rogall*, NStZ 2008, 110, 111; *Schmitt*, in: Meyer-Goßner/Schmitt, StPO, 58. Aufl., § 136a Rn. 6.

1548 Vgl. aber auch *Beulke*, StV 1990, 180, 184.

ausgeschlossen wäre (§ 136a Abs. 3 S. 1 StPO).[1549] Die Vorgehensweise bei internen Ermittlungen erscheint nicht in derart hohem Maße menschenrechtswidrig, dass diese Wertung gerechtfertigt erschiene.[1550]

c) Beweisverwertungsverbot aufgrund privater Ermittlungstätigkeit?

aa) Beweisverwertungsverbot wegen fehlender Ermächtigungsgrundlage?

Soweit im Ausnahmefall (deutsche) staatliche Strafverfolgungsorgane Unternehmen gezielt damit beauftragen, verdächtige Mitarbeiter auszufragen und dabei den strafprozessualen Bezug zu verheimlichen, könnte man (aber auch nur für die genannte Konstellation) überlegen, ob sich die Unverwertbarkeit der hierdurch erlangten Information bereits aus dem Fehlen einer expliziten Ermächtigungsgrundlage ergibt.[1551] Zu dieser Ansicht könnte man insbesondere gelangen, wenn man mit einem Teil der Literatur der StPO das grundsätzliche Verbot heimlicher Ermittlungstätigkeit entnimmt.[1552] Da die Ermittlungstätigkeit der StPO grundsätzlich auf offenes Vorgehen ausgerichtet sei, soll nach dieser Auffassung heimliches Vorgehen einer expliziten Ermächtigungsgrundlage bedürfen und ansonsten komplett unzulässig sein.[1553] Soweit der strafprozessuale Bezug auf Veranlassung der Strafverfolgungsbehörden verschwiegen würde, könnte es sich um ein derartiges

---

1549 Vgl. *Meurer*, in: Schünemann/Achenbach/Bottke u. a. (Hrsg.), Festschrift für Claus Roxin, S. 1281, 1297.

1550 Die Verfahrensstellung des Betroffenen, deren Verschlechterung gerade die Verletzung des Art. 1 Abs. 1 GG begründen könnte, würde nicht eingeschränkt sondern gestärkt, wenn man ihm die Entscheidung über die Verwertbarkeit beließe.

1551 So *Braum*, in: Organisationsbüro der Strafverteidigervereinigungen (Hrsg.), 22. Strafverteidigertag, S. 161, 170 f.

1552 *Lammer*, Verdeckte Ermittlungen, S. 142 ff.; *Meurer*, in: Schünemann/Achenbach/Bottke u. a. (Hrsg.), Festschrift für Claus Roxin, S. 1281, 1294 f.; *Weßlau*, Vorfeldermittlungen, S. 236 f., 333 f. Für enge Grenzen heimlicher Ermittlungstätigkeit auch *Bockemühl*, Private Ermittlungen, S. 76; *Hassemer/Matussek*, Das Opfer als Verfolger, S. 66 ff.; *Moraht*, Private Straftatermittlungen, S. 108 ff.; *Ostendorf*, Kriminalistik 1985, 409. Nach *Dencker*, StV 1994, 667, 674 f.; *Neuhaus*, Kriminalistik 1995, 787, 789 f.; *Renzikowski*, JZ 1997, 710, 715 f.; *H. Schneider*, GA 1997, 371, 380, müssen jedenfalls Vernehmungen nach der Konzeption der StPO stets offen ablaufen. A.A. BGHSt 39, 335, 346 f.; 40, 211, 215 f.; 42, 139, 150; 52, 11, 16; *Ellbogen*, Kriminalistik 2006, 544, 547; *Jäger*, Beweisverwertung, S. 163 f.; *Krey*, Private Ermittlungen, S. 75; *Popp*, NStZ 1998, 95, 96; *Rogall*, NStZ 2008, 110, 112; *Seitz*, NStZ 1995, 519, 520; *Sternberg-Lieben*, JZ 1995, 844; *Weßlau*, ZStW 110 (1998), 1, 7 ff. *Götting*, Beweisverwertungsverbote, S. 194, verneint die Aussagekraft eines solchen Prinzips.

1553 *Lammer*, Verdeckte Ermittlungen, S. 142 ff. Für enge Grenzen heimlicher Ermittlungstätigkeit auch *Bockemühl*, Private Ermittlungen, S. 76; *Hassemer/Matussek*, Das Opfer als Verfolger, S. 66 ff.; *Moraht*, Private Straftatermittlungen, S. 108 ff.; *Weßlau*, Vorfeldermittlungen, S. 236 f., 333 f.

„heimliches" Vorgehen handeln. Jedoch sind in der StPO in zunehmendem Ausmaß auch „heimliche" Ermittlungsmethoden wie die (heimliche) Überwachung der Telekommunikation (§ 100a), die akustische Überwachung innerhalb und außerhalb von Wohnräumen (§§ 100c ff.) und weitere heimliche Maßnahmen (insb. § 100h) geregelt. Von einer grundsätzlichen Offenheit der Ermittlungen kann also kaum noch ausgegangen werden, auch wenn die stärkere Eingriffsintensität heimlichen Vorgehens nicht bestreitbar ist.[1554] Die demgegenüber ursprünglich zurückhaltendere Regelung kann mit dem früher vorherrschenden, auf die Zwangsanwendung beschränkten verfassungsrechtlichen Eingriffsbegriff[1555] und der geringeren Bedeutung oder auch nur Wahrnehmung der organisierten Kriminalität wie auch der Veränderung der technischen Möglichkeiten der Verbrechensbegehung und -aufklärung erklärt werden.

Aber auch im Hinblick auf die partielle Privatisierung staatlicher Strafverfolgungstätigkeit könnte man das Vorliegen einer hinreichenden Ermächtigungsgrundlage bestreiten. Auf diese Weise argumentiert insbesondere Jäger bezüglich der V-Leute-Problematik.[1556] Wenn der Staat materiell Funktionen der Ermittlung von Straftaten auf Private verlagere, so nähmen diese funktionell originäre Staatsaufgaben wahr, wozu sie nur im Falle einer Beleihung befugt seien. Diese Beleihung bedürfe jedoch stets einer gesetzlichen Ermächtigung.[1557] Die Übertragung dieser Argumentation auf interne Ermittlungen erscheint bereits unter dem Aspekt fraglich, dass die Unternehmen hier (in den allermeisten Fällen) nicht ausschließlich im Interesse des Staates ermitteln, gerade keine staatliche Aufgabe, sondern ihre eigenen zivilrechtlichen Interessen wahrnehmen.[1558]

Bei dieser Fragestellung handelt es sich um eine Randproblematik, weil die gezielte Beauftragung durch deutsche Strafverfolgungsbehörden die Ausnahme darstellt. Aus diesem Grund soll diesen Fragestellungen hier nicht weiter nachgegangen werden. Die vorherrschende Auffassung dürfte in den Ermittlungsgeneralklauseln der §§ 161 Abs. 1 S. 1, 163 Abs. 1 S. 2 jedenfalls eine ausreichende Ermächtigungsgrundlage sehen.[1559]

1554 Vgl. BGHSt 39, 335, 346 f.; 42, 139, 150; *Lesch*, JA 1996, 632, 633; *Queck*, Unternehmen, S. 209 f.; *Rogall*, JZ 1987, 847, 850 f.; *Weßlau*, ZStW 110 (1998), 1, 8 f. Vgl. auch *Wolter*, GA 1988, 49, 88. Vgl. aber auch *Bockemühl*, Private Ermittlungen, S. 75; *Bosch*, Jura 1998, 236, 238; *Götting*, Beweisverwertungsverbote, S. 194; *Lammer*, Verdeckte Ermittlungen, S. 151; *Moraht*, Private Straftatermittlungen, S. 109; *Neuhaus*, Kriminalistik 1995, 787, 789 f.; *Renzikowski*, JZ 1997, 710, 715 f.; *Weßlau*, Vorfeldermittlungen, S. 211.

1555 *Weßlau*, ZStW 110 (1998), 1, 8. Vgl. BGHSt 42, 139, 150. Vgl. hierzu auch *Weßlau*, Vorfeldermittlungen, S. 209.

1556 *Jäger*, Beweisverwertung, S. 181 ff.

1557 *Jäger*, Beweisverwertung, S. 181.

1558 Vgl. hierzu unter 3. Kapitel F.

1559 Vgl. *Griesbaum*, in: Hannich (Hrsg.), Karlsruher Kommentar zur StPO, 7. Aufl., § 161 Rn. 12; *Lesch*, GA 2000, 355, 365; *Rogall*, in: Wolter (Hrsg.), Systematischer

Ähnlich wie die vorgenannten Ansichten, ebenfalls mit dem Fehlen der Ermächtigungsgrundlage für staatliches Handeln, begründet *Reeb* die Unverwertbarkeit der in den Mitarbeiterinterviews durch selbstbelastende Auskünfte erlangten Informationen, bestreitet allerdings die Befugnis zur Beweisverwertung. Auf diesen Ansatz wurde bereits eingegangen.[1560] Eine hinreichende Ermächtigungsgrundlage für die Beweisverwertung sei alleine bei einer alternativen „hypothetischen rechtmäßigen staatlichen Beweisgewinnung" vorhanden.[1561] Da dies bei selbstbelastenden Äußerungen nicht hinreichend wahrscheinlich sei, sollen die Erkenntnisse aus selbstbelastenden Mitarbeiteräußerungen, die gegenüber dem Unternehmen und seiner Vertreter getätigt wurden, regelmäßig unverwertbar sein.[1562] Bezüglich der Ermächtigungsgrundlage für die Beweisverwertung bleibt jedoch festzustellen, dass die Unverwertbarkeit nach weit überwiegender Auffassung die zu legitimierende Ausnahme darstellt und gerade nicht die Verwertbarkeit im Einzelfall begründet werden muss.[1563] Grundsätzlich sollen die §§ 244 Abs. 2 , 261 StPO das Gericht berechtigen und verpflichten, die Beweisaufnahme zur Ermittlung des wahren Sachverhalts auf alle zur Verfügung stehenden Beweismittel zu erstrecken.[1564] Nach vorherrschender Auffassung scheitert damit weder die Beweiserhebung noch die Beweisverwertung von selbstbelastenden Äußerungen in Mitarbeiterinterviews am Fehlen der Ermächtigungsgrundlage.

Kommentar zur Strafprozessordnung, Band 2, 4. Aufl., § 136a Rn. 33, 68; *Sackreuther*, in Graf (Hrsg.), Beck'scher Online-Kommentar StPO, Stand: 16.11.2015, § 161 Rn. 10; *Schmitt*, in: Meyer-Goßner/Schmitt, StPO, 58. Aufl., § 161 Rn. 1; *Seitz*, NStZ 1995, 519, 520. Vgl. auch zur Rechtslage vor der Einführung dieser Ermittlungsgeneralklauseln BGHSt 42, 139, 150 f.; *Kudlich*, JuS 1997, 696, 700; *Popp*, NStZ 1998, 95, 96; *Sternberg-Lieben*, Jura 1995, 299, 305. Vgl. aber auch *Ackemann*, Verwertbarkeit, S. 52 f.; *Bernsmann*, StV 1997, 116, 117; *Bockemühl*, Private Ermittlungen, S. 26 f.; *Derksen*, JR 1997, 167, 169; *Duttge*, JZ 1996, 556, 556 ff.; *Meurer*, in: Schünemann/Achenbach/Bottke u. a. (Hrsg.), Festschrift für Claus Roxin, S. 1281, 1295 f.; *Renzikowski*, JZ 1997, 710, 716; *Rogall*, JZ 1987, 847, 850; *Weiler*, GA 1996, 101, 106; *Wolter*, in: Roxin/Widmaier (Hrsg.), 50 Jahre Bundesgerichtshof, Band IV, S. 963, 966, 968. A.A. *Jäger*, Beweisverwertung, S. 180 ff.; *Mahlstedt*, Verdeckte Befragung, S. 177 ff. Die Rechtsprechung scheint allerdings zunehmend in Richtung einer restriktiven Auslegung der Ermächtigungsgrundlagen der §§ 161 Abs. 1, 163 Abs. 1 S. 2 StPO zu tendieren, vgl. in diesem Zusammenhang BVerfG, NStZ 2000, 489, 490; BGHSt 55, 138, 143 f.

1560 Siehe 4. Kapitel E. III. 4.

1561 *Reeb*, Internal Investigations, S. 139 f.

1562 *Reeb*, Internal Investigations, S. 151 f.

1563 BVerfG, NJW 2010, 287; NJW 2010, 2937, 2938; NJW 2011, 2417, 2419; wistra 2009, 425, 427; BGHSt 44, 243, 249; 51, 285, 290; 56, 127, 132 f.; *Fischer*, in: Hannich (Hrsg.), Karlsruher Kommentar zur StPO, 7. Aufl., Einl. Rn. 387. Vgl. auch OLG Düsseldorf, VRS 121 (2011), 46, 48. A.A. *Kudlich*, in: Zöller/Hilger/Küper u. a. (Hrsg.), Festschrift für Jürgen Wolter, S. 995 ff.

1564 BVerfG, NJW 2010, 2937, 2938.

bb) Beweisverwertungsverbot bei „Kontaminierung" durch private Ermittlungstätigkeit

Während die vorangegangenen Ausführungen jeweils nur zur Unverwertbarkeit eines kleinen Ausschnittes der Erkenntnisse aus internen Ermittlungen gelangen, könnte mit einer anderen Argumentation auch auf die komplette Unverwertbarkeit der Ermittlungsergebnisse zu schließen sein.

(1) Argumentation Hassemer/Matusseks

Zur kompletten Unverwertbarkeit der Erkenntnisse aus internen Ermittlungen könnte man gelangen, wenn man mit Hassemer/Matussek aus der ihrer Ansicht nach fast vollständigen Unzulässigkeit von Opferaktivitäten auf die Unverwertbarkeit dieser Erkenntnisse im Strafverfahren schließt.[1565] Zumindest in Bezug auf unternehmensinterne Ermittlungen sprechen die besseren Gründe für deren rechtliche Zulässigkeit.[1566] Eine andere Fragestellung ist, ob die Erkenntnisse im Strafverfahren verwertbar sein sollen. Dies könnte mit Hassemer/Matussek mit der Begründung des Verdachtes der Einseitigkeit dieser Ermittlungen abzulehnen sein. Wollte man dem zustimmen, könnte das nach Hassemer/Matussek in einigen Fällen auch die Vergiftung des kompletten staatsanwaltschaftlichen Beweismaterials zur Folge haben. Denn wenn die Ermittlungsbehörden in einem Strafverfahren mit dem Verletzten so eng kooperiert hätten, *„dass nicht mehr verlässlich festzustellen ist, welches Material von wem beschafft worden ist und welche Teile den gesetzlichen Anforderungen von Feststellungen im Ermittlungsverfahren genüg[t]en und welche nicht, so"* sei *„das gesamte Material strafverfahrensrechtlich unverwertbar."* Etwas anderes könne nur gelten, *„soweit nachgewiesen werden kann, dass ein solcher „Opfereinfluss" auf die Ermittlungen nicht bestand."*[1567]

Würde man diese Argumentation auf interne Ermittlungen übertragen, wären nicht nur die Erkenntnisse aus internen Ermittlungen als Beweise unverwertbar, sondern auch einer Kooperation zwischen Unternehmen und Ermittlungsbehörden weitgehend der Boden entzogen. Um zu verhindern, dass die eigenen Erkenntnisse vergiftet würden, müssten die Strafverfolgungsbehörden auf eine strikte Trennung der eigenen Ermittlungsergebnisse und der des Unternehmens achten. Um sicher zu gehen, dass die eigenen Ermittlungsergebnisse verwertbar blieben, müssten die Strafverfolgungsorgane extremen Protokollierungsobliegenheiten genügen. Um diese Problematik zu umgehen, dürften die Strafverfolgungsbehörden im Zweifel geneigt sein, auf die Unternehmenserkenntnisse nicht mehr zuzugreifen.

1565 *Hassemer/Matussek*, Das Opfer als Verfolger, S. 81 ff. Siehe zu diesem Ansatz auch bereits unter 3. Kapitel F. I.

1566 Siehe 3. Kapitel F. II.

1567 *Hassemer/Matussek*, Das Opfer als Verfolger, S. 84. Zustimmend *Moraht*, Private Straftatermittlungen, S. 252 ff. So auch *Zapfe*, Compliance, S. 186 f.

Auch gegen diese Argumentation Hassemer/Matussek bestehen die bereits oben angesprochenen Bedenken, dass der gegenüber staatlichen Ermittlungen geringeren Objektivitätsgewähr auch durch die Hinterfragung des Beweiswertes im jeweils konkreten Fall abgeholfen werden kann. Es erscheint deswegen nicht notwendig den Ermittlungsergebnissen von vornherein jeden Beweiswert abzusprechen. Zwar mag es im Einzelfall so sein, dass einseitige Erkenntnisse des Unternehmens staatliche Ermittlungen derart beeinflussen, dass diese ihren Beweiswert (nahezu) komplett verlieren sollten. Das wird allerdings den Ausnahmefall darstellen.

Ein Beweisverwertungsverbot bezüglich der Information aus unternehmensinternen Ermittlungen und mit diesen „kontaminierter" staatlicher Ermittlungen besteht damit nicht. Der Problematik um die Objektivität muss auf der Ebene der Beweiswürdigung abgeholfen werden.

(2) Argumentation des BGH aus BGHSt 46, 1 ff.

Im Zusammenhang mit der Verwertbarkeit der Erkenntnisse aus privater Ermittlungstätigkeit muss auch die Entscheidung des BGH vom 10.02.2000 – 4 StR 616/99[1568] einbezogen werden, die mit der Frage nach der Verwertbarkeit selbstbelastender Auskünfte gegenüber Rechtsanwälten des Unternehmens einen gewissen Zusammenhang aufweist. In dieser Entscheidung lehnte der BGH die Verwertbarkeit einer Aussage ab, die eine Zeugin gegenüber dem Verteidiger (des zu diesem Zeitpunkt Mitbeschuldigten) abgab, weil diese in der späteren Hauptverhandlung von ihrem Zeugnisverweigerungsrecht Gebrauch machte.[1569] Im konkreten Fall kam die Zeugin von sich aus zu dem Verteidiger des zu diesem Zeitpunkt Mitbeschuldigten und äußerte sich in Anwesenheit einer weiteren Person, der Ehefrau des Verteidigers, entlastend über die Tatbeteiligung des Mandanten des Verteidigers, ihres Verlobten. Der Verteidiger hielt dabei die Äußerungen der Zeugin in einem Protokoll fest. Das in erster Instanz mit der Sache befasste Landgericht hatte weder das von dem Verteidiger geführte Protokoll in die Hauptverhandlung eingeführt, noch die Ehefrau des Verteidigers als Zeugin vernommen. Hiergegen richtete sich die Revision des Angeklagten. Auch der BGH lehnte die Verwertbarkeit der vor dem Verteidiger abgegebenen Aussage der Zeugin ab, wobei er sich auf den Rechtsgedanken des § 252 StPO stützte. Der Rechtsgedanke des § 252 StPO ist für die hier in Frage stehende Konstellation nicht relevant. Dass an dieser Stelle dennoch auf diese Entscheidung einzugehen ist, liegt daran, dass der BGH sich bei der Begründung des Verwertungsverbots nicht auf den § 252 StPO zugrundeliegenden Schutz der Entscheidungsfreiheit der Zeugin oder den generellen Zweifeln am Wahrheitsgehalt der Aussage eines Angehörigen beruft, um das Schweigerecht zu begründen.[1570] Dies zeigt sich bereits daran, dass die Zeugin eine Verwertung ihrer Aussage vor

---

1568 BGHSt 46, 1, 4.
1569 BGHSt 46, 1 ff.
1570 Siehe auch *Schittenhelm*, NStZ 2001, 50 f.

dem Verteidiger auch nicht durch Einwilligung herbeiführen können soll,[1571] sondern sich allein auf die Gefahr einer Verfahrensmanipulation stützt.[1572] Zwar sei es dem Verteidiger nicht verwehrt, eigene Ermittlungen zu führen, die Befugnis, Zeugen oder Beschuldigte »amtlich« zu vernehmen, stünde dem Verteidiger nach dem Gesetz allerdings nicht zu.[1573] Wäre die Aussage der Zeugin vor dem Verteidiger in dieser Konstellation verwertbar, würde dies „die Möglichkeit eröffnen, dass wesentliche Teile der Verhandlungsführung dem Vorsitzenden entzogen und in die Hände eines anderen Verfahrensbeteiligten gelegt würden, der es dann seinerseits in der Hand hätte, zunächst eine Zeugenaussage zu ›protokollieren‹ und den Zeugen dann auf sein Zeugnisverweigerungsrecht hinzuweisen, von dem dieser dann in der Hauptverhandlung Gebrauch macht".[1574] Die gleichen Bedenken könnten gegen die Verwertbarkeit der hier in Frage stehenden Auskünfte gegenüber den unternehmensinternen Ermittlern bestehen.

Ob dem BGH für die damals zu entscheidende Konstellation zuzustimmen ist, kann letztendlich dahinstehen. Obwohl der Austausch des § 252 StPO zugrunde liegenden Rechtsgedankens, nämlich des Schutzes des Zeugen, mit dem Zweck der Immunisierung des staatlichen Strafverfahrens vor Ermittlungen, die einseitig durch die Verteidigung bestimmt sind, befremdet.[1575] Dies zumal, soweit Spontanäußerungen gegenüber Dritten, auch wenn es sich dabei um gegenüber Verteidigern wohl dubiosere V-Leute handelt, weiterhin für verwertbar erachtet werden.[1576] Im Gegensatz zu diesen Konstellationen war dem Zeugen darüber hinaus der direkte strafprozessuale Bezug klar. Ein Erst-recht-Schluss, der auf einem Austausch des Schutzzweckes beruht, kann als solcher kaum überzeugen.

Jedenfalls kann diese Argumentation nicht auf weitere und auch nicht auf die hier in Frage stehenden Konstellationen ausgedehnt werden. Wenn Spontanäußerungen des Beschuldigten, aber auch gezielt durch Private, wie die bereits erwähnten V-Leute, herbeigeführte Aussagen weiterhin für verwertbar erachtet werden, kann hiervon nicht für den Fall eine Ausnahme gemacht werden, dass der ermittelnde Private zu Verteidigungszwecken handelt oder eben wie bei internen Ermittlungen im Interesse eines potenziellen Nebenbeteiligten. Auch wenn die Bedenken des BGH gegenüber einseitigen Ermittlungen und dem Unterlaufen der Stellung der Strafverfolgungsbehörden im Ansatz nachvollziehbar erscheinen, würden hierdurch die Verteidigungsmöglichkeiten des Beschuldigten bzw. potenziell Nebenbeteiligten zu sehr eingeschränkt. Der Ausschluss müsste dann für Auskünfte gegenüber allen Privaten gelten, die irgendeinen Bezug zu dem Strafverfahren hätten. So weit

1571 BGHSt 46, 1, 5 f.
1572 BGHSt 46, 1, 4 f.
1573 BGHSt 46, 1, 4.
1574 BGHSt 46, 1, 4 f.
1575 Vgl. auch *Baier*, JA 2000, 833, 835.
1576 Vgl. BGHSt 46, 1, 5.

kann der Ausschluss nicht gehen. Richtigerweise ist die mangelnde Neutralität der Ermittlung im Rahmen der Beweiswürdigung zu berücksichtigen.[1577]

Auch unter diesen Aspekten kann sich allein aus der Beteiligung Privater an der Informationsgewinnung kein Verwertungsverbot ergeben. Die Erkenntnisse aus privaten Ermittlungen unterfallen damit nicht per se einem Beweisverwertungsverbot.[1578]

d) *Beweisverwertungsverbot im Falle rechtswidriger privater Ermittlungstätigkeit*

Daneben stellt sich die Frage, ob nicht zumindest in den Fällen, in denen die Unternehmensbeauftragten die Beweismittel auf rechtswidrige Art und Weise gewonnen haben, diese unverwertbar sein müssen. Wie bereits oben ausgeführt,[1579] nimmt eine Ansicht für durch Private auf rechtswidrige Art und Weise gewonnene Beweismittel allgemein ein Beweisverwertungsverbot an,[1580] wobei diese Ansicht wohl überwiegend allein strafrechtswidrig (und nicht allein zivilrechtswidrig) gewonnene

---

1577 Vgl. auch *Schittenhelm*, NStZ 2001, 50, 51.

1578 Siehe auch *Hellmann*, Strafprozessrecht, 2. Aufl., Rn. 527.

1579 4. Kapitel E. III. 5.

1580 *Bottke*, in: Eser/Goydke/Maatz u. a., Festschrift für Lutz Meyer-Gossner, S. 73, 97; *Gaede*, StV 2004, 46, 52 f.; *Grünwald*, Beweisrecht, S. 162 ff.; *M. Jahn*, in: Ständige Deputation des deutschen Juristentages (Hrsg.), Verhandlungen des 67. deutschen Juristentages, Band I, S. C 102 f.; *ders.*, JuS 2005, 1057, 1058; *ders.*, StV 2009, 41, 45; *Joerden*, JuS 1993, 927, 928; *Keller*, in: Samson/Dencker/Frisch u. a. (Hrsg.), Festschrift für Gerald Grünwald, S. 267, 282, für „polizeiähnliches Handeln Privater"; *Koriath*, Beweisverbote, S. 101 f.; *Mende*, Grenzen privater Ermittlungen, S. 220 ff., 245; *Sydow*, Kritik, S. 100 ff.; *Szesny*, BB 45/2011, VI, VII; grundsätzlich so auch *Rübenstahl*, WiJ 2012, 17, 31 f. Hierfür wohl auch *Zapfe*, Compliance, S. 180, 182. Für die Begründung eines Beweisverwertungsverbot auf dem Wege der Annahme einer Schutzpflichtverletzung durch die Verwertung der Erkenntnisse bei strafrechtswidriger Beweisgewinnung durch Private, grds. *Götting*, Beweisverwertungsverbote, S. 299 ff. Die Verwertbarkeit allein von der hypothetischen rechtmäßigen Beweiserlangung abhängig machend *Godenzi*, Private Beweisbeschaffung, S. 241 ff. Nach *Gössel*, in: Erb/Esser/Franke u. a. (Hrsg.), Löwe-Rosenberg, StPO, 26. Aufl., Band 1, Einl. Abschn. L Rn. 113, soll ein Beweisverwertungsverbot nur dann bestehen, wenn der Private die Auskunft durch Anwendung von solchem Zwang erreicht hat, dem der „Betroffene nicht „in besonnener Selbstbehauptung" als Parallele zur Nötigung standhalten müsse. Für eine Abwägung, *Brunhöber*, GA 2010, 571, 586 ff.; *Moraht*, Private Straftatermittlungen, S. 248 ff. Generell gegen die Annahme von Beweisverwertungsverboten für den Fall, dass die Erkenntnisse durch Private auf rechtswidrige Weise erlangt wurden, allerdings *Dencker*, Verwertungsverbote, S. 97 ff.; *Senge*, in: Hannich (Hrsg.), Karlsruher Kommentar zur StPO, 7. Aufl., Vor § 48 Rn. 52.

Beweise im Blick hat.[1581] Häufig wird dieses Beweisverwertungsverbot dabei auf eine analoge Anwendung des § 136a StPO gestützt.[1582]

Auf diesem Wege will *Kottek* auf die Unverwertbarkeit der in SEC-Ermittlungen durch Befragung gewonnenen Beweise schließen.[1583] Da durch Interviews gewonnene selbstbelastende Auskünfte zumeist durch eine Nötigung erlangt sein sollen,[1584] würden diese im Regelfall einem Beweisverwertungsverbot unterliegen.[1585] Um Rechtssicherheit zu schaffen, müssten diesem Beweisverwertungsverbot auch alle „SEC-Aussagen" unterfallen.[1586] Gegen diese Argumentation spricht allerdings der Umstand, dass eine strafrechtliche Nötigung durch die Unternehmensvertreter nur im Ausnahmefall verwirklicht wird.[1587]

Generell ist die Annahme eines Beweisverwertungsverbotes für alle strafrechtswidrig durch Private gewonnen Beweise problematisch, weil die überwiegende Ansicht und insbesondere auch die Rechtsprechung nicht einmal für den Fall rechtswidriger staatlicher Ermittlungshandlungen ein umfassendes Beweisverwertungsverbot bejaht.[1588] Insofern bejaht die überwiegende Auffassung im Falle privater

1581 *Bienert*, Private Ermittlungen, S. 114 f.; *Götting*, Beweisverwertungsverbote, S. 301. Siehe hierzu auch *Godenzi*, Private Beweisbeschaffung, S. 190 ff.

1582 So *Gaede*, StV 2004, 46, 52 f.; *M. Jahn*, in: Ständige Deputation des deutschen Juristentages (Hrsg.), Verhandlungen des 67. deutschen Juristentages, Band I, S. C 102 f.; *Joerden*, JuS 1993, 927, 928; *Mende*, Grenzen privater Ermittlungen, S. 220 ff., *Minoggio*, in: Böttger (Hrsg.), Wirtschaftsstrafrecht in der Praxis, 2. Aufl., 18. Kap. Rn. 145; *Müssig*, GA 1999, 119, 138 f. *Raum*, StraFo 2012, 395, 398 und *Wessing*, in: Arbeitsgemeinschaft Strafrecht des Deutschen Anwaltvereins (Hrsg.), Strafverteidigung im Rechtsstaat, S. 907, 923, gehen dagegen von einer grundsätzlichen Unanwendbarkeit des § 136a StPO für interne Ermittlungen aus. Generell gegen eine entsprechende Anwendbarkeit auf Private BGHSt 17, 14, 19; OLG Oldenburg, NJW 1953, 1237; *Bienert*, Private Ermittlungen, S. 89 ff., 114; *Godenzi*, Private Beweisbeschaffung, S. 188 ff.; *Reeb*, Internal Investigations, S. 121 f., der wie *Godenzi* die Planwidrigkeit der Nichtanwendbarkeit auf die Beweiserhebung Privater sowie die Vergleichbarkeit der Interessenlagen bestreitet; *Krekeler/Löffelmann*, in: dies./ Sommer (Hrsg.), Anwaltkommentar StPO, 2. Aufl., Einl. Rn. 149; *Rogall*, JZ 2008, 818, 828; *Schmitt*, in: Meyer-Goßner/Schmitt, StPO, 58. Aufl., § 136a Rn. 3; *Wölfl*, Verwertbarkeit, S 195. Für ein Beweisverwertungsverbot analog § 136a StPO für den Fall das der Mitarbeiter im Rahmen der internen Ermittlungen über das Bestehen einer Auskunftspflicht getäuscht wurde, *Beulke*, Strafprozessrecht, 12. Aufl., Rn. 481.

1583 *Kottek*, Kooperation, S. 175 ff.

1584 *Kottek*, Kooperation, S. 172 ff.

1585 *Kottek*, Kooperation, S. 177 ff.

1586 *Kottek*, Kooperation, S. 147, siehe auch S. 175 f.

1587 Siehe unter 7. Kapitel D. I. 2. a)

1588 Vgl. auch *Gössel*, in: Erb/Esser/Franke u. a. (Hrsg.), Löwe-Rosenberg, StPO, 26. Aufl., Band 1, Einl. Abschn. L Rn. 37 ff.; *Schmitt*, in: Meyer-Goßner/Schmitt, StPO, 58. Aufl., Einl. Rn. 55 f.

Ermittlungen ein Beweisverwertungsverbot erst für den Fall der extremen Menschenrechtswidrigkeit[1589] oder schwerer Grundrechtsverletzungen.[1590]

Aber unabhängig davon erscheint die Annahme eines unselbstständigen Beweisverwertungsverbots aus dem Grunde ungeeignet, die Problematik um die (unbewusste) Selbstbelastungsgefahr zu lösen, weil – wie bereits erörtert – die strafrechtswidrige Beweisgewinnung im Rahmen interner Ermittlungen nicht den Regelfall darstellt[1591] und deswegen auch keine umfassende Lösung der Problematik bieten kann. Eine solche könnte allein die Annahme eines selbstständigen Beweisverwertungsverbots leisten.[1592] Dem soll im Folgenden nachgegangen werden.

e) Beweisverwertungsverbot aus Art. 1 Abs. 1 GG

Ein auf die fehlende Information des Mitarbeiters gestütztes selbstständiges Beweisverwertungsverbot kann nicht aus Art. 1 Abs. 1 GG abgeleitet werden. Denn das Informationsdefizit des Mitarbeiters ist zumeist nicht geeignet, seine Subjektstellung komplett zu beseitigen. Irrtümer, aber auch Täuschungen, beeinträchtigen die Mitwirkungsfreiheit nur bruchstückhaft. Der Mitarbeiter weiß, welche Informationen er weitergibt. Er kann allein die Tragweite seiner Auskünfte nicht einschätzen. Anders als im Falle einer Auskunftspflicht bleibt die Freiheit des Mitarbeiters

---

1589 OLG Celle, NJW 1985, 640, 641 (Menschenwürde und primitivste rechtsstaatliche Grundsätze); OLG Hamburg, NJW 2005, 2326, 2327, 2329; *Beulke*, Strafprozessrecht, 12. Aufl., Rn. 479; *Diemer*, in: Hannich (Hrsg.), Karlsruher Kommentar zur StPO, 7. Aufl., § 136a Rn. 3; *Eisenberg*, StPO, 9. Aufl., Rn. 400 f.; *Kindhäuser*, Strafprozessrecht, 4. Aufl., § 23 Rn. 35; *Kleinknecht*, NJW 1966, 1537, 1543; *Klengel/Mückenberger*, CCZ 2009, 81; *Nüse*, JR 1966, 281, 285; *Paulus*, in: Kleinknecht/Müller/Reitberger, Band 2, Stand: Oktober 1989, § 244 Rn. 535; *Schmitt*, in: Meyer-Goßner/Schmitt, StPO, 58. Aufl., § 136a Rn. 3; *Ranft*, in: Seebode (Hrsg.), Festschrift für Günter Spendel, S. 719, 736 (zudem auch für sonstige in schwerer Weise rechtstaatlich anstößige Verstöße); *Rogall*, JZ 1996, 944, 949, der bei geringeren Verstößen für die Abwägungslösung plädiert; *Salvenmoser/Schreier*, in: Achenbach/Ransiek/Rönnau (Hrsg.), Handbuch Wirtschaftsstrafrecht, 4. Aufl., 15. Teil Rn. 69; *Schroth*, JuS 1998, 969, 979; *Wolter*, in: Roxin/Widmaier (Hrsg.), 50 Jahre Bundesgerichtshof, Band IV, S. 963, 996 f. (bei Verletzung der Menschenwürde; ebenfalls für eine Abwägung bei geringeren Verstößen). Gegen diese Ausnahme *Kramer*, Jura 1988, 520, 522.

1590 So *Pauckstadt-Maihold*, in: Kleinknecht/Müller/Reitberger, StPO, Band 2, 65. Lfg., Stand: Dezember 2012, § 136a Rn. 5. *Dalakouras*, Beweisverbote, S. 197; *Gleß*, in: Erb/Esser/Franke u. a. (Hrsg.), Löwe-Rosenberg, StPO, 26. Aufl., Band 4, § 136a Rn. 12, nehmen die Unverwertbarkeit bereits an, soweit der Kernbereich des Grundrechtsschutzes berührt ist. So auch *Bockemühl*, Private Ermittlungen, S. 125 ff (unterhalb dieser Schwelle sei eine Abwägung erforderlich, S. 127).

1591 So auch *Rödiger*, Strafverfolgung von Unternehmen, S. 253. Vgl. auch *Wewerka*, Internal Investigations, S. 260 ff.

1592 Ebenso *Rödiger*, Strafverfolgung von Unternehmen, S. 254.

mitzuwirken in weiten Teilen bestehen.[1593] Art. 1 Abs. 1 GG kann der Verwertbarkeit „freiwilliger" Mitarbeiterauskünfte allenfalls in Extremfällen entgegenstehen.

f) Beweisverwertungsverbot aus dem Fair-trial-Prinzip

Zielführender erschiene deswegen eine Lösung über die Anwendung des relativen Prinzips des Rechts auf ein faires Verfahren.[1594] Das „Fair-trial"- Prinzip ist im Grundgesetz nicht ausdrücklich kodifiziert, wird allerdings durch das Rechtsstaatsprinzip (Art. 20 Abs. 3 GG) i.V.m. dem allgemeinen Freiheitsrecht aus Art. 2 Abs. 1 GG auch verfassungsrechtlich gewährleistet.[1595] Es entstammt einem die Grundrechte garantierenden, materiell verstandenen Rechtsstaatsprinzip.[1596] Insbesondere wird es durch die freiheitssichernde Funktion des Art. 2 Abs. 2 S. 2 GG verbürgt, die auch im Verfahrensrecht berücksichtigt werden muss.[1597] Daneben liegt seine Wurzel in Art. 1 Abs. 1 GG, der es verbietet, den Menschen zum bloßen Verfahrensobjekt

1593 Vgl. hierzu bereits 7. Kapitel D. I. 1.

1594 Siehe auch *Knauer/Gaul*, NStZ 2013, 192, 193.

1595 BVerfGE 38, 105, 111; 39, 238, 242 f.; 57, 250, 274; 63, 45, 60; 63, 380, 390; 64, 135, 145; 66, 313, 318; 89, 120, 129; NStZ-RR 2004, 83, 84; BGHSt 53, 294, 304; *Di Fabio*, in: Maunz/Dürig, GG, Band 1, 39. Lfg., Stand: Juli 2001, Art. 2 Rn. 72; *Fischer*, in: Hannich (Hrsg.), Karlsruher Kommentar zur StPO, 7. Aufl., Einl. Rn. 134; *Kruse*, Compliance, S. 21; *Meyer-Goßner*, in: Meyer-Goßner/Schmitt, StPO, 58. Aufl., Einl. Rn. 19; *Paul*, NStZ 2013, 489, 494; *Sternberg-Lieben*, Jura 1995, 299, 309. Vgl. auch BVerfGE 46, 202, 210; 65, 171, 175; 77, 64, 76; 86, 288, 317; 122, 248, 271; BGHSt 37, 10, 13; *Esser*, in: Erb/Esser/Franke u. a. (Hrsg.), Löwe-Rosenberg, StPO, 26. Aufl., Band 11, Art. 6 EMRK Rn. 13; *Knauer/Buhlmann*, AnwBl 2010, 387, 390; *Knauer/Gaul*, NStZ 2013, 192, 193; *Momsen*, ZIS 2011, 508, 513; *Roxin/Schünemann*, Strafverfahrensrecht, 28. Aufl., § 11 Rn. 4, stützen das Fair-trial- Prinzip neben dem Rechtsstaats- auch auf das Sozialstaatsprinzip. *Beulke*, Strafprozessrecht, 12. Aufl., Rn. 28, bezieht sich auf eine Gesamtschau der Art. 1 Abs. 1, 2 Abs. 2 S. 2, 20 Abs. 3, 101 Abs. 1 S. 2, 103 Abs. 1 GG und Art. 6 Abs. 1 S. 1 EMRK. *Bottke*, in: Eser/Goydke/Maatz u. a., Festschrift für Lutz Meyer-Goßner, S. 73, 74 f., nennt neben Art. 2 Abs. 1 i.V.m. Art. 20 GG auch Art. 19 Abs. 2, 19 Abs. 4 GG. Siehe zu den unterschiedlichen Anknüpfungspunkten *Hies*, fair-trial-Prinzip, S. 38 ff.; *Steiner*, Fairnessprinzip, S. 158 ff. Siehe daneben auch *Marczak*, Fairneßgebot, S. 6 ff. Zur Kritik am Fair-trial-Grundsatz, siehe *Heubel*, Der „fair trial"; *Kunig*, Rechtsstaatsprinzip, S. 381 ff. Vgl. auch *Rüping*, JZ 1983, 663, 664 f.; *Tettinger*, Der Staat 36 (1997), 575, 588 ff. Siehe aber auch *Rogall*, in: Wolter (Hrsg.), Systematischer Kommentar zur Strafprozessordnung, Band 2, 4. Aufl., Vor § 133 ff. Rn. 102.

1596 BVerfGE 57, 250, 275; *Fischer*, in: Hannich (Hrsg.), Karlsruher Kommentar zur StPO, 7. Aufl., Einl. Rn. 134. So auch *Dörr*, Faires Verfahren, S. 141 ff.; *Heinrich*, Jura 2003, 167 f., 171 f.

1597 BVerfGE 57, 250, 275; 70, 297, 308; 86, 288, 317; 122, 248, 271; *Fischer*, in: Hannich (Hrsg.), Karlsruher Kommentar zur StPO, 7. Aufl., Einl. Rn. 134. So auch *Dörr*, Faires Verfahren, S. 144 ff.

herabzuwürdigen.[1598] Auf einfachrechtlicher Ebene findet sich eine ausdrückliche Regelung in Art. 6 Abs. 1 S. 1 EMRK.[1599]

Das Recht auf ein faires Verfahren ist nicht nur von den Gerichten, sondern von allen Staatsorganen zu beachten, die auf den Gang des Strafverfahrens Einfluss nehmen.[1600] Jedem Verfahrensbeteiligten muss gewährleistet werden, seine prozessualen Rechte und Möglichkeiten mit der erforderlichen Sachkunde selbstständig wahrzunehmen und Übergriffe der rechtsstaatlich begrenzten Rechtsausübung staatlicher Stellen oder anderer Verfahrensbeteiligter angemessen abzuwehren.[1601] Bei dem Recht auf ein faires Verfahren handelt es sich um einen Sammelbegriff, der verschiedene Einzelanforderungen enthält.[1602] Hierzu gehört auch der sogenannte Grundsatz der „Waffengleichheit", der nicht im Sinne einer vollständigen Entsprechung der Verfahrensstellungen von Gericht, Staatsanwaltschaft und Beschuldigtem missverstanden werden darf.[1603] Erforderlich ist, dass der Beschuldigte, um nicht zum

---

1598 BVerfGE 57, 250, 275; 122, 248, 271; *Esser*, in: Erb/Esser/Franke u. a. (Hrsg.), Löwe-Rosenberg, StPO, 26. Aufl., Band 11, Art. 6 EMRK Rn. 13; *Fischer*, in: Hannich (Hrsg.), Karlsruher Kommentar zur StPO, 7. Aufl., Einl. Rn. 134; *Hies*, fair-trial-Prinzip, S. 50 f.; *Steiner*, Fairnessprinzip, S. 163 ff. Vgl. auch BGHSt 53, 294, 304; *Knauer/Buhlmann*, AnwBl 2010, 387, 390; *Momsen*, ZIS 2011 508, 513; *Sternberg-Lieben*, Jura 1995, 299, 309.

1599 BGHSt 24, 125, 131; *Fischer*, in: Hannich (Hrsg.), Karlsruher Kommentar zur StPO, 7. Aufl., Einl. Rn. 134; *Knauer/Buhlmann*, AnwBl 2010, 387, 390; *Knauer/Gaul*, NStZ 2013, 192, 193; *Momsen*, ZIS 2011, 508, 513; *Rogall*, in: Wolter (Hrsg.), Systematischer Kommentar zur Strafprozessordnung, Band 2, 4. Aufl., Vor § 133 ff. Rn. 101; *Roxin/Schünemann*, Strafverfahrensrecht, 28. Aufl., § 11 Rn. 4 f. Umfassend hierzu *Esser*, in: Erb/Esser/Franke u. a. (Hrsg.), Löwe-Rosenberg, StPO, 26. Aufl., Band 11, Art. 6 EMRK Rn. 177 ff.; *Hies*, fair-trial-Prinzip, S. 27 ff.; *Paeffgen*, in: Wolter (Hrsg.), Systematischer Kommentar zur Strafprozessordnung, Band 10, 4. Aufl., Art. 6 EMRK Rn. 70 ff.; *Rzepka*, Fairness, S. 11 ff. Vgl. aber auch *Steiner*, Fairnessprinzip, S. 120 ff.

1600 *Fischer*, in: Hannich (Hrsg.), Karlsruher Kommentar zur StPO, 7. Aufl., Einl. Rn. 141. Vgl. auch *Kühne*, in: Erb/Esser/Franke u. a. (Hrsg.), Löwe-Rosenberg, StPO, 26. Aufl., Band 1, Einl. Abschn. I Rn. 112; *Rogall*, in: Wolter (Hrsg.), Systematischer Kommentar zur Strafprozessordnung, Band 2, 4. Aufl., Vor § 133 ff. Rn. 103.

1601 BVerfGE 38, 105, 111; StV 1993, 313; BVerfGE 122, 248, 271 f.; *Fischer*, in: Hannich (Hrsg.), Karlsruher Kommentar zur StPO, 7. Aufl., Einl. Rn. 139; *Wewerka*, Internal Investigations, S. 272. Siehe auch *Rogall*, in: Wolter (Hrsg.), Systematischer Kommentar zur Strafprozessordnung, Band 2, 4. Aufl., Vor § 133 ff. Rn. 103. Vgl. auch *Kühne*, in: Erb/Esser/Franke u. a. (Hrsg.), Löwe-Rosenberg, StPO, 26. Aufl., Band 1, Einl. Abschn. I Rn. 108 f.; *Scharnberg*, Internal Investigations, S. 297.

1602 *Fischer*, in: Hannich (Hrsg.), Karlsruher Kommentar zur StPO, 7. Aufl., Einl. Rn. 134, siehe auch Rn. 74 f.; *Kühne*, in: Erb/Esser/Franke u. a. (Hrsg.), Löwe-Rosenberg, StPO, 26. Aufl., Band 1, Einl. Abschn. I Rn. 106. Siehe hierzu auch *Di Fabio*, in: Maunz/Dürig, GG, Band 1, 39. Lfg., Stand: Juli 2001, Art. 2 Rn. 72.

1603 BVerfGE 122, 248, 272, 275. Siehe hierzu *Geppert*, Jura 1992, 597, 599 f.; *Hies*, fair-trial-Prinzip, S. 64 f.; *Kühne*, in: Erb/Esser/Franke u. a. (Hrsg.), Löwe-Rosenberg,

reinen Objekt des Verfahrens degradiert zu werden, als Beteiligter des Verfahrens und zur Wahrung seiner materiellen Rechte auf den Gang des Verfahrens Einfluss nehmen kann.[1604] Die Gefahr der Beeinträchtigung dieser Stellung innerhalb des Strafverfahrens wird durch selbstbelastende Mitarbeiterauskünfte gegenüber dem Unternehmen aber hervorgerufen.[1605] Die Chancen des Mitarbeiters, in dieser Situation von einem Aussageverweigerungsrecht Gebrauch zu machen, sind erheblich eingeschränkt. Das Beweisergebnis wird in vielen Fällen faktisch bereits feststehen, zumindest dann, wenn der Beweiswert der (mittelbaren) Beweismittel im Einzelfall nicht deutlich eingeschränkt ist. Der Verlust an Mitwirkungsmöglichkeiten kann auch nicht durch Mitwirkungsmöglichkeiten bei der Befragung durch das Unternehmen kompensiert werden. Denn zu diesem Zeitpunkt war es dem Mitarbeiter häufig aufgrund der Unkenntnis seiner Rechte und der Reichweite seiner Äußerungen nicht möglich, seine Verteidigungsmöglichkeiten effektiv zu nutzen.[1606] Insofern liegt durch die fortlaufende Institutionalisierung interner Ermittlungen eine typisierte Gefahrenlage vor,[1607] bezüglich der eine Regelungslücke der StPO besteht.[1608]

StPO, 26. Aufl., Band 1, Einl. Abschn. I Rn. 117; *Rogall*, in: Wolter (Hrsg.), Systematischer Kommentar zur Strafprozessordnung, Band 2, 4. Aufl., Vor § 133 ff. Rn. 107; *Roxin/Schünemann*, Strafverfahrensrecht, 28. Aufl., § 11 Rn. 7; *H. Schaefer*, in: Hanack/Mehle/Hilger u. a. (Hrsg.), Festschrift für Peter Riess, S. 491, 492. Vgl. auch BVerfGE 52, 131, 144; 63, 45, 67; *Marczak*, Fairneßgebot, S. 83. Kritisch zu dieser Begrifflichkeit deswegen *Hamm*, in: Eser/Kullmann/Meyer-Goßner u. a. (Hrsg.), Festschrift für Hannskarl Salger, S. 273, 290 f.

1604 BVerfGE 26, 66, 71; 46, 202, 210; 63, 45, 61; 66, 313, 318; BGHSt 37, 10, 14; *Di Fabio*, in: Maunz/Dürig, GG, Band 1, 39. Lfg., Stand: Juli 2001, Art. 2 Rn. 74; *Heinrich*, Jura 2003, 167, 172. Vgl. auch BVerfGE 9, 89, 95; 38, 105, 111, 114; 63, 380, 390; 64, 135, 145; 65, 171, 175; StV 1993, 313; BGHSt 36, 305, 309; *Bottke*, in: Schünemann/Achenbach/Bottke u. a. (Hrsg.), Festschrift für Claus Roxin, S. 1243, 1255; *Esser*, in: Erb/Esser/Franke u. a. (Hrsg.), Löwe-Rosenberg, StPO, 26. Aufl., Band 11, Art. 6 EMRK Rn. 13; *Hies*, fair-trial-Prinzip, S. 53 f., 64 f.; *Kruse*, Compliance, S. 22; *Kühne*, in: Erb/Esser/Franke u. a. (Hrsg.), Löwe-Rosenberg, StPO, 26. Aufl., Band 1, Einl. Abschn. I Rn. 117; *Marczak*, Fairneßgebot, S. 84; *Müller-Dietz*, ZStW 93 (1981), 1177, 1207; *Renzikowski*, in: Dölling (Hrsg.), Festschrift für Ernst-Joachim Lampe, S. 791, 801 f.; *Rogall*, in: Wolter (Hrsg.), Systematischer Kommentar zur Strafprozessordnung, Band 2, 4. Aufl., Vor § 133 ff. Rn. 107; *Roxin/Schünemann*, Strafverfahrensrecht, 28. Aufl., § 11 Rn. 7; *Sternberg-Lieben*, Jura 1995, 299, 309; *Tettinger*, Fairneß, S. 19 f.; *Wewerka*, Internal Investigations, S. 273, 274. Siehe zu diesem Grundsatz auch *Kohlmann*, in: Baumann/Tiedemann (Hrsg.), Festschrift für Karl Peters, S. 311 ff.

1605 Siehe unter 7. Kapitel C. I. 7. b) aa).

1606 Vgl. auch *Wewerka*, Internal Investigations, S. 284 f.

1607 Vgl. hierzu *Knauer/Gaul*, NStZ 2013, 192, 193.

1608 *Knauer/Buhlmann*, AnwBl 2010, 387, 390 f.; *Momsen*, ZIS 2011, 508, 513; *ders.*, in: Rotsch (Hrsg.), Criminal Compliance Handbuch, § 34 B.I. Rn. 39; *Wewerka*, Internal Investigations, S. 280 f.

Ob die durch die Verwertung der Mitarbeiterauskünfte drohende Beeinträchtigung der Verteidigungsmöglichkeiten jedoch durch ein auf das Fair-trial-Prinzip gestütztes Beweisverwertungsverbot kompensiert werden muss, hängt davon ab, ob das Verfahren dadurch insgesamt unfair wird.[1609] Es muss also in jedem einzelnen Fall untersucht werden, ob die Verteidigungsmöglichkeiten des Mitarbeiters in dem Verfahren insgesamt derart eingeschränkt waren, dass nicht mehr von einem insgesamt fairen Verfahren gesprochen werden kann. Insbesondere müsste auch die Freiheit des Mitarbeiters, sich im Rahmen der Interviews für oder gegen eine Auskunft zu entscheiden, beeinträchtigt gewesen sein. Ob dies so war, ist eine Frage der konkreten Ausgestaltung der internen Ermittlungen im Einzelfall.[1610] Im Rahmen dieser Abwägung bleibt zu beachten, dass die Rechtsprechung bei der Ableitung konkreter Verfahrensvorgaben aus dem Fair-trial-Prinzip äußerst restriktiv vorgeht. Bei der Konkretisierung von Geboten und Verboten, die über das in der StPO geregelte hinausgingen, sei angesichts der Weite des Rechtsstaatsprinzips, aus dem sich das Recht auf ein faires Verfahren ableite, mit Behutsamkeit vorzugehen.[1611] Denn es sei grundsätzlich Sache des Gesetzgebers unter den möglichen Regelungen zu wählen.[1612] Die verfassungsrechtlichen Normen geben dem Gesetzgeber insoweit nur ein Regelungsgerüst vor, das ihm einen Spielraum eröffnet, in dessen Rahmen er sich für oder gegen eine bestimmte Regelung, den Vorzug des einen oder anderen Prinzips entscheiden kann.[1613] Erst, wenn sich bei Berücksichtigung aller Umstände, auch der im Rechtsstaatsprinzip selbst angelegten Gegenläufigkeiten, eindeutig

1609 Siehe hierzu *Momsen*, in: Rotsch (Hrsg.), Criminal Compliance Handbuch, § 34 B.I. Rn. 30; *Scharnberg*, Internal Investigations, S. 297 f.; *Wewerka*, Internal Investigations, S. 276 f., 278 m.w.N.

1610 Vgl. auch *Knauer/Gaul*, NStZ 2013, 192, 193. Dagegen lehnt *Kölbel*, Selbstbelastungsfreiheiten, S. 300, es kategorisch ab, dem Fair-trial-Prinzip über die grundrechtsorientierte Auslegung der Normen der StPO hinaus Bedeutung einzuräumen.

1611 BVerfGE 57, 250, 276; 70, 297, 308; BGH, NStZ 1984, 274; So auch *Fischer*, in: Hannich (Hrsg.), Karlsruher Kommentar zur StPO, 7. Aufl., Einl. Rn. 135; *Hies*, fair-trial-Prinzip, S. 58; *Kühne*, in: Erb/Esser/Franke u. a. (Hrsg.), Löwe-Rosenberg, StPO, 26. Aufl., Band 1, Einl. Abschn. I Rn. 105; *Rogall*, in: Wolter (Hrsg.), Systematischer Kommentar zur Strafprozessordnung, Band 2, 4. Aufl., Vor § 133 ff. Rn. 101. Vgl. auch BVerfG, NStZ-RR 2004, 83, 84; *Wewerka*, Internal Investigations, S. 271. Vgl. aber auch *Roxin/Schünemann*, Strafverfahrensrecht, 28. Aufl., § 11 Rn. 5. Den Anwendungsbereich auf „akzessorische Hilfsberechtigungen" zu geschriebenen Verfahrensrechten, die gedanklich auf das Grundgesetz zurückzuführen sind, einschränkend *Nothhelfer*, Selbstbezichtigungszwang, S. 48 ff.

1612 BVerfGE 57, 250, 276; BGH, NStZ 1984, 274. So auch *Fischer*, in: Hannich (Hrsg.), Karlsruher Kommentar zur StPO, 7. Aufl., Einl. Rn. 135; *Wewerka*, Internal Investigations, S. 272. Vgl. auch BVerfGE 63, 45, 61; 64, 135, 145 f.; 122, 248, 272; BGHSt 53, 294, 304.

1613 Vgl. BVerfGE 3, 162, 182; 33, 171, 189; 36, 174, 189; 37, 201, 212; 57, 250, 276; *Günther*, GA 1978, 193, 200 f.

ergibt, dass rechtstaatlich unverzichtbare Erfordernisse nicht mehr gewahrt sind, können aus dem Fair-trial-Prinzip konkrete Folgerungen geschlossen werden.[1614]

Hier hat sich der Gesetzgeber zumindest bislang nicht für den Vorrang der Rechte des Mitarbeiters entschieden. Aus diesem Grund kann ein auf das Fair-trial zu stützendes Beweisverwertungsverbot nach der geltenden Rechtslage nur in Ausnahmefällen greifen, wenn die Subjektstellung des Mitarbeiters im Strafverfahren ansonsten verloren ginge. Auch der BGH hat die Möglichkeit eines Beweisverwertungsverbots für den Fall anerkannt, dass der Nemo-tenetur-Grundsatz zwar nicht verletzt sei, die zu beurteilenden Gesamtumstände allerdings einem Verstoß gegen dieses Prinzip „nahekommen".[1615] Dieses Beweisverwertungsverbot kann nicht bereits bei jedem Informationsdefizit des Mitarbeiters angenommen werden.

Erst wenn im konkreten Fall durch das Informationsdefizit des Mitarbeiters und seine hierauf beruhenden Auskünfte die Situation derart zu seinen Lasten vorstrukturiert ist, dass ihm im Einzelfall keine realistischen Mitwirkungsmöglichkeiten im staatlichen Verfahren verbleiben, muss der Beweistransfer unterbunden werden.[1616] Für den Fall, dass dem Mitarbeiter das Bestehen einer Auskunftspflicht vorgetäuscht wurde, wäre dies jedenfalls zu bejahen.[1617] Gleiches gilt, wenn die

---

1614 BVerfGE 57, 250, 276; 63, 45, 61; *Rogall*, in: Wolter (Hrsg.), Systematischer Kommentar zur Strafprozessordnung, Band 2, 4. Aufl., Vor § 133 ff. Rn. 101; *Wewerka*, Internal Investigations, S. 271. Vgl. BVerfGE 64, 135, 145 f.; 70, 297, 308 f.; NStZ-RR 2004, 83, 84; BVerfGE 122, 248, 272; BGHSt 53, 294, 304; *Baumgärtel*, in: Ballon/Hagen (Hrsg.), Festschrift Franz Matscher, S. 29, 31 f.; *Kühne*, in: Erb/Esser/Franke u. a. (Hrsg.), Löwe-Rosenberg, StPO, 26. Aufl., Band 1, Einl. Abschn. I Rn. 105; *Meyer-Goßner*, in: Meyer-Goßner/Schmitt, StPO, 58. Aufl., Einl. Rn. 19; *Paul*, NStZ 2013, 489, 495. Siehe hierzu auch *Geppert*, Jura 1992, 597, 599.

1615 BGHSt 42, 139, 156 f. Hierzu in diesem Zusammenhang bereits *Knauer/Buhlmann*, AnwBl 2010, 387, 391; *Knauer*, ZWH 2012, 81, 86, die das Beweisverwertungsverbot insbesondere auf die Nähe zu Nemo-tenetur und § 136a StPO stützen; *Wewerka*, Internal Investigations, S. 278 f. Gegen diese Argumentation *Kottek*, Kooperation, S. 132 f.

1616 Ähnlich *Momsen*, ZIS 2011, 508, 513 ff.; *ders./Grützner*, DB 2011, 1792, 1795. Für ein umfassendes Beweisverwertungsverbot aus dem Fair-trial-Prinzip allerdings auch *Knauer/Buhlmann*, AnwBl 2010, 387, 390 ff.; *Wewerka*, Internal Investigations, S. 280 ff., die sich auf mehrere „Beinaheverstöße" gegen die StPO in Form der Nichteinhaltung der Erfordernisse der zuverlässigen Wahrheitserforschung, der Beeinträchtigung des Rechts auf Verteidigung, der Nichtbeachtung des Kriteriums des Anfangsverdachtes, des unzulässigen Vertauschens von Verfahrensrollen, der Verkürzung der Rechtsschutzmöglichkeiten sowie der Aussagefreiheit stützt. Weiter auch *Knauer*, ZWH 2012, 81, 86; *ders./Gaul*, NStZ 2013, 192, 193, die annehmen, die Fairness sei ohne umfassende Belehrung des Arbeitnehmers stets verletzt. Für ein Beweisverwertungsverbot bei fehlender Belehrung auch *Greeve/Tsambikakis*, in: Knierim/Rübenstahl/Tsambikakis (Hrsg.), Internal Investigations, 17. Kap. Rn. 22.

1617 Vgl. auch *Park*, in: Volk (Hrsg.), Verteidigung in Wirtschafts- und Steuerstrafsachen, 2. Aufl., § 11 Rn. 111. Vgl. in diesem Zusammenhang *Kühne*, in: Erb/

Strafverfolgungsbehörden das Unternehmen bewusst einsetzen, verdächtige Mitarbeiter zu interviewen, bevor sie diese selbst befragen, um – auf die Unbedarftheit des Mitarbeiters bauend – ihre eigenen Belehrungspflichten und damit eine Vorwarnung des Mitarbeiters über den strafprozessualen Bezug zu umgehen.[1618] Auch wenn Strafverfolgungsbehörden das Unternehmen veranlassen, den Mitarbeiter nochmals zu befragen ohne auf die strafprozessuale Verwertbarkeit hinzuweisen, nachdem sich der Mitarbeiter ihnen gegenüber auf ein Schweigerecht berufen hat, muss in der Regel ein Beweisverwertungsverbot greifen.[1619] Die Umgehung von Beschuldigtenrechten, hier des Schweigerechts, ist eine typische Anwendungskonstellation des Fair-trial-Prinzips.[1620] Daneben liegt ein Beweisverwertungsverbot zumeist nahe, wenn Amnestieangebote ohne den Hinweis angeboten werden, dass keine Straffreiheit garantiert werden kann.[1621] Ansonsten kann aus dem Fair-trial-Prinzip nur für extreme Drucksituationen ein Beweisverwertungsverbot abgeleitet werden.[1622] Ob dies so war, müsste jedoch jeweils im Einzelfall festgestellt werden.[1623] Belehrungen des Mitarbeiters können dagegen jeweils geeignet sein, die Verfahrensbalance in hinreichendem Ausmaß herzustellen. [1624] Auch dies ist allerdings eine Frage des Einzelfalles.[1625]

Soweit Wewerka[1626] dagegen für die Ermittlungsergebnisse im Fall Siemens ein umfassendes Beweisverwertungsverbot ableitet, das sich auf mehrere „Beinaheverstöße“ gegen die StPO stützt, kann dies nicht auf alle unternehmensinternen

Esser/Franke u. a. (Hrsg.), Löwe-Rosenberg, StPO, 26. Aufl., Band 1, Einl. Abschn. I Rn. 108. Dagegen nimmt *Rödiger*, Strafverfolgung von Unternehmen, S. 306, bereits bei jedem Irrtum des Mitarbeiters über das Bestehen der Auskunftspflicht ein Beweisverwertungsverbot an.

1618 So auch *Kottek*, Kooperation, S. 133 f. Vgl. auch *Wewerka*, Internal Investigations, S. 288.

1619 Vgl. in diesem Zusammenhang auch BGHSt 52, 11 ff.; vgl. zudem auch EGMR, StV 2003, 257, 259.

1620 Vgl. BGHSt 52, 11 ff.; 53, 294, 304 ff.; *Brunhöber*, GA 2010, 571, 577; *Wewerka*, Internal Investigations, S. 273, 275, 288; *Wolter*, in: Roxin/Widmaier (Hrsg.), 50 Jahre Bundesgerichtshof, Band IV, S. 963, 978 f. Vgl. ferner *Bosch*, nemo-tenetur-Prinzip, S. 75 f.

1621 Vgl. auch *Knauer/Buhlmann*, AnwBl 2010, 387, 392 f.; *Knauer/Gaul*, NStZ 2013, 192, 194.

1622 Weiter allerdings *Knauer/Gaul*, NStZ 2013, 192, 193 f. Vgl. auch *Wewerka*, Internal Investigations, S. 289 f.

1623 Vgl. *Momsen*, ZIS 2011, 508, 514; *ders./Grützner*, DB 2011, 1792, 1795. Vgl. in diesem Zusammenhang auch *Rogall*, NStZ 1989, 288.

1624 Vgl. auch *Knauer*, ZWH 2012, 81, 86; *ders./Gaul*, NStZ 2013, 192, 193; *Momsen*, ZIS 2011, 508, 515.

1625 So auch *Knauer/Gaul*, NStZ 2013, 192, 194. Vgl. auch *Momsen*, ZIS 2011, 508, 513 ff.

1626 Internal Investigations, S. 280 ff.

Ermittlungen übertragen werden.[1627] Denn die von ihr für ein Beweisverwertungsverbot genannten Punkte: die Nichteinhaltung der Mindesterfordernisse einer zuverlässigen Wahrheitsermittlung,[1628] die Beeinträchtigung des Rechts auf Verteidigung,[1629] die unzulässige Vertauschung von Verfahrensrollen,[1630] die Nichtbeachtung des Kriteriums des Anfangsverdachtes,[1631] die Verkürzung der Rechtsschutzmöglichkeiten[1632] und nicht zuletzt des Rechts auf Aussagefreiheit[1633] sind abhängig von der konkreten Ausgestaltung der einzelnen Ermittlung nicht notwendigerweise gegeben. Dabei dürfte die fehlende Objektivität und Transparenz der internen Untersuchungen nicht allgemein, sondern nur in Extremfällen einen Verstoß gegen das Fair-trial-Prinzip begründen. Die unsichere Objektivität und gegenüber staatlichen Ermittlungen geringere Transparenz ist fast allen durch Private erlangten Informationen immanent. Regelmäßig genügt die Annahme eines eingeschränkten Beweiswertes (§§ 244 Abs. 2, 261 StPO).[1634] Soweit die internen Ermittlungen nicht allein durch die Strafverfolgungsorgane initiiert wurden, erscheint auch der Umstand, dass das Unternehmen bereits vor Vorliegen eines „Anfangsverdachtes" nachgeforscht hat, für sich betrachtet nicht als geeigneter Anknüpfungspunkt eines Beweisverwertungsverbotes. Denn das Unternehmen hat ein beträchtliches Eigeninteresse an der Verhinderung weiterer Rechtsverstöße und eigener Vermögenseinbußen.[1635] Auch die Verkürzung der Rechtsschutzmöglichkeiten des Mitarbeiters kann aus diesem Grund nur dann für ein Beweisverwertungsverbot von erheblicher Bedeutung sein, wenn dies von den Strafverfolgungsbehörden initiiert wurde. Denn dass gegen privates Handeln nicht die Rechtsbehelfe der StPO, sondern die privatrechtlichen Rechtsschutzmöglichkeiten, wie insbesondere auch der Unterlassungsklage zulässig sind, stellt für sich keine Regelungslücke der StPO dar. Die weiteren von Wewerka angesprochenen und hier bereits erörterten, miteinander verwobenen Aspekte der Verkürzung des Rechts auf Aussagefreiheit, dem auch der von Wewerka angesprochene Punkt der unzulässigen Vertauschung von Verfahrensrollen (von Beweismittel und Beschuldigtem) zuzuordnen ist, und der Beeinträchtigung des Rechts auf Verteidigung sind dagegen von erheblicher Bedeutung für die Verfahrensbalance und – soweit nicht bereits durch das Nemo-tenetur-Prinzip abgeholfen ist – im Rahmen der notwendigen Gesamtbetrachtung zu berücksichtigen.

1627 *Wewerka* selbst beschränkt ihre Ausführungen allerdings auch auf die konkret von ihr untersuchte unternehmensinterne Ermittlung, vgl. insbesondere *dies.*, Internal Investigations, S. 297.

1628 *Wewerka*, Internal Investigations, S. 281 ff.

1629 *Wewerka*, Internal Investigations, S. 283 ff.

1630 *Wewerka*, Internal Investigations, S. 286.

1631 *Wewerka*, Internal Investigations, S. 286 f.

1632 *Wewerka*, Internal Investigations, S. 290 ff.

1633 *Wewerka*, Internal Investigations, S. 287 ff.

1634 Vgl. unter 3. Kapitel F.

1635 Vgl. unter 3. Kapitel F.

Auch wenn im Einzelfall ein aus dem Fair-trial-Prinzip abzuleitendes Beweisverwertungsverbot anzuerkennen ist, ist der Nutzen für den Mitarbeiter erheblich von dessen Reichweite abhängig. Wie bereits erörtert, stellt die Mitarbeiterauskunft überwiegend nur den Ausgangspunkt für weitere Nachforschungen des Unternehmens dar. Aufgrund der Einbindung in die Unternehmensorganisation lassen sich in der Regel weitere eigenständige Beweismittel auffinden. Zumeist wird dem Beweisverwertungsverbot in dieser Konstellation keine Fernwirkung beizumessen sein. Davon abgesehen, dass die Rechtsprechung bei der Annahme einer Fernwirkung generell sehr restriktiv vorgeht,[1636] kommt den Argumenten für die Fernwirkung eine erheblich geringere Bedeutung zu als im Falle einer rechtlichen Auskunftspflicht. Die Subjektstellung des Mitarbeiters wird durch ein Informationsdefizit nicht in derselben Intensität beeinträchtigt. In Ausnahmefällen mag die Zwangswirkung einer Drohung des Unternehmens vergleichbar sein. Soweit der Mitarbeiter allerdings nur nicht weiß, dass er keine Auskunft geben muss, liegt die Ursache der vermeintlichen Zwangswirkung zumindest mit in seiner eigenen Verantwortungssphäre. Er könnte sich selbst informieren und der vermeintlichen Zwangswirkung auf diesem Wege entgehen. Eine Verletzung seiner Menschenwürde ist deswegen mit einer Verwertung im Strafverfahren in der Regel nicht verbunden. In den meisten Fällen wird die Abwägung in dieser Konstellation deswegen gegen eine Fernwirkung ausfallen.[1637]

4. Zwischenergebnis

Der Problematik, dass sich Mitarbeiter in Unkenntnis ihrer Rechte und der möglichen strafrechtlichen Konsequenzen im Rahmen der Interviews selbst belasten, wird im geltenden Recht nur beschränkt abgeholfen. Informationspflichten des Arbeitgebers ergeben sich allein und nur in beschränktem Umfang aus der arbeitsrechtlichen Fürsorgepflicht, denn bei der Ableitung ungeschriebener Rechtspflichten aus § 241 Abs. 2 BGB ist grundsätzlich behutsam vorzugehen.[1638] Über die rechtlichen Fragestellungen muss der Arbeitgeber den Mitarbeiter nur dann aufklären, wenn er diesem nicht die Möglichkeit einräumt, sich selbsttätig rechtzeitig zu informieren. Dies gilt insbesondere für die Frage nach dem Bestehen oder Nichtbestehen einer Auskunftspflicht und das Recht, einen Anwalt hinzuzuziehen. Ebenfalls muss der Arbeitgeber über die begrenzten Folgen einer Amnestie nur dann aufklären, wenn dem Mitarbeiter keine ausreichende Bedenkzeit eingeräumt wird, um sich selbst anwaltlichen Rat einzuholen. Irreführende Formulierungen in Amnestieangeboten verstoßen dagegen stets gegen die arbeitsrechtliche Fürsorgepflicht. Über tatsächliche Umstände, die in der Hand des Unternehmens liegen und die Gefährdungslage des Mitarbeiters verstärken, aber auch über solche Umstände, die die Rechte des Mitarbeiters beeinflussen, besteht dagegen stets eine Informationspflicht des

1636 Vgl. hierzu bereits 7. Kapitel C. I. 7. b) aa).
1637 Vgl. auch *Wewerka*, Internal Investigations, S. 299 ff.
1638 Siehe zum Ganzen 7. Kapitel D. I. 2. d).

Arbeitgebers. Ebenfalls muss das Unternehmen dem Mitarbeiter die Thematik der Befragung in den Grundzügen offenlegen. Ohne diese Information kann der Mitarbeiter in der Regel weder die Rechtslage noch die Gefahr einer selbstbelastenden Wirkung einschätzen. Weitergehende Informationspflichten bestehen allerdings zumeist nicht. Insbesondere muss der Mitarbeiter nicht über sein Recht, die Interviewprotokolle einzusehen, informiert werden.

Auch auf strafprozessrechtlicher Ebene kann dem Umstand des Informationsdefizits nach geltendem Recht nur begrenzt abgeholfen werden. Ein Beweisverwertungsverbot kann sich allein aufgrund einer Einzelfallbetrachtung aus dem Fair-trial-Prinzip ergeben. Wegen der gegenüber der Ableitung konkreter Folgen aus dem Fair-trial-Prinzip gebotenen Zurückhaltung kann ein Beweisverwertungsverbot erst dann anerkannt werden, wenn im konkreten Fall die Situation derart zu Lasten des Mitarbeiters vorstrukturiert ist, dass ihm im Einzelfall keine realistischen Mitwirkungsmöglichkeiten im staatlichen Verfahren verbleiben.

So ist für den Fall, dass dem Mitarbeiter das Bestehen einer Auskunftspflicht vorgetäuscht wurde, jedenfalls ein Beweisverwertungsverbot zu bejahen. Auch wenn die Strafverfolgungsbehörden das Unternehmen einsetzen, um das Schweigerecht des Mitarbeiters im Strafverfahren zu umgehen, muss ein Beweisverwertungsverbot greifen. Dies betrifft zum einen die Konstellation, dass die Strafverfolgungsbehörden das Unternehmen veranlassen, den Mitarbeiter nochmals zu befragen, ohne auf die strafprozessuale Verwertbarkeit hinzuweisen, nachdem sich der Mitarbeiter ihnen gegenüber auf ein Schweigerecht berufen hat. Gleiches gilt, wenn die Strafverfolgungsbehörden das Unternehmen bewusst einsetzen, verdächtige Mitarbeiter zu interviewen, bevor sie diese selbst befragen, um ihren eigenen Belehrungspflichten und damit einer Vorwarnung des Mitarbeiters über den strafprozessualen Bezug zu entgehen. Daneben liegt ein Beweisverwertungsverbot nahe, wenn Amnestieangebote ohne den Hinweis angeboten werden, dass Straffreiheit nicht garantiert werden kann. Ansonsten kann aus dem Fair-trial-Prinzip nur für extreme Drucksituationen einzelfallabhängig ein Beweisverwertungsverbot abgeleitet werden. Ob Belehrungen des Mitarbeiters geeignet sind, die Verfahrensbalance in hinreichendem Ausmaß herzustellen und damit einem Beweisverwertungsverbot entgegenzuwirken, ist ebenfalls eine Frage des Einzelfalles. Dem Beweisverwertungsverbot käme im Regelfall keine Fernwirkung zu.

II. Grenzen und Probleme dieser Lösung

Die vorangegangenen Ausführungen haben aufgezeigt, dass die Problematik um das tatsächlich bestehende Informationsungleichgewicht zwischen Unternehmensvertretern und befragtem Mitarbeiter nach dem geltenden Recht weitgehend ungelöst bleibt. Die aus der arbeitsrechtlichen Fürsorgepflicht ableitbaren Belehrungspflichten helfen dem Informationsdefizit des Mitarbeiters nicht in jedem Falle ab. Denn er hat durch die Ladung zu der Befragung einen ausreichenden Anhaltspunkt, um sich selbsttätig rechtlich zu informieren, sodass dem Unternehmen nur in einem sehr geringen Ausmaß Informationspflichten zukommen. Auch das auf das

Fair-trial-Prinzip gestützte Beweisverwertungsverbot bietet keine umfassende Lösung, weil es allein Extremfälle abfedern kann. Soziologisch kann hierin eine Gefährdung der Anschlussfähigkeit im Strafverfahren gesehen werden. Daneben stellt sich rechtspolitisch das Problem, ob es richtig sein kann, dem Unternehmen über die Ausgestaltung der unternehmensinternen Ermittlung Einfluss auf die Verwertbarkeit seiner Erkenntnisse im Strafverfahren einzuräumen.

Das größte Problem dieser einzelfallabhängigen Lösung stellt allerdings die fehlende Rechtssicherheit dar. Bereits für die Unternehmensvertreter stellt die Beantwortung der Frage nach möglichen Belehrungspflichten eine einzelfallabhängige, schwer zu kalkulierende und deswegen fehleranfällige Abwägung dar. Aber auch im Strafverfahren lässt sich kaum eine sichere Prognose über die Verwertbarkeit etwaiger selbstbelastender Auskünfte aufstellen. Die einzelfallorientierte Behandlung dieser Problematik führt damit zu einer extremen Rechtsunsicherheit auf allen Seiten.

E. Notwendigkeit einer gesetzgeberischen Lösung

Die vorangegangenen Ausführungen dieses Kapitels haben aufgezeigt, welche Mechanismen das geltende Recht zur Lösung der Problematik um die Selbstbelastungsfreiheit bei unternehmensinternen Ermittlungen mit straf- oder ordnungswidrigkeitenrechtlichem Bezug bereithält. Es stellt sich die Frage, ob weiterer gesetzlicher Handlungsbedarf besteht.[1639]

Wie aufgezeigt, kann der Problematik um das Bestehen oder Nichtbestehen einer Auskunftspflicht bereits nach geltender Rechtslage zumindest in der Theorie hinreichend Rechnung getragen werden. Allerdings erweist sich die Rechtslage als äußerst komplex. Zwar ermöglicht das geltende Recht (zumindest in der Theorie) eine gerechte und einzelfallorientierte Lösung der Problematik. Diese Einzelfallgerechtigkeit birgt als Kehrseite aber stets eine erhebliche Rechtsunsicherheit für die Beteiligten. Für den Mitarbeiter sind seine Rechte und Pflichten kaum zu durchschauen. Gerade weil das Bestehen eines Auskunftsverweigerungsrechts gegen die Annahme eines Beweisverwertungsverbotes für dann „freiwillig" getätigte Mitarbeiterauskünfte spricht, kann sich das Bestehen eines Auskunftsverweigerungsrechts in der Praxis als für den Mitarbeiter im Einzelfall negativ herausstellen. Auch für das Unternehmen lässt sich die Rechtslage hinsichtlich der eigenen Pflichten und Rechte im konkreten Fall kaum abschätzen. Daneben wird den staatlichen Strafverfolgungsbehörden das Erstellen einer Prognose über die Verwertbarkeit der Mitarbeiterauskünfte und mittelbar durch diese erlangter Beweismittel nahezu unmöglich gemacht.

1639 Siehe hierzu auch die Vorschläge von *Kottek*, Kooperation, S. 201 ff.; *Momsen/Grützner*, DB 2011, 1792, 1798. Gegen eine gesetzliche Regelung *Münkel*, Mitarbeiteroffenbarungen, S. 239, 243.

Aus dem genannten Grund wäre eine gesetzliche Regelung eines umfassenden Auskunftsverweigerungsrechtes der geltenden Rechtslage vorzuziehen.[1640] Der Gegenentwurf einer umfassenden Auskunftspflicht in der Kombination mit einem strafrechtlichen Beweisverwertungsverbot muss ausscheiden, weil dies die arbeitsrechtliche Konfliktlage unberücksichtigt und auch die internationale Dimension der Problematik außen vor ließe.

Der Weg über eine Selbstverpflichtung der Unternehmen oder ihrer Vertreter, den die Thesen der Bundesrechtsanwaltskammer zum Unternehmensanwalt im Strafrecht verfolgen und der in die richtige Richtung weist, erscheint demgegenüber als schlechtere Alternative.[1641] Zwar würden auf diese Weise die Risiken vermieden, die stets mit dem Versuch verbunden sind, aus einem fremden System auf ein anderes einzuwirken. Es wäre höchst unsicher, wie das Arbeitsrecht auf derartige Interventionsversuche des Strafrechts reagieren würde. Angesichts der extremen Unterschiede in der Praxis der unternehmensinternen Ermittlungen erscheint diese Alternative allerdings nicht ausreichend.[1642] Hinsichtlich der Rechtssicherheit handelt es sich bei einer Selbstverpflichtung gegenüber einer gesetzlichen Regelung stets um ein Minus. Die Gesetzesänderung sollte allerdings auch aus diesem Grund im Arbeitsrecht selbst erfolgen. Aus systemtheoretischer Perspektive ließe sich eine solche Regelung als Reaktion des Arbeitsrechts auf die eigene Beobachtung seiner Umwelt in Gestalt des anderen Subsystems Strafrecht deuten, die in Form der Herstellung normativer Erwartungssicherheit erfolgt. Es bietet sich dabei an, das Auskunftsverweigerungsrecht, das die Datenerhebung durch das Unternehmen betrifft, an der Stelle zu normieren, an der die Datenerhebung und Verarbeitung von Beschäftigungsdaten im Falle des Verdachts von Straftaten bereits allgemein geregelt ist. Aus diesem Grund sollte eine entsprechende Regelung nach § 32 Abs. 1 S. 2 in das Bundesdatenschutzgesetz eingefügt werden.[1643] Eine solche Regelung könnte wie folgend aussehen:

§ 32 BDSG neu (Vorschlag)

(1) [1]Personenbezogene Daten eines Beschäftigten dürfen für Zwecke des Beschäftigungsverhältnisses erhoben, verarbeitet oder genutzt werden, wenn dies für die Entscheidung über die Begründung eines Beschäftigungsverhältnisses oder nach Begründung des Beschäftigungsverhältnisses für dessen Durchführung oder Beendigung erforderlich ist. [2]Zur Aufdeckung von Straftaten dürfen personenbezogene Daten eines

---

1640 Gesetzlichen Regelungsbedarf sehen auch *v. Galen*, NJW 2011, 945; *Greeve/Tsambikakis*, in Knierim/Rübenstahl/Tsambikakis (Hrsg.), Handbuch Internal Investigations, 17. Kap. Rn. 39; *Knauer*, ZWH 2012, 81, 86; *Minoggio*, in: Böttger (Hrsg.), Wirtschaftsstrafrecht in der Praxis, 2. Aufl., 18. Kap. Rn. 133.

1641 Vgl. aber auch *Momsen/Grützner*, DB 2011, 1792, 1794; *Zapfe*, Compliance, S. 191 ff.

1642 Vgl. *Greeve/Tsambikakis*, in: Knierim/Rübenstahl/Tsambikakis (Hrsg.), Internal Investigations, 17. Kap. Rn. 40.

1643 Siehe aber auch *Pfordte*, in: Arbeitsgemeinschaft Strafrecht des Deutschen Anwaltvereins (Hrsg.), Strafverteidigung im Rechtsstaat, S. 740, 756.

Beschäftigten nur dann erhoben, verarbeitet oder genutzt werden, wenn zu dokumentierende tatsächliche Anhaltspunkte den Verdacht begründen, dass der Betroffene im Beschäftigungsverhältnis eine Straftat begangen hat, die Erhebung, Verarbeitung oder Nutzung zur Aufdeckung erforderlich ist und das schutzwürdige Interesse des Beschäftigten an dem Ausschluss der Erhebung, Verarbeitung oder Nutzung nicht überwiegt, insbesondere Art und Ausmaß im Hinblick auf den Anlass nicht unverhältnismäßig sind. [3]*Der Beschäftigte darf die Auskunft auf Fragen des Arbeitgebers verweigern, wenn er sich durch die Beantwortung der Gefahr aussetzen würde, wegen einer Straftat oder einer Ordnungswidrigkeit verfolgt zu werden.*

(2) Absatz 1 ist auch anzuwenden, wenn personenbezogene Daten erhoben, verarbeitet oder genutzt werden, ohne dass sie automatisiert verarbeitet oder in oder aus einer nicht automatisierten Datei verarbeitet, genutzt oder für die Verarbeitung oder Nutzung in einer solchen Datei erhoben werden.

(3) Die Beteiligungsrechte der Interessenvertretungen der Beschäftigten bleiben unberührt.

Weitaus komplizierter gestaltet es sich demgegenüber, wie mit dem Informationsdefizit des Mitarbeiters umzugehen ist. Zwar verringert sich die Bedeutung dieser Problematik mit der Einfachheit der gesetzlichen Regelung. Für eine eigenverantwortliche Entscheidung über die Auskunftserteilung muss der Mitarbeiter aber diese einfache Regelung kennen. Seine Verteidigungsmöglichkeiten im Strafverfahren sind beeinträchtigt, wenn er von seinem Auskunftsverweigerungsrecht nichts weiß.[1644] Das Recht hilft dieser Problematik nach der aktuellen Gesetzeslage nur sehr beschränkt ab.[1645] Das Nemo-tenetur-Prinzip greift im Falle des Nichtbestehens von Auskunftszwang nicht. Auch unter dem Aspekt der Rechtssicherheit ist diese Rechtslage problematisch. Denn zum einen bleibt es im Einzelfall kaum absehbar, ab wann der Punkt eines im Gesamten nicht mehr fairen Verfahrens erreicht wird und damit ein Beweisverwertungsverbot greift. Zum anderen stellt auch die Ableitung konkreter Belehrungspflichten aus der arbeitsrechtlichen Fürsorgepflicht eine kaum zu prognostizierende Einzelfallentscheidung dar. Insofern besteht der Bedarf einer gesetzlichen Regelung dieser Problematik. Als Lösungsmechanismen kommen insoweit die bereits oben[1646] angesprochenen Varianten in Betracht. Die erste ist eine verfahrensbezogene Lösung über die Gewährung von Informationsansprüchen.[1647] Die Alternative bestünde in der Einräumung eines strafrechtlichen Beweisverwertungsverbots.

Unzweifelhaft wäre den Interessen des Mitarbeiters mit der Einräumung von Verfahrensrechten besser gedient. Durch Belehrungen gewinnt er die notwendigen Informationen, um seine Situation und die Auswirkungen möglicher

---

1644 Vgl. auch *Kruse*, Compliance, S. 120 f.; *Münkel*, Mitarbeiteroffenbarungen, S. 104.
1645 7. Kapitel D.
1646 7. Kapitel D.
1647 Demgegenüber kritisch *Münkel*, Mitarbeiteroffenbarungen, S. 98 f.

Verhaltensweisen insbesondere auch auf das Strafverfahren besser einschätzen zu können. Der Mitarbeiter erhält die Möglichkeit einer vollumfänglich freien und selbstbestimmten Entscheidung über seine Mitwirkung an den Aufklärungsbemühungen des Unternehmens und im Strafverfahren. An dieser Stelle muss auch gesehen werden, dass die freiwillige Auskunft gegenüber den unternehmensinternen Ermittlern durchaus im Interesse auch eines schuldigen Mitarbeiters liegen kann. Hierdurch kann er sowohl Boni vom Unternehmen (insbesondere Amnestien) als auch im staatlichen Strafverfahren (Strafzumessung) erhalten.[1648]

Ein Beweisverwertungsverbot müsste für den Mitarbeiter dagegen notwendigerweise ein Minus bedeuten, denn ein strafrechtliches Beweisverwertungsverbot lässt die arbeitsrechtliche Problematik ungelöst. Auch wirkt ein Beweisverwertungsverbot erst nach den Mitarbeiterinterviews und kann damit stets nur einen nachträglichen Rechtsschutz des Mitarbeiters bewirken. Nach der hier vertretenen soziologischen Interpretation spricht einiges für die Implementierung von Belehrungspflichten. Denn diese erhöhen nach der hier vorgenommenen Deutung die Anschlussfähigkeit der internen Ermittlung, während ein Beweisverwertungsverbot sie gerade beseitigen würde. Selbstverständlich wird dem Strafverfahren durch die Belehrungspflichten des Unternehmens in einigen Fällen Information verloren gehen, wenn der Mitarbeiter sich aufgrund der Information des Unternehmens für das Schweigen entschließt. Allerdings ist Ziel des Strafverfahrens nicht die Wahrheitsermittlung um jeden Preis, sondern unter Wahrung der Subjektstellung und Einbeziehung des Beschuldigten.[1649] Zudem wird die Wahrheitssuche auf diese Weise nicht derart eingeschränkt, wie man auf den ersten Blick vielleicht vermuten könnte. Sowohl dem Unternehmen als auch den Strafverfolgungsbehörden bleiben weit reichende Erkenntnismöglichkeiten, auch über die Auswertung der Datenbestände. Das Unternehmen kann von einer Stärkung der Mitarbeiterrechte profitieren. In manchen Fällen wird sich ein Mitarbeiter durch die verbesserte Einschätzung seiner Situation und den hiermit verbundenen Gewinn an Sicherheit zu einer Auskunft motivieren lassen. Zudem kann auch das Unternehmen mittelbar von der erhöhten Anschlussfähigkeit an das Strafverfahren profitieren, soweit die vom Unternehmen erhofften Boni hiervon abhängen.[1650]

Allerdings streitet auch ein gewichtiger Gesichtspunkt gegen diese Lösung. Es entspricht grundsätzlich nicht den Aufgaben eines privaten Dritten, für die Strafverfolgung über die gewöhnlichen Zeugenpflichten hinaus Sorge zu tragen. Dies ist die Aufgabe des Staates. Genau hierzu würde das Unternehmen allerdings – teilweise auch gegen die eigenen Interessen – gezwungen, würde man es zu umfangreichen Belehrungen des verdächtigen Mitarbeiters verpflichten. Aus diesem Grund ist zu

---

1648 Vgl. *Gerst*, CCZ 2012, 1, 3; *Minoggio*, in: Böttger (Hrsg.), Wirtschaftsstrafrecht in der Praxis, 18. Kap. Rn. 120, 131.

1649 *Kruse*, Compliance, S. 125, 136. Siehe auch BGHSt 14, 358, 365; 19, 325, 329; 31, 304, 309; 38, 214, 220; 51, 285, 290; 52, 11, 17; *Eisenberg*, StPO, 9. Aufl., Rn. 329 ff.

1650 Vgl. auch *Knauer/Gaul*, NStZ 2013, 192, 194.

überlegen, ob nicht die vorzuziehende Variante in der Implementierung eines Beweisverwertungsverbotes liegt, das in dem Falle eingreift, dass selbstbelastende Mitarbeiterauskünfte durch das Unternehmen aufgrund eines erheblichen Informationsungleichgewichts zwischen Unternehmensvertretern und Mitarbeitern erlangt wurden. Auf diese Weise würde dem Unternehmen ein Anreiz gesetzt, die Mitarbeiter aufzuklären und die staatlichen Strafverfolgungsbehörden angeregt, die Unternehmen für die Übernahme dieser Funktion zu belohnen. Der Mitarbeiter erhielte durch eine derart motivierte Belehrungspraxis die notwendige Wissensbasis für eine freiverantwortliche Entscheidung und könnte auf diesem Wege eingebunden werden. Dem Unternehmen und dem Staat blieben grundsätzlich die Vorteile einer Kooperation erhalten.

Jedoch würde die Verwertbarkeit im Strafverfahren auf diese Weise weitgehend in die Willkür des Unternehmens gelegt. Die Unternehmen sind in der Regel nicht zu unternehmensinternen Ermittlungen gezwungen. Wenn sie diese im eigenen Interesse durchführen, ist es nicht unverhältnismäßig, sicherzustellen, dass die Mitarbeiterrechte nicht über Gebühr beeinträchtigt werden. Insgesamt ist deswegen eine Lösung über die Implementierung von Belehrungspflichten einer indirekten Lösung über ein Beweisverwertungsverbot vorzuziehen.[1651]

Es bleibt zu klären, wie eine solche Regelung der Belehrungspflichten genau ausgestaltet sein sollte. Jedenfalls ist die Belehrung des Mitarbeiters über sein Schweigerecht essentiell, um die Möglichkeit des Mitarbeiters, von diesem Gebrauch zu machen, sicherzustellen. Ohne eine entsprechende Belehrung durch die Unternehmensvertreter ist das Schweigerecht in der Praxis kaum durchsetzbar. Ebenfalls sollte die Pflicht eingeführt werden, den Mitarbeiter über die Gefahr der Weiterleitung der Erkenntnisse an die Strafverfolgungsbehörden zu unterrichten. Auch wenn die arbeitsrechtliche Fürsorgepflicht eine derartige Belehrung nicht notwendigerweise fordert, lässt sich eine entsprechende Regelung jedenfalls auf sie stützen. Aus Fairnessaspekten sollte das Unternehmen zudem verpflichtet werden, den Mitarbeiter darauf hinzuweisen, dass dieser vor dem Interview einen eigenen Anwalt zu Rate ziehen kann. Auf diese Weise wäre sichergestellt, dass der Mitarbeiter sich rechtzeitig über die Rechtslage und mögliche Konsequenzen seines Auskunftsverhaltens informieren kann. Ob er diese Möglichkeit dann wirklich ergreift, fällt in seinen eigenen Verantwortungsbereich und ist allein seine Sache. Daneben sollte das Unternehmen im Falle eines Amnestieangebotes verpflichtet werden, darauf hinzuweisen, dass es keine Straffreiheit garantieren kann. Erst durch diese umfassenden Informationen wird ermöglicht, dass der Mitarbeiter freiverantwortlich über

1651 Für eine gesetzliche Regelung des Rechte und Pflichten von Arbeitgeber und Arbeitnehmer bei unternehmensinternen Ermittlungen auch *Momsen*, ZIS 2011, 508, 516; *ders.*, in: Rotsch (Hrsg.), Criminal Compliance Handbuch, § 34 B.I. Rn. 42; für Verfahrensregelung auch *ders.*, in: Rotsch (Hrsg.), Criminal Compliance, S. 47, 64. Vgl. auch *Zapfe*, Compliance, S. 148.

seine Mitwirkung entscheiden kann.[1652] Nach der hier vorgenommen soziologischen Deutung wird erst durch diese Information die Voraussetzung für die Einbindung des Mitarbeiters geschaffen und die Anschlussfähigkeit der durch Mitarbeiterauskünfte beeinflussten unternehmensinternen Ermittlungen an das Strafverfahren sichergestellt.

Daneben stellt sich die Frage, wann die Unternehmen zu diesen Belehrungen verpflichtet sein sollen. Es wäre evident unverhältnismäßig, wenn der Arbeitgeber vor jedem Mitarbeitergespräch hierzu verpflichtet wäre, auch wenn es nicht um die Aufklärung von Pflichtverletzungen bzw. Straftaten ginge. Die Belehrungspflichten sollten deswegen auf Fälle der (zumindest auch) repressiven Untersuchung möglicher vergangener oder gegenwärtiger Ordnungswidrigkeiten und Straftaten, die im Zusammenhang oder bei Gelegenheit mit der Aufgabenwahrnehmung für das Unternehmen begangen wurden, beschränkt werden. Ebenfalls bietet es sich an, einen „Anfangsverdacht" im Sinne von zureichenden tatsächlichen Anhaltspunkten dafür, dass eine Ordnungswidrigkeit oder Straftat durch den jeweiligen Mitarbeiter begangen wurde oder wird, zur Voraussetzung der Belehrungspflichten zu machen.

Des Weiteren stellt sich die Überlegung, ob die Belehrungspflichten nur für Untersuchungen durch Anwälte oder Untersuchungen eines bestimmten Ausmaßes greifen sollen. Jedoch ist ein Informationsungleichgewicht auch bei Untersuchungen durch sonstige Personen und bei kleinen Untersuchungen möglich. Eine klare Grenzziehung ist bei diesen Kriterien unmöglich. Da die gesetzliche Regelung der Belehrungspflichten gerade auch der Rechtssicherheit dienen soll, sollte die Verpflichtung des Unternehmens unabhängig von diesen Kriterien gestaltet werden.

Diese Belehrungspflicht muss um eine Dokumentationspflicht des Unternehmens über das Vorliegen von verdachtsbegründenden tatsächlichen Anhaltspunkte ergänzt werden, weil das Bestehen oder Nichtbestehen eines oben beschriebenen „Anfangsverdachtes" für Außenstehende und den Mitarbeiter im Nachhinein kaum nachvollziehbar ist. Problematisch gestaltet sich dann allerdings, dass ein Einsichtsrecht des Mitarbeiters die Aufklärungsbemühungen des Unternehmens gefährden würde. Ein Einsichtsrecht kann dem Mitarbeiter deswegen erst zuerkannt werden, wenn die Ermittlungen des Unternehmens, die im Zusammenhang mit den Vorwürfen gegen den jeweiligen Mitarbeiter stehen, komplett abgeschlossen sind. Generell stellt der Rechtsschutz gegen einen Verstoß des Unternehmens gegen seine Belehrungspflichten ein Problem dar. Der strafprozessuale Rechtsschutz greift nicht, da es sich um privates Handeln handelt. Es bleibt damit nur die Möglichkeit des privatrechtlichen Rechtsschutzes, insbesondere der privaten Unterlassungsklage wegen eines Verstoßes gegen das allgemeine Persönlichkeitsrecht (§ 1004 BGB analog) und der Feststellungsklage (§ 256 ZPO)[1653] oder des einstweiligen Rechtsschutzes hinsichtlich des Bestehens eines Leistungsverweigerungsrechtes nach § 275 Abs. 3 BGB. Da der Mitarbeiter in der Regel erst nach den Untersuchungshandlungen über die

---

1652 Siehe auch *Sidhu/v. Saucken/Ruhmannseder*, NJW 2011, 881, 883.
1653 Vgl. *Zapfe*, Compliance, S. 138.

zur Nachprüfung erforderlichen Informationen verfügt, kommt dem nachträglichen Rechtsschutz eine weitaus erheblichere Bedeutung zu. Die nachträgliche Überprüfung des Vorgehens des Unternehmens funktioniert jedoch nur bei hinreichender Dokumentation.[1654] Aus diesem Grund muss auch eine Dokumentationspflicht des Unternehmens über das Ob und Wie einer Belehrung des Mitarbeiters geschaffen werden.

Auch bezüglich dieser Belehrungs- und Dokumentationspflichten bietet sich eine Regelung im Anschluss an § 32 Abs. 1 S. 2 BDSG an. Sowohl das Auskunftsverweigerungsrecht des Mitarbeiters als auch die Belehrungspflichten des Unternehmens sollten durch ein umfassendes, dem des § 97 Abs. 1 S. 3 InsO entsprechendes Beweisverwendungsverbot abgesichert werden.[1655] Insgesamt könnte die vorgeschlagene Regelung wie folgt ausgestaltet werden:

§ 32 BDSG neu (Vorschlag)

(1) [1]Personenbezogene Daten eines Beschäftigten dürfen für Zwecke des Beschäftigungsverhältnisses erhoben, verarbeitet oder genutzt werden, wenn dies für die Entscheidung über die Begründung eines Beschäftigungsverhältnisses oder nach Begründung des Beschäftigungsverhältnisses für dessen Durchführung oder Beendigung erforderlich ist. [2]Zur Aufdeckung von Straftaten dürfen personenbezogene Daten eines Beschäftigten nur dann erhoben, verarbeitet oder genutzt werden, wenn zu dokumentierende tatsächliche Anhaltspunkte den Verdacht begründen, dass der Betroffene im Beschäftigungsverhältnis eine Straftat begangen hat, die Erhebung, Verarbeitung oder Nutzung zur Aufdeckung erforderlich ist und das schutzwürdige Interesse des Beschäftigten an dem Ausschluss der Erhebung, Verarbeitung oder Nutzung nicht überwiegt, insbesondere Art und Ausmaß im Hinblick auf den Anlass nicht unverhältnismäßig sind. *[3]Der Beschäftigte darf die Auskunft auf Fragen des Arbeitgebers verweigern, wenn er sich durch die Beantwortung der Gefahr aussetzen würde, wegen einer Straftat oder einer Ordnungswidrigkeit verfolgt zu werden. [4]Bestehen zu dokumentierende tatsächliche Anhaltspunkte, die den Verdacht begründen, dass der Beschäftigte im Beschäftigungsverhältnis eine Straftat oder Ordnungswidrigkeit begangen hat oder gegenwärtig begeht, so ist er vor jeder Befragung über sein Recht aus Satz 3 aufzuklären und darüber zu unterrichten, dass durch die Befragung erlangte Daten jederzeit zur Kenntnis der Strafverfolgungsbehörden gelangen und von diesen auch verwertet werden können. [5]In die den Verdacht begründenden Unterlagen steht dem Beschäftigten erst dann ein Einsichtsrecht zu, wenn die Untersuchungen, die der Klärung des Verdachts dienen, abgeschlossen sind. [6]Dem Beschäftigten steht bei Befragungen nach Satz 4 das Recht zu, einen Anwalt zu der Befragung hinzuzuziehen. [7]Hierauf ist der Beschäftigte hinzuweisen. [8]Werden dem Beschäftigten für den Fall der Auskunftserteilung, wenn auch abhängig von Bedingungen, der Verzicht auf die Kündigung, auf das Stellen einer Strafanzeige, das Geltendmachen von*

1654 Vgl. auch *Zapfe*, Compliance, S. 148.

1655 Vgl. auch *Pfordte*, in: Arbeitsgemeinschaft Strafrecht des Deutschen Anwaltvereins (Hrsg.), Strafverteidigung im Rechtsstaat, S. 740, 756; *Theile*, ZIS 2013, 378, 383.

Schadensersatzansprüchen oder ähnliche Vergünstigungen zugesagt, ist der Beschäftigte darüber aufzuklären, dass ihm durch ein solches Angebot des Arbeitgebers keine Ahndungs- und Straffreiheit garantiert werden kann. [9]Die Hinweise nach Satz 4, 7, 8 sind zu dokumentieren. [10]Daten die unter Verletzung der Pflichten aus Satz 3, 4 und 6 -8 erlangt wurden, dürfen in einem Strafverfahren oder in einem Verfahren nach dem Gesetz über Ordnungswidrigkeiten gegen den Beschäftigten nur mit dessen Zustimmung verwendet werden.

(2) Absatz 1 ist auch anzuwenden, wenn personenbezogene Daten erhoben, verarbeitet oder genutzt werden, ohne dass sie automatisiert verarbeitet oder in oder aus einer nicht automatisierten Datei verarbeitet, genutzt oder für die Verarbeitung oder Nutzung in einer solchen Datei erhoben werden.

(3) Die Beteiligungsrechte der Interessenvertretungen der Beschäftigten bleiben unberührt.

8. Kapitel: Zusammenfassung

Das Instrument der unternehmensinternen Ermittlungen hat in Deutschland, beeinflusst durch die Praxis der „Internal Investigations“ im amerikanischen Rechtskreis, erheblich an Bedeutung gewonnen. Unternehmensinterne Untersuchungen weisen häufig auch einen straf- oder ordnungswidrigkeitenrechtlichen Bezug auf, wenn es um die Aufklärung von Mitarbeiterverstößen geht, die zugleich eine Straftat oder Ordnungswidrigkeit darstellen. Allein diese Konstellation war der hier erfolgten Abhandlung zugrunde gelegt. Sowohl in den USA als auch in Deutschland besteht in der Regel kein rechtlicher Zwang, der die Unternehmen zur Durchführung einer eigenen Untersuchung verpflichten würde. Es handelt sich vielmehr um eine faktische Zwangswirkung, die aus dem Zusammenspiel der Umstände entsteht, dass dem Unternehmen zum einen erhebliche finanzielle Sanktionen drohen, das Unternehmen aber andererseits durch eigene Aufklärungsbemühungen einen teils erheblichen Sanktionsnachlass erlangen kann.[1656] Dies gilt insbesondere im amerikanischen Recht. Zunehmend wird aber auch im deutschen Recht von dieser Chance, die Wahrnehmung der Strafverfolgungsbehörden über das Geschehene zu beeinflussen, Gebrauch gemacht. Unternehmensinterne Ermittlungen stehen deswegen häufig in einem engen Zusammenhang mit staatlichen Ermittlungen, indem das Unternehmen die Strafverfolgungsbehörden über die eigenen Ermittlungsergebnisse samt Beweismitteln in Kenntnis setzt und teilweise sogar das konkrete Vorgehen des Unternehmens mit den Strafverfolgungsbehörden abgesprochen wird.[1657] Aber auch wenn das Unternehmen seine Ergebnisse lieber geheim halten will, bestehen weitgehende Möglichkeiten der Strafverfolgungsbehörden, über die Zeugenvernehmung der unternehmensinternen Ermittler oder die Beschlagnahme der Untersuchungsunterlagen an die begehrten Informationen zu gelangen. Aus diesem Grund führt die Praxis der unternehmensinternen Ermittlungen zu extremen Spannungen mit den Beschuldigtenrechten von verdächtigen Mitarbeitern im Strafverfahren, denn gegenüber den privaten Ermittlern verfügt der Mitarbeiter über weit geringere Rechte als in einem strafprozessualen Ermittlungsverfahren. Nach der vorherrschenden Auffassung ist ein Arbeitnehmer gegenüber seinem Arbeitgeber weitgehend zur Auskunft verpflichtet, soweit ein direkter Bezug zum Arbeitsbereich des Mitarbeiters besteht. Dies soll auch dann gelten, wenn sich der Mitarbeiter bei einer wahrheitsgemäßen Auskunft selbst belasten müsste.[1658] Finden auf diese Weise gewonnene selbstbelastende Auskünfte Eingang in das staatliche Strafverfahren, droht das Schweigerecht des Mitarbeiters unterlaufen zu werden. Verstärkt wird diese Problematik durch den Umstand, dass das Unternehmen den

1656 Siehe hierzu unter 3. Kapitel C., 3. Kapitel E.
1657 Siehe hierzu unter 3. Kapitel E. III.
1658 Siehe hierzu unter 4. Kapitel B.

Mitarbeiter auf diese Gefährdung nach vorherrschender Auffassung nicht hinzuweisen braucht und auch ansonsten nicht verpflichtet sein soll, den Mitarbeiter über seine Rechte und Pflichten im Zusammenhang mit der Befragung des Unternehmens aufzuklären. Aufgrund dieses zusätzlich bestehenden Informationsungleichgewichts befindet sich der Mitarbeiter, der zudem befürchten muss, seinen Arbeitsplatz zu verlieren, bei Befragungen durch das Unternehmen in einer stark unterlegenen Position. Diese Problematik wird dadurch verstärkt, dass sich die Unternehmen bei unternehmensinternen Untersuchungen häufig der Hilfe Rechtskundiger, insbesondere externer Rechtsanwaltskanzleien bedienen. Die eigene Untersuchung hat aufgezeigt, dass die unternehmensinternen Ermittler dem Umstand der Unterlegenheit verdächtiger Mitarbeiter häufig in der Weise Rechnung tragen, dass sie diese über die Umstände der Befragung und ihre Rechte und Pflichten aufklären und den Mitarbeitern in Extremfällen sogar auch einen eigenen Rechtsanwalt zur Verfügung stellen.[1659] Hierbei handelt es sich zumeist aus Unternehmenssicht um eine überobligatorische Hilfestellung. Aus soziologischer Perspektive kann das Vorgehen derart gedeutet werden kann, dass hierdurch die Anschlussfähigkeit der unternehmensinternen Ermittlung an das staatliche Strafverfahren hergestellt wird.[1660]

Im Anschluss wurde untersucht, inwieweit der Problematik um die Selbstbelastungsfreiheit des Mitarbeiters bereits nach der bestehenden Rechtslage abgeholfen ist. Nach hier vertretener Ansicht berührt eine Verpflichtung des Mitarbeiters zu selbstbelastenden Auskünften in den Interviews das Nemo-tenetur-Prinzip. Denn bei der Auskunftspflicht handelt es um eine staatlich verursachte Zwangslage. Ein Auskunftsverweigerungsrecht nach § 275 Abs. 3 BGB ergibt sich unter diesem Aspekt allerdings nur dann, wenn das Interesse des Mitarbeiters, sich nicht selbst belasten zu müssen, das Interesse des Unternehmens an der Auskunft erheblich überwiegt. Denn soweit allein die Auskunftsverpflichtung selbst in Frage steht, ist das Nemo-tenetur-Prinzip nur im durch das allgemeine Persönlichkeitsrecht geschützten Randbereich und nicht in seinem Menschenwürdegehalt betroffen. Für die Beurteilung einer Auskunftspflicht ist deswegen stets eine Einzelfallbetrachtung erforderlich. Zumeist begründet alleine die Selbstbelastungsgefahr noch kein Auskunftsverweigerungsrecht. Es lassen sich allerdings bestimmte Konstellationen ausmachen, in denen die Waage regelmäßig zugunsten des Schweigerechts des Mitarbeiters ausschlägt. Dies betrifft zum einen den Fall, dass der Arbeitgeber den Auskunftsanspruch ausschließlich aus dem Grund geltend macht, Beweismittel für eine strafrechtliche Verurteilung des Mitarbeiters zu gewinnen. Denn insoweit verfolgt er keinen legitimen Zweck, der die Interessenabwägung zu seinen Gunsten ausschlagen lassen könnte. Die Verwertung im anschließenden Strafverfahren würde dagegen die Menschenwürde des befragten Mitarbeiters verletzen. Aus diesem Grund muss eine Verpflichtung zur Auskunft auch dann ausscheiden, wenn die Gefahr besteht, dass die aufgrund einer deutschen Auskunftspflicht gewonnenen

1659 Siehe hierzu das 5. Kapitel.
1660 Siehe hierzu das 6. Kapitel.

Beweismittel in einem ausländischen Strafverfahren zu Lasten des auskunftspflichtigen Mitarbeiters genutzt würden. Eine Auskunftspflicht muss zudem dann verneint werden, wenn dem Unternehmen anderweitige Erkenntnismöglichkeiten zur Verfügung stehen.

In der Regel muss ein Auskunftsanspruch allerdings bereits deswegen ausscheiden, weil § 619a BGB und der Regelung über die Beweislastverteilung im Kündigungsschutzprozess die Wertung zu entnehmen ist, dass der Arbeitgeber die ihn jeweils berechtigenden Gründe beweisen muss. Diese Beweislastverteilung darf jeweils nicht durch die (entsprechende) Gewährung einer materiell-rechtlichen Auskunftspflicht ausgehebelt werden. Dieses Argument verliert jedoch dann an Gewicht, wenn der Arbeitgeber auf die Geltendmachung von Schadensersatzansprüchen und des Kündigungsrechts verzichtet bzw. der Arbeitgeber seine Ansprüche oder auch die Kündigung bereits durchgesetzt hat. Soweit es zu Friktionen mit diesen Wertungen kommt, muss ein Auskunftsanspruch deswegen bereits aus diesem Grund zumeist ausscheiden. Für den Fall, dass nicht der unmittelbare Arbeitsbereich des Mitarbeiters betroffen ist, kann sich eine Auskunftspflicht zwar grundsätzlich aus den arbeitsrechtlichen Nebenpflichten ergeben. Diese auf Zumutbarkeitsaspekte gestützte Pflicht umfasst allerdings in der Regel keine Auskünfte, durch die der Mitarbeiter sich selbst strafrechtlich belasten müsste. Allein für den Fall, dass dem Unternehmen im Falle einer unterlassenen Auskunft extreme Schäden drohen, ist eine auf die Schadensabwendungspflicht gestützte Auskunftsverpflichtung anzuerkennen. In vielen Fällen besteht damit bereits keine vollstreckbare Auskunftspflicht.

Soweit allerdings eine Verpflichtung des Mitarbeiters zur Erteilung selbstbelastender Auskünfte besteht, muss ein umfassendes, mit Fern- und Frühwirkung ausgestattetes und auf die Verfassung (Art. 1 Abs. 1 GG) gestütztes Beweisverwertungsverbot anerkannt werden, denn die Nutzung der unter rechtlichem Auskunftszwang gewonnenen Erkenntnisse in einem Strafverfahren würde die Menschenwürde des betroffenen Mitarbeiters verletzen.[1661]

Der Problematik, dass sich Mitarbeiter in Unkenntnis ihrer Rechte und der möglichen strafrechtlichen Konsequenzen im Rahmen der Interviews selbst belasten, wird im geltenden Recht dagegen nur beschränkt abgeholfen. Informationspflichten des Arbeitgebers ergeben sich allein und nur in beschränktem Umfang aus der arbeitsrechtlichen Fürsorgepflicht, denn diese darf nicht überstrapaziert werden. Über rechtliche Fragestellungen muss der Arbeitgeber den Mitarbeiter grundsätzlich nur dann aufklären, wenn er diesem nicht die Möglichkeit eröffnet, sich selbsttätig rechtzeitig zu informieren. Über tatsächliche Umstände, die in der Hand des Unternehmens liegen und die Gefährdungslage des Mitarbeiters verstärken, aber auch über solche Umstände, die die Rechte des Mitarbeiters beeinflussen, besteht dagegen stets eine Informationspflicht des Arbeitgebers. Ebenfalls muss das Unternehmen dem Mitarbeiter die Thematik der Befragung in den Grundzügen offenlegen. Ohne diese Information kann der Mitarbeiter in der Regel weder die Rechtslage noch die

1661 Siehe hierzu unter 7. Kapitel C.

Gefahr einer selbstbelastenden Wirkung einschätzen. Weitergehende Informationspflichten bestehen zumeist nicht.[1662]

Auch auf strafprozessrechtlicher Ebene kann dem Umstand des Informationsdefizits nach geltendem Recht nur begrenzt abgeholfen werden. Ein Beweisverwertungsverbot kann sich allein aufgrund einer Einzelfallbetrachtung aus dem Fair-trial-Prinzip ergeben. Aufgrund der gebotenen Zurückhaltung, die bei der Ableitung konkreter Folgen aus dem Fair-trial-Prinzip an den Tag zu legen ist, kann ein Beweisverwertungsverbot erst dann anerkannt werden, wenn im konkreten Fall durch das Informationsdefizit des Mitarbeiters und seine hierauf beruhenden Auskünfte die Situation derart zu seinen Lasten vorstrukturiert ist, dass dem Mitarbeiter im Einzelfall keine realistischen Mitwirkungsmöglichkeiten im staatlichen Verfahren verbleiben. So ist für den Fall, dass dem Mitarbeiter das Bestehen einer Auskunftspflicht vorgetäuscht wird, ein Beweisverwertungsverbot zu bejahen. Gleiches gilt, wenn die Strafverfolgungsbehörden das Unternehmen einsetzen, um das Schweigerecht des Mitarbeiters im Strafverfahren zu umgehen. Daneben liegt ein Beweisverwertungsverbot nahe, wenn Amnestieangebote ohne den Hinweis gemacht werden, dass keine Straffreiheit garantiert werden kann. Ansonsten kann aus dem Fair-trial-Prinzip nur für extreme Drucksituationen einzelfallabhängig ein Beweisverwertungsverbot abgeleitet werden. Diesem Beweisverwertungsverbot käme in den meisten Fällen keine Fernwirkung zu. Ob Belehrungen des Mitarbeiters geeignet sind, die Verfahrensbalance in hinreichendem Ausmaß herzustellen und damit einem Beweisverwertungsverbot entgegenzuwirken, ist ebenfalls eine Frage des Einzelfalles.[1663]

Unternehmensinterne Ermittlungen bergen daher ein nicht unerhebliches Risiko für die Selbstbelastungsfreiheit des Mitarbeiters. Daneben birgt die aktuelle Rechtslage aufgrund der ständigen Notwendigkeit einer Einzelfallbetrachtung ein erhebliches Maß an Rechtsunsicherheit. Aus diesem Grund erscheint ein Eingreifen des Gesetzgebers notwendig. Die vorzuziehende Lösung liegt in der Implementierung eines Auskunftsverweigerungsrechts des Mitarbeiters, soweit er sich bei wahrheitsgemäßer Auskunftserteilung selbst einer Straftat oder Ordnungswidrigkeit belasten müsste. Dieses Auskunftsverweigerungsrecht müsste durch eine entsprechende Belehrungspflicht des Unternehmens abgesichert werden, die stets dann eingreifen muss, wenn das Unternehmen über zureichende tatsächliche Anhaltspunkten dafür verfügt, dass eine Ordnungswidrigkeit oder Straftat durch den jeweiligen Mitarbeiter begangen wurde oder noch begangen wird. Diese Regelung sollte daneben um weitere Belehrungsinhalte ergänzt werden. So sollte eine Pflicht eingeführt werden, den Mitarbeiter über die Gefahr der Weiterleitung der Erkenntnisse an die Strafverfolgungsbehörden zu unterrichten und ihn auch darauf hinzuweisen, dass er vor dem Interview einen eigenen Anwalt zu Rate ziehen kann. Im Falle eines Amnestieangebotes sollte das Unternehmen den Mitarbeiter auch

1662 Siehe hierzu unter 7. Kapitel D. I. 2. d).
1663 Siehe hierzu unter 7. Kapitel: D. I. 3.

darüber informieren müssen, dass keine Straffreiheit garantiert werden kann.[1664] Die sich hieraus ergebende Regelung könnte wie folgt aussehen:

§ 32 BDSG neu (Vorschlag)

(1) [1]Personenbezogene Daten eines Beschäftigten dürfen für Zwecke des Beschäftigungsverhältnisses erhoben, verarbeitet oder genutzt werden, wenn dies für die Entscheidung über die Begründung eines Beschäftigungsverhältnisses oder nach Begründung des Beschäftigungsverhältnisses für dessen Durchführung oder Beendigung erforderlich ist. [2]Zur Aufdeckung von Straftaten dürfen personenbezogene Daten eines Beschäftigten nur dann erhoben, verarbeitet oder genutzt werden, wenn zu dokumentierende tatsächliche Anhaltspunkte den Verdacht begründen, dass der Betroffene im Beschäftigungsverhältnis eine Straftat begangen hat, die Erhebung, Verarbeitung oder Nutzung zur Aufdeckung erforderlich ist und das schutzwürdige Interesse des Beschäftigten an dem Ausschluss der Erhebung, Verarbeitung oder Nutzung nicht überwiegt, insbesondere Art und Ausmaß im Hinblick auf den Anlass nicht unverhältnismäßig sind. *[3]Der Beschäftigte darf die Auskunft auf Fragen des Arbeitgebers verweigern, wenn er sich durch die Beantwortung der Gefahr aussetzen würde, wegen einer Straftat oder einer Ordnungswidrigkeit verfolgt zu werden. [4]Bestehen zu dokumentierende tatsächliche Anhaltspunkte, die den Verdacht begründen, dass der Beschäftigte im Beschäftigungsverhältnis eine Straftat oder Ordnungswidrigkeit begangen hat oder gegenwärtig begeht, so ist er vor jeder Befragung über sein Recht aus Satz 3 aufzuklären und darüber zu unterrichten, dass durch die Befragung erlangte Daten jederzeit zur Kenntnis der Strafverfolgungsbehörden gelangen und von diesen auch verwertet werden können. [5]In die den Verdacht begründenden Unterlagen steht dem Beschäftigten erst dann ein Einsichtsrecht zu, wenn die Untersuchungen, die der Klärung des Verdachts dienen, abgeschlossen sind. [6]Dem Beschäftigten steht bei Befragungen nach Satz 4 das Recht zu, einen Anwalt zu der Befragung hinzuzuziehen. [7]Hierauf ist der Beschäftigte hinzuweisen. [8]Werden dem Beschäftigten für den Fall der Auskunftserteilung, wenn auch abhängig von Bedingungen, der Verzicht auf die Kündigung, auf das Stellen einer Strafanzeige, das Geltendmachen von Schadensersatzansprüchen oder ähnliche Vergünstigungen zugesagt, ist der Beschäftigte darüber aufzuklären, dass ihm durch ein solches Angebot des Arbeitgebers keine Ahndungs- und Straffreiheit garantiert werden kann. [9]Die Hinweise nach Satz 4, 7, 8 sind zu dokumentieren. [10]Daten die unter Verletzung der Pflichten aus Satz 3, 4 und 6 -8 erlangt wurden, dürfen in einem Strafverfahren oder in einem Verfahren nach dem Gesetz über Ordnungswidrigkeiten gegen den Beschäftigten nur mit dessen Zustimmung verwendet werden.*

(2) Absatz 1 ist auch anzuwenden, wenn personenbezogene Daten erhoben, verarbeitet oder genutzt werden, ohne dass sie automatisiert verarbeitet oder in oder aus einer nicht automatisierten Datei verarbeitet, genutzt oder für die Verarbeitung oder Nutzung in einer solchen Datei erhoben werden.

(3) Die Beteiligungsrechte der Interessenvertretungen der Beschäftigten bleiben unberührt.

1664 Siehe hierzu unter 7. Kapitel E.

Dies mag insgesamt im ersten Augenblick als eine zu weit gehend die Interessen des Mitarbeiters berücksichtigende Lösung erscheinen. Jedoch ist zu berücksichtigen, dass der Nutzen eines Auskunftsanspruchs für das Unternehmen von vornherein begrenzt ist, da eine Vollstreckung aus zeitlichen Gründen häufig von vornherein als zu langwierig und damit impraktikabel einzuschätzen ist.[1665] Darüber hinaus stellt die Auskunftsfreudigkeit in der Praxis ein geringeres Problem dar, als vielfach angenommen.[1666] Aus diesem Grund stellt ein Auskunftsverweigerungsrecht des Mitarbeiters auch keine ernsthafte Gefahr für die Wahrheitsermittlung im Strafverfahren dar. Soweit diese dennoch im Einzelfall beeinträchtigt sein sollte, wird sie durch die Einbindung des Beschuldigten mehr als aufgewogen, die nur auf diesem Weg erreicht werden kann. Die möglichen Vorteile einer Kooperation des Unternehmens, die Ersparnis eigenen Ermittlungsaufwandes, aber auch der Gewinn einer Alternative zu komplizierten und langwierigen Rechtshilfeersuchen an andere Staaten, bleiben den Strafverfolgungsbehörden erhalten. Die Untersuchungsergebnisse des Unternehmens sind durch die Informationspflichten des Unternehmens belastbarer, weil sie aufgrund der Stärkung der Mitarbeiterrechte in geringerem Umfang einseitig interessengesteuert generiert wurden.

Wenn auf diese Weise die notwendige Fairness gegenüber dem Mitarbeiter gewahrt wird, spricht insgesamt auch weniger gegen die grundsätzliche Verwertbarkeit der privaten Ermittlungsergebnisse im Strafverfahren. Nach der hier vorgenommen soziologischen Deutung kann erst durch eine solche Regelung die Anschlussfähigkeit der durch selbstbelastende Mitarbeiterauskünfte beeinflussten unternehmensinternen Ermittlungen an das Strafverfahren hergestellt werden.

1665 Vgl. *Gerst*, CCZ 2012, 1, 3.

1666 Vgl. *Salvenmoser/Schreier*, in: Achenbach/Ransiek/Rönnau (Hrsg.), Handbuch Wirtschaftsstrafrecht, 4. Aufl., 15. Teil Rn. 178.

SCHRIFTEN ZUM STRAFRECHT UND STRAFPROZESSRECHT

Herausgegeben von Manfred Maiwald und Carsten Momsen

Band 1 Christian-Peter Frees: Die steuerrechtliche Selbstanzeige. Zur kriminalpolitischen Zweckmäßigkeit des § 371 AO. 1991.

Band 2 Norbert Joachim: Der Hörensagenbeweis im Strafverfahren. 1991.

Band 3 Alfred A. Göbel: Die Einwilligung im Strafrecht als Ausprägung des Selbstbestimmungsrechts. 1991.

Band 4 Karl-Heinz Vehling: Die Abgrenzung von Vorbereitung und Versuch. 1991.

Band 5 Heiko Hartmut Lesch: Das Problem der sukzessiven Beihilfe. 1992.

Band 6 Dirk Schwerdtfeger: Besondere persönliche Unrechtsmerkmale. 1992.

Band 7 Stefan Göhring: Polizeiliche Kontrollstellen und Datenverarbeitung. § 163 d StPO und novellierte Polizeigesetze der Länder zwischen Strafverfolgung, Gefahrenabwehr und vorbeugender Straftatenbekämpfung. 1992.

Band 8 Werner Kemper: Horizontale Teilrechtskraft des Schuldspruchs und Bindungswirkung im tatrichterlichen Verfahren nach der Zurückverweisung. §§ 353, 354 Abs. 2 StPO. 1993.

Band 9 Ovvadias Namias: Die Zurechnung von Folgeschäden im Strafrecht. 1993.

Band 10 Jan Zopfs: Unfallflucht bei eindeutiger Haftungslage? Unverzüglichkeitsgebot und Wahlmöglichkeit in § 142 Abs. 2 und 3 StGB. 1993.

Band 11 Stefan Hiebl: Ausgewählte Probleme des Akteneinsichtsrechts nach § 147 StPO. 1994.

Band 12 Ralf Krack: List als Straftatbestandsmerkmal. Zugleich ein Beitrag zu Täuschung und Irrtum beim Betrug. 1994.

Band 13 Henning Radtke: Zur Systematik des Strafklageverbrauchs verfahrenserledigender Entscheidungen im Strafprozeß. 1994.

Band 14 Bernd J. A. Müssig: Schutz abstrakter Rechtsgüter und abstrakter Rechtsgüterschutz. Zu den materiellen Konstitutionskriterien sog. Universalrechtsgüter und deren normentheoretischem Fundament – am Beispiel der Rechtsgutsbestimmung für die §§ 129, 129a und 324 StGB. 1994.

Band 15 Heinz Koriath: Über Beweisverbote im Strafprozeß. 1994.

Band 16 Burkhard Niepoth: Der untaugliche Versuch beim unechten Unterlassungsdelikt. 1994.

Band 17 Karsten Altenhain: Die Strafbarkeit des Teilnehmers beim Exzeß. 1994.

Band 18 Ina Walbaum: Schuldspruch in der Revisionsinstanz nach freisprechendem Urteil des Tatgerichts. 1996.

Band 19 Birgit Dalbkermeyer: Der Schutz des Beschuldigten vor identifizierenden und tendenziösen Pressemitteilungen der Ermittlungsbehörden. 1994.

Band 20 Thomas Hackner: Der befangene Staatsanwalt im deutschen Strafverfahrensrecht. 1995.

Band 21 Hartmut Loritz: Kritische Betrachtungen zum Wert des strafprozessualen Zwischenverfahrens. 1996.

Band 22 Heinz-Hermann Berghof: Therapie und Strafe im Betäubungsmittelrecht. Recht und Wirklichkeit der Behandlung Drogenabhängiger unter besonderer Berücksichtigung der §§ 35 ff BtMG. 1995.

Band 23 Oliver Mertens: Strafprozessuale Grundrechtseingriffe und Bindung an den Wortsinn der ermächtigenden Norm. 1996.

Band 24 Sönke Bahnsen: Das Akteneinsichtsrecht der Verteidigung im Strafverfahren. Dogmatische Grundlagen und Einzelprobleme im Lichte einer rechtsstaatlichen Verfahrensgestaltung. 1996.

Band 25 Dirk Schwieger: Der Vorteilsbegriff in den Bestechungsdelikten des StGB. 1996.

Band 26 Stephanie Meinecke: Die Auswirkungen von Verfahrensfehlern auf die Strafbarkeit nach den Aussagedelikten. 1996.

Band 27 Ute Lambrecht: Strafrecht und Disziplinarrecht. Abhängigkeiten und Überschneidungen. 1997.

Band 28 Carsten Momsen: Verfahrensfehler und Rügeberechtigung im Strafprozeß. Die Strukturen der Revisionsberechtigung unter besonderer Berücksichtigung des Begriffs "Rechtsnormen, die lediglich zugunsten des Angeklagten gegeben sind" in § 339 StPO. 1997.

Band 29 Ursula Epp: Die Abgeordnetenbestechung – § 108 e StGB. 1997.

Band 30 Bernd Scheiff: Wann beginnt der Strafrechtsschutz gegen kriminelle Vereinigungen (§ 129 StGB)? 1997.

Band 31 Ulrike Fontaine: Max Grünhut (1893-1964). Leben und wissenschaftliches Wirken eines deutschen Strafrechtlers jüdischer Herkunft. 1998.

Band 32 Claudia Keiser: Das Kindeswohl im Strafverfahren. Zur Notwendigkeit eines am Kindeswohl orientierten Umgangs mit minderjährigen Opfern und Zeugen, den Möglichkeiten de lege lata und den Erfordernissen de lege ferenda. 1998.

Band 33 Wiebke Schürer-Mohr: Erlaubte Risiken. Grundfragen des "erlaubten Risikos" im Bereich der Fahrlässigkeitsdogmatik. 1998.

Band 34 Stephan Voigtel: Zum Freibeweis bei Entscheidungen der Strafvollstreckungskammer. Eine Untersuchung zu ausgewählten Fragen des Beweisrechts im gerichtlichen Verfahren in Strafvollstreckungs- und Strafvollzugssachen. 1998.

Band 35 Volkmar Wißgott: Das Beweisantragsrecht im Strafverfahren als Kompensation der richterlichen Inquisitionsmaxime. Die Judikatur des Reichsgerichts zum strafprozessualen Beweisrecht. 1998.

Band 36 Susanne Merz: Strafrechtlicher Ehrenschutz und Meinungsfreiheit. 1998.

Band 37 Uwe Schlömer: Der elektronisch überwachte Hausarrest. Eine Untersuchung der ausländischen Erfahrungen und der Anwendbarkeit in der Bundesrepublik Deutschland. 1998.

Band 38 Michael Liedke: Die Vermögensstrafe gemäß § 43a StGB in ihrer kriminalpolitischen Bedeutung. 1999.

Band 39 Danja Domeier: Gesundheitsschutz und Lebensmittelstrafrecht. Zur Konkretisierung der Verkehrspflichten und ihrer Strafbewehrung, insbesondere mit Blick auf §§ 8 ff. LMBG. 1999.

Band 40 Ritva Westendorf: Die Pflicht zur Verhinderung geplanter Straftaten durch Anzeige. Eine kritische Betrachtung der §§ 138, 139 StGB im Kontext der Unterlassungsdelikte. 1999.

Band 41 Hans Theile: Tatkonkretisierung und Gehilfenvorsatz. 1999.

Band 42 Nicole Lange: Vorermittlungen. Die Behandlung des staatsanwaltschaftlichen Vorermittlungsverfahrens unter besonderer Berücksichtigung von Abgeordneten, Politikern und Prominenten. 1999.

Band 43 Tanja Gunder: Der Umgang mit Kindern im Strafverfahren. Eine empirische Untersuchung zur Strafverfolgung bei Sexualdelinquenz. 1999.

Band 44 Sven-Markus Thiel: Die Konkurrenz von Rechtfertigungsgründen. 2000.

Band 45 Jan Schlüter: Die Strafbarkeit von Unternehmen in einer prozessualen Betrachtung nach dem geltenden Strafprozeßrecht. 2000.

Band 46 Detlef Heise: Der Insiderhandel an der Börse und dessen strafrechtliche Bedeutung. Eine Untersuchung des neuen deutschen Insiderrechts speziell unter Bezugnahme auf die strafrechtstheoretischen und strafrechtsdogmatischen Grundlagen. 2000.

Band 47 Hermann Wichmann: Das Berufsgeheimnis als Grenze des Zeugenbeweises. Ein Beitrag zur Lehre von den Beweisverboten. 2000.

Band 48 Rainer T. Cherkeh: Betrug (§ 263 StGB), verübt durch Doping im Sport. 2000.

Band 49 Kristian Hohn: Die Zulässigkeit materieller Beweiserleichterungen im Strafrecht. Eine Untersuchung über Erscheinungsformen und Grenzen der Lösung beweisrechtlicher Probleme im materiellen Strafrecht. 2000.

Band 50 Malte Rabe von Kühlewein: Der Richtervorbehalt im Polizei- und Strafprozeßrecht. 2001.

Band 51 Donata Meinecke: Die Gesetzgebungssystematik der Versuchsstrafbarkeit von Verbrechen und Vergehen im StGB. 2001.

Band 52 Joachim Bock: Begriff, Inhalt und Zulässigkeit der Beweislastumkehr im materiellen Strafrecht. 2001.

Band 53 Gabriele Rose: Grenzen der journalistischen Recherche im Strafrecht und Strafverfahrensrecht. 2001.

Band 54 Wiebke Reitemeier: Täuschungen vor Abschluß von Arbeitsverträgen. Zum Verhältnis zwischen dem Straftatbestand des Betrugs und dem Anfechtungsrecht wegen arglistiger Täuschung (§§ 263 Abs. 1 StGB, 123 Abs. 1 Alt. 1 BGB). 2001.

Band 55 Peter Rackow: Das DNA-Identitätsfeststellungsgesetz und seine Probleme. 2001.

Band 56 Frank Zschieschack: Geiselnahme und erpresserischer Menschenraub (§§ 239a, 239b StGB) im Zwei-Personen-Verhältnis. 2001.

Band 57 Natascha Sëyfi: Das Sicherungsverfahren (§§ 413 - 416 StPO). 2002.

Band 58 Dirk Seiler: Die *Sperrwirkung* im Strafrecht. 2002.

Band 59 Dorothee Sydow: Die actio libera in causa nach dem Rechtsprechungswandel des Bundesgerichtshofs. 2002.

Band 60 Inga Metrikat: Die Unterbringung in einer Entziehungsanstalt nach § 64 StGB – Eine Maßregel im Wandel? Eine vergleichende, empirische Untersuchung zur Entscheidung des Bundesverfassungsgerichts vom 16.03.1994, BVerfGE 91, 1 ff. 2002.

Band 61 Sabine Caroline Bechtoldt: Die Erledigungserklärung im Maßregelvollzug des § 63 StGB. Eine empirische Untersuchung der Erledigungserklärung und zugleich rechtsdogmatische Erörterung ihrer Rechtskraftproblematik. 2002.

Band 62 Sandra Schulte-Nover: Strafrichter in Deutschland und England. Ein systematischer Rechtsvergleich im Hinblick auf die richterlichen Kompetenzen im Strafverfahren. 2003.

Band 63 Tim Schurig: Belehrung und Beratung des Beschuldigten über sein Aussageverhalten. Eine gemeinsame Aufgabe von Gericht und Verteidigung? 2003.

Band 64 Markus Laski: Die strafrechtlichen Bezüge des Bundes-Bodenschutzgesetzes. 2003.

Band 65 Gunnar Lüer: Die Versäumung im Berufungsverfahren. Das strafprozessuale Anwesenheitsprinzip im Spannungsfeld von autonomer Subjektstellung und öffentlichen Interessen am Beispiel des § 329 Abs. 1,2 StPO. 2003.

Band 66 Thomas Grützner: Die Sanktionierung von Submissionsabsprachen. Eine Untersuchung der bestehenden Möglichkeiten einer Bekämpfung von Submissionsabsprachen unter besonderer Berücksichtigung des § 298 StGB. 2003.

Band 67 Bettina Noltenius: Kriterien der Abgrenzung von Anstiftung und mittelbarer Täterschaft. Ein Beitrag auf der Grundlage einer personalen Handlungslehre. 2003.

Band 68 Bettina Kraft: Tendenzen in der Entwicklung des Jugendstrafrechts seit der Jugendgerichtsbewegung. 2004.

Band 69 Jessica Däbritz: Die Bestimmung strafbaren fahrlässigen Verhaltens in der Forschung am Beispiel ärztlicher Humanerprobungen. Ein Beitrag zur methodischen Ermittlung und inhaltlichen Bestimmung von Sorgfaltspflichten in der Humanforschung. 2004.

Band 70 Maike Steenbock: Über die Unfallflucht als Straftat. Eine kritische Untersuchung zum Zusammenhang der Strafbarkeit der Unfallflucht mit den Besonderheiten des Straßenverkehrs. 2004.

Band 71 Holger Mann: Beschleunigungspotential im Jugendstrafverfahren. 2004.

Band 72 Dorothee Krutisch: Strafbarkeit des unberechtigten Zugangs zu Computerdaten und -systemen. 2004.

Band 73 Heinz-Helmut Fuhrmann: Das Begehen der Straftat gem. § 25 Abs. 1 StGB. Unter besonderer Berücksichtigung der sogenannten "eigenhändigen" Delikte. 2004.

Band 74 Gerwin M. Moldenhauer: Eine Verfahrensordnung für Absprachen im Strafverfahren durch den Bundesgerichtshof? 2004.

Band 75 Dirk Busch: Konzernuntreue. Eine Untersuchung spezifischer Untreuestrafbarkeit innerhalb von Konzernverbindungen mit Aktiengesellschaften und Gesellschaften mit beschränkter Haftung. 2004.

Band 76 Mitsuru Iijima: Die Entwicklung des strafrechtlichen Unrechtsbegriffs in Japan. Eine kritische Betrachtung aus strafrechtsdogmatischer und rechtsphilosophischer Perspektive. 2004.

Band 77 Lena Barbara Kötter: Private Elemente in der Strafvollstreckung. Zur Privatisierung von Bewährungshilfe, Gerichtshilfe und gemeinnütziger Arbeit. 2004.

Band 78 Martin Maria Laufen: Der Wucher (§ 291 Abs. 1 Satz 1 StGB). Systematische Einordnung und dogmatische Struktur. 2004.

Band 79 Maike Aselmann: Die Selbstbelastungs- und Verteidigungsfreiheit. Ein Beitrag zu den Garantiewirkungen von Verfahrensrechten im Hinblick auf die Beweiswürdigung, Strafzumessung und Strafbarkeit des Beschuldigten im Strafprozess. 2004.

Band 80 Ingmar Wolf: Graffiti als kriminologisches und strafrechtsdogmatisches Problem. 2004.

Band 81 Misuk Son: Straftatfolgen im deutschen und koreanischen Strafrecht. Ein prinzipieller Vergleich. 2004.

Band 82 Matthias Saal: Die Beteiligung an einer Schlägerei (§ 231 StGB). Ein Plädoyer für die Streichung der schweren Folge. 2004.

Band 83 Michael Stüber: Die Entwicklung des Prinzips der Unmittelbarkeit im deutschen Strafverfahren. 2005.

Band 84 Patrick Gerberding: Das Rechtsmittelsystem im US-amerikanischen Strafverfahren. Eine rechtsvergleichende Betrachtung. 2005.

Band 85 Rouven Seeberg: Aufgedrängte Nothilfe, Notwehr und Notwehrexzess. 2005.

Band 86 Andre Knoerchen: Schadenswiedergutmachung über anwaltliche Schlichtungsstellen. Rechtsökonomische Analyse eines Modellprojekts. 2005.

Band 87 Andreas Quante: Sanktionsmöglichkeiten gegen juristische Personen und Personenvereinigungen. 2005.

Band 88 Gundula Momsen-Pflanz: Die sportethische und strafrechtliche Bedeutung des Dopings. Störung des wirtschaftlichen Wettbewerbs und Vermögensrelevanz. 2005.

Band 89 Klaus Kleinbauer: Rechtsmittelverzicht und Rechtsmittelzurücknahme des Beschuldigten im Strafprozeß. 2006.

Band 90 Manuel Fumagalli: Rechtsprobleme vorgeburtlicher Diagnoseverfahren. Die personenrechtliche Begründung von Pränataldiagnostik und Präimplantationsdiagnostik. 2006.

Band 91 Matthias Dann: Staatliche Tatprovokation im deutschen, englischen und schottischen Recht. Rechtsvergleichende Untersuchung unter besonderer Berücksichtigung europäischer und internationaler Entwicklungslinien. 2006.

Band 92 Shahryar Ebrahim-Nesbat: Die Herausbildung der strafrechtlichen Teilnahmeformen im 19. Jahrhundert. 2006.

Band 93 Christoph Paglotke: Notstand und Notwehr bei Bedrohungen innerhalb von Prozesssituationen. 2006.

Band 94 Sebastian Olk: Die Abgabe von Sacherklärungen des Angeklagten durch den Verteidiger. 2006.

Band 95 Bernadette Pape: Legalverhalten nach Sexualdelinquenz. Eine empirische Analyse der Delinquenzkarrieren nach Sexualstraftaten an Kindern. 2007.

Band 96 Uttam Das: Möglichkeiten der Angleichung materiellen Strafrechts zwischen England und Deutschland im Rahmen des Art. K 31 EUV. 2007.

Band 97 Dennis Miller: Die Beteiligung am Verbrechen nach italienischem Strafrecht. Ein Beitrag zur Geschichte und Gegenwart von Einheits- und Differenzierungsmodellen der strafbaren Beteiligung mehrerer Personen. 2007.

Band 98 Michael Nehring: Kriminelle und terroristische Vereinigungen im Ausland. Auslegung und Analyse des im Zuge der Terrorismusbekämpfung nach dem 11. September 2001 geschaffenen § 129b Strafgesetzbuch. 2007.

Band 99 Bernadette Berger: Das Gesinnungsmoment im Strafrecht. 2008.

Band 100 Peter Rackow: Neutrale Handlungen als Problem des Strafrechts. 2007.

Band 101 Simone Mölders: Bestechung und Bestechlichkeit im internationalen geschäftlichen Verkehr. Zur Anwendbarkeit des § 299 StGB auf Sachverhalte mit Auslandsbezug. 2009.

Band 102 Anke David: Die Entwicklung des Mordtatbestandes im 19. Jahrhundert. 2009.

Band 103 Arne Habenicht: Die Beteiligung an sexuellen Gewalttaten. 2009.

Band 104 Marwan Hamdan: Drittmittelforschung in der Medizin. Eine Gratwanderung zwischen strafbarer Vorteilsannahme und verfassungsgarantierter Forschungsfreiheit. 2009.

Band 105 Carl-Friedrich von Scherenberg: Die sozialethischen Einschränkungen der Notwehr. 2009.

Band 106 Andreas Poppe: Die Akzessorietät der Teilnahme. Eine kritische Analyse der dogmatischen Grundlagen. 2011.

Band 107 Jonathan Burmeister: Die schuldangemessene Bewertung von Ehrenmorden im deutschen Strafrecht. Differenzierte Schuldmerkmale auf Tatbestandsebene bei sonstigen niedrigen Beweggründen. 2011.

Band 108 Philipp Reinhold: Amtsträgerbestechung. Unrechtsgehalt und Grenzen der §§ 331 ff. StGB. 2011.

Band 109 Simone Reiß: Verbotsirrtum und Subventionsbetrug. Unter Berücksichtigung der Besonderheiten bei der betrügerischen Erlangung von EU-Subventionen. 2012.

Band 110 Johannes Altenburg: Die Unlauterkeit in § 299 StGB. Ein Beitrag zur Harmonisierung von Strafrecht und Wettbewerbsrecht. 2012.

Band 111 Christoph Skoupil: Handeltreiben mit Betäubungsmitteln. Strafbarkeitsvorverlagerungen vor und nach der Entscheidung des Großen Senats für Strafsachen vom 26.10.2005. 2012.

Band 112 Frederike Wewerka: Internal Investigations. Private Ermittlungen im Spannungsfeld von strafprozessualen Grundsätzen und Anforderungen eines globalisierten Wirtschaftsstrafverfahrens. Eine Problemanalyse unter besonderer Berücksichtigung des Falles Siemens. 2012.

Band 113 Lena Witzmann: Die gemeinsame Verhandlung. Eine Untersuchung des Öffentlichkeitsgrundsatzes, des Opportunitätsprinzips, des Anwesenheitsrechts und des Fairnessgrundsatzes im verbundenen Verfahren. 2012.

Band 114 Lea Boller: Der unbefugte Gebrauch von Kraftfahrzeugen und Fahrrädern – § 248b StGB. 2013.

Band 115 Nina Wadle: Privatisierung im deutschen Strafvollzug. 2013.

Band 116 Annik Lamshöft: Das Modell des vereinfachten Ablehnungsverfahrens. Ein Gegenentwurf zur strafprozessualen Fristenlösung des Bundesgerichtshofs. 2013.

Band 117 Christine Marie Shavers: Criminal Law Dealing with Hate Crimes. Functional Comparative Law. 2014.

Band 118 Philipp Christoph Kleinherne: Garantenstellung und Notwehrrecht. Zugleich ein Beitrag zum Entstehen und Erlöschen von Garantenstellungen. 2014.

Band 119 Kerstin Petermann: Strafverteidigung in Wirtschaftsstrafverfahren zwischen Rechtsmissbrauch, Konflikt und Konsens. 2015.

Band 120 Michaela Gorius: Die Strafbarkeit des Prinzipals im Lichte des § 299 StGB. Eine Untersuchung de lege lata et ferenda unter besonderer Berücksichtigung des Rechtsguts der Norm und der Strafbarkeit von Organen der Kapital- und Personengesellschaften. 2015.

Band 121 Frédéric Schneider: Die Organ- und Vertreterhaftung im deutschen Strafrecht. Eine Untersuchung zur Konzeption der Rechtsfigur und deren Folgen in der praktischen Rechtsanwendung. 2015.

Band 122 Neele Marleen Schlenker: § 237 StGB – Das Verbot der Zwangsheirat. 2016.

Band 123 Julia Hugendubel: Tätertypologien in der Wirtschaftskriminologie. Instrument sozialer Kontrolle. 2016.

Band 124 Marcelle Janina Gatter: Die Ausgestaltung von Mitarbeiterbefragungen bei unternehmensinternen Ermittlungen und die Selbstbelastungsfreiheit. Eine rechtstheoretische und rechtsdogmatische Untersuchung unter besonderer Berücksichtigung der Belehrungen. 2016.

www.peterlang.com

www.ingramcontent.com/pod-product-compliance
Ingram Content Group UK Ltd.
Pitfield, Milton Keynes, MK11 3LW, UK
UKHW021830290926
8980IPUK00004B/360

9 783631 678541